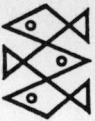

S. 271

Über dieses Buch Die hier vorgelegten Dokumente aus der Zeit des Nationalsozialismus bilden zuverlässige Grundlagen für sachliche und weiterführende Studien und Diskussionen der deutschen Geschichte zwischen 1933 und 1945.
Zentrale Auszüge aus Reden, Briefen, Tagebüchern und Schriften, Bekanntmachungen, Vertragstexte, Aufrufe, Befehle, Berichte, Programme usw. finden sich hier zu den wichtigsten ideologischen und sozialpolitischen Aspekten des nationalsozialistischen Herrschaftssystems sowie zur Außenpolitik und Kriegführung des Dritten Reiches. Sie vermitteln auch den ungeübten Lesern ein plastisches Bild dieser Zeit.
Die Materialien dieses unverzichtbaren Lern- und Arbeitsbuches sind auf 12 Kapitel aufgeteilt und werden im jeweiligen Zusammenhang vom Herausgeber interpretiert.

Der Herausgeber Dr. Wolfgang Michalka, geboren 1943, Historiker; er ist Schriftleiter am Militärgeschichtlichen Forschungsamt in Freiburg i.Br.
Wichtigste Veröffentlichungen: Nationalsozialistische Außenpolitik (Hg., 1978); Ribbentrop und die deutsche Weltpolitik 1933–1940 (1980); Gustav Stresemann (Hg. zus. mit M. Lee, 1982); Die nationalsozialistische Machtergreifung (Hg., 1984); Deutsche Geschichte 1918–1933. Dokumente zur Innen- und Außenpolitik (Hg. zus. mit G. Niedhart, 1992, Fischer Taschenbuch Band 11250); »Das Dritte Reich«, in: M. Voigt (Hg.), Grundriß der deutschen Geschichte (²1991); Der Zweite Weltkrieg (Hg., 1989).

Deutsche Geschichte 1933–1945

Dokumente zur Innen- und Außenpolitik

Herausgegeben von
Wolfgang Michalka

Fischer
Taschenbuch
Verlag

Die Zeit des Nationalsozialismus
Eine Buchreihe
Herausgegeben von Walter H. Pehle

Überarbeitete Neuausgabe
Veröffentlicht im Fischer Taschenbuch Verlag GmbH,
Frankfurt am Main, Januar 1993

Die Originalausgabe erschien unter dem Titel
»Das Dritte Reich«,
Band 1»Volksgemeinschaft‹ und Großmachtpolitik 1933–1939«
und Band 2 »Weltmachtanspruch und nationaler Zusammenbruch 1939–1945«
beim Deutschen Taschenbuch Verlag, München.
© 1993 by Fischer Taschenbuch Verlag GmbH, Frankfurt am Main
Umschlaggestaltung: Buchholz/Hinsch/Hensinger
Gesamtherstellung: Clausen & Bosse, Leck
Printed in Germany
ISBN 3-596-11251-6

Gedruckt auf chlor- und säurefreiem Papier

Inhalt

Vorwort

Das Dritte Reich zählt zu den am besten erforschten Gebieten deutscher Geschichte. Um dieses Thema in der gebotenen Kürze zu dokumentieren, mußten erhebliche Schwierigkeiten bewältigt werden. Zum einen galt es, die vielfältigen gesellschaftlichen, kulturellen und politischen Bereiche, die vom Nationalsozialismus erfaßt, beherrscht und verändert wurden, angemessen zu präsentieren, und zum anderen mußten die zahlreichen Forschungsansätze in ihren unterschiedlichen Fragestellungen und Methoden bei der Quellenauswahl gebührend berücksichtigt werden.

Die nachfolgende Dokumentation versucht dem zwar Rechnung zu tragen, aber es versteht sich von selbst, daß subjektive, am Forschungs- und Erkenntnisinteresse des Herausgebers orientierte Kriterien die Auswahl dieser Materialsammlung bestimmt haben. Dies führt unvermeidbar einerseits zu Schwerpunktbildungen und andererseits zu Lücken innerhalb der Dokumentation.

Die Quellensammlung zur innen- und außenpolitischen Entwicklung des Dritten Reiches umfaßt hauptsächlich Material zur politischen Geschichte sowie zur Sozial- und Wirtschaftsgeschichte, wobei das politische System, Herrschaftsmethoden und Entscheidungsprozesse im Mittelpunkt stehen. Kultur- und Geistesgeschichte werden nur am Rande dokumentiert. Die in letzter Zeit intensiv betriebene Alltagsgeschichte, die die Lebenserfahrungen des »kleinen Mannes« nachzeichnen möchte, ist zwar nicht völlig ausgeklammert, jedoch nicht ausführlich vertreten. Sie wäre innerhalb des gesetzten Rahmens zu Lasten anderer, vielleicht auch repräsentativerer Bereiche gegangen.

Im ersten Teil, der die Jahre 1933 bis 1939 zum Inhalt hat, werden die nationalsozialistische Machteroberung und die Errichtung des totalitären Führerstaates sowie die auf Krieg und Zerstörung ausgerichtete Wirtschafts- und Außenpolitik des Dritten Reiches dokumentiert. Im zweiten Teil, der die Jahre 1939 bis 1945 behandelt, werden Politik und Kriegführung und die Situation in Deutschland, quasi die Innenseite des Krieges, dokumentiert. Ergänzend zu den Texten bietet der tabellarische und statistische Anhang ein ausgewähltes Datenmaterial.

Die den einzelnen thematisch und chronologisch konzipierten Abschnitten vorangestellten Einleitungen sollen in knapper Form über historische Fragestellungen und Zusammenhänge orientieren.

Der vorliegende Band sieht seine vorrangige Aufgabe darin, durch kritische Information über Bedingungen, Formen und Auswirkungen eines diktatorischen Systems eine Wiederholung derartiger Vorgänge vermeiden zu helfen.

Teil 1
Volksgemeinschaft und Großmachtpolitik

I. Nationalsozialistische Machteroberung und Herrschaftssystem 1933–1939

1. Nationalsozialistische Machtergreifung und die Errichtung des Führerstaates

Die Ernennung Adolf Hitlers zum Reichskanzler durch Reichspräsident Paul von Hindenburg am 30. Januar 1933 konnte für den zeitgenössischen Beobachter kaum als »nationalsozialistische Machtergreifung« verstanden werden. Denn nicht Hitler und seine beiden nationalsozialistischen Kabinettskollegen, Wilhelm Frick als Innenminister und Hermann Göring als Minister ohne Geschäftsbereich, Reichskommissar für den Luftverkehr und kommissarischer Innenminister in Preußen, waren die dominierenden Persönlichkeiten in der neu gebildeten Regierung, sondern allem Anschein nach der Vizekanzler und Reichskommissar in Preußen, Franz von Papen, der das Vertrauen des greisen Reichspräsidenten genoß und als Architekt des Kabinetts der »nationalen Konzentration« galt, sowie vor allem der DNVP-Vorsitzende und Pressezar Alfred Hugenberg, dem die Ministerien für Wirtschaft sowie Ernährung und Landwirtschaft zufielen.

Die Nationalsozialisten waren demnach regelrecht von nationalkonservativen Politikern eingerahmt, und das in der Präsidialphase der Weimarer Republik oft erwogene »Zähmungskonzept« schien realisiert worden zu sein (Dok. 2). Kein Wunder also, daß die Gegner dieser restaurativen Politik, in erster Linie Sozialdemokraten und Kommunisten, die noch im November 1932, als die Nationalsozialisten nach ihren großen Wahlsiegen seit 1930 ihren ersten empfindlichen Stimmenverlust hinnehmen mußten, mit 20,4 Prozent und 16,8 Prozent über ein Drittel der Wählerstimmen auf sich vereinigen konnten (Tab. 1), in ihren ersten Reaktionen auf das Hitler-Kabinett besonders Hugenberg und Papen angriffen und ihre Mitglieder einerseits zur Legalität verpflichteten und andererseits zum Streik aufriefen.

Diese Einschätzung der Machtverhältnisse im neuen Präsidialkabinett sollte sich jedoch bald als folgenschwerer Irrtum erweisen (Dok. 5, 27, 34). Die Nationalsozialisten verstanden es nämlich, konsequent und in atemberaubendem Tempo (Dok. 23) ihre nationalkonservativen Koalitionspartner zu überspielen, ihre Gegner auszuschalten und in kurzer Zeit die Macht im Staat zu erobern.

Bereits am 1. Februar wurde gegen den Willen Hugenbergs der Reichstag aufgelöst und Neuwahlen für den 5. März angesetzt. Gleiches wurde wenige Tage später auch in Preußen erzwungen (Dok. 1). Nunmehr vom Regierungsbonus begünstigt und im zunehmenden Besitz staatlicher Machtmittel entfaltete die NSDAP mit ihren Unterorganisationen einen gewaltigen Wahlkampf mit dem erklärten Ziel, den Marxismus zu vernichten (Dok. 1, 3, 4) und die demokratisch-parlamentarischen Verfassungsstrukturen abzubauen, um die vom sogenannten »Weimarer System« aufgelöste nationale Einheit wiederherzustellen (Dok. 1, 3). Dies vollzog sich unter dem Schein der Legalität und wurde von der Illusion der konservativen Restauration gedeckt (Dok. 1–3). Ein beispielloser Prozeß begann, der einerseits staatlich gefördert und durch Erlasse und Gesetze legalisiert wurde (Dok. 4, 8, 11, 14, 15, 26), andererseits jedoch kaltblütig und brutal Gewalt und Terror als Mittel der Machteroberung einsetzte (Dok. 3, 4, 9, Tab. 16). Die politischen Gegner, wie vor allem die parteipolitisch und gewerkschaftlich organisierte Arbeiterbewegung, Intellektuelle und zahlreiche Christen sowie schließlich die als rassisch minderwertig diffamierten Juden, wurden isoliert, entrechtet, vertrieben, inhaftiert, gefoltert, getötet (Dok. 3, 5, 10, 34, 80). Dies alles geschah mit dem Anspruch auf »nationale Erneuerung«, als Abwehr »heimtückischer Angriffe« und in der Absicht, die alle Klassengegensätze überwindende Volksgemeinschaft zu schaffen (Dok. 1, 17, 18, 21, 22). Zustimmung und Angst, Begeisterung und Terror, Opportunismus und Resistenz, Integration und Ausrottung waren die Extreme, zwischen denen sich die nationalsozialistische Machtergreifung vollzog.

Der Reichstagsbrand diente als Vorwand, um die Grundrechte der Weimarer Verfassung außer Kraft zu setzen (Dok. 5–8, 12, 14), das mit Hilfe der bürgerlichen Mittel- und Rechtsparteien und gegen die Stimmen der SPD bei bereits vollzogener Eliminierung der KPD-Reichstagsabgeordneten verabschiedete »Ermächtigungsgesetz« (Dok. 11, 12, 38) liquidierte vollends die Weimarer Verfassung und machte Hitler vom präsidialen Notverordnungsrecht und von der Kontrolle des Reichstages unabhängig. Parteienverbot (Dok. 16, 19) oder deren Selbstauflösung, die Entmachtung der Gewerkschaften (Dok. 5) und die Erhebung der NSDAP zur alleinigen Staatspartei (Dok. 20) sowie die Gleichschaltung der Länder und der politischen Institutionen (Dok. 15, 24, 25, 32) waren die wichtigsten Stationen zur Errichtung des nationalsozialistischen Führerstaates und der persönlichen Diktatur Hitlers, die in der Vereinigung der Ämter des Reichskanzlers und des Reichspräsidenten am 2. 8. 1934 ihren sichtbaren Ausdruck fand (Dok. 32). Die nationalsozialistische Propaganda wurde nicht müde, die Eroberung der Macht und die Errichtung der nationalsozialistischen Diktatur als einen gleichermaßen legalen und revolutionären Vorgang zu deuten (Dok. 17, 18, 33, 37). Wichtige Unterstützung erhielt sie dabei von namhaften Staatsrechtlern, die das Konzept des totalen Staates entwickelten (Dok. 13, 21, 22, 30, 37). Charakteristisches Strukturelement des den liberalen Parlamentarismus überwindenden »neuen Staates« war das »Führerprinzip«, das die Identität von Volk und Führung postulierte und damit den Dualismus von Staat und Gesellschaft aufheben sollte. Autorität wurde demnach ausschließlich von einer als zentralistisch und monokratisch verstandenen Führungsspitze nach unten ausgeübt, Verantwortung und bedingungsloser Gehorsam dagegen

von unten nach oben geschuldet (Tab. 4). Daraus ergab sich eine für den nationalsozialistischen Partei- und Staatsaufbau spezifische Verbindung von
einer normierten Beziehung zwischen Vorgesetzten und Untergebenen mit
einem durch persönliche Bindungen zusammengehaltenen Führer-Gefolg-
schaft-Verhältnis. Aus der niemals exakt bestimmten Korrelation von Füh-
rerideologie und Parteiorganisation, die regelrecht dem Staat übergestülpt
wurde, ergaben sich notgedrungen heftige Kompetenz- bzw. Rivalitäts-
kämpfe, bei denen der »Führer« als schlichtende und vermittelnde Instanz
angerufen werden mußte. Das daraus resultierende »Führungschaos« innerhalb der Führerpartei und im Führerstaat wurde somit zu einem konstituti-
ven Element in der innerparteilichen Entwicklung der NSDAP und letztlich
auch im Dritten Reich (Dok. 34).

Dieser permanente Konflikt von innerparteilichen Rivalitäten und persönlichen Machtkämpfen, dieses Spannungsverhältnis von konkurrierenden Instanzen und dem staatlichen Behördenapparat, dem jedes institutionelle Ven-
til fehlte, wurde am augenfälligsten, als im Sommer 1934 die SA entmachtet
und ihre Führungsspitze brutal ermordet wurde (Dok. 28, 29). An ihre Stelle
rückte die SS, die unter Heinrich Himmler zu einer straff organisierten Elite-
truppe wurde (Dok. 31, 36, 81). Die Reichswehr jedoch, die in ihrem Selbstverständnis als alleiniger »Waffenträger der Nation« (Dok. 2, 33) von der SA
am meisten in Frage gestellt worden war (Dok. 17), schien als der eigentliche
Sieger aus diesem Machtkampf hervorzugehen. Aber auch sie wurde im
August 1934 auf Hitler eingeschworen und schließlich Anfang 1938 seiner
Führung unterstellt (Dok. 35).

[1.] Aufruf der Reichsregierung an das deutsche Volk,
1.2.1933

Das Erbe, das wir übernehmen, ist ein furchtbares.
Die Aufgabe, die wir lösen müssen, ist die schwerste, die seit Menschen-
gedenken deutschen Staatsmännern gestellt wurde. Das Vertrauen in uns
allen aber ist unbegrenzt, denn wir glauben an unser Volk und seine un-
vergänglichen Werte. Bauern, Arbeiter und Bürger, sie müssen gemeinsam die Bausteine liefern zum neuen Reich.
So wird es die nationale Regierung als ihre oberste und erste Aufgabe
ansehen, die geistige und willensmäßige Einheit unseres Volkes wieder
herzustellen. Sie wird die Fundamente wahren und verteidigen, auf denen die Kraft unserer Nation beruht. Sie wird das Christentum als Basis
unserer gesamten Moral, die Familie als Keimzelle unseres Volks- und
Staatskörpers in ihren festen Schutz nehmen. Sie wird über Stände und
Klassen hinweg unser Volk wieder zum Bewußtsein seiner volklichen und
politischen Einheit und der daraus entspringenden Pflichten bringen. Sie

will die Ehrfurcht vor unserer großen Vergangenheit, den Stolz auf unsere alten Traditionen zur Grundlage machen für die Erziehung der deutschen Jugend. Sie wird damit der geistigen, politischen und kulturellen Nihilisierung einen unbarmherzigen Krieg ansagen. Deutschland darf und wird nicht im anarchistischen Kommunismus versinken.

Sie wird an Stelle turbulenter Instinkte wieder die nationale Disziplin zum Regenten unseres Lebens erheben. Sie wird dabei all der Einrichtungen in höchster Sorgfalt gedenken, die die wahren Bürgen der Kraft und Stärke unserer Nation sind.

Die nationale Regierung wird das große Werk der Reorganisation der Wirtschaft unseres Volkes mit zwei großen Vierjahresplänen lösen:

Rettung des deutschen Bauern zur Erhaltung der Ernährungs- und damit Lebensgrundlage der Nation.

Rettung des deutschen Arbeiters durch einen gewaltigen und umfassenden Angriff gegen die Arbeitslosigkeit.

In 14 Jahren haben die Novemberparteien den deutschen Bauernstand ruiniert.

In 14 Jahren haben sie eine Armee von Millionen Arbeitslosen geschaffen.

Die nationale Regierung wird mit eiserner Entschlossenheit und zähester Ausdauer folgenden Plan verwirklichen:

Binnen vier Jahren muß der deutsche Bauer der Verelendung entrissen sein.

Binnen vier Jahren muß die Arbeitslosigkeit endgültig überwunden sein.

Gleichlaufend damit ergeben sich die Voraussetzungen für das Aufblühen der übrigen Wirtschaft.

Mit dieser gigantischen Aufgabe der Sanierung unserer Wirtschaft wird die nationale Regierung verbinden die Aufgabe und Durchführung einer Sanierung des Reiches, der Länder und der Kommunen in verwaltungsmäßiger und steuertechnischer Hinsicht.

Damit erst wird der Gedanke der föderativen Erhaltung des Reiches blut- und lebensvolle Wirklichkeit.

Zu den Grundpfeilern dieses Programms gehört der Gedanke der Arbeitsdienstpflicht und der Siedlungspolitik.

Die Sorge für das tägliche Brot wird aber ebenso die Sorge sein für die Erfüllung der sozialen Pflichten bei Krankheit und Alter.

In der Sparsamkeit ihrer Verwaltung, der Förderung der Arbeit, der Erhaltung unseres Bauerntums sowie der Nutzbarmachung der Initiative des einzelnen liegt zugleich die beste Gewähr für das Vermeiden jedes Experimentes der Gefährdung unserer Währung.

Außenpolitisch wird die nationale Regierung ihre höchste Mission in der

Wahrung der Lebensrechte und damit der Wiedererringung der Freiheit unseres Volkes sehen. Indem sie entschlossen ist, den chaotischen Zuständen in Deutschland ein Ende zu bereiten, wird sie mithelfen, in die Gemeinschaft der übrigen Nationen einen Staat gleichen Wertes und damit allerdings auch gleicher Rechte einzufügen. Sie ist dabei erfüllt von der Größe der Pflicht, mit diesem freien, gleichberechtigten Volke für die Erhaltung und Festigung des Friedens einzutreten, dessen die Welt heute mehr bedarf als je zuvor.

Möge auch das Verständnis all der anderen mithelfen, daß dieser unser aufrichtigster Wunsch zum Wohle Europas, ja, der Welt, sich erfüllt.

So groß unsere Liebe zu unserem Heere als Träger unserer Waffen und Symbol unserer großen Vergangenheit ist, so wären wir doch beglückt, wenn die Welt durch eine Beschränkung ihrer Rüstungen eine Vermehrung unserer eigenen Waffen niemals mehr erforderlich machen würde.

Soll aber Deutschland diesen politischen und wirtschaftlichen Wiederaufstieg erleben und seine Verpflichtungen den anderen Nationen gegenüber gewissenhaft erfüllen, dann setzt das eine entscheidende Tat voraus: *die Überwindung der kommunistischen Zersetzung Deutschlands.*

Wir Männer dieser Regierung fühlen uns vor der deutschen Geschichte verantwortlich für die Wiederherstellung eines geordneten Volkskörpers und damit für die endgültige Überwindung des Klassenwahnsinns und Klassenkampfes. Nicht einen Stand sehen wir, sondern das deutsche Volk, die Millionen seiner Bauern, Bürger und Arbeiter, die entweder gemeinsam die Sorgen dieser Zeit überwinden werden oder ihnen sonst gemeinsam erliegen.

Entschlossen und getreu unserem Eide wollen wir damit angesichts der Unfähigkeit des derzeitigen Reichstages, diese Arbeit zu unterstützen, dem deutschen Volke selbst die Aufgabe stellen, die wir vertreten.

Der Reichspräsident, Generalfeldmarschall von Hindenburg, hat uns berufen mit dem Befehl, durch unsere Einmütigkeit der Nation die Möglichkeit des Wiederaufstiegs zu bringen.

Wir appellieren deshalb nunmehr an das deutsche Volk, diesen Akt der Versöhnung selbst mit zu unterzeichnen.

Die Regierung der nationalen Erhebung will arbeiten, und sie wird arbeiten.

Sie hat nicht 14 Jahre lang die deutsche Nation zugrunde gerichtet, sondern will sie wieder nach oben führen.

Sie ist entschlossen, in vier Jahren die Schuld von 14 Jahren wiedergutzumachen.

Allein sie kann nicht die Arbeit des Wiederaufbaues der Genehmigung derer unterstellen, die den Zusammenbruch verschuldeten.

Die Parteien des Marxismus und seiner Mitläufer haben vierzehn Jahre
lang Zeit gehabt, ihr Können zu beweisen.
Das Ergebnis ist ein Trümmerfeld.
Nun, deutsches Volk, gib uns die Zeit von vier Jahren, und dann urteile
und richte uns!
Getreu dem Befehl des Generalfeldmarschalls wollen wir beginnen.
Möge der allmächtige Gott unsere Arbeit in seine Gnade nehmen, unseren Willen recht gestalten, unsere Einsicht segnen und uns mit dem Vertrauen unseres Volks beglücken. Denn wir wollen nicht kämpfen für uns,
sondern für Deutschland!

[2.] Reichswehrminister von Blomberg vor den Gruppen- und Wehrkreisbefehlshabern im Reichswehrministerium, 3. 2. 1933

Jetzige Lage.
Kabinett ist Ausdruck breiten nationalen Wollens u. Verwirklichung des-
sen, was viele der Besten seit Jahren angestrebt. Zwar vertritt es nur eine
Volksminderheit, aber doch eine nach Millionen zählende festgefügte
Minderheit, die entschlossen ist, für ihre Idee zu leben u. – wenn nötig –
auch zu sterben. Daraus ergeben sich große Möglichkeiten, wenn die leitenden Männer festes Herz und glückliche Hand beweisen.
Bei Bildung des Kabinetts habe Frage des R. W. Min. Hauptrolle gespielt.
Eintritt der Nazi in Reg. sei entschieden gewesen, als sich akt. General
zur Mitarbeit unter Hitler bereit fand (Von Hitler für mögl. gehalt[ene]
andere Lösung: Führender Nazi als R. W. Min. wohl für R. Präs. nicht
annehmbar.) Nach Einigung Hitler-Blomberg – Montag 8 Uhr – sei Frage
entschieden gewesen und um 11.30 Uhr bereits vereidigt.
Aufgaben des R. W. Ministers. Die 3, die in seinem Aufruf an d. Wehrmacht genannt:
1. Erhaltung der R. W. als überparteil. Machtmittel.
2. Untermauerung der Wehrmacht durch Wehrhaftmachung d. breiten
   Volkes.
3. Ausbau d. Wehrmacht zu einem brauchbaren Instrument zur Wahrung
   der nationalen Sicherheit.

Zu 1. Überparteil. *in Politik* – Unterstützung der *Wehrhaftmachung*.
2 Aufgaben. Keinesfalls erstere weniger wichtig als 2te! Herabsinken zur
Parteitruppe hebt Grundlagen auf, auf denen wir stehen!
Zu 2. Hebung und Ausbreitung der Wehrbetätigung im ganzen Volke.
Der Mann dazu im Kabinett ist Seldte (Min. Port[efeuille] nur vorläufig).

Hitlers u. Seldtes Denken u. Wollen münden in Wunsch auf Wehrhaftmachung des Volkes. Seldte bezeichn. Min. als geeign. Mann dafür, im Verein mit uns Soldaten diese Aufgabe durchzuführen.

[3.] Hitler vor den Befehlshabern des Heeres und der Marine über seine politischen Ziele (»Liebmann-Aufzeichnung«), 3.2.1933

Ziel der Gesamtpolitik allein: *Wiedergewinnung der pol. Macht.* Hierauf muß gesamte Staatsführung eingestellt werden (alle Ressorts!).
1. *Im Innern.* Völlige Umkehr der gegenwärt. innenpol. Zustände in D. Keine Duldung der Betätigung irgendeiner Gesinnung, die dem Ziel entgegensteht (Pazifismus!). Wer sich nicht bekehren läßt, muß gebeugt werden. Ausrottung des Marxismus mit Stumpf und Stiel. Einstellung der Jugend u. des ganzen Volkes auf den Gedanken, daß nur d. Kampf uns retten kann u. diesem Gedanken gegenüber alles zurückzutreten hat. (Verwirklicht in d. Millionen d. Nazi-Beweg. Sie wird wachsen.) Ertüchtigung der Jugend u. Stärkung des Wehrwillens mit allen Mitteln. Todesstrafe für Landes- u. Volksverrat. Straffste autoritäre Staatsführung. Beseitigung des Krebsschadens der Demokratie!
2. *Nach außen.* Kampf gegen Versailles. Gleichberechtigung in Genf; aber zwecklos, wenn Volk nicht auf Wehrwillen eingestellt. Sorge für Bundesgenossen.
3. *Wirtschaft!* Der Bauer muß gerettet werden! Siedlungspolitik! Künft. Steigerung d. Ausfuhr zwecklos. Aufnahmefähigkeit d. Welt ist begrenzt u. Produktion ist überall übersteigert. Im Siedeln liegt einzige Mögl., Arbeitslosenheer z. T. wieder einzuspannen. Aber braucht Zeit u. radikale Änderung nicht zu erwarten, da Lebensraum für d[eutsches] Volk zu klein.
4. *Aufbau der Wehrmacht* wichtigste Voraussetzung für Erreichung des Ziels: Wiedererringung der pol. Macht. Allg. Wehrpflicht muß wieder kommen. Zuvor aber muß Staatsführung dafür sorgen, daß die Wehrpflichtigen vor Eintritt nicht schon durch Pazif., Marxismus, Bolschewismus vergiftet werden oder nach Dienstzeit diesem Gifte verfallen.

Wie soll pol. Macht, wenn sie gewonnen ist, gebraucht werden? Jetzt noch nicht zu sagen. Vielleicht Erkämpfung neuer Export-Mögl., vielleicht – und wohl besser – Eroberung neuen Lebensraums im Osten u. dessen rücksichtslose Germanisierung. Sicher, daß erst mit pol. Macht u. Kampf jetzige wirtsch. Zustände geändert werden können. Alles, was jetzt geschehen kann – Siedlung – Aushilfsmittel.

Wehrmacht wichtigste u. sozialistischste Einrichtung d. Staates. Sie soll
unpol. u. überparteilich bleiben. Der Kampf im Innern nicht ihre Sache,
sondern der Nazi-Organisationen. Anders wie in Italien keine Verquik-
kung v. Heer u. SA beabsichtigt. – Gefährlichste Zeit ist die des Aufbaus
der Wehrmacht. Da wird sich zeigen, ob Fr[ankreich] *Staatsmänner* hat;
wenn ja, wird es uns Zeit nicht lassen, sondern über uns herfallen (vermutlich mit Ost-Trabanten).

[4.] **Runderlaß des Reichskommissars für das Preußische Ministerium
des Innern Hermann Göring an alle Polizeibehörden über
die »Förderung der nationalen Bewegung«, (sog. Schießerlaß),
17. 2. 1933**

Ich glaube, mir einen besonderen Hinweis darauf ersparen zu können,
daß die Polizei auch nur den Anschein einer feindseligen Haltung oder
gar den Eindruck einer Verfolgung gegenüber nationalen Verbänden
(SA, SS und Stahlhelm) und nationalen Parteien unter allen Umständen
zu vermeiden hat. Ich erwarte vielmehr von sämtlichen Polizeibehörden,
daß sie zu den genannten Organisationen, in deren Kreisen die wichtigsten staatsaufbauenden Kräfte enthalten sind, das beste Einvernehmen
herstellen und unterhalten. Darüber hinaus sind jede Betätigung für nationale Zwecke und die nationale Propaganda mit allen Kräften zu unterstützen. Von polizeilichen Beschränkungen und Auflagen darf insoweit
nur in dringendsten Fällen Gebrauch gemacht werden.
Dafür ist dem Treiben staatsfeindlicher Organisationen mit den schärfsten Mitteln entgegenzutreten. Gegen kommunistische Terrorakte und
Überfälle ist mit aller Strenge vorzugehen und, wenn nötig, rücksichtslos
von der Waffe Gebrauch zu machen. Polizeibeamte, die in Ausübung
dieser Pflichten von der Schußwaffe Gebrauch machen, werden ohne
Rücksicht auf die Folgen des Schußwaffengebrauchs von mir gedeckt;
wer hingegen in falscher Rücksichtnahme versagt, hat dienststrafrecht-
liche Folgen zu gewärtigen.
Der Schutz der immer wieder in ihrer Betätigung eingeengten nationalen
Bevölkerung erfordert die schärfste Handhabung der gesetzlichen Bestimmungen gegen verbotene Demonstrationen, unerlaubte Versammlungen, Plünderungen, Aufforderung zum Hoch- und Landesverrat,
Massenstreik, Aufruhr, Pressedelikte und das sonstige strafbare Treiben
der Ordnungsstörer.
Jeder Beamte hat sich stets vor Augen zu halten, daß die Unterlassung
einer Maßnahme schwerer wiegt als begangene Fehler in der Ausübung.

Ich erwarte und hoffe, daß alle Beamten sich mit mir eins fühlen in dem Ziele, durch die Stärkung und Zusammenfassung aller nationalen Kräfte unser Vaterland vor dem drohenden Verfall zu retten.

[5.] Schreiben des Vorstandes des ADGB an den Reichspräsidenten Paul von Hindenburg betr. den Schutz der Weimarer Reichsverfassung durch den Reichspräsidenten, 21.2.1933

Dieser Erlaß* schafft seiner ganzen Tendenz nach zweierlei Recht in Deutschland. Erstens ein Vorzugsrecht für die Verbände, die nach der Meinung des Reichsministers Göring nationale Verbände sind, nämlich SA, SS und Stahlhelm. Das gleiche Vorzugsrecht gilt für die nationalen Parteien; unter letzteren sind offenbar ausschließlich jene Parteien zu verstehen, auf die sich die jetzige Regierung stützt. Zweitens ein Ausnahmerecht gegen jene Organisationen, die Herr Reichsminister Göring als staatsfeindliche Organisationen zu bezeichnen für gut findet, ohne daß er sich im übrigen der Mühe unterzöge, näher darzulegen, was er darunter versteht. Der Hinweis, daß der Erlaß sich offenbar insbesondere »gegen kommunistische Terrorakte und Überfälle« richten soll, kann um so weniger als eine Erläuterung gelten, als nur jene Bevölkerungsschichten, die der SA, der SS und dem Stahlhelm nahestehen, als »nationale Bevölkerung« anerkannt und des besonderen Schutzes der Polizei würdig befunden werden. Der Erlaß beschwört eine Rechtsunsicherheit von unabsehbaren Folgen herauf.

Wir erheben gegen diesen Erlaß, der weder mit dem Geist noch mit dem Buchstaben unserer Verfassung, noch mit den Lebensformen eines Kulturvolkes zu vereinbaren ist, den schärfsten Protest. Wir legen Verwahrung ein gegen eine amtliche Anweisung, deren Sinn nicht anders gedeutet werden kann, als daß sie weite Schichten des Volkes zum Freiwild politischer Willkür macht.

Wir wenden uns an Sie als Präsidenten des Deutschen Reiches, der berufen und gewillt ist, die Verfassung zu schützen. An Sie wenden wir uns als die deutsche Organisation, die in ihren Reihen die größte Anzahl Frontkämpfer vereinigt. Diese Millionen, unter denen sich Anhänger der verschiedensten politischen Parteien befinden, haben nicht im Weltkrieg für Deutschland gekämpft und geblutet, um sich 15 Jahre später von verantwortlichen Reichsstellen sagen zu lassen, daß sie nicht zu den »staatsaufbauenden Kräften«, daß sie nicht zur »nationalen Bevölkerung« gehören [...]

* Vgl. Dok. 4.

Wir hoffen und erwarten von Ihnen, Herr Reichspräsident, daß Sie als der militärische Führer im Weltkriege dieser Entehrung von Millionen Frontkämpfern mit allen Mitteln entgegentreten werden. Die Entehrung der Mehrheit des deutschen Volkes, die Gegner der jetzigen Regierung ist, bedeutet die tatsächliche Aufhebung der politischen Meinungsfreiheit wie der persönlichen Sicherheit in Deutschland, deren Schutz zu Ihren vornehmsten Aufgaben gehört.

[6.] Amtliche Mitteilung des ›Preußischen Pressedienstes‹ über den Reichstagsbrand, 28.2.1933

Am Montag abend brannte der Deutsche Reichstag. Der Reichskommissar für das Preußische Ministerium des Innern, Reichsminister Göring, verfügte sofort nach seinem Eintreffen an der Brandstelle sämtliche Maßnahmen und übernahm die Leitung aller Aktionen. Auf die ersten Meldungen von dem Brande trafen auch Reichskanzler Adolf Hitler und Vizekanzler von Papen ein.

Es liegt zweifelsfrei die schwerste bisher in Deutschland erlebte Brandstiftung vor. Die polizeiliche Untersuchung hat ergeben, daß im gesamten Reichstagsgebäude vom Erdgeschoß bis zur Kuppel Brandherde angelegt worden waren [...]

Diese Brandstiftung ist der bisher ungeheuerlichste Terrorakt des Bolschewismus in Deutschland. Unter den Hunderten von Zentnern Zersetzungsmaterial, das die Polizei bei der Durchsuchung des Karl-Liebknecht-Hauses* entdeckt hat, fanden sich die Anweisungen zur Durchführung des kommunistischen Terrors nach bolschewistischem Muster.

Hiernach sollen Regierungsgebäude, Museen, Schlösser und lebenswichtige Betriebe in Brand gesteckt werden [...] Durch die Auffindung dieses Materials ist die planmäßige Durchführung der bolschewistischen Revolution gestört worden. Trotzdem sollte der Brand des Reichstages das Fanal zum blutigen Aufruhr und zum Bürgerkrieg sein [...]

[7.] Verordnung des Reichspräsidenten »Zum Schutz von Volk und Staat«, 28.2.1933

Auf Grund des Artikels 48, Abs. 2 der Reichsverfassung wird zur Abwehr kommunistischer staatsgefährdender Gewaltakte folgendes verordnet:

---

* Parteizentrale der KPD in Berlin.

§ 1. Die Artikel 114, 115, 117, 118, 123, 124 und 153 der Verfassung des Deutschen Reichs werden bis auf weiteres außer Kraft gesetzt. Es sind daher Beschränkungen der persönlichen Freiheit, des Rechts der freien Meinungsäußerung, einschließlich der Pressefreiheit, des Vereins- und Versammlungsrechts, Eingriffe in das Brief-, Post-, Telegraphen- und Fernsprechgeheimnis, Anordnungen von Haussuchungen und von Beschlagnahmen sowie Beschränkungen des Eigentums auch außerhalb der sonst hierfür bestimmten gesetzlichen Grenzen zulässig.

§ 2. Werden in einem Lande die zur Wiederherstellung der öffentlichen Sicherheit und Ordnung nötigen Maßnahmen nicht getroffen, so kann die Reichsregierung insoweit die Befugnisse der obersten Landesbehörde vorübergehend wahrnehmen.

§ 3. Die Behörden der Länder und Gemeinden (Gemeindeverbände) haben den auf Grund des § 2 erlassenen Anordnungen der Reichsregierung im Rahmen ihrer Zuständigkeit Folge zu leisten.

§ 4. Wer den von den obersten Landesbehörden oder den ihnen nachgeordneten Behörden zur Durchführung dieser Verordnung erlassenen Anordnungen oder den von der Reichsregierung gemäß § 2 erlassenen Anordnungen zuwiderhandelt oder wer zu solcher Zuwiderhandlung auffordert oder anreizt, wird, soweit nicht die Tat nach anderen Vorschriften mit einer schwereren Strafe bedroht ist, mit Gefängnis nicht unter einem Monat oder mit Geldstrafe von 150 bis zu 15000 Reichsmark bestraft.

Wer durch Zuwiderhandlung nach Abs. 1 eine gemeine Gefahr für Menschenleben herbeiführt, wird mit Zuchthaus, bei mildernden Umständen mit Gefängnis nicht unter sechs Monaten und, wenn die Zuwiderhandlung den Tod eines Menschen verursacht, mit dem Tode, bei mildernden Umständen mit Zuchthaus nicht unter zwei Jahren bestraft. Daneben kann auf Vermögenseinziehung erkannt werden.

Wer zu einer gemeingefährlichen Zuwiderhandlung (Abs. 2) auffordert oder anreizt, wird mit Zuchthaus, bei mildernden Umständen mit Gefängnis nicht unter drei Monaten bestraft.

§ 5. Mit dem Tode sind die Verbrechen zu bestrafen, die das Strafgesetzbuch in den §§ 5! (Hochverrat), 229 (Giftbeibringung), 307 (Brandstiftung), 311 (Explosion), 312 (Überschwemmung), 315 Abs. 2 (Beschädigung von Eisenbahnanlagen), 324 (gemeingefährliche Vergiftung) mit lebenslangem Zuchthaus bedroht.

Mit dem Tode oder, soweit nicht bisher eine schwerere Strafe angedroht ist, mit lebenslangem Zuchthaus oder mit Zuchthaus bis zu 15 Jahren wird bestraft:

1. Wer es unternimmt, den Reichspräsidenten oder ein Mitglied oder einen Kommissar der Reichsregierung oder einer Landesregierung zu töten oder wer zu einer solchen Tötung auffordert, sich erbietet, ein solches Erbieten annimmt oder eine solche Tötung mit einem anderen verabredet;
2. wer in den Fällen des § 115 Abs. 2 des Strafgesetzbuchs (schwerer Aufruhr) oder des § 125 Abs. 2 des Strafgesetzbuchs (schwerer Landfriedensbruch) die Tat mit Waffen oder in bewußtem und gewolltem Zusammenwirken mit einem Bewaffneten begeht;
3. wer eine Freiheitsberaubung (§ 239 des Strafgesetzbuchs) in der Absicht begeht, sich des der Freiheit Beraubten als Geisel im politischen Kampfe zu bedienen.

§ 6. Diese Verordnung tritt mit dem Tage der Verkündung in Kraft.

[8.] **Verordnung des Reichspräsidenten**
»Zur Abwehr heimtückischer Angriffe gegen die Regierung
der nationalen Erhebung«, 21.3.1933

Auf Grund des Artikels 48, Abs. 2 der Reichsverfassung wird folgendes verordnet: [...]

§ 3

1. Wer vorsätzlich eine unwahre oder gröblich entstellte Behauptung tatsächlicher Art aufstellt oder verbreitet, die geeignet ist, das Wohl des Reiches oder eines Landes oder das Ansehen der Reichsregierung oder einer Landesregierung oder der hinter diesen Regierungen stehenden Parteien oder Verbände schwer zu schädigen, wird, soweit nicht in anderen Vorschriften eine schwerere Strafe angedroht ist, mit Gefängnis bis zu zwei Jahren und, wenn er die Behauptung öffentlich aufstellt oder verbreitet, mit Gefängnis nicht unter drei Monaten bestraft.
2. Ist durch die Tat ein schwerer Schaden für das Reich oder ein Land entstanden, so kann auf Zuchthausstrafe erkannt werden.
3. Wer die Tat grob fahrlässig begeht, wird mit Gefängnis bis zu drei Monaten oder mit Geldstrafe bestraft.

[9.] **Meldung des ›Völkischen Beobachters‹ über die Einrichtung
des Konzentrationslagers Dachau, 21. 3. 1933**

Am Mittwoch* wird in der Nähe von Dachau das erste Konzentrationslager mit einem Fassungsvermögen für 5000 Menschen errichtet werden.
Hier werden die gesamten kommunistischen und, soweit dies notwendig
ist, Reichsbanner- und sozialdemokratischen Funktionäre, die die Sicherheit des Staates gefährden, zusammengezogen, da es auf die Dauer nicht
möglich ist und den Staatsapparat zu sehr belastet, diese Funktionäre in
den Gerichtsgefängnissen unterzubringen. Es hat sich gezeigt, daß es
nicht angängig ist, diese Leute in die Freiheit zu lassen, da sie weiter hetzen und Unruhe stiften. Im Interesse der Sicherheit des Staates müssen
wir diese Maßnahme treffen ohne Rücksicht auf kleinliche Bedenken.
Polizei und Innenministerium sind überzeugt, daß sie damit zur Beruhigung der gesamten nationalen Bevölkerung und in ihrem Sinne handeln.

[10.] **Rudolf Diels, der Chef der Gestapo, berichtet über
die ersten Konzentrationslager und über Mißhandlungen
in einem SA-Lager im Frühjahr 1933**

[...] In diesen Märztagen entstanden die Konzentrationslager um Berlin.
Es kamen Nachrichten über Lager bei Oranienburg, Königswusterhau-
sen und Bornim. Nach den Berichten von Beamten und Freunden trat die
SA mit eigenen»Vernehmungsstellen« in Berlin selbst in eine grauenvolle
Tätigkeit ein. In den einzelnen Stadtteilen entstanden»Privatgefäng-
nisse«. Die»Bunker« in der Hedemann- und Voßstraße wurden zu in-
fernalischen Stätten der Menschenquälerei. Es entstand das Columbia-
gefängnis der SS, die allerschlimmste Marterstätte [...]
[...] Ich konnte nun mit den Polizeimannschaften die Marterhöhle betreten. Dort waren die Fußböden einiger leerer Zimmer, in denen sich die
Folterknechte betätigten, mit einer Strohschütte bedeckt worden. Die
Opfer, die wir vorfanden, waren dem Hungertod nahe. Sie waren tagelang stehend in enge Schränke gesperrt worden, um ihnen»Geständ-
nisse« zu erpressen. Die»Vernehmungen« hatten mit Prügeln begonnen
und geendet; dabei hatte ein Dutzend Kerle in Abständen von Stunden
mit Eisenstäben, Gummiknüppeln und Peitschen auf die Opfer eingedro-
schen. Eingeschlagene Zähne und gebrochene Knochen legten von den
Torturen Zeugnis ab. Als wir eintraten, lagen diese lebenden Skelette

* 22. März 1933.

reihenweise mit eiternden Wunden auf dem faulenden Stroh. Es gab keinen, dessen Körper nicht vom Kopf bis zu den Füßen die blauen, gelben und grünen Male der unmenschlichen Prügel an sich trug. Bei vielen waren die Augen zugeschwollen, und unter den Nasenlöchern klebten Krusten geronnenen Blutes. Es gab kein Stöhnen und Klagen mehr; nur starres Warten auf das Ende oder neue Prügel. Jeder einzelne mußte auf die bereitgestellten Einsatzwagen getragen werden; sie waren des Gehens nicht mehr fähig. Wie große Lehmklumpen, komische Puppen mit toten Augen und wackelnden Köpfen hingen sie wie aneinandergeklebt auf den Bänken der Polizeiwagen. Die Schutzpolizisten hatte der Anblick dieser Hölle stumm gemacht. Hieronymus Bosch und Peter Breughel haben nie solches Entsetzen erblickt [...]

[11.] Reichstagsrede des Abg. Wels (SPD) zum »Ermächtigungsgesetz«, 23. 3. 1933

[...] Nach den Verfolgungen, die die Sozialdemokratische Partei in der letzten Zeit erfahren hat, wird billigerweise niemand von ihr verlangen oder erwarten können, daß sie für das hier eingebrachte Ermächtigungsgesetz stimmt. Die Wahlen vom 5. März haben den Regierungsparteien die Mehrheit gebracht und damit die Möglichkeit gegeben, streng nach Wortlaut und Sinn der Verfassung zu regieren. Wo diese Möglichkeit besteht, besteht auch die Pflicht. Kritik ist heilsam und notwendig. Noch niemals, seit es einen Deutschen Reichstag gibt, ist die Kontrolle der öffentlichen Angelegenheiten durch die gewählten Vertreter des Volkes in solchem Maße ausgeschaltet worden, wie es jetzt geschieht, und wie es durch das neue Ermächtigungsgesetz noch mehr geschehen soll. Eine solche Allmacht der Regierung muß sich um so schwerer auswirken, als auch die Presse jeder Bewegungsfreiheit entbehrt.
Meine Damen und Herren! Die Zustände, die heute in Deutschland herrschen, werden vielfach in krassen Farben geschildert. Wie immer in solchen Fällen fehlt es auch nicht an Übertreibungen. Was meine Partei betrifft, so erkläre ich hier: wir haben weder in Paris um Intervention gebeten, noch Millionen nach Prag verschoben, noch übertreibende Nachrichten ins Ausland gebracht. Solchen Übertreibungen entgegenzutreten wäre leichter, wenn im Inlande eine Berichterstattung möglich wäre, die Wahres vom Falschen unterscheidet. Noch besser wäre es, wenn wir mit gutem Gewissen bezeugen könnten, daß die volle Rechtssicherheit für alle wiederhergestellt sei. Das, meine Herren, liegt bei Ihnen.
Die Herren von der Nationalsozialistischen Partei nennen die von ihnen entfesselte Bewegung eine nationale Revolution, nicht eine nationalso-

zialistische. Das Verhältnis ihrer Revolution zum Sozialismus beschränkt
sich bisher auf den Versuch, die sozialdemokratische Bewegung zu vernichten, die seit mehr als zwei Menschenaltern die Trägerin sozialistischen Gedankengutes gewesen ist und auch bleiben wird [...]
Wir haben gleiches Recht für alle und ein soziales Arbeitsrecht geschaffen. Wir haben geholfen, ein Deutschland zu schaffen, in dem nicht nur
Fürsten und Baronen, sondern auch Männern aus der Arbeiterklasse der
Weg zur Führung des Staates offensteht. Davon können Sie nicht zurück,
ohne Ihren eigenen Führer preiszugeben. Vergeblich wird der Versuch
bleiben, das Rad der Geschichte zurückzudrehen. Wir Sozialdemokraten
wissen, daß man machtpolitische Tatsachen durch bloße Rechtsverwah-
rungen nicht beseitigen kann. Wir sehen die machtpolitische Tatsache
Ihrer augenblicklichen Herrschaft. Aber auch das Rechtsbewußtsein des
Volkes ist eine politische Macht, und wir werden nicht aufhören, an dieses Rechtsbewußtsein zu appellieren.
Die Verfassung von Weimar ist keine sozialistische Verfassung. Aber wir
stehen zu den Grundsätzen des Rechtsstaates, der Gleichberechtigung,
des sozialen Rechtes, die in ihr festgelegt sind. Wir deutschen Sozialdemokraten bekennen uns in dieser geschichtlichen Stunde feierlich zu den
Grundsätzen der Menschlichkeit und der Gerechtigkeit, der Freiheit und
des Sozialismus. Kein Ermächtigungsgesetz gibt Ihnen die Macht, Ideen,
die ewig und unzerstörbar sind, zu vernichten. Sie selbst haben sich ja zum
Sozialismus bekannt. Das Sozialistengesetz hat die Sozialdemokratie
nicht vernichtet. Auch aus neuen Verfolgungen kann die deutsche Sozialdemokratie neue Kraft schöpfen.
Wir grüßen die Verfolgten und Bedrängten. Wir grüßen unsere Freunde
im Reich. Ihre Standhaftigkeit und Treue verdienen Bewunderung. Ihr
Bekennermut, ihre ungebrochene Zuversicht verbürgen eine hellere Zukunft.

**[12.] Gesetz zur Behebung der Not von Volk und Reich
(»Ermächtigungsgesetz«), 24. 3. 1933**

Der Reichstag hat das folgende Gesetz beschlossen, das mit Zustimmung
des Reichsrats hiermit verkündet wird, nachdem festgestellt ist, daß die
Erfordernisse verfassungsändernder Gesetzgebung erfüllt sind:
Art. 1. Reichsgesetze können außer in dem in der Reichsverfassung vorgesehenen Verfahren auch durch die Reichsregierung beschlossen werden. Dies gilt auch für die in den Artikeln 85 Abs. 2 und 87 der Reichsverfassung bezeichneten Gesetze.
Art. 2. Die von der Reichsregierung beschlossenen Reichsgesetze können

von der Reichsverfassung abweichen, soweit sie nicht die Einrichtung des Reichstags und des Reichsrats als solche zum Gegenstand haben. Die Rechte des Reichspräsidenten bleiben unberührt.

Art. 3. Die von der Reichsregierung beschlossenen Reichsgesetze werden vom Reichskanzler ausgefertigt und im Reichsgesetzblatt verkündet. Sie treten, soweit sie nichts anderes bestimmen, mit dem auf die Verkündung folgenden Tage in Kraft. Die Artikel 68 bis 77 der Reichsverfassung finden auf die von der Reichsregierung beschlossenen Gesetze keine Anwendung.

Art. 4. Verträge des Reichs mit fremden Staaten, die sich auf Gegenstände der Reichsgesetzgebung beziehen, bedürfen nicht der Zustimmung der an der Gesetzgebung beteiligten Körperschaften. Die Reichsregierung erläßt die zur Durchführung dieser Verträge erforderlichen Vorschriften.

Art 5. Dieses Gesetz tritt mit dem Tage seiner Verkündung in Kraft. Es tritt mit dem 1. April 1937 außer Kraft; es tritt ferner außer Kraft, wenn die gegenwärtige Reichsregierung durch eine andere abgelöst wird.

[13.] Carl Schmitt kommentiert das »Ermächtigungsgesetz«, 1933

[...] Was bedeutet dann aber das Reichsgesetz vom 24. März 1933, das doch in den Formen eines verfassungsändernden Gesetzes gemäß den Bestimmungen des Art. 76 der Weimarer Verfassung mit den erforderlichen Zweidrittelmehrheiten beschlossen worden ist? Dieses sog. Ermächtigungsgesetz ist vom Reichstag nun im Vollzug des durch die Reichstagswahl vom 5. März 1933 erkennbar gewordenen Volkswillens beschlossen worden. Die Wahl war in Wirklichkeit, rechtswissenschaftlich betrachtet, eine Volksabstimmung, ein Plebiszit, durch welches das deutsche Volk Adolf Hitler, den Führer der nationalsozialistischen Bewegung, als politischen Führer des deutschen Volkes anerkannt hat. Die Gemeindeabstimmungen vom 12. März haben denselben Volkswillen nochmals bekräftigt. Reichstag und Reichsrat handelten hier also nur als Vollzugsorgane des Volkswillens. Für die Denkgewohnheiten des bisherigen sog. positivistischen Juristen liegt es aber trotzdem nahe, in diesem Gesetz die Rechtsgrundlage des heutigen Staates zu finden. Der Ausdruck »Ermächtigungsgesetz« verstärkt noch die Neigung zu diesem Irrtum. Es ist daher notwendig, das Wort Ermächtigungsgesetz als eine juristisch ungenaue, ja unrichtige Bezeichnung zu erkennen, und es wäre zweckmäßig, das Wort ganz zu vermeiden, zumal es weder in der Überschrift (»Gesetz zur Behebung der Not von Volk und Reich«) noch im

Wortlaut des Gesetzes vorkommt und nur von außen an das Gesetz herangetragen worden ist. In Wahrheit ist dieses »Ermächtigungsgesetz« ein *vorläufiges Verfassungsgesetz des neuen Deutschland.*
[...] Die deutsche Revolution war legal, d. h. gemäß der früheren Verfassung formell korrekt. Sie war es aus Disziplin und deutschem Sinn für Ordnung. Im übrigen bedeutet ihre Legalität nur eine von der früheren Weimarer Verfassung, also von einem *überwundenen* System her bestimmte Eigenschaft. Es wäre juristisch falsch und politisch ein Sabotageakt, aus dieser Art Legalität eine Weitergeltung überwundener Rechtsgedanken, Einrichtungen oder Normierungen und damit eine fortdauernde Unterwerfung unter den Buchstaben oder den Geist der Weimarer Verfassung abzuleiten. Das gute Recht der deutschen Revolution beruht nicht darauf, daß sich einige Dutzend Abgeordnete bereit fanden, durch ihre Zustimmung die fünfzehn Prozent Differenz von einfacher und Zweidrittelmehrheit auszugleichen, und das Recht des heutigen deutschen Staates hängt nicht an den Voraussetzungen, Vorbehalten oder gar den Mentalreservationen, unter denen jene Gruppe ihre Zustimmung gegeben hat. Es wäre politisch, moralisch und juristisch gleich sinnwidrig, von der Machtlosigkeit her Ermächtigungen zu erteilen und auf diese Weise einem machtlos gewordenen System wieder Macht zu erschleichen. Das Lebendige kann sich nicht am Toten und die Kraft braucht sich nicht an der Kraftlosigkeit zu legitimieren [...]

[14.] Gesetz zur Wiederherstellung des Berufsbeamtentums, 7.4.1933

§ 1 1. Zur Wiederherstellung eines nationalen Berufsbeamtentums und zur Vereinfachung der Verwaltung können Beamte nach Maßgabe der folgenden Bestimmungen aus dem Amt entlassen werden, auch wenn die nach dem geltenden Recht hierfür erforderlichen Voraussetzungen nicht vorliegen [...]

§ 2 1. Beamte, die seit dem 9. November 1918 in das Beamtenverhältnis eingetreten sind, ohne die für ihre Laufbahn vorgeschriebene oder übliche Vorbildung oder sonstige Eignung zu besitzen, sind aus dem Dienst zu entlassen. Auf die Dauer von drei Monaten nach der Entlassung werden ihnen ihre bisherigen Bezüge belassen.

§ 3 1. Beamte, die nichtarischer Abstammung sind, sind in den Ruhestand (Paragraphen 8 ff.) zu versetzen. Soweit es sich um Ehrenbeamte handelt, sind sie aus dem Amtsverhältnis zu entlassen.

2. Absatz 1 gilt nicht für Beamte, die bereits seit dem 1. August 1914 Beamte gewesen sind oder die im Weltkrieg an der Front für das Deutsche Reich oder für seine Verbündeten gekämpft haben oder deren Väter oder Söhne im Weltkrieg gefallen sind. Weitere Ausnahmen können der Reichsminister des Innern im Einvernehmen mit dem zuständigen Reichsminister oder die obersten Landesbehörden für Beamte im Ausland zulassen.

§ 4   Beamte, die nach ihrer bisherigen politischen Betätigung nicht die Gewähr dafür bieten, daß sie jederzeit rückhaltlos für den nationalen Staat eintreten, können aus dem Dienst entlassen werden [...]

§ 14   1. Gegen die auf Grund dieses Gesetzes in den Ruhestand versetzten oder entlassenen Beamten ist auch nach ihrer Versetzung in den Ruhestand oder nach ihrer Entlassung die Einleitung eines Dienststrafverfahrens wegen der während des Dienstverhältnisses begangenen Verfehlungen mit dem Ziele der Aberkennung des Ruhegeldes, der Hinterbliebenenversorgung, der Amtsbezeichnung, des Titels, der Dienstkleidung und der Dienstabzeichen zulässig [...]

§ 15   Auf Angestellte und Arbeiter finden die Vorschriften über Beamte sinngemäße Anwendung.

Das Nähere regeln die Ausführungsbestimmungen.

[15.] **Zweites Gesetz zur Gleichschaltung der Länder mit dem Reich (»Reichsstatthaltergesetz«), 7. 4. 1933**

Die Reichsregierung hat das folgende Gesetz beschlossen, das hiermit verkündet wird:

§ 1   1) In den deutschen Ländern, mit Ausnahme von Preußen, ernennt der Reichspräsident auf Vorschlag des Reichskanzlers Reichsstatthalter. Der Reichsstatthalter hat die Aufgabe, für die Beobachtung der vom Reichskanzler aufgestellten Richtlinien der Politik zu sorgen. Ihm stehen folgende Befugnisse der Landesgewalt zu:

1. Ernennung und Entlassung des Vorsitzenden der Landesregierung und auf dessen Vorschlag der übrigen Mitglieder der Landesregierung;
2. Auflösung des Landtags und Anordnung der Neuwahl [...]
3. Ausfertigung und Verkündung der Landesgesetze [...]
4. auf Vorschlag der Landesregierung Ernennung und Entlassung der unmittelbaren Staatsbeamten und Richter, soweit sie bisher durch die oberste Landesbehörde erfolgte;
5. das Begnadigungsrecht [...]

§ 5 1) In Preußen übt der Reichskanzler die im § 1 genannten Rechte aus. Er kann die Ausübung [...] auf den Ministerpräsidenten übertragen, der ermächtigt ist, diese Rechte weiter zu übertragen.*
2) Mitglieder der Reichsregierung können gleichzeitig Mitglieder der Preußischen Landesregierung sein.

[16.] **Verbot der SPD, 22. 6. 1933**

Die Vorgänge der letzten Zeit haben den unumstößlichen Beweis dafür geliefert, daß die deutsche Sozialdemokratie vor hoch- und landesverräterischen Unternehmungen gegen Deutschland und seine rechtmäßige Regierung nicht zurückschreckt. Führende Persönlichkeiten der SPD, wie Wels, Breitscheid, Stampfer, Vogel, befinden sich seit Wochen in Prag, um von dort aus den Kampf gegen die nationale Regierung in Deutschland zu führen [...]
Dies alles zwingt zu dem Schluß, die Sozialdemokratische Partei Deutschlands als eine staats- und volksfeindliche Partei anzusehen, die keine andre Behandlung mehr beanspruchen kann, wie sie der Kommunistischen Partei gegenüber angewandt worden ist. Der Reichsminister des Innern hat daher die Landesregierungen ersucht, auf Grund der Verordnung des Reichspräsidenten zum Schutz von Volk und Staat vom 28. Februar 1933 die notwendigen Maßnahmen gegen die SPD zu treffen. Insbesondere sollen sämtliche Mitglieder der SPD, die heute noch den Volksvertretungen und Gemeindevertretungen angehören, von der weiteren Ausübung ihrer Mandate sofort ausgeschlossen werden. Den Ausgeschlossenen werden selbstverständlich die Diäten gesperrt. Der Sozialdemokratie kann auch nicht mehr die Möglichkeit gewährt werden, sich in irgendeiner Form propagandistisch zu betätigen. Versammlungen der Sozialdemokratischen Partei sowie ihrer Hilfs- und Ersatzorganisationen werden nicht mehr erlaubt werden. Ebenso dürfen sozialdemokratische Zeitungen und Zeitschriften nicht mehr herausgegeben werden. Das Vermögen der Sozialdemokratischen Partei und ihrer Hilfs- und Ersatzorganisationen wird, soweit es nicht bereits in Verbindung mit der Auflösung der freien Gewerkschaften sichergestellt worden ist, beschlagnahmt. Mit dem landesverräterischen Charakter der Sozialdemokratischen Partei ist die weitere Zugehörigkeit von Beamten, Angestellten und Arbeitern, die aus öffentlichen Mitteln Gehalt, Lohn oder Ruhegeld beziehen, zu dieser Partei selbstverständlich unvereinbar.

* Dieser Absatz enthält die Fassung des Änderungsgesetzes vom 25. April 1933 (RGBl., 1933, T. I, Nr. 43, S. 225).

[17.] Ernst Röhm fordert den Übergang von der nationalen zur nationalsozialistischen Revolution, Juni 1933

Ein Sieg auf dem Wege der deutschen Revolution ist errungen.

Von allen Bastionen der Macht im Staate, über allen Stätten der Arbeit und von allen Kontoren der Wirtschaft flattert das Hakenkreuzbanner.

Die Organisationsformen des Marxismus in Deutschland sind zerschlagen. Das Fest der deutschen Arbeit, dieser Tag wechselseitigen Bekenntnisses der Nation zum Arbeiter und des Arbeiters zur Nation, hat dem Irrsinn des proletarischen Klassenhasses den Todesstoß versetzt. Adolf Hitlers stählerner Wille hat das Denken des Volkes mit zwingender Gewalt auf die Verschmelzung nationalen Geistes mit sozialistischem Wollen gelenkt.

Ein gewaltiger Sieg ist errungen. Nicht *der* Sieg schlechthin!

Der neue Staat hat die Träger des Willens zur revolutionären Erhebung nicht zu verleugnen brauchen, wie es die Novembermänner mit den roten Banden tun mußten, die die Mitläufer ihrer aus Feigheit und Landesverrat geborenen Revolte waren. Im neuen Deutschland stehen die disziplinierten braunen Sturmbataillone der deutschen Revolution Seite an Seite mit der bewaffneten Macht.

Nicht als ein Teil von ihr.

Die Reichswehr hat ihre unbestrittene eigene Aufgabe: ihr obliegt die Verteidigung der Grenzen des Reiches, soweit ihre geringe Zahl und völlig unzureichende Bewaffnung sie dazu befähigt.

Die Polizei soll die Rechtsbrecher niederhalten.

Neben ihnen stehen als dritter Machtfaktor des neuen Staates mit besonderen Aufgaben die S. A. und S. S.

Der Führer und Kanzler des deutschen Volkes bedarf ihrer bei dem noch vor ihm liegenden gewaltigen Werke der deutschen Erneuerung.

Denn die S. A. und S. S. sind die Grundpfeiler des kommenden nationalsozialistischen Staates. *Ihres* Staates, für den sie gekämpft haben und den sie behaupten werden. Die S. A. und S. S. sind die kämpferisch-geistigen Willensträger der deutschen Revolution!

Schon wagen sich vereinzelt Spießer und Nörgler wieder hervor mit der erstaunten Frage, was denn die S. A. und S. S. eigentlich immer noch wollten. Hitler sei doch nun an der Macht. Wir seien doch wieder national. Hakenkreuzfahnen wehten über allen Straßen. Überall herrsche Ruhe und Ordnung. Und wenn je sie gestört werden sollte, so werde die Polizei schon dafür sorgen, daß sie schnellstens wiederhergestellt würde. Weshalb also noch S. A. und S. S.?!

Diese Spießer und Nörgler, mögen sie nun in den Reihen unserer ewigen und unversöhnlichen Gegner stehen, mögen sie »gleichgeschaltet« sein oder auch das Hakenkreuz tragen, haben den Sinn der deutschen Revolution nicht begriffen und werden ihn nicht begreifen.

Nicht der Tatsachenablauf vom 30. Januar bis 21. März 1933 stellt Sinn und Wesen der deutschen nationalsozialistischen Revolution dar. [...] Gewiß, wir S. A.- und S. S.-Männer bekennen uns zur nationalen Erhebung. Mit mehr Recht als viele andere, die wir heute plötzlich an unserer Seite sehen. Denn ohne uns hätte es das gewaltige Erwachen des Volkes zur Idee der Nation überhaupt nicht gegeben! Aber die nationale Erhebung ist uns nicht Sinn und Zweck unseres Kämpfens, sondern nur eine Teilstrecke der deutschen Revolution, die wir durchschreiten müssen, um zum *nationalsozialistischen Staat*, unserem letzten Ziel, zu gelangen! [...] Deshalb werden die S. A. und S. S. nicht dulden, daß die deutsche Revolution einschläft oder auf halbem Wege von den Nicht-Kämpfern verraten wird! Nicht um ihret-, sondern um Deutschlands willen. Denn die braune Armee ist das letzte Aufgebot der Nation, das letzte Bollwerk gegen den Kommunismus.

Wenn die deutsche Revolution an reaktionären Widerständen, an Unfähigkeit oder Trägheit scheitert, stürzt das deutsche Volk in Verzweiflung und wird leichte Beute des blutbefleckten Wahnsinns der asiatischen Weiten.

Darum ist das im Denken mancher »Gleichgeschalteter« und sogar mancher heute »nationalsozialistisch« sich nennender Würdenträger minderen Grades spukende Gespenst, daß Ruhe die erste Bürgerpflicht sei, Verrat an der deutschen Revolution. [...]

Wenn die Spießerseelen meinen, daß es genüge, wenn der Staatsapparat ein anderes Vorzeichen erhalten hat, daß die »nationale« Revolution schon zu lange dauert, so pflichten wir ihnen hierin ausnahmsweise gern bei: Es ist in der Tat hohe Zeit, daß die nationale Revolution aufhört und daß daraus die nationalsozialistische wird!

Ob es ihnen paßt oder nicht – wir werden unseren Kampf weiterführen. Wenn sie endlich begreifen, um was es geht: *mit* ihnen! Wenn sie nicht wollen: *ohne* sie! Und wenn es sein muß: *gegen* sie! [...]

In Treue und Disziplin und Gehorsam sind wir unserem geliebten Obersten S. A.-Führer Adolf Hitler auf seinem schweren Wege gefolgt: Wir kennen *sein* Ziel, das auch kompromißlos das unsere ist: das nationalsozialistische Deutschland. Und wir werden unerbittlich darüber wachen, daß nicht Halbe und Gleichgeschaltete sich wie Bleiklötze an des Führers heiliges sozialistisches Wollen zum Ganzen hängen. Wir S. A.- und S. S.-Männer Adolf Hitlers sind die unbestechlichen Garanten, daß die deutsche Revolution sich vollendet, bis nationales und sozialistisches Wollen zu einer untrennbaren Einheit verschmolzen sind: *ein nationalsozialistisches Volk im nationalsozialistischen Staat!*

[18.] Hitler erklärt vor den Reichsstatthaltern den Abschluß der nationalen Revolution, 6. 7. 1933

[...] Die politischen Parteien sind jetzt endgültig beseitigt. Dies ist ein geschichtlicher Vorgang, dessen Bedeutung und Tragweite man sich vielfach noch gar nicht bewußt geworden ist. Wir müssen jetzt die letzten Überreste der Demokratie beseitigen, insbesondere auch die Methoden der Abstimmung und der Mehrheitsbeschlüsse, wie sie heute noch vielfach bei den Kommunen, in wirtschaftlichen Organisationen und Arbeitsausschüssen vorkommen, und die Verantwortung der Einzelpersönlichkeiten überall zur Geltung bringen.

Der Erringung der äußeren Macht muß die innere Erziehung der Menschen folgen. Man muß sich davor hüten, rein formale Entscheidungen von heute auf morgen zu fällen und davon eine endgültige Lösung zu erwarten. Die Menschen vermögen leicht die äußere Form in ihre eigene geistige Ausprägung umzubiegen. Man darf erst umschalten, wenn man die geeigneten Personen für die Umschaltung hat. Es sind mehr Revolutionen im ersten Ansturm gelungen, als gelungene aufgefangen und zum Stehen gebracht worden.

Die Revolution ist kein permanenter Zustand, sie darf sich nicht zu einem Dauerzustand ausbilden. Man muß den freigewordenen Strom der Revolution in das sichere Bett der Evolution hinüberleiten. Die Erziehung der Menschen ist dabei das wichtigste. Der heutige Zustand muß verbessert und die Menschen, die ihn verkörpern, müssen zur nationalsozialistischen Staatsauffassung erzogen werden. Man darf daher nicht einen Wirtschaftler absetzen, wenn er ein guter Wirtschaftler, aber noch kein Nationalsozialist ist; zumal dann nicht, wenn der Nationalsozialist, den man an seine Stelle setzt, von der Wirtschaft nichts versteht! In der Wirtschaft darf nur das Können ausschlaggebend sein [...]

[19.] Gesetz gegen die Neubildung von Parteien, 14. 7. 1933

§ 1. In Deutschland besteht als einzige politische Partei die Nationalsozialistische Deutsche Arbeiterpartei.

§ 2. Wer es unternimmt, den organisatorischen Zusammenhalt einer anderen politischen Partei aufrechtzuerhalten oder eine neue politische Partei zu bilden, wird [...] mit Zuchthaus bis zu drei Jahren oder mit Gefängnis von sechs Monaten bis zu drei Jahren bestraft [...]

[20.] **Gesetz zur Sicherung der Einheit von Partei und Staat,
1.12.1933**

§ 1. Nach dem Sieg der Nationalsozialistischen Revolution ist die nationalsozialistische Deutsche Arbeiterpartei die Trägerin des deutschen
Staatsgedankens und mit dem Staate unlöslich verbunden.
Sie ist eine Körperschaft des öffentlichen Rechts.
§ 2. Zur Gewährleistung engster Zusammenarbeit der Dienststellen der
Partei und der SA. mit den öffentlichen Behörden werden der Stell-
vertreter des Führers und der Chef des Stabes der SA. Mitglied der
Reichsregierung.
§ 3. Den Mitgliedern der Nationalsozialistischen Deutschen Arbeiterpar-
tei und der SA. (einschließlich der ihr unterstellten Gliederungen) als
der führenden und bewegenden Kraft des nationalsozialistischen
Staates obliegen erhöhte Pflichten gegenüber Führer, Volk und
Staat.
Sie unterstehen wegen Verletzung dieser Pflichten einer besonderen
Partei- und SA.-Gerichtsbarkeit.
Der Führer kann diese Bestimmungen auf die Mitglieder anderer Or-
ganisationen erstrecken [...]

[21.] **Carl Schmitt über den Führergedanken, 1933**

[...] Die organisatorische Durchführung des Führergedankens erfordert
zunächst negativ, daß alle der liberal-demokratischen Denkart wesensge-
mäßen Methoden entfallen. Die *Wahl* von unten mit sämtlichen Residuen
bisheriger Wählerei hört auf.
[...]
Auch die alten *Abstimmungsprozeduren*, mit deren Hilfe eine irgendwie
zusammenkoalierte Mehrheit eine Minderheit majorisierte und aus der
Abstimmung ein Machtmittel der Überstimmung und der Niederstim-
mung machte, dürfen sich in einem Einparteistaat nicht fortsetzen oder
wiederholen. Endlich haben die typisch liberalen Trennungen und Dua-
lismen von *Legislative* und *Exekutive*, in der Gemeindeorganisation von
Beschluß- und *Verwaltungs-* oder Ausführungsorganen, ihren Sinn verloren. Die Gesetzgebungsbefugnis der Reichsregierung ist ein erstes, bahn-
brechendes Beispiel dieser Aufhebung künstlicher Zerreißungen. Überall muß das System der *Verantwortungsverteilung und- verschiebung*
durch die klare *Verantwortlichkeit* des zu seinem Befehl sich bekennenden *Führers*, und die *Wahl* durch *Auswahl* ersetzt werden.
[...] Dieser Begriff von Führung stammt ganz aus dem konkreten, sub-

stanzhaften Denken der nationalsozialistischen Bewegung. Es ist bezeichnend, daß überhaupt jedes Bild versagt und jedes treffende Bild sogleich schon mehr als ein Bild oder Vergleich, sondern eben schon Führung in der Sache selbst ist. Unser Begriff ist eines vermittelnden Bildes oder eines repräsentierenden Vergleichs weder bedürftig noch fähig. Er stammt weder aus barocken Allegorien und Repräsentationen noch aus einer cartesianischen idée générale. Er ist ein Begriff unmittelbarer Gegenwart und realer *Präsenz*. Aus diesem Grunde schließt er auch, als positives Erfordernis, eine *unbedingte Artgleichheit zwischen Führer und Gefolgschaft* in sich ein. Auf der Artgleichheit beruht sowohl der fortwährende untrügliche Kontakt zwischen Führer und Gefolgschaft wie ihre gegenseitige Treue. Nur die Artgleichheit kann es verhindern, daß die Macht des Führers Tyrannei und Willkür wird; nur sie begründet den Unterschied von jeder noch so intelligenten oder noch so vorteilhaften Herrschaft eines fremdgearteten Willens.

Artgleichheit des in sich einigen deutschen Volkes ist also für den Begriff der politischen Führung des deutschen Volkes die unumgänglichste Voraussetzung und Grundlage [...]

[22.] **Ernst Forsthoff über »nationalsozialistische Revolution«
und »Führerstaat«, 1933**

Mit der nationalsozialistischen Revolution ist die in der Kampfzeit bewährte Führungsordnung der nationalsozialistischen Bewegung zu einem wesentlichen Teil der staatlichen Herrschaftsordnung geworden. Die Herrschaftsordnung des nationalsozialistischen Staates ist gekennzeichnet durch die Verbindung der nationalsozialistischen Führungsordnung mit der bürokratischen Verwaltungsorganisation, wie sie, freilich nicht ohne durchgreifende personale und organisatorische Reformen, aus den früheren Staatsordnungen übernommen wurde. Die Verbindung dieser beiden Elemente der gegenwärtigen Herrschaftsordnung tritt sinnfällig in die Erscheinung in der Übernahme des leitenden Staatsamts durch den Führer der Bewegung, in der Berufung der oberen Führerschicht der Bewegung in die wichtigsten Staatsstellen und in organisatorischen Verbindungen zwischen Staatsämtern und entsprechenden Parteidienststellen, wie sie zur Herstellung einer in der Zielrichtung übereinstimmenden, reibungslosen Zusammenarbeit durch einzelne Gesetze und Verwaltungsanweisungen hergestellt wurden. Die Einheit von Staat und Partei war praktisch bereits verwirklicht, als sie durch das Gesetz vom 1. Dezember 1933 in aller Form ausgesprochen wurde.

Die Einheit von Staat und Partei ist in erster Linie eine geistig-politische und bedeutet die Verbindlichkeit der nationalsozialistischen Weltanschauung und Programmatik für den Staat in allen seinen Daseinsäußerungen. Nur unter der Voraussetzung, daß diese Einheit vollzogen war, ließ sich die Vereinigung der überkommenen Verwaltungsorganisation mit der Führungsordnung der Partei zu einer homogenen Herrschaftsordnung verwirklichen.

Diese Vereinigung ist das Werk einer überlegenen Staatskunst, die es vermochte, diese beiden in ihrer Struktur und in ihren Lebensgesetzen so verschiedenartigen Elemente zu einem einheitlichen Gefüge zu verbinden. Zur Erfassung der heutigen Herrschaftsordnung ist es erforderlich, politische Führung und amtshierarchische Unterordnung in ihrem Wesen zu erkennen und gegeneinander abzugrenzen.

Mit der Erhebung der Führung zum tragenden Verfassungsgrundsatz ist in Deutschland eine Regierungsreform verwirklicht worden, die wegen ihrer Neuartigkeit mit den überkommenen Kategorien und Kriterien, nach denen man Regierungsformen unterschied und als Demokratien, Monarchien, Aristokratien usw. bezeichnete, nicht begriffen werden kann. Führung ist nicht gleichbedeutend mit dem monarchischen Herrscherrecht, noch mit der Regierungsmacht des vom Volke erhobenen oder bestätigten Staatsoberhauptes, noch mit der Befehlsgewalt des militärischen oder amtshierarchischen Vorgesetzten. Die demokratische Lehre erhob zum Kriterium, nach dem die Verfassungen zu unterscheiden seien, die Frage, ob die Staatsverfassung Regierende und Regierte identifiziere oder nicht. Ihr Ziel war die Identitätsverfassung, ihr Gegner die Monarchie. Im Zeichen dieser Lehre hat die Verfassungslehre der neueren Zeit gestanden und von ihrem Gegenstande her auch stehen müssen. Führung aber kann von dieser Unterscheidung her nicht begriffen werden, denn weder trifft es zu, daß der Führer durch ein qualitatives Anderssein oder einen ihm zukommenden Rang vom Volke so geschieden wäre, daß er nicht mehr Volksgenosse ist, noch gehört er schlechthin und vorbehaltlos »zum Volke«, die Führung ist weder ein transzendental begründetes und ohne Rücksicht auf den Willen des Volkes geltender Herrschaftsanspruch, noch ist sie ein durch Volksabstimmung erteilter Auftrag des Volkes.

Es ist nicht möglich, der Führung als einem der politischen Erlebniswelt verhafteten Vorgang abstrakten Ausdruck zu geben. Darum ist es so außerordentlich schwer, etwa Ausländern die Verfassung des nationalsozialistischen Staates zu verdeutlichen. Das Wort Führung läßt sich ebensowenig wie die sonstigen, spezifisch deutsche Empfindungen ansprechenden Worte (Volkstum, Heimat, Blut und Boden, Gemüt) in eine andere Sprache übersetzen. Darum kann hier nur zur Abgrenzung gegen überkommene Begriffe und politische Denkschemata einiges über Führung gesagt werden.

Führung ist ein umfassender politischer Lebensvorgang, der eine Vielheit aktionsbereiter politischer Menschen in der Person des Führers eint, indem er sie zur Gefolgschaft macht, der andererseits den Führer aus dieser Gefolgschaft heraushebt, ohne ihn zum Vorgesetzten werden zu lassen und ihn auf diese Weise von ihr zu trennen. Der Führer wird darum Führer erst durch die Gefolgschaft, wie die Gefolgschaft erst durch den Führer Gefolgschaft wird. Führer und Gefolgschaft bilden eine Einheit, die nicht formal logisch begriffen, sondern nur erfahren werden kann. Man wird darum der Führung als einem umfassenden Vorgang nicht gerecht, wenn man nur die selbstverständliche Überlegenheit des Führerwillens als das Kennzeichen der Führung hinstellt. Ebenso verfehlt ist es, den Führer vorwiegend als den Exponenten der Gefolgschaft zu betrachten und sich damit den Lehren von der demokratischen Legitimität der Staatsgewalt zu nähern. Vielmehr ist es das Neue und Entscheidende der Führerverfassung, daß sie die demokratische Unterscheidung zwischen Regierenden und Regierten in einer Einheit überwindet, zu der Führer und Gefolgschaft verschmolzen sind. Diese Einheit bildet und erhält sich in einer ständigen Wechselbeziehung zwischen Führer und Gefolgschaft.

[23.] Der französische Botschafter in Berlin
François-Poncet über die Haltung der deutschen Bevölkerung
zum Nationalsozialismus, 1933

[…] Zu Ende des Jahres 1933 steht das nationalsozialistische Deutschland da mit seinen Sitten, seinen Einrichtungen, seinem Wortschatz, seinem neuen Gruß, seinen Schlagworten, seiner Mode, seiner Kunst, seinen Gesetzen und Festen. Nichts fehlt. Der Reichsparteitag in Nürnberg, der »Reichsparteitag des Sieges« vom Anfang September, zeigt Deutschland fertig, vollkommen, triumphierend. Bei der Partei gehen Beitrittsanträge in Massen ein, sie muß den Eintritt sperren, um nicht überflutet zu werden.
Das Erstaunliche an dieser Revolution ist die Schnelligkeit, mit der sie vor sich ging, aber auch die Leichtigkeit, mit der sie sich überall vollzog, der geringe Widerstand, dem sie begegnete […]
Entspricht es übrigens den Tatsachen, daß Hitler jede Art von Opposition niederschlug? Wenn man näher hinblickt, bemerkt man, daß, wenn es keine eingestandene Opposition in diesem Deutschland gibt, das sich wie Ton hatte formen lassen, doch eine verschleierte Opposition da ist. Sie besteht bei den früher führenden Klassen, die bedauern, daß von einer Rückkehr zur Monarchie nicht mehr die Rede ist. Sie mißbilligen die Ge-

walttätigkeit der Regierung gegenüber den Kirchen und Juden, ihre über-
triebene Großzügigkeit in der Verwendung der öffentlichen Gelder, die
Ausschreitungen ihrer Milizen, sie sind auch beunruhigt darüber, wie die
Ereignisse in Deutschland auf das Ausland wirken [...]

[24.] Gesetz über den Neuaufbau des Reiches, 30.1.1934

[...]
Artikel 1. Die Volksvertretungen der Länder werden aufgehoben.
Artikel 2. 1. Die Hoheitsrechte der Länder gehen auf das Reich über.
2. Die Landesregierungen unterstehen der Reichsregierung.
Artikel 3. Die Reichsstatthalter unterstehen der Dienstaufsicht des
Reichsministers des Innern.
Artikel 4. Die Reichsregierung kann neues Verfassungsrecht setzen.

[25.] Gesetz über die Aufhebung des Reichsrats, 14.2.1934

[...]
§ 1. 1. Der Reichsrat wird aufgehoben.
2. Die Vertretungen der Länder beim Reich fallen fort.
§ 2. 1. Die Mitwirkung des Reichsrats in Rechtsetzung und Verwaltung
fällt fort.
2. Soweit der Reichsrat selbständig tätig wurde, tritt an seine Stelle
der zuständige Reichsminister oder die von diesem im Benehmen
mit dem Reichsminister des Innern bestimmte Stelle.
3. Die Mitwirkung von Bevollmächtigten zum Reichsrat in Körperschaften, Gerichten und Organen jeder Art fällt fort.
§ 3. Die zuständigen Reichsminister werden ermächtigt, im Einvernehmen mit dem Reichsminister des Innern ergänzende Bestimmungen
zu treffen und bei der Bekanntmachung einer Neufassung gesetzlicher Vorschriften die aus diesem Gesetz sich ergebenden Änderungen zu berücksichtigen.

[26.] Gesetz zur Änderung von Vorschriften des Strafrechts und des Strafverfahrens, 24.4.1934

Artikel III

Volksgerichtshof

§ 1 1. Zur Aburteilung von Hochverrats- und Landesverratssachen wird der Volksgerichtshof gebildet.

2. Der Volksgerichtshof entscheidet in der Hauptverhandlung in der Besetzung von fünf Mitgliedern, außerhalb der Hauptverhandlung in der Besetzung von drei Mitgliedern, einschließlich des Vorsitzenden. Der Vorsitzende und ein weiteres Mitglied müssen die Befähigung zum Richteramt haben. Es können mehrere Senate gebildet werden.

3. Anklagebehörde ist der Oberreichsanwalt.

§ 2 Die Mitglieder des Volksgerichtshofs und ihre Stellvertreter ernennt der Reichskanzler auf Vorschlag des Reichsministers der Justiz für die Dauer von fünf Jahren.

§ 3 1. Der Volksgerichtshof ist zuständig für die Untersuchung und Entscheidung in erster und letzter Instanz in den Fällen des Hochverrats nach §§ 80 bis 84, des Landesverrats nach §§ 89 bis 92, des Angriffs gegen den Reichspräsidenten nach § 94 Abs. 1 des Strafgesetzbuchs und der Verbrechen nach § 5 Abs. 2 Nr. 1 der Verordnung des Reichspräsidenten zum Schutze von Volk und Staat vom 28. Februar 1933 (Reichsgesetzbl. I S. 83). In diesen Sachen trifft der Volksgerichtshof auch die im § 73 Abs. 1 des Gerichtsverfassungsgesetzes bezeichneten Entscheidungen.

2. Der Volksgerichtshof ist auch dann zuständig, wenn ein zu seiner Zuständigkeit gehörendes Verbrechen oder Vergehen zugleich den Tatbestand einer anderen strafbaren Handlung erfüllt [...]

§ 5 2. Gegen die Entscheidungen des Volksgerichtshofs ist kein Rechtsmittel zulässig.

[27.] Marburger Rede von Papens, 17.6.1934

[...] Außerdem muß sich der Staatsmann noch über ein zweites Erfordernis klar werden, nämlich darüber, daß eine Zeitenwende zwar eine totale ist, also alle Lebensäußerungen und Lebensumstände erfaßt und verändert; daß aber vor diesem gewaltigen Hintergrund das politische Geschehen des Vordergrundes sich abspielt, auf welches allein der Begriff der Politik angewandt werden darf. Der Staatsmann und Politiker kann den Staat reformieren, aber nicht das Leben selbst. Die Aufgaben des Lebensreformators und des Politikers sind grundverschiedene. Aus dieser Erkenntnis heraus hat der Führer in seinem Werk »Mein Kampf« erklärt, die Aufgabe der Bewegung sei nicht die einer religiösen Reformation, sondern die einer politischen Reorganisation unseres Volkes. Die Zeitwende als totaler Begriff entzieht sich deshalb bis zu einem gewissen Grade der staatlichen Formung. Nicht alles Leben kann organisiert werden, weil man es sonst mechanisiert. Der Staat ist Organisation, das Leben Wachstum [...]

Die Vorherrschaft einer einzigen Partei anstelle des mit Recht verschwundenen Mehrparteiensystems erscheint mir geschichtlich als ein Übergangszustand, der nur so lange Berechtigung hat, als es die Sicherung des Umbruchs verlangt und bis die neue personelle Auslese in Funktion tritt. Denn die Logik der antiliberalen Entwicklung verlangt das Prinzip einer organischen politischen Willensbildung, die auf Freiwilligkeit *aller* Volksteile beruht. Nur organische Bindungen überwinden die Partei und schaffen jene freiheitliche Volksgemeinschaft, die am Ende dieser Revolution stehen muß [...]

Ich bin der Überzeugung, daß die christliche Lehre schlechthin die religiöse Form alles abendländischen Denkens darstellt und daß mit dem Wiedererwachen der religiösen Kräfte eine neue Durchdringung auch des deutschen Volkes mit christlichem Gute stattfindet, dessen letzte Tiefe eine durch das 19. Jahrhundert gegangene Menschheit kaum mehr erahnt. Um diese Entscheidung, ob das neue Reich der Deutschen christlich sein wird oder sich im Sektierertum und halbreligiösen Materialismus verliert, wird gerungen werden. Sie wird einfach sein, wenn alle Versuche, sie von der Staatsgewalt her in der Richtung einer gewaltsamen Reformation zu beeinflussen, unterbleiben. Es ist zuzugeben, daß in diesem Widerstand christlicher Kreise gegen staatliche und parteiliche Eingriffe in die Kirche ein politisches Moment liegt. Aber nur deshalb, weil politische Eingriffe in den religiösen Bezirk die Betroffenen zwingen, aus religiösen Gründen den auf diesem Gebiete widernatürlichen Totalitätsanspruch abzulehnen. Auch als Katholik habe ich Verständnis dafür, daß eine auf Gewissensfreiheit aufgebaute religiöse Überzeugung es ablehnt, sich von der Politik her im Ureigensten kommandieren zu lassen. Man soll sich deshalb nicht darüber hinwegtäuschen, daß etwa aufgezwungene Glaubenskämpfe Kräfte auslösen würden, an denen auch Gewalt scheitern muß. Man sollte auch in jenen Kreisen, die eine neue, arteigene, religiöse Einigung erhoffen, sich einmal die Frage stellen, wie sie sich die Erfüllung der deutschen Aufgabe in Europa vorstellen, wenn wir uns freiwillig aus der Reihe der christlichen Völker ausschalten. [...]

[28.] **Bericht des Staatssekretärs Dr. Meissner über die Vorgänge des 30. Juni 1934**

Der Plan Hitlers, unangemeldet und überraschend in Wiessee anzukommen, gelingt. Der Mann des Flugplatzes Hangelar, der von Röhm gewonnen war, Flüge des Führers und deren Ziel sofort zu melden, war plötzlich erkrankt und konnte die verabredete Nachricht nicht – wie verabredet – an den Adjutanten Röhms durchsagen. So trifft Hitler mit seiner Begleitung und Sicherheitseskorte in den frühen Morgenstunden des 30. Juni völlig überraschend in München ein, wo er einige der Mitverschwörer Röhms verhaften und erschießen läßt, fährt mit seinem Führerbegleitkommando nach Wiessee weiter und verhaftet dort unter persönlichen Beschimpfungen Röhm und die um ihn versammelten SA-Führer; sie werden in die Strafanstalt Stadelheim bei München überführt und dort ohne Verfahren erschossen. Röhm hatte es abgelehnt, von der ihm gegebenen Möglichkeit, Selbstmord zu begehen, Gebrauch zu machen, und ein gerichtliches Verfahren gefordert.

Göring läßt inzwischen in Berlin den dortigen SA-Gruppenführer, einen übel berüchtigten Homosexuellen, Karl Ernst, und sieben andere SA-Führer und eine große Anzahl der Beteiligung an der Verschwörung Röhms Beschuldigter in der SS-Kaserne in Lichterfelde erschießen. Alle diese Hinrichtungen erfolgen ohne jedes Verhör, ohne irgendeine Nachprüfung der Beschuldigung und ohne jede Möglichkeit einer Verteidigung, ja selbst ohne nähere Feststellung der Personalien, so daß in einigen Fällen Personenverwechslungen vorkamen; Listen und unkontrollierte Denunziationen genügten sowohl in München wie in Berlin als Unterlage für diese Exekutionen.

Die Gerüchte über die blutigen Ereignisse des 30. Juni verbreiteten sich mit Windeseile im deutschen Volke, das zunächst durch die Nachricht über die endliche Beseitigung des verhaßten Röhm und des von ihm begünstigten Terrors seiner SA erleichtert aufatmete; als dann aber die Einzelheiten der Hitlerschen Gegenaktion, die blutigen Grausamkeiten und der Umfang der Hinrichtungen bekannt wurden, ging eine Welle der Empörung und des Schreckens durch Deutschland. Die Erregung stieg weiter an, als in den nächsten Tagen bekannt wurde, daß nicht nur Verschwörer oder an der Revolte selbst Beteiligte erschossen worden waren, sondern daß Hitler, Himmler, Göring und Heydrich die Gelegenheit benutzt hatten, um politische Gegner zu beseitigen, die nichts mit Röhm und seinen Plänen zu tun hatten und nur der nationalsozialistischen Partei und ihrer Führung im Wege standen. So waren in Berlin General von Schleicher und seine Frau, General von Bredow, Gregor Strasser, der Führer der Katholischen Aktion, Ministerialdirektor Klaussner, der Referent von Papens, von Bose, u. a. erschossen worden. In Bayern waren der frühere Ministerpräsident von Kahr, Dr. Edgar Jung, ein Mitarbeiter von Papens und der Verfasser von dessen Marburger Rede, und zahlreiche andere Opfer des Mordens geworden. Von Papen wurde vorübergehend in seiner Wohnung in Schutzhaft genommen, und viele andere waren noch in Haft [...]

[29.] Hitler nimmt vor dem Reichstag Stellung zur Niederschlagung des sog. Röhmputsches, 17. 7. 1934

[...] Wenn ich noch wenige Tage vorher zur Nachsicht bereit gewesen war, dann konnte es in dieser Stunde eine Rücksicht nicht mehr geben. Meutereien bricht man nach ewiggleichen eisernen Gesetzen. Wenn mir jemand den Vorwurf entgegenhält, weshalb wir nicht die ordentlichen Gerichte zur Aburteilung herangezogen hätten, dann kann ich ihm nur sagen: In dieser Stunde war ich verantwortlich für das Schicksal der deutschen Nation und damit des deutschen Volkes oberster Gerichtsherr [...]
Ich habe den Befehl gegeben, die Hauptschuldigen an diesem Verrat zu erschießen, und ich gab weiter den Befehl, die Geschwüre unserer inneren Brunnenvergiftung und der Vergiftung des Auslandes auszubrennen bis auf das rohe Fleisch [...]

[30.] Carl Schmitt: »Der Führer schützt das Recht.« Zum 30. 6. 1934

[...] Der Führer schützt das Recht vor dem schlimmsten Mißbrauch, wenn er im Augenblick der Gefahr kraft seines Führertums als oberster Gerichtsherr unmittelbar Recht schafft [...] Der wahre Führer ist immer auch Richter. Aus dem Führertum fließt das Richtertum. Wer beides voneinander trennen oder gar entgegensetzen will, macht den Richter entweder zum Gegenführer oder zum Werkzeug eines Gegenführers und sucht den Staat mit Hilfe der Justiz aus den Angeln zu heben [...]
In Wahrheit war die Tat des Führers echte Gerichtsbarkeit. Sie untersteht nicht der Justiz, sondern war selbst höchste Justiz [...]
Das Richtertum des Führers entspringt derselben Rechtsquelle, der alles Recht jedes Volkes entspringt. In der höchsten Not bewährt sich das höchste Recht und erscheint der höchste Grad richterlich rächender Verwirklichung des Rechts. Alles Recht stammt aus dem Lebensrecht des Volkes [...]

[31.] Erlaß Hitlers über die Erhebung der SS zur selbständigen Organisation, 20.7.1934

Im Hinblick auf die großen Verdienste der SS, besonders im Zusammenhang mit den Ereignissen des 30. Juni 1934, erhebe ich dieselbe zu einer selbständigen Organisation im Rahmen der NSDAP. Der Reichsführer der SS untersteht daher, gleich dem Chef des Stabes, dem obersten SA-Führer direkt. Der Chef des Stabes und der Reichsführer der SS bekleiden beide den parteimäßigen Rang eines Reichsleiters.

[32.] Gesetz über das Staatsoberhaupt des Deutschen Reichs, 1.8.1934

[...]
§ 1. Das Amt des Reichspräsidenten wird mit dem des Reichskanzlers vereinigt. Infolgedessen gehen die bisherigen Befugnisse des Reichspräsidenten auf den Führer und Reichskanzler Adolf Hitler über. Er bestimmt seinen Stellvertreter.
§ 2. Dieses Gesetz tritt mit Wirkung von dem Zeitpunkt des Ablebens des Reichspräsidenten von Hindenburg in Kraft [...]

[33.] Proklamation Hitlers auf dem Reichsparteitag der NSDAP in Nürnberg, 5.8.1934

Die nationalsozialistische Revolution ist als revolutionärer, machtmäßiger Vorgang *abgeschlossen!* Sie hat als Revolution restlos erfüllt, was von ihr erhofft werden konnte [...]
[...] Revolutionen sind Vorgänge, die nur entscheiden: Wer pflanzt, was gepflanzt wird, und bedingt noch, wie es gepflanzt wird.
Säen und reifen aber überlassen sie stets der Evolution, das heißt der Zeit [...]
Durch die Stellung der Wehrmacht aber als einzigen Waffenträger der Nation in diesem neuen Staat ist die letzte, auf unabsehbare Zeit wirkende Sicherung des neuen Staates erfolgt [...]
Daher werden wir auch jeden Versuch, gegen die Führung der nationalsozialistischen Bewegung und des Reiches einen Akt der Gewalttätigkeit anzuzetteln, niederschlagen und im Keime ersticken, er mag kommen, von wem er will!
Wir alle wissen, wen die Nation beauftragt hat! Wehe dem, der dies nicht weiß oder wer es vergißt! Im deutschen Volke sind Revolutionen stets selten gewesen.

Das nervöse Zeitalter des 19. Jahrhunderts hat bei uns endgültig seinen Abschluß gefunden.

In den nächsten tausend Jahren findet in Deutschland keine Revolution mehr statt [...]

[34.] Denkschrift von Reichswirtschaftsminister Hjalmar Schacht für Adolf Hitler über Fragen der Innenpolitik, 3. 5. 1935

Kein ernsthafter Politiker wird die Tätigkeit der Gestapo bei der Abwehr kommunistischer und anderer staatsfeindlicher Bestrebungen entbehren wollen. Die Tätigkeit der Gestapo greift aber weit über dieses Gebiet hinaus, und es finden zahlreiche Verhaftungen, Überführungen ins Konzentrationslager etc statt, oftmals ohne daß der Betreffende überhaupt erfährt, warum er verhaftet ist, und leider auch oft, ohne daß überhaupt irgendeine Schuld, sondern vielmehr nur ein Verdacht vorliegt. Der Innenminister erläßt zwar Verordnungen, nach denen solche Verhaftungen nicht vorgenommen werden dürfen, aber er setzt sich damit nur der Lächerlichkeit aus, denn die Gestapo macht sich aus solchen Verordnungen nichts. Vor 700 Jahren garantierte die Magna Charta dem englischen Staatsbürger die persönliche Freiheit und vor 300 Jahren setzte die Habeas Corpus-Akte fest, daß kein englischer Bürger verhaftet werden dürfe, ohne die gegen ihn vorliegende Anschuldigung zu erfahren und ohne den Anspruch auf gerichtliche Verhandlung zu haben [...]
Das gegenteilige Verfahren der Gestapo trägt uns in der ganzen Welt Verachtung ein. Diese Verachtung steigert sich zur offenen Feindschaft, wenn die Gestapo, wie es geschehen ist, ihren Arm unter Verletzung des internationalen Rechtes nach anderen Ländern ausstreckt.
Bei allen drei vorstehend aufgeführten Punkten* erhebt sich immer wieder die Frage: Muß das alles so gemacht werden? Im Kern ist das, was das Dritte Reich wünscht und braucht, unanfechtbar. Warum muß man also die Durchführung in Formen und Methoden vornehmen, die uns die Feindseligkeit der von uns so dringend benötigten Auslandsmärkte einträgt!
1. Man fördere, wenn man dies will, die Deutsche Glaubensbewegung. Man stelle Angriffe gegen dieselbe unter gesetzliche Strafe. Aber man erlaube kein gewalttätiges Vorgehen Einzelner gegen Bekenntnisüberzeugungen. Das Christentum brauchte 350 Jahre, um sich durchzusetzen. Die Deutsche Glaubensbewegung oder irgendeine andere reli-

---

* Die drei in der Denkschrift erörterten taktischen Fragen waren die Kirchenfrage, die Judenfrage und die Tätigkeit der Gestapo.

giöse Bewegung, die gewünscht wird, kann getrost 3 bis 4 Jahre ihren
Eifer dämpfen, bis unsere Rüstung durchgeführt ist.

2. Man stempele die Juden in jedem gewünschten Maße zu Einwohnern
minderen Rechtes durch entsprechende Gesetze, aber für die Rechte,
die man ihnen lassen will, gewähre man ihnen staatlichen Schutz gegen
Fanatiker und Ungebildete.

3. Man beschränke die Gestapo auf bestimmte, im Interesse des
Staatswohles erforderliche Überwachungsarbeiten und räume jedem
Verhafteten das Recht ein, binnen 24 Stunden vor einem gesetzlich
legitimierten Gericht den Verhaftungsgrund zu hören und die Ver-
teidigungsmöglichkeit zu haben.

Mit allem Vorstehenden würden die Staatsnotwendigkeiten sich ohne
weiteres erfüllen lassen und die unserem Export heute so stark entgegenstehende Auslandsstimmung würde sich erheblich bessern.

[35.] **Hitler über die Führung der Wehrmacht, 4. 2. 1938**

Die Befehlsgewalt über die gesamte Wehrmacht übe ich von jetzt an unmittelbar persönlich aus.

Das bisherige Wehrmachtamt im Reichskriegsministerium tritt mit seinen Aufgaben als »Oberkommando der Wehrmacht« und als mein militärischer Stab unmittelbar unter meinen Befehl.

An der Spitze des Stabes des Oberkommandos der Wehrmacht steht der
bisherige Chef des Wehrmachtamts als »Chef des Oberkommandos der
Wehrmacht«. Er ist im Range den Reichsministern gleichgestellt.

Das Oberkommando der Wehrmacht nimmt zugleich die Geschäfte des
Reichskriegsministeriums wahr, der Chef des Oberkommandos der
Wehrmacht übt in meinem Auftrage die bisher dem Reichskriegsminister
zustehenden Befugnisse aus.

Dem Oberkommando der Wehrmacht obliegt im Frieden nach meinen
Weisungen die einheitliche Vorbereitung der Reichsverteidigung auf allen Gebieten.

[36.] **Anordnung Hitlers über die Aufgaben der Deutschen**
Polizei und der SS, 17. 8. 1938

Durch Ernennung des Reichsführers-SS und Chef der Deutschen Polizei im Reichsministerium des Innern am 17. 6. 1936 (Reichsgesetzbl. I S. 487) habe ich die Grundlage zur Vereinheitlichung und Neugliederung der Deutschen Polizei geschaffen.

Damit sind auch die dem Reichsführer-SS und Chef der Deutschen Polizei bereits vorher unterstehenden Schutzstaffeln der NSDAP in eine enge Verbindung zu den Aufgaben der Deutschen Polizei getreten.

Zur Regelung dieser Aufgaben sowie zur Abgrenzung der gemeinsamen Aufgaben der SS und der Wehrmacht ordne ich zusammenfassend und grundlegend an: [...]

1. Die SS in ihrer Gesamtheit, als eine politische Organisation der NSDAP, bedarf für die ihr obliegenden politischen Aufgaben keiner militärischen Gliederung und Ausbildung. Sie ist unbewaffnet.

2. Für besondere innerpolitische Aufgaben des Reichsführers-SS und Chef der Deutschen Polizei, die ihm zu stellen ich mir von Fall zu Fall vorbehalte, oder für die mobile Verwendung im Rahmen des Kriegsheeres (SS-Verfügungstruppe) sind von den Anordnungen der Ziffer 1. folgende bereits bestehende bzw. für den Mob.Fall aufzustellende SS-Einheiten ausgenommen:

   Die SS-Verfügungstruppe,

   die SS-Junkerschulen,

   die SS-Totenkopfverbände,

   die Verstärkung der SS-Totenkopfverbände (Polizeiverstärkung). Sie unterstehen im Frieden dem Reichsführer-SS und Chef der Deutschen Polizei, der [...] *allein* die Verantwortung für ihre Organisation, Ausbildung, Bewaffnung und volle Einsatzfähigkeit hinsichtlich der ihm von mir zu stellenden innerpolitischen Aufgaben trägt [...]

Die SS-Verfügungstruppe ist weder ein Teil der Wehrmacht noch der Polizei. Sie ist eine stehende bewaffnete Truppe, zu meiner ausschließlichen Verfügung [...]

Die gesetzliche aktive Dienstpflicht (§ 8 des Wehrgesetzes) gilt durch den Dienst von gleicher Dauer in der SS-Verfügungstruppe als erfüllt.

Die SS-Verfügungstruppe erhält ihre Geldmittel durch das Reichsinnenministerium. Ihr Haushaltplan bedarf der Mitprüfung durch das Oberkommando der Wehrmacht [...]

Die Verwendung der SS-Verfügungstruppe im Mob.Fall ist eine doppelte:

1. Durch den Oberbefehlshaber des Heeres im Rahmen des Kriegshee-

res. Sie untersteht dann ausschließlich den militärischen Gesetzen und
Bestimmungen, bleibt aber politisch eine Gliederung der NSDAP.
2. Im Bedarfsfalle im Innern nach meinen Weisungen. Sie untersteht
dann dem Reichsführer-SS und Chef der Deutschen Polizei [...]

Die SS-Totenkopfverbände sind weder ein Teil der Wehrmacht noch der
Polizei. Sie sind eine stehende bewaffnete Truppe der SS zur Lösung von
Sonderaufgaben polizeilicher Natur, die zu stellen ich mir von Fall zu Fall
vorbehalte.
Als solche und als Gliederung der NSDAP sind sie weltanschaulich und
politisch nach den von mir für die NSDAP und die Schutzstaffeln gegebenen Richtlinien auszuwählen, zu erziehen und durch Einstellung von
SS-tauglichen Freiwilligen, die ihrer Wehrpflicht grundsätzlich in der
Wehrmacht genügt haben, zu ergänzen. Besondere Ausnahmefälle unterliegen der Zustimmung der Wehrmacht. Sie unterstehen dem Reichsführer-SS und Chef der Deutschen Polizei, der mir für ihre Organisation, Ausbildung, Bewaffnung und volle Einsatzfähigkeit verantwortlich
ist [...]

[37.] Ernst Rudolf Huber über die ungeschriebene Verfassung des »Führerstaates«, 1939

Die Eroberung der Macht durch die nationalsozialistische Bewegung war
eine wirkliche Revolution. Sie war nicht nur eine Revolution im weltanschaulichen und geistigen Sinne, wenn auch der Kern des Umbruchs in
der radikalen Abkehr von Individualismus und Liberalismus, von Materialismus und Marxismus bestand. Aber dieser geistige Umbruch hat in
den Ereignissen von 1933 auch zu einem politischen und rechtlichen Umsturz geführt. Das bisherige staatliche System wurde nicht nur geistig
überwunden, sondern auch in seinen Einrichtungen und Formen umge-
stoßen. Zum Wesen der Revolution gehört, daß die bisherige Verfassung
vernichtet wird, und daß zugleich eine neue Grundordnung an ihre Stelle
tritt. Die nationalsozialistische Revolution hat die Weimarer Verfassung
als Gesamtsystem beseitigt; sie hat zugleich die völkische Verfassung aufgerichtet.
Man hat zwar vielfach den legalen Charakter dieses Umbruchs betont.
Aber die »Legalität« betrifft nur die äußere Ordnungsmäßigkeit der Ereignisse und stellt ihren wahrhaft revolutionären Charakter nicht in
Frage. Der disziplinierte ruhige Verlauf der Revolution darf nicht darüber hinwegtäuschen, daß tatsächlich die Rechtseinrichtungen und rechtlichen Prinzipien des alten Systems vernichtet worden sind. Die Erobe-

rung der Macht, die in diesen Wochen vor sich ging, beseitigte die alten verfassungsrechtlichen Grundgedanken und Formen vollständig und ersetzte sie durch eine neue geistige und rechtliche Ordnung. Diese neue Ordnung war zunächst noch nicht äußerlich umschrieben und nicht allgemein bewußt, aber sie war deshalb nicht weniger existent. Sie lebte als ein ungeschriebenes Gesetz im Herzen der Männer, die sich an die Spitze des erwachenden Volkes gestellt hatten.

Fragen wir nach der verfassungsrechtlichen Würdigung jener Zeit, so muß es der oberste Grundsatz sein, daß sie nicht vom Boden der Weimarer Verfassung ausgehen kann, sondern vom Boden der werdenden nationalsozialistischen Verfassung aus vollzogen werden muß. Schon die Ernennung *Adolf Hitlers* zum Reichskanzler am 30. Januar 1933 war ein Akt, der nur vom neuen Rechte her wirklich verstanden werden kann. Diese Ernennung war selbstverständlich »legal« im Sinne der äußeren Buchstabentreue, aber niemand wird behaupten, daß es dem inneren Sinn der Weimarer Verfassung entsprochen hätte, daß hier ihr geschworener Feind an die Spitze des Reiches gestellt wurde. Die eigentliche innere Rechtfertigung erfährt diese Maßnahme des Reichspräsidenten *von Hindenburg* vom Geiste der neuen werdenden Ordnung aus. Im Februar 1933 bediente man sich für die notwendigen Regierungsmaßnahmen zwar noch der Formen des alten Rechtes. Aber schon in dieser Zeit wurden die alten Einrichtungen und Rechtsmittel im neuen Geiste angewandt, und damit war das Recht selbst bereits ein anderes geworden. Das deutlichste Zeichen des Umbruchs war die Reichstagswahl vom 5. März, die keine parlamentarische, parteienstaatliche Wahl im Weimarer Sinne war, sondern die eine Volksabstimmung im Rahmen der werdenden nationalsozialistischen Verfassung bedeutete.

Man hat hier die *politische* und die *rechtliche* Bedeutung des Vorganges unterscheiden wollen und gesagt, es handele sich zwar politisch um ein Referendum, juristisch aber um eine Wahl. Das ist eine unmögliche Unterscheidung zwischen politischer und rechtlicher Wertung. Was politisch keine Wahl im alten Sinne ist, ist auch rechtlich keine Wahl, selbst wenn man sich der äußeren Formen eines überwundenen Wahlsystems bedient. Es handelte sich am 5. März einzig und allein um die Entscheidung für oder gegen *Adolf Hitler*; das war der ausschließliche Sinn der Frage, die an das Volk gestellt war. Die formale Einkleidung dieser Fragestellung, die aus der Anwendung des alten Wahlverfahrens folgte, konnte diesen eindeutigen Sinn nicht verhüllen. Eine solche Frage konnte aber sinnvoll vom Boden der Weimarer Verfassung aus gar nicht gestellt werden. Nur von der neuen revolutionären Ordnung aus war es möglich, dem Volke diese Frage vorzulegen, deren Bejahung die Akklamation zur deutschen Revolution bedeutete. Die Abstimmung vom 5. März war also nicht selbst die Revolution. Diese lag in der Eroberung der Macht durch die NSDAP. Das Volk jedoch legte durch die Abstimmung ein Bekenntnis zum Vorgang der Revolution ab. Der Vollzug der Revolution wurde dann durch den Flaggenwechsel symbolhaft dokumentiert. Der Flaggenerlaß des Reichspräsidenten *von Hindenburg* vom 12. März 1933, der den vollzogenen Flaggenwechsel feierlich bestätigte, wäre vom Boden der Weimarer Verfassung aus unmöglich gewesen. Trotzdem war er kein Rechtsbruch, denn das alte Weimarer Recht bestand in diesem Zeitpunkt nicht mehr, konnte daher auch nicht mehr verletzt werden. Der Flaggenerlaß ging aus einer neubegründeten rechtlichen Ordnung hervor, ja, er ist die erste große Formulierung, in der das neue revolutionäre Recht seinen Niederschlag fand. Im gleichen Sinne sind auch die sonstigen Rechtsvorgänge dieser Zeit zu beurteilen, die Gleichschaltung etwa oder die Einrichtung der Konzentrationslager. Es wäre unsinnig, sie an den Normen der Weimarer Verfassung messen zu wollen. Sie waren Rechtserscheinungen im Rahmen des neuen werdenden Verfassungsrechts. Das deutsche Volk lebte also schon vor dem 23. März 1933 nach einer neuen ungeschriebenen Verfassung.

2. Politische Entmachtung der Arbeiterklasse und ihre Integration in die »Volksgemeinschaft«

Mit dem Anspruch, eine die Klassenegoismen und -antagonismen aufhebende »Volksgemeinschaft« zu schaffen (Dok. 39), versprachen die Nationalsozialisten den Volksgenossen gleichermaßen materielles Wohlergehen und soziale Sicherheit. Diese Zusicherung, die sich sowohl gegen die Ungerechtigkeiten des kapitalistischen Systems als auch gegen die besonders von der nationalsozialistischen Propaganda und Ideologie angeprangerten Egalisierungstendenzen des Marxismus (Dok. 1–3, 5, 13, 21, 31) richtete, indem sie eine konfliktfreie und Leistung honorierende Staats- und Gesellschaftsordnung proklamierte (Dok. 39), entsprach vor allem den Vorstellungen des gewerbetreibenden Mittelstandes, der gemeinsam mit den Angestellten und den protestantischen Bauern das Hauptwählerreservoir und den Mitgliederstamm der NSDAP (vgl. Tab. 2, 3) bildete. Sie vermittelte der nationalsozialistischen Protestbewegung eine enorme Attraktivität und eine kaum für möglich gehaltene Schubkraft, die bald eine Eigendynamik entwickelte.
Nach der Regierungsübernahme Hitlers galt es, neben der Ausschaltung von Gegnern und der Zerstörung des parlamentarischen Systems, vor allem diese sozialpolitischen Versprechungen einzulösen mit dem Ziel, die für eine intendierte Expansionspolitik notwendige »innere Geschlossenheit« herzustellen (Dok. 2, 3, 53) und dem nationalsozialistischen Herrschaftssystem eine breite

Legitimierungsbasis zu verschaffen (Dok. 47). Die Auswirkungen der Weltwirtschaftskrise möglichst bald zu überwinden (Dok. 41, 47), die hohe Arbeitslosigkeit zu senken (vgl. Tab. 9, Dok. 52) und die dem nationalsozialistischen Regime distanziert und ablehnend gegenüberstehende Arbeiterschaft in die »Volksgemeinschaft« zu integrieren, waren daher vorrangige Aufgaben der Hitlerregierung (Dok. 42, 45–47, 51). Letzteres war schon deswegen sehr wichtig, weil die Arbeiter die größte Gruppe der erwerbstätigen Bevölkerung darstellten (vgl. Tab. 3, 10–12), politisch vor allem von der SPD und der KPD, den Gegnern der nationalsozialistischen Politik (Dok. 5, 55) repräsentiert wurden und sich bis zur Wahl im März 1933 als relativ immun gegen die nationalsozialistische Propaganda erwiesen hatten (Dok. 11, Tab. 1). Neben der Reichswehr, der Großindustrie und den Kirchen war es in erster Linie die Arbeiterklasse, die als kollektive Einheit für die Nationalsozialisten die größte Gefahr bedeutete und daher nach der Zerschlagung ihrer parteipolitischen (Dok. 16, 19, 20) und gewerkschaftlichen Organisationen (Dok. 39) der größten Aufmerksamkeit der neuen Machthaber bedurfte (Dok. 3, 51, 53).

Da es im nationalsozialistischen Führerstaat keine Stelle zur offenen und verfassungsrechtlich institutionalisierten Konfliktaustragung bei widerstreitenden Interessen geben durfte – was zwar unternehmerfreundlich (Dok. 41, 43, 44), nicht jedoch im Sinne der Arbeitnehmer war –, wurde systematisch das Sozialsystem der Weimarer Republik abgebaut (Dok. 40, 41, 43, 44), die Arbeiterbewegung als eigenständige politische Kraft entmachtet (Dok. 16) und die Arbeiterschaft politisch diszipliniert (Dok. 47, 49, 51). Dies wurde geschickt flankiert und kompensiert durch propagandistisch hochgespielte Aktionen wie beispielsweise durch die Einführung des 1. Mai als »Tag der nationalen Arbeit« (Dok. 38, 39) und durch das Zusammenfassen aller aufgelösten Gewerkschaftsverbände in der Deutschen Arbeitsfront (DAF) (Dok. 46), die bald mit 20 Millionen Mitgliedern zum größten Verband des nationalsozialistischen Deutschland wurde.

Bald sollte sich jedoch zeigen, daß die DAF lediglich dem Anspruch nach die Nachfolge der Gewerkschaften als wichtiges Organ der Tarifpolitik und der sozialen Schlichtung angetreten hatte. Denn mit der Einführung der »Treuhänder der Arbeit« (Dok. 40, 43) wurden Tariffragen aus dem Aufgabenbereich der DAF herausgelöst und dem Staat als allein zuständiger Instanz überlassen (Dok. 45). Mit dem »Gesetz zur Ordnung der Nationalen Arbeit« (Dok. 43), das die innerbetrieblichen Beziehungen im Sinne des hierarchisierenden »Führerprinzips« regeln sollte, verlor die DAF vollends ihre Funktion als Gewerkschaft, was sich schließlich in der Führer-Verordnung vom Oktober 1934 (Dok. 45) zeigte, wonach die DAF zur Gliederung der Partei und Organisation aller »schaffenden Deutschen« erklärt wurde.

Ihres Einflusses und ihrer Legitimität beraubt, versuchte die DAF ihren Beitrag zur Schaffung der »Volksgemeinschaft« dadurch zu leisten, daß sie u. a. die Arbeiterfreizeit- und Tourismus-Organisation »Kraft durch Freude« (KdF) schuf (Dok. 42, 46).

Was viele nicht für möglich gehalten hatten, gelang den Nationalsozialisten in relativ kurzer Zeit: Mit Hilfe traditioneller Eliten konnte die deutsche Wirtschaft stabilisiert (Dok. 44) und die Arbeitslosigkeit wesentlich gesenkt werden (Dok. 52).

Aufgrund der einseitigen Ausrichtung der Wirtschaft auf die Rüstung kam es seit 1935/36 sogar zu einer Verknappung von Facharbeitern vor allem in metallverarbeitenden Betrieben (Dok. 52–54, 56), so daß in Folge des »Vierjahresplans« eine zunehmende Reglementierung des Arbeitskräfteeinsatzes angestrebt wurde (Dok. 49, 57).

Angesichts der eingefrorenen Löhne bei steigenden Preisen (vgl. Tab. 6, 7, 13, 14, 21, Dok. 41, 48, 50) und der eingeschränkten Freizügigkeit kam es im Zeichen der Vollbeschäftigung immer häufiger zu Arbeiterunruhen, die sich aufgrund der fehlenden Institutionen zur geregelten Konfliktaustragung in Unmutsäußerungen, partieller Arbeitsniederlegung, langem Krankfeiern und kleinen Sabotageakten äußerten (Dok. 51, 52, 56, 58, 59, Tab. 15).

Um den sozialen Frieden besorgt, reagierten die nationalsozialistischen Machthaber äußerst empfindlich, ja ängstlich (Dok. 53, 55). Das Trauma vom November 1918, als Soldaten und Arbeiter angesichts der hoffnungslosen Kriegssituation meuterten und streikten und damit das Fanal der Revolution setzten, prägte entschieden das sozialpolitische Konfliktverhalten der nationalsozialistischen Führungseliten. Ein differenziert gefächertes System von Überwachung, Denunziation, Einschüchterung, Drohung und Terror auf der einen und Befriedungsversuche wie Versprechungen, soziale Bestechungen, materielle Zugeständnisse und graduelle Verbesserung der speziellen Lage auf der anderen Seite diente zur Bändigung und Integration der Arbeiterklasse, deren politischer Aktionsraum auf ein Minimum reduziert war (Dok. 51, 54, 81).

[38.] Joseph Goebbels zur Gleichschaltung von Gewerkschaften und Parteien, 17. 4. 1933

[...] hier oben habe ich mit dem Führer die schwebenden Fragen eingehend durchgesprochen. Den 1. Mai werden wir zu einer grandiosen Demonstration deutschen Volkswillens gestalten. Am 2. Mai werden dann die Gewerkschaftshäuser besetzt. Gleichschaltung auch auf diesem Gebiet. Es wird vielleicht ein paar Tage Krach geben, aber dann gehören sie uns. Man darf hier keine Rücksicht mehr kennen. Wir tun dem Arbeiter nur einen Dienst, wenn wir ihn von der parasitären Führung befreien, die ihm bisher nur das Leben sauer gemacht hat.

Sind die Gewerkschaften in unserer Hand, werden sich auch die anderen Parteien und Organisationen nicht mehr lange halten können [...]

[39.] **Robert Ley zur Zerschlagung der Gewerkschaften, 2. 5. 1933**

[...] Das, was die Gewerkschaften aller Richtungen, die Roten und Schwarzen, die Christlichen und »Freien«, auch nicht annähernd zustande brachten, was selbst in den besten Jahren des Marxismus nur ein Schatten, ein elender erbärmlicher Abklatsch gegenüber dem gewaltig Großen des gestrigen Tages war, der Nationalsozialismus schafft es im ersten Anlauf.

Er stellt den Arbeiter und den Bauern, den Handwerker und den Angestellten, mit einem Wort, alle schaffenden Deutschen in den Mittelpunkt seines Denkens und Handelns und damit in den Mittelpunkt seines Staates, und den Raffenden und den Bonzen macht er unschädlich. Wer war nun der Kapitalistenknecht, wer war der Reaktionär, der dich unterdrücken und dich aller Rechte berauben wollte? Jene roten Verbrecher, die dich gutmütigen, ehrlichen und braven deutschen Arbeiter jahrzehntelang mißbrauchten, um dich und damit das ganze Volk entrechten und enterben zu können, oder wir, die unter unsagbaren Opfern und Leiden gegen diesen Wahn- und Aberwitz teuflischer Juden und Judengenossen ankämpften? Schon drei Monate nationalsozialistischer Regierung beweisen dir: Adolf Hitler ist dein Freund! Adolf Hitler ringt um deine Freiheit! Adolf Hitler gibt dir Brot!

Wir treten heute in den zweiten Abschnitt der nationalsozialistischen Revolution ein. Ihr werdet sagen, was wollt ihr denn noch, ihr habt doch die absolute Macht. Gewiß, wir haben die Macht, aber wir haben noch nicht das ganze Volk, dich, Arbeiter, haben wir noch nicht hundertprozentig, und gerade dich wollen wir, wir lassen dich nicht, bis du in aufrichtiger Erkenntnis restlos zu uns stehst. Du sollst auch von den letzten marxistischen Fesseln befreit werden, damit du den Weg zu deinem Volke findest.

Denn das wissen wir: Ohne den deutschen Arbeiter gibt es kein deutsches Volk! Und vor allem müssen wir verhüten, daß dir dein Feind, der Marxismus, und seine Trabanten noch einmal in den Rücken fallen können [...]

[40.] **Gesetz über »Treuhänder der Arbeit«, 19. 5. 1933**

§ 1. Der Reichskanzler ernennt auf Vorschlag der zuständigen Landesgierungen und im Einvernehmen mit ihnen für größere Wirtschaftsgebiete Treuhänder der Arbeit. Der Reichsarbeitsminister soll die Treuhänder im Einvernehmen mit den beteiligten Landesregierungen einer von diesen oder einer Landesbehörde zuteilen.

§ 2. Bis zur Neuordnung der Sozialverfassung regeln die Treuhänder an Stelle der Vereinigungen von Arbeitnehmern, einzelner Arbeitgeber oder der Vereinigungen von Arbeitgebern rechtsverbindlich für die beteiligten Personen die Bedingungen für den Abschluß von Arbeitsverträgen [...] Auch im übrigen sorgen die Treuhänder für die Aufrechterhaltung des Arbeitsfriedens. Sie sind ferner zur Mitarbeit bei der Vorbereitung der neuen Sozialverfassung berufen.

§ 3. Die Treuhänder können die zuständigen Reichs- und Landesbehörden um die Durchführung ihrer Anordnungen und Verfügungen ersuchen. Sie sollen sich vor ihren Maßnahmen mit der Landesregierung oder einer von ihr bezeichneten Behörde in Verbindung setzen, es sei denn, daß Gefahr im Verzuge besteht.

§ 4. Die Treuhänder der Arbeit sind an Richtlinien und Weisungen der Reichsregierung gebunden.

[41.] Memorandum und Gesetzentwurf von Carl Goerdeler, Reichskommissar für die Preisüberwachung und Oberbürgermeister von Leipzig, für das Reichswirtschaftsministerium über die endgültige Beseitigung des Betriebsrätegesetzes und dessen Ersetzung durch ein neues Arbeitsgesetz, 7.9.1933

Was kann zur Förderung des Umsatzes weiter geschehen?
Nichts, als daß besonders die Wirtschaft von den Fesseln sinnloser Tarifverträge ebenso frei gemacht wird wie von den Einbildungen aller möglichen Stellen, man könne die Wirtschaft gängeln. Das kann man nicht, man kann ihr nur einen großen Wirkungsraum und gesunde Rechtsgrundlagen verschaffen. Dann muß jeder einzelne nach seinen Fähigkeiten in diesem Raume arbeiten. Die schwerste Fessel für eine natürliche Wiederbelebung der Wirtschaft sehe ich in der Wahnsinnsvorstellung, daß zu allen Zeiten unter allen Umständen mehr als 8 Stunden nicht gearbeitet zu werden braucht, um existieren zu können. Die notwendige Arbeitsleistung des einzelnen und des Volkes richtet sich nach den natürlichen Verhältnissen, in denen es lebt. Diese sind augenblicklich für Deutschland, was Absatzmöglichkeit nach dem Ausland und was erarbeitetes Kapital betrifft, außerordentlich schmal, also muß viel gearbeitet werden [...]
Man kann auch gleich zupacken, indem man an das Tarifvertragswesen grundsätzlich herangeht. Es gibt begrifflich und wirtschaftlich nur folgende Möglichkeiten: a) Kollektive Arbeitsverträge, b) vom Reich festgesetzte, c) Möglichkeit a und b vermischt, d) Betriebsregelung, e) Betriebsregelung mit Reichseingriffen.

Aus psychologischen und wirtschaftsorganischen Gründen erscheint mir eine vollkommene Abkehr von dem Bisherigen erforderlich. Je rücksichtsloser und je entschlossener die Abkehr erfolgt, um so wunderbarer wird die Wirkung sein. So ist es nicht, daß im Volk dafür kein Verständnis ist, im Gegenteil, das einfache Volksempfinden ist viel stärker als alle Überlegung, und der einzelne empfindet sehr wohl, daß letzten Endes das Arbeiten und die Leistung in der Arbeit entscheidend ist und nichts anderes. Ich schlage also vor, die Verordnung über das Tarifvertragswesen laut Anlage zu ändern. Der einzelne Unternehmer erhält freie Hand, mit seiner Belegschaft die Arbeitsbedingungen festzusetzen. Schon dadurch wird er gezwungen, den nationalsozialistischen Gedanken zu verwirklichen und seiner Belegschaft vollkommenen Einblick in Zweck, Stand und Möglichkeiten des Unternehmens zu gewähren. Hier beginnt die gleichzeitige Erziehungsarbeit der Deutschen Arbeitsfront. Der einzelne Mensch soll sich wieder als lebendiges Glied seines Unternehmens fühlen. Selbstverständlich wird dadurch ein Wettbewerb ausgelöst [...]
Entwurf für ein Gesetz zur Erhaltung von Arbeitsstellen, zur Förderung der Arbeitsbeschaffung und zur weiteren Belebung der Wirtschaft. [...]
Die Reichsregierung hat das folgende Gesetz beschlossen, das hiermit verkündet wird.
§ 1. Die Tarifvertragsverordnung vom 23. 12. 1918 in der Fassung der Bekanntmachung vom 1. 3. 1928 wird aufgehoben.
§ 2. Die Regelung der Arbeitsbedingungen erfolgt durch den verantwortlichen Betriebsleiter nach Anhörung der Vertrauensmänner des Betriebes [...]
§ 4. Der Betriebsleiter ist verpflichtet, den Betrieb wirtschaftlich zu führen, wie es dem Gesamtinteresse der Volkswirtschaft am besten entspricht, und in diesem Rahmen die wirtschaftlichen und sozialen Belange der Betriebsangehörigen zu pflegen und zu fördern.

Die Betriebsangehörigen sind verpflichtet, die Belange des Betriebes wahrzunehmen, dem Betriebsleiter Treue zu halten und die Erhaltung der Betriebsstätte allen Sonderwünschen voranzustellen.

[42.] **Robert Ley vor der 1. Reichstagung der Reichsgruppe Chemie im Deutschen Techniker-Verband, 24. 11. 1933**

Es wäre falsch, daß wir zwar den Arbeitstag bis ins kleinste organisieren, aber die 16 Stunden Freizeit ungeregelt lassen. Es gilt, in Zukunft auch die Organisation der Freizeit durchzuführen, daß sich alle Arbeitsmenschen nach ihrer Werkarbeit wohl fühlen und Stunden der Erholung und Erbauung finden. Das dringendste für ein Volk sei, daß es seine Nerven stark erhalte. Ein Volk ohne Nerven könnte im Sturm des Schicksals nur erliegen. Die Stählung der Nerven und die Gestaltung der Freizeit ist die Aufgabe der Feierabendorganisation »Nach der Arbeit«. Dem Menschen muß in Zukunft eine größere Ausspannung gesichert werden. Wer 40 und mehr Jahre alt geworden ist, braucht im Jahre seine 3 bis 4 Wochen Urlaub, die Jüngeren müssen wenigstens 10 Tage Ferien bekommen [...] Wir müssen das Volk heben, emporheben, mit uns heben [...] Genau so, wie wir die Seele mit Nahrung versehen, müssen wir auch den Körper stählen.

Mit Entschiedenheit ist aber die Rekordhascherei abzulehnen, so daß auch der ältere Mensch mitgehen kann, daß er nicht zurückgestoßen wird, weil er mit den Jungen nicht mitkommt, das muß vermieden werden.

[43.] Gesetz zur »Ordnung der nationalen Arbeit«, 20.1.1934

Erster Abschnitt
Führer des Betriebes und Vertrauensrat

§ 1 Im Betriebe arbeiten der Unternehmer als Führer des Betriebes, die Angestellten und Arbeiter als Gefolgschaft gemeinsam zur Förderung der Betriebszwecke und zum gemeinen Nutzen von Volk und Staat.

§ 2 1. Der Führer des Betriebes entscheidet der Gefolgschaft gegenüber in allen betrieblichen Angelegenheiten, soweit sie durch dieses Gesetz geregelt werden.

2. Er hat für das Wohl der Gefolgschaft zu sorgen. Diese hat ihm die in der Betriebsgemeinschaft begründete Treue zu halten [...]

§ 5 1. Dem Führer des Betriebes mit in der Regel mindestens 20 Beschäftigten treten aus der Gefolgschaft Vertrauensmänner beratend zur Seite. Sie bilden mit ihm und unter seiner Leitung den Vertrauensrat des Betriebes.

2. Zur Gefolgschaft im Sinne der Bestimmungen über den Vertrauensrat gehören auch die Hausgewerbetreibenden, die in der Hauptsache für den gleichen Betrieb allein oder mit ihren Familienangehörigen arbeiten.

§ 6 1. Der Vertrauensrat hat die Pflicht, das gegenseitige Vertrauen innerhalb der Betriebsgemeinschaft zu vertiefen.

2. Der Vertrauensrat hat die Aufgabe, alle Maßnahmen zu beraten, die der Verbesserung der Arbeitsleistung, der Gestaltung und

Durchführung der allgemeinen Arbeitsbedingungen, insbesondere der Betriebsordnung, der Durchführung und Verbesserung
des Betriebsschutzes, der Stärkung der Verbundenheit aller Betriebsangehörigen untereinander und mit dem Betriebe und dem
Wohle aller Glieder der Gemeinschaft dienen. Er hat ferner auf
eine Beilegung aller Streitigkeiten innerhalb der Betriebsgemeinschaft hinzuwirken. Er ist vor der Festsetzung von Bußen auf
Grund der Betriebsordnung zu hören [...]

§ 12 Der Vertrauensrat ist nach Bedarf von dem Führer des Betriebes
einzuberufen. Die Einberufung muß erfolgen, wenn die Hälfte der
Vertrauensmänner es beantragt [...]

§ 16 Gegen Entscheidungen des Führers des Betriebes über die Gestaltung der allgemeinen Arbeitsbedingungen, insbesondere der Betriebsordnung (§ 6, Abs. 2) kann die Mehrzahl des Vertrauensrates
des Betriebes den Treuhänder der Arbeit unverzüglich schriftlich
anrufen, wenn die Entscheidungen mit den wirtschaftlichen oder sozialen Verhältnissen des Betriebes nicht vereinbar erscheinen. Die
Wirksamkeit der von dem Führer des Betriebes getroffenen Entscheidung wird durch die Anrufung nicht gehemmt [...]

Zweiter Abschnitt
Treuhänder der Arbeit

§ 18 1. Für größere Wirtschaftsgebiete, deren Abgrenzung der Reichsarbeitsminister im Einvernehmen mit dem Reichswirtschaftsminister und dem Reichsminister des Innern bestimmt, werden
Treuhänder der Arbeit ernannt. Sie sind Reichsbeamte und unterstehen der Dienstaufsicht des Reichsarbeitsministers. Ihren
Sitz bestimmt der Reichsarbeitsminister im Einvernehmen mit
dem Reichswirtschaftsminister.

2. Die Treuhänder der Arbeit sind an Richtlinien und Weisungen
der Reichsregierung gebunden.

§ 19 1. Die Treuhänder der Arbeit haben für die Erhaltung des Arbeitsfriedens zu sorgen [...]

§ 36 1. Gröbliche Verletzungen der durch die Betriebsgemeinschaft begründeten sozialen Pflichten werden als Verstöße gegen die soziale Ehre von den Ehrengerichten gesühnt. Derartige Verstöße
liegen vor, wenn

1. Unternehmer, Führer des Betriebes oder sonstige Aufsichts-
personen unter Mißbrauch ihrer Machtstellung im Betriebe
böswillig die Arbeitskraft der Angehörigen der Gefolgschaft
ausnutzen oder ihre Ehre kränken;

2. Angehörige der Gefolgschaft den Arbeitsfrieden im Betriebe

durch böswillige Verhetzung der Gefolgschaft gefährden, sich insbesondere als Vertrauensmänner bewußt unzulässige Eingriffe in die Betriebsführung anmaßen oder den Gemeinschaftsgeist innerhalb der Betriebsgemeinschaft fortgesetzt böswillig stören;

3. Angehörige der Betriebsgemeinschaft wiederholt leichtfertig unbegründete Beschwerden oder Anträge an den Treuhänder der Arbeit richten oder seinen schriftlichen Anordnungen hartnäckig zuwiderhandeln [...]

[44.] Entwurf der Denkschrift des Reichsstandes der deutschen Industrie, 13. 2. 1934

[...]

2. Industrielle Zwangsorganisation oder Beibehaltung des freiwilligen Zusammenschlusses.

Gewisse Entwicklungstendenzen steuern auf die öffentliche Zwangsorganisation im wirtschaftlichen Verbandsleben hin, um zu einer totalen verbandsmäßigen Erfassung aller Angehörigen eines Wirtschaftszweiges zu gelangen und den Gefahren einer möglichen einseitigen Interessenpolitik zu begegnen. Dies ist auch unser Ziel, das wir jedoch unter Vermeidung der mit jedem Zwang verbundenen Nachteile zu erreichen suchen [...]

Einen den Notwendigkeiten der Staatsführung und den Bedürfnissen der Wirtschaft entsprechenden Ausgleich zwischen Zwangsorganisation und Freiwilligkeit sehen wir in folgenden Erwägungen, die aus dem Bewußtsein der Verantwortung für die bestehenden und zu übernehmenden Aufgaben entspringen:

a) Einführung des Führerprinzips

Der Reichsstand der deutschen Industrie hat bereits das Führerprinzip für seine Organisation übernommen. Er erachtet es mit diesem Führerprinzip als notwendig verbunden, daß der Führer des Reichsstandes in Zukunft von der Reichsregierung bestätigt wird. Die vom Reichswirtschaftsministerium geplante Ausdehnung der Stellung des Verbandsführers auf den gesamten Wirtschaftszweig ist geeignet, eine unmittelbare und ausreichende Einflußnahme auf die gesamte Industrie sicherzustellen.

b) Anerkennung des Reichsstandes der deutschen Industrie und seiner Unterverbände

Der Reichsstand der deutschen Industrie und die nach der Durchführung der Reorganisation bestehenden Unterverbände werden vom Reichswirtschaftsministerium anerkannt. Diese behördliche

Anerkennung verpflichtet und berechtigt den Verband, den Industriezweig bei der Regierung zu vertreten. Er wird für die Erfüllung bestimmter Aufgaben der staatlichen Verwaltung herangezogen und hat das alleinige Recht, Eingaben zu machen und bei Entscheidungen, die den Industriezweig angehen, gehört zu werden. Sämtliche dem Industriezweig angehörenden Firmen, unabhängig von der Zugehörigkeit zum Verband, sind gehalten, ihre Angelegenheiten durch Vermittlung des zuständigen Verbandes beim Reichswirtschaftsministerium vorzubringen.

c) Stärkung des hierarchischen Aufbaus des Reichsstandes der deutschen Industrie
Die Verbandsdisziplin muß sowohl gegenüber den Unterverbänden wie gegenüber den Mitgliedsfirmen gestärkt werden. Die Unterordnung der Fachgruppen und landschaftlichen Verbände kommt darin genügend zum Ausdruck, daß die Führer dieser Verbände vom Führer des Reichsstandes der deutschen Industrie bestätigt werden und ihm verantwortlich sind, wobei insbesondere für die Anfangszeit gewisse Kontrollrechte des Reichswirtschaftsministeriums eingeschaltet werden könnten. Es würde also der Vorsitzende des Reichsstandes der deutschen Industrie vom Reichswirtschaftsminister als Führer zu bestätigen sein, während die Führer der Fachgruppen und der landschaftlichen Verbände durch den Führer des Reichsstandes der deutschen Industrie zu bestätigen sind und wiederum die Bestätigung der Führer der Fachverbände den zuständigen Fachgruppen obliegt [...]

[45.] Verordnung des Führers und Reichskanzlers über Wesen und Ziel der Deutschen Arbeitsfront, 24.10.1934

§ 1. Die Deutsche Arbeitsfront ist die Organisation der schaffenden Deutschen der Stirn und der Faust.
In ihr sind insbesondere die Angehörigen der ehemaligen Gewerkschaften, der ehemaligen Angestellten-Verbände und der ehemaligen Unternehmervereinigungen als gleichberechtigte Mitglieder zusammengeschlossen [...]
Der Reichskanzler kann bestimmen, daß gesetzlich anerkannte ständische Organisationen der Deutschen Arbeitsfront korporativ angehören.

§ 2. Das Ziel der Deutschen Arbeitsfront ist die Bildung einer wirklichen Volks- und Leistungsgemeinschaft aller Deutschen.
Sie hat dafür zu sorgen, daß jeder einzelne seinen Platz im wirtschaft-

lichen Leben der Nation in der geistigen und körperlichen Verfassung einnehmen kann, die ihn zur höchsten Leistung befähigt und damit den größten Nutzen für die Volksgemeinschaft gewährleistet.

§ 3. Die Deutsche Arbeitsfront ist eine Gliederung der NSDAP. im Sinne des Gesetzes zur Sicherung der Einheit von Partei und Staat vom 1. Dezember 1933* [...]

§ 7. Die Deutsche Arbeitsfront hat den Arbeitsfrieden dadurch zu sichern, daß bei den Betriebsführern das Verständnis für die berechtigten Ansprüche ihrer Gefolgschaft, bei den Gefolgschaften das Verständnis für die Lage und die Möglichkeiten ihres Betriebes geschaffen wird.

Die Deutsche Arbeitsfront hat die Aufgabe, zwischen den berechtigten Interessen aller Beteiligten jenen Ausgleich zu finden, der den nationalsozialistischen Grundsätzen entspricht und die Anzahl der Fälle einschränkt, die den nach dem Gesetz vom 20. Januar 1934 zur Entscheidung allein zuständigen staatlichen Organen zu überweisen sind.

Die für diesen Ausgleich notwendige Vertretung aller Beteiligten ist ausschließliche Sache der Deutschen Arbeitsfront. Die Bildung anderer Organisationen oder ihre Betätigung auf diesem Gebiet ist unzulässig [...]

[46.] Robert Ley zum Jahrestag von »Kraft durch Freude«, 27. 11. 1934

[...] Der Führer war es, der auch hier, wie immer, richtungweisend war. Er sagte: »Ich will, daß dem Arbeiter ein ausreichender Urlaub gewährt wird und daß alles geschieht, um ihm diesen Urlaub sowie seine übrige Freizeit zu einer wahren Erholung werden zu lassen. Ich wünsche das, weil ich ein nervenstarkes Volk will, denn nur allein mit einem Volk, das seine Nerven behält, kann man wahrhaft große Politik machen.« Dieser Wille des Führers war uns heiliger Befehl! [...] Die marxistischen und bürgerlichen Klassenkampfinstrumente – die alten Verbände – selbst in staatlich korporativer Verbrämung durften wir nicht weiter bestehen lassen. Deshalb bauten wir systematisch die Organisation der Gemeinschaft aller Schaffenden, Unternehmer wie Arbeiter: die Arbeitsfront. Das Leben ist nicht allein eine nackte Magenfrage, ein Lohn- oder gar Dividendenproblem, sondern wir haben gelernt, und das Volk hat es begriffen: zum Leben gehört eine Summe von andern Dingen – die anständige Ge-

* Vgl. Dok. 20.

sinnung, die Teilnahme an der Kultur, das Schauen der Schönheiten unseres Vaterlandes, die Gestaltung des Arbeitsplatzes, die Erhaltung der Spannkraft des Körpers, die Erweckung eines neuen Volks- und Brauchtums und vieles andere mehr [...] Noch nie in der Geschichte hat sich eine große und gewaltige Umwälzung vollzogen, ohne daß das Volk materielle Forderungen stellte. Und dieses Wunder ist uns gelungen. So ist denn heute, nach noch nicht zwei Jahren, der große Wurf gelungen. Die Arbeitsfront ist der Exerzierplatz, auf dem täglich die Gemeinschaft geübt wird, und »Kraft durch Freude« ist das Reglement, nach dem wir exerzieren [...]

Unser Prachtstück ist das Amt für »Reisen und Wandern« [...] Nach Einzelmeldungen der Gaue und der Meldung des Zentralamtes wurden insgesamt 2168032 Arbeiter auf Reisen geschickt, davon 1¾ Millionen auf Urlaubsreisen von 7–10 Tagen [...] Die wirtschaftliche Bedeutung unserer Fahrten ergibt sich aus folgenden Ziffern: Insgesamt sind bei sämtlichen Urlauberzügen rd. 40 Millionen Reichsmark umgesetzt worden. Davon erhielt die Reichsbahn allein eine zusätzliche Einnahme von rd. 7 Millionen RM. Durch eine vorzügliche Organisation wurden die Kosten der einzelnen Fahrten sensationell niedrig gehalten. So kostete z. B. eine Fahrt von Berlin ins Riesengebirge mit einem siebentägigen Aufenthalt, einschließlich Verpflegung, Hin- und Rückfahrt und Darbietungen im Aufnahmegebiet 28 RM [...] Einer besonders großen Beliebtheit erfreuten sich unsere Urlaubsreisen zur See. Nicht weniger als rd. 80000 Volksgenossen aus allen Teilen Deutschlands fuhren auf eigenen Dampfern zu den norwegischen Fjorden oder an die englische Küste. Der Preis einer derartigen Reise stellte sich ab Berlin und zurück einschließlich 6 Tagen Verpflegung und Fahrt an Bord auf 42 RM [...] Und als letztes sei nun der vielen tausend Veranstaltungen gedacht, die die Güte der Kultur und des Brauchtums vermittelten. In dem ersten Jahr wurden in allen Gauen Deutschlands 66739 Veranstaltungen von »Kraft durch Freude« durchgeführt. Allein Berlin ermöglichte 500000 Arbeitern für 70 Pfennig den Besuch des Theaters des Volkes, wo beste Kunst geboten wird. In Berlin besuchten weiter 700000 Arbeiter andere Theater und Konzertveranstaltungen. Baden hat einen eigenen Theaterzug modernster Art, der die Dörfer und Kleinstädte aufsucht. Das Amt für Propaganda läßt dauernd 14 Film- und Funkzüge, die z. T. für Theater ausgerüstet sind, durch alle Gaue laufen. Im Augenblick betreuen diese die Arbeiter auf den Autobahnen und Notstandsgebieten. In 126 Betrieben sind bereits Werkscharen herangebildet, die die Stoßtrupps eines neuen Brauchtums werden sollen [...]

[47.] **Analyse der Sopade des Verhaltens der Arbeiterschaft,
Januar 1935**

[...] Es zeigte sich, daß die Wirkungen der Wirtschaftskrise auf die innere
Widerstandskraft der Arbeiterschaft verheerender waren, als man bis dahin glaubte. Immer wieder wird dieselbe Erfahrung gemacht: der mutig-
ste illegale Kämpfer, der rücksichtsloseste Gegner des Regimes ist in der
Regel der Erwerbslose, der nichts mehr zu verlieren hat. Kommt aber ein
Arbeiter nach jahrelanger Arbeitslosigkeit in den Betrieb, so wird er –
und seien Lohn und Arbeitsbedingungen noch so schlecht – auf einmal
ängstlich. Jetzt hat er wieder etwas zu verlieren und sei es auch noch so
wenig und die Furcht vor dem neuen Elend der Erwerbslosigkeit ist
schlimmer als das Elend selbst. Die Nationalsozialisten haben die Betriebe nicht erobert. Das Ansehen der nationalsozialistischen Vertrau-
ensleute ist dauernd zurückgegangen. Das der alten freigewerkschaft-
lichen Betriebsräte ist im selben Grade wieder gestiegen. Aber die Nationalsozialisten haben das Selbstvertrauen der Arbeiterschaft zerstört; die
Kräfte der Solidarität verschüttet und ihren Willen zum Widerstand ge-
lähmt. Das ist im wesentlichen der Stand am Ende des zweiten Jahres der
Diktatur. Es zeigen sich vereinzelt Ansätze neuerwachenden Wider-
standsgeistes, aber es ist noch nicht zu übersehen, ob aus den Ansätzen
bald eine allgemeine Bewegung herauswachsen wird [...]

[48.] **Protokoll einer Chefbesprechung unter dem Vorsitz
des Reichsarbeitsministers Franz Seldte über Lohnpolitik, 2. 5. 1935**

Der Reichsarbeitsminister erläutert die Notwendigkeit einer Aussprache
über die künftig zu verfolgende Lohnpolitik.
Er habe die Lohnpolitik bisher nach dem Grundsatz geführt, den Lohnstand des Jahres 1933 zu halten. Die Aufrechterhaltung dieses von
der Reichsregierung gebilligten Grundsatzes begegne aber steigenden
Schwierigkeiten, zumal nun auch von der Leitung der Deutschen Arbeitsfront die Lohnfrage aufgerollt und eine Verbesserung der Arbeitsbedingungen in Aussicht gestellt worden sei. Seit 1933 habe sich die wirtschaftliche Lage mancher Industriezweige günstiger gestaltet. Die Erwartung
der Arbeiterschaft auf Besserung der Arbeitsbedingungen sei daher be-
greiflich [...] Zu Beginn dieses neuen Arbeitsjahres frage er nun, ob die
Lohnpolitik in irgendeiner Art gelockert werden könne und je nach der
wirtschaftlichen Lage einzelner Wirtschaftszweige auch Verbesserungen
der Arbeitsbedingungen, z. B. hinsichtlich der Nebenleistungen (z. B. Urlaub und Kündigungsbestimmungen), tragbar seien [...]

Der Reichswirtschaftsminister hält den Zeitpunkt für eine Aufrollung der Lohnfrage für denkbar ungeeignet. Jede Lohnerhöhung sei untragbar, da sie eine Verteuerung der Produktion bewirken müsse. Die Sicherheit der Nation erfordere die alsbaldige Vollendung der Aufrüstung, die ohne ausländische Rohstoffe nicht durchgeführt werden könne. Auf die deshalb entscheidende Devisenfrage müsse auch die Lohnpolitik eingestellt sein [...] Selbst eine elastische Lohnpolitik, d. h. ein Ausgleich unter Aufrechterhaltung des allgemeinen Lohnstandes sei bedenklich, da sie zu schwer absehbaren Rückwirkungen auf das Rüstungsprogramm führe und stets die Richtung der Löhne nach oben stärke. Auch der Reichswehrminister erhebt starke Bedenken gegen jede Veränderung der geltenden Löhne. Die Aufrüstung werde sonst ernstlich gefährdet.

Der Reichsverkehrsminister warnt dringend vor der Propagierung von Lohnerhöhungen, wie sie leider im »Angriff« vom 27. April 1935 unter Hinweis auf den Maiaufruf von Dr. Ley vorgenommen sei [...]

Der Reichsminister des Innern und der Reichsfinanzminister befürchten gleichfalls bei einer Lohnsteigerung eine im gegenwärtigen Zeitpunkt unmögliche Erschütterung des Preisstandes. Auch der Stellvertreter des Führers wünscht, daß an dem Grundsatz, den Lohnstand weder nach oben noch nach unten zu ändern, streng festgehalten werde [...]

Der Reichsarbeitsminister hält, nachdem sich alle Ressortchefs gegen jede Änderung des Lohnstandes (einschl. der sonstigen Arbeitsbedingungen) ausgesprochen haben, zum mindesten eine gewisse Elastizität bei der amtlichen Lohnregelung für geboten [...] In der Aussprache darüber, in der sich der Stellvertreter des Führers und der Reichskommissar für Preisüberwachung für ein ganz starres Festhalten an den z. Zt. geltenden Lohnsätzen einsetzten, wurde Übereinstimmung dahin erzielt, daß der bisherige Lohnstand mit der größtmöglichen Starrheit aufrechterhalten werden müsse. Den Erfordernissen der Preisgestaltung, der Aufrüstung und des Exports müsse alles andere untergeordnet werden.

[49.] Reichsarbeitsdienstgesetz, 26. 6. 1935

§ 1.   1. Der Reichsarbeitsdienst ist Ehrendienst am deutschen Volke.

2. Alle jungen Deutschen beiderlei Geschlechts sind verpflichtet, ihrem Volk im Reichsarbeitsdienst zu dienen.

3. Der Reichsarbeitsdienst soll die deutsche Jugend im Geiste des Nationalsozialismus zur Volksgemeinschaft und zur wahren Arbeitsauffassung, vor allem zur gebührenden Achtung der Handarbeit erziehen.

4. Der Reichsarbeitsdienst ist zur Durchführung gemeinnütziger Arbeiten bestimmt.

§ 2. 1. Der Reichsarbeitsdienst untersteht dem Reichsminister des Innern. Unter ihm übt der Reichsarbeitsführer die Befehlsgewalt über den Reichsarbeitsdienst aus.

2. Der Reichsarbeitsführer steht an der Spitze der Reichsleitung des Arbeitsdienstes; er bestimmt die Organisation, regelt den Arbeitseinsatz und leitet Ausbildung und Erziehung.

§ 3. 1. Der Führer und Reichskanzler bestimmt die Zahl der alljährlich einzuberufenden Dienstpflichtigen und setzt die Dauer der Dienstzeit fest.

2. Die Dienstpflicht beginnt frühestens nach vollendetem 18. und endet spätestens mit Vollendung des 25. Lebensjahres [...]

§ 7. 1. Zum Reichsarbeitsdienst kann nicht zugelassen werden, wer nichtarischer Abstammung ist oder mit einer Person nichtarischer Abstammung verheiratet ist [...]

§ 9. Die Vorschriften über die Arbeitsdienstpflicht der weiblichen Jugend bleiben besonderer Regelung vorbehalten [...]

§ 18. Die Angehörigen des Reichsarbeitsdienstes bedürfen zur Verheiratung besonderer Genehmigung.

[50.] Robert Ley an Adolf Hitler über inflationäre Preisentwicklung, 15. 8. 1935

Die Aufwärtsbewegung der Preise hat in den letzten Tagen eine Entwicklung genommen, die stärkste Unruhe hervorgerufen hat. Von allen Seiten und aus allen Teilen des Reichs häufen sich die Klagen gerade über ein Emporschnellen der Lebensmittelpreise zu einer für den Arbeiter fast unerschwinglichen Höhe [...]
Zwingt schon die Preispolitik des Reichsnährstands mit ihrer nivellierenden Tendenz und der dadurch bedingten Verschiebung der Lebenshaltungskosten zwischen Stadt und Land ohnedies in absehbarer Zeit zu Folgerungen in der Lohngestaltung, so ist eine unmittelbare Auswirkung auf die Löhne unvermeidbar, wenn der hier kurz angedeuteten Preisentwicklung nicht schnellstens Einhalt geboten wird.

[51.] Deutschlandberichte der Sopade über die Gewinnung der Arbeiter durch Zwangsorganisation und soziale Bestechung, November 1935

Der Zweck aller nationalsozialistischen Massenorganisationen ist der gleiche. Ob man an die Arbeitsfront denkt oder an Kraft durch Freude, an die Hitler-Jugend oder an den Arbeitsdank, überall dienen die Organisationen dem gleichen Zweck: die ›Volksgenossen‹ zu ›erfassen‹ oder zu ›betreuen‹, sie nicht sich selbst zu überlassen und sie möglichst überhaupt nicht zur Besinnung kommen zu lassen. Wie jemand sich durch leere Geschäftigkeit um jede Möglichkeit bringt, ernsthaft zu arbeiten, so entfalten die Nationalsozialisten überall eine übereifrige Betriebsamkeit mit der eingestandenen Absicht, keine wirklichen Gemeinsamkeiten, keinerlei freiwillige Zusammenschlüsse aufkommen zu lassen. Ley hat es erst kürzlich in aller Offenheit gestanden: der ›Volksgenosse‹ soll kein Privatleben haben und erst recht soll er seinen privaten Kegelklub aufgeben. Dieses Organisationsmonopol geht darauf aus, den Mann im Volke völlig unselbständig zu machen, jede wie immer geartete Initiative zu den primitivsten freiwilligen Zusammenschlüssen in ihm zu ertöten, ihn von allen Gleichgesinnten oder auch nur Gleichgestimmten fernzuhalten, ihn zu isolieren und zugleich an die staatliche Organisation zu binden. Die Wirkung bleibt nicht aus. Gelegentlich kann man von Arbeitern oder Arbeiterinnen über Kraft durch Freude ein Wort der Anerkennung hören mit dem Zusatz: früher hat sich niemand um uns gekümmert! Allerdings, früher hat der Staat es nicht als seine Aufgabe betrachtet, die Arbeiter und Arbeiterinnen ›freimußig‹ serienweise in die Theater zu schicken. Früher setzten die Arbeiter ihren Stolz darein, sich in diesen Dingen um sich selbst zu kümmern. Aber nicht wenigen wird das staatlich organisierte Vergnügen und ›Ausspannen‹ besser gefallen, weil es bequemer ist. Wenn die Dinge so liegen, dann kann es offenbar nicht nur so nebenbei darauf ankommen, den Arbeitern zu zeigen, daß dieser oder jener Einzelerfolg das Ergebnis ihres ›festen Zusammenstehens‹ ist, sondern dann rückt diese Aufgabe in das Zentrum der praktischen illegalen Arbeit.

Das Wesen faschistischer Massenbeherrschung ist Zwangsorganisierung auf der einen, Atomisierung auf der anderen Seite.

Die Nationalsozialisten wissen sehr gut, daß das Solidaritätsgefühl die Kraftquelle der Arbeiterschaft ist, und infolgedessen gehen alle ihre Maßnahmen für oder gegen die Arbeiter darauf aus, das Gefühl für die Notwendigkeit solidarischen Handelns zu ertöten. Alle Verschlechterungen, die sie den Arbeitern bei den Löhnen, den Steuern, in der Sozialversicherung aufzwingen, werden so eingerichtet, daß sie niemals große Gruppen gleichmäßig treffen. Sonst könnten vielleicht allgemeine Verschlechterungen allgemeine Abwehrbewegungen hervorrufen. Diese Politik der Nationalsozialisten hat bedenkliche Erfolge gezeitigt, nicht zuletzt deshalb, weil die Zerstörung des Solidaritätsgefühls schon in der Wirtschaftskrise begonnen hat. Die Krise hat den Arbeiter dahin gebracht, den wertvollsten Erfolg solidarischen Handelns, die Tariflöhne, gering zu achten und Arbeit um jeden Preis zu suchen. Jetzt haben die Nationalsozialisten den Arbeiter so weit, daß er oft einzeln zum Meister läuft, um eine Lohnverschlechterung, vor allem bei den Akkordsätzen, abzuwenden, und er sich vom Meister ein Zugeständnis machen läßt unter der Bedingung, daß er seinen Arbeitskollegen nichts davon erzählt. Vor allem bei jungen Arbeitern kann man oft den Eindruck haben, daß sie überhaupt nicht mehr auf den Gedanken kommen, sie könnten durch gemeinschaftliches Handeln – und sei es auch nur in der kleinsten Abteilung – ihren Forderungen mehr Nachdruck verleihen.

[52.] Schreiben des Reichs- und Preußischen Arbeitsministers Seldte an den Chef der Reichskanzlei Dr. Lammers über die Arbeitsmarktlage, 28. 8. 1936

Ende Juli 1936 waren nach dem Bericht der Reichsanstalt für Arbeitsvermittlung und Arbeitslosenversicherung im Deutschen Reiche noch 1 170 000 Arbeitslose vorhanden. Damit haben wir ungefähr den Stand der Jahre 1928 und 1929 wieder erreicht. Das Niveau der Arbeitslosigkeit liegt im Jahre 1936 noch um mehr als ½ Million unter dem des Vorjahres. Die Abnahme seit dem Winter war in diesem Jahre noch größer als 1935 (1 350 000 gegenüber 1 220 000 im Jahre 1935).
Unter den gezählten Arbeitslosen befindet sich ein nicht unerheblicher Prozentsatz nur noch beschränkt Verwendungsfähiger und außerdem zahlreiche Arbeitslose, die infolge Stellenwechsels nur kurzfristig ohne Beschäftigung sind. Andererseits gibt es allerdings noch immer einen gewissen Anteil langfristig Arbeitsloser, die trotz der günstigen wirtschaftlichen Entwicklung nicht untergebracht werden können, so insbesondere viele ältere Angestellte.
Die Zahl der Beschäftigten betrug Ende Juli 1936 = 17 838 000, das sind gegenüber dem Vorjahr 1,2 Millionen und gegenüber dem Zeitpunkt der Machtübernahme 6⅓ Millionen mehr.
Der Stand der Beschäftigung hat damit fast den des Jahres 1929 (17 959 000) erreicht, liegt allerdings noch um rund 700 000 unter dem von 1929 (18 539 000).
Die geschilderte günstige Entwicklung hat bereits in verschiedenen Wirtschaftszweigen, besonders in den Hauptberufen der Metall- und Bauwirt-

schaft und in der Landwirtschaft, einen fühlbaren Arbeitermangel hervorgerufen, der sich in mannigfaltiger Hinsicht sehr nachteilig auswirkt. Die rechtzeitige Ausführung zahlreicher Bauvorhaben und sonstiger Aufträge, auch solcher für Zwecke der Wehrmacht und der Ausfuhr, wird in Frage gestellt. Andererseits zeitigt der Kampf der Unternehmer um die knapp gewordenen Facharbeiter äußerst unerfreuliche Erscheinungen, einen häufigen, ungeregelten Wechsel der Arbeitsstellen, Unruhe in den Betrieben, planlose Lohnsteigerungen und im Gefolge davon Preiserhöhungen, z. B. in der Baustoffindustrie; Streikversuche von Arbeitern, die zu den Konjunkturberufen gehören und weitere Lohnerhöhungen durchsetzen wollen, bilden leider keine Ausnahmeerscheinung mehr.

Abhilfemaßnahmen erscheinen dringend notwendig, zumal durch die Einführung der zweijährigen Dienstpflicht und durch einen noch zu erwartenden erheblichen Mehrbedarf an Arbeitskräften für neue Rüstungsbetriebe eher eine Zunahme dieser Schwierigkeiten zu erwarten ist. Von der Seite des Arbeitseinsatzes her sehen wir keine Möglichkeit einer Entlastung, da die Reichsanstalt für Arbeitsvermittlung und Arbeitslosenversicherung bereits für den Einsatz aller in den Konjunkturberufen verwendungsfähigen Arbeitskräfte Sorge trägt. Der zahlenmäßige Erfolg von Umschulungsmaßnahmen ist erfahrungsgemäß gering, sie nehmen auch, ebenso wie die Nachwuchsförderung, zu viel Zeit in Anspruch, um zur Beseitigung der augenblicklichen Schwierigkeiten wesentlich beitragen zu können. Der einzige erfolgversprechende Ausweg scheint uns in einer Zurückstellung weniger wichtiger Arbeiten zu liegen, durch die der Bedarf an Arbeitskräften für die vordringlichen Aufgaben sichergestellt werden würde; z. T. würde dadurch auch den Rohstoffschwierigkeiten entgegengewirkt werden.

**[53.] Oberst Thomas, Leiter des Wehrwirtschaftsstabes
im Wehrmachtamt des Reichskriegsministeriums, anläßlich
der 5. Tagung der Reichsarbeitskammer über Wehrwirtschaft
und Kriegsvorbereitung, 24. 11. 1936**

[...] Meine Herren! Der totale Krieg der Zukunft wird Forderungen an das Volk stellen, wie wir alle sie noch nicht kennen. Die seelischen und körperlichen Anstrengungen des Weltkrieges, die unserem deutschen Volke doch wirklich schwere Lasten auferlegt haben, werden im Kriege der Zukunft weit übertroffen werden. Und es wird ein seelisch und charakterlich festes, körperlich gesundes und ertüchtigtes und vor allem innerlich geeintes Volk dazu gehören, um diese Eindrücke und Anstrengungen zu ertragen. Solche Eigenschaften zeigt im Ernstfalle aber ein Volk nur, wenn es im Frieden dazu erzogen worden ist, und darum ist uns Soldaten Ihre Erziehungsarbeit m. E. von ganz besonderer Bedeutung. Fünf Grundforderungen sind es, an denen die Wehrwirtschaft die *Mitarbeit der Deutschen Arbeitsfront* erbittet:

1. Erhaltung des sozialen Friedens
2. Erhaltung einer gesunden und wehrhaften Bevölkerung
3. Sicherung des derzeitigen Preis- und Lohnniveaus
4. Mitarbeit an der Ausbildung des notwendigen Bedarfs an Facharbeitern und sonstigen Arbeitskräften
5. Aufklärungs- und Erziehungsarbeit im wehrhaften Sinne. Wenden wir uns nun diesen einzelnen Grundforderungen etwas näher zu.

Ich habe die Erhaltung des sozialen Friedens an die Spitze unserer Forderungen gestellt, weil diese Forderung einmal eine der Hauptgrundlagen des nationalsozialistischen Gedankens ist und weil sie eine unbedingte Voraussetzung ist für die Durchführung unserer großen Aufgaben im Ernstfalle. Wir stehen in dieser Beziehung heute sicher an der Spitze der ganzen Welt, denn kein anderes Land kann sich rühmen, in so schwieriger Lage ohne Störung des sozialen Friedens einen so gewaltigen Aufstieg seiner Wirtschaft durchgeführt zu haben. Wir können es auch ganz klar aussprechen, daß diese Leistungen, die das deutsche Volk in den letzten 3 Jahren an den Tag gelegt hat, gar nicht möglich gewesen wären, wenn wir noch die Störungsfaktoren innerhalb unserer Betriebe gehabt hätten, die das Jahrzehnt vor der Machtübernahme beherrscht haben. Die gleichmäßige Ausrichtung der Betriebsführer und ihrer Gefolgschaft auf die Grundsätze der nationalsozialistischen Weltanschauung war die Voraussetzung für unser ganzes Schaffen.

Der Arbeitsfriedensbruch, wie er in Frankreich und anderen Ländern jetzt seine größten Blüten treibt, ist bei uns ausgeschlossen, seit der Machtübernahme gibt es weder Streiks noch Aussperrungen, weil die Ursachen hierzu bekämpft wurden und weil die geistigen Voraussetzungen für einen dauerhaften Arbeitsfrieden geschaffen wurden.

Die Arbeitsfront ist der Träger dieser Gedanken und damit für die Wehrwirtschaft eine notwendige Voraussetzung.

Ich habe bereits angedeutet, daß der Krieg der Zukunft für das deutsche Volk größere Belastungen bringen wird als der vergangene und daß die Schicksalsverbundenheit des gesamten Volkes im Kriege noch mehr notwendig ist als im Frieden. Es ist hier genauso wie bei der Ernährungslage im Kriege. Ihr Stand wird stets dem Grade der vorangegangenen Vorratswirtschaft der letzten Friedenswirtschaft entsprechen. Es ist also eine sozialpolitische Vorratswirtschaft erforderlich, die ich in einer festen Verankerung des Vertrauens der Gefolgschaft zum Betriebsführer, aber auch dessen und der Gefolgschaft Vertrauen zur Staatsführung sehe.

Wenn diese Erkenntnis in allen Köpfen erkannt ist, werden viele der Reibungsflächen verschwunden sein, die früher zur Störung des Arbeitsfriedens geführt haben. Sowohl der Betriebsführer wie die Gefolgschaft müssen wissen, daß sie im Kriege genauso Soldaten der Arbeit sind wie draußen die Soldaten an der Front. Sie müssen sich darüber klar sein, daß die Arbeit in der Heimat an der Maschine oder im Bergwerk genauso ehrenhaft ist wie der Kampf mit der Waffe; daß von ihnen aber auch rücksichtslos dieselben Kraftanstrengungen und physische Leistungen verlangt werden wie an der Front. Reibungsloses Funktionieren des gesamten Wirtschaftsapparates im Kriege ist die Voraussetzung für einen erfolgreichen Kampf der Divisionen, Luftgeschwader und Kriegsschiffe. Und diese Auffassung über die Pflichten gegen den Staat im Krieg muß bereits jetzt im Frieden in der Wirtschaft Eingang finden und von der Deutschen Arbeitsfront als richtungweisend vertreten werden. Wir müssen uns darüber klar sein, daß wir bereits heute infolge der Maßnahmen der anderen Staaten in einem gewissen Wirtschaftskrieg stehen. Wenn wir ihn siegreich beenden wollen, und wenn wir die Forderungen des Führers auf schnellste Durchführung unserer Rüstung erreichen wollen, müssen alle Forderungen, die aus sozialen Gründen wohl erwünscht wären, zurücktreten und einer Zeit vorbehalten werden, die der Führer dann sicherlich rechtzeitig bestimmen wird.

Ich komme zum zweiten Punkt.

Die Schaffung bezw. Erhaltung einer gesunden und wehrhaften Bevölkerung ist selbstverständlich einer der Hauptwünsche des Soldaten. Wir können auch hier feststellen, daß die Deutsche Arbeitsfront diese Notwendigkeit klar erkannt hat und ihre Arbeit in diese Linie ausgerichtet hat. Ihre Bestrebungen, – die Organisation »Kraft durch Freude« – deute ich in der Richtung Freude durch kraftvolle Arbeit und Freude an der Arbeit durch Gesundheit des Körpers und der Seele. Wir Soldaten haben immer den Standpunkt vertreten, daß jeder Dienst leichter getan wird, wenn man Freude daran hatte, und daß die besten Erfolge eintraten, wenn man die Rekruten so ausbildete, daß ihnen die Sache selbst Spaß machte. Wir alle wissen auch ganz genau, daß der Marxismus und der Kommunismus gewachsen sind auf dem Boden der Unfreude, der Verzweiflung und des Bruderhasses, und diese Erkenntnis und die Feststellung, daß diese Freude am Leben der Eckpfeiler eines gesunden Staatslebens ist, müssen uns zum eifrigen Förderer dieser Gesundheitsbewegung der Deutschen Arbeitsfront machen. Wir sind uns mit Ihnen klar, daß die Einrichtungen der »Kraft durch Freude« unter keinen Umständen zu organisierten Vergnügungsmaßnahmen auswachsen dürfen, sondern daß sie dazu da sind, eine seelisch und körperlich gesunde Bevölkerung zu schaffen. [...]

Die Sicherung des derzeitigen Preis- und Lohnniveaus ist für uns von ganz besonderer Bedeutung. Der Führer und der Generaloberst *Göring* haben in ihren Reden gerade in der letzten Zeit ihre Ansicht über diese Fragen kundgetan.

Ich muß aber auch von seiten des Soldaten im einzelnen auf dieses Gebiet eingehen. Sie wissen, meine Herren, daß die Lohnfrage und die Frage der Gewinne bereits im Kriege ein sehr unangenehmes Problem gewesen ist, und es wird Ihnen auch bekannt sein, daß sich hier auf diesem Gebiet in den letzten Monaten neue Störungen gezeigt haben. Wie ist es dazu gekommen?

Der Wille des Führers, die Arbeitslosigkeit zu beseitigen, hat in allen Reichsressorts zur Aufstellung der großen Programme geführt, die Ihnen in den Einzelheiten ja allen bekannt sind. Zu diesen Programmen kamen weitere Vorhaben der Partei, wie Siedlungsbauten, Bauten, die der Gesundheit oder der Kulturarbeit dienen, und endlich kamen dazu vielerlei Maßnahmen der Bevölkerung, die aus Angst vor einer Abwertung oder ähnlichen Maßnahmen, wie man sie im Auslande sieht, in die Sachwerte hineingingen. So entstand ein Auftragsbestand, der für die Wirtschaft zu groß war, um in den gewünschten Terminen ausgeführt werden zu können. Jede Behörde, jeder Privatmann, der Aufträge erteilt hatte, drückte auf Innehaltung der Termine und drohte mit Konventionalstrafen. Die Arbeiter wurden knapp, der Unternehmer bot, um mehr Arbeiter zu bekommen, bessere Lohnbedingungen und so kam das Lohnniveau auf verschiedenen Gebieten ins Schwanken. Wenn auch äußerlich die Tariflöhne gehalten wurden, so zahlte man doch Zulagen oder stufte anders ein, so daß zweifellos andere Verdienstmöglichkeiten herauskamen.

So sehr bessere Löhne in Konjunkturzeiten erwünscht sind, so vorsichtig muß man in unserer Situation auf diesem Gebiet sein. Denn mit dem Steigen des Lohnniveaus ist ein Steigen der Preise verbunden, und wenn dann noch die Rohstofflage die Ware verknappt, muß dieses Preissteigen noch mehr gefördert werden. Wenn man weiß, daß der Anteil der Löhne und Gehälter am Produktionswert einzelner Industrien doch ganz erheblich ist, so kann man sich vorstellen, daß eine Lohnerhöhung große Preissteigerungen hervorrufen muß. Das Halten des Preises ist aber eine Frage unserer Aufrüstung. Man muß sich darüber klar sein, daß die Mittel, die zur Aufrüstung erforderlich sind, von der Regierung unbedingt zur Verfügung gestellt werden. Steigen nun die Preise erheblich, dann muß der Staat mehr Mittel aufwenden, und der Geldumlauf muß erhöht werden. Mit der Erhöhung des Geldumlaufs setzt neues Steigen ein, und wir haben die Kette ohne Ende, die letzten Endes zur Inflation führen muß. Es ist in unserer Lage also unbedingt erforderlich, daß eine feste Steuerung des Lohngebietes stattfindet, wie sie ja auch von der Arbeitsfront mitbetrieben wird. Diese Steuerung ist auch aus anderen Gründen erforderlich. Wir wissen, daß die Rüstungsindustrie und die sie bedienenden Industrien unter höchster Ausnutzung ihrer Kapazität arbeitet und zum Teil Löhne zahlt, die durch Zulagen und ähnliche Manöver über dem Tarif liegen. Dagegen stehen andere Industrien, die infolge der Rohstoffknappheit verkürzt arbeiten und ihren Arbeitern nur Tariflöhne zahlen. Bringt ein Arbeiter das Doppelte nach Hause als ein anderer, der auf demselben Korridor wohnt, so wird das unvermeidlich zu Verärgerungen und zu sozialen Störungen führen, die wir, wie ich ja vorhin schon andeutete, keinesfalls gebrauchen können.

Dieses sind die Gründe, warum sich die Wehrwirtschaft mit der Lohnfrage beschäftigt.

Mit der Lohnfrage verbunden ist aber auch die Frage der Gewinne.

Will man das Lohnniveau auf gleicher Höhe halten, so muß auch die Gewinnfrage in einem bestimmten Rahmen bleiben. Der Begriff des Rüstungsgewinnlers ist für unsere Zeit untragbar und muß es von dem wehrwirtschaftlich eingestellten Wirtschaftsführer verlangt werden, daß er von sich aus seine Preise so gestaltet, daß nur ein mäßiger Gewinn aus den Lieferungen herauskommt. Es ist bei diesem Tempo der Auftragserteilung völlig ausgeschlossen, daß die staatliche Preisprüfung die Preiskalkulation völlig in der Hand hat.

Es wird sich daher oft der Fall ergeben, daß, wenn ein Werk im Geschäftsjahr durch überraschend große Umsätze aus dem Rüstungsgebiet Übergewinne gemacht hat, diese von diesem Werk zurückgezahlt oder auf das nächste Geschäftsjahr angerechnet werden. Grundsatz muß daher bleiben, daß die Wehrwirtschaft eine gesunde und krisenfeste Industrie braucht, die nach Abebben der Rüstungskonjunktur nicht notleidend wird, etwa dem Staat zur Last fällt und an Kriegsbereitschaft einbüßt.

Ich komme zur Frage der Ausbildung.

Die letzten Monate haben uns ja eingehend vor Augen geführt, wie wichtig die Ausbildung unserer Facharbeiter und der sonstigen Arbeitskräfte für die Durchführung unseres Programmes ist. Wenn wir jetzt schon Schwierigkeiten haben, um den Bedarf zu decken, um wieviel größer werden sie sein, wenn die Masse zu den Fahnen eilen muß, um draußen im Felde ihren Mann zu stehen. Ich brauche nicht zu betonen, daß die Wichtigkeit dieses Problems von seiten des Soldaten voll erkannt ist, und alle Vorbereitungen getroffen werden, um die Arbeiterfrage im Ernstfall zweckentsprechend zu lösen. Ich möchte auch nicht eingehen auf die Vorarbeiten, die vom Reichsarbeitsministerium, vom Wirtschaftsministerium und im Rahmen der Arbeitsfront geleistet werden, sondern möchte nur auf 3 wichtige Punkte hinweisen: Es scheint mir, als ob bei uns in Deutschland der Qualitätsfacharbeiter an Arbeiten hingestellt wird, die von angelernten Arbeitskräften zu erfüllen sind. Wir müssen unsere Fabrikationsverfahren daraufhin nachprüfen und die Fertigungsverfahren evtl. demgemäß umstellen.

[...]

Der 2. Punkt ist die Beschäftigung der Frauen.

Die Frau wird im Ernstfalle im großen Umfange die Arbeit in den Fabriken leisten müssen. Sie muß also dafür vorbereitet werden. Auch hier müssen sich die sozialen Bestrebungen, die Frau aus den Betrieben zu lösen, den militärischen Notwendigkeiten unterordnen. Wie diese Maßnahme vorzubereiten und durchzuführen ist, muß überlegt werden. Feststeht, daß auf vielen Gebieten die Frau eine glänzende Facharbeiterin werden kann und auch bereits jetzt schon dementsprechende Arbeit tut.

Der 3. Punkt ist die Ausbildung des Facharbeiterersatzes, der ja schon durch die Verordnungen des Generalobersten *Göring* im Rahmen des Vierjahresplanes seinen Anstoß erhalten hat.

Die von den Großbetrieben jetzt schon seit Jahren betriebene Lehrlingsausbildung muß zweifellos auf erheblich größere Basis gestellt werden, wenn wir nicht bereits in den nächsten Jahren erhebliche Rückschläge erleiden wollen. Behörden und Arbeitsfront werden auf diesem Gebiet ein wertvolles Feld der Tätigkeit finden.

Nun noch einige Worte über die Aufklärungs- und Erziehungsarbeit im wehrhaften Sinne.

Meine bisherigen Ausführungen werden Ihnen ja schon den Rahmen angezeigt haben, in dem die Wehrmacht die Aufklärungs- und Erziehungsarbeit im Volke wünscht. Wir haben im Krieg und nach dem Kriege viel darüber gesprochen und geschrieben, daß das Volk von seiten der Regierung und den ihr zur Verfügung stehenden Organisationen nicht so aufgeklärt und gelenkt worden ist, wie es im Interesse der gesamten Kriegsführung erforderlich gewesen wäre. Wir haben andererseits gerade im letzten Jahr in Italien ein Beispiel gehabt, wie ein Volk, das an und für sich für den abessinischen Feldzug zunächst in keiner Weise begeistert war, durch Aufklärungs- und Erziehungsarbeit umgestellt worden ist, und zum Schlusse mit ganzem Herzen und heller Begeisterung im Sinne Mussolinis mitgegangen ist. Eine derartige Arbeit ist zweifellos ein Teil der inländischen Kriegspropaganda und wird dann auch dem Propagandaministerium zufallen. Wirkungsvoll wird sie aber nur sein, wenn sie von allen Stellen getrieben wird und bereits im Frieden eingeleitet wird.

Ich habe schon vorhin darauf hingewiesen, daß wir uns in einer Art Wirtschaftskrieg befinden und daß die Zeit von uns möglicherweise verlangen kann, daß wir uns auf dem einen oder anderen Gebiet erheblich einschränken oder völlig umstellen. Eine Regierung mit einer Vertrauensbasis wie die unsrige wird ihre Aufklärungs- und Erziehungsarbeit am besten und erfolgreichsten mit offenen Karten erfüllen. Die Ausführungen, die der Generaloberst *Göring* über die Ernährungs- und Rohstofflage gemacht hat, hat im ganzen Volk die Wirkung gehabt, die er sich von ihr versprochen hatte, und gerade auf dem wehrwirtschaftlichen Gebiet wäre es falsch, dem Volk die Lücken zu verheimlichen, die nun mal bestehen. Offene Darlegung der Ernährungslage, Erklärung warum die Verhältnisse so liegen, warum wir nicht genügend Rohstoffe haben, scharfe Anordnungen zur Behebung der Schwierigkeiten und rücksichtsloses Durchgreifen bei Verstößen werden auf dem wehrwirtschaftlichen Gebiet immer bessere Erziehungsarbeit leisten, als Verheimlichen oder Verschleierung der Schwierigkeiten.

Betriebsführer und Gefolgschaft müssen klar sehen, wo die Mängel liegen und welche Wege die Regierung gehen will, sie werden dann in der Lage sein, auf ihren Gebieten mitzuhelfen, diese Schwierigkeiten zu überwinden. Wie lange wäre es schon möglich gewesen, seitens der Behörden und seitens der wirtschaftlichen Betriebe Einsparungen vorzunehmen auf dem Gebiet der Sparmetalle. Es erfolgte nicht, weil man keine energischen Weisungen herausgab. Wieviel stärker hätte man auch die Chemie nicht schon auf die Schaffung von Ersatzstoffen ansetzen können, wenn man klar die bevorstehende Mangellage ausgesprochen hätte.

Wie hätte man auch auf dem Ernährungsgebiet schon seit langem vorbereitende Vorkehrungen treffen können, wenn man die Tatsachen unserer Ernährungslage klar zum Ausdruck gebracht hätte. So gibt es viele Gebiete, wo durch klare Aufklärung des Volkes und durch dementsprechende Erziehungsarbeit vieles hätte vermieden werden können, was uns heute Schwierigkeiten macht. Und ich glaube bestimmt, daß im Auslande derartig klare Richtlinien, wie sie Generaloberst *Göring* im Vierjahresplan gegeben hat, und die den unbedingten Willen, sich durchzusetzen darlegen, besser wirken, als Verschleierung der wahren Tatsachen, die letzten Endes das Ausland bei seinem Spionagedienst doch kennt.

Wenn in dieser Linie die Deutsche Arbeitsfront mithilft an der Belehrung der deutschen Wirtschaft, wie sie es in der Beilage Wehrdienst zur Deutschen Arbeitskorrespondenz begonnen hat, arbeitet sie vollauf im wehrwirtschaftlichen Sinne.

Ich bin am Schluß meiner Ausführungen. Solange es eine Wehrmacht und eine Wirtschaft gibt, ist wohl noch nie die enge Verbindung beider miteinander so erkannt und betont worden wie in den letzten Monaten. Der Soldat hat klar erkannt, daß eine Wehrmacht ohne Wirtschaft nicht bestehen kann, die Wirtschaft weiß, daß sie nicht gedeihen kann, wenn sie nicht von einem scharfen Schwert geschützt wird. Wenn bei dieser klaren Erkenntnis, Sie, meine Herren, die Sie zum größten Teil im Rahmen der Deutschen Arbeitsfront stehen, mithelfen, diese Verbindung enger zu knüpfen und das gegenseitige Verständnis immer eingehender zu gestalten, werden wir Soldaten Ihnen besonders dankbar sein.

Heil Hitler!

[54.] Monatsbericht der Wehrwirtschafts-Inspektion XIII/Nürnberg, 16.12.1936

[...] Um die eingeschulten Arbeitskräfte, speziell in der metallverarbeitenden Industrie, zu halten, wurden vielfach die Facharbeiterlöhne von den Firmen freiwillig erhöht. Insbesondere sind Lohnsteigerungen bei Firmen mit Heereslieferungen festzustellen. Zum Teil erfolgen solche mittelbar durch Sonderzuwendungen. So zahlt beispielsweise die Firma Aluminiumwerke Nürnberg ihrer Belegschaft als Weihnachtsgratifikation einen vollen Monatslohn. Die Firma Siemens-Schuckert-Werke Nürnberg soll für den gleichen Zweck ca. 3,5 Millionen RM auswerfen. Diese Lohnentwicklungen, mit denen insbesondere die Export-Industrie nicht Schritt zu halten vermag, führen zu Abwanderungen der Facharbeiter zu rüstungswirtschaftlichen Betrieben und sollen Mißstimmungen in den Belegschaften der Betriebe zeitigen, deren Geschäftslage Lohnsteigerungen nicht zulassen. Nach Auffassung sowohl der Arbeitsamt-Vertreter, als auch des Handelskammer-Vertreters, genügen die im Vierjahresplan festgelegten Beschränkungen nicht, um ein Wegengagieren der Facharbeiter im notwendigen Ausmaße verhindern zu können [...]

[55.] Monatsbericht des Regierungspräsidenten von Oberbayern, 10.2.1937

[...] Die Stimmung unter den Bergarbeitern in Penzberg ist nach wie vor schlecht. Dies äußert sich sichtbar in erster Linie in der Verweigerung des Deutschen Grußes. Von den ehemaligen Penzberger Kommunisten und Marxisten werden die Ereignisse in Spanien lebhaft verfolgt und besprochen. – Der ledige Bergarbeiter Alois Lechner wurde in das Konzentrationslager Dachau eingeliefert, weil er wiederholt mit anderen Arbeitskameraden den Moskauer Sender abgehört hat. Gegen ihn und andere ist ein Strafverfahren wegen Vorbereitung zum Hochverrat anhängig. Ein Penzberger Bauhilfsarbeiter mußte gleichfalls in Schutzhaft genommen werden, da er beim Betreten einer Wirtschaft »Heil Moskau« rief [...]

[56.] **Sozialbericht der Reichstreuhänder der Arbeit für das 4. Vierteljahr 1938, 3.3.1939**

[...] Der Drang, fehlende Arbeitskräfte durch Überbietungen anzuwerben, kann durch die schärfsten Maßnahmen nicht plötzlich beseitigt werden. Dafür einige Beispiele: Eine Bielefelder Firma forderte kürzlich frühere Gefolgschaftsmitglieder mit herzlich gehaltenen Briefen auf, doch wieder in den Betrieb zurückzukehren. Die Arbeitsbedingungen seien inzwischen wesentlich verbessert worden. Jeder Arbeiter könne z. B. kostenlos mit seinen Angehörigen regelmäßig in der Werksküche zu Mittag essen, so daß zu Hause nicht mehr gekocht zu werden brauche! [...]
Auch die Arbeiter machen sich die Mangellage an Arbeitskräften noch in erheblichem Umfang zunutze. Noch immer wird versucht, durch Kündigung höhere Löhne zu erzwingen oder durch Zurückhaltung mit der Leistung und durch Nichteinhalten der Arbeitszeiten, die erwünschte Entlassung oder verbesserte Arbeitsbedingungen zu erhalten [...]
Die Klagen über eine Lockerung der Arbeitsdisziplin wollen nicht verstummen. Oft kommt es vor, daß Gefolgschaftsmitglieder unentschuldigt der Arbeit fernbleiben. Wie der Reichstreuhänder Nordmark berichtet, fehlten in einem Betrieb der Metallindustrie an einem Sonnabend so viele Frauen, daß der Betrieb sich entschließen mußte, die Arbeit am Sonnabend ganz ausfallen zu lassen und die Stunden auf die folgende Woche zu verteilen. Überhaupt wächst die Neigung der verheirateten Arbeiterinnen, deren Männer gut verdienen, nur sehr unregelmäßig zur Arbeit zu kommen. Auch in der chemischen Industrie sind Bummelschichten in steigendem Maße festzuhalten. Die deswegen verhängten Gefängnisstrafen haben jedoch zu einer wesentlichen Verbesserung der Arbeitsmoral in diesem Gewerbezweig beigetragen. Nach dem Bericht des Reichstreuhänders Thüringen sind im Braunkohlen- und Kalibergbau am 27.12.1938 bis zu 30% der Gefolgschaft unentschuldigt nicht zur Arbeit gekommen [...]

[57.] Bericht über die 15. Sitzung des Reichsverteidigungsausschusses, 15.12.1938

[...] Menschenverteilung

[...] die Menschenverteilung ist das wichtigste, und schwierigste, am weitesten rückständige Problem. Wegen des großen Mangels an Arbeitskräften muß eine Methode angewendet werden, die nicht mehr aus dem vollen schöpft, sondern, vereinfacht, an Menschen spart. Der Mensch ist unersetzlicher Sparstoff.

[...] Das Ziel für die Menschenverteilung ist die Vorbereitung des Einsatzes aller deutschen Menschen, einschließlich der Frauen, zwischen dem 14. und 70. Lebensjahr. Die Hauptbedarfsträger sind Wehrmacht, Verwaltung und Wirtschaft [...]

Zur einheitlichen »Regelung der Menschenverteilung im Kriege« wird eine besondere Arbeitsgemeinschaft als »RV-Unterausschuß Menschenverteilung« im RVA* gebildet [...]

[58.] Monatsbericht der Wehrwirtschafts-Inspektion XIII/Nürnberg, 15.6.1939

[...] Mehr und mehr äußert sich die Auswirkung der Verknappung an Arbeitskräften und wohl auch einer tiefgreifenden Mißstimmung in Arbeiterkreisen über die zum Teil übermäßige Anspannung der Arbeitskraft in offener Widersetzlichkeit oder Sabotage bzw. Sabotageversuchen:

Bei den Siemens-Schuckert-Werken, Nürnberg, versuchten zwei Arbeiter bereits fertiggestellte Transformatoren unbrauchbar zu machen.

Im Panzerwerk Busenius und Co., Nürnberg, wurden zwei Leute wegen Aufhetzung und ein Mann wegen des Versuchs, die Hauptsicherung des Werkes unbrauchbar zu machen, von der Gestapo verhaftet [...]

Der Arbeiterschaft ist anscheinend zuviel von Lohnerhöhungen versprochen worden, ohne, als selbstverständliche Voraussetzung, die vom Führer geforderte Leistungssteigerung zu betonen. Einzelne Vertreter der DAF haben in ihren Ausführungen geradezu aufhetzend gewirkt [...]

---

* RVA = Reichsverteidigungsausschuß.

[59.] **Bericht der Staatspolizeistelle Dresden an das Geheime
Staatspolizeiamt über »Unruhe unter Dienstverpflichteten«,
29. 6. 1939**

In dem eine Belegschaft von etwa 6000 Personen umfassenden Rüstungs-
betrieb der »Mitteldeutschen Stahlwerke« in Gröditz, Kreis Großenhain,
wird seit einigen Monaten über mangelhafte Arbeitsleistung geklagt. Un-
entschuldigtes Fernbleiben von der Arbeit und unnatürlich viele Krank-
meldungen führten dazu, daß zei[t]weilig bis zu 1200 Arbeiter fehlten. In
einigen Fällen ließen Schäden an den Maschinen den Verdacht von Sabotage aufkommen. Seit Oktober 1938 ist in etwa 50 Fällen von der Geheimen Staatspolizei eingeschritten worden. In schwerwiegenden Fällen erfolgten Festnahmen und mehrfach gerichtliche Verurteilungen auf Grund
der Strafbestimmungen der 2. Verordnung zur Durchführung des Vierjahresplanes vom 5. 11. 1936 [...]
Vor allem aber haben sich bei dem Verfahren der Dienstverpflichtung
sozialpolitische Mängel herausgestellt, die Gefahrenherde ersten Ranges
sind, auf die die Arbeitsunwilligkeit und Unruhe unter der Gefolgschaft
hauptsächlich zurückzuführen sind und die deshalb einer restlosen Beseitigung aus staatspolizeilichen Gründen dringend bedürfen [...]
Unter diesen Umständen ist erklärlich, daß einer marxistischen Propaganda oder wenigstens einem entsprechenden Verhalten Vorschub geleistet wird. So wurden im Werk Anfang Juni zwei ehemalige Kommunisten
festgenommen, die sich in ganz besonderer Weise im Sinne der von der
KPD herausgegebenen Parolen beteiligt [*recte*: bestätigt?] hatten [...]
Um derartige Auswirkungen zu vermeiden, halte ich bei allen Maßnahmen des besonderen Arbeitseinsatzes eine viel peinlichere Beachtung der
sozialen Bedingungen und Maßnahmen für erforderlich, unter denen
dem deutschen Arbeiter eine so einschneidende Maßnahme wie die
Dienstverpflichtung auferlegt werden kann. Nach meinen Feststellungen
ist die hier geschilderte Lage in den Mitteldeutschen Stahlwerken Gröditz
keine vereinzelte Erscheinung. Sie muß aber [sic!] zu erheblicher Sorge
hinsichtlich der politischen Entwicklung der Arbeiterschaft Anlaß geben.
Sie wird um so ernster, je mehr ein Kriegsfall in Betracht gezogen werden
muß [...]

3. Erziehung, Wissenschaft, Kultur und Religion im Dienste der nationalsozialistischen Revolution

Es kann kein Zweifel bestehen: die Nationalsozialisten begriffen sich und ihre »Bewegung« als revolutionär. Die Machtübernahme am 30. Januar 1933 und der etwa 18 Monate dauernde Prozeß der »Machtergreifung« mit dem Ergebnis der politischen und gesellschaftlichen »Gleichschaltung« sollte ihrem Verständnis nach die notwendigen Rahmenbedingungen schaffen, um die »Revolution der Deutschen« zu realisieren, die eine seit 1918 durch Kriegsniederlage und »Novemberrevolution« verursachte Fehlentwicklung korrigieren und an die Stelle von Kapitalismus und Klassenkampf die Idee der »Volksgemeinschaft« und des »Dritten Reiches« setzen sollte. Das bürgerliche Zeitalter des Liberalismus sollte durch eine neue Ära des völkischen Rassegedankens abgelöst werden (Dok. 62, 66, 68).

Die nationalsozialistische Politik zielte nicht nur auf die Umwälzung der deutschen Staats- und Gesellschaftsform, sondern auch auf die revolutionäre Veränderung des europäischen, ja globalen Staatensystems. Mit Hilfe einer sozialdarwinistischen Rassenhöherzüchtungspolitik war die qualitative Veränderung der Bevölkerungsstruktur innerhalb und außerhalb Deutschlands vorgesehen. Im Gegensatz zu diesem revolutionären Selbstverständnis vieler Hitler-Anhänger steht das oft anzutreffende Bemühen, das Dritte Reich in die Traditionen preußisch-deutscher Politik einzufügen, die nationalsozialistische Bewegung und Herrschaft als logische Folge lang angelegter Entwicklungsstränge in der deutschen Geschichte zu deuten und damit auch ihren revolutionären Anspruch zu legitimieren. Das bekannteste Beispiel hierfür ist der von J. Goebbels meisterlich inszenierte, vom In- und Ausland stark beachtete »Tag von Potsdam«, an dem sich der »Führer« des Dritten Reiches und der als Ersatzkaiser und Vaterfigur verehrte Reichspräsident Paul von Hindenburg in der traditionsreichen preußischen Garnisonskirche in Potsdam die Hände reichten und damit am Grabe Friedrichs des Großen das Bündnis zwischen jung und alt, zwischen Revolution und Tradition besiegelten.

Um ihre welthistorische und revolutionäre Mission erfüllen zu können, benötigten die Nationalsozialisten einen »neuen Menschen«, der – ohne Skrupel und moralische Hemmungen – dazu ausersehen war, die aus der Vergangenheit abgeleitete Zukunftsvision bereits in der Gegenwart zumindest ansatzweise zu realisieren.

In dieser Absicht erhielt das am 15. 3. 1933 geschaffene Ministerium für Volksaufklärung und Propaganda eine zentrale Funktion (Dok. 60). Unter der Leitung von J. Goebbels wurde nicht nur die Presse und der Rundfunk »gleichgeschaltet« und damit das Nachrichten- und Interpretationsmonopol durchgesetzt (Dok. 66), sondern es wurde auch, durch die Einführung der Reichskulturkammer und des Schriftleitergesetzes, dirigistischer Einfluß auf das gesamte Kulturleben (Dok. 62, 72) in Deutschland ausgeübt. Eine Welle von Säuberungs-, Reglementierungs- und Überwachungsmaßnahmen im deutschen Kultur- und Wissenschaftsbetrieb zwang viele namhafte Künstler

und Forscher, in die Emigration zu gehen. Daß hierbei auch Konkurrenz-
neid und opportunistische Anbiederung eine Rolle spielten und diese kaum
verständlich zu machenden Aktionen erleichterten, sollte nicht unerwähnt
bleiben.

Besondere Aufmerksamkeit bei der Durchsetzung der »weltanschaulichen
Revolution« galt der totalitären Erfassung und der ideologischen Indoktrination der Jugend als der kommenden Elite (Dok. 71, 73, 74, 75), deren anfängliche Begeisterung geschickt verstärkt, gleichzeitig aber manipuliert, unifor-
miert und in den Dienst nationalsozialistischer Zwecke und Ziele gestellt,
kurz: mißbraucht wurde. Der totalitäre Anspruch des Nationalsozialismus
auf das Individuum und vor allem seine Rassenlehre bzw. Judenpolitik mußten über kurz oder lang den Widerspruch, ja den Widerstand der Kirchen
provozieren. Jedoch waren deren Reaktionen nicht einheitlich.

Die protestantischen Landeskirchen standen der Weimarer Republik und besonders der SPD und KPD distanziert gegenüber, so daß viele ihrer Mitglieder
zunächst das Hitler-Hugenberg-Kabinett begrüßten, zumal die Nationalsozialisten spätestens seit Sommer 1930, vor den Toren der Macht stehend, wohl
hauptsächlich aus wahltaktischen Erwägungen die Kirchen zu respektieren
vorgaben, und Hitler in seinen ersten Erklärungen als Reichskanzler stets die
vermeintlich christlichen Grundlagen seiner Politik beteuerte.

Dieser betont gemäßigte und kirchenfreundliche Kurs der NSDAP in der An-
fangsphase ihrer Herrschaft blieb nicht ohne Wirkung. Besonders nach der
Wahl im März 1933 häuften sich die Sympathieerklärungen aus kirchlichen
Kreisen.

Diese Haltung änderte sich jedoch bald, denn es wurde deutlich, daß die Nationalsozialisten die Kirchen keinesfalls von ihrer Gleichschaltungspolitik
verschonen würden. Sie verfolgten vielmehr, wie in den anderen Bereichen
des politischen und gesellschaftlichen Lebens, eine politische und rassische
Säuberung der Kirche sowie deren Zentralisierung und Ausrichtung nach
dem »Führerprinzip«. Die Favorisierung der sogenannten »Deutschen Christen« und die Einsetzung eines »Reichsbischofs« (Dok. 61, 67) im Sinne der
»Gleichschaltung von Staat und Kirche« ließen die Unvereinbarkeit der Kirchen mit dem nationalsozialistischen Regime und dessen Führungsanspruch
unübersehbar zutage treten (Dok. 63, 69, 70).

Eine ähnliche Entwicklung läßt sich auch bei der katholischen Kirche beobachten. Straffer organisiert als die protestantischen Landeskirchen und ursprünglich politisch vom Zentrum vertreten, bewahrten die Katholiken der
nationalsozialistischen Bewegung gegenüber eine schärfere Distanz. Aber
auch diese Haltung wurde besonders nach Abschluß des Reichskonkordats
mit dem Heiligen Stuhl im Juli 1933 (Dok. 64, 65) von den Nationalsozialisten
unterlaufen. Die Fuldaer Bischofskonferenz, die bereits am 28. März 1933
ihre kritisch-distanzierte Position der NSDAP gegenüber revidiert hatte,
hegte die Hoffnung auf ein Arrangement mit den neuen Machthabern. Aber
dieser Kurs sollte sich ebenfalls bald als Illusion erweisen. Der Konflikt zwischen Loyalität zum Staat und Kritik am Regime bestimmte die nicht immer
widerspruchsfreie Haltung der Kirchen im Dritten Reich (Dok. 69).

[60.] **Joseph Goebbels vor der Presse über die Errichtung des Reichspropagandaministeriums, 15.3.1933**

Ich sehe in der Einrichtung des neuen Ministeriums für Volksaufklärung und Propaganda insofern eine revolutionäre Regierungstat, als die neue Regierung nicht mehr die Absicht hat, das Volk sich selbst zu überlassen. Diese Regierung ist im wahrsten Sinne des Wortes eine Volksregierung. Sie ist aus dem Volke hervorgegangen und wird immer die Vollstreckerin des Volkswillens sein. Ich verwahre mich auf das leidenschaftlichste dagegen, daß diese Regierung der Ausdruck irgendeines reaktionären Wollens sei, daß wir Reaktionäre wären. Wir könnten, denn wir haben ja die Macht dazu, die Gesindeordnung oder das Dreiklassenwahlrecht wieder einführen. Aber wir denken gar nicht daran. Wir wollen vielmehr dem Volke geben, was dem Volke gebührt, allerdings in einer anderen Form, als es im demokratischen Parlamentarismus geschah.

In dem neueingerichteten Ministerium für Volksaufklärung und Propaganda sehe ich die Verbindung zwischen Regierung und Volk, den lebendigen Kontakt zwischen der nationalen Regierung als der Ausdrucksform des Volkswillens und dem Volke selbst. Wie wir in den vergangenen Wochen erlebt haben, daß sich in steigendem Maße eine politische Gleichschaltung zwischen der Reichspolitik und der Länderpolitik vollzogen hat, so sehe ich die erste Aufgabe des neuen Ministeriums darin, nunmehr eine Gleichschaltung zwischen der Regierung und dem ganzen Volke herzustellen. Ich glaube nicht, daß wir unser Ziel mit einer 52prozentigen parlamentarischen Mehrheit erreicht haben würden. Eine Regierung, die so große, einschneidende Maßnahmen treffen muß wie die unsrige, könnte auf die Dauer im Volke nicht die Rückendeckung finden, deren sie für diese einschneidenden Maßnahmen bedarf, wenn sie sich damit zufriedengeben wollte. Sie muß vielmehr alle propagandistischen Vorbereitungen treffen, um das ganze Volk auf ihre Seite zu ziehen. Wenn diese Regierung entschlossen ist, niemals zu weichen, niemals, nimmer und unter keinen Umständen, dann braucht sie sich nicht der toten Macht der Bajonette zu bedienen, dann wird sie auf die Dauer nicht damit zufrieden sein können, 52 Prozent hinter sich zu wissen, um damit die übrigbleibenden 48 Prozent zu terrorisieren, sondern sie wird ihre nächste Aufgabe darin sehen, die übrigbleibenden 48 Prozent für sich zu gewinnen. Das geht nicht allein durch sachliche Arbeit. Die sachliche Arbeit der Regierung muß vielmehr dem Volke auch klargemacht werden.

Wir haben ein Ministerium für Volksaufklärung und Propaganda begründet. Diese beiden Titel drücken nicht dasselbe aus. Volksaufklärung ist im Wesen etwas Passives, Propaganda dagegen etwas Aktives. Wir können uns nicht damit begnügen, dem Volke zu sagen, was wir wollen, und

Aufklärung darüber zu geben, wie wir es machen. Wir müssen dieser Aufklärung vielmehr eine aktive Regierungspropaganda zur Seite stellen, eine Propaganda, die darauf hinzielt, Menschen zu gewinnen. Es genügt nicht, die Menschen mit unserem Regiment mehr oder weniger auszusöhnen, sie zu bewegen, uns neutral gegenüberzustehen, sondern wir wollen die Menschen so lange bearbeiten, bis sie uns verfallen sind, bis sie auch ideenmäßig einsehen, daß das, was sich heute in Deutschland abspielt, nicht nur hingenommen werden muß, sondern auch hingenommen werden kann [...]

Die Gleichschaltung zwischen der revolutionären Regierung und dem Volke wird einer unermüdlichen Arbeit bedürfen. Sie kann nicht in zwei Wochen oder in zwei Monaten oder vielleicht in zwei Jahren vollzogen werden, ich bin aber davon überzeugt, daß sich diese Gleichschaltung in steigendem Maße vollzieht. Die Methoden, die wir anwenden, werden am Ende auch den Reserviertesten und Böswilligsten davon überzeugen müssen, daß unser politischer Kurs der richtige ist [...]

Hier wird unsere Arbeit einzusetzen haben. Wir haben einen Zustand übernommen, der grauenerregend ist. Auf allen Gebieten des öffentlichen Lebens besteht ein vollkommener Verfall. Diesen Zustand ins rechte Lot zu bringen, ist eine furchtbar schwere und verantwortungsvolle Aufgabe. Es wird bei der Sanierung dieses Zustandes nicht möglich sein, vor unpopulären Maßnahmen zurückzuschrecken. Die Einschnitte müssen, so schmerzhaft sie auch sein mögen, vorgenommen werden. Die Regierung der nationalen Revolution hat nicht die Absicht, das Volk über gewisse Zustände zu belügen, sondern sie wird dem Volk ein klares und ungeschminktes Bild der Lage geben. Da setzt unsere Arbeit ein. Wir müssen dem Volke klarmachen, warum die Lage so ist, wie sie ist, und warum wir Maßnahmen treffen müssen, um die Lage zu ändern.

In dieser Beziehung nun werden wir alle Möglichkeiten und Methoden der Massenbeeinflussung für uns in Anspruch nehmen. Das neue Ministerium soll, im großen gesehen, fünf Abteilungen umfassen, nämlich die Abteilung des Rundfunks, die Abteilung der Presse, die Abteilung der aktiven Propaganda, die Abteilung des Films und die Abteilung Theater und Volkserziehung [...]

Wie ich schon betont habe, soll die Presse nicht nur informieren, sondern auch instruieren. Ich wende mich dabei vor allem an die ausgesprochen nationale Presse. Sie werden auch einen Idealzustand darin sehen, daß die Presse in der Hand der Regierung ein ungeheuer wichtiges und bedeutsames Massenbeeinflussungsinstrument ist, dessen sie sich in ihrer verantwortlichen Arbeit bedienen kann. Es ist möglich, daß Regierung und Presse vertrauensvoll miteinander und ineinander arbeiten können. Das zu erreichen, betrachte ich als eine meiner Hauptaufgaben [...]

[61.] **Richtlinien der »Deutschen Christen« für die Umgestaltung des kirchlichen Lebens, 6.5.1933**

[...] Die Verfassung der kommenden Reichskirche wird wie die des Dritten Reiches den Parlamentarismus überwunden haben, um die Form zu finden, die allein der Ausdruck des deutschen Menschen unseres Zeitalters sein kann: Herrschaft der Besten unter einem selbstgewählten Führer mit dem Ziel, Art, Form und Typus des deutschen Menschen in seinem Ringen um Gott zu leiten und zu schützen. Der Forderung nach einer solchen Kirche kommt der heutige Staat entgegen. Er braucht die Kirche als das stärkste Mittel einer sittlichen und gesunden Volkserziehung. Erst die Gleichschaltung von Staat und Kirche kann die unerhörte Kraftsteigerung hervorbringen, deren die Nation zur Erreichung ihrer Ziele bedarf [...]

[62.] **Joseph Goebbels über die Aufgaben der Kunst im revolutionären Prozeß, 8.5.1933**

[...] Die politische Umwälzung, die sichtbar für den Laien am 30. Januar begonnen hat, doch unsichtbar bereits die voraufgegangenen 14 Jahre bestimmte, wird gemeinhin als eine Revolution bezeichnet [...] Eine Revolution begrenzt sich nicht auf die Bezirke der Politik, sondern erobert nach und nach alle Gebiete des öffentlichen Lebens, wenn sie eine wirkliche und echte Revolution ist.
[...] Diese [nationalsozialistische] Revolution wird bis zum letzten Ende durchgeführt. Sie macht nirgends halt, sie erobert alle Gebiete des öffentlichen Lebens, um sie selbst sich anzugleichen [...]
Wesentlich bei der Erkenntnis der revolutionären Entwicklung, die sich augenblicklich in Deutschland vollzieht, ist, daß sie eine neue Beziehung bringt, den Menschen ein neues Verhältnis zu den Dingen gibt und daß der Satz, der der Motor ihrer Entwicklung ist, überall den Willen bestimmt, in Wirtschaft, Politik und Kunst. Das macht auch vor dem Privatleben nicht halt. Gesetze einer Revolution sind unaufhaltsam.
[...] Das System, das vor dem revolutionären Aufmarsch dieser Bewegung zusammenbrach, beruhte auf dem Gedankenteiler [sic!] des Individuums. Unter ihm sah man alles. Denn der Einzelmensch entschied. Die Wirtschaft hatte nicht den Zweck, daß sie dem Volke diente, sondern daß der einzelne an ihr gewann. Auch der Parlamentarismus war die politische Ausgeburt dieses schrankenlosen Individualismus, der ebenso das künstlerische Schaffen der vergangenen Jahrzehnte ausschließlich bestimmt.

In dem Augenblick, wo an Stelle des Einzelmenschen wieder die Gemeinschaft Zentrum der Dinge und der öffentlichen Betätigung geworden ist, war für die Kunst die Notwendigkeit gegeben, für sich auch diese Verhältnissetzung zu vollziehen, wenn sie nicht Gefahr laufen wollte, von der Zeit überlaufen und überflutet zu werden [...]

Das Wesentliche dieser revolutionären Entwicklung ist, daß der Individualismus zerschlagen wird und an die Stelle des Einzelmenschen und seiner Vergottung das Volk tritt. Das Volk steht im Zentrum der Dinge. Die Revolution erobert das Volk und das öffentliche Leben, drückt der Kultur, der Wirtschaft, der Politik und dem privaten Dasein ihren Stempel auf. Es wäre naiv zu glauben, daß die Kunst hiervon verschont bleiben könne.

[...] Im Augenblick [...], in dem die Politik ein Volksdrama schreibt, eine Welt zusammenstürzt, alte Werte sinken und neue Werte steigen, in dem Augenblick kann der Künstler nicht erklären, das gehe ihn nichts an. Sehr viel geht es ihn an.

[...] Wenn der Mensch [...] seine zentrale Stellung im öffentlichen Leben verliert und an seine Stelle die Gemeinsamkeit und das Volk tritt, dann wird die Kunst an diesem historischen Phänomen nicht vorübergehen können. Sie wird diese Gemeinschaft zum Ausdruck bringen müssen [...] die Tendenz muß sich mit der Kunst vermählen [...] Wir wollen die Kunst wieder zum Volke führen, um das Volk wieder zur Kunst führen zu können. Das eine ist ohne das andere nicht denkbar. Möglich erscheint nur, daß die Kunst den inneren Rhythmus, den Herzschlag des Geistes ihrer Zeit abhorcht, versteht, formt und faßt [...] Wenn die Politik alles erschüttert und umwirft, alles neu baut, wenn nichts von ihr verschont bleibt, dann darf der Künstler nicht mitgehen noch hinterherlaufen, er muß die Fahne erfassen und voranschreiten [...] Eine Kunst wird um so größeren internationalen Rang besitzen, je tiefer sie aus dem Volkstum steigt [...] Kunst und Volksboden sind nie voneinander zu trennen. Beide sind eine Einheit [...] Wenn die Kunst von denselben eruptiven Werten gespeist wird wie heute die deutsche Politik, wenn sie einmal die Massen in Bewegung setzen wird, wie heute die Politik die Massen in Bewegung setzt, dann werden Sie an Ihrer Kunst wieder dieselbe Freude gewinnen, die wir an unserer politischen Kunst haben, eine Kunst, die wir mit Demut, aber auch mit Stolz ausführen als Dienst an einer Gemeinschaft, deren Teil wir sind [...]

[63.] Hitler äußert sich über das Christentum, 6. 7. 1933

[...] Mit den Konfessionen, ob nun diese oder jene: das ist alles gleich. Das hat keine Zukunft mehr. Für die Deutschen jedenfalls nicht. Der Faschismus mag in Gottes Namen seinen Frieden mit der Kirche machen. Ich werde das auch tun. Warum nicht? Das wird mich nicht abhalten, mit Stumpf und Stiel, mit allen seinen Wurzeln und Fasern das Christentum in Deutschland auszurotten [...] Lassen Sie das Spintisieren. Ob nun Altes Testament oder Neues, ob bloß Jesuworte wie der Houston Stewart Chamberlain will: alles das ist doch nur derselbe jüdische Schwindel. Es ist alles eins und macht uns nicht frei. Eine deutsche Kirche, ein deutsches Christentum ist Krampf. Man ist entweder Christ oder Deutscher. Beides kann man nicht sein [...] Was werden soll, fragen Sie? Das will ich Ihnen sagen: verhindern, daß die Kirchen etwas anderes tun, als was sie jetzt tun. Nämlich Schritt für Schritt Raum verlieren. Was glauben Sie, werden die Massen jemals wieder christlich werden? Dummes Zeug. Nie wieder. Der Film ist abgespielt. Da geht niemand mehr herein. Aber nachhelfen werden wir. Die Pfaffen sollen sich selbst ihr Grab schaufeln. Sie werden ihren lieben Gott an uns verraten. Um ihr erbärmliches Gelumpe von Stellung und Einkommen werden sie alles preisgeben [...] Sie werden anstatt des Blutes ihres bisherigen Erlösers das reine Blut unseres Volkes zelebrieren; sie werden die deutsche Ackerfrucht als heilige Gabe empfangen und zum Symbol der ewigen Volksgemeinschaft essen, wie sie bisher den Leib ihres Gottes genossen haben [...]

[64.] Konkordat zwischen dem Heiligen Stuhl und dem Deutschen Reich, 20. 7. 1933

Seine Heiligkeit Papst Pius XI. und der Deutsche Reichspräsident, von dem gemeinsamen Wunsche geleitet, die zwischen dem Heiligen Stuhl und dem Deutschen Reich bestehenden freundschaftlichen Beziehungen zu festigen und zu fördern,
gewillt, das Verhältnis zwischen der katholischen Kirche und dem Staat für den Gesamtbereich des Deutschen Reiches in einer beide Teile befriedigenden Weise dauernd zu regeln,
haben beschlossen, eine feierliche Übereinkunft zu treffen, welche die mit einzelnen deutschen Ländern abgeschlossenen Konkordate ergänzen und auch für die übrigen Länder eine in den Grundsätzen einheitliche Behandlung der einschlägigen Fragen sichern soll.

(Namen der Bevollmächtigten*)

Artikel 1: Das Deutsche Reich gewährleistet die Freiheit des Bekenntnisses und der öffentlichen Ausübung der katholischen Religion [...]

Artikel 4: [...] Anweisungen, Verordnungen, Hirtenbriefe, amtliche Diözesanblätter und sonstige die geistliche Leitung der Gläubigen betreffende Verfügungen, die von den kirchlichen Behörden im Rahmen ihrer Zuständigkeit (Art. 1, Abs. 2) erlassen werden, können ungehindert veröffentlicht und in den bisher üblichen Formen zur Kenntnis der Gläubigen gebracht werden [...]

Artikel 16: Bevor die Bischöfe von ihrer Diözese Besitz ergreifen, leisten sie in die Hand des Reichsstatthalters in dem zuständigen Lande bzw. des Reichspräsidenten einen Treueid nach folgender Formel:

»Vor Gott und auf die heiligen Evangelien schwöre und verspreche ich, so wie es einem Bischof geziemt, dem Deutschen Reich und dem Lande [...] Treue. Ich schwöre und verspreche, die verfassungsmäßig gebildete Regierung zu achten und von meinem Klerus achten zu lassen. In der pflichtmäßigen Sorge um das Wohl und das Interesse des deutschen Staatswesens werde ich in Ausübung des mir übertragenen geistlichen Amtes jeden Schaden zu verhüten trachten, der es bedrohen könnte.« [...]

Artikel 21: Der katholische Religionsunterricht in den Volksschulen, Berufsschulen, Mittelschulen und höheren Lehranstalten ist ordentliches Lehrfach und wird in Übereinstimmung mit den Grundsätzen der katholischen Kirche erteilt. Im Religionsunterricht wird die Erziehung zu vaterländischem, staatsbürgerlichem und sozialem Pflichtbewußtsein aus dem Geiste des christlichen Glaubens- und Sittengesetzes mit besonderem Nachdruck gepflegt werden, ebenso wie es im gesamten übrigen Unterricht geschieht [...]

Artikel 27: Der Deutschen Reichswehr wird für die zur ihr gehörenden katholischen Offiziere, Beamten und Mannschaften sowie deren Familien eine exemte Seelsorge zugestanden.

Die Leitung der Militärseelsorge obliegt dem Armeebischof. Seine kirchliche Ernennung erfolgt durch den Heiligen Stuhl, nachdem letzterer sich mit der Reichsregierung in Verbindung gesetzt hat, um im Einvernehmen mit ihr eine geeignete Persönlichkeit zu bestimmen [...]

Artikel 30: An den Sonntagen und den gebotenen Feiertagen wird in den Bischofskirchen sowie in den Pfarr-, Filial- und Klosterkirchen des Deutschen Reiches im Anschluß an den Hauptgottesdienst, entsprechend den Vorschriften der kirchlichen Liturgie, ein Gebet für das Wohlergehen des Deutschen Reiches und Volkes eingelegt.

---

* Bevollmächtigte für den Heiligen Stuhl: Eugen Kardinal Pacelli, für Deutschland: Franz von Papen.

Artikel 31: Diejenigen katholischen Organisationen und Verbände, die ausschließlich religiösen, rein kulturellen und karitativen Zwecken dienen und als solche der kirchlichen Behörde unterstellt sind, werden in ihren Einrichtungen und in ihrer Tätigkeit geschützt.

Diejenigen katholischen Organisationen, die außer religiösen, kulturellen oder karitativen Zwecken auch anderen, darunter auch sozialen oder berufsständischen Aufgaben dienen, sollen, unbeschadet einer etwaigen Einordnung in staatliche Verbände, den Schutz des Artikels 31, Absatz 1 genießen, sofern sie Gewähr dafür bieten, ihre Tätigkeit außerhalb jeder politischen Partei zu entfalten [...]

[65.] Der ›Völkische Beobachter‹ kommentiert die Bedeutung des Reichskonkordats, 20. 7. 1933

Die Tatsache, daß der Vatikan mit dem neuen Deutschland einen Vertrag schließt, bedeutet die Anerkennung des nationalsozialistischen Staates durch die katholische Kirche.

Durch diesen Vertrag wird vor der ganzen Welt klar und unzweideutig erwiesen, daß die Behauptung, der Nationalsozialismus sei religionsfeindlich, eine Lüge ist, die zum Zweck politischer Hetze erfunden wurde [...]

Die Kirche verbietet den Priestern durch das Konkordat jede parteipolitische Betätigung. Darüber hinaus weist die katholische Kirche ihre Priester an, für den neuen Staat, das jetzige Deutsche Reich, einzutreten. In Zukunft dürfen also Kanzeln und Beichtstühle, wie es bisher leider vielfach geschehen ist, nicht mehr gegen den nationalsozialistischen Staat mißbraucht werden, sondern Diener der Kirche in Deutschland haben die Pflicht, sich wie jeder deutsche Staatsbürger für diesen Staat und seine Grundlage einzusetzen. Der deutsche Staat behält das Recht, sein Veto gegen die Ernennung politisch untragbarer Bischöfe einzulegen. Die Bischöfe leisten ihren feierlichen Eid auf den neuen Staat.

Die Kirche gibt die bisherigen katholisch-politischen Vereine preis.

Damit ist dem verhängnisvollen Wirken des Zentrums, das verstanden hatte, Kirchenbehörden für seine politischen Zwecke einzuspannen, ein für allemal der Boden entzogen und ein Ende gesetzt [...]

[66.] Joseph Goebbels über die »totale Revolution«, November 1933

[...] Die Revolution, die wir gemacht haben, ist eine totale. Sie hat alle Gebiete des öffentlichen Lebens erfaßt und von Grund auf umgestaltet. Sie hat die Beziehungen der Menschen untereinander, die Beziehungen der Menschen zum Staat und zu den Fragen des Daseins vollkommen geändert und neu geformt. Es war in der Tat Durchbruch einer jungen Weltanschauung, die 14 Jahre lang in der Opposition um die Macht gekämpft hatte, um dann unter ihrer Zuhilfenahme dem deutschen Volk ein neues Staatsgefühl zu geben. Das, was sich seit dem 30. Januar dieses Jahres abgespielt hat, ist nur der sichtbare Ausdruck dieses revolutionären Prozesses. Hier aber hat die Revolution an sich begonnen. Sie ist damit nur zu Ende geführt worden.

[...] Das System, das wir niederwarfen, fand im Liberalismus seine treffendste Charakterisierung. Wenn der Liberalismus vom Individuum ausging und den Einzelmenschen in das Zentrum aller Dinge stellte, so haben wir Individuum durch Volk und Einzelmensch durch Gemeinschaft ersetzt. Freilich mußte dabei die Freiheit des Individuums insoweit eingegrenzt werden, als sie sich mit der Freiheit der Nation stieß oder im Widerspruch befand. Das ist keine Einengung des Freiheitsbegriffes an sich. Ihn für das Individuum überspitzen, heißt die Freiheit des Volkes aufs Spiel setzen oder doch ernsthaft gefährden. Die Grenzen des individuellen Freiheitsbegriffes liegen deshalb an den Grenzen des völkischen Freiheitsbegriffes.

Kein Einzelmensch, er mag hoch oder niedrig stehen, kann das Recht besitzen, von seiner Freiheit Gebrauch zu machen auf Kosten des nationalen Freiheitsbegriffes. Denn nur die Sicherheit des nationalen Freiheitsbegriffes verbürgt ihm auf die Dauer persönliche Freiheit. Je freier ein Volk ist, desto freier können sich seine Glieder bewegen. Je eingeengter aber seine nationale Daseinsgrundlage, um so illusorischer eine vermeintliche Freiheit, die seine Kinder genießen [...]

[67.] Das »Bekenntnis« der »Deutschen Christen«, 1.12.1933

1. Wir Deutschen Christen glauben an unseren Heiland Jesus Christus, an die Macht seines Kreuzes und seiner Auferstehung. Jesu Leben und Sterben lehrt uns, daß der Weg des Kampfes zugleich der Weg der Liebe und der Weg zum Leben ist.
   Wir sind durch Gottes Schöpfung hineingestellt in die Blut- und Schick-

salsgemeinschaft des deutschen Volkes und sind als Träger dieses Schicksals verantwortlich für seine Zukunft.

Deutschland ist unsere Aufgabe, Christus ist unsere Kraft!

2. Quelle und Bestätigung unseres Glaubens sind die Gottesoffenbarung in der Bibel und die Glaubenszeugnisse der Väter. Das Neue Testament ist uns die heilige Urkunde vom Heiland, unserem Herrn, und seines Vaters Reich.

Das Alte Testament ist uns Beispiel göttlicher Volkserziehung. Für unseren Glauben ist es von Wert, soweit es uns das Verständnis für unseres Heilandes Leben, Kreuz und Auferstehung erschließt.

3. Wie jedem Volk, so hat auch unserem Volk der ewige Gott ein arteigenes Gesetz eingeschaffen. Es gewann Gestalt in dem Führer Adolf Hitler und in dem von ihm geformten nationalsozialistischen Staat.

Dieses Gesetz spricht zu uns in der aus Blut und Boden erwachsenen Geschichte unseres Volkes. Die Treue zu diesem Gesetz fordert von uns den Kampf für Ehre und Freiheit.

4. Der Weg zur Erfüllung des deutschen Gesetzes ist die gläubige deutsche Gemeinde. In ihr regiert Christus, der Herr, als Gnade und Vergebung. In ihr brennt das Feuer heiliger Opferbereitschaft. In ihr allein begegnet der Heiland dem deutschen Volke und schenkt ihm die Kraft des Glaubens. Aus dieser Gemeinde Deutscher Christen soll im nationalsozialistischen Staat Adolf Hitlers die das ganze Volk umfassende »Deutsche Christliche Nationalkirche« erwachsen.

Ein Volk! – Ein Gott! – Ein Reich! – Eine Kirche!

[68.] Hitler auf der Tagung der NS-Frauenschaft während des Reichsparteitags in Nürnberg, September 1934

[...] Das Wort von der Frauenemanzipation ist nur ein vom jüdischen Intellekt erfundenes Wort, und der Inhalt ist von demselben Geist geprägt. Die deutsche Frau braucht sich in den wirklich guten Zeiten des deutschen Lebens nie zu emanzipieren [...]

Wenn man sagt, die Welt des Mannes ist der Staat, die Welt des Mannes ist sein Ringen, die Einsatzbereitschaft für die Gemeinschaft, so könnte man vielleicht sagen, daß die Welt der Frau eine kleinere sei. Denn ihre Welt ist der Mann, ihre Familie, ihre Kinder und ihr Haus [...]

Was der Mann einsetzt an Heldenmut auf dem Schlachtfeld, setzt die Frau in ewig geduldiger Hingabe, in ewig geduldetem Leid und Ertragen. Jedes Kind, das sie zur Welt bringt, ist eine Schlacht, die sie besteht für das Sein oder Nichtsein ihres Volkes [...]

Wenn früher die liberalen intellektualistischen Frauenbewegungen in ihren Programmen viele, viele Punkte enthielten, die ihren Ausgang vom sogenannten Geiste nahmen, dann enthält das Programm unserer nationalsozialistischen Frauenbewegung eigentlich nur einen einzigen Punkt, und dieser Punkt heißt: das Kind, dieses kleine Wesen, das werden muß und gedeihen soll, für das der ganze Lebenskampf ja überhaupt allein einen Sinn hat [...]

[69.] **Botschaft der »Bekennenden Kirche«, 19./20.10.1934**

I

1. Der erste und grundlegende Artikel der Verfassung der Deutschen Evangelischen Kirche vom 11.7.1933 lautet:
›Die unantastbare Grundlage der Deutschen Evangelischen Kirche ist das Evangelium von Jesus Christus, wie es uns in der Heiligen Schrift bezeugt und in den Bekenntnissen der Reformation neu ans Licht getreten ist. Hierdurch werden die Vollmachten, deren die Kirche für ihre Sendung bedarf, bestimmt und begrenzt.‹
Dieser Artikel ist durch die Lehren, Gesetze und Maßnahmen der Reichskirchenregierung tatsächlich beseitigt. Damit ist die christliche Grundlage der Deutschen Evangelischen Kirche aufgehoben.

2. Die unter der Parole: ›Ein Staat – ein Volk – eine Kirche‹ vom Reichsbischof erstrebte Nationalkirche bedeutet, daß das Evangelium für die Deutsche Evangelische Kirche außer Kraft gesetzt und die Botschaft der Kirche an die Mächte dieser Welt ausgeliefert wird.

3. Die angemaßte Alleinherrschaft des Reichsbischofs und seines Rechtswalters hat ein in der Evangelischen Kirche unmögliches Papsttum aufgerichtet.

4. Getrieben von dem Geist einer falschen, unbiblischen Offenbarung hat das Kirchenregiment den Gehorsam gegen Schrift und Bekenntnis als Disziplinwidrigkeit bestraft.

5. Die schriftwidrige Einführung des weltlichen Führerprinzips in die Kirche und die darauf begründete Forderung eines bedingungslosen Gehorsams hat die Amtsträger der Kirche an das Kirchenregiment statt an Christus gebunden.

6. Die Ausschaltung der Synoden hat die Gemeinden im Widerspruch zur biblischen und reformatorischen Lehre vom Priestertum aller Gläubigen mundtot gemacht und entrechtet.

II

1. Alle unsere von Schrift und Bekenntnis her erhobenen Proteste, Warnungen und Mahnungen sind umsonst geblieben. Im Gegenteil, die

Reichskirchenregierung hat unter Berufung auf den Führer und unter Heranziehung und Mitwirkung politischer Gewalten rücksichtslos ihr kirchenzerstörendes Werk fortgesetzt.

2. Durch die Vergewaltigung der süddeutschen Kirchen ist uns die letzte Möglichkeit einer an den bisherigen Zustand anknüpfenden Erneuerung der kirchlichen Ordnung genommen worden.

3. Damit tritt das kirchliche Notrecht ein, zu dessen Verkündigung wir heute gezwungen sind.

III

1. Wir stellen fest: Die Verfassung der Deutschen Evangelischen Kirche ist zerschlagen. Ihre rechtmäßigen Organe bestehen nicht mehr. Die Männer, die sich der Kirchenleitung im Reich und in den Ländern bemächtigten, haben sich durch ihr Handeln von der christlichen Kirche geschieden.

2. Auf Grund des kirchlichen Notrechts der an Schrift und Bekenntnis gebundenen Kirchen, Gemeinden und Träger des geistlichen Amtes schafft die Bekenntnissynode der Deutschen Evangelischen Kirche neue Organe der Leitung. Sie beruft zur Leitung und Vertretung der Deutschen Evangelischen Kirche als eines Bundes bekenntnisbestimmter Kirchen den Bruderrat der Deutschen Evangelischen Kirche und aus seiner Mitte den Rat der Deutschen Evangelischen Kirche zur Führung der Geschäfte. Beide Organe sind den Bekenntnissen entsprechend zusammengesetzt und gegliedert.

3. Wir fordern die christlichen Gemeinden, ihre Pfarrer und Ältesten auf, von der bisherigen Reichskirchenregierung und ihren Behörden keine Weisungen entgegenzunehmen und sich von der Zusammenarbeit mit denen zurückzuziehen, die diesem Kirchenregiment weiterhin gehorsam sein wollen. Wir fordern sie auf, sich an die Anordnungen der Bekenntnissynode der Deutschen Evangelischen Kirche und der von ihr anerkannten Organe zu halten.

IV

Wir übergeben diese unsere Erklärung der Reichsregierung, bitten sie, von der damit vollzogenen Entscheidung Kenntnis zu nehmen, und fordern von ihr die Anerkennung, daß in Sachen der Kirche, ihrer Lehre und Ordnung die Kirche unbeschadet des staatlichen Aufsichtsrechtes allein zu urteilen und zu entscheiden berufen ist.

**[70.] Reichsinnenminister Wilhelm Frick über
die »Entkonfessionalisierung des gesamten öffentlichen Lebens«,
7.7.1935**

[...] *Wir Nationalsozialisten fordern die Entkonfessionalisierung des gesamten öffentlichen Lebens.* Was hat es für einen Sinn, daß es noch katholische Beamtenvereine gibt? Wir wollen keine katholischen und keine protestantischen Beamten, wir wollen deutsche Beamte. Was soll eine katholische Tagespresse? Wir brauchen keine katholische und keine protestantische, sondern eine deutsche Tagespresse. Auch die katholischen berufsständischen Vereine, Gesellenvereine und die katholischen Jugendverbände passen nicht mehr in unsere heutige Zeit. Diese Organisationen betätigen sich vielfach auf Gebieten, die der nationalsozialistische Staat zur Erfüllung seiner Aufgaben für sich allein in Anspruch nehmen muß. Alle diese Dinge sind geeignet, die deutsche Volksgemeinschaft zu stören. Diese deutsche Volksgemeinschaft aber, die Adolf Hitler nach fünfzehnjährigem Kampf um die Seele des Deutschen geschaffen hat, lassen wir von niemandem mehr zerstören [...]

**[71.] Joseph Goebbels meldet den deutschen Weltherrschafts-
anspruch an. Aus einer Rede auf dem Berliner Gautag,
17.1.1936**

[...] Heute steckt in jung und alt, in hoch und niedrig, in arm und reich der besessene Wille, die deutsche Nation wieder zu einem Weltvolk emporzuführen. Jedermann bei uns ist davon überzeugt: Wir müssen an der Beherrschung der Welt teilnehmen. Wir müssen deshalb ein Herrenvolk werden, und deshalb müssen wir unser Volk zum Herrenvolk erziehen. Das muß beim kleinsten Pimpf anfangen, der schon in dieser Herrenmoral erzogen werden muß [...]

**[72.] Anordnung von Joseph Goebbels
zur nationalsozialistischen Kunstkritik, 27.11.1936**

Die Kunstkritik ist im Rahmen der Neuformung des deutschen Kulturlebens eine der Fragen, deren Lösung am dringlichsten, aber auch am schwierigsten ist. Ich habe seit der Machtergreifung der deutschen Kunstkritik 4 Jahre Zeit gelassen, sich nach nationalsozialistischen Grundsätzen auszurichten. Die wachsende Zahl der Beschwerden über Kunstkritik sowohl aus den Reihen der Kunstschaffenden selbst als auch aus allen anderen Teilen der Bevölkerung gaben mir vor einem Jahre Veranlassung, eine Kritikertagung einzuberufen. Ich habe auf dieser Kritikertagung den deutschen Kritikern Gelegenheit gegeben, sich mit den namhaftesten Vertretern des deutschen Kunstschaffens ausführlich über das Problem der Kunstkritik auszusprechen, und abschließend selbst meine Auffassungen zur Kunstkritik noch einmal unmißverständlich dargelegt. Ich habe ferner die »Nachkritik« verboten.

Da auch das Jahr 1936 keine befriedigende Besserung der Kunstkritik gebracht hat, untersage ich mit dem heutigen Tage endgültig die Weiterführung der Kunstkritik in der bisherigen Form.

An die Stelle der bisherigen Kunstkritik, die in völliger Verdrehung des Begriffes »Kritik« in der Zeit jüdischer Kunstüberfremdung zum Kunstrichtertum gemacht worden war, wird ab heute der Kunstbericht gestellt; an die Stelle des Kritikers tritt der Kunstschriftleiter. Der Kunstbericht soll weniger Wertung, als vielmehr Darstellung und damit Würdigung sein. Er soll dem Publikum die Möglichkeit geben, sich selbst ein Urteil zu bilden, ihm Ansporn sein, aus seiner eigenen Einstellung und Empfindung sich über künstlerische Leistungen eine Meinung zu bilden.

[73.] Gesetz über die Hitlerjugend, 1.12.1936

Von der Jugend hängt die Zukunft des deutschen Volkes ab. Die gesamte deutsche Jugend muß deshalb auf ihre künftigen Pflichten vorbereitet werden. Die Reichsregierung hat daher das folgende Gesetz beschlossen, das hiermit verkündet wird:

§ 1. Die gesamte deutsche Jugend innerhalb des Reichsgebietes ist in der Hitlerjugend zusammengefaßt.

§ 2. Die gesamte deutsche Jugend ist außer in Elternhaus und Schule in der Hitlerjugend körperlich, geistig und sittlich im Geiste des Nationalsozialismus zum Dienst am Volk und zur Volksgemeinschaft zu erziehen.

§ 3. Die Aufgabe der Erziehung der gesamten deutschen Jugend in der Hitlerjugend wird dem Reichsjugendführer der NSDAP übertragen. Er ist damit »Jugendführer des Deutschen Reiches«. Er hat die Stellung einer Obersten Reichsbehörde mit dem Sitz in Berlin und ist dem Führer und Reichskanzler unmittelbar unterstellt.

§ 4. Die zur Durchführung und Ergänzung dieses Gesetzes erforderlichen Rechtsverordnungen und allgemeinen Verwaltungsvorschriften erläßt der Führer und Reichskanzler [...]

[74.] **Hitler über Jugenderziehung, 4.12.1938**

Diese Jugend, die lernt ja nichts anderes als deutsch denken, deutsch handeln. Die Knaben kommen vom Jungvolk in die Hitler-Jugend, und dort behalten wir sie wieder vier Jahre, und dann geben wir sie erst recht nicht zurück in die Hände unserer alten Klassen- und Standeserzeuger, sondern dann nehmen wir sie sofort in die Partei oder in die Arbeitsfront, in die SA oder in die SS, in das NSKK und so weiter. Und wenn sie dort [...] noch nicht ganz Nationalsozialisten geworden sein sollten, dann kommen sie in den Arbeitsdienst und werden dort wieder sechs und sieben Monate geschliffen. Und was dann noch an Klassenbewußtsein oder Standesdünkel da oder da noch vorhanden sein sollte, das übernimmt die Wehrmacht. Und dann nehmen wir sie, damit sie auf keinen Fall rückfällig werden, sofort wieder in SA, SS und so weiter. Und sie werden nicht mehr frei, ihr ganzes Leben [...]

[75.] **Aus den Deutschlandberichten der Sopade,
Dezember 1938**

Die Jugend ist stimmungsmäßig leichter zu beeinflussen als die Erwachsenen. Diese Tatsache hat es in den ersten Jahren nach dem Umsturz dem Regime erleichtert, die Jugend für sich zu gewinnen. Es scheint, daß derselbe Umstand jetzt dem Regime es schwer macht, die Jugend an sich zu fesseln. Naturgemäß ist die Stimmung in der Jugend von der allgemeinen Volksstimmung beeinflußt, und die Berichte aus der Jugend spiegeln dieselbe Unzufriedenheit und Ernüchterung wider, wie die allgemeinen Stimmungsberichte. Es kommt aber hinzu, daß die Jugend Anlaß zu besonderer Enttäuschung hat. Ihr sind besonders große Versprechungen gemacht worden, die aber nur für einen kleinen Teil in Erfüllung gehen konnten. Die große Masse der Jugend findet heute die einträglichen Posten in der öffentlichen Verwaltung und im Parteiapparat von Kameraden besetzt, die das Glück hatten, ein paar Jahre älter zu sein. Den verminderten Aussichten dieser Jugend stehen gesteigerte Anforderungen auf allen Gebieten gegenüber. Auf die Dauer empfindet auch die Jugend den Mangel an Freiheit und den geistlosen Drill, der in den nationalsozialistischen Organisationen geübt wird, besonders lästig. Daher ist es kein Wunder, daß in ihren Reihen die Ermüdungserscheinungen besonders deutlich hervortreten. So erklären sich die nachstehenden Berichte: [...]
4. Bericht: Die Jugend bereitet den zuständigen Parteistellen viel Sorge. Sowohl die männliche wie die weibliche Jugend versucht sich mit allen

Mitteln vom Landdienstjahr zu drücken. Im Mai 1938 wurden in Groß-Berlin insgesamt 918 Burschen und 268 Mädchen gesucht, die aus dem Elternhaus heimlich fortgelaufen waren, weil sie nicht in den Landdienst fahren wollten. Polizeistreifen im Grunewald, im Tegeler Forst, im Wannsee-Gebiet bringen zuweilen ganze Lastautos voll von aufgegriffener Jugend, teils aus Berlin, teils aus der Provinz. Ein Teil der Jugend will romantisch leben. In kleinen Höhlen werden ganze Bündel von Schundliteratur vorgefunden. – Viel häufiger als früher kommen auch die Lehrlinge nicht mehr nach Hause und treiben sich einfach tagelang im Trubel der Großstadt herum.

4. Herrenmenschentum und Rassenvernichtung

Gemeinsam mit der Lebensraumpolitik bildet die Rassendoktrin das Zentrum von Hitlers Weltanschauung, und es war die kontinuierliche Durchsetzung der rassen- und raumpolitischen Leitvorstellungen des »Führers«, die zum Bewegungsgesetz des Dritten Reiches wurde.

Die »Volksgemeinschaft« sollte durch Integration der Volksdeutschen bzw. durch Ausgrenzung von deren Feinden geschaffen werden, und die nationalsozialistische Rassenpolitik läßt sich mit den beiden Begriffen »Auslese« und »Ausmerze« charakterisieren. Rassisch wertvolles Erbgut sollte erkannt, gepflegt und gefördert werden, während das Erbkranke, Schwache, Asoziale, Unnütze und Rassenfremde markiert, isoliert, unterdrückt und schließlich vernichtet werden mußte (Dok. 80).

Bereits im Jahre 1933 wurden beide Methoden der Rassenpolitik in Deutschland praktiziert, und es führte ein grausamer Weg zur sogenannten »Endlösung der Judenfrage« während des Zweiten Weltkrieges.

Die »Lösung des Judenproblems«, die einen wesentlichen Teil der nationalsozialistischen Weltanschauung darstellte und somit zu einem bestimmenden Faktor der deutschen Politik von 1933 bis 1945 wurde, vollzog sich bis zum Ausbruch des Zweiten Weltkrieges in drei Phasen. Von 1933 bis 1935 begann die allmähliche Ausschaltung der etwa 500 000 in Deutschland lebenden Juden aus allen Bereichen des öffentlichen Lebens. Die ungezügelten, »wilden« Ausschreitungen gegen Juden, parallel und gemeinsam mit den Terrorakten gegen politische Gegner unmittelbar nach dem 30. Januar 1933, erfuhren ihren ersten Höhepunkt in dem am 28. März angeordneten (Dok. 76) und 1. April durchgeführten Boykott gegen alle jüdischen Kaufleute, Ärzte und Rechtsanwälte. Geschäfte, Warenhäuser, Arzt- und Rechtsanwaltspraxen wurden von uniformierten SS-Trupps blockiert, geplündert, beschmiert und als »artfremd« diskriminiert. Die zahlreichen Proteste aus dem In- und Ausland konnten die Nazi-Führer nur geringfügig bremsen. Das am 7. April erlassene Gesetz zur »Wiederherstellung des Berufsbeamtentums« (Dok. 14) gab ihnen die Möglichkeit, neben politisch mißliebigen vor allem »nichtarische« Beamte in den vorzeitigen Ruhestand zu versetzen. Mit Hilfe der »Reichskulturkammer« und des »Schriftleitergesetzes« wurden Juden auch aus künstlerischen und wissenschaftlichen Berufen gedrängt oder in ihrer Tätigkeit wesentlich behindert.

1935 wurden auf dem Reichsparteitag die »Nürnberger Gesetze« erlassen, die den Arierparagraphen bei nahezu allen Berufsgruppen einführten, alle Juden aus dem öffentlichen Dienst verdrängten und auch in der Wirtschaft die Zwangsarisierung forderten (Dok. 78, 79). Die bislang willkürlichen, »spontanen« Ausschreitungen gegen Juden wurden dadurch zwar verrechtlicht, so daß jüdische Staatsangehörige innerhalb eines winzigen Rahmens sogar Schutz genossen, jedoch verbesserte sich ihre Situation keineswegs.

Ende 1938 begann schließlich die dritte Phase der nationalsozialistischen Judenpolitik. Das Attentat eines jungen Juden gegen den deutschen Botschaftsrat in Paris, Ernst von Rath, wurde (Dok. 83–86, 88) zum Anlaß genommen, um in einem von Goebbels initiierten und organisierten Massenpogrom vom 8. bis 10. November 1938 jüdische Geschäftshäuser zu demolieren, etwa 190 Synagogen in Brand zu stecken und über 25 000 Juden zu verhaften. Eine sich anschließende Welle von Erlassen (Dok. 86, 87) drängte die noch nicht inhaftierten Juden in Deutschland in ein entwürdigendes Außenseiterdasein. Trotz der zahlreichen Proteste gegenüber dieser Politik und trotz der mutigen Hilfeleistungen einzelner an ihren jüdischen Nachbarn und Freunden (Dok. 84) wurde die nationalsozialistische Rassenpolitik bis zu ihrem grausigen Ende im Genozid realisiert, parallel zur sogenannten »Euthanasiepolitik«, die ebenfalls bereits im Jahre 1933 einsetzte (Dok. 77, 82).

Gleichsam komplementär zur Eliminierung der Juden und der Vernichtung »lebensunwerten Lebens« ist die Heranbildung einer »rassisch wertvollen« nationalsozialistischen Elite zu sehen. Besonders der Reichsführer SS, Heinrich Himmler, strebte danach, einen nordischen Männerorden zu schaffen, der, mit politischen und ideologischen Sicherungsaufgaben im »Führerstaat« betraut, eine rassische Auslese bilden sollte, um als künftige Herrenrasse die welthistorische Mission des Nationalsozialismus durchführen und gewährleisten zu können (Dok. 71, 81).

[76.] Anordnung der Parteileitung der NSDAP über die Durchführung antisemitischer Maßnahmen, 28. 3. 1933

1. In jeder Ortsgruppe und Organisationsgliederung der NSDAP sind sofort Aktionskomitees zu bilden zur praktischen, planmäßigen Durchführung des Boykotts jüdischer Waren, jüdischer Ärzte und jüdischer Rechtsanwälte. Die Aktionskomitees sind verantwortlich dafür, daß der Boykott keinen Unschuldigen, um so härter aber die Schuldigen trifft [...]

3. Die Aktionskomitees haben sofort durch Propaganda und Aufklärung den Boykott zu popularisieren. Grundsatz: Kein Deutscher kauft noch bei einem Juden oder läßt von ihm und seinen Hintermännern Waren anpreisen. Der Boykott muß ein allgemeiner sein. Er wird vom ganzen Volk getragen und muß das Judentum an seiner empfindlichsten Stelle treffen [...]

8. Der Boykott setzt nicht verzettelt ein, sondern schlagartig; in dem Sinne sind augenblicklich alle Vorarbeiten zu treffen. Es ergehen Anordnungen an die SA und SS, um vom Augenblick des Boykotts ab durch Posten die Bevölkerung vor dem Betreten der jüdischen Geschäfte zu warnen. Der Boykottbeginn ist durch Plakatanschlag und durch die Presse, durch Flugblätter usw. bekanntzugeben. Der Boykott setzt schlagartig Samstag, den 1. April, Punkt 10 Uhr vormittags ein. Er wird fortgesetzt so lange, bis nicht eine Anordnung der Parteileitung die Aufhebung befiehlt.

9. Die Akitonskomitees organisieren sofort in Zehntausenden von Massenversammlungen, die bis in das kleinste Dorf hineinzureichen haben, die Forderung nach Einführung einer relativen Zahl für die Beschäftigung der Juden in allen Berufen entsprechend ihrer Beteiligung an der deutschen Volkszahl. Um die Stoßkraft der Aktion zu erhöhen, ist diese Forderung zunächst auf drei Gebiete zu beschränken: a) auf den Besuch an den deutschen Mittel- und Hochschulen, b) für den Beruf der Ärzte, c) für den Beruf der Rechtsanwälte [...]

[77.] Gesetz zur Verhütung erbkranken Nachwuchses, 14. 7. 1933

Die Reichsregierung hat das folgende Gesetz beschlossen, das hiermit verkündet wird:

§ 1. 1. Wer erbkrank ist, kann unfruchtbar gemacht (sterilisiert) werden, wenn nach den Erfahrungen der ärztlichen Wissenschaft mit großer Wahrscheinlichkeit zu erwarten ist, daß seine Nachkommen an schweren körperlichen oder geistigen Erbschäden leiden werden.

   2. Erbkrank im Sinne dieses Gesetzes ist, wer an einer der folgenden Krankheiten leidet:

   1. angeborenem Schwachsinn,
   2. Schizophrenie,
   3. zirkulärem (manisch-depressivem) Irresein,
   4. erblicher Fallsucht,
   5. erblichem Veitstanz (Huntingtonsche Chorea),

6. erblicher Blindheit,
7. erblicher Taubheit,
8. schwerer erblicher körperlicher Mißbildung.
3. Ferner kann unfruchtbar gemacht werden, wer an schwerem Alkoholismus leidet [...]

[78.] Gesetz zum Schutze des deutschen Blutes und der deutschen Ehre (»Nürnberger Gesetze«), 15.9.1935

Durchdrungen von der Erkenntnis, daß die Reinheit des deutschen Blutes die Voraussetzung für den Fortbestand des deutschen Volkes ist, und beseelt von dem unbeugsamen Willen, die deutsche Nation für alle Zukunft zu sichern, hat der Reichstag einstimmig das folgende Gesetz beschlossen, das hiermit verkündet wird.

§ 1 1. Eheschließungen zwischen Juden und Staatsangehörigen deutschen oder artverwandten Blutes sind verboten. Trotzdem geschlossene Ehen sind nichtig, auch wenn sie zur Umgehung dieses Gesetzes im Auslande geschlossen sind.

2. Die Nichtigkeitsklage kann nur der Staatsanwalt erheben.

§ 2 Außerehelicher Verkehr zwischen Juden und Staatsangehörigen deutschen oder artverwandten Blutes ist verboten.

§ 3 Juden dürfen weibliche Staatsangehörige deutschen oder artverwandten Blutes unter 45 Jahren nicht in ihrem Haushalt beschäftigen.

§ 4 1. Juden ist das Hissen der Reichs- und Nationalflagge und das Zeigen der Reichsfarben verboten.

2. Dagegen ist ihnen das Zeigen der jüdischen Farben gestattet. Die Ausübung dieser Befugnis steht unter staatlichem Schutz.

§ 5 1. Wer dem Verbot des § 1 zuwiderhandelt, wird mit Zuchthaus bestraft.

2. Der Mann, der dem Verbot des § 2 zuwiderhandelt, wird mit Gefängnis oder mit Zuchthaus bestraft.

3. Wer den Bestimmungen der §§ 3 oder 4 zuwiderhandelt, wird mit Gefängnis bis zu einem Jahr und mit Geldstrafe oder mit einer dieser Strafen bestraft.

**[79.] Reichsbürgergesetz (»Nürnberger Gesetze«),
15. 9. 1935**

§ 1 1. Staatsangehöriger ist, wer dem Schutzverband des Deutschen Reiches angehört und ihm dafür besonders verpflichtet ist.

    2. Die Staatsangehörigkeit wird nach den Vorschriften des Reichs- und Staatsangehörigkeitsgesetzes erworben.

§ 2 1. Reichsbürger ist nur der Staatsangehörige deutschen oder artverwandten Blutes, der durch sein Verhalten beweist, daß er gewillt und geeignet ist, in Treue dem deutschen Volk und Reich zu dienen.

    2. Das Reichsbürgerrecht wird durch Verleihung des Reichsbürgerbriefes erworben.

    3. Der Reichsbürger ist der alleinige Träger der vollen politischen Rechte nach Maßgabe der Gesetze.

**[80.] Deutschlandberichte der Sopade über das
nationalsozialistische Terrorsystem, Januar 1936**

Das Dritte Reich hat im Ausland manchen wohlwollenden Beobachter gefunden, der bereit war, alle nicht wegzudiskutierenden dunklen Seiten als zwar bedauerliche, aber verständliche Übergangserscheinungen zu betrachten, die nun einmal mit einer tiefgreifenden staatlichen Umwälzung regelmäßig verbunden sind. Eine solche Übergangserscheinung war in den Augen vieler ausländischer Beurteiler insbesondere der Terror. Die Redensarten der Führer des Systems von der unblutigsten Revolution aller Zeiten blieben nicht ohne Eindruck und viele neigten dazu, die immer wieder bekanntwerdenden neuen Terrorfälle in den Bereich der »Greuelmärchen« zu verweisen. Erst die Judenhetze, die im Sommer vorigen Jahres einen neuen Höhepunkt erreichte und zu den Nürnberger Gesetzen führte, hat wenigstens einen Teil der Weltöffentlichkeit wieder aufgerüttelt. Aber es handelt sich nicht nur um den Terror gegen die Juden, der Terror ist nicht nur eine Folge der Rassengrundsätze des nationalsozialistischen Parteienprogramms, sondern der Terror ist ein wesentlicher (und unentbehrlicher) Bestandteil des gesamten Regierungssystems im Dritten Reich. Er ist neben der mit den »modernsten« Methoden arbeitenden Massenpropaganda das entscheidende Mittel jener umfassenden und rücksichtslosen Volksbeherrschung, ohne die das Dritte Reich schon nicht mehr bestände, ohne die es überhaupt nicht denkbar ist. Das ist es, was im Ausland oft übersehen wird. Denn man weiß nicht, daß es neben dem Terror gegen die Juden einen allge meinen Terror gibt, der in der vielfältigsten Form das ganze deutsche Volk erfaßt, und daß schärfer denn je vor allem der Terror gegen alle die wütet, die – getrieben von ihrer Überzeugung – es allen Morden, Folterungen und Einkerkerungen zum Trotz wagen, im geheimen für diese ihre Überzeugung weiter zu wirken.

Der Terror in seiner allumfassenden Gestalt, in seiner ganzen unmenschlichen Härte, er bleibt nicht nur dem Auslande verborgen, auch in Deutschland selbst gibt es Kreise, die kaum eine Ahnung davon haben. Es ist nicht selten, daß der für das System keineswegs begeisterte, aber politisch wenig interessierte »Bürger«, der einen weiten Bogen um jede Nazi-Fahne macht, die er grüßen müßte, mit einem Unterton des Vorwurfs die Frage stellt: »Sind Ihnen denn Leute persönlich bekannt, die noch von damals her (gemeint ist der Umsturz 1933) im Konzentrationslager sitzen?« Und wenn man dann nur die Namen einiger Reichstagsabgeordneter wie Dr. Schumacher, Dr. Mierendorff, Heilmann nennt und nur das traurige Ende des früheren Bergarbeiterführers Husemann erwähnt, der noch im Frühjahr 1935 »auf der Flucht erschossen« wurde, dann sind das für diese Leute entsetzliche Enthüllungen.

[81.] Vortrag Heinrich Himmlers auf einem Lehrgang der Wehrmacht über »Wesen und Aufgabe der SS und der Polizei«, Januar 1937

Ich komme nun im Zusammenhang mit diesem Komplex zu der Hauptfrage: Sicherheit im Innern und Aufgabe der Polizei während eines Krieges. Wir werden in einem künftigen Kriege nicht nur die Front der Armee auf dem Lande, die Front der Marine zu Wasser, die Front der Luftwaffe in der Luftglocke über Deutschland haben, wie ich es nennen möchte, sondern wir werden einen vierten Kriegsschauplatz haben: Innerdeutschland! Das ist die Basis, die wir gesund erhalten müssen, auf Biegen oder Brechen gesund, weil sonst die drei andern, die kämpfenden Teile Deutschlands, wieder den Dolchstoß bekämen.

Wir müssen uns darüber klar sein, daß der Gegner in einem Kriege nicht nur im militärischen Sinne Gegner ist, sondern auch weltanschaulicher Gegner. Wenn ich hier von Gegner spreche, so meine ich selbstverständlich damit unseren natürlichen Gegner, den internationalen jüdisch-freimaurerisch geführten Bolschewismus. Dieser Bolschewismus hat seine Hochburg natürlich in Rußland. Das bedeutet aber nicht, daß von Rußland allein die Gefahr eines bolschewistischen Angriffes droht. Mit einer solchen Gefahr ist immer von dort zu rechnen, wo sich dieser jüdische Bolschewismus einen maßgeblichen Einfluß gesichert hat. Es werden daher also zwangsläufig die Staaten oder Völker Deutschland gegenüber feindselig eingestellt sein und eine Gefahr für uns bedeuten, die jüdisch-freimaurerisch-bolschewistisch geführt werden oder zumindest bereits stark beeinflußt sind.

Wir müssen uns daher stets die Frage stellen: Wer kommt oder käme im Falle eines Krieges als Gegner in Frage, wer ist weltanschaulicher Gegner, also wer steht unter jüdisch-freimaurerisch-bolschewistischem Einfluß? Dabei müssen wir uns darüber klar sein: Der Bolschewismus ist die Organisation des Untermenschen, ist die absolute Untermauerung der Judenherrschaft, ist das genaue Gegenteil von all dem, was einem arischen Volke lieb, wert und teuer ist. Es ist eine diabolische Lehre, denn sie wendet sich an die gemeinsten und niedrigsten Instinkte der Menschheit und macht daraus eine Religion. Man täusche sich auch darüber nicht: Der Bolschewismus mit seinem im Kreml aufgebahrten Lenin braucht nur noch ein paar Jahrzehnte, dann ist er die diabolische Religion der Zerstörung, in Asien beheimatet, Religion für die Zerstörung der ganzen Welt. Man bedenke ferner, daß dieser Bolschewismus planmäßig an der Bolschewisierung anderer Völker arbeitet, und zwar richtet sich diese Zerstörung gegen den weißen Menschen [...] Wir sind wertvoller als die andern, die uns in der Zahl überragen und immer überragen werden. Wir sind wertvoller, weil unser Blut uns dazu befähigt, mehr zu erfinden als die andern, unsere Leute besser zu führen als die andern, weil es uns befähigt zu besseren Soldaten, zu besseren Staatsmännern, zu höherer Kultur, zu besseren Charakteren. Wir haben die bessere Qualität, wenn ich jetzt auf Ihr Gebiet übergehe, weil eben der deutsche Soldat pflichttreuer, anständiger und intelligenter ist als der Soldat der anderen. Und diese Qualität erhalten wir so lange, als wir unser Blut und unser Volk gesund erhalten, so lange, als dieses Volk die alten Gesetze erkennt und befolgt, die Gesetze der Erhaltung eines Volkes, die der Nationalsozialismus dank Adolf Hitler ihm wiedergebracht hat. Gesund und widerstandsfähig sind wir so lange, als wir nicht wieder in die Demokratie abrutschen, in ein erbliches oder legitimes Kaisertum, das nicht aus dem Volke herausgewachsen ist [...]

Bewacht werden die Konzentrationslager von diesen Totenkopfverbänden [...] Die Lager sind umzäunt mit Stacheldraht, mit elektrischem Draht. Es ist selbstverständlich: Wenn einer eine verbotene Zone oder einen verbotenen Weg betritt, wird geschossen. Wenn einer auf dem Arbeitsplatz, sagen wir im Moor oder beim Straßenbau oder sonstwo, auch nur den Ansatz macht, zu fliehen, wird geschossen. Wenn einer frech und widersetzlich ist, und das kommt hier und da vor, [...] kommt er entweder in Einzelhaft, in Dunkelarrest bei Wasser und Brot, oder – ich bitte hier nicht zu erschrecken, ich habe die alte Zuchthausordnung Preußens vom Jahre 1914–1918 genommen – er kann in schlimmen Fällen 25 Hiebe bekommen. Grausamkeiten, sadistische Sachen, wie es die Auslandspresse vielfach behauptet, sind dabei völlig unmöglich. Erstens kann die Strafe nur der Inspekteur sämtlicher Lager verhängen, also nicht einmal der Lagerkommandant, zweitens wird die Strafe vor einer Bewachungskompanie vollzogen, so daß also immer ein Zug, 20 bis 24 Leute, dabei sind, schließlich ist bei der Bestrafung ein Arzt dabei und ein Protokollführer. Also mehr kann man an Genauigkeit nicht tun.

Auch hier möchte ich sagen: Diese Dinge sind notwendig, denn sonst würde man diese Verbrecher niemals im Zaum halten können. Für den Fall eines Krieges müssen wir uns klar darüber sein, daß wir eine recht erhebliche Anzahl unsicherer Kantonisten hier hineinnehmen müssen, wenn wir uns nicht den Nährboden für höchst unangenehme Entwicklungen im Falle eines Krieges schaffen wollen.

Die Leute, die die Häftlinge bewachen, waren zuerst Angehörige der allgemeinen SS. Wir haben sie allmählich zusammengefaßt zu den sogenannten Totenkopfverbänden. Sie sind nicht in Kompanien, sondern in Hundertschaften zusammengefaßt, haben selbstverständlich auch Maschinengewehre. Wir haben in jedem Lager zwei oder drei Türme, die Tag und Nacht mit scharfgeladenen Maschinengewehren besetzt sind, damit jeder größere Aufstandsversuch – damit muß man bei den Leuten immer einmal rechnen – sofort unterdrückt werden kann. Das ganze Lager kann von oben her von jeweils drei Türmen bestrichen werden.

[82.] Erlaß des preußischen Innenministers über die vorbeugende Verbrechensbekämpfung, 14. 12. 1937

[...] Als asozial gilt, wer durch gemeinschaftswidriges, wenn auch nicht verbrecherisches, Verhalten zeigt, daß er sich nicht in die Gemeinschaft einfügen will. Demnach sind zum Beispiel asozial:

a) Personen, die durch geringfügige, aber sich immer wiederholende Gesetzesübertretungen sich der in einem nationalsozialistischen Staat selbstverständlichen Ordnung nicht fügen wollen, z. B. Bettler, Landstreicher (Zigeuner), Dirnen, Trunksüchtige, mit ansteckenden Krankheiten, insbesondere Geschlechtskrankheiten behaftete Personen, die sich den Maßnahmen der Gesundheitsbehörden entziehen,

b) Personen, ohne Rücksicht auf etwaige Vorstrafen, die sich der Pflicht zur Arbeit entziehen und die Sorge für ihren Unterhalt der Allgemeinheit überlassen (z. B. Arbeitsscheue, Arbeitsverweigerer, Trunksüchtige). In erster Linie sind bei der Anwendung der polizeilichen Vorbeugungshaft Asoziale ohne festen Wohnsitz zu berücksichtigen. Politische Gesichtspunkte dürfen bei der Prüfung, ob eine Person als asozial zu bezeichnen ist, in keinem Falle Platz greifen [...]

[83.] **Bericht des Chefs der Sicherheitspolizei Reinhard Heydrich an den preußischen Ministerpräsidenten Hermann Göring über die Gewaltmaßnahmen gegen das Judentum am 9./10. November 1938**

Die bis jetzt eingegangenen Meldungen der Staatspolizeistellen haben bis zum 11.11.1938 folgendes Gesamtbild ergeben:
In zahlreichen Städten haben sich Plünderungen jüdischer Läden und Geschäftshäuser ereignet. Es wurde, um weitere Plünderungen zu vermeiden, in allen Fällen scharf durchgegriffen. Wegen Plünderns wurden dabei 174 Personen festgenommen.
Der Umfang der Zerstörungen jüdischer Geschäfte und Wohnungen läßt sich bisher ziffernmäßig noch nicht belegen. Die in den Berichten aufgeführten Zahlen: 815 zerstörte Geschäfte, 29 in Brand gesteckte oder sonst zerstörte Wohnhäuser, geben, soweit es sich nicht um Brandlegungen handelt, nur einen Teil der wirklich vorliegenden Zerstörungen wieder. Wegen der Dringlichkeit der Berichterstattung mußten sich die bisher eingegangenen Meldungen lediglich auf allgemeinere Angaben, wie »zahlreiche« oder »die meisten Geschäfte zerstört« beschränken. Die angegebenen Ziffern dürften daher um ein Vielfaches überstiegen werden.
An Synagogen wurden 191 in Brand gesteckt, weitere 76 vollständig demoliert. Ferner wurden 11 Gemeindehäuser, Friedhofskapellen und dergleichen in Brand gesetzt und weitere 3 völlig zerstört.
Festgenommen wurden rund 20000 Juden, ferner 7 Arier und 3 Ausländer. Letztere wurden zur eigenen Sicherheit in Haft genommen.
An Todesfällen wurden 36, an Schwerverletzten ebenfalls 36 gemeldet. Die Getöteten bzw. Verletzten sind Juden. Ein Jude wird noch vermißt. Unter den getöteten Juden befinden sich ein, unter den Verletzten 2 polnische Staatsangehörige.

[84.] **Reaktionen der Bevölkerung auf die Reichskristallnacht, November 1938**

Die brutalen Maßnahmen gegen die Juden haben große Entrüstung in der Bevölkerung ausgelöst. Man äußerte sich recht offen, und viele Arier wurden deswegen verhaftet. Als bekannt wurde, daß man eine jüdische

Frau aus dem Wochenbett weggeholt hatte, äußerte sogar ein Polizeibeamter, das sei zuviel. »Wohin soll denn Deutschland mit diesen Methoden steuern?« Er wurde daraufhin selbst verhaftet [...] Wer wird nach den Juden das nächste Opfer bringen müssen? So fragt man sich hier. Werden es die Katholiken sein? Oder wird man eine besondere allgemeine Vermögensabgabe durchführen? [...] Im ganzen [...] Gebiet herrscht große Empörung über diesen Vandalismus. Das kam u. a. deutlich zum Ausdruck, als die SA in der Dunkelheit ein Geschäft zertrümmerte und dabei im Schutze der Dunkelheit aus einem gegenüberliegenden Obstgarten mit Steinen beworfen wurde [...] Viele Leute nehmen sich der jüdischen Frauen und Kinder an und haben sie bei sich aufgenommen. Frauen gehen für die Jüdinnen einkaufen, weil man diesen keine Lebensmittel mehr verkaufen darf. Es ist auch festzustellen, daß die Heftigkeit der Aktionen örtlich ganz verschieden war [...] Aber im Volke bewirkte diese Aktion doch eine große Einschüchterung [...] Man getraute sich nicht mehr, so offen zu sprechen. Allen wurde klar: Die Nazis haben die Macht zu allem [...] Der Protest der Berliner Bevölkerung gegen die Beraubungen und Brandstiftungen, gegen die Missetaten an jüdischen Männern, Frauen und Kindern jeden Alters war deutlich. Er reichte vom verächtlichen Blick und der angewiderten Gebärde bis zum offenen Wort des Ekels und drastischer Beschimpfung.

[85.] Verordnung zur Wiederherstellung des Straßenbildes bei jüdischen Gewerbebetrieben, 12.11.1938

§ 1. Alle Schäden, welche durch die Empörung des Volkes über die Hetze des internationalen Judentums gegen das nationalsozialistische Deutschland am 8., 9. und 10. November 1938 an jüdischen Gewerbebetrieben und Wohnungen entstanden sind, sind von den jüdischen Inhabern oder jüdischen Gewerbetreibenden sofort zu beseitigen.

§ 2. 1. Die Kosten der Wiederherstellung trägt der Inhaber der betroffenen jüdischen Gewerbebetriebe und Wohnungen.

2. Versicherungsansprüche von Juden deutscher Staatsangehörigkeit werden zugunsten des Reichs beschlagnahmt.

[86.] **Verordnung des Beauftragten für den Vierjahresplan
Hermann Göring über eine »Sühneleistung der Juden
deutscher Staatsangehörigkeit«, 12.11.1938**

Die feindliche Haltung des Judentums gegenüber dem deutschen Volk
und Reich, die auch vor feigen Mordtaten nicht zurückschreckt, erfordert
entschiedene Abwehr und harte Sühne. Ich bestimme daher auf Grund
der Verordnung zur Durchführung des Vierjahresplans vom 18. Oktober
1936 das Folgende:

§ 1. Den Juden deutscher Staatsangehörigkeit in ihrer Gesamtheit wird
die Zahlung einer Kontribution von 1 000 000 000 Reichsmark an das
Deutsche Reich auferlegt [...]

[87.] **Verordnung Hermann Görings zur Ausschaltung
der Juden aus dem deutschen Wirtschaftsleben, 12.11.1938**

§ 1. 1. Juden ist vom 1. Januar 1939 ab der Betrieb von Einzelhandelsver-
kaufsstellen, Versandgeschäften oder Bestellkontoren sowie der
selbständige Betrieb eines Handwerks untersagt.

2. Ferner ist ihnen mit Wirkung vom gleichen Tage verboten, auf
Märkten aller Art, Messen oder Ausstellungen Waren oder ge-
werbliche Leistungen anzubieten, dafür zu werben oder Bestellungen darauf anzunehmen.

3. Jüdische Gewerbebetriebe, die entgegen diesem Verbot geführt
werden, sind polizeilich zu schließen.

§ 2. 1. Ein Jude kann vom 1. Januar 1939 ab nicht mehr Betriebsführer im
Sinne des Gesetzes zur Ordnung der nationalen Arbeit vom 20. Januar 1934 sein.

2. Ist ein Jude als leitender Angestellter in einem Wirtschaftsunter-
nehmen tätig, so kann ihm mit einer Frist von sechs Wochen ge-
kündigt werden. Mit Ablauf der Kündigungsfrist erlöschen alle
Ansprüche des Dienstverpflichteten aus dem gekündigten Ver-
trage, insbesondere auch alle Ansprüche auf Versorgungsbezüge
und Abfindungen.

§ 3. 1. Ein Jude kann nicht Mitglied einer Genossenschaft sein.

2. Jüdische Mitglieder von Genossenschaften scheiden zum 31. Dezember 1938 aus. Eine besondere Kündigung ist nicht erforderlich
[...]

[88.] **Aus dem Monatsbericht des Regierungspräsidenten von Niederbayern und der Oberpfalz, 8.12.1938**

Die jüdische Mordtat an dem deutschen Gesandtschaftsrat in Paris löste in allen Kreisen der Bevölkerung helle Empörung aus; allgemein wurde ein Einschreiten der Reichsregierung erwartet. Die gegen das Judentum gerichteten gesetzlichen Maßnahmen fanden deshalb vollstes Verständnis. Um so weniger Verständnis brachte der Großteil der Bevölkerung für die Art der Durchführung der spontanen Aktion gegen die Juden auf; sie wurde vielmehr bis weit in Parteikreise hinein verurteilt. In der Zerstörung von Schaufenstern, von Ladeninhalten und Wohnungseinrichtungen sah man eine unnötige Vernichtung von Werten, die letzten Endes dem deutschen Volksvermögen verlorengingen und die in krassem Gegensatz stehe zu den Zielen des Vierjahresplans, insbesondere auch zu den gerade jetzt durchgeführten Altmaterialsammlungen. Auch die Befürchtung wurde laut, daß bei den Massen auf solche Weise der Trieb zum Zerstören wieder geweckt werden könnte. Außerdem ließen die Vorkommnisse unnötigerweise in Stadt und Land Mitleid mit den Juden aufkommen.

II. Der Weg in den Krieg:
nationalsozialistische Außenpolitik und
die Zerstörung des Internationalen Systems
1933–1939

1. Aufrüstung und Kriegswirtschaft im Frieden

Die Stabilisierung der durch die Weltwirtschaftskrise stark geschwächten deutschen Wirtschaft und die Senkung, ja Beseitigung der Arbeitslosigkeit (Tab. 9) waren politische Erfolge der Hitler-Regierung, die im In- und Ausland mit Erstaunen und Bewunderung aufgenommen wurden, und die dem nationalsozialistischen Regime eine enorme Legitimierungsbasis verschafften.

Bereits in seiner Regierungserklärung vom 1.2.1933 hatte Hitler die Rettung des deutschen Bauern und Arbeiters als wichtigste Aufgabe seines Kabinetts bezeichnet (Dok. 1). Dies bedeutete einmal die aktive Arbeitsbeschaffungspolitik und zum andern die wirtschaftliche Absicherung der Landwirtschaft. In Übereinstimmung mit einflußreichen Vertretern der Großwirtschaft entstand im Frühjahr 1933 ein großes Arbeitsbeschaffungsprogramm, das vorrangig staatlich subventionierten Straßenbau und steuerlich ermäßigten Hausbau vorsah (Tab. 5–8, 17–21). Die Industrie stimmte diesem Vorhaben zu, weil sie sich zu Recht große Aufträge erhoffte, und die Reichswehr erwartete vom Ausbau des Autobahnnetzes strategische Vorteile (Dok. 97). Zum wichtigsten Berater und Helfer Hitlers wurde Hjalmar Schacht, der am 16. März 1933 den Reichsbankpräsidenten Luther in seinem Amt ablöste und schließlich im Juli 1934 Reichswirtschaftsminister und preußischer Wirtschaftsminister wurde. Dieser Wirtschaftsdiktator besaß sowohl die fachliche Kompetenz als auch das Vertrauen Hitlers und der Großindustrie. Er galt als Schöpfer und Garant des vielbewunderten nationalsozialistischen »Wirtschaftswunders«. Dieses führte nicht nur zur Vollbeschäftigung, sondern kam vor allem auch der Aufrüstung der Reichswehr zugute. Bereits im Jahre 1935 übertrafen die Rüstungsausgaben das Volumen der öffentlichen Investitionen und lösten die zivilen Arbeitsbeschaffungsmaßnahmen in ihrer konjunkturellen Schrittmacherfunktion ab.

1936 war die Vollbeschäftigung erreicht. Trotz Steigerung des Außenhandels, besonders mit den Balkanstaaten (Dok. 94, Tab. 22–24), und trotz der Annexion Österreichs und des Sudetenlandes bzw. der »Resttschechen« (Dok. 117, 121, 122, 124), mit dem Ziel, einen von Deutschland kontrollierten Großwirtschaftsraum zu schaffen (Dok. 102–105), kam es aber auch, angesichts der enormen Quoten für die Aufrüstung, zu Versorgungsengpässen bei rüstungswirtschaftlichen Rohstoffen und Lebensmitteln. Gleichzeitig wurde die wirtschaftliche Abhängigkeit vom Ausland aufgrund des wachsenden Devisen-

mangels unübersehbar (Dok. 89, 98, 100). Der von Hitler formulierte sogenannte »Vierjahresplan« vom August 1936 (Dok. 92, 93, 94) sollte Abhilfe
schaffen, aber gleichzeitig auch materielle und zeitliche Zielangaben der wirtschaftlichen Mobilmachung für den Krieg setzen. Eine Wirtschaftslenkung im
Sinne rüstungspolitischer Ziele führte im Bündnis von Industrie und Politik zu
wachsender Einseitigkeit (Dok. 90, 91). Wirtschaftliche Kalkulation wurde
eindeutig von politischen Zielvorstellungen dominiert, und häufig erfolgte
der Hinweis, der zukünftige Krieg würde alle derzeitigen Engpässe überwinden und kompensieren helfen (Dok. 92, 94, 95, 96, 98, 99, 102, 103, 104).
Warnungen vor einem wirtschaftlichen Bankrott, der soziale Krisen zur Folge
haben würde, wurden immer lauter (Dok. 94, 101). Anstatt jedoch realitäts-
adäquate Konsequenzen zu ziehen und das die Krise verschärfende Rüstungstempo zu bremsen, wurde dieses eher noch gesteigert. Hitler lehnte es ab,
seine machtpolitischen Ziele und damit das forcierte Rüstungstempo zurück-
zustecken, selbst wenn die deutsche Wirtschaft dadurch in eine unüberwind-
bare Krisensituation schlitterte. Der »Führer« und in seinem Auftrag auch
Hermann Göring stellten ökonomische Erfordernisse zugunsten des programmatischen Ziels der Aufrüstung zurück. Daran konnten auch die Bemühungen Schachts nichts ändern, der schließlich im November 1937 von seinen
Ämtern zurücktrat. Die Resignation Schachts signalisierte den Übergang zur
aktiven Revisions- und Eroberungspolitik.

**[89.] Protokoll einer Sitzung unter der Leitung von Rudolf Heß
über die ökonomische Aufrüstung und die Rohstoffknappheit
in Deutschland, 20.11.1934**

Einleitend betont Herr Reichsbankpräsident Dr. Schacht, die deutsche
Wirtschaftspolitik könne nur von einer Stelle aus vertreten werden. Das
Nebeneinanderwirken mehrerer Stellen laufe den Intentionen des Füh-
rers zuwider. Das Ernährungsministerium sei auf agrarpolitischem Ge-
biet zuständig, im übrigen sei das Wirtschaftsministerium diejenige
Stelle, die die deutsche Wirtschaftspolitik treibe [...]
Pietzsch: [...] Heute bewegen aber wirtschaftliche Fragen, insbesondere
die Rohstoffbeschaffung, zahlreiche Gemüter [...]
An die Partei würden zahlreiche Fragen hinsichtlich der zukünftigen Versorgung Deutschlands mit Textilfasern herangebracht. Sie müsse darüber
Angaben machen können. Die Situation der Textilindustrie habe sich
sehr zugespitzt [...]
Präsident Schacht [...] Wieviel Rohstoffe wir in einem halben Jahr noch
zur Verfügung hätten, das könne nur ein Prophet sagen. Er könne als
Wirtschaftsminister nur alles das tun, was irgendwie im Bereich der Möglichkeit stände. Pietzsch fragt sodann, ob man in dieser Richtung nicht

etwas Tröstliches der Öffentlichkeit mitteilen könne. Auch Heß schließt sich dieser Frage an. Es sei von Wichtigkeit für die nationalsozialistische Bewegung, der Öffentlichkeit hierüber Aufschlüsse geben zu können [...]

Präs[ident] Schacht bemerkt hierzu, daß er sich selbst zur Bewegung rechne. Es könne nicht ein Unterschied gemacht werden zwischen ihm und der Bewegung. Er sei schon sehr lange in der nationalsozialistischen Bewegung, wenn er auch nicht einen Knopf* im Knopfloch trage. Zwischen ihm und der Bewegung beständen keine Gegensätze. Sodann könne er sagen, daß die Rohstofffrage zweifellos sehr schwierig zu lösen sei. Androhungen über Schließung von Fabriken seien aber bisher nicht verwirklicht worden. Zur Zeit könnten wir noch mit voller Kapazität arbeiten, trotzdem wir eine Rüstung betreiben, die weit über das normale Maß hinausgehe [...]

Daitz [...] In erster Linie sei es notwendig, die Verrechnungsabkommen durch zweiseitige Kredite der beiderseitigen Notenbanken zu ergänzen. Präs[ident] Schacht bemerkt hierzu, daß zu einem Kredit immer zwei Partner gehörten. Bisher habe er Ausländer, die Deutschland Kredit geben, nicht finden können [...] Kredite bekomme er zur Zeit nicht. Wenn uns Herr Daitz welche verschaffe, so stehe er nicht an, ihn als Retter des Vaterlandes zu erklären und ihm seine beiden Ämter zu überlassen, wobei freilich immer noch die Frage offen bleibe, wie Herr Daitz einmal die Kredite zurückzahlen wolle [...] Die Ausländer betonten bei allen Verhandlungen, Deutschland müsse erst einmal seine Schulden bezahlen [...] Das Ausland sage immer, Deutschland lebe zu gut, rüste auf und verhindere dadurch, daß es seine Schulden bezahle. Die Aufrüstung habe zu einer wesentlichen Belebung des Binnenmarktes geführt, koste aber sehr viel Rohstoffe [...] Bisher sei es auch gelungen, den Rohstoffbedarf zu sichern. Mit einer Reihe von Rohstoffen seien wir noch für einige Monate eingedeckt. Bei Baumwolle und Wolle reichten die Vorräte nur für kurze Zeit. Wir lebten da von der Hand in den Mund. Jeden Tag würden Anstrengungen gemacht, durch Gegenseitigkeitsgeschäfte Rohstoffe zu beschaffen, was man auch der Öffentlichkeit nicht sagen könne [...] Die Arbeitsbeschaffung müsse so reguliert werden, daß, wenn es in einigen Rohstoffen nicht weitergehe, wir uns auf die Verarbeitung anderer Rohstoffe verlegen müßten [...] Es würden große Neuinvestitionen betrieben, die Herstellung von Benzin, Vistrafaser und synthetischem Kautschuk schreite voran [...] Dazu kämen unerhörte Investitionen auf dem Gebiete der Rüstungsindustrie. Das Geld sei durch Steuern nicht zu beschaffen. Es müsse auf andere Weise bereitgestellt werden. Der Staat

---

* Gemeint ist das nationalsozialistische Parteiabzeichen.

wäre darauf angewiesen, daß der Geld- und Kapitalmarkt gesund bleibe, damit er seinen großen Investitionsbedarf decken könne. Es komme im ganzen eine Summe in Frage, bei der es sich um ... zig Milliarden handele [...] Es gebe nur eine Aufgabe, das sei die, dem deutschen Volke und Staate diejenige Stellung wiederzugeben, die wir brauchen. Diese Dinge könne man nicht lösen, wenn Deutschland nicht wieder als ein machtgebietender Faktor in der Welt dastehe [...]

Heß betont sodann, Dr. Schacht dürfe überzeugt sein, daß alle Wirtschaftler der NSDAP sich in den Dienst dieser Sache stellten. Wenn sie in diesem oder jenem Punkte anderer Meinung seien oder gegen Dr. Schacht im engeren Kreise Stellung genommen hätten, so sei das belanglos.

[90.] Denkschrift der IG Farbenindustrie AG
für den Rüstungsbeirat * des Reichswehrministeriums über
die Vorbereitung der Industrie auf den Krieg, März 1935

Der Gedanke, die Außenorganisation des RMW unter Einschluß des RLM zur Vorbereitung der Industrie auf den Krieg zu erweitern, bedeutet letzten Endes, sich mit den Problemen über den Aufbau einer alle Kräfte des Volkes zusammenschließenden Wirtschaftsorganisation zu befassen.

Wenn man sich nicht nur an die im Kriege ** unter dem Zwange der Not entstandene Organisationsform anlehnen will, sondern wenn man darauf ausgeht, die gesamten produktiven Kräfte auf weite Sicht vorbereitend einem einheitlichen Zweck unterzuordnen, so heißt dies – naturgemäß unter Benutzung der im Kriege gesammelten Erfahrungen – eine wehrwirtschaftliche Neuorganisation zu schaffen, die den letzten Mann und die letzte Frau, die letzte Produktionseinrichtung und Maschine sowie den letzten Rohstoff der Erzeugung von kriegswichtigen Produkten zuführt und alle Arbeitskräfte, Produktionseinrichtungen und Rohstoffe in einem militärisch straff geführten wirtschaftlichen Organismus eingliedert. Die gesamte Erzeugung der Industrie, des Handwerks und Gewerbes sowie der Landwirtschaft gilt in diesem Sinne als kriegswichtig und muß daher in den Rahmen einer umfassenden Wehrwirtschaft einbezogen werden [...]

---

   * In diesem Gremium zur Beratung des Reichswehrministeriums, das meistens unter dem Vorsitz des Reichswehrministers Werner von Blomberg tagte, saßen als ständige Vertreter der Reichswehr die Generale Walther von Reichenau und Wilhelm Keitel. Die wichtigsten Konzerne waren durch Robert Bosch, Konrad von Borsig, Wilhelm Keppler, Carl Krauch, Paul Reusch, Hermann Röchling, Carl Friedrich von Siemens, Fritz Springorum, Fritz Thyssen und Albert Vögler vertreten.
** Hier ist der Erste Weltkrieg gemeint.

Die für den Frontdienst benötigten Kräfte ordnen sich nach dem rein militärischen Mobilmachungsplan in den Rahmen der Wehrmacht ein, auf sie hat nach ihrem Übertritt zur Truppe die Wehrwirtschaft keinen Einfluß mehr.

Die Erfassung der freibleibenden Kräfte muß naturgemäß in planvoller Zusammenarbeit auf weite Sicht durch Wehrmacht und Wehrwirtschaft geschehen.

Die in Industrie, Gewerbe und Landwirtschaft verbleibenden Arbeitskräfte treten dann gemäß einem – dem militärischen Mobilmachungsplan entsprechenden – wehrwirtschaftlichen Mobilmachungsplan unter militärischem, wehrwirtschaftlichen Kommando in Tätigkeit. Es müssen also für die Industriewerke, für die lebenswichtigen Handwerks- und Gewerbebetriebe sowie für die in ihrer Gesamtheit ausnahmslos lebenswichtige Landwirtschaft eingehende Mobilisierungspläne aufgestellt werden [...]

Die Planung der Wehrwirtschaft bzw. die Aufstellung der wehrwirtschaftlichen Mobilisierungspläne muß unter Berücksichtigung der vorhandenen Friedenswirtschaft, d. h. unter Mitarbeit der bestehenden Fachorganisationen der Wirtschaft bzw. der Unternehmer selbst, erfolgen, um die Initiative, Anregung und Mitarbeit der freien Wirtschaft in den Dienst der Sache zu stellen. Diese gesamte Planung, sowohl was die Produktion kriegswichtiger Güter anlangt als auch die gesamte Planung über Rohstofffragen, muß dabei unter einheitlicher zentraler wehrwirtschaftlicher Leitung stehen [...]

Bezüglich der Arbeitskräfte erscheint die straffe wehrwirtschaftliche Vorbereitung aller Maßnahmen von außerordentlichem Wert, und es muß für die einzelnen in Frage kommenden Betriebe industrieller und landwirtschaftlicher Natur die Frage des Ersatzes zum Frontdienst tretender Arbeitskräfte durch freie Kräfte eingehend geregelt werden.

Einen letzten Schritt auf dem Wege der straffen militärischen Organisation der Wehrwirtschaft würde es bedeuten, auch alle in Frage kommenden Arbeitskräfte der Wehrwirtschaft im Kriegsfalle militärisch einzugliedern und den betreffenden Organen der Wehrwirtschaft (W[ehr]w[irtschafts]offiziere usw.) zu unterstellen. Die gesamte Organisation muß von dem Gedanken getragen werden, trotz einer straffen Zentralisation der Planung die private Entwicklungsfreudigkeit zu fördern und vor allem die Organisation nicht bürokratisch erstarren zu lassen, sondern sie elastisch zu erhalten, damit sie sich im Kriegsfalle plötzlich dem Auftreten neuer Erfordernisse oder Verluste bzw. Ausfall von Erzeugungsstätten oder Rohstoffen anpassen kann.

[91.] Denkschrift Hermann Röchlings an Adolf Hitler:
»Gedanken über die Vorbereitung zum Kriege
und seine Durchführung«, 17. 8. 1936

Immer drohender wird die Kriegsgefahr für das deutsche Volk. Im Osten steht Rußland mit seiner kommunistischen Staatsauffassung und der Gottlosenlehre im schärfsten Gegensatz zum nationalsozialistischen Deutschland, das ihm den Weg zur Weltrevolution versperrt. Deutschland hat mit seinem Antisemitismus dem in Rußland absolut herrschenden Judentum und dem Judentum der Welt, dem einflußreichsten Vorkämpfer des Bolschewismus, den schärfsten Kampf angesagt [...]
Im Westen sehen wir die Entwicklung in Frankreich immer mehr zum Bolschewismus hinübergleiten [...] Durch das Militärbündnis mit Rußland gibt der französische Generalstab, wenn auch ungewollt, sein Placet. Es ist nicht zu sehen, worin die Möglichkeit bestehen sollte, den Entscheidungskampf zwischen Bolschewismus und Nationalsozialismus zu vermeiden [...]
England, das bis in die höchsten Kreise verjudet ist, hat viel zuviel Hemmungen, um sich auf unsere Seite zu stellen [...] Kurzum, wir können im besten Falle erreichen, daß England im Entscheidungskampf um unsere Existenz Neutralität wahrt, nicht um uns zu helfen, wenn der Kampf zu unseren Ungunsten ausgeht, sondern um zu verhindern, daß wir den Erfolg ausschöpfen, wenn ein solcher vorhanden sein sollte [...]
Der kommende Krieg wird in erster Linie ein Krieg der Technik sein, wobei höchste Technik, höchster Mannesmut und größte Kraft zur Ertragung von Entbehrungen vielleicht den Sieg ermöglichen. Ohne diese Voraussetzungen wird der Erfolg unmöglich sein. Unsere Bewaffnung mag gut sein, sie ist aber von einer verwirrenden Vielseitigkeit, und sie muß zu dem Grundsatz zurückgeführt werden, daß nur das Einfachste im Kriege Aussicht auf Erfolg hat. Wenn es erwünscht sein sollte, kann ich erfüllbare Richtlinien für das kämpfende Heer aufstellen, deren Kennzeichen sein würde, daß die Infanterie nur mit Maschinenwaffen, von der Maschinenpistole angefangen bis zum Maschinengeschütz, zu bewaffnen wäre, so daß sie sich gegen jeden Angreifer auf der Erde und in der Luft selbst verteidigen kann.
So wichtig diese Dinge sind, das Wichtigste ist immer, daß das Volk stark genug gemacht wird, die Belastungsprobe auszuhalten, die ein solcher Krieg bedeutet. Dazu gehört auch, daß jeder, aber auch wirklich jeder waffenfähige Mann immer wieder an die Front [und] mit der Waffe in der Hand sein Vaterland verteidigen muß. Es darf keine Scheidung in Front, Etappe und Heimat geben. Jeder aus der Etappe, jeder aus der Heimat muß auch an der Front seine Haut zu Markte tragen [...]

[92.] Hitlers geheime Denkschrift über den Vierjahresplan, August 1936

[...] Deutschland wird wie immer als Brennpunkt der abendländischen Welt gegenüber den bolschewistischen Angriffen anzusehen sein. Ich fasse dies nicht als eine erfreuliche Mission auf, sondern als eine leider durch unsere unglückliche Lage im Europa bedingte Erschwerung und Belastung unseres völkischen Lebens. Wir können uns aber diesem Schicksal nicht entziehen.

Unsere politische Lage ergibt sich aus folgendem: Europa hat zur Zeit nur zwei dem Bolschewismus gegenüber als standfest anzusehende Staaten: Deutschland und Italien. Die anderen Länder sind entweder durch ihre demokratische Lebensform zersetzt, marxistisch infiziert und damit in absehbarer Zeit selbst dem Zusammenbruch verfallen oder von autoritären Regierungen beherrscht, deren einzige Stärke die militärischen Machtmittel sind, d. h. aber: sie sind infolge der Notwendigkeit, die Existenz ihrer Führung den eigenen Völkern gegenüber durch die Brachialmittel der Exekutive zu sichern, unfähig, diese Brachialgewalt zur Erhaltung der Staaten nach außen anzusetzen. Alle diese Länder wären unfähig, jemals einen aussichtsvollen Krieg gegen Sowjetrußland zu führen.

Wie denn überhaupt außer Deutschland und Italien nur noch Japan als eine der Weltgefahr gegenüber standhaltende Macht angesehen werden kann.

Es ist nicht der Zweck dieser Denkschrift, die Zeit zu prophezeien, in der die unhaltbare Lage in Europa zur offenen Krise werden wird. Ich möchte nur in diesen Zeilen meine Überzeugung niederlegen, daß diese Krise nicht ausbleiben kann und nicht ausbleiben wird und daß Deutschland die Pflicht besitzt, seine eigene Existenz dieser Katastrophe gegenüber mit allen Mitteln zu sichern und sich vor ihr zu schützen, und daß sich aus diesem Zwang eine Reihe von Folgerungen ergeben, die die wichtigsten Aufgaben betreffen, die unserem Volk jemals gestellt worden sind. *Denn ein Sieg des Bolschewismus über Deutschland würde nicht zu einem Versailler Vertrag führen, sondern zu einer endgültigen Vernichtung, ja Ausrottung des deutschen Volkes.*

Das Ausmaß einer solchen Katastrophe kann nicht abgesehen werden. Wie denn überhaupt der dichtbevölkerte Westen Europas (Deutschland inbegriffen) nach einem bolschewistischen Zusammenbruch wohl die grauenhafteste Völkerkatastrophe erleben würde, die seit dem Verlöschen der antiken Staaten die Menschheit heimgesucht hat. *Gegenüber der Notwendigkeit der Abwehr dieser Gefahr haben alle anderen Erwägungen als gänzlich belanglos in den Hintergrund zu treten!*

[...] Die militärische Auswertung soll durch die neue Armee erfolgen. *Das Ausmaß und das Tempo der militärischen Auswertung unserer Kräfte können nicht groß und nicht schnell genug gewählt werden!* Es ist ein Kapitalirrtum, zu glauben, daß über diese Punkte irgendein Verhandeln oder ein Abwägen stattfinden könnte mit anderen Lebensnotwendigkeiten. So sehr auch das gesamte Lebensbild eines Volkes ein ausgeglichenes sein soll, so sehr müssen doch in gewissen Zeiten einseitige Verschiebungen zuungunsten anderer, nicht so lebenswichtiger Aufgaben vorgenommen werden. *Wenn es uns nicht gelingt, in kürzester Frist die deutsche Wehrmacht in der Ausbildung, in der Aufstellung der Formationen, in der Ausrüstung und vor allem auch in der geistigen Erziehung zur ersten Armee der Welt zu entwickeln, wird Deutschland verloren sein!* Es gilt hier der Grundsatz, daß das, was in Monaten des Friedens versäumt wurde, in Jahrhunderten nicht mehr eingeholt werden kann.

Es haben sich daher dieser Aufgabe alle anderen Wünsche bedingungslos unterzuordnen.

[...] Wir sind übervölkert und können uns auf der eigenen Grundlage nicht ernähren.

[...] Die endgültige Lösung liegt in einer Erweiterung des Lebensraumes bzw. der Rohstoff- und Ernährungsbasis unseres Volkes. Es ist die Aufgabe der politischen Führung, diese Frage dereinst zu lösen.

[...] Die Erfüllung dieser Aufgaben in der Form eines Mehr-Jahres-Plans der Unabhängigmachung unserer nationalen Wirtschaft vom Ausland wird es aber auch erst ermöglichen, vom deutschen Volk auf wirtschaftlichem Gebiet und dem Gebiete der Ernährung Opfer zu verlangen, denn das Volk hat dann ein Recht, von seiner Führung, der es die blinde Anerkennung gibt, zu verlangen, daß sie auch auf diesem Gebiete durch unerhörte und entschlossene Leistungen die Probleme anfaßt und sie nicht bloß beredet, daß sie sie löst und nicht bloß registriert!

Es sind jetzt fast 4 kostbare Jahre vergangen. Es gibt keinen Zweifel, daß wir schon heute auf dem Gebiet der Brennstoff-, der Gummi- und zum Teil auch in der Eisenerzversorgung vom Ausland restlos unabhängig sein könnten. Genauso wie wir zur Zeit 7 oder 800000 t Benzin produzieren, könnten wir 3 Millionen t produzieren. Genauso wie wir heute einige Tausend t Gummi fabrizieren, könnten wir schon jährlich 70 und 80000 t erzeugen. Genauso wie wir von 2 ½ Millionen t Eisenerz-Erzeugung auf 7 Millionen t stiegen, könnten wir 20 oder 25 Millionen t deutsches Eisenerz verarbeiten und, wenn notwendig, auch 30. Man hat nun Zeit genug gehabt, in 4 Jahren festzustellen, was wir nicht können. Es ist jetzt notwendig, auszuführen das, was wir können.

Ich stelle damit folgende Aufgabe:
I. Die deutsche Armee muß in 4 Jahren einsatzfähig sein.
II. Die deutsche Wirtschaft muß in 4 Jahren kriegsfähig sein.

[93.] Protokoll über die Sitzung des Ministerrats über die Durchführung des Vierjahresplans, 4. 9. 1936

Min[ister-]Präs[ident] Göring: Die heutige Sitzung ist von größerer Bedeutung als alle vorhergehenden [...]
Vorhandene Reserven müssen zur Überbrückung bis zur Erreichung des vom Führer befohlenen Endzieles angegriffen werden: für den Kriegsfall sind sie kein in jedem Falle brauchbarer Rückhalt.
Von einzelnen Persönlichkeiten sind Denkschriften über die grundsätzliche Wirtschaftsführung eingefordert worden. Bisher wurde nur vorgelegt die des Dr. Goerdeler, die völlig unbrauchbar ist. Neben vielen anderen abwegigen Gedanken enthält sie den Vorschlag wesentlicher Rüstungseinschränkung.
Demgegenüber ist festzustellen, daß die Vollmacht des Herrn Generaloberst sich bezieht auf »Sicherstellung der Rüstung«, die eher zu beschleunigen als abzubauen ist.
Der Führer und Reichskanzler hat an den Herrn Generaloberst und den Herrn Reichskriegsminister eine Denkschrift gegeben, die die Generalanweisung für die Durchführung darstellt.
Sie geht von dem Grundgedanken aus, daß die Auseinandersetzung mit Rußland unvermeidbar ist. Was Russen im Aufbau geleistet haben, können wir auch leisten.
Welches Risiko fürchtet die Wirtschaft im Vergleich zu dem außenpolitischen Risiko, das der Führer dauernd trägt? Über die Finanzierungsfrage wird der Führer eine Denkschrift folgen lassen [...]
Der Führer wird in nächster Zeit die Wirtschaftsführer sprechen und ihnen seine Grundgedanken darlegen.
Bei der Autorität des Staates sind die notwendigen Maßnahmen durchaus durchführbar. Friedrich der Große, auf den von verschiedensten Seiten Bezug genommen wird, war in seiner Finanzgebarung scharfer Inflationist.
Durch das Genie des Führers sind in kürzester Zeit scheinbar unmögliche Dinge zur Wirklichkeit geworden; letztes Beispiel: Einführung der zweijährigen Dienstzeit und Anerkennung Frankreichs, daß wir stärkere Wehrmacht brauchen als es selbst. Die Aufgaben, die vor uns stehen, sind wesentlich geringer als das, was wir bereits geschafft haben.
Alle Maßnahmen, die wir mit innerdeutschem Gelde durchführen kön-

nen, sind möglich und durchzuführen. Durch sie müssen die Erfordernisse der Wirtschaft und Ernährung, die Devisen beanspruchen, in zweite Linie gedrängt werden.

Alle Maßnahmen haben so zu erfolgen, als ob wir im Stadium der drohenden Kriegsgefahr uns befänden.

[94.] Reichswirtschaftsminister Hjalmar Schacht warnt Hermann Göring vor den Folgen der Kriegswirtschaft, 2. 4. 1937

[...]

a) Die durch Rüstung und Vierjahresplan auf höchste Tourenzahl gebrachte deutsche Volkswirtschaft läßt den deutschen Fabrikanten sehr häufig das Exportgeschäft zugunsten des lukrativen und risikolosen Inlandsgeschäftes vernachlässigen.

b) Obwohl die mir unterstehenden Überwachungsstellen strikte Anweisung haben, die Rohstoffe für die Exportaufträge bevorzugt zuzuteilen, macht sich der Rohstoffmangel für den Export immer störender bemerkbar. Es ist den exportierenden Firmen häufig nicht damit geholfen, daß ihnen der für den unmittelbaren Exportauftrag benötigte Rohstoff zugeteilt wird, weil sie ohne gleichzeitige Inlandsbeschäftigung, für die häufig die Rohstoffe nur in ungenügendem Umfang vorhanden sind, nicht auf ihre Kosten kommen. Hinzu kommt, daß sich in den Vorindustrien, die Einzelteile herstellen, nicht übersehen läßt, ob der in den Einzelteilen enthaltene Rohstoff dem Export oder dem Inlandsmarkt zufließt. Es treten daher gerade bei den Vorindustrien Rohstoffschwierigkeiten auf, die den Export des Endproduktes erschweren.

c) Rüstung und Vierjahresplan haben so viel Facharbeiter absorbiert, daß für die Produktion von Exportgütern ein außerordentlich empfindlicher Mangel an geeigneten Arbeitskräften eingetreten ist. Dies gilt insbesondere für diejenigen Industrien, bei denen die größten Exportchancen vorhanden sind.

d) Umfang und Dringlichkeit der Heeresaufträge und neuerdings auch der Aufträge des Vierjahresplans haben die Kapazität der deutschen Fabriken so stark beansprucht, daß für die Ausführung von Exportaufträgen kein oder nur ungenügender Raum bleibt.

Die Folge dieser Entwicklung ist, daß die deutsche Industrie für Exportaufträge so lange Lieferfristen zu nennen gezwungen ist, daß es die ausländischen Käufer vorziehen, in der Schweiz, in Schweden, Belgien, in

den Vereinigten Staaten und in der Tschechoslowakei zu kaufen. Häufig können nicht einmal vereinbarte Lieferfristen aufrechterhalten werden, ein Umstand, der das Vertrauen in die Lieferfähigkeit und Lieferwilligkeit des deutschen Kaufmanns zerstören muß [...]
Bei dem gegenwärtigen Zustand, der in letzter Zeit insbesondere dadurch noch verschärft worden ist, daß sowohl vom Amt für deutsche Roh- und Werkstoffe wie auch von den Beschaffungsstellen der Wehrmachtsteile Einzelanweisungen dahingehend erfolgt sind, die Exportaufträge zurückzustellen, ist damit zu rechnen, daß die Exportchancen auf dem Weltmarkt nicht nur nicht wahrgenommen werden können, sondern daß im Gegenteil mit einer Verringerung des deutschen Exports in der 2. Hälfte 1937 gerechnet werden muß. Ich habe daher die Befürchtung, daß die Exporterlöse und damit die Einfuhrmöglichkeiten in dem Augenblick geringer werden, wo auch die Einnahmen aus den auswärtigen Vermögensbeständen nicht mehr verfügbar sein werden. Ich brauche nicht zu betonen, daß durch eine solche Entwicklung nicht nur die Durchführung des Vierjahresplanes gefährdet wird, sondern daß auch die Fortführung der Rüstung in Frage gestellt wird, und zwar um so mehr, wenn der nächste Ernteertrag einen größeren Einfuhrbedarf notwendig machen sollte. Daß eine solche Entwicklung auch unsere außenpolitische Handlungsfreiheit beeinflussen würde, liegt auf der Hand.

[95.] Runderlaß des Reichswirtschaftsministeriums über die Regelung der Ausfuhr im Falle des Krieges, 27. 5. 1937

Im Kriegsfalle wird die Ausfuhr weitgehend einer straffen Lenkung unterliegen müssen. Der Bedarf an kriegs- und lebenswichtigen Rohstoffen für die Kriegführung, die weitgehende Ausnutzung zahlreicher Betriebe für Rüstungsaufträge, die Einziehung von Facharbeitern zum Heeresdienst, die Störung des Außenhandels durch feindliche Einwirkungen und Boykottmaßnahmen werden es erforderlich machen, die Ausfuhr nach bestimmten Richtlinien durchzuführen, um einen möglichst hohen Erlös aus der Ausfuhr zu sichern.
Eine Aufrechterhaltung der Ausfuhr wird im Kriege in erster Linie auf dem Gebiet der gewerblichen Wirtschaft anzustreben sein; deshalb werden bei denjenigen Wirtschaftsgruppen der gewerblichen Wirtschaft, deren Wirtschaftszweige auch im Kriege für eine Ausfuhr in Betracht kommen, Ausfuhrstellen gebildet werden [...]
Die Vorbereitung der Arbeiten der Ausfuhrstellen ist Aufgabe der Mobilmachungs-Beauftragten bei den Wirtschaftsgruppen. Die Prüfungsstellen für den Bereich der einzelnen Wirtschaftsgruppen haben Ermäch-

tigung erhalten, die bei ihnen vorhandenen Unterlagen den Mob-Beauftragten für wehrwirtschaftliche Zwecke zur Verfügung zu stellen. Im einzelnen haben sich die Vorarbeiten auf folgende Gebiete zu erstrecken:

1. Schaffung von Unterlagen zur vorläufigen Sicherung der Exportkapazität der Betriebe.

Die Außenstellen des Reichswirtschaftsministeriums haben Weisung erhalten, die Exportkapazität der Betriebe ihres Bezirkes vorläufig zu sichern.

a) Es sollen Vorbereitungen für die Freistellung oder Zuweisung von Facharbeitern, Nutzkraftwagen, Kohle, Strom, Treibstoffen usw. in Angriff genommen werden und

b) sollen als weitere Unterlagen für diese Arbeiten der Außenstelle von den Mob-Beauftragten Angaben über die Ausfuhr der einzelnen Betriebe in Karteiform zusammengestellt und dem Reichswirtschaftsministerium, Statistisches Archiv WA, zur Weiterleitung an die Außenstellen eingereicht werden.

2. Feststellung des Rohstoffbedarfs für die Aufrechterhaltung der Ausfuhr auf dem Gebiet der Wirtschaftsgruppe.

3. Schätzung des Aufkommens an Bardevisen und Verrechnungsmöglichkeiten durch die im Kriege voraussichtlich aufrechterhaltene Ausfuhr.

4. Feststellung der für die Ausfuhrfertigung heranzuziehenden Firmen.

5. Sicherung der Ausfuhrorganisation im Kriege.

6. Vertreterkontrolle. Marktbeobachtung und dergl. im Auslande.

[96.] Niederschrift einer Besprechung Hermann Görings mit Luftfahrtindustriellen über die Ziele des vorbereiteten Krieges, 8.7.1938

1933 hatten wir Null, heute 1938, Ende des Jahres, besitzt Deutschland eine fertige Stärke der ersten Linie, die ungefähr an die von England plus [...] heranreicht. Wir sind also auch in der Quantität überlegen, und in der Qualität sind wir ebenbürtig bis überlegen. Das ist eine gewaltige Leistung. Es ist ein Wunder, daß das hat geschafft werden können.

Und hier fällt ein großes Verdienst auch Ihnen, meine Herren, zu, daß es Ihnen gelungen ist, aus dem Nichts heraus Fabriken zu erstellen und aus diesen Fabriken schließlich Flugzeuge und Motoren entstehen zu lassen, die heute ebenbürtig und zum Teil überlegen sind.

Alles in allem gesehen, betrachte ich heute die deutsche Luftwaffe als im Vorsprung befindlich sowohl gegenüber der englischen wie gegenüber der französischen. Diesen Vorsprung gilt es nicht nur zu halten, sondern er muß weiter ausgebaut werden. Denn wenn es zur Entscheidung kommt, werden wir wieder zunächst einmal eine Masse uns gegenüber haben, wenn ich das ganze Weltreservoir sehe, das die Feindstaaten besitzen. Wir müssen also hier durch höchste Qualität und auch eine ungeheure Quantität versuchen, wenigstens in der Luft den Vorsprung weiterhin auszubauen [...]

Ich weiß, daß es große Schwierigkeiten gibt, und eine solche Schwierigkeit lag ja bisher und liegt auch weiter in der sogenannten Materialknappheit. Meine Herren, Materialknappheit! Gewiß, für den einzelnen Bedarfsträger hat jeder zu wenig Eisen. Aber wenn Sie bedenken, daß wir heute fast 2000 Tonnen im Monat Rohgewicht Eisen herstellen, dann ist das etwas Gewaltiges. Wir stellen heute mehr Eisen her als in Frankreich und England zusammen. Nur der Bedarf ist ein solch gigantischer. Dasselbe ist mit Aluminium [...]

Wir befinden uns jetzt im vollen Ablauf zur Mob.-Kapazität und werden bis auf weiteres auf Jahre hinaus von dieser Mob.-Kapazität nicht abgehen können, werden sie unter Umständen sogar zur vollen Mob.-Kapazität zu steigern haben [...]

Glauben Sie, meine Herren, wenn einmal Deutschland einen neuen Kampf verloren hat, dann können Sie nicht ankommen und sagen: Ja, ich habe diesen Krieg nicht gewollt, ich bin immer dagegen gewesen, ich bin auch gegen dieses System gewesen, ich wollte da nie mitmachen. Darüber wird man hohnlächelnd hinweggehen [...]

Wir müssen uns ganz klar darauf einstellen. Ich glaube, so wie die ganze Lage ist, ist es zu 10, zu 15 % so, daß sich irgendwie die Sache verhältnismäßig noch in kleineren Aktionen lösen kann. Aber zu 80, 85, 90 % bin ich überzeugt, daß es doch einmal einen größeren Kladderadatsch geben wird und daß wir dann einmal den großen Kampf machen müssen, den ich nicht scheue. Es kommt nur darauf an, daß nicht wieder schlapp gemacht wird. Es kommt darauf an, daß man sich immer klarmacht: Wir können nur siegen durch ein ungeheures Mehr an Einsatz. Wir müssen alles das, was die anderen an Rohstoffen mehr haben, durch den Menschen ersetzen [...]

Denn wenn ich Ihnen bis jetzt in wenigen Worten das Schicksal gesagt habe, das uns treffen würde, wenn wir den Kampf verlieren, so darf ich auch einmal darauf hinweisen, was sein würde, wenn wir den Kampf gewinnen würden. Dann ist Deutschland die erste Macht der Welt, dann gehört Deutschland der Markt der Welt, dann kommt die Stunde, wo Deutschland reich ist. Aber man muß was riskieren, man muß was einsetzen.

**[97.] Hitler über Volkswagen, Reichsautobahnen
und die Zukunft der Motorisierung, 5. 9. 1938**

Anläßlich eines Spazierganges äußerte sich F.* sehr eingehend über die
Verkehrsprobleme in der Welt und behauptete, die Entwicklung des Au-
tos und die Zunahme der Produktion würde dazu führen, daß spätestens
in 10 Jahren die Straßen nirgends mehr ausreichten, um den Verkehr zu
bewältigen. Er habe mit der Schaffung des VW-Werkes ganz besondere
Vorstellungen verbunden. Es sollte nicht nur eine gute Devisenquelle des
Reichs werden, sondern vor allem beim Arbeiter das Fahrrad ersetzen.
Er werde nicht ruhen, bis die Produktion im Laufe der Jahre so angelaufen sei, daß in einer Zeit, die er gern noch erleben möchte, zumindest
jeder Facharbeiter seinen Volkswagen habe. Es werde die Zeit kommen,
daß auf dem Wege über das Motorrad, das er im übrigen gar nicht
schatze, der Kleinwagen sogar das Fahrrad verdrängen würde. Das würden nur noch Jungens und kleine Mädchen fahren.
Der Ausbau der Autobahn ginge ihm viel zu langsam, aber schneller
ginge es einfach nicht, denn an die Stahl- und Rüstungsindustrie müsse
auch gedacht werden. Ein Land habe bisher außer ihm das Verkehrspro-
blem erkannt, das seien die Vereinigten Staaten. Dort habe man schon
vor einigen Jahren begonnen, große Umgehungsstraßen um Städte zu
bauen. Man habe vor allem mehrspurige Anlagen geschaffen, während in
Deutschland auf Grund der vorsintflutlichen Fortbewegungsmittel, wie
man das Pferd nennt, ganze Kompanien von Landräten wie Wahnsinnige
um die Erhaltung der Sommerwege kämpften. Mit dieser lächerlichen
Auffassung würde er aufräumen, und er habe entsprechende Anweisungen schon an die Gauleiter gegeben. In 50 Jahren würde das Pferd
höchstens noch ein Paradestück der Armee sein oder in Zoologischen
Gärten und Zirkussen von der Jugend genauso angestaunt werden, wie es
bis jetzt bei Kamelen und Elefanten sei.

**[98.] Schreiben Arnold Rechbergs
an den Chef der Reichskanzlei Heinrich Lammers
über die Notwendigkeit einer expansiven Politik, 18. 11. 1938**

[...] In der Tat scheinen nur zwei Lösungen für die Frage der modernen
Wehrmacht, die allenthalben für die Völker zu »teuer« wird, gegeben:

---

* F. = Führer.

a) Die Rüstungs-Beschränkung durch internationale Verträge.

Sie ist nur annehmbar für Länder, die, wie England und Frankreich, große Imperien mit für sie ausreichender Agrar- und Rohstoff-Basis zu eigen haben und daher keiner Expansion mehr bedürfen. Der Begriff der Rüstungs-Beschränkung durch internationale Verträge ist ganz ebenso mit dem Begriff des status quo verbunden, wie es der Gedanke des Völkerbundes gewesen ist. Länder dagegen, wie Deutschland und Italien, die noch nicht zu in sich beruhenden Wirtschafts-Imperien expandiert haben, die ohne eine solche Expansion nicht lebensfähig sind und nicht lebensfähig werden können und die damit rechnen müssen, bei ihrer zwangsläufigen Expansion auf Widerstand zu stoßen, den nur militärische Gewalt brechen kann, solche Länder können die Beschränkung ihrer Rüstung durch internationale Verträge nicht auf sich nehmen.

Dazu kommt, daß sich gerade internationale Rüstungsverträge noch immer als wenig haltbar erwiesen haben.

b) Die Expansion in Länder, die reich an Agrar-Produkten und Rohstoffen sind.

Für Deutschland ist als Expansionsobjekt das durch den Bolschewismus seiner Intelligenz, seines Kapitals und seiner Wirtschafts-Prosperität beraubte, aber in seinem möglichen Agrar-Ertrag und an nicht gehobenen Rohstoffen unberechenbar reiche Gebiet Rußlands gegeben. Soll eine Expansion in dieses Gebiet ausreichend sein, um Deutschland zum Imperium mit sich selbst genügender Agrar- und Rohstoff-Basis zu machen, so müßte sie mindestens das russische Gebiet bis einschließlich des Ural mit seinen gewaltigen Erzvorkommen umfassen [...]

Aus dem allen ergibt sich die Erwägung, ob es nicht vornehmlich im militärischen Interesse geboten scheint, auf die Politik, wie sie General Hoffmann mit mir befürwortet hat, zurückzugreifen, auf den Versuch, eine Front der europäischen Großmächte gegen das bolschewistische Rußland aufzubauen [...] Erst wenn der Versuch, eine europäische Front gegen das bolschewistische Rußland zu bilden, für die nunmehr allerdings wesentlich andere Voraussetzungen gegeben sind und zu deren Realisierung neue und andere Wege gegangen werden müßten als vor dem Jahre 1933, endgültig nicht gelingen sollte, dann darf und muß, nach meiner Ansicht, das Risiko des deutschen Expansions-Krieges gegen Osten auch gegen den Widerstand der Westmächte gelaufen werden.

[99.] Ansprache von Wilhelm Zangen, Leiter der Reichsgruppe Industrie, zu Fragen von »Staat und Wirtschaft«, 2.11.1938

Es ist ein unberechtigter Vorwurf, wenn behauptet wird, die Industrie habe nicht alles geleistet, was sie hätte leisten können.

Bisher hat es von seiten der Behörden keine für den Unternehmer sichtbare Planung gegeben.

Der große politische Erfolg, dessen wir uns erfreuen, wäre nicht ohne Mitwirkung der Industrie möglich gewesen.

Die Vergrößerung der deutschen Bevölkerung schafft neue große Probleme, so auf dem Gebiet der Ernährung, des Außenhandels und der Sicherung des neu errungenen Besitzes. Das kostet uns neue große Investierungen und viel Arbeit. Vom Herrn Generalfeldmarschall sind mir als vordringliche Aufgaben bezeichnet worden

1. Ausfuhrförderung,
2. Erweiterung der Kapazitäten der Industrie, wo Engpässe vorhanden sind,
3. Vermeidung, daß die unter 1 und 2 erwähnten Maßnahmen, die der Sicherung des Staates und der Unabhängigkeit vom Auslande dienen, leiden,
4. Versorgung der Allgemeinheit für den zivilen Bedarf.

Wir müssen den Behörden die Überzeugung beibringen, daß unsererseits alles in unsern Kräften Stehende geschieht.

Meine Herren! Vom Stabe Göring haben wir einen Dringlichkeitsplan zu erwarten. Der Unternehmer soll davor bewahrt werden, von allen Seiten hin und her gezerrt zu werden. Der Unternehmer soll sich gegen untragbare Forderungen gewisser Besteller wehren können. Deshalb sollen die Einzelaktionen gewisser Mitgliedsfirmen auch aufhören.

Eine Lenkung der Wirtschaft ist bei der Knappheit an Gütern notwendig. Die Lenkung ist Sache der Behörden, die Beratung ist Sache der Unternehmer. Die Exekutive liegt bei den Gruppen und beim einzelnen Unternehmer [...]

Allerdings müssen wir für einige Zeit Zumutungen stellen, die man nicht gern vertritt. Es müssen alle Möglichkeiten einer Zusammenarbeit beobachtet werden, wie sie berechtigterweise im normalen Wirtschaftsverlauf abgelehnt werden müßten.

Erstens Ausfuhr: Für das Bessermachen müssen wir Vorschläge einreichen. Einschließlich der ZAV-Vergütung muß der Exporteur ebensoviel verdienen, wie im Inlandsgeschäft. Die daraus folgende Erhöhung der

Umlage darf nicht übersehen werden. Die Umlage muß natürlich auf breiteste Schultern umgelegt werden.

Zweitens Kapazitätserweiterung: Hier steht der Maschinenbau im Vordergrund, namentlich der Bau von mehr Werkzeugmaschinen. Zwei Jahre lang lag der Engpaß bei der Eisenindustrie. Heute ist Eisen und Stahl genug da. Trotzdem hat der Maschinenbau seine Lieferzeiten verlängert. 2 Millionen Tonnen Stahl werden monatlich hergestellt, eine Menge, die durch die Hermann-Göring-Werke noch erhöht werden kann. Aber gegenwärtig fehlt die Verarbeitungsmöglichkeit für größere Mengen. Entweder müssen Kapazitäten neu geschaffen werden, und zwar zwecks Verarbeitung, oder es wird sich herausstellen, daß wir zuviel Eisenhütten haben. Danach wird heute nicht gefragt. Man sagt uns, wir sollten ruhig loslegen, denn es gäbe Arbeit so wie bisher, solange die führenden Männer lebten.

[100.] Vortrag von Tilo von Wilmowsky,
Vorsitzender des Mitteleuropäischen Wirtschaftstages,
über die »Entstehung, Entwicklung und Arbeit des MWT«,
22. 11. 1938

Der Südosten besteht aber nicht nur aus Landwirtschaft. Kein europäisches Gebiet verfügt über einen solchen Rohstoffreichtum wie die Länder Jugoslawien, Bulgarien und Rumänien. Diese Rohstoffe sind weithin unerschlossen: die deutsche Wirtschaft hat leider die besten Gelegenheiten verpaßt, sich an der Entwicklung der Rohstoff-Industrie im Südosten maßgeblich zu beteiligen. Sehr frühzeitig hat der MWT die überragende Bedeutung des Rohstoff-Problems für die deutsche Wirtschaft erkannt. Da es zu seinen Aufgaben gehört, auf Gebieten, die bisher nicht in Angriff genommen waren, neue Wege aufzuzeigen und neue Betätigungsmöglichkeiten der Wirtschaft zu bieten, entschloß er sich, die Rohstoff-Frage einer Klärung zuzuführen.

Mit Hilfe einer Gruppe von Privatfirmen der Elektroindustrie wurden Mittel aufgebracht, um zunächst eingehende Untersuchungen über die vorhandenen Rohstoffe durchzuführen. Es war bekannt, daß England und Frankreich sehr große Werke auf dem Gebiet der Blei-, Zink- und Kupfer-Erzeugung in Jugoslawien ins Leben gerufen hatten. Außer diesen wichtigen Stoffen wurden andere ins Auge gefaßt, z. B. Chrom, Antimon, Quecksilber, Petroleum usw. Die schwierige Materie verlangte ein besonders vorsichtiges Vorgehen. Der MWT war sich bewußt, daß eine fruchtbare Rohstoff-Politik im Südosten nur dann zum Ziel führen kann, wenn die deutsche Wirtschaft die Entwicklung von Bergwerken selbst in die Hand nimmt. Der Südosten ist kapitalarm. Weder die dortigen Ban-

ken noch die Industriellen können Kapitalien aufbringen, die notwendig sind, um Bergwerke aufzuschließen und zu betreiben. Die Regierungen beobachten diesem Problem gegenüber eine bemerkenswerte Zurückhaltung [...]
Ununterbrochen haben geologische Expertisen des MWT während 3 Jahren in den Ländern Jugoslawien und Bulgarien stattgefunden, weil diese Länder in erster Linie für eine bergbauliche Betätigung in Frage kamen. Die sorgfältigen Untersuchungen sind die Grundlage gewesen, die zu den späteren Gründungen geführt haben, die der MWT ins Leben rief.
Die Untersuchungen haben ergeben, daß
1. wirklich große Metallvorkommen, deren Produktion einen großen Teil des deutschen Bedarfs decken, nur wenig vorhanden sind;
2. die Bedingungen für die Inangriffnahme solcher Vorkommen, rein wirtschaftlich betrachtet, günstig sind, falls die frachtliche Lage einen billigen Abtransport gestattet;
3. eine Inangriffnahme durch deutsche wirtschaftliche Kreise nur durch die Übertragung erheblicher Devisenmittel überhaupt möglich ist, und daß deshalb mit äußerster Vorsicht vorgegangen werden muß, um möglichst sparsam mit solchen Devisenmitteln umzugehen.

[101.] Das Reichsbankdirektorium beklagt sich bei Hitler über die hemmungslose Ausgabenwirtschaft, 9.1.1939

[...] In entscheidendem Maße wird die Währung von der hemmungslosen Ausgabenwirtschaft der öffentlichen Hand bedroht. Das unbegrenzte Anschwellen der Staatsausgaben sprengt jeden Versuch eines geordneten Etats, bringt trotz ungeheurer Anspannung der Steuerschraube die Staatsfinanzen an den Rand des Zusammenbruchs und zerrüttet von hier aus die Notenbank und die Währung. Es gibt kein noch so geniales und ausgeklügeltes Rezept oder System der Finanz- und Geldtechnik, keine Organisation und keine Kontrollmaßnahmen, die wirksam genug wären, die verheerenden Wirkungen einer uferlosen Ausgabenwirtschaft auf die Währung hintan zu halten. Keine Notenbank ist imstande, die Währung aufrechtzuerhalten gegen eine inflationistische Ausgabenpolitik des Staates. War während der beiden großen außenpolitischen Aktionen in der Ostmark und im Sudetenland eine Steigerung der öffentlichen Ausgaben zwangsläufig, so macht die Tatsache, daß nach Beendigung der außenpolitischen Aktionen eine Beschränkung der Ausgabenpolitik nicht zu erkennen ist, vielmehr alles daraufhin deutet, daß eine weitere Ausgabensteigerung geplant ist, es nunmehr zur gebieterischen Pflicht, auf die Folgen für die Währung hinzuweisen [...]

[102.] Wilhelm Keppler und Generaldirektor Vogl über die Rede Adolf Hitlers vor führenden Vertretern der Wirtschaft, der NSDAP und der Generalität, 8.3.1939

Zuerst wurden gewisse wirtschaftliche und Arbeiter-Probleme besprochen. Dann sprach der Führer. Zunächst erklärte er, daß der Vierjahresplan der letzte Ausweg wäre. Das wahre Problem für das deutsche Volk wäre, sich der Quellen zu versichern, von denen die Rohmaterialien, so notwendig für seine Wohlfahrt, erlangt werden könnten. Außerdem, um diesen Zustand zu genießen, müssen die Feinde des deutschen Volkes radikal vernichtet werden: Juden, Demokratien und »internationale Mächte«.

Solange diese Feinde irgendwo in der Welt noch die geringste Spur einer Macht besäßen, würden sie eine Bedrohung des Friedens des deutschen Volkes bleiben.

In diesem Zusammenhang werde die Lage in Prag unertragbar. Außerdem werde Prag benötigt als Ausgangsort für den Gewinn dieser Rohmaterialien. Infolgedessen wären Befehle gegeben worden, dahingehend, daß innerhalb etlicher Tage, nicht später als am 15. März, die Tschechoslowakei militärisch zu besetzen sei. Polen wird folgen. Wir brauchen nicht auf einen starken Widerstand von dieser Seite zu rechnen. Deutsche Herrschaft über Polen ist notwendig, um polnische Lieferung landwirtschaftlicher Produkte und Kohle für Deutschland zu sichern.

Was Ungarn und Rumänien anbetrifft, so gehören sie ohne Frage in das lebenswichtige Gebiet Deutschlands. Der Fall Polens sowie auch angemessener Druck wird sie unzweifelhaft dazu bringen, klein beizugeben. Dann werden wir uneingeschränkte Kontrolle über ihre unermeßlichen landwirtschaftlichen Quellen und ihre Petroleum-Schätze haben. Dasselbe kann von Jugoslawien gesagt werden.

Dies ist der Plan, der bis 1940 vollbracht werden soll. Selbst dann wird Deutschland unbesiegbar sein. Deutschland wird in 1940 und 1941 ein für allemal mit seinem Erbfeinde Frankreich abrechnen. Dieses Land wird von der Karte Europas verschwinden. England ist ein altes Land, geschwächt durch Demokratie, Deutschland wird England leicht beherrschen und wird über Englands Reichtümer und Gebiete in der ganzen Welt verfügen, wenn Frankreich einmal besiegt ist.

Nachdem in dieser Weise der europäische Kontinent zum erstenmal im Sinne einer neuen Auffassung vereinigt ist, wird Deutschland das größte Unternehmen der Geschichte beginnen: Mit englischen und französischen Besitzungen in Amerika als Grundlage werden wir dann mit den »Dollar-Juden« der Vereinigten Staaten abrechnen. Wir werden diese jüdische Demokratie vernichten, und jüdisches Blut wird sich mit dem

Dollar vermischen. Selbst heute noch können die Amerikaner unser Volk beleidigen, aber der Tag wird kommen, wenn sie bitterlich, aber zu spät, jedes Wort, das sie gegen uns sprachen, bereuen werden.
Einige der Anwesenden waren sehr enthusiastisch, während andere weniger interessiert schienen.

[103.] Arbeitsbericht von Carl Krauch, Generalbevollmächtigter für Sonderfragen der chemischen Erzeugung, vor dem Generalrat des Vierjahresplanes, 28. 4. 1939

Heute wie 1914 erscheint die deutsche politische und wirtschaftliche Lage – eine von der Welt belagerte Festung – eine rasche Kriegsentscheidung durch Vernichtungsschläge gleich zu Beginn der Feindseligkeiten zu verlangen. Diese verschlingen naturgemäß täglich ein Vielfaches der Kriegskapazität an Munition. Freiheit des Handelns ist für die oberste Kriegsleitung also nur gegeben, wenn die Vorräte an Pulver und Sprengstoff so groß sind, daß der Bedarf vieler aufeinanderfolgender Kampfhandlungen gedeckt werden kann. Die Erinnerung an die entscheidende Auswirkung des Munitionsmangels vom September 1914 ab müßte Deutschland nun zu den äußersten Anstrengungen veranlassen, um der eigenen Munitionsreichweite zu Kriegsbeginn gegenüber der feindlichen die absolute und damit vielleicht kriegsentscheidende Überlegenheit zu sichern [...]
Der Führer hat in Wilhelmshaven seinen Willen ausgesprochen, einer solchen zunächst wirtschaftlichen und politischen, im Endziel aber militärischen Einkreisung nicht tatenlos zuzuschauen.
Aus diesem Entschluß müssen m. E. sofort, auch für das Gebiet der Chemie-Wirtschaft, die notwendigen Folgerungen gezogen werden. Sie lauten im großen:
Schaffung eines einheitlichen Großwirtschaftsblocks der 4 europäischen Antikomintern-Partner, zu denen bald Jugoslawien und Bulgarien hinzutreten müssen.
Innerhalb dieses Blocks Aufbau und Steuerung der Wehrwirtschaft nach den Gesichtspunkten eines Verteidigungskrieges der Koalition.
Der Block muß seinen Einfluß ausdehnen auf Rumänien, Türkei und Iran. Für die Methoden der Einflußgewinnung ist dabei der deutsch-rumänische Staatsvertrag das gegebene Vorbild.
Die hohe Bedeutung der Erweiterung der Handelsbeziehungen mit Rußland wird durch die allmähliche Verlagerung des deutschen Wirtschafts- und Ausfuhrschwerpunktes nach dem Osten und durch die zwingende Notwendigkeit, im Kriegsfalle die Ukraine wehrwirtschaftlich auszunutzen (Eisen), unterstrichen [...]

Zusammenfassend stellt sich auf dem Gebiet der Chemie die derzeitige Lage folgendermaßen dar: [...]

Durch die offene Einkreisungspolitik der Gegner ist eine neue Lage geschaffen:

Deutschland muß das eigene Kriegspotential und das seiner Verbündeten so stärken, daß die Koalition den Anstrengungen fast der ganzen übrigen Welt gewachsen ist. Das kann nur durch neue, große und gemeinsame Anstrengungen aller Verbündeten geschehen und durch eine der Rohstoff-Basis der Koalition entsprechend verbesserte, zunächst friedliche Ausweitung des Großwirtschaftsraumes auf den Balkan und Spanien.

Werden diese Gedanken nicht raschestens in die Tat umgesetzt, so schützen alle Blutopfer im nächsten Krieg nicht vor dem aus Mangel an Voraussicht und an Entschlußkraft schon einmal selbst verschuldeten bitteren Ende.

_[104.]_ Denkschrift der Amtsgruppe Wehrwirtschaftsstab im OKW über »Möglichkeiten einer Großraumwirtschaft unter deutscher Führung«, August 1939

1. Untersucht wird die wehrwirtschaftliche Lage eines unter deutscher Führung stehenden Großwirtschaftsraums, der Großdeutschland einschl. Slowakei, Italien, Spanien, Ungarn, Jugoslawien, Rumänien und Bulgarien umfaßt, in einem in den nächsten Jahren eintretenden Kriegsfall.

   Die Untersuchung beschränkt sich auf die industriellen Rohstoffe, soweit sie von entscheidender wehrwirtschaftlicher Bedeutung sind. Die industriellen Rohstoffe von geringerer wehrwirtschaftlicher Bedeutung wie Holz, Textilien, Leder, technische Öle und Fette werden in einem demnächst folgenden II. Teil behandelt; ihre Lösung liegt weithin in der Richtung der hier vorgetragenen Gedanken.

2. Der Vierjahresplan holt zwar alles aus Deutschland heraus, was bisher aus eigenen Kräften möglich erschien, aber es genügt nicht, um die Blockadesicherheit für eine unter deutscher Führung stehende europäische Mächtegruppe herzustellen. Die Frage lautet: »Ist die Blockadesicherheit ganz oder zu einem großen Teil erreichbar, wenn die Wehrwirtschaft des oben skizzierten Raumes ebenfalls bis zur Höchstleistung ausgebaut und die Wirtschaft weiterer im Machtbereich dieses Raumes liegender Staaten wie der Nordraum (Schweden, Norwegen, Finnland, balt[ische] Staaten)* in dem wehrwirtschaftlich notwendigen und erreichbaren Umfang zum Einsatz gebracht wird?«

3. Als Unterlage für die Untersuchung der in dieser Beziehung bestehenden Möglichkeiten wurde versucht, folgende Punkte, soweit ohne
amtliche Mitwirkung anderer Staaten möglich, zu klären:
a) Friedensbedarf 1938 und Friedens- und Mobbedarf 1942 der einzelnen Staaten an den kriegs- und lebenswichtigen industriellen Rohstoffen.
Die Erzeugungs-, Vorrats- und Bedarfszahlen für 1938 sind, soweit
möglich, den amtlichen Statistiken entnommen; in den übrigen Fällen wurden Annäherungswerte eingesetzt. Die Zahlen für 1942
(Friedensfall) sind entsprechend der Produktions- und Verbrauchs-
entwicklung der letzten Jahre geschätzt. Für den Mobfall 1942
wurde, soweit nicht Zahlen bekannt waren, Moberzeugung und
Mobbedarf der Friedenserzeugung und dem Friedensbedarf von
1942 gleichgesetzt unter der Annahme voller Ausnutzung der vorhandenen Kapazität. Der Mobbedarf von Italien, Spanien, Ungarn
zusammen wurde (abgesehen von dem Mineralölbedarf Italiens) mit
rd. ⅓ des großdeutschen angesetzt.
b) Aus welchen Ländern des Großwirtschaftsraums und des Nord-
raums können die bleibenden Fehlbeträge laufend bzw. zur Vorrats-
bildung gedeckt werden?
c) Können diese Länder im Frieden so eng miteinander durch das Mittel des gegenseitigen Vorteils verbunden werden, daß sich eine auch
im Krieg fortdauernde Interessengemeinschaft bzw. Lieferbereit-
schaft daraus ergibt? Ist im Kriegsfall die Verbindung zu ihnen aufrechtzuerhalten und zu sichern?
d) Welche im Macht- und Einflußbereich des Großwirtschaftsraums
nicht vorhandenen industriellen Rohstoffe müssen und können
durch Friedensbevorratung für eine lange Kriegsdauer beschafft
werden?

2. Außenpolitik zwischen Kontinuität und Bruch

Nach der Bildung des »Kabinetts der nationalen Konzentration« am 30. Januar 1933 herrschte zwischen den Nationalsozialisten und den Repräsentan-
ten nahezu aller politischen, wirtschaftlichen und militärischen Führungseliten Konsens über Ziele und Methoden künftiger deutscher Außenpolitik.
Nach der von den vorausgegangenen Präsidialkabinetten vorbereiteten und

---

* Auch für Polen, Ukraine, Türkei, Griechenland sowie Portugal, Franz[ösisch] Nordafrika
sind die Verhältnisse gesondert untersucht und dargestellt.

auch erreichten Lösung des Deutschland finanziell und wirtschaftlich belastenden Reparationsproblems sollte nun eine intensive Aufrüstung der militärischen Kräfte als nächster Schritt (Dok. 105) zur Annullierung des Versailler Vertrages unternommen werden. Hitler bemühte sich, im Windschatten konservativer Revisionspolitik die seiner Meinung nach erforderliche innenpolitische Basis zur Verwirklichung seines außenpolitischen »Programms« bei gleichzeitiger Abschirmung nach außen herzustellen (Dok. 3). Dabei gelang es ihm in erstaunlicher Weise – nicht zuletzt dank der systemstabilisierenden Integrationskraft der Revisions- und Aufrüstungspolitik –, die verschiedenen Interessen des Auswärtigen Amtes, der nationalsozialistischen Organisationen und der Wirtschaftsverbände funktional in sein »Programm« einzuordnen und sich so die Unterstützung dieser gesellschaftlichen Gruppen zu sichern (Dok. 3, 90, 91, 95, 96, 97, 98, 100, 102, 104, 105).

Trotz dieser offensichtlichen Übereinstimmung in den außenpolitischen Zielvorstellungen, und sicherlich verstärkt durch Hitlers anfängliche Zurückhaltung auf dem Sektor der Außenpolitik, ist für die ersten Jahre des Dritten Reiches eine Fülle sich zum Teil widersprechender politischer Strategien zu konstatieren (Dok. 107, 112). Allen gemeinsam war die Überzeugung, daß vor allem Großbritannien zur Realisierung der scheinbar identischen Ziele eine Schlüsselfunktion einzunehmen habe (Dok. 105, 106), denn London schien viel eher als Paris geneigt zu sein, den Revisionswünschen Berlins entgegenzukommen. Die Erfolgsaussichten des nun einsetzenden Werbens um England wurden allerdings von konservativen Politikern bei weitem skeptischer und zurückhaltender beurteilt, als dies Hitler und seine engsten Berater sehen konnten und wollten (Dok. 106, 107, 111).

Hitler setzte sich jedoch mit seiner Englandpolitik durch und verbuchte mit dem Abschluß des deutsch-britischen Flottenabkommens vom 18. Juni 1935 seinen ersten vielbeachteten außenpolitischen Triumph, der für ihn einen wichtigen Schritt in Richtung auf das anvisierte deutsch-britische Bündnis darstellte.

Trotz dieses diplomatischen Erfolges, der vor allem die beiden Garantiemächte des »Versailler Systems«, Frankreich und Großbritannien, auseinanderzudividieren schien, hielten konservative Führungskräfte und besonders Vertreter der Wirtschaft andere Wege für effektiver. Hjalmar Schacht beispielsweise vertrat die Auffassung, daß besonders die Belebung der Außenwirtschaft positive Auswirkungen für eine Machterweiterung des Deutschen Reiches nach sich ziehen würde (Dok. 94, 100, 104, Tab. 22–24). Besonders die von ihm geforderte koloniale Revision, die einerseits wirtschaftliche Entlastung zur Folge haben und andererseits Hitler von seiner »programmatischen« Lebensraumeroberung im Osten abbringen könnte (Dok. 107), führte in die Nachbarschaft der Zielvorstellungen des Auswärtigen Amtes, brachte Schacht aber allmählich in Gegensatz zu Hitler.

Gerade das Schicksal Schachts, der die weitgehende Selbstverwaltung der Wirtschaft verbürgte und deren Verbindung zur Politik garantierte, dokumentiert den beginnenden Verfall des bis dahin ohnehin nur geringen wirtschaftlichen Einflusses auf die nationalsozialistische Außenpolitik. Schacht

als Sprecher der Großindustrie und mit ihm die Vertreter des Auswärtigen
Amtes wandten sich nicht allein gegen das von Hitler und Göring propagierte
Autarkieprinzip des »Vierjahresplans« (Dok. 92, 93, Tab. 20), sondern vor
allem auch gegen die in dieser Denkschrift niedergelegte und von Hitler im-
mer wieder geforderte Zielsetzung einer kriegerischen Expansion. Schachts
Versuche, die Aufrüstung zu bremsen, stießen jedoch auf Hitlers Ablehnung.
Als dieser am 5. November 1937 in einer Geheimrede (Dok. 109) erstmals von
England und Frankreich als »Haßgegnern« sprach, mußten die anwesenden
Militärs – aber auch Reichsaußenminister von Neurath – zu der Erkenntnis
gelangen, daß von nun an der Kurs auf Krieg ausgerichtet war (Dok. 115, 116,
120, 123, 124, 127, 128, 132). Die Ergebnislosigkeit der Gespräche und Vermittlungsversuche britischer Politiker (Dok. 124) bestätigte zusätzlich die
radikale Umorientierung der deutschen Außenpolitik (Dok. 111, 123, 125,
126).

Zum Jahreswechsel 1937/38 war es vor allem Joachim von Ribbentrop – seit
Januar 1938 Nachfolger Neuraths als Leiter des Auswärtigen Amtes –, der
bestrebt war, Hitler in seinem revidierten Englandkurs zu bestärken. Offiziell
sollte weiter um England geworben, gleichzeitig aber, in aller Heimlichkeit
und Zielstrebigkeit, ein Gegenbündnis geschaffen werden, das mächtig genug
sein mußte, um einen Krieg gegen Großbritannien entweder zu vermeiden
und von England »freie Hand« in Osteuropa zu erhalten, oder aber den kriegerischen Konflikt zugunsten Deutschlands zu entscheiden. Der »Antikominternpakt« (Dok. 110) zwischen Berlin und Tokio und die stärkere Orientierung nach dem Italien Mussolinis dienten zur Schaffung des von Ribbentrop
geforderten antibritischen Bündnisses (Dok. 108, 113, 114, 120).

Der »Anschluß Österreichs« und die im Abkommen von München (Dok. 115,
121, 122, 124) vereinbarte Einverleibung des Sudetenlandes im Jahre 1938
waren zwar weitere, auch von konservativen Politikern umjubelte »diplomatische« Erfolge Hitlers (Dok. 119, 122), jedoch zeigten sie ihm unmißverständlich die Grenzen seiner bisherigen Politik. Großbritannien gab nämlich deutlich zu verstehen, daß es eine weitere Veränderung Ost- und Südosteuropas,
besonders wenn diese militärisch herbeigeführt würde, nicht mehr billigen und
sogar kriegerisch verhindern würde. Der sich immer deutlicher abzeichnende
deutsch-britische Antagonismus ließ den nationalsozialistischen Entschei-
dungsträgern neben Japan und Italien allmählich die Sowjetunion als wichtigen
Bundesgenossen deutscher Groß- bzw. Weltmachtpolitik erscheinen. Angesichts der britischen Weigerung, den Anspruch auf deutsche Hegemonie in
Europa anzuerkennen und mit Hitlerdeutschland einen dementsprechenden
Ausgleich zu treffen, wurde besonders für Ribbentrop die Konstruktion eines
europa-asiatischen Viererpaktes zwischen Berlin, Rom, Tokio und schließlich
auch Moskau zu einer unerläßlichen Notwendigkeit (Dok. 130, 131). Mit Hilfe
eines mächtigen, ja unbesiegbaren Kontinentalblocks, der sich von Gibraltar
bis nach Yokohama erstrecken sollte, wollte der nationalsozialistische Außenminister die traditionelle Seemacht Großbritannien in ihre Schranken weisen
und das Deutsche Reich aus seiner kontinentaleuropäischen Enge herausfüh-
ren. Nur so konnte seinen Vorstellungen nach Deutschland zu einer dem Briti-

schen Empire und auch den Vereinigten Staaten von Amerika ebenbürtigen
Weltmacht heranreifen. Ribbentrops vorrangig machtpolitisch ausgerichtete
außenpolitische Konzeption, die an wilhelminisch-imperialistische Traditionen anknüpfte, stand jedoch im krassen Gegensatz zu Hitlers primär ras-
senideologisch determiniertem außenpolitischen »Programm«. Schon in den
frühen zwanziger Jahren hatte der »Führer« aus rassenpolitischen Motiven
einen ideologischen Vernichtungskampf gegen das nach seiner Meinung jüdisch-bolschewistische Rußland proklamiert, um in den Weiten der asiatischen Steppe Lebensraum zu erobern. Dies würde seinen militärstrategi-
schen, wirtschaftspolitischen und vor allem rassenbiologischen Interessen
entgegenkommen (Dok. 129).

In einem zweiten Schritt könnte er dann nach Übersee ausgreifen. Das vorübergehende Einschwenken Hitlers auf die Konzeption Ribbentrops war
demnach lediglich situationsbedingt. Der Abschluß des deutsch-sowjetischen
Nichtangriffspaktes (Dok. 133) bot ihm die Möglichkeit, Polen (Dok. 127),
das von England und Frankreich eine Beistandsgarantie erhalten hatte, zu
isolieren und ein Gegengewicht zu den Westmächten zu schaffen. Der von
Hitler befohlene Einmarsch deutscher Truppen in polnisches Gebiet am
1. September 1939 stellte den Beginn des Zweiten Weltkrieges dar, der mit
der Niederlage Deutschlands und der Zerstörung der deutschen Großmacht
endete (Dok. 134).

[105.] Außenpolitische Lage Deutschlands:
Bilanz und neue Perspektiven. Aufzeichnungen des Staatssekretärs
im Auswärtigen Amt Bernhard von Bülow, 13. 3. 1933

I. Allgemeines
Die Ziele der deutschen Außenpolitik werden in erster Linie durch den
Versailler Vertrag bestimmt. Seine Revision, die vitalste Aufgabe
Deutschlands, beansprucht den größten Teil der verfügbaren Energien.
Die weitere Aufgabe, auch auf anderen Gebieten aus den fortschreiten-
den Veränderungen in Europa und in der Welt überhaupt Vorteile für
Deutschland herauszuschlagen, muß neben der Revision von Versailles
an die zweite Stelle treten.
Ebenso wie die Ziele unserer Außenpolitik sind aber auch die Möglichkeiten ihrer Verwirklichung in hohem Maße durch den Versailler
Vertrag, d. h. durch seine Rückwirkungen auf den allgemeinen Kräftezu-
stand Deutschlands bedingt. Die Schwächung, die Deutschland durch
den Versailler Vertrag erfahren hat, ist viel weitergehender und nachhalti-
ger, als es das deutsche Volk im allgemeinen erkannt hat. Unsere militärische Schwäche ist angesichts der steigenden Bedeutung der technischen
Rüstungen (im Vergleich zur Volkskraft) derart, daß wir keine Aussicht

haben, in irgendwie absehbarer Zeit auf dem Wege eines Rüstungswettlaufs die Parität mit Frankreich wiederherzustellen. Bei unseren begrenzten Geldquellen und den technischen Schwierigkeiten eines Ausbaues der Wehrmacht werden wir etwa 5 Jahre brauchen, um auch nur gegenüber Polen das militärische Gleichgewicht herzustellen. Dazu kommt die Notwendigkeit, die deutsche Umrüstung verhältnismäßig langsam und möglichst geräuschlos durchzuführen, um Interventionen, Präventivaktionen und außenpolitische Erschütterungen zu vermeiden. Dies gilt für Reichswehr, Marine und Polizei, sowie ganz besonders für die Luftwaffe, der das Ausland außerordentliche Bedeutung beimißt.

Gegenwärtig beruht unsere Sicherheit gegenüber Frankreich in erster Linie auf dem Locarno-Vertrag mit seiner englisch-italienischen Garantie, gegenüber Polen auf unserem Verhältnis zu Rußland, gegenüber allen anderen Staaten fast nur auf den allgemeinen vertraglichen Abmachungen (Völkerbund, Kellogg-Pakt usw.) und dem vorwiegend auf wirtschaftlichen Rücksichten beruhenden Friedensbedürfnis fast aller Länder. Mit Rücksicht auf unser Interesse an dem Locarno-Vertrag gegenüber Frankreich haben wir einstweilen die Revision der Entmilitarisierungsbestimmungen für das Rheinland zurückgestellt. Besonders gefährlich ist zur Zeit die Lage im deutschen Osten. Aussicht auf erfolgreiche Abwehr eines polnischen Angriffs bestände nur im Falle russischer Unterstützung, zum mindesten in Gestalt eines russischen Aufmarsches an der polnischen Ostgrenze. Ob wir im Ernstfall mit einer solchen Unterstützung rechnen könnten, ist im gegenwärtigen Zeitpunkt ungewiß. [...]

II. Die Durchführung der Revision von Versailles

Zur Revision von Versailles ist in den vergangenen Jahren der Angriff auf einen Punkt nach dem anderen gerichtet worden (französische Artischockentheorie). Man wird in der Tat nicht in Abrede stellen können, daß die gleichzeitige Verfolgung mehrerer Ziele oder gar der Versuch einer Gesamtrevision die Gefahr eines totalen Mißerfolgs mit sich gebracht haben würde (Beispiele: die Nichterreichung der sofortigen Rheinlandräumung in Locarno, die Saarbefreiung im Haag). Auch in Zukunft werden wir, jedenfalls bis auf weiteres, die Methode der Einzelrevision befolgen müssen, wenn nicht unverhoffte Konstellationen einen anderen Weg ermöglichen sollten. Zu berücksichtigen ist dabei auch die Tatsache, daß der Plan einer Gesamtrevision die Gefahr eines Kompromisses mit weniger günstigem Endergebnis erhöhen würde. Um die Revision mit dem bestmöglichen Ergebnis und mit den geringstmöglichen Opfern durchzuführen, werden wir für den einzelnen Revisionsakt jeweils den außenpolitisch günstigsten Zeitpunkt zu wählen haben [...]

Die Frage der territorialen Grenzrevision wird in konkreter offizieller Form zweckmäßig nicht angeschnitten, solange Deutschland nicht militärisch, finanziell und wirtschaftlich genügend gefestigt ist und insbesondere die Abrüstungsfrage ihre Erledigung gefunden hat. Bis dahin wird – wie bisher – die territoriale Neuregelung durch Propaganda im Auslande (auf der Basis der Wilson-Punkte, des Betruges von Versailles) vorzubereiten sein. Das Festhalten an den Wilson-Punkten ist dabei wesentlich, weil die Gegenpropaganda recht erfolgreich mit der angeblichen Uferlosigkeit unserer Forderungen operiert. Außerdem müssen die politischen, wirtschaftlichen und kulturellen Positionen des Deutschtums in den abgetretenen Gebieten gehalten werden, auch wenn hierzu große finanzielle Opfer notwendig werden sollten. Auch bei einer solchen abwartenden Haltung müssen wir aber selbstverständlich stets darauf vorbereitet sein, daß die territorialen Fragen, vor allem das Ostproblem eines Tages durch die Entwicklung der Dinge, wie z. B. durch ernste Komplikationen zwischen Danzig und Polen von selbst zur Entscheidung gestellt werden.

Das Hauptziel der territorialen Revision bleibt die Umgestaltung der Ostgrenze, wobei die Wiedergewinnung sämtlicher in Frage kommenden polnischen Gebiete gleichzeitig anzustreben und Teil- oder Zwischenlösungen abzulehnen sind (nur noch *eine* Teilung Polens). Wissenschaftliche Vorarbeiten in bezug auf ethnographische, geologische, verkehrspolitische usw. Grenzziehung sind weit gediehen. Dagegen ist die Frage, wie der agrarische Überschuß dieser Gebiete künftig einmal von uns absorbiert werden soll, noch ungeklärt.

Danzig stellt für uns nur einen Teil des Korridorproblems dar. Jede Sonderlösung für Danzig allein ist abzulehnen, weil sie das Gesamtziel kompromittieren würde.

Die Memelfrage und die Frage des Hultschiner Ländchens dürfen vor Neuregelung der polnischen Grenze nicht aufgeworfen werden, um Litauen, die Tschechei und die Kleine Entente nicht unmittelbar an der polnischen Grenzfrage zu interessieren.

Die schleswigsche Grenze vor Regelung der Ostfragen zur Erörterung zu stellen, wäre ebenfalls verfehlt [...]

III. Die sonstigen außenpolitischen Ziele

Die sonstigen allgemeinen außenpolitischen Ziele Deutschlands ergeben sich aus der Umwälzung der politischen und wirtschaftlichen Gestaltung insbesondere Europas, aus unserer geographischen Lage, unseren wirtschaftlichen Grundlagen (Überbevölkerung, schmale Rohstoffbasis), aus der Notwendigkeit für die Industrie aller Länder, neue Gebiete zu erschließen, die Industrialisierung von Agrarländern zu bekämpfen u. a. m.

Die wesentlichsten Aufgaben sind hierbei, die Erstarkung Deutschlands nach allen Richtungen zu fördern, dabei aber politische und wirtschaftliche Gefahrenzonen zu vermeiden. Die Pflege und Erhaltung der deutschen Minderheiten bzw. des Auslandsdeutschtums ist bei alledem von besonderer Bedeutung. In dieser Beziehung könnten sich gerade jetzt gewisse Gefahren für unsere Position im Saargebiet, in den an Polen abgetretenen Gebieten, insbesondere in Oberschlesien, in Memel und in den früheren deutschen Kolonien in Afrika ergeben, wenn sich der Anschluß des dortigen Deutschtums an die neue Entwicklung im Reich nicht harmonisch und organisch vollzöge. Eine behutsame Behandlung dieser Dinge erscheint dringend geboten. Dasselbe gilt vom Auslandsdeutschtum und den deutschen Minderheiten, deren Schulen, Kirchen und sonstige kulturelle Einrichtungen durch Spaltung der sie tragenden Gemeinschaft unmittelbar gefährdet werden würden [...]

Die französische und italienische Politik gegenüber Österreich deckt sich in dem negativen Ziel der Verhinderung des Anschlusses, kreuzt sich aber in dem positiven Ziele der Einbeziehung Österreichs in die eigene Machtsphäre. Das Ergebnis der französisch-italienischen Rivalität ist ein politischer Schwebezustand Österreichs, von dem wir nur wünschen können, daß er so lange bestehen bleiben wird, bis der Zusammenschluß Österreichs mit dem Reich erfolgen kann. Die größte Gefahr für eine gesamtdeutsche Entwicklung wäre eine französisch-italienische Einigung auf der Basis der Einbeziehung Österreichs in eine der beiden Machtsphären. Die Aussichten einer solchen Einigung sind vorläufig gering.

Daß Italien einem Beitritt Österreichs zur Kleinen Entente oder daß Frankreich einem Beitritt Österreichs zu einem italienischen Bündnissystem freiwillig zustimmen würde, ist keinesfalls anzunehmen.

Es wird daher wohl bei dem gegenwärtigen Schwebezustand Österreichs bleiben, wenn nicht erhebliche Änderungen in dem französisch-italienischen Kräfteverhältnis eintreten.

[...]

Unsere Politik gegenüber der Kleinen Entente wird sich zum Ziele setzen müssen, ihre Bindung an Frankreich möglichst zu lockern und insbesondere auch die Tschechoslowakei von einer allzu engen Anlehnung an Polen abzuhalten.

Das beste Mittel hierfür wäre zweifellos eine Wirtschaftspolitik, die den deutschen Absatzmarkt für die Produkte dieser Länder öffnet. Vor allem Jugoslawien und Rumänien könnten bei ihrer heutigen katastrophalen Wirtschaftslage auf diesem Wege in der Richtung ihrer Außenpolitik maßgebend beeinflußt werden.

Auf diesen politischen Erwägungen beruht unsere Politik der wirtschaftlichen Unterstützung der unteren Donaustaaten (Ungarn, Rumänien, Jugoslawien, Bulgarien), die in unserer Bereitwilligkeit zur Gewährung von Getreidepräferenzen und in der Hilfsstellung zum Ausdruck kam, die wir diesen Staaten auf internationalen Konferenzen, zuletzt auf der Konferenz von Stresa, gewährt haben. Maßgebend war dabei auch die Erwägung, daß der deutschen Ausfuhr der Weg auf diese besonders entwicklungsfähigen Absatzmärkte für die Zukunft offengehalten werden muß. Die Wirksamkeit dieser Politik ist allerdings in letzter Zeit durch fast völlige Abschneidung der landwirtschaftlichen Ausfuhr dieser Staaten nach Deutschland stark beeinträchtigt worden. Etwas anderes als unsere Bereitschaft zur wirtschaftlichen Unterstützung haben wir der großen politischen und finanziellen Anziehungskraft Frankreichs in diesen Ländern zur Zeit nicht entgegenzusetzen. Die »Stresa-Politik« ist deshalb fortzusetzen und im Rahmen des Möglichen durch Steigerung des Warenaustausches mit den unteren Donaustaaten wirksamer zu gestalten.

Über Rußland ist das Wichtigste damit gesagt, daß wir die russische Rückendeckung gegen Polen nicht entbehren können. Von besonderer Bedeutung sind dabei unsere guten Beziehungen zur russischen Armee, die uns einen Einblick in ihren Rüstungsstand gewährleisten, auf den wir wegen der Gefahr unliebsamer Überraschungen nicht verzichten können.

Dazu kommen wichtige wirtschaftliche Momente, die nur zum Teil aus der gegenwärtigen Wirtschaftskrise geboren sind. Rußland ist durch seine erheblichen Bestellungen allmählich zum größten Abnehmer deutscher Industriewaren geworden. Die daraus erwachsenden deutschen Forderungen belaufen sich zur Zeit auf etwas über 1 Milliarde Reichsmark. Die Abdeckung dieser Schuld ist für Rußland durch die Auswirkungen der deutschen Agrarschutzmaßnahmen erheblich erschwert. Für 1933 ist mit einem erheblichen Rückgang des deutsch-russischen Warenaustausches zu rechnen, der voraussichtlich unseren Ausfuhrüberschuß von 1932, 345 Millionen Reichsmark auf höchstens 100 Millionen Reichsmark herabdrücken wird.

Die energische Bekämpfung der Kommunisten und des Kulturbolschewismus in Deutschland braucht, wie das italienische Beispiel zeigt, das deutsch-russische Verhältnis nicht notwendig auf die Dauer zu beeinträchtigen. Im Augenblick ist eine Abkühlung dieses Verhältnisses nicht zu verkennen. Um diesen Zustand wieder zu beseitigen, werden wir, ohne der Sowjet-Union nachzulaufen, doch unseren Beziehungen zu Moskau besondere Aufmerksamkeit zuzuwenden und bei allen sich bietenden Gelegenheiten deutlich zum Ausdruck zu bringen haben, daß wir unsererseits die innerpolitische Bekämpfung des Kommunismus streng getrennt halten von unserer staatspolitischen Einstellung zur Sowjet-Union. Aus diesem Grunde ist auch eine möglichst umgehende Ratifizierung der Verlängerung des Berliner Vertrags dringend geboten. Ebenso wäre eine Wiederbelebung des deutsch-russischen Warenaustausches, soweit möglich, durch Steigerung der Abnahme russischer Erzeugnisse erwünscht.

Eine Verständigung mit Polen ist weder möglich noch erwünscht. Ein gewisses Maß deutsch-polnischer Spannung müssen wir erhalten, um die übrige Welt für unsere Revisionsforderungen zu interessieren und um Polen politisch und wirtschaftlich niederzuhalten. Die Situation ist aber keineswegs ohne Gefahren, da die derzeitige Polnische Regierung in Erkenntnis, daß sich ihre Aussichten mit fortschreitender Erstarkung Deutschlands verschlechtern und Frankreichs Bündnisfreudigkeit nachlassen könnte, augenscheinlich mit dem Gedanken an einen Präventivkrieg spielt. Letzter Anlaß hierfür sind naturgemäß unsere territorialen Forderungen. Deshalb wird es nicht zu vermeiden sein, diese für einige Zeit in der öffentlichen Diskussion etwas zurücktreten zu lassen. Besondere Sorgen und sehr erhebliche Kosten bereitet uns die Erhaltung des Deutschtums in Polen, insbesondere in Oberschlesien, sowie in Danzig, das finanziell nicht lebensfähig ist [...]

V. Schlußbemerkung

Die gegenwärtige Weltlage wird durch starke Spannungen politischer und wirtschaftlicher Natur gekennzeichnet. Die notwendigen wirtschaftlichen Lösungen werden in vielen Fällen durch die vorhandenen politischen Gegensätze aufgehalten bzw. verhindert. In Deutschlands besonderer Lage ist es das Gegebene, außenpolitische Konflikte möglichst so lange zu vermeiden, bis wir weiter erstarkt sind. Die Weltwirtschaftskrise gibt uns die große Chance, durch planmäßiges Vorgehen die allgemeinen Übel rascher als Andere zu überwinden und damit zu einer für uns vorteilhafteren Neugestaltung der weltwirtschaftlichen Situation zu gelangen. Auf diesem Wege ließe sich ein für uns günstigeres Kräfteverhältnis zum mindesten in Europa erreichen. Durch Ausschaltung politischer Konflikte und Konzentrierung auf wirtschaftliche Fragen würden wir kriegerischen Gefahren entgehen, denen wir zur Zeit nicht gewachsen sind.

Bei einem unzeitigen Vorprellen mit außenpolitischen Forderungen würden wir voraussichtlich alle wichtigen Mächte gegen uns haben und die Erfüllung dieser Forderungen auf lange Zeit hinaus gefährden. Für uns wäre ein außenpolitischer Gottesfriede von einigen Jahren an sich ein natürliches Gegenstück zu dem vierjährigen Programm für den Wiederaufbau im Innern. Eine Periode relativer außenpolitischer Ruhe würde uns in ganz anderer Weise zu Kräften kommen lassen als die Entfesselung ständigen außenpolitischen Kampfes, der doch nicht zum Erfolge führen kann. Inwieweit dies innerpolitisch tragbar ist, soll hier unerörtert bleiben. Dagegen stehen dem doppelten Vorteil der Ruheperiode und des Reifens aller außenpolitischen Forderungen auch erhebliche Nachteile gegenüber. Zunächst besteht die Gefahr, daß unsere Gegner alles auf eine spätere nochmalige Verlängerung des Gottesfriedens und damit eine Befestigung des status quo anlegen. Ferner wird es schwer sein, den Gedanken in einer Form zu verwirklichen, der nicht nur jede Anerkennung der gegenwärtigen Grenzen ausschließt, sondern, wie es für uns erforderlich wäre, die Grenzfragen als anerkannt offene Fragen erscheinen läßt. Letztlich ist der Begriff des Gottesfriedens so unbestimmt und so mehrdeutig, daß man mit einer endlosen Reihe von Beschwerden über Nichteinhaltung der getroffenen Vereinbarung zu rechnen hätte.

Vielleicht ist dasselbe Ziel ohne zweiseitige bzw. mehrseitige Bindung, etwa durch einseitige Erklärung oder mehrseitige Aussprache ohne formulierte Vereinbarung zu erreichen. Wir brauchten dabei nicht ausdrücklich für die nächsten Jahre auf die Aufrollung großer politischer Fragen verzichten. Es würde genügen, wenn wir betonten, daß wir nach Bereinigung der Abrüstungsfrage unsere außenpolitische Tätigkeit in erster Linie auf wirtschafts- und finanzpolitische Aufgaben einstellen würden. Das würde alsbald den Erfolg haben, die Front aufzulösen, in der die Reaktion auf das neue Regime in Deutschland und die Sorge um die Zukunft die meisten europäischen Staaten jetzt zusammengeschlossen hat.

Die wesentlichsten Momente hierbei wären eine enge diplomatische Zusammenarbeit mit England und Italien, möglichste Beruhigung der Französischen Regierung über die Frankreich besonders interessierenden Punkte (z. B. das deutsche Wehrprogramm), ein gutes Verhältnis zu Rußland, vertrauensvolle Beziehungen zu den Vereinigten Staaten und aktive Mitarbeit an allen international behandelten Fragen. Voraussetzung wäre ferner eine diesem Ziel entsprechende richtig abgewogene Fassung aller außenpolitischen Erklärungen von Regierungsseite, und schließlich die Unterbindung aller das Ausland provozierender Kundgebungen bei Verbänden und Organisationen, die der Reichsregierung nahestehen.

[106.] Außenpolitische Zielvorstellungen konservativer Entscheidungsträger. Ernst von Weizsäckers Analyse und Perspektiven, Juni 1934

Bis 1932 waren wir in der Offensive gegen Rheinlandbesetzung, Reparationen, Abrüstungszwang, Minoritätsbedrängnis, Allianzpolitik mit Status quo-Ziel. Gewisse Probleme wurden in der Schwebe gehalten (Korridor mit Danzig, Saar-Anschluß). Praktisch verzichtet wurde auf Elsaß und Lothringen.

Im ganzen konnte von 1920–32 von einem – allerdings sehr langsamen und nicht gradlinigen – Fortschritt gesprochen werden. Ein kritischer Moment mußte kommen, sobald wir die Abrüstungsfrage zur Entscheidung brachten. In diesem Stadium sind wir jetzt; die Krise ist noch nicht durchschritten. Wir haben für ihre Überwindung unseren Kampf gegen den territorialen Status quo und in Verbindung damit gegen die Minoritätenbedrängnis zurückgestellt. Unsere allgemeine Haltung brachte es mit sich, daß gleichzeitig die gegnerische Allianzpolitik zugunsten des Status quo sich versteifte und verschiedene, sonst neutrale oder freundlich Gesinnte sich mehr gegen uns wandten. Wir sind in eine Isolierung geraten, die wirtschaftlich blockadeartig und militärisch wie ein Waffenring gegen Deutschland wirkt. Wir müssen uns daher ganz auf das Nächstliegende konzentrieren, nämlich auf den fälligen Kampf um die Saar, schleunige militärische Rüstung, die uns notdürftig schützen und später bündnisfähig machen soll, und auf den Kampf um unsere wirtschaftliche Existenz. Alles andere hat dagegen zurückzutreten. Eine unmittelbare Kriegsgefahr von dieser Seite her besteht kaum, da selbst Frankreich nur in eventuum die Bajonette Europas gegen uns richtet. Die Tatsache einer gewissen deutschen Aufrüstung scheint hingenommen zu werden. Man will uns in ökonomische Fesseln schlagen und aus diesen evtl. neue politische Bindungen machen. Militärische Möglichkeiten stünden dann immer noch in Reserve.

Unser Spiel ist hoch. Die ökonomische, finanzielle Lage ist ernst; sie beeinträchtigt unsere Rüstungen. Unvorherzusehende Zwischenfälle können als Funken im dürren Holze wirken. Wir müssen also die Gefahrenzone, in der wir sind, schneller und sicherer durchlaufen, als das heute der Fall ist.

Die rückschrittliche Allianzpolitik Frankreichs erleichtert uns den Weg zu gewissen anderen Staatengruppen.

Auch die Russenpolitik Frankreichs eröffnet uns gewisse Chancen. Überhaupt wäre es ein Irrtum, zu glauben, daß wir sozusagen im Mittelpunkt einer allumfassend feindlichen Weltgruppierung stehen; es gibt noch genügend andere Rivalitäten, die wir verfolgen und ausnützen können.

Vor letzteren, etwas hoffnungsvolleren Ausblicken lagern nun gewisse Schleier, die mit der nationalsozialistischen Revolution zusammenhängen, sich aber zerstreuen lassen und m. E. zerstreut werden müssen. Auch *nach* Durchschreiten der sog. Gefahrenzone können uns ja Sympathien und Antipathien des Auslandes nicht kühl lassen, denn dann müssen wir die jetzt zurückgestellten Ziele wieder aufnehmen und können einer gewissen Anlehnung oder Toleranz nicht entbehren.

Konkret gesprochen: die heutige französische Allianzpolitik treibt uns der Gruppe Italien-Ungarn-Österreich zu. England hat gleichfalls Grund, nach Freundschaften in Europa sich umzusehen. Polen ist desorientiert und sucht Anlehnung. Von den europäischen Neutralen braucht uns in der praktischen Politik nichts zu trennen. Außerhalb Europas haben wir keinen politischen Ehrgeiz, müßten also auf Wohlwollen rechnen können. Weshalb kommt uns das alles nicht zugute? Warum leben wir inmitten einer Isolierung und fast Feindschaftsstimmung, die an die Zeit des Weltkriegs erinnert?

Man ist ruhebedürftig und fürchtet, daß wir die Ruhe stören. Man hält das neue Deutschland für explosiv, expansiv und befürchtet davon unberechenbare Ereignisse. Man ist besorgt vor innenpolitischer Ansteckung. Man wendet sich gefühlsmäßig gegen die Behandlung der Kirchen- und Rassenfrage.

Vertrauen in eine stetige, einheitliche, friedliche deutsche Außenpolitik kann wiedergewonnen werden, indem allen Unverantwortlichen, Unzuständigen der Mund verboten und die maßgebende Mitwirkung des Apparates unseres auswärtigen Dienstes auch da gesichert wird, wo scheinbar rein innere Maßnahmen in das Auswärtige übergreifen.

Einer so zentralisierten außenpolitischen Leitung, die eine ruhige, würdige und bestimmte Sprache spricht, wird man durchaus zubilligen, daß sie in der Rüstungsfrage und in der Saarfrage keinen Spaß versteht. Man wird ihren friedlichen Versicherungen Glauben schenken und ihr das Recht der Verteidigung zubilligen. Man wird von ihr aber einen Beitrag zur internationalen Zusammenarbeit fordern, der in einem globalen Konsultativpakt (Völkerbund-Ersatz) von uns angeboten werden könnte. Unsere Politik gegen Österreich wird irgendwie liquidiert werden müssen.

[107.] Reichswirtschaftsminister Hjalmar Schacht an General Ritter von Epp über Kolonialpolitik versus Ostexpansion, 19.3.1935

Es ist mir wohl bekannt, daß innerhalb der nationalsozialistischen Partei über die koloniale Frage die mannigfachsten Meinungen vorhanden sind.
Die Idee von dem zu erwerbenden Ostraum stiftet leider viel Unheil an. Unbeschadet der auch von mir immer betonten Notwendigkeit einer Korrektur unserer östlichen Grenzen muß man sich doch einmal darüber klar werden, daß Polen ein Land ist, das nicht sehr viel weniger dicht bevölkert ist als Deutschland, und daß ein Vorstoß ins Baltikum die Verteidigung eines so weit ausladenden rechten Armes unendlich erschwert. Entscheidend aber ist, daß man auf der ganzen Ostlinie für deutsche Siedlung nur Platz machen könnte durch eine glatte Entvölkerung der betreffenden Gebiete, die in heutiger Zeit auch bei noch so entscheidendem Siege kein vernünftiger Mensch für möglich halten wird [...]
Die Politik Hitlers hat dem deutschen Volk seine Selbstachtung wiedergegeben und hat gegenüber den anderen Großmächten die Forderung völliger Gleichberechtigung durchgesetzt. Es ist völlig undenkbar, daß Deutschland jemals dem Völkerbund wieder beitreten könnte, ohne von diesem Völkerbund sein Eigentum, nämlich die Kolonien, wiederzuerlangen [...] Ob wir nachher mit unseren Kolonien das eine oder andere Kompensationsgeschäft machen, ist unsere Angelegenheit.
Ich brauche Ihnen deshalb, sehr verehrter Herr General von Epp, nicht zu sagen, wie sehr ich Ihre kolonialpolitischen Gedankengänge billige und unterstütze. Es ist selbstverständlich, daß sich ein jeder von uns in seinem öffentlichen Auftreten für die Kolonialpolitik im Rahmen dessen halten muß, was unser Führer bestimmt, und ihm muß es überlassen bleiben, Zeit und Art der Verfolgung unserer kolonialpolitischen Interessen zu bestimmen, aber innerhalb der Partei sollte es eigentlich keine Meinungsverschiedenheiten mehr geben.

[108.] Joachim von Ribbentrops »Krönungsbericht« aus London, 21.5.1937

Die Londoner Krönungsfeierlichkeiten, die heute durch die Flottenparade in Spithead ihren Abschluß finden, waren ein eindrucksvolles Bekenntnis des englischen Volkes und britischen Weltreiches zum Königtum [...]
Die Krönung war vielleicht noch mehr als eine englische Feier ein Fest des

britischen Weltreiches, für das die Krone das sichtbare Symbol der Zusammengehörigkeit ist, wobei aber zum ersten Mal bei einer Krönungsfeierlichkeit, wie der König in seiner Rundfunkansprache hervorhob, die Dominions (von denen Irland bekanntlich fehlte) als selbständige Schwesternationen auftraten. Die in der Krönungswoche begonnene Tagung der Empirekonferenz unterstreicht noch diesen Zusammenhang. Diese Konferenz wird von uns besonders zu beachten sein. Sie ist in ihrem außenpolitischen Teil zwar streng geheim, aber möglicherweise wird man doch manches erfahren können, was Rückschlüsse 1. über die Haltung der Dominions zur bisherigen englischen Außenpolitik und 2. über die zukünftigen englischen Absichten uns gegenüber zuläßt. Zunächst hat man den bestimmten Eindruck, daß das Gefüge des britischen Imperiums trotz mancher Lockerung in den letzten Jahren z. Z. noch fest in London verankert ist, und daß man in England entschlossen ist, durch Aufrüstung, Reichsverteidigungsplan, heute gegründetes Verteidigungskomitee und sonstige organisatorische Maßnahmen die Bande im Imperium wieder fester zu knüpfen. Man wird daher für die nächsten Jahre eher mit einer Stärkung als mit einer Schwächung der Struktur des britischen Imperiums zu rechnen haben [...]

Englands Politik Deutschland gegenüber – soweit diese derzeit überhaupt klar erkenntlich – kann man wohl wie folgt zusammenfassen:

1. England als saturierte Nation will über alles Frieden.

2. Schlechtes Gewissen über Ausraubung Deutschlands, Deutschlands gewaltige Erstarkung, seine Kampfstellung gegen das bolschewistische Rußland, das Bestehen immer mehr heranreifender östlicher und südöstlicher Probleme lassen Deutschland als einen wahrscheinlichen Angreifer erscheinen. Seine guten Beziehungen zu Italien und Japan verstärken diesen Eindruck.

3. Die kollektive Sicherheit des Völkerbundes hat versagt, und die Erkenntnis dringt immer mehr durch, daß man sich im Ernstfall nicht auf kollektive Sicherheit verlassen kann.

4. Englands Garantien für Belgien und Frankreich sind bisher die Eckpfeiler der englischen Europa-Politik. Ein Angriff im Westen würde England immer an der Seite unserer Gegner finden. Bleibt die Ostfrage.

5. England will sich bezüglich des Ostens nicht binden. Tatsächlich ist es aber durch seine Garantie für Frankreich und durch die französische Garantie für Rußland doch stark in das französische Bündnissystem verwickelt, d. h. also doch indirekt mit dem Osten verbunden. Unterstrichen wird dies noch durch seine dauernde moralische Unterstützung des französisch-russischen Paktes, d. h. also durch die Unterstützung des französischen Hegemoniewillens in Europa, der sich durch

Frankreichs Bündnis mit Rußland ausdrückt. Wie die Dinge heute liegen, besteht die Gefahr, daß im Falle eines russisch-deutschen Konfliktes England irgendwie durch Frankreich in den Krieg gegen Deutschland hineingezogen wird (Methoden hierfür gibt es ja genug: Havas Falschmeldungen, falsche Angreiferbehauptungen, Sabotageaktionen usw. usw.). Der einzig klare Weg, dies zu verhindern, wäre eine eindeutig englische Neutralitätsversicherung für den Fall eines deutsch-russischen Krieges. Damit wären wir aller Voraussicht nach im Westen überhaupt gesichert, denn ohne englische Waffenhilfe würde Frankreich wohl kaum die deutschen Westbefestigungen angreifen. Der Schlüssel der Situation liegt also ausschließlich bei England, und vor die Alternative gestellt, einerseits: Freundschaft Deutschlands unter voller Wahrung englischer Interessen (Flottenabkommen, Bereitschaft zur Sicherung der Integrität der zwischen Deutschland und England liegenden Länder inklusive Frankreich) und andererseits: nochmaliger Kampf auf Leben und Tod zwischen den beiden großen germanischen Nationen für eigentlich fremde Interessen, ein Kampf, der für England unter Umständen in einer sehr viel ungünstigeren Konstellation als 1914 aufgenommen werden müßte und der jedenfalls die Existenz des britischen Imperiums aufs Spiel setzt, sollten die englischen Staatsmänner doch noch die richtige Wahl treffen.

Die Argumentation des Foreign Office ist allerdings, wie mir heute ein ganz zuverlässiger Vertrauensmann wieder erneut bestätigte, immer noch folgende: Wenn Deutschland in einem russischen Krieg siegreich bliebe, wäre es so stark, daß es mit Europa und dann auch eines Tages mit England machen könne, was ihm beliebe. Diese Argumentation, der ein angebliches Streben Deutschlands nach Weltherrschaft zugrunde liegt, und die Deutschland die Fähigkeit, als zufriedene, saturierte Nation zu leben, grundsätzlich abspricht, müssen wir mit allen uns zur Verfügung stehenden Mitteln und Argumenten widerlegen [...]

Die Botschaft wird mit diesen Versuchen der Gewinnung maßgebender Kreise und Personen systematisch fortfahren [...] Endet diese Probe trotzdem negativ, so ist der Beweis des englischen Einkreisungswillen gegen Deutschland erbracht und man wird dann kompromißlos die notwendigen Konsequenzen ziehen müssen [...]

[109.] Niederschrift über die Besprechung in der Reichskanzlei (»Hoßbach-Protokoll«), 5.11.1937

Anwesend:
Der Führer und Reichskanzler,
der Reichskriegsminister Generalfeldmarschall v. Blomberg,
der Oberbefehlshaber des Heeres Generaloberst Freiherr von Fritsch,
der Oberbefehlshaber der Kriegsmarine Generaladmiral Dr. h. c.
   Raeder,
der Oberbefehlshaber der Luftwaffe Generaloberst Göring,
der Reichsminister des Auswärtigen Freiherr von Neurath,
Oberst Hoßbach.

Der Führer stellte einleitend fest, daß der Gegenstand der heutigen Besprechung von derartiger Bedeutung sei, daß dessen Erörterung in anderen Staaten wohl vor das Forum des Regierungskabinetts gehörte, er – der Führer – sähe aber gerade im Hinblick auf die Bedeutung der Materie davon ab, diese in dem großen Kreise des Reichskabinetts zum Gegenstand der Besprechung zu machen. Seine nachfolgenden Ausführungen seien das Ergebnis eingehender Überlegungen und der Erfahrungen seiner viereinhalbjährigen Regierungszeit; er wolle den anwesenden Herren seine grundlegenden Gedanken über die Entwicklungsmöglichkeiten und -notwendigkeiten unserer außenpolitischen Lage auseinandersetzen, wobei er im Interesse einer auf weite Sicht eingestellten deutschen Politik seine Ausführungen als seine testamentarische Hinterlassenschaft für den Fall seines Ablebens anzusehen bitte.

Der Führer führte sodann aus:
Das Ziel der deutschen Politik sei die Sicherung und die Erhaltung der Volksmasse und deren Vermehrung. Somit handele es sich um das Problem des Raumes.

Die deutsche Volksmasse verfüge über 85 Millionen Menschen, die nach der Anzahl der Menschen und der Geschlossenheit des Siedlungsraumes in Europa einen in sich so fest geschlossenen Rassekern darstelle, wie er in keinem anderen Land wieder anzutreffen sei und wie er andererseits das Anrecht auf größeren Lebensraum mehr als bei anderen Völkern in sich schlösse [...]

Der durch die Rüstungskonjunkturen verursachte Auftrieb in der Weltwirtschaft könne niemals die Grundlage zu einer wirtschaftlichen Regelung für einen längeren Zeitraum bilden, welch letzterer vor allem auch die vom Bolschewismus ausgehenden Wirtschaftszerstörungen im Wege stünden. Es sei eine ausgesprochene militärische Schwäche derjenigen Staaten, die ihre Existenz auf dem Außenhandel aufbauten. Da unser Außenhandel über die durch England beherrschten Seegebiete führe, sei es mehr eine Frage der Sicherheit des Transportes als eine solche der Devisen, woraus die große Schwäche unserer Ernährungssituation im Kriege erhelle. Die einzige, uns vielleicht traumhaft erscheinende Abhilfe läge in der Gewinnung eines größeren Lebensraumes, ein Streben, das zu allen Zeiten die Ursache der Staatenbildungen und Völkerbewegungen gewesen sei. Daß dieses Streben in Genf und bei den gesättigten Staaten keinem Interesse begegne, sei erklärlich. Wenn die Sicherheit unserer Ernährungslage im Vordergrunde stände, so könne der hierfür notwendige Raum nur in Europa gesucht werden, nicht aber ausgehend von liberalistisch-kapitalistischen Auffassungen in der Ausbeutung von Kolonien. Es handele sich nicht um die Gewinnung von Menschen, sondern von landwirtschaftlich nutzbarem Raum. Auch die Rohstoffgebiete seien zweckmäßiger im unmittelbaren Anschluß an das Reich in Europa und nicht in Übersee zu suchen, wobei die Lösung sich für ein bis zwei Generationen auswirken müsse. Was darüber hinaus in späteren Zeiten notwendig werden sollte, müsse nachfolgenden Geschlechtern überlassen bleiben. Die Entwicklung großer Weltgebilde gehe nun einmal langsam vor sich, das deutsche Volk mit seinem starken Rassekern finde hierfür die günstigsten Voraussetzungen inmitten des europäischen Kontinents. Daß jede Raumerweiterung nur durch Brechen von Widerstand und unter Risiko vor sich gehen könne, habe die Geschichte aller Zeiten – Römisches Weltreich, Englisches Empire – bewiesen. Auch Rückschläge seien unvermeidbar. Weder früher noch heute habe es herrenlosen Raum gegeben, der Angreifer stoße stets auf den Besitzer. Für Deutschland laute die Frage, wo größter Gewinn unter geringstem Einsatz zu erreichen sei.

Die deutsche Politik habe mit den beiden Haßgegnern England und Frankreich zu rechnen, denen ein starker deutscher Koloß inmitten Europas ein Dorn im Auge sei, wobei beide Staaten eine weitere deutsche Erstarkung sowohl in Europa als auch in Übersee ablehnten und sich in dieser Ablehnung auf die Zustimmung aller Parteien stützen könnten [...]

Eine ernsthafte Diskussion wegen der Rückgabe von Kolonien an uns käme nur zu einem Zeitpunkt in Betracht, in dem England sich in einer Notlage befände und das deutsche Reich stark und gerüstet sei. Die Auffassung, daß das Empire unerschütterlich sei, teile der Führer nicht [...]

Zur Lösung der deutschen Frage könne es nur den Weg der Gewalt geben, dieser niemals risikolos sein [...]

An sich glaube der Führer, daß mit hoher Wahrscheinlichkeit England, voraussichtlich aber auch Frankreich die Tschechei bereits im stillen abgeschrieben und sich damit abgefunden hätte, daß diese Frage eines

Tages durch Deutschland bereinigt würde. Die Schwierigkeiten des Empire und die Aussicht in einen langwährenden europäischen Krieg erneut verwickelt zu werden, seien bestimmend für eine Nichtbeteiligung Englands an einem Kriege gegen Deutschland. Die englische Haltung werde gewiß nicht ohne Einfluß auf die Frankreichs sein [...]

[110.] Der italienische Außenminister Graf Galeazzo Ciano kommentiert den Beitritt Italiens zum Antikominternpakt, 6.11.1937

Heute morgen haben wir den Pakt unterzeichnet. Man spürte wahrhaftig eine Atmosphäre, die von der der üblichen diplomatischen Zeremonien verschieden war. Drei Völker verpflichten sich, denselben Weg zu gehen, der sie vielleicht zum Krieg führen wird. Zu einem notwendigen Krieg, wenn man diese Schale sprengen will, die die Energie und die Ansprüche der jungen Völker erstickt. Nach der Unterzeichnung begaben wir uns zum Duce. Wenige Male habe ich ihn so glücklich gesehen. Nun sind wir nicht mehr in der Lage von 1935. Italien hat die Isolierung durchbrochen: es steht im Mittelpunkt der gewaltigsten politisch-militärischen Kombination, die jemals bestanden hat [...]

[111.] Ernst von Weizsäcker über die deutsch-englischen Beziehungen am Vorabend des Halifax-Besuches in Deutschland, 10.11.1937

Als befriedigende erste Etappe einer deutsch-englischen Aussprache könnte man m. E. etwa das Folgende bezeichnen:
  I.
   a) Erklärung beiderseitiger Bereitschaft, solange Westpaktverhandlungen nicht abgeschlossen, mit den anderen Locarno-Großmächten zusammenzukommen, wenn zwischen diesen Mächten kritische Lagen eintreten. Im Bedarfsfall könnte der Kreis der beratenden Mächte erweitert werden.
   b) Einleitung von deutsch-englischen Besprechungen betr. Respektierung der holländischen Grenze.
   c) Englische Zusage, auf die Aggressivität der tschechoslowakischen Politik dämpfend einzuwirken.
 II. Erklärung beiderseitiger Bereitschaft zur Offenlegung der Land- und Luft-Rüstungs*programme*, sobald andere Hauptmächte dafür zu gewinnen.
III. Einsetzung eines deutsch-englischen Ausschusses zur Prüfung der

deutschen Kolonialansprüche. Hinzuziehung französischer Delegierter wäre in Aussicht zu nehmen.

IV. Durch I–III soll das französisch-englische und das deutsch-italienische Verhältnis unberührt bleiben.

Begründung. Einen Krieg mit England als Gegner können wir auf lange hinaus nicht ins Auge fassen. Was wir von England wollen, können wir uns nicht gewaltsam holen, sondern müssen es einhandeln.

Wir wollen von England Kolonien und Aktionsfreiheit im Osten, England wünscht von uns militärisches Stillhalten, namentlich im Westen. Diese Wünsche sind nicht völlig unvereinbar. Ein Ansatz zum Verhandeln läßt sich finden, wobei die konkreten Ergebnisse zunächst minder wichtig sind als der Zweck, die antideutsche Front in London nicht erstarren zu lassen. – Das deutsch-englische Verhältnis läßt sich m. E. ohne Schaden für unsere sonstigen Beziehungen um etliche Grade bessern. Das englische Ruhebedürfnis ist groß. Es lohnt sich, festzustellen, was England für seine Ruhe zahlen will. Allerdings läuft in Rüstungsfragen die Zeit für England, nicht für uns. Daher haben wir nicht beliebig langen Verhandlungsspielraum.

[112.] Graf Ciano bemängelt die Uneinheitlichkeit der deutschen Außenpolitik, 21.11.1937

Der Besuch von Halifax in Deutschland ist ein neuer Beweis für die Uneinheitlichkeit in der Außenpolitik des Reiches. Zuviel Hähne im Hühnerstall. Es gibt mindestens vier Außenpolitiken: die von Hitler, die von Göring, die von Neurath, die von Ribbentrop. Von den kleineren ganz abgesehen. Es ist schwierig, vollkommen auf dem laufenden zu bleiben. Unterdessen ist Neurath ein Anhängsel geworden, das belastet und aufhält.

[113.] Joachim von Ribbentrops Hauptbericht »London A 5522« über »Das deutsch-englische Verhältnis und die Weiterbehandlung der Initiative Chamberlains«, 28.12.1937

[...]

I. England hat seit Jahrhunderten immer für drei Prinzipien gekämpft:

  1. für die englische Suprematie zur See;

2. für die Unantastbarkeit der sogenannten »low countries« (Holland und Belgien) und
3. für das Gleichgewicht in Europa.

Zu 1. Die Suprematie zur See in der Welt besteht nicht mehr. Die Frage einer *Flottenrivalität* zwischen Deutschland und England ist seit dem Flottenvertrag nicht mehr so aktuell wie vor dem Kriege. Zu berücksichtigen ist hierbei allerdings folgendes: Die Relation von 100:35 des Flottenvertrages wird von der britischen Admiralität für die englische Seite im Ernstfall mit höchstens 60% in der Nordsee gerechnet, da normalerweise 40% der englischen Flotte in anderen Gewässern weilen müssen. Müßte die englische Admiralität mit der Feindschaft Italiens und eventuell Japans rechnen, würde sich die Ziffer trotz Hinzunehmens der verbündeten französischen Flotte noch mehr zuungunsten Englands verschieben. Mit dem aktiven Eingreifen selbst einer befreundeten amerikanischen Flotte wird England in der Nordsee und in Ostasien m. E. nicht so leicht rechnen können.

Zu 2. Zu den sogenannten *»low countries«* ist heute infolge des Entstehens der Flugwaffe auch Frankreich getreten. Strategisch werden daher von England die drei Länder Holland, Belgien und Frankreich übereinstimmend mit der Baldwinschen These von der Grenze Englands am Rhein heute als eine Art Glacis für die englische Verteidigung betrachtet. Es ist m. E. eine feststehende Tatsache, daß die englische Außenpolitik mit der französischen, die in den letzten Jahren aus Sorge vor dem wiedererstarkten Deutschland immer mehr in Abhängigkeit vom Foreign Office geraten ist, in Europa auf Gedeih und Verderb verbunden ist. Aus diesem Grunde hat England immer alles getan, um einerseits eine deutsch-französische Annäherung nicht zu fördern, andererseits aber auch einer Schwächung Frankreichs, wie z. B. durch den Bolschewismus, vorzubeugen [...]

Zu 3. Seit der Machtergreifung durch den Nationalsozialismus und seit der Wiederaufrüstung Deutschlands sieht England die *Möglichkeit einer Störung des bisherigen Gleichgewichts in Europa*, die ihm seine Rolle als Schiedsrichter Europas und damit seine Handlungsfreiheit nehmen und darüber hinaus England sogar unmittelbar bedrohen könnte. Die unvergessenen Leistungen der deutschen Armee im Kriege gegen die Verbündeten spielen bei diesen englischen Sorgen eine besondere Rolle. Man betrachtet daher Deutschland [...] als den gefährlichsten möglichen Gegner. Denn: andere mögliche Gegner, z. B. Japan, bedrohen zwar bedeutsame Interessen Englands, diese liegen aber zunächst nur an der Peripherie seines Imperiums, Italien bedroht zwar den schnellsten, aber nicht einzigen Weg zu seiner wichtigsten Besitzung Indien, aber das Herz des

Britischen Imperiums, nämlich die britischen Inseln, kann allein Deutschland bedrohen [...]

II. Seit der Entstehung der Achse Rom-Berlin und dem Mussolini-Besuch in Deutschland, seit den Besorgnissen über den Ausgang des spanischen Bürgerkrieges und seine unübersehbaren Auswirkungen auf die englische Position im Mittelmeer, seit Anschluß Italiens an die Antikomintern-Bewegung und seit Japans Vordringen in China haben sich die Befürchtungen Englands für eine Störung des Gleichgewichts in Europa und in der Welt allgemein verstärkt. England sieht heute seine ostasiatischen Besitzungen durch Japan, seinen Seeweg durch das Mittelmeer nach Indien durch Italien und sein Mutterland, die britischen Inseln, durch Deutschland bedroht.

III. England hat dieser Entwicklung zunächst durch sein *gewaltiges Aufrüstungsprogramm* Rechnung getragen, ferner durch die Festigung seiner bündnismäßigen Freundschaft mit Frankreich. England versucht weiter seit Anfang des Jahres, sich Amerikas als Rohstoffbasis zu vergewissern [...] Das Endziel Englands ist aber zweifellos, Amerika wieder zu einem Verbündeten im Falle eines europäischen Konfliktes zu gewinnen.

IV. Die Hauptfrage für England, das selbstverständlich in der Erhaltung des Friedens die beste Gewähr für die Erhaltung des Imperiums sieht, bleibt aber nach wie vor, ob es möglich sein wird, *mit Deutschland doch noch zu einem Arrangement* zu kommen, das den Weltfrieden sicherstellt und das europäische Gleichgewicht erhält. Es ist denkbar, daß es Männer in der englischen Regierung gibt (daß Chamberlain und Halifax hierzu gehören, muß ich nach meinen Erfahrungen und Beobachtungen bezweifeln), die heute noch an die Möglichkeit eines freundschaftlichen Arrangements mit Deutschland glauben, und zwar auf folgender Basis:
Rückgabe einiger deutscher Kolonien und Offenlassung einer Lösung der österreichischen Frage, die einen friedlichen Anschluß vorbereiten könnte, sowie Besserung der Lage der Sudetendeutschen, eventuell bis zur Kulturautonomie, dafür im übrigen Wiederholung der Verpflichtung Deutschlands, zum Nichtangriff der Nachbarstaaten und Verpflichtung, alle Probleme mit diesen nur auf dem Wege friedlicher Verhandlung zu lösen, im übrigen aber klare Abmachung über zumindest eine qualitative Luftrüstungsbegrenzung nach dem Muster des deutsch-englischen Flottenvertrages, z. B. durch Bombenabwurfverbote, Einschränkung der Bombenflugzeuge, und eventuell in quantitativer Hinsicht durch Offenlegung und eventuell Beschränkung des Budgets.

Dies wäre m. E. ungefähr das Höchstmaß dessen, was sich diese Männer, die grundsätzlich an eine Einigung mit Deutschland glauben (d. h. also die, die nicht in dem Bestand eines Deutschlands der sogenannten expansiven nationalsozialistischen Weltanschauung an sich ein unüberwindliches Hindernis für eine deutsch-englische Verständigung überhaupt sehen), unter einem Arrangement mit Deutschland vorstellen.

Die englische Führerschicht wird heute ebenso wie früher sowohl für die bedeutenden materiellen Interessen als auch für seine Machtstellung in der Welt, solange eine Chance des Gewinnens vorhanden ist, sich letzten Endes bis zum äußersten, d. h. also bis zum Kriege einsetzen. Niemals wird England einen solchen Einsatz leichtfertig wagen. Immer wird es sorgfältig die Machtverhältnisse abwägen und Entscheidungen notfalls hinauszögern. Sind die besseren Chancen einmal auf Englands Seite, wird es kämpfen. Das Nichteingreifen Englands im Abessinienkrieg ist m. E. nicht auf mangelnden Heroismus, sondern vielmehr auf die Tatsache zurückzuführen, daß England seine Rüstungen zu sträflich vernachlässigt hatte, und auf die falsche Beurteilung der Lage durch die englische Regierung, die glaubte, daß Italien sich dort festfahren und das Abenteuer von selbst aufgeben würde [...]

England hält es seit längerer Zeit für denkbar, daß früher oder später Deutschland durch die inneren Verhältnisse in der Tschechoslowakei gezwungen werden könnte, hier und auch in Österreich mit Waffengewalt einzugreifen. Eine solche Lösung möchte man, besonders was die Tschechoslowakei angeht, wenn möglich ganz verhindern. Geht dies nicht, so möchte England, das durch ein etwaiges Eingreifen Frankreichs jederzeit in einen solchen Konflikt mit hineingezogen werden könne, auf alle Fälle erreichen, daß dieser nicht zu einem Zeitpunkt beginnt, an dem seine Aufrüstung nicht mindestens einen bestimmten Grad erreicht hat. Man hört und liest hier oft von 1939, als dem Jahr, in dem England stärker auftreten kann. M. E. dürfte der Zeitpunkt eher später liegen, besonders im Hinblick auf das englische Flottenprogramm. Vorher käme England ein solcher Konflikt ebenso ungelegen wie voriges Jahr der italienische Feldzug in Abessinien. Deshalb tut man seit Jahr und Tag im Foreign Office vieles, um Prag auf Besserung in den Sudetenfragen zu drängen. Halifax' Äußerung in Berchtesgaden, daß der Status quo in Österreich und der Tschechoslowakei auf die Dauer nicht aufrechterhalten werden kann, könnte daher bei der englischen Besorgnis vor dem kriegerischen Konflikt die Absicht zugrunde liegen, uns mit der Aussicht auf Verständnis und gar Unterstützung einer friedlichen Regelung dieser und anderer Fragen (Kolonialfrage) durch England abzuhalten, angeblich von uns beabsichtigte gewaltsame Lösungen zu einem England nicht passenden Zeitpunkt vorzunehmen. Ich halte es für wahrscheinlich, daß diese Gedankengänge bei der Chamberlainschen Initiative mitgespielt haben. Die Taktik der Verschleierung wahrer Absichten ist in der englischen Politik lange geübte Tradition. Ein Beispiel hierfür war die Haltung Englands vor dem Weltkrieg, als es seine Absichten so gut verbarg, daß »mit dem unerwarteten Eintritt Englands in den Krieg die deutsche Außenpolitik zusammenbrach«, und daß es heute noch Politiker gibt, die glauben, daß z. Z. England nicht bewußt auf die Einkreisung Deutschlands hingearbeitet hat [...]

Zusammenfassend ist über die weitere Entwicklung der deutsch-englischen Beziehungen zu sagen, daß wir uns keinen großen Illusionen hingeben dürfen [...] Trotzdem scheint es mir richtig, daß unsere zukünftige Politik mit England weiter auf Ausgleich gerichtet bleibt. Diese Verständigungsarbeit darf aber nicht dazu führen, daß unsere Freundschaften hierunter leiden können. In diesem Sinne hat die Botschaft mit dortigem Einverständnis auch immer in diesem Jahre die Achse Berlin-Rom, ebenso unsere Antikomintern-Beziehung zu Japan als konstante Faktoren unserer Außenpolitik in der englischen Arbeit behandelt.

[114.] Joachim von Ribbentrops »Notiz für den Führer«, 2.1.1938

[...]
5. Daher von uns zu ziehende Konsequenz:
   1) nach außen weiter Verständigung mit England unter Wahrung Interessen unserer Freunde.
   2) Herstellung in aller Stille, aber mit ganzer Zähigkeit einer Bündniskonstellation gegen England –, d. h. praktisch Festigung unserer Freundschaft mit Italien und Japan – ferner Hinzugewinnung aller Staaten, deren Interessen direkt oder indirekt mit unseren konform gehen – enge und vertrauliche Zusammenarbeit der Diplomaten der drei Großmächte zu diesem Zweck.

   Nur auf diese Weise können wir England begegnen, sei es eines Tages noch zum Ausgleich oder zum Konflikt. England wird ein harter und scharfer Gegner in diesem diplomatischen Spiel sein.
6. Die besondere Frage, ob im Falle eines Konfliktes Deutschlands in Mitteleuropa Frankreich und damit England eingreifen würden, hängt von den Umständen und dem Zeitpunkt ab, an dem ein solcher Konflikt ausbricht und beendet ist, und von militärischen Erwägungen, die hier nicht zu übersehen sind. Ich möchte dem Führer hierüber einige Gesichtspunkte mündlich vortragen.

Dies ist nach eingehender Prüfung aller Umstände meine Auffassung von der Lage. Ich habe seit Jahren für eine Freundschaft mit England gearbeitet und wäre über nichts froher, als wenn sie herzustellen wäre. Als ich den Führer bat, mich nach London zu schicken, war ich skeptisch, ob es gehen würde, aber im Hinblick auf Eduard VIII. schien ein letzter Versuch geboten. Heute glaube ich nicht mehr an die Verständigung. England will kein übermächtiges Deutschland in seiner Nähe, das eine ständige Bedrohung seiner Inseln wäre. Dafür wird es kämpfen. Dem Nationalsozialismus aber traut man Gewaltiges zu. Schon Baldwin hat dies erkannt, und Eduard VIII. mußte abdanken, weil man nicht sicher war, ob er bei seiner Einstellung eine Deutschland feindliche Politik mitmachen würde. Chamberlain hat nun Vansittart, unseren bedeutsamsten und zähesten Gegner, an eine Stelle berufen, in der er in das diplomatische Spiel gegen Deutschland führend eingreifen kann. Jeder Tag, an dem in Zukunft – ganz gleich, welche taktischen Zwischenspiele der Verständigung mit uns versucht werden sollten – unsere politischen Erwägungen nicht grundsätzlich von dem Gedanken an England als unseren gefährlichsten Gegner bestimmt würden, wäre ein Gewinn für unsere Feinde.

[115.] Denkschrift des Oberkommandos der Wehrmacht (OKW): »Die Kriegführung als Problem der Organisation«, 7.3.1938

Was ist der Krieg der Zukunft?

Der Krieg in seiner absoluten Form ist die gewaltsame Auseinandersetzung zweier oder mehrerer Staaten mit allen Mitteln.

Trotz aller Versuche, den Krieg zu ächten, bleibt er ein Naturgesetz, das sich eindämmen, aber nicht beseitigen läßt und der Erhaltung von Volk und Staat oder der Sicherung seiner geschichtlichen Zukunft dient.

Dieser hohe sittliche Zweck gibt dem Kriege sein totales Gepräge und seine ethische Berechtigung.

Er hebt ihn hinaus über einen rein politischen Akt oder über einen militärischen Zweikampf um eines wirtschaftlichen Vorteils willen.

Einsatz, Gewinn und Verlust steigen zu bisher ungeahnter Höhe. Am Ende eines verlorenen Krieges droht nicht nur die Schädigung, sondern die Vernichtung von Staat und Volk.

Damit wird der heutige Krieg zu einem Staatsnotstand und zu einem Existenzkampf jedes einzelnen.

Da jeder alles zu gewinnen und alles zu verlieren hat, muß jeder alles einsetzen.

Damit erweitert sich die allgemeine Wehrpflicht zur Kriegsdienstpflicht aller.

Sie bedeutet das Ende jeder nur privaten Tätigkeit für die Dauer des Krieges und zwingt alle Erscheinungsformen des staatlichen und privaten Lebens unter ein leitendes Prinzip:»Die Erringung des Sieges.«[...]
Der Krieg wird mit allen Mitteln geführt; nicht nur mit der Waffe, sondern auch mit den Mitteln der Propaganda und der Wirtschaft.
Er richtet sich gegen die feindliche Wehrmacht, gegen die materiellen Kraftquellen des Feindes und die seelischen Kräfte seines Volkes. Das Leitmotiv seiner Führung muß sein:»Not kennt kein Gebot«[...]
Staat, Wehrmacht und Volk werden auf eine möglichst hohe Kriegsbereitschaft gebracht, bevor der öffentliche Mobilmachungsbefehl erlassen wird.
Die Überraschung als Voraussetzung für schnelle und große Anfangserfolge wird oft dazu zwingen, die Feindseligkeiten zu beginnen, bevor die Mobilmachung oder gar der Aufmarsch des Heeres beendet ist.
Die Kriegserklärung steht nicht mehr in jedem Fall am Anfang eines Krieges.
Je nachdem ob der Eintritt der kriegsrechtlichen Normen mehr Vorteile oder Nachteile für die Kriegführenden bringt, werden diese sich den neutralen Staaten gegenüber als im Kriege oder nicht im Kriege befindlich betrachten[...]

[116.] Hitlers militärische Weisung für den Einmarsch in Österreich (»Unternehmen Otto«), 11.3.1938

[...]
1. Ich beabsichtige, wenn andere Mittel nicht zum Ziele führen, mit bewaffneten Kräften in Österreich einzurücken und dort verfassungsmäßige Zustände herzustellen und weitere Gewalttaten gegen die deutschgesinnte Bevölkerung zu unterbinden.
2. Den Befehl über das gesamte Unternehmen führe ich. Nach meinen Weisungen führen:
   der Oberbefehlshaber des Heeres die Operationen zu Lande mit der achten Armee in der mir vorgeschlagenen Zusammensetzung und Stärke und den aus der Anlage ersichtlichen Zuteilungen der Luftwaffe, der SS und der Polizei.
   Der Oberbefehlshaber der Luftwaffe die Unternehmungen in der Luft mit den mir vorgeschlagenen Kräften.
3. Aufgaben:
   a) Heer: Der Einmarsch nach Österreich hat in der mir vorgetragenen Art zu erfolgen. Das Ziel für das Heer ist zunächst die Besetzung von Oberösterreich, Salzburg, Niederösterreich, Tirol, die schnelle Be-

sitznahme von Wien und die Sicherung der österreichisch-tschechischen Grenze.

b) Luftwaffe: Die Luftwaffe hat zu demonstrieren und Propagandamaterial abzuwerfen, österreichische Flughäfen für eventuell nachzuziehende Verbände zu besetzen, das Heer in dem erforderlichen Umfange zu unterstützen und außerdem Kampfverbände zu besonderen Aufträgen bereitzuhalten.

4. Die für das Unternehmen bestimmten Kräfte des Heeres und der Luftwaffe müssen ab 12.3.38 spätestens 12 Uhr einmarsch- bzw. einsatzbereit sein. Die Genehmigung zum Überfliegen und Überschreiten der Grenze und die Festsetzung des Zeitpunktes hierfür behalte ich mir vor.

5. Das Verhalten der Truppe muß dem Gesichtspunkt Rechnung tragen, daß wir keinen Krieg gegen ein Brudervolk führen wollen. Es liegt in unserem Interesse, daß das ganze Unternehmen ohne Anwendung von Gewalt in Form eines von der Bevölkerung begrüßten friedlichen Einmarsches vor sich geht. Daher ist jede Provokation zu vermeiden. Sollte es aber zum Widerstand kommen, so ist er mit größter Rücksichtslosigkeit durch Waffengewalt zu brechen. Übergehende österreichische Verbände treten sofort unter deutschen Befehl.

6. An den deutschen Grenzen zu den übrigen Staaten sind einstweilen keinerlei Sicherheitsmaßnahmen zu treffen.

[117.] Gesetz über die Wiedervereinigung Österreichs mit dem Deutschen Reich, 13.3.1938

Artikel I. Das von der österreichischen Bundesregierung beschlossene Bundesverfassungsgesetz über die Wiedervereinigung Österreichs mit dem Deutschen Reich vom 13. März 1938 wird hiermit Deutsches Reichsgesetz; es hat folgenden Wortlaut:

»Auf Grund des Artikels III Abs. 2 des Bundesverfassungsgesetzes über außerordentliche Maßnahmen im Bereich der Verfassung, BGBl. I Nr. 255, 1934, hat die Bundesregierung beschlossen:

Artikel I.: Österreich ist ein Land des Deutschen Reiches.

Artikel II: Sonntag, den 10. April 1938, findet eine freie und geheime Volksabstimmung der über 20 Jahre alten deutschen Männer und Frauen Österreichs über die Wiedervereinigung mit dem Deutschen Reich statt.

Artikel III: Bei der Volksabstimmung entscheidet die Mehrheit der abgegebenen Stimmen.

Artikel IV: Die zur Durchführung und Ergänzung des Artikels II dieses

Bundesverfassungsgesetzes erforderlichen Vorschriften werden durch Verordnung getroffen.

Artikel V: Dieses Bundesverfassungsgesetz tritt am Tage seiner Kundmachung in Kraft.

Mit der Vollziehung dieses Bundesverfassungsgesetzes ist die Bundesregierung betraut.

Wien, den 13. März 1938.«

Artikel II. Das derzeit in Österreich geltende Recht bleibt bis auf weiteres in Kraft. Die Einführung des Reichsrechts in Österreich erfolgt durch den Führer und Reichskanzler oder den von ihm hierzu ermächtigten Reichsminister.

Artikel III. Der Reichsminister des Innern wird ermächtigt, im Einvernehmen mit den beteiligten Reichsministern die zur Durchführung und Ergänzung dieses Gesetzes erforderlichen Rechts- und Verwaltungsvorschriften zu erlassen [...]

[118.] Konrad Henlein, Führer der Sudetendeutschen Partei, wird über die nationalsozialistische Sudetenpolitik instruiert, 29.3.1938

[...] Der Führer erklärte, daß er beabsichtige, das tschechoslowakische Problem in nicht allzu langer Zeit zu lösen [...]
Die Tendenz der Anweisung, die der Führer Henlein gegeben hat, geht dahin, daß von seiten der SdP Forderungen gestellt werden sollen, die für die tschechische Regierung unannehmbar sind. Henlein beabsichtigt, trotz der günstigen Lage durch die österreichischen Ereignisse, nichts zu überspitzen, sondern nur die alten Forderungen auf Selbstverwaltung und Wiedergutmachung am Parteitag (23. und 24. April 1938) zu stellen. Eine Anregung des Führers, eigene deutsche Regimenter mit deutschen Offizieren und deutscher Kommando-Sprache zu fordern, will er sich für später vorbehalten. Das Reich wird von sich aus nicht eingreifen. Für die Ereignisse sei zunächst Henlein selbst verantwortlich. Es müßte aber eine enge Zusammenarbeit erfolgen. Henlein hat dem Führer gegenüber seine Auffassung folgendermaßen zusammengefaßt: Wir müssen also immer so viel fordern, daß wir nicht zufriedengestellt werden können. Diese Auffassung bejahte der Führer [...]

[119.] Staatssekretär im Auswärtigen Amt Ernst von Weizsäcker über Meinungsverschiedenheiten mit Reichsaußenminister von Ribbentrop über die künftige deutsche Außenpolitik, 19.4.1939

Ribbentrop erzählt mir am Ostersonntag (17/IV) auf seinem Gut Sonnenburg, daß er vor Jahren Daladier ein großes Angebot der Entente mit Deutschland gemacht habe, aber an der parlamentarischen Hemmung Daladiers gescheitert sei.

Ribbentrop zeigte mir dann eine Vorlage für den Führer, die auf eine – notgedrungen – antienglische Orientierung unserer Politik hinauslaufe. Unsere Expansivpläne seien ohne englischen Widerstand nicht zu verwirklichen. Rußland, das sich selbst ausschalte, offiziell als den Gegner zu bezeichnen, in Wirklichkeit aber alles gegen England zu orientieren, sei sein Plan. Gegen England, Frankreich *und* Rußland gleichzeitig anzutreten – diesen Fehler wolle er allerdings nicht wiederholen. Unter anderem wende ich ein, daß man England nicht von der Luft aus vital treffen könne, wovon die Vorlage sprach. Die Verwirklichung unserer expansiven Ideen verlange englische Toleranz. Diese aber sei nur zu haben, wenn Frankreich nicht marschiere, letzteres wiederum nur bei innerer Dekomposition Frankreichs. Die Hilfe Japans gegen England bei dem nächsten großen Krieg in Europa hätten wir gratis; wir brauchten sie nicht zu erkaufen.

[120.] »Fall Grün«: Angriff auf die Tschechoslowakei, 24.4.1938

A. Politisch

1. Strategischer Überfall aus heiterem Himmel ohne jeden Anlaß oder Rechtfertigungsmöglichkeit wird abgelehnt. Da Folge: feindliche Weltmeinung, die zu bedenklicher Lage führen kann.
   Solche Maßnahmen nur zur Beseitigung des letzten Gegners auf dem Festlande berechtigt.
2. Handeln nach einer Zeit diplomatischer Auseinandersetzungen, die sich allmählich zuspitzen und zum Kriege führen.
3. Blitzartiges Handeln auf Grund eines Zwischenfalls (z. B. Ermordung des dtsch. Gesandten im Anschluß an eine deutschfdl. Demonstration).

B. Militärische Folgerungen

1. Zu den politischen Möglichkeiten 2. und 3. sind die Vorbereitungen zu treffen. Fall 2. ist der unerwünschte, da »Grün« Sicherheitsmaßnahmen getroffen haben wird.

2. Der Zeitverlust durch die Eisenbahntransporte für die Masse der Divisionen – der unabänderlich und möglichst zu verkürzen ist – darf nicht im Augenblick des Handelns vom blitzschnellen Zupacken absehen lassen.

3. Sofort sind »Teilvorstöße« zum Brescheschlagen durch die Befestigungslinie an zahlreichen Stellen und in operativ günstiger Richtung zu unternehmen.

   Die Vorstöße sind bis ins einzelne vorzubereiten (Kenntnis der Wege, der Angriffsobjekte, Zusammensetzung der Kolonnen je nach bevorstehenden Aufgaben).

   Angriff Heer und Luft zum gleichen Zeitpunkt.

   Die Luftwaffe hat die einzelnen Kolonnen zu unterstützen. (Z. B. Sturzbomber: Abriegeln der Werke an den Einbruchstellen. Erschwerung des Heranführens von Reserven, Zerschlagen der Nachrichtenverbindungen, dadurch Isolierung der Besatzungen.)

4. Politisch sind die ersten 4 Tage militärischen Handelns die entscheidenden. Bleiben durchschlagende, militärische Erfolge aus, so tritt mit Sicherheit eine europäische Krise ein. Vollendete Tatsachen müssen von Aussichtslosigkeit milit. Eingreifens überzeugen, Verbündete auf den Plan rufen (Teilung der Beute!), Grün demoralisieren.

   Daher: Überbrücken des Zeitraumes zwischen 1. Einbruch und Einsatz der anzutransportierenden Kräfte durch entschlossenen, rücksichtslosen Vorstoß einer motorisierten Armee (z. B. über Pi an Pr vorbei).

5. Wenn möglich Trennung der Transportbewegung »Rot« von »Grün«. Gleichzeitiger Aufmarsch Rot kann Rot zu unerwünschten Maßnahmen veranlassen. Andererseits muß Fall »Rot« jederzeit anlaufen können.

C. Propaganda

1. Flugblätter für das Verhalten der Deutschen im Grünland.
2. Flugblätter mit Drohungen zur Einschüchterung der Grünen.

[121.] Hitlers unabänderlicher Entschluß, die Tschechoslowakei zu zerschlagen, 30.5.1938

[...] Es ist mein unabänderlicher Entschluß, die Tschechoslowakei in absehbarer Zeit durch eine militärische Aktion zu zerschlagen. Den politisch und militärisch geeigneten Zeitpunkt abzuwarten oder herbeizuführen, ist Sache der politischen Führung.

Eine unabwendbare Entwicklung der Zustände innerhalb der Tschechoslowakei oder sonstige politische Ereignisse in Europa, die eine überraschend günstige, vielleicht nie wiederkehrende Gelegenheit schaffen, können mich zu frühzeitigem Handeln veranlassen.

Die richtige Wahl und entschlossene Ausnützung eines günstigen Augenblicks ist die sicherste Gewähr für den Erfolg. Dementsprechend sind die Vorbereitungen unverzüglich zu treffen [...]

[122.] Außenpolitische Situationsanalyse des Staatssekretärs im Auswärtigen Amt Ernst von Weizsäcker angesichts der Sudetenkrise, 8.6.1938*

I.
1. Auf dem Wege weiterer Ausdehnung und Festigung des III. Reiches ist Frankreich unser sicherster Widersacher, England unser gefährlichster Feind. Zum Schwert gegen uns greift weder Frankreich allein noch England allein. In einem Krieg haben wir es entweder mit beiden zu tun oder mit keinem von beiden.

Den gegen uns also faktisch alliierten beiden Mächten Frankreich und England sind im Ernstfall von vornherein als Assoziierte beizuzählen die Vereinigten Staaten von Amerika und Sowjet-Rußland.

Den Widerstand dieser Entente muß Deutschland auf seinem weiteren Wege diplomatisch oder kriegerisch beiseite schieben.

2. Der kriegerische Einsatz des III. Reiches gegen die Entente kommt nur in Betracht, wenn diese uns angreift. Unsere wesentlichen Kriegsziele liegen nicht auf ihrem Boden.

Aber auch ein im Osten Deutschlands gelegenes Ziel ist politisch nur dann erreichbar, wenn die Entente dieses Vorgehen duldet. Griffe sie doch ein, so hätte unsere Politik versagt. Unsere defensive Abriegelung im Westen hätte ihren politischen Präventivzweck und vielleicht auch z. T. ihren militärischen Sinn verfehlt. Nicht die Abriegelung des Westens und der Gebietsgewinn im Osten würden diesen großen Krieg

---

* Vermerk: an R. M. v. Ribbentrop gegeben.

entscheiden. Die Entscheidung auch über die Ostziele wäre vielmehr im Westen noch einmal zu erkämpfen und durch ein Diktat in Paris und London zu besiegeln.

Für das Niederringen Frankreichs und Englands fehlt uns aber das militärische Rezept. Selbst unter Hinzunahme der italienischen und japanischen Hilfe würden wir den gefährlichsten Gegner – England – nur an seinen Gliedern schädigen, nicht aber ins Herz treffen können. Der Krieg würde mit unserer Erschöpfung und Niederlage enden. Der Verlierer wäre mit uns ganz Europa, den Gewinn hätten vor allem die nicht-europäischen Kontinente und die asozialen Mächte.

3. Die deutsche Politik muß also zunächst dafür sorgen, daß das III. Reich von der Entente nicht angegriffen wird. Diese Aufgabe ist eine präventive und gegenüber der Entente eine defensive. Sie ist eine militärische, wirtschaftliche, finanzielle, soziale und diplomatische. Zu dem diplomatischen Teil gehört der Aufbau einer Gegen-Entente. Die deutsch-italienisch-japanische Freundschaft dient diesem Präventiv-Zweck, ohne ihn jedoch sicher erfüllen zu können. Zu einer unbedingten Abschreckung der Entente sind die physischen Kräfte der Antikominterngruppe zu schwach.

Aufgabe der deutschen Diplomatie ist es daher, diejenige Grenze klar zu erkennen, bis zu welcher die deutsche Politik jeweils vorgetrieben werden kann, ohne die Entente zum Einschreiten zu veranlassen.

II.

4. Das aktuellste Problem der deutschen Politik, das tschechische, kann leicht, muß aber nicht, zum Konflikt mit der Entente führen. Weder Frankreich noch England suchen Händel wegen der Tschechei. Beide würden die Tschechei vielleicht sogar sich selbst überlassen, wenn diese ohne direkte äußere Eingriffe und durch innere selbstverschuldete Auflösungserscheinungen ihr verdientes Los erlitte. Dieser Prozeß müßte allerdings ein schrittweiser sein und über Volksabstimmung und Gebietsabtrennung zum Kräfteverfall des Restgebietes führen.

Für einen unmittelbaren Zugriff, dem die Entente tatenlos zusähe, ist das tschechische Problem dagegen politisch noch nicht reif, und zwar auch dann nicht, wenn dieser Zugriff schnell und überraschend käme. Deutschland kann den Zeitpunkt nicht frei bestimmen, wo diese Frucht ohne zu großes Risiko zu pflücken wäre. Es kann die gewünschte Entwicklung nur vorbereiten.

Hierfür wird das z. Zt. von England ausgehende Stichwort des Selbstbestimmungsrechts der Sudentendeutschen, das wir bewußt uns bisher nicht zu eigen gemacht haben, langsam aufzugreifen sein. Die internationale Überzeugung, daß diesen Deutschen die Wahl ihrer staatlichen

Zugehörigkeit vorenthalten worden sei, wird nützliche Vorarbeit tun, gleichgültig, ob der chemische Auflösungsprozeß des tschechoslowakischen Staatsgebildes schließlich doch noch durch mechanisches Zutun gefördert werden kann oder nicht. Das Schicksal der eigentlichen Rumpf-Tschechei wäre damit allerdings noch nicht klar umrissen; es wäre aber trotzdem schon besiegelt.

5. Diese Methode im Vorgehen gegen die Tschechei empfiehlt sich auch wegen unseres Verhältnisses zu Polen. Unvermeidlich muß die deutsche Abkehr von den südöstlichen Grenzproblemen und der Übergang zu den östlichen und nordöstlichen die Polen hellhörig machen. Daß nach Liquidation der tschechischen Frage Polen an der Reihe ist, wird allgemein vermutet werden. Je später diese Vermutung aber als fester Bestandteil in die internationale Politik eindringt, desto besser. Wichtig in diesem Sinne aber ist es, die deutsche Politik bis auf weiteres unter landläufigen und bewährten Maximen wie »Selbstbestimmungsrecht« und »völkische Gemeinschaft« fortzuführen. Alles andere könnte uns als reiner Imperialismus ausgelegt werden und den Widerstand der Entente früher und energischer auf den Plan rufen, als unsere Kräfte es ertragen.

[123.] Der Generalstabschef des Heeres Ludwig Beck fordert die Einstellung der Kriegsvorbereitungen, 16. 7. 1938 *

[...] Die Aussicht, in absehbarer Zeit die Tschechoslowakei durch eine militärische Aktion zu zerschlagen, ohne sofort Frankreich und England auf den Plan zu rufen, besteht nicht [...]

Es erscheint nach wie vor ausgeschlossen, in den ersten zwei bis drei Tagen eine Lage zu schaffen, die interventionslüsternen gegnerischen Staaten die Aussichtslosigkeit der tschechischen militärischen Lage vor Augen führt. Es muß vielmehr nochmals nachdrücklichst darauf aufmerksam gemacht werden, daß zwar die Tschechei der äußere Anlaß zum Kriege für Frankreich-England sein wird, daß aber mit dem Augenblick, in dem diese beiden Mächte in den Krieg eintreten, es sich nicht mehr um Intervention im Interesse der Tschechei, sondern um einen *Krieg auf Leben und Tod mit Deutschland* handeln wird [...]

Auf Grund meiner vorausgegangenen Darlegungen halte ich mich heute für verpflichtet – im Bewußtsein der Tragweite eines derartigen Schrittes,

---

* Die Denkschrift war an den Oberbefehlshaber des Heeres, v. Brauchitsch, gerichtet. Die Vortragsnotiz diente Beck zur Unterlage für einen Vortrag, den er am 16. VII. 1938 vor v. Brauchitsch hielt.

aber unter Berufung auf die mir nach meiner Dienstanweisung für die Vorbereitung und Ausführung eines Krieges erwachsende Verantwortung –, die dringende Bitte auszusprechen, *den Obersten Befehlshaber der Wehrmacht zu veranlassen, die von ihm befohlenen Kriegsvorbereitungen einzustellen* und die Absicht der gewaltsamen Lösung der tschechischen Frage solange zurückzustellen, bis sich die militärischen Voraussetzungen grundlegend geändert haben. Zur Zeit halte ich sie für aussichtslos, und diese meine Auffassung wird von allen mir unterstellten Oberquartiermeistern und Abteilungschefs des Generalstabes, soweit sie mit der Frage der Vorbereitung und Ausführung des Krieges gegen die Tschechoslowakei dienstlich befaßt sind, geteilt.

[...] Es stehen hier letzte Entscheidungen über den Bestand der Nation auf dem Spiele. Die Geschichte wird diese Führer mit einer Blutschuld belasten, wenn sie nicht nach ihrem fachlichen und staatspolitischen Wissen und Gewissen handeln. Ihr soldatischer Gehorsam hat dort eine Grenze, wo ihr Wissen, ihr Gewissen und ihre Verantwortung die Ausführung eines Befehls verbietet.

Finden ihre Ratschläge und Warnungen in solcher Lage kein Gehör, dann haben sie das Recht und die Pflicht vor dem Volk und vor der Geschichte, von ihren Ämtern abzutreten. Wenn sie alle in einem geschlossenen Willen handeln, ist die Durchführung einer kriegerischen Handlung unmöglich. Sie haben damit ihr Vaterland vor dem Schlimmsten, vor dem Untergang bewahrt.

Es ist ein Mangel an Größe und an Erkenntnis der Aufgabe, wenn ein Soldat in höchster Stellung in solchen Zeiten seine Pflichten und Aufgaben nur in dem begrenzten Rahmen seiner militärischen Aufträge sieht, ohne sich der höchsten Verantwortung vor dem gesamten Volk bewußt zu werden. Außergewöhnliche Zeiten verlangen außergewöhnliche Handlungen! [...]

[124.] Tagebuchaufzeichnung Ernst von Weizsäckers zum Münchener Abkommen, 9.10.1938

Meine seit dem Mai in der tschechischen Frage vertretene Auffassung geht aus einer Reihe von Sondernotizen hervor. Das von mir betriebene »chemische« Verfahren anstelle des mechanischen fand aber keine Gegenliebe. Vielmehr wurden alle Vorbereitungen für den Krieg getroffen. Daß dieser Krieg kein kleiner, d. h. deutsch-tschechischer, sondern ein großer, europäischer werden würde, fand keinen Glauben, und als die englischen u. französischen Kriegsvorbereitungen doch zu denken gaben, war man an maßgebender Stelle der Ansicht, wir würden auch einen europäischen Konflikt durchstehen. Wie allerdings Paris und London dann zum Frieden zu zwingen wären, fand keine Erklärung.

Wir eilten im August und September immer mehr der Katastrophe zu. Unsere Freunde in Ungarn und Italien warnten uns nicht, unsere Feinde in England und Frankreich drohten uns nicht, jedenfalls nicht so vernehmbar, daß wir Warnung oder Drohung hörten.

Alle meine Bemühungen gingen dahin, über die wahren Ansichten und Absichten bei Freund und Feind Klarheit zu schaffen. Ich dachte an einen ganz persönlichen Brief von Chamberlain an den Führer, an eine Aussprache mit den Italienern usw. usw. Meine Tätigkeit in den Monaten August u. September zu schildern, würde zu weit führen.

Das Spiel schien für uns gewonnen, als Chamberlain sich zur Wahrung des Friedens zu einem Besuch auf dem Obersalzberg ansagte. Damit war den Tschechen eine Absage auf ihre Krisenpolitik erteilt. Man hätte sich auf der Grundlage der englischen Vermittlung ohne Mühe dahin einigen können, wie im Frieden das Sudetenland abzulösen und an uns abzutreten wäre.

Bei uns herrschte aber der Wille zu einer kriegerischen Lösung mit Rache und Vernichtungswillen gegen die Tschechei vor. Wir führten daher die zweite Besprechung mit Chamberlain in Godesberg so, daß trotz grundsätzlichen Einvernehmens die Ausführung des Beschlossenen scheitern sollte. Es wäre der Gruppe, die den Krieg wollte, nämlich Ribbentrop und der SS, beinahe doch noch gelungen, den Führer zum Losschlagen zu veranlassen. Unter den zahlreichen ähnlichen Äußerungen des Führers in meiner Gegenwart ist eine in der Nacht vom 27. auf den 28. September mit dem Inhalt, er werde die Tschechei jetzt kriegerisch vernichten. Diese Worte fielen nur vor Ribbentrop und mir und waren nicht auf einen Effekt auf dritte berechnet.

Die Annahme ist daher unrichtig, daß der Führer etwa einen ganz großen und aufs höchste gesteigerten Bluff betrieben habe. Sein Ressentiment vom 22. V., wo die Engländer ihm Zurückweichen vorgeworfen hatten, führte ihn auf die kriegerische Bahn. Welche Einflüsse dann am 28. IX. ihn schließlich doch bestimmten, zu der Viererbesprechung nach München einzuladen – und damit den Kriegspfad zu verlassen, ist mir nicht ganz eindeutig klar geworden. Natürlich finden sich nun 100 Väter dieses Umschwungs. Völlig unberechtigt bezeichnet sich H. v. Neurath als einen solchen, da er in pflichtvergessener Weise in den Monaten Juni bis September, einschließlich 27/9, sich nicht zu Gehör gebracht hat.

Wahrscheinlich haben zwei Momente den Ausschlag gegeben: a) die Beobachtung, daß die Bevölkerung bei uns den Krieg in stummer Obstruktion kommen sah und nichts weniger als begeistert dafür war (Dr. Goebbels sagte das bei Tisch in der Reichskanzlei am 28. über alle Anwesenden hinweg laut zum Führer), und b) der Appell Mussolinis in letzter Stunde, d. h. am Vormittag des 28ten, wo auf 2^h N. die Mobilmachung geplant war. Der Gedanke zu der Viererbesprechung wurde in meiner Gegenwart zuerst vom Führer geäußert und fand allgemeinen freudigen Widerhall, mit Ausnahme der Obengenannten. – Noch am 28ten abends u. am 29ten in München arbeitete H. v. Ribbentrop dem Accord entgegen, da er offenbar den Krieg noch immer für die bessere Lösung hielt.

Daß der 29te Sept. ein Datum von Wichtigkeit auch für die kommende europäische Orientierung sein könnte, war jedermann klar. In der Absicht Deutschlands allerdings, d. h. der maßgebenden Stellen, liegt eine solche Wendung nicht. Das zeigten schon die Verhandlungen in der Internationalen Kommission, wo wir aus nicht recht verständlicher Eile die Grenzziehung im Vergewaltigungsweg betrieben, statt der Abstimmung am Rande des Sudetenlandes freie Bahn zu geben. Für die Solidität der Grenze auf lange Sicht wäre ohne Zweifel das letztere Verfahren das bessere gewesen.

[125.] Hitlers Rede vor der deutschen Presse über die Aufgabe der Propaganda für die deutsche Außenpolitik, 10.11.1938

[...] Die Umstände haben mich gezwungen, jahrzehntelang fast nur vom Frieden zu reden. Nur unter der fortgesetzten Betonung des deutschen Friedenswillens und der Friedensabsichten war es mir möglich, dem deutschen Volk Stück für Stück die Freiheit zu erringen und ihm die Rüstung zu geben, die immer wieder für den nächsten Schritt als Voraussetzung notwendig war. Es ist selbstverständlich, daß eine solche jahrzehntelang betriebene Friedenspropaganda auch ihre bedenklichen Seiten hat; denn es kann nur zu leicht dahin führen, daß sich in den Gehirnen vieler Menschen die Auffassung festsetzt, daß das heutige Regime an sich identisch sei mit dem Entschluß und dem Willen, den Frieden unter allen Umständen zu bewahren. Das würde aber nicht nur zu einer falschen Beurteilung der Zielsetzung dieses Systems führen, sondern es würde vor allem auch dahin führen, daß die deutsche Nation, statt den Ereignissen gegenüber gewappnet zu sein, mit einem Geist erfüllt wird, der auf die Dauer als Defaitismus gerade die Erfolge des heutigen Regimes nehmen würde und nehmen müßte. Der Zwang war die Ursache, warum ich jahrelang nur vom Frieden redete. Es war nunmehr notwendig, das deutsche Volk psychologisch allmählich umzustellen und ihm langsam klarzumachen, daß es Dinge gibt, die, wenn sie nicht mit friedlichen Mitteln durchgesetzt werden können, mit Mitteln der Gewalt durchgesetzt werden müssen.

Dazu war es aber notwendig, nicht etwa nun die Gewalt als solche zu propagieren, sondern es war notwendig, dem deutschen Volk bestimmte außenpolitische Vorgänge so zu beleuchten, daß die innere Stimme des Volkes selbst langsam nach der Gewalt zu schreien begann. Das heißt also, bestimmte Vorgänge so zu beleuchten, daß im Hirn der breiten Masse des Volkes ganz automatisch allmählich die Überzeugung ausgelöst wurde: wenn man das eben nicht im Guten abstellen kann, dann muß man es mit Gewalt abstellen; so kann es aber auf keinen Fall weitergehen. Diese Arbeit hat Monate erfordert, sie wurde planmäßig begonnen, planmäßig fortgeführt, verstärkt. Viele haben sie nicht begriffen, meine Herren; viele waren der Meinung, das sei doch alles etwas übertrieben. Das sind jene überzüchteten Intellektuellen, die keine Ahnung haben, wie man ein Volk letzten Endes zu der Bereitschaft bringt, geradezustehen, auch wenn es zu blitzen und zu donnern beginnt [...]

Meine Herren! Nach dem 21. Mai war es ganz klar, daß dieses [tschecho-slowakische] Problem gelöst werden mußte, so oder so! Jedes weitere Aufschieben konnte nur die Frage erschweren und die Lösung damit blutiger gestalten [...] Das Flugzeug-Mutterschiff im Herzen Deutschlands hätte sich immer mehr ausgebaut und ausgepanzert, und alle zusätzlichen Waffen unserer Aufrüstung wären allmählich verschlungen worden von der Aufgabe, bei jedem Kampf zunächst dieses Problem militärisch zu lösen.

Es muß also heuer unter allen Umständen die Lösung dieses Problems erfolgen. Es war nun nicht mehr möglich, hier etwas zu vertagen. Die Vorbereitungen, die hier zum ersten Mal auch auf die letzte Konsequenz hin durchgeführt und getroffen werden mußten, waren so gewaltiger Art, daß ein Tarnen nicht mehr gut denkbar schien. Vor allem aber, es war auch nicht mehr anzunehmen, daß unter den Umständen die Umwelt überhaupt noch daran geglaubt haben würde. Irgendwie glaube ich, hat sich diese Platte, die pazifistische Platte, bei uns abgespielt. Man hätte wahrscheinlich diese Melodie nicht mehr gehört oder ihrem Inhalt nicht mehr geglaubt. Ich war der Überzeugung, daß es jetzt nur noch den anderen Weg gibt, nämlich den, ganz brutal und rücksichtslos die Wahrheit zu sagen, nicht mehr und nicht weniger. Das mußte meiner Überzeugung nach auf die Dauer vor allem lähmend einwirken auf den Staat, der am meisten betroffen war. Man hat mir oft die Frage vorgelegt: »Halten Sie das für richtig? Seit Monaten wird jetzt im Umkreis der Tschechoslowakei auf jedem Schießplatz fortgesetzt Tag und Nacht geschossen, ununterbrochen wird hier auf tschechische Bunker geschossen, ununterbrochen wird mit scharfer Munition geschossen, ja, Sie machen ja alles aufmerksam!« Ich war der Überzeugung, daß ich durch diese monatelange Tätigkeit langsam aber sicher die Nerven dieser Herren in Prag zerstören werde. Und dazu mußte auch die Presse mithelfen. Sie mußte mithelfen, langsam die Nerven dieser Leute zugrunde zu richten, und sie haben auch tatsächlich nicht standgehalten [...] Ich habe ja fast jeden Tag feststellen können, wie nun tatsächlich die Wirkung unserer Propaganda, besonders aber unserer Pressepropaganda ist. Der Erfolg, wie gesagt, aber ist entscheidend, und er ist, meine Herren, ein ungeheuerer! Es ist ein traumhafter Erfolg, so groß, daß die Gegenwart ihn eigentlich heute überhaupt noch kaum ermessen kann. Die Größe dieses Erfolges wurde mir selber in dem Augenblick am meisten bewußt, als ich zum ersten Mal inmitten der tschechischen Bunkerlinien stand. Da wurde mir bewußt, was es heißt, eine Front von fast 2000 Kilometern Befestigungen zu bekommen, ohne einen scharfen Schuß abgefeuert zu haben. Meine Herren, wir haben tatsächlich dieses Mal mit der Propaganda im Dienste einer Idee 10 Millionen Menschen mit über 100000 Quadratkilometern Land bekommen. Das ist etwas Gewaltiges [...]

Die Presse, meine Herren, kann Ungeheures erreichen und eine ungeheure Wirkung ausüben, dann, wenn sie selber ein Mittel zum Zweck ist [...]

Wir selber haben versucht, in Deutschland die Presse zu einer solchen wirksamen Waffe auszugestalten. Und ich darf wohl am Abschluß dieses Jahres Ihnen allen aussprechen, daß ich mit diesem Versuch mehr als zufrieden bin. Die Wirksamkeit hat sich in glanzvoller Weise bewährt und erwiesen. Wir haben nun vor uns wieder ganz große Aufgaben. Über allem steht eine Aufgabe, meine Herren: Wir müssen jetzt mit allen Mitteln Schritt für Schritt das Selbstbewußtsein des deutschen Volkes stärken! Das ist eine Aufgabe, die nicht, das weiß ich, in einem oder in zwei Jahren erfüllt werden kann. Was wir benötigen, ist eine in sich gefestigte, starke öffentliche Meinung, wenn möglich sogar noch hineinreichend in unsere intellektuellen Kreise. (Bewegung und Gelächter.) Nur so, wissen Sie, wird auf die Dauer eine erfolgreiche Politik gemacht werden können [...]

Meine Herren, es war früher mein größter Stolz, eine Partei mit aufgebaut zu haben, die auch in den Zeiten der Rückschläge stur und fanatisch hinter mir stand, gerade dann fanatisch hinter mir stand. Das war mein größter Stolz und bedeutete für mich eine ungeheure Beruhigung. Dazu müssen wir das ganze deutsche Volk bringen. Es muß lernen, so fanatisch an den Endsieg zu glauben, daß, selbst wenn wir einmal Niederlagen erleiden würden, die Nation sie nur, ich möchte sagen, von dem höheren Gesichtspunkt aus wertet: Das ist vorübergehend; am Ende wird uns der Sieg sein! Es ist ein preußischer Feldherr gewesen, der vielleicht am allerschärfsten diesen Charakterzug ausprägte: Blücher, der Mann vielleicht der meisten Niederlagen, aber des fanatisch festen Glaubens an den Endsieg, und das war das Entscheidende. Dazu müssen wir unser ganzes Volk erziehen. Es muß erzogen werden zu dem absoluten, sturen, selbstverständlichen, zuversichtlichen Glauben: Am Ende werden wir alles das erreichen, was notwendig ist. Das kann man nur dadurch schaffen, das kann nur gelingen durch einen fortgesetzten Appell an die Kraft der Nation, durch das Hervorkehren der positiven Werte eines Volkes und durch das möglichste Außerachtlassen der sogenannten negativen Seiten.

Dazu ist es auch notwendig, daß gerade die Presse sich ganz blind zu dem Grundsatz bekennt: Die Führung handelt richtig! Meine Herren, wir alle müssen für uns in Anspruch nehmen die Genehmigung, Fehler zu machen. Auch Zeitungsmenschen sind von dieser Gefahr nicht befreit. Aber wir alle können nur bestehen, wenn wir der Welt gegenüber nicht gegenseitig die Fehler beleuchten, sondern wenn wir das Positive beleuchten. Das heißt mit anderen Worten, es ist notwendig, daß – ohne überhaupt die Möglichkeit von Fehlern zu bestreiten oder auch des Diskutierens – es ist notwendig, daß grundsätzlich die Richtigkeit der Führung immer betont wird. Das ist das Entscheidende. Vor allem, wissen Sie, das ist notwendig des Volkes wegen; denn ich höre so oft, auch heute noch – das sind so liberalistische Rückfälle – die Frage, die mir vorliegt: »Ja, soll man das nicht etwa doch jetzt einmal dem Volk anheimstellen?« Ja, meine Herren, wissen Sie, ich bilde mir nun ein, daß ich einiges geleistet habe, jedenfalls mehr als mancher Schuhmacher und manche Kuhdirn. Trotzdem kann es natürlich sein, daß ich mit anderen Herren, die ebenfalls viel geleistet haben, über die Beurteilung eines Problems nicht ganz einig werde. Sicher ist aber, daß eine Entscheidung nun gefällt werden muß. Ganz unmöglich ist es, daß ich die Fällung dieser Entscheidung, über die wir alle nicht ganz ins klare kommen, die dann den Sennerinnen und den Milchbauern und Schuhmachern in die Finger gebe. Das ist unmöglich. Es spielt daher auch gar keine Rolle, ob eine solche Entscheidung letzten Endes ganz richtig ist, das ist gänzlich uninteressant; entscheidend ist, daß hinter eine solche Entschließung die ganze Nation wie eine geschlossene Truppe tritt. Das muß eine Front sein, und was dann an der Entscheidung nicht ganz richtig ist, wird gutgemacht durch die Entschlossenheit, mit der die ganze Nation dahinter steht [...]

Vor dem Volk, da gibt es überhaupt nur eine Meinung. Meine Herren, das ist ein ganz deutlicher Grundsatz! Wenn wir den ganz durchsetzen, dann wird durch diese Führung das deutsche Volk groß und mächtig werden. Dann stehen wir nicht jetzt im Jahre 1938 am Ende einer geschichtlichen Epoche, sondern dann stehen wir sicherlich erst am Beginn einer großen Geschichtsepoche unseres Volkes [...]

[126.] Reichstagsrede Hitlers, 30.1.1939

[...] Der Nationalsozialismus kennt nun das Wort Kapitulation weder innen- noch außenpolitisch. Er ist von der brutalen Entschlußkraft erfüllt, Probleme, die gelöst werden müssen, anzufassen und so oder so auch zu lösen. Und wir müssen dabei, wie die Dinge liegen, das, was uns an materiellen Mitteln fehlt, ersetzen durch äußersten Fleiß und durch die äußerste Konzentration unser Arbeitskraft [...]

Die Völker werden in kurzer Zeit erkennen, daß das nationalsozialistische Deutschland keine Feindschaft mit anderen Völkern will, daß alle die Behauptungen über Angriffsabsichten unseres Volkes auf fremde Völker entweder aus krankhafter Hysterie geborene oder aus der persönlichen Selbsterhaltungssucht einzelner Politiker entstandene Lügen sind [...]

Ich will heute wieder ein Prophet sein: Wenn es dem internationalen Finanzjudentum in- und außerhalb Europas gelingen sollte, die Völker noch einmal in einen Weltkrieg zu stürzen, dann würde das Ergebnis nicht die Bolschewierung der Erde und damit der Sieg des Judentums sein, sondern die Vernichtung der jüdischen Rasse in Europa [...]

Die Völker wollen nicht mehr auf den Schlachtfeldern sterben, damit diese wurzellose internationale Rasse an den Geschäften des Krieges verdient und ihre alttestamentarische Rachsucht befriedigt. Über die jüdische Parole »Proletarier aller Länder, vereinigt euch« wird eine höhere Erkenntnis siegen, nämlich: »Schaffende Angehörige aller Nationen, erkennt euren gemeinsamen Feind!« [...]

Angesichts der uns umdrohenden Gefahren empfinde ich es nun als ein großes Glück, in Europa und außerhalb Europas Staaten gefunden zu haben, die, ähnlich wie das deutsche Volk, um die Behauptung ihrer Existenz schwerste Kämpfe führen müssen: Italien und Japan [...]

Das bedeutet nun nicht, daß wir Deutsche – wie es in einer verantwortungslosen Presse jeden Tag geschrieben steht – einen Krieg wünschen, sondern es bedeutet nur, daß wir

1. das Verständnis dafür haben, daß sich auch andere Völker ihren Anteil an den Gütern der Welt sichern wollen, der ihnen kraft ihrer Zahl, ihres Mutes und ihres Wertes zukommt, und daß wir

2. in Anerkennung dieser Rechte entschlossen sind, gemeinsame Interessen auch gemeinsam zu vertreten [...]

[127.] Hitlers Geheimrede vor den Truppenkommandeuren, 10. 2. 1939

Das Jahr 1938 ist in seinem gesamten Handeln nur die konsequente Fortsetzung der Entschlüsse, die ihre Verwirklichung beginnend mit dem Jahr 1933 gefunden hatten. Es ist nicht so, als ob etwa dieses Jahr 1938 – sagen wir – eine besondere vorher nicht ins Auge gefaßte Handlung darstellen würde, sondern im Gegenteil, alle die einzelnen Entschlüsse, die nun seit dem Jahre 1933 verwirklicht worden sind, sind nicht das Ergebnis augenblicklicher Überlegungen, sondern sie sind die Durchführung eines an sich vorhandenen Planes, nur vielleicht unter nicht genauer Einhaltung vorgesehener Termine, d. h. also, es war mir natürlich etwa im Jahre 1933 nicht ganz klar, wann der Austritt aus dem Völkerbund erfolgen würde. Aber daß dieser Austritt der erste Schritt sein mußte zur deutschen Wiederaufrichtung, das war klar. Und daß der erste passende Augenblick dafür gewählt werden mußte, das war weiter klar. Daß der nächste Schritt dann die innere Aufrüstung, und zwar ohne Genehmigung des Auslandes sein mußte, das war von Anfang an vorgesehen, nur das Tempo konnte man naturgemäß nicht gleich vom ersten Tag an genau überblicken und auch das Ausmaß dieser Aufrüstung nicht ganz genau – sagen wir – übersehen. Es war weiter klar, daß nach einem bestimmten Ablauf, nach einer bestimmten Zeit dieser Aufrüstung Deutschland vor der Welt als ganz großes Wagnis die Rüstungsfreiheit proklamieren müßte. (Der) Zeitpunkt dieses Schrittes war im Anfang naturgemäß nicht abzusehen. Es war endlich weiter klar, daß jeder weitere Schritt zuerst die Remilitarisierung des Rheinlandes bringen mußte. Auch hier war der Termin an sich ein Jahr später vorgesehen; ich gedachte, das erst im Jahre 1937 durchzuführen. Die Zeitumstände schienen es angezeigt sein lassen, bereits im Jahre 1936 diesen Schritt zu vollziehen. Ebenso war es ganz klar, daß zur weiteren Festigung der deutschen politischen und besonders der militärpolitischen Stellung das österreichische und auch das tschecho-slowakische Problem gelöst werden mußte. Ich war im Anfang mir nicht ganz im klaren, ob beide Probleme zur selben Zeit gelöst werden mußten oder konnten, ob man erst die Frage der Tschecho-Slowakei oder erst die Fragen Österreich in Angriff nehmen sollte. Darüber, daß diese Fragen gelöst werden mußten, konnte es keinen Zweifel geben, und es sind daher alle diese Entschlüsse nicht etwa Gedanken, die im Augenblick des Kommens ihre Verwirklichung gefunden hatten, sondern es waren lang zurückliegende Pläne, zu deren Verwirklichung ich in eben dem Augenblick von vornherein entschlossen war, in dem ich glaubte, daß die allgemeinen Zeitumstände dafür günstig sein würden [...]

**[128.] Schmundt*-Bericht über eine Besprechung Hitlers mit
den Befehlshabern und führenden Offizieren der drei Wehrmachtsteile,
23. 5. 1939**

Nachstehend werden die Ausführungen des Führers sinngemäß wiedergegeben: [...]
Deutschland war ausgeschieden aus dem Krieg der Machtstaaten. Das
Gleichgewicht der Kräfte wurde ohne die Beteiligung Deutschlands festgelegt.
Geltendmachen der Lebensansprüche Deutschlands und Wiedereintritt
in den Kreis der Machtstaaten stört dieses Gleichgewicht. Alle Ansprüche werden als »Einbruch« gewertet.
Die Engländer fürchten eine wirtschaftliche Gefährdung mehr als eine
gewöhnliche Drohung durch Macht.
Die 80 Millionen Masse hat die ideellen Probleme gelöst. Die wirtschaftlichen Probleme müssen auch gelöst werden. Um die Schaffung der wirtschaftlichen Voraussetzungen hierzu kommt kein Deutscher herum. Zur
Lösung der Probleme gehört Mut. Es darf nicht der Grundsatz gelten,
sich durch Anpassung an die Umstände einer Lösung der Probleme zu
entziehen. Es heißt vielmehr die Umstände den Forderungen anzupassen. Ohne Einbruch in fremde Staaten oder Angreifen fremden Eigentums ist dies nicht möglich. Der Lebensraum, der staatl[ichen] Größe
angemessen, ist die Grundlage für jede Macht. Eine Zeitlang kann man
Verzicht leisten, dann aber kommt die Lösung der Probleme so oder so.
Es bleibt die Wahl zwischen Aufstieg oder Abstieg. In 15 oder 20 Jahren
wird für uns die Lösung zwangsweise notwendig. Länger kann sich kein
deutscher Staat um die Frage herumdrücken. Z. Z. befinden wir uns
im Zustand nationaler Begeisterung in gleicher Gesinnung mit 2 anderen Staaten: Italien und Japan. Die zurückliegende Zeit ist wohl ausgenützt worden. Alle Schritte waren folgerichtig auf das Ziel ausgerichtet
[...]
Danzig ist nicht das Objekt, um das es geht. Es handelt sich für uns um die
Erweiterung des Lebensraumes im Osten und Sicherstellung der Ernährung, sowie der Lösung des Baltikum-Problems. Lebensmittelversorgung
ist nur von dort möglich, wo geringe Besiedelung herrscht. Neben der
Fruchtbarkeit wird die deutsche [...] Bewirtschaftung die Überschüsse
gewaltig steigern. In Europa ist keine andere Möglichkeit zu sehen.
Kolonien: Warnung vor Schenkung kolonialen Besitzes. Es ist keine Lö-
sung des Ernährungsproblems. Blockade!
Zwingt uns das Schicksal zur Auseinandersetzung mit dem Westen, ist es

---

* Rudolf Schmundt: Oberstleutnant, Chefadjutant der Wehrmacht bei Hitler.

gut, einen größeren Ostraum zu besitzen. Im Kriege werden wir noch weniger wie im Frieden mit Rekordernten rechnen können.

Die Bevölkerung nicht deutscher Gebiete tut keinen Waffendienst und steht zur Arbeitsleistung zur Verfügung.

Das Problem »Polen« ist von der Auseinandersetzung mit dem Westen nicht zu trennen [...]

Es entfällt also die Frage Polen zu schonen und bleibt der Entschluß bei erster passender Gelegenheit Polen anzugreifen. An eine Wiederholung der Tschechei ist nicht zu glauben. Es wird zum Kampf kommen. Aufgabe ist es, Polen zu isolieren. Das Gelingen der Isolierung ist entscheidend.

Daher muß sich der Führer endgültigen Befehl zum Losschlagen vorbehalten. Es darf nicht zu einer gleichzeitigen Auseinandersetzung mit dem Westen (Frankreich u[nd] England) kommen.

Ist es nicht sicher, daß im Zuge einer deutsch/polnischen Auseinandersetzung ein Krieg mit dem Westen ausgeschlossen bleibt, dann gilt der Kampf in erster Linie England und Frankreich. Grundsatz Auseinandersetzung mit Polen – beginnend mit Angriff gegen Polen – ist nur dann von Erfolg, wenn der Westen aus dem Spiel bleibt.

[129.] Hitler erläutert Carl J. Burckhardt sein Lebensraum-Programm, 11.8.1939

Alles was ich unternehme, ist gegen Rußland gerichtet; wenn der Westen zu dumm und zu blind ist, um dies zu begreifen, werde ich gezwungen sein, mich mit den Russen zu verständigen, den Westen zu schlagen, und dann nach seiner Niederlage mich mit meinen versammelten Kräften gegen die Sowjetunion zu wenden. Ich brauche die Ukraine, damit man uns nicht wieder wie im letzten Krieg aushungern kann.

[130.] Reichsaußenminister Joachim von Ribbentrop instruiert den deutschen Botschafter in Moskau Friedrich Werner Graf von der Schulenburg über die deutsche Rußlandpolitik, 14.8.1939

Ich bitte Sie, Herrn Molotow aufzusuchen und ihm folgendes mitzuteilen:

1. Der Gegensatz zwischen der nationalen Idee, verkörpert durch das nationalsozialistische Deutschland, und der Idee der Weltrevolution, verkörpert durch die UdSSR, war in den vergangenen Jahren die alleinige

Ursache, daß sich Deutschland und Rußland in zwei weltanschaulich getrennten und sich bekämpfenden Lagern gegenüberstanden. Die Entwicklung der neueren Zeit scheint zu zeigen, daß die verschiedenen Weltauffassungen ein vernünftiges Verhältnis zwischen den beiden Staaten und die Wiederherstellung neuer guter Zusammenarbeit nicht ausschließen. Die Periode der außenpolitischen Gegnerschaft könnte damit ein für allemal abgeschlossen, und der Weg für eine neue Zukunft der beiden Länder frei werden.

2. Reale Interessengegensätze zwischen Deutschland und Rußland bestehen nicht. Deutschlands und Rußlands Lebensräume berühren sich, aber in ihren natürlichen Bedürfnissen überschneiden sie sich nicht. Hiermit fehlt von vornherein jede Ursache einer aggressiven Tendenz eines Landes gegen das andere. Deutschland hat keinerlei aggressive Absichten gegen die UdSSR. Die Reichsregierung ist der Auffassung, daß es zwischen Ostsee und Schwarzem Meer keine Frage gibt, die nicht zur vollen Zufriedenheit beider Länder geregelt werden könnte. Hierzu gehören Fragen wie: Ostsee, Baltikum, Polen, Südost-Fragen usw. Darüber hinaus könnte politische Zusammenarbeit beider Länder nur nützlich sein [...]

3. Es unterliegt keinem Zweifel, daß die deutsch-russische Politik heute an einem geschichtlichen Wendepunkt angelangt ist. Die in der nächsten Zeit in Berlin und Moskau zu fassenden politischen Entschlüsse werden für die Gestaltung der Beziehungen zwischen dem deutschen und russischen Volk auf Generationen von entscheidender Bedeutung sein. Von ihnen wird es abhängen, ob die beiden Völker eines Tages erneut und ohne zwingenden Grund die Waffen kreuzen, oder ob sie wieder zu einem freundschaftlichen Verhältnis kommen werden. Beiden Ländern ist es früher immer gut gegangen, wenn sie Freunde waren, und schlecht, wenn sie Feinde waren.

4. Wahr ist, daß sich Deutschland und Sowjetrußland durch die Jahre der weltanschaulichen Gegnerschaft heute mißtrauisch gegenüberstehen. Viel Schutt, der sich angesammelt hat, ist noch zu beseitigen. Festzustellen ist aber, daß auch während dieser Zeit die natürliche Sympathie der Deutschen für das russische Volk nie verschwunden ist. Hierauf kann die Politik der beiden Staaten neu aufbauen.

5. Die Reichsregierung und die Sowjetregierung müssen nach allen Erfahrungen damit rechnen, daß die kapitalistischen westlichen Demokratien unversöhnliche Feinde sowohl des nationalsozialistischen Deutschlands wie auch Sowjetrußlands sind. Sie versuchen heute erneut, durch Abschluß eines Militärbündnisses Rußland gegen Deutschland in den Krieg zu hetzen. 1914 ist das russische Regime an dieser Politik zerbrochen. Es ist das zwingende Interesse beider Län-

der, daß ein Zerfleischen Deutschlands und Rußlands im Interesse der westlichen Demokratien für alle Zukunft vermieden wird.

6. Die durch die englische Politik hervorgerufene Zuspitzung der deutsch-polnischen Beziehungen sowie die englische Kriegstreiberei und die damit verbundenen Bündnisbestrebungen machen eine baldige Klärung des deutsch-russischen Verhältnisses erforderlich. Die Dinge könnten sonst ohne deutsches Zutun einen Verlauf nehmen, der beiden Regierungen die Möglichkeit abschneidet, die deutsch-russische Freundschaft wiederherzustellen und gegebenenfalls auch territoriale Fragen Osteuropas gemeinsam zu klären. Die Führung in den beiden Ländern sollte daher die Dinge nicht treiben lassen, sondern zur rechten Zeit zupacken. Verhängnisvoll würde es sein, wenn aus gegenseitiger Unkenntnis der Auffassungen und Absichten die beiden Völker endgültig auseinandertreiben würden.

Bei der Sowjetregierung bestehe, wie uns mitgeteilt wurde, ebenfalls der Wunsch nach einer Klärung des deutsch-russischen Verhältnisses. Da aber nach den bisherigen Erfahrungen diese Klärung durch den üblichen diplomatischen Kanal nur langsam herbeigeführt werden kann, bin ich bereit, zu einem kurzen Besuch nach Moskau zu kommen, um namens (des) Führers Herrn Stalin die Auffassung des Führers auseinanderzusetzen. Nur durch eine solche unmittelbare Aussprache ist nach meiner Auffassung eine Änderung herbeizuführen, und es sollte nicht unmöglich sein, hierbei das Fundament für eine endgültige Bereinigung der deutsch-russischen Beziehungen zu legen [...]

[131.] »Parforce-Jagd um die russische Gunst« –
aus Ernst von Weizsäckers Tagebuch, 20. 8. 1939

Wir machen eine Parforce-Jagd in Konkurrenz mit den Engländern um die russische Gunst. Wenn Ribbentrop in der Mitte der Woche in Moskau einen Pakt schließen kann, so heißt das, daß die Russen die Zerschlagung der Antikominternfront u. die freiere Hand gegen Japan höher bewerten als den Verlust der englisch-französischen Hilfe. Sie laden uns damit zum Angriff auf Polen ein und fürchten sich wohl nicht vor einem neuen 1812. Bei dem nunmehr fast ganz feststehenden Entschluß des Führers zum Krieg versucht Ribbentrop, jede italienische Hemmung auszuschalten. Ein Gespräch mit dem ital. Gesch.-träger beweist mir, daß die italienischen Gedankengänge darauf gerichtet sind, wie Rom sich aus der Schlinge ziehen könnte.

[132.] **Generaladmiral Boehm über Hitlers Rede**
vor den Oberbefehlshabern auf dem Obersalzberg, 22. 8. 1939

[...] Absicht noch im Frühjahr war, die Lösung der polnischen Frage hinauszuschieben, sozusagen auf Eis zu legen, um erst die nach seiner Ansicht unvermeidbare Auseinandersetzung im Westen auszutragen. Jedoch darf man sich als Politiker hinsichtlich einer Zeitfolge nicht festlegen, müsse elastisch sein. Die Voraussetzungen für seine ursprünglichen Absichten hätten sich geändert, im übrigen habe er nie geglaubt, daß Polen sich an den Nichtangriffspakt gehalten hätte, wenn Deutschland irgendwie sonst gebunden wäre. Das zeige schon die Landkarte, besonders aber die Presse der letzten Zeiten, die das tiefste Denken der Polen enthüllt [...]
Es erscheint auch vom Standpunkt einer späteren großen Auseinandersetzung im Westen, die er für unvermeidlich halte, militärisch richtig, die Wehrmacht in einer einzelnen Aufgabe zu erproben [...]
Die Wahrscheinlichkeit eines Eingriffes der Westmächte in einen Konflikt ist nach Ansicht des Führers nicht groß [...]
Nun bestand bei den Westmächten die Hoffnung auf das Mitmachen von Rußland, was neben der materiellen Unterstützung auch ein wichtiges psychologisches Moment war. Der Entschluß, Blut einzusetzen, ist schwer. Man fragt dann leicht: Warum gerade ich? So richtete sich die Hoffnung Englands auf Rußland. Aber nur ein blinder Optimist konnte glauben, Stalin würde so wahnsinnig sein, den Gedanken Englands nicht zu durchschauen: nämlich wie im Weltkrieg im Westen eine Art Stellungskrieg zu führen und im Osten Rußland die Blutlast des Krieges tragen zu lassen. Daher wollten auch die Westmächte keine positiven Verpflichtungen eingehen, und jedesmal, wenn bei den Verhandlungen die konkrete Frage danach auftauchte, kamen die Verhandlungen zum Stokken, da keine positive Antwort erfolgte [...]
Wir müssen unser Herz verschließen und hart machen. Wer über diese Weltordnung nachgedacht hat, ist sich klar, daß ihr Sinn im kämpferischen Durchsetzen des Besten liegt. Das deutsche Volk aber gehört zu den besten Völkern der Erde. Uns hat die Vorsehung zu Führern dieses Volkes gemacht, wir haben damit die Aufgabe, dem deutschen Volke, das mit 140 Menschen auf den Quadratkilometer zusammengedrängt ist, den nötigen Lebensraum zu geben. Größte Härte kann bei Durchführung einer solchen Aufgabe größte Milde sein.

[133.] Deutsch-sowjetischer Nichtangriffspakt, 23.8.1939

Die Deutsche Reichsregierung und die Regierung der Union der Sozialistischen Sowjetrepubliken, geleitet von dem Wunsche, die Sache des Friedens zwischen Deutschland und der UdSSR zu festigen, und ausgehend von den grundlegenden Bestimmungen des Neutralitätsvertrages, der im April 1926 zwischen Deutschland und der UdSSR geschlossen wurde, sind zu nachstehender Vereinbarung gelangt:

Artikel I. Die beiden Vertragschließenden Teile verpflichten sich, sich jeden Gewaltaktes, jeder aggressiven Handlung und jeden Angriffs gegeneinander, und zwar sowohl einzeln als auch gemeinsam mit anderen Mächten, zu enthalten.

Artikel II. Falls einer der Vertragschließenden Teile Gegenstand kriegerischer Handlungen seitens einer dritten Macht werden sollte, wird der andere Vertragschließende Teil in keiner Form diese dritte Macht unterstützen.

Artikel III. Die Regierungen der beiden Vertragschließenden Teile werden künftig fortlaufend zwecks Konsultation in Fühlung miteinander bleiben, um sich gegenseitig über Fragen zu informieren, die ihre gemeinsamen Interessen berühren.

Artikel IV. Keiner der beiden Vertragschließenden Teile wird sich an irgendeiner Mächtegruppierung beteiligen, die sich mittelbar oder unmittelbar gegen den anderen Teil richtet.

Artikel V. Falls Streitigkeiten oder Konflikte zwischen den Vertragschließenden Teilen über Fragen dieser oder jener Art entstehen sollten, werden beide Teile diese Streitigkeiten oder Konflikte ausschließlich auf dem Wege freundschaftlichen Meinungsaustausches oder nötigenfalls durch Einsetzung von Schlichtungskommissionen bereinigen.

Artikel VI. Der gegenwärtige Vertrag wird auf die Dauer von zehn Jahren abgeschlossen mit der Maßgabe, daß, soweit nicht einer der Vertragschließenden Teile ein Jahr vor Ablauf dieser Frist kündigt, die Dauer der Wirksamkeit dieses Vertrages automatisch für weitere fünf Jahre als verlängert gilt.

Artikel VII. Der gegenwärtige Vertrag soll innerhalb möglichst kurzer Frist ratifiziert werden. Die Ratifizierungsurkunden sollen in Berlin ausgetauscht werden. Der Vertrag tritt sofort mit seiner Unterzeichnung in Kraft.

Moskau, am 23. August 1939.

Für die Deutsche Reichsregierung: von Ribbentrop.

In Vollmacht der Regierung der UdSSR: W. Molotow.

Geheimes Zusatzprotokoll

Aus Anlaß der Unterzeichnung des Nichtangriffsvertrages zwischen dem Deutschen Reich und der Union der Sozialistischen Sowjetrepubliken haben die unterzeichneten Bevollmächtigten der beiden Teile in streng vertraulicher Aussprache die Frage der Abgrenzung der beiderseitigen Interessensphären in Osteuropa erörtert. Diese Aussprache hat zu folgendem Ergebnis geführt:

1. Für den Fall einer territorial-politischen Umgestaltung in den zu den baltischen Staaten (Finnland, Estland, Lettland, Litauen) gehörenden Gebieten bildet die nördliche Grenze Litauens zugleich die Grenze der Interessensphäre Deutschlands und der UdSSR. Hierbei wird das Interesse Litauens am Wilnaer Gebiet beiderseits anerkannt.

2. Für den Fall einer territorial-politischen Umgestaltung der zum polnischen Staate gehörenden Gebiete werden die Interessensphären Deutschlands und der UdSSR ungefähr durch die Linie der Flüsse Narew, Weichsel und San abgegrenzt.

   Die Frage, ob die beiderseitigen Interessen die Erhaltung eines unabhängigen polnischen Staates erwünscht erscheinen lassen, und wie dieser Staat abzugrenzen wäre, kann endgültig erst im Laufe der weiteren politischen Entwicklung geklärt werden.

   In jedem Falle werden beide Regierungen diese Frage im Wege einer freundschaftlichen Verständigung lösen.

3. Hinsichtlich des Südostens Europas wird von sowjetischer Seite das Interesse an Bessarabien betont. Von deutscher Seite wird das völlige politische Desinteressement an diesen Gebieten erklärt.

4. Dieses Protokoll wird von beiden Seiten streng geheim behandelt werden.

[134.] Hitler befiehlt den Angriff auf Polen, 31.8.1939

[...]

1. Nachdem alle *politischen Möglichkeiten erschöpft sind*, um auf friedlichem Wege eine für Deutschland unerträgliche Lage an seiner Ostgrenze zu beseitigen, habe ich mich zur *gewaltsamen Lösung* entschlossen.

2. Der *Angriff gegen Polen* ist nach den für den Fall »Weiß« getroffenen Vorbereitungen zu führen mit Abänderungen, die sich beim Heer durch den inzwischen fast vollendeten Aufmarsch ergeben.

   Aufgabenverteilung und Operationsziel bleiben unverändert.

   Angriffstag 1. September 1939.

   Angriffszeit 4.45.

Diese Zeit gilt auch für die Unternehmungen Gdingen-Danziger Bucht und Brücke Dirschau.

3. Im *Westen* kommt es darauf an, die Verantwortung für die Eröffnung von Feindseligkeiten eindeutig England und Frankreich zu überlassen. Geringfügigen Grenzverletzungen ist zunächst rein örtlich entgegenzutreten.

Die von uns Holland, Belgien, Luxemburg und der Schweiz zugesicherte Neutralität ist peinlich zu achten [...]

Teil 2:
Weltmachtanspruch und
nationaler Zusammenbruch

I. Politik und Kriegführung 1939–1945

1. Von den erfolgreichen Blitzkriegen in Europa zum gescheiterten Weltblitzkrieg

Der deutsche Überfall auf Polen am 1. September 1939 (Dok. 135) entfesselte einen europäischen Krieg, der sich zur Jahreswende 1941/42 zum Weltkrieg ausweitete und mit der bedingungslosen Kapitulation des Deutschen Reiches am 8. Mai bzw. Japans am 2. September 1945 endete. Die katastrophalen Folgen dieses Krieges waren die Zertrümmerung des deutschen Nationalstaates, die politische Entmachtung Europas und schließlich die Veränderung des Weltstaatensystems mit geradezu revolutionierenden Auswirkungen, die in den politischen, wirtschaftlichen, sozialen und kulturellen Bereichen bis zum heutigen Tag nachhaltig spürbar sind.

Obwohl die deutschen Truppen aufgrund ihrer strategischen, waffentechnischen und zahlenmäßigen Überlegenheit Polen in weniger als fünf Wochen besiegten, befand sich das nationalsozialistische Deutschland im Vergleich zu den vielumjubelten »Blumenfeldzügen« des Jahres 1938, als Österreich und das Sudetenland »heim ins Reich« geführt wurden (Dok. 117, 124, 139), in einer erheblich schlechteren Lage. So erklärte Großbritannien, das Hitler nach wie vor als Wunschpartner für eine deutsche Lebensraumpolitik im Osten Europas anvisierte, und das er auch noch nach dem Kriegsausbruch umwarb (Dok. 138, 141, 144), trotz des am 23. August 1939 abgeschlossenen deutsch-sowjetischen Nichtangriffspaktes (Dok. 133), der den deutsch-polnischen Konflikt lokalisieren sollte, am 3. September gemeinsam mit Frankreich dem deutschen Aggressor den Krieg (Dok. 136). Hitler sah sich demnach regelrecht mit einer »verkehrten« Frontstellung konfrontiert: Nicht im Bündnis mit Großbritannien führte er einen Krieg um Lebensraum gegen die Sowjetunion, sondern das Britische Empire war vielmehr der Gegner und das bolschewistische Rußland sein Komplice.

Aber auch das faschistische Italien blieb im Jahre 1939 als »nicht kriegführende« Macht außerhalb des europäischen Krieges, und Japan verhielt sich strikt neutral.

Nachdem die Vermittlungsversuche deutscher Politiker (Dok. 137, 141), aber auch Mussolinis an der Unnachgiebigkeit Hitlers gescheitert waren, und eine außenpolitische Isolierung des Deutschen Reiches drohte, geriet Hitler trotz des militärischen Triumphes über Polen in zunehmenden Zugzwang. Zwar gab es an der Westfront noch keine nennenswerten Kampfhandlungen, aber

die Zeit arbeitete eindeutig für die Westmächte, die mit Hilfe einer Defensiv-
strategie den vermeintlichen deutschen Rüstungsvorsprung ausgleichen wollten. Die britische Wirtschaftsblockade ließ die Sowjetunion für das importab-
hängige Deutschland zu einem zunehmend wichtigen Partner werden, dessen
Hilfe durch territoriale Zugeständnisse bezahlt werden mußte (Dok. 150).
Der einzige erfolgversprechende Ausweg aus diesem politischen Dilemma
schien für Hitler die »Flucht nach vorn« zu sein, das heißt der Entschluß,
Frankreich baldmöglichst zu schlagen (Dok. 139) und England vom Kontinent zu verdrängen in der Hoffnung, mit London doch noch zu einem Arrangement zu gelangen.
Die erfolgreichen Operationen in Skandinavien (Dok. 140) und besonders
der glänzende Sieg über Frankreich (Dok. 141) bestätigten Hitlers Kalkül und
Feldherrenqualität allen Einwänden militärischer und politischer Berater zum
Trotz. Hitler beherrschte ganz Westeuropa und glaubte nun, durch »großzügige Angebote« London zum Nachgeben bewegen zu können (Dok. 144).
Doch Churchill, der im Mai 1940 Neville Chamberlain als Premierminister
ablöste, wies jeden Kompromiß zurück und wurde zum Motor einer Anti-
Hitler-Koalition.
Die Einsicht, Großbritannien nicht besiegen zu können (Dok. 143, 148), ließ
seit Sommer 1940 die Sowjetunion immer mehr in das Zentrum von Hitlers
strategischen und politischen Überlegungen rücken. Zunehmende Spannungen besonders auf dem Balkan, Stalins Weigerung, sich an einem von Hitler
und Ribbentrop vorgeschlagenen Beutefeldzug gegen das Britische Empire
zu beteiligen, sowie vor allem Hitlers Absicht, sein Programm der Lebensraumeroberung im Osten zu realisieren, führten zu dem Entschluß, die Sowjetunion anzugreifen (Dok. 145, 147, 149, 151–154). Ein von Anfang an geplanter
»ideologischer Vernichtungskrieg« gegen Sowjetrußland (Dok. 149, 152–154,
156, 157, 160) würde Hitlers Programmatik zufolge Großbritannien in die
Knie zwingen, ein befürchtetes Eingreifen der USA gegen Deutschland verhindern und vor allem dem Deutschen Reich Lebensraum erobern; all das mit
dem Ziel, die deutsche Weltmachtstellung zu begründen. Ein Ausgreifen
nach Übersee und der Erwerb von Kolonien würden einem weiteren Schritt
vorbehalten sein (Dok. 142, 154).
In völliger Unterschätzung des sowjetischen Militärpotentials waren sich die
deutschen Entscheidungsträger darin einig, daß das bisher so erfolgreich
praktizierte Blitzkriegskonzept das »Unternehmen Barbarossa« in etwa acht
Wochen siegreich beenden würde (Dok. 151, 155, 156). Bald zeigte sich allerdings, daß die Deutschen den russischen Raum, die personellen und materiellen Reserven der UdSSR sowie die Stabilität des Regimes unterschätzt hatten
(Dok. 158, 163). Die Wehrmacht errang zwar überwältigende Anfangserfolge, mußte aber im Dezember 1941 erkennen, daß die Blitzkriegsstrategie in
Rußland fehlgeschlagen war (Dok. 158, 159, 161, 162).
Auch die Hoffnung, gemeinsam mit Japan, das im Dezember 1941 die Pazifik-
flotte der USA bei Pearl Harbour angegriffen hatte, sowohl die Vereinigten
Staaten und England als auch die Sowjetunion durch einen Weltblitzkrieg zu
besiegen, erwies sich als folgenschwerer Irrtum (Dok. 157, 158, 159). Die

Ausweitung des ursprünglich europäischen Krieges zum eigentlichen Weltkrieg bedeutete den Zenit und gleichzeitig die Wende des Krieges. Der Verlust der Afrikafront, die Niederlage in Stalingrad (Dok. 160), das Ausscheiden Italiens aus dem Krieg (Dok. 161, 162) und schließlich die Invasion der
Alliierten in der Normandie im Juni 1944 (Dok. 164) waren verlustreiche Stationen, die zur Niederlage des Deutschen Reiches führten, deren Endpunkt
die bedingungslose Kapitulation im Jahre 1945 war (Dok. 167). Die Hoffnung
auf ein Auseinanderbrechen der Anti-Hitler-Koalition und realitätsblinde
Friedenserwartungen (Dok. 162, 163, 165) erwiesen sich als Illusion, woran
auch die monomanen Rechtfertigungsversuche der politischen und militärischen Entscheidungsträger in den letzten Kriegstagen (Dok. 166) nichts mehr
zu ändern vermochten.

[135.] Hitler vor dem Reichstag, 1.9.1939

[...] Wenn ich diese Wehrmacht aufrief, und wenn ich nun vom deutschen Volk Opfer und, wenn notwendig, alle Opfer fordere, dann habe
ich ein Recht dazu. Denn ich bin auch selbst heute genauso bereit, wie ich
es früher war, jedes persönliche Opfer zu bringen. Ich verlange von keinem deutschen Mann etwas anderes, als was ich selber über vier Jahre
freiwillig bereit war, jederzeit zu tun. Es soll keine Entbehrung in
Deutschland geben, die ich nicht selber sofort übernehme. Mein ganzes
Leben gehört von jetzt ab erst recht meinem Volk. Ich will nichts anderes
jetzt sein als der erste Soldat des Deutschen Reiches.
Ich habe damit wieder jenen Rock angezogen, der mir einst selbst der
heiligste und teuerste war. Ich werde ihn nur ausziehen nach dem Sieg,
oder ich werde dieses Ende nicht erleben!
Sollte mir in diesem Kampfe nun etwas zustoßen, dann ist mein erster
Nachfolger Parteigenosse Göring. Sollte Parteigenossen Göring etwas
zustoßen, ist der nächste Nachfolger Parteigenosse Hess. Sie würden diesen dann als Führern genauso zu blinder Treue und Gehorsam verpflichtet sein wie mir. Sollte auch Parteigenossen Heß etwas zustoßen, werde
ich durch Gesetz nunmehr den Senat berufen, der dann den Würdigsten,
d. h. den Tapfersten aus seiner Mitte wählen soll.
Als Nationalsozialist und als deutscher Soldat gehe ich in diesen Kampf
mit einem starken Herzen hinein. Mein ganzes Leben war nichts anderes
als ein einziger Kampf für mein Volk, für seine Wiederauferstehung, für
Deutschland. Über diesem Kampf stand immer nur ein Bekenntnis des
Glaubens an dieses Volk. Ein Wort habe ich nie kennengelernt, es heißt:
Kapitulation. Wenn irgend jemand aber glaubt, daß wir vielleicht einer
schweren Zeit entgegengehen, dann möchte ich ihn bitten, zu bedenken,

daß einst ein preußischer König mit einem lächerlich kleinen Staat einer der größten Koalitionen gegenübertrat und in drei Kämpfen am Ende doch erfolgreich bestand, weil er jenes gläubige starke Herz besaß, das auch wir in dieser Zeit benötigen. Und ich möchte daher jetzt der ganzen Welt gleich versichern: Ein November 1918 wird sich niemals mehr in der deutschen Geschichte wiederholen!

So wie ich selber bereit bin, jederzeit mein Leben einzusetzen – jeder kann es mir nehmen – für mein Volk und für Deutschland, so verlange ich dasselbe auch von jedem anderen. Wer aber glaubt, sich diesem nationalen Gebot, sei es direkt oder indirekt, widersetzen zu können, der fällt! Verräter haben nichts zu erwarten als den Tod!

Wir alle bekennen uns damit nur zu unserem alten Grundsatz:

Es ist gänzlich unwichtig, ob wir leben, aber notwendig ist es, daß unser Volk lebt, daß Deutschland lebt. [...]

[136.] Das britische Ultimatum, 3.9.1939

[...] In der Mitteilung, welche ich die Ehre hatte Ihnen am 1. September zu machen, unterrichtete ich Sie, auf Weisung des Staatssekretärs für Auswärtige Angelegenheiten Seiner Majestät, daß die Regierung Seiner Majestät im Vereinigten Königreich ohne Zögern ihre Verpflichtung gegenüber Polen erfüllen werde, wenn nicht die Deutsche Regierung bereit sei, der Regierung Seiner Majestät im Vereinigten Königreich befriedigende Zusicherungen dahingehend abzugeben, daß die Deutsche Regierung jegliche Angriffshandlung gegen Polen eingestellt habe und bereit sei, ihre Truppen unverzüglich aus polnischem Gebiet zurückzuziehen.

Obwohl diese Mitteilung vor mehr als 24 Stunden erfolgte, ist keine Antwort eingegangen, hingegen wurden die deutschen Angriffe auf Polen fortgesetzt und verstärkt. Ich habe demgemäß die Ehre, Sie davon zu unterrichten, daß falls nicht bis 11 Uhr vormittags britischer Sommerzeit am heutigen Tage, dem 3. September, eine befriedigende Zusicherung im obenerwähnten Sinne von der Deutschen Regierung in London eintrifft, ein Kriegszustand zwischen den beiden Ländern von dieser Stunde an bestehen wird [...]

[137.] Ernst von Weizsäcker über letzte Friedensbemühungen, 7.9.1939

Als am 31.8. mittags alle anderen Versuche, noch einen polnischen Unterhändler herbeizuschaffen, fehlgeschlagen waren (z.B. via H.)*, blieb nur noch die Hoffnung auf unsere militärischen Kreise. Ich sagte zu Göring, es sei höchste Zeit, daß er komme. Ob wir wohl verpflichtet seien, einem geistesgestörten Berater** Hitlers zulieb das III. Reich vernichten zu lassen. R. sei der erste, der baumeln werde, aber andere würden nachfolgen. – Göring hat dreimal den Führer beschworen, abzulassen, wurde aber, wie er mir sagte, nur angefahren und abgefertigt. Zu Brauchitsch sagte ich: die Politik sei am Ende. Wir hätten es nicht nur mit Polen, sondern auch mit England und Frankreich zu tun. Das stehe fest. Die Verantwortung vor der Geschichte, in diesen Krieg dennoch hineinzugehen, liege nunmehr beim Militär, d.h. bei ihm, Brauchitsch. Ob er wegen eines geistesgestörten Beraters des Führers das auf sich nehmen wolle. – Br. wußte nur zu sagen, der Führer glaube nicht an die englisch-französische Beteiligung; daran müsse er sich halten. – Auf meine Frage, ob er denn keine Zeitung lese, zuckte Br. nur noch mit den Achseln. – Damit schwand die letzte Hoffnung.

[138.] Rosenbergs Unterredung mit dem »Führer« über die deutsch-britischen Beziehungen, 1.11.1939

[...] Der Führer äußerte mehrmals, er halte noch immer eine d.[eutsch]-engl.[ische] Verständigung für richtig, besonders auf die Ferne gesehen. Aber England habe sich seit dem 30jährigen Krieg gewöhnt, auf D.[eutschland] herabzusehen, und es gegen andere auszuspielen. Wir hätten ja alles getan, aber es herrsche eine jüdisch geführte wahnsinnige Minderheit. Chamberlain sei ein willenloser Greis. Es scheint, die würden nicht eher sehend, als bis sie einmal furchtbar etwas hereingeschlagen bekommen würden. Er begreife nicht, was sie eigentlich wollten. Selbst bei einem engl.[ischen] Siege würden in Wirklichkeit die Vereinigten Staaten, Japan u.[nd] Rußland gewinnen. England käme nur zerfetzt aus einem Kriege; geschweige denn, wenn es militärisch *unterliegen* würde. Er glaube sogar, daß b.[ei] aller Sympathie sicher auch viele Amerikaner sich die Hände gerieben hätten angesichts der bisherigen brit.[ischen] Verluste. Ich: Jawohl, USA will als Erbe die Herrschaft über Süd-Ame-

* Hitler.
** Ribbentrop.

rika antreten. Im übrigen glaube ich, daß man b.[ei] offiziellen Reden eine psychologische Gefahr vermeiden müsse: erst zu erzählen, *was* man für die ersehnte Freundschaft mit E.[ngland] alles geboten hätte, um dann E.[ngland] als Mörder, Lügner, Heuchler und Völkervergewaltiger hinzustellen. Man müßte als Übergang ausführen, daß es *zwei* Englands gäbe, ein kraftvolles E.[ngland], das ein Sicherheits- u.[nd] Kulturfaktor sei und ein zweites skrupelloses, jüdisch geführtes. Man habe b.[ei] uns gehofft, mit dem *ersten* gehen zu können, es sei nicht unsere Schuld, wenn das *zweite* eben gesiegt habe. Der Führer: Da haben Sie vollkommen recht. [...]

Der einzige wäre noch L.[loyd] G.[eorge]. Vor 1914 war er auch gegen den Krieg, um dann allerdings, als er nicht mehr aufzuhalten war, ihn mit aller Energie zu führen. Mosley habe sich als tapfer erwiesen. *Diesem Briten ist wirklich so etwas wie Blutsbewußtsein lebendig geworden.* [...]

[139.] **Hitler zu den Oberbefehlshabern der Wehrmacht über die Programmatik vergangener und zukünftiger Politik, 23. 11. 1939**

Der Führer trägt Folgendes vor:
Zweck der Zusammenkunft ist es, Ihnen Einblick zu geben in die Gedankenwelt, die mich angesichts der bevorstehenden Ereignisse beherrscht, und Ihnen meine Entschlüsse zu sagen. Der Aufbau der Wehrmacht war nur möglich im Zusammenhang mit der weltanschaulichen Erziehung des deutschen Volkes durch die Partei. Als ich meine politische Arbeit 1919 begann, basierte mein starker Glauben an den endgültigen Erfolg auf gründlicher Beobachtung der Zeitereignisse von damals und dem Studium der Ursachen der damaligen Geschehnisse. Deshalb habe ich auch bei Rückschlägen, die mir während meiner Kampfzeit nicht erspart blieben, niemals den Glauben verloren. Die Vorsehung hat das letzte Wort gesprochen und mir den Erfolg gebracht. Darüber hinaus hatte ich die klare Erkenntnis des voraussichtlichen Ablaufs der geschichtlichen Ereignisse und den festen Willen, brutale Entschlüsse zu ziehen. Der erste Entschluß war 1919, als ich nach langen inneren Kämpfen Politiker wurde und den Kampf gegen meine Feinde aufnahm. Das war der schwerste Entschluß von allen. Ich hatte aber die feste Überzeugung, daß ich mein Ziel erreichen würde. Vor allem strebte ich ein neues Auslese-Verfahren an. Ich wollte eine Minorität heranziehen, die die Führung übernehmen sollte. Nach 15 Jahren habe ich das Ziel erreicht, nach schweren Kämpfen und vielen Rückschlägen. Als ich 1933 zur Macht kam, lag eine Periode

des schwersten Kampfes hinter mir. Alles was vorher da war, hatte abgewirtschaftet. Ich mußte alles neu reorganisieren, angefangen vom Volkskörper bis zur Wehrmacht. Erst innere Reorganisation, Beseitigung der Erscheinungen des Zerfalls und des defaitistischen Geistes, Erziehung zum Heroismus. Im Zuge der inneren Reorganisation nahm ich mir die zweite Aufgabe vor: Lösung Deutschlands aus den internationalen Bindungen. Zwei besondere Merkmale sind hierbei hervorzuheben: Austritt aus dem Völkerbund und Absage an die Abrüstungs-Konferenz. Es war ein schwerer Entschluß. Die Zahl der Propheten, die erklärten, es werde zur Besetzung des Rheinlands führen, war sehr groß, die Zahl der Gläubigen war sehr gering. Ich führte meine Absicht durch, gedeckt durch die Nation, die geschlossen hinter mir stand. Danach Befehl zur Aufrüstung. Auch hier wieder zahlreiche Propheten, die das Unglück kommen sahen, und nur wenige Gläubige. 1935 folgte die Einführung der Wehrpflicht. Danach Remilitarisierung des Rheinlands, wieder damals ein Vorgang, den man zunächst nicht für möglich hielt. Die Zahl derer, die an mich glaubten, war sehr gering. Dann Beginn der Befestigung des ganzen Gebietes, vor allen Dingen im Westen.

Ein Jahr später kam Österreich, auch dieser Schritt wurde für sehr bedenklich angesehen. Er brachte eine wesentliche Stärkung des Reichs. Der nächste Schritt war Böhmen, Mähren und Polen. Aber dieser Schritt war nicht in einem Zuge zu tun. Zunächst mußte im Westen der Westwall fertiggestellt werden. Es war nicht möglich, das Ziel in einem Anhieb zu erreichen. Vom ersten Augenblick an war mir klar, daß ich mich nicht mit dem sudetendeutschen Gebiet begnügen könnte. Es war nur eine Teil-Lösung. Der Entschluß zum Einmarsch in Böhmen war gefaßt. Dann kam die Errichtung des Protektorats, und damit war die Grundlage für die Eroberung Polens gelegt, aber ich war mir zu dem Zeitpunkt noch nicht im klaren, ob ich erst gegen den Osten und dann gegen den Westen oder umgekehrt vorgehen sollte. Moltke hat seinerzeit oft die gleichen Überlegungen angestellt. Zwangsläufig kam es erst zum Kampf gegen Polen. Man wird mir vorwerfen: Kampf und wieder Kampf. Ich sehe im Kampf das Schicksal aller Wesen. Niemand kann dem Kampf entgehen, falls er nicht unterliegen will. Die steigende Volkszahl erforderte größeren Lebensraum. Mein Ziel war, ein vernünftiges Verhältnis zwischen Volkszahl und Volksraum herbeizuführen. Hier muß der Kampf einsetzen. Um die Lösung dieser Aufgabe kommt kein Volk herum, oder es muß verzichten und allmählich untergehen. Das lehrt die Geschichte [...]

Mein Entschluß ist unabänderlich. Ich werde Frankreich und England angreifen zum günstigsten und schnellsten Zeitpunkt. Verletzung der Neutralität Belgiens und Hollands ist bedeutungslos. Kein Mensch fragt

danach, wenn wir gesiegt haben. Wir werden die Verletzung der Neutralität nicht so idiotisch begründen wie 1914. Wenn wir die Neutralität nicht verletzen, so tun es England und Frankreich. Ohne Angriff ist der Krieg nicht siegreich zu beenden. Ich halte es für allein möglich, den Kampf durch einen Angriff zu beenden. Die Frage, ob der Angriff erfolgreich sein wird, kann niemand beantworten. Alles hängt von der günstigen Vorsehung ab. Die militärischen Bedingungen sind günstig. Vorbedingung ist aber, daß die Führung von oben Beispiel einer fanatischen Entschlossenheit gibt. Wenn die Führung im Völkerleben immer den Mut gehabt hätte, wie ihn jeder Musketier haben muß, so gäbe es keine Mißerfolge. Wenn, wie 1914, Oberbefehlshaber schon Nervenzusammenbrüche hatten, was sollte man dann vom einfachen Musketier verlangen. Alleinige Erkenntnis: Der Gegner muß geschlagen werden nur durch Angriff. Chancen sind heute anders als bei der Offensive 1918. Zahlenmäßig verfügen wir über mehr als 100 Divisionen. Menschenmäßig kann Ersatz gestellt werden. Die Materiallage ist gut. Was im übrigen heute nicht geschieht, muß morgen geschehen. Das Ganze bedeutet den Abschluß des Weltkrieges, nicht eine Einzelaktion. Es handelt sich nicht um eine Einzelfrage, sondern um Sein oder Nichtsein der Nation.
Ich bitte Sie, den entschlossenen Geist nach unten weiterzugeben.
1. Entschluß ist unabänderlich.
2. Nur Aussicht auf Erfolg, wenn ganze Wehrmacht geschlossen ist.

Der Geist der großen Männer unserer Geschichte muß uns alle beseelen. Von uns fordert das Schicksal nicht mehr als von den Großen der deutschen Geschichte. Solange ich lebe, werde ich nur an den Sieg meines Volkes denken. Ich werde vor nichts zurückschrecken und jeden vernichten, der gegen mich ist. Ich bin entschlossen, mein Leben so zu führen, daß ich anständig bestehen kann, wenn ich sterben muß.
Ich will den Feind vernichten. Hinter mir steht das deutsche Volk, dessen Moral nur schlechter werden kann. Nur wer mit dem Schicksal kämpft, kann eine günstige Vorsehung haben. In den letzten Jahren habe ich viele Beispiele der Vorsehung erlebt. Auch in der jetzigen Entwicklung sehe ich die Vorsehung.
Wenn wir den Kampf erfolgreich bestehen – und wir werden ihn bestehen –, wird unsere Zeit eingehen in die Geschichte unseres Volkes. Ich werde in diesem Kampf stehen oder fallen. Ich werde die Niederlage meines Volkes nicht überleben. Nach außen keine Kapitulation, nach innen keine Revolution.

[140.] **Weisung des OKW Nr. 10 für den »Fall Weserübung«**
zum Überfall auf Dänemark und Norwegen, 1.3.1940

1. Die Entwicklung der Lage in Skandinavien erfordert es, alle Vorbereitungen dafür zu treffen, um mit Teilkräften der Wehrmacht Dänemark
und Norwegen zu besetzen (»Fall Weserübung«). Hierdurch soll englischen Übergriffen nach Skandinavien und der Ostsee vorgebeugt, unsere Erzbasis in Schweden gesichert und für Kriegsmarine und Luftwaffe die Ausgangsstellung gegen England erweitert werden [...]

Grundsätzlich ist anzustreben, der Unternehmung den Charakter einer
friedlichen Besetzung zu geben, die den bewaffneten Schutz der Neutralität der nordischen Staaten zum Ziel hat. Entsprechende Forderungen
werden mit Beginn der Besetzung den Regierungen übermittelt werden.
Flotten- und Luftdemonstrationen werden erforderlichenfalls den nötigen Nachdruck geben.
Trotzdem auftretender Widerstand ist unter Einsatz aller militärischen
Mittel zu brechen [...]
3. Grenzübertritt gegen Dänemark und Landung in Norwegen haben
gleichzeitig zu erfolgen. Die Unternehmungen sind mit größtem Nachdruck so schnell als möglich vorzubereiten. Falls der Feind die Initiative gegen Norwegen ergreift, müssen eigene Gegenmaßnahmen sofort
ausgelöst werden können.
Von größter Bedeutung ist, daß unsere Maßnahmen die nordischen
Staaten wie die Westgegner überraschend treffen.

[141.] **Graf Ciano über die deutsche Frankreichpolitik,**
18./19.6.1940

[...] In München Begegnung mit Hitler und Ribbentrop. Der Duce und
der Führer ziehen sich zu einer Unterredung zurück. Ribbentrop und ich
bleiben allein. Er bemerkt sogleich, daß es richtig sei, Frankreich milde
Waffenstillstandsbedingungen einzuräumen, vor allem was die Flotte
anbetrifft, um eine Vereinigung der französischen Flotte mit der englischen zu vermeiden. Ribbentrops Worte zeigen mir, daß sich auch in
Beziehung auf England die Stimmung geändert hat. Wenn London den
Krieg will, dann wird es ein totaler, absoluter, erbarmungsloser Krieg
sein. Aber Hitler macht große Vorbehalte über die Zerstörung des britischen Imperiums, das er noch heute für einen bedeutenden Gleichge-
wichtsfaktor in der Welt hält. Ich stelle Ribbentrop eine präzise Frage:
»Ziehen Sie die weitere Kriegführung oder den Frieden vor?« Er zögert

keinen Augenblick. »Den Frieden.« Er spielt auch auf die vagen Kontaktaufnahmen zwischen London und Berlin durch Vermittlung Schwedens an. [...]
Danach wird die Unterhaltung zwischen Hitler, Mussolini und den Vertretern der Armee fortgeführt. Im Umriß werden die Waffenstillstandsbedingungen für Frankreich festgelegt. Mussolini zeigt sich wegen der Flotte viel entschiedener als Hitler, während dieser unter allen Umständen einen Aufstand der französischen Marine zugunsten der Engländer vermeiden will. Aus allen seinen Worten tönt der Wunsch heraus, schnell zu einem Abschluß zu kommen. Hitler ist jetzt wie ein Spieler, der die Bank gesprengt hat. Er will vom Spieltisch aufstehen und nichts mehr riskieren. [...]
Mussolini ist bemerkenswert betreten. Er spürt, daß er nur die zweite Geige spielt. [...]

[142.] **Gedanken der Seekriegsleitung zum Aufbau der Flotte nach dem Kriege, 6. 7. 1940**

Grundlagen des Flottenaufbaues.
1. Die Grundlage für den endgültigen Aufbau der Flotte bildet:
    I. die geographische und seestrategische Lage, in der sich Deutschland nach den Ergebnissen dieses Krieges befinden wird.
    II. das der Wehrmacht nach dem Kriege von der politischen Staatsführung gestellte Ziel.
    Beide werden die möglichen Gegner der Zukunft, ihre Stärke, Zusammensetzung und ihre strategischen Absichten Deutschland gegenüber erkennen lassen.
2. Die endgültige sich aus diesem Kriege ergebende strategische Entwicklung Deutschlands läßt sich im gegenwärtigen Zeitpunkt noch nicht übersehen. Die Überlegungen für den Aufbau der Flotte müssen sich daher gründen auf die wahrscheinliche neue seestrategische Lage, die aller Voraussicht nach durch folgende tiefgehende politische und strategische Wendung gekennzeichnet sein wird:
    a) Deutschland ist die beherrschende Macht auf dem europäischen Kontinent. Die Wirtschaftsquellen des Nordens, wie des Westens und des Südostens stehen ihm gleichermaßen zur Verfügung. Eine politische Konstellation der nordischen oder der Weststaaten (Holland, Belgien, Frankreich) *gegen* Deutschland ist unmöglich.
    b) Deutschland beherrscht ein großes mittelafrikanisches Kolonialreich vom Atlantischen Ozean bis zum Indischen Ozean.
3. Das Schicksal des britischen Weltreiches nach diesem Kriege ist unge-

wiß. Es kann jedoch angenommen werden, daß Großbritannien auf jede europäische Einmischung verzichten und die deutsche europäische Vorherrschaft anerkennen muß. Großbritannien wird in seiner Schwäche Anlehnung bei den Vereinigten Staaten suchen, die wiederum großes Interesse an einem starken europäischen England haben, wodurch die USA zwangsläufig zum Gegner Deutschlands werden. Die beiden angelsächsischen Mächte werden ihre große Seemacht zum Schutz ihres Weltreiches erhalten bzw. wieder aufbauen und werden damit zu den zunächst zu berücksichtigenden natürlichen Gegnern Deutschlands.

4. Die koloniale Betätigung Deutschlands, der damit verbundene stark anwachsende Handel, der Schutz der Kolonien und der Seeverbindungen, der Hinzutritt kolonialer und außerheimischer Stützpunkte sowie endlich ganz besonders die Tatsache einer immer bestehenden möglichen Gegnerschaft Englands führen das Großdeutsche Reich zwangsläufig und schicksalhaft auf den Weg zu einer ozeanischen Seemacht ersten Ranges mit im einzelnen noch nicht übersehbaren Möglichkeiten für den großzügigen Ansatz einer Flotte. Damit wird eine sich über Jahrhunderte erstreckende, vielerlei Irrtümern und Fehlern unterworfene Entwicklung der deutschen Seemacht zu einem endgültigen Abschluß gebracht werden.

5. Der für alle Zeiten gültige Grundsatz behält Gültigkeit: »Der Seekrieg ist der Kampf um die wirtschaftlichen und militärischen Seeverbindungen.«
Schwerpunkt der Seekriegsaufgaben bleibt:

I. Die dauernde oder zeitweise Erhaltung der Seeherrschaft in *den* Gebieten, die für die Führung der eigenen Seeverbindungen benötigt werden; die Erhaltung des eigenen Transportraumes sowie der Stützpunkte und Häfen.

II. Das Zerschlagen der feindlichen Seeherrschaft in den Seegebieten, die der *Gegner* für die Fortführung seiner Seeverbindungen braucht; die Vernichtung oder Ausschaltung des feindlichen Transportraumes und die Blockierung der wichtigen Stützpunkte und Häfen.

6. Die Einzelerfahrungen aus diesem Kriege können in vollem Umfange z. Zt. noch nicht übersehen werden. Die bisherigen Erkenntnisse zwingen jedoch zu höchster Bewertung der Luftwaffe im Seekriege, die ihren Ausdruck finden muß nicht nur in der richtigen Eingliederung der Luftwaffe bei der Frage der neuzeitlichen Flottenzusammensetzung, sondern auch bei der Art der Neukonstruktionen des Schiffsbaues. Dabei muß beachtet werden, daß der zeitliche Aufbau einer Flotte und die Lebensdauer der geschaffenen Fahrzeuge dem Tempo

der Entwicklung der Luftwaffe und ihrer Waffenwirkung soweit irgend möglich Rechnung tragen muß.

7. Während sich in diesem Kriege die Handelsschutzaufgaben der deutschen Flotte erst aus der Inbesitznahme Norwegens ergaben, werden sie nach der Gewinnung eines großen Kolonialreiches von Anbeginn eines Krieges an wesentliche, wenn auch nicht kriegsentscheidende Bedeutung erlangen. Im Vordergrund wird jedoch bei Zugrundelegung der erwähnten neuen strategischen Lage Deutschlands nach wie vor die Erfüllung der offensiven Kampfaufgaben gegen die Seeverbindungen, Stützpunkte und Häfen des Gegners stehen.

8. Bei der Lösung des Problems, durch welche zweckmäßigste Flottenzusammensetzung die Erfüllung der der deutschen Seekriegführung gestellten grundsätzlichen Aufgaben gewährleistet ist, steht an erster Stelle die Beantwortung der ausschlaggebenden Frage nach Notwendigkeit oder Verzicht des Schlachtschiffbaues.

Als wichtigste Erfahrung des bisherigen Kriegsverlaufes betrachtet die Seekriegsleitung die klare Erkenntnis, daß trotz der außerordentlichen Entwicklung und der Erfolge der Luftwaffe, sowie trotz der Erfahrung des U-Bootkrieges und der Minenkriegführung das Großkampfschiff keineswegs an Bedeutung verloren hat. Im Gegenteil wird durch die Erfahrung des Krieges, in Verbindung mit der strategischen Zielsetzung einer ozeanischen Kriegführung, die Notwendigkeit eines vermehrten und beschleunigten Baues *gerade dieses* Schiffstyps, wenn auch in neuer und verbesserter Form eindeutig unter Beweis gestellt. Die modernen Kampfmittel haben lediglich erwiesen, daß der Einsatz von Großkampfschiffen im Küstenvorfeldraum sich überlebt hat. Die Seekriegsleitung ist überzeugt davon, daß der Kriegsverlauf dazu berechtigt, geradezu von einer Wiedergeburt des Schlachtschiffes zu sprechen. [...]

Die strategische Ausweitung der deutschen Seekriegführung unter Ausnutzung außereuropäischer Stützpunkte bringt im Ringen um die Seeherrschaft auf den Ozeanen *gerade für Deutschland* den entscheidenden Zwang, den Schlachtschiffbau beschleunigt fortzusetzen. Eine entscheidende Bedrohung der stark gesicherten atlantischen Seewege des Gegners ist nur mit starken Schlachtschiffen möglich, die vermöge ihrer Kampfeigenschaften große unmittelbare Erfolge erzielen und mittelbar die Kriegführung von Überwasserhandelsstörern und U-Booten unterstützen können. Nur das Schlachtschiff wird daher bei der neuen seestrategischen Lage in der ozeanischen Kriegführung befähigt sein, das strategische Ziel zu erreichen, die eigenen Seeverbindungen hinreichend zu schützen und die Seeverbindungen des Gegners zu zerschlagen und seine Seeherrschaft auszuschalten.

Der Operationsraum der deutschen Schlachtschiffe in der Zukunft wird daher nicht die Nordsee oder das Nordmeer, sondern der Atlantik sein. Die an den Schiffbau für die Konstruktion von Großkampfschiffen zu stellenden strategischen Forderungen werden deshalb in großem Aktionsradius und vorzüglichen Atlantik-See-Eigenschaften gesehen werden müssen.

Es ist bei dem völligen Mangel Deutschlands an Schlachtschiffen für die ozeanische Kriegführung keinesfalls möglich und notwendig, irgendwelchen neuen Erkenntnissen im Typenbau, auf Grund letzter Erfahrungen, sofort zu entsprechen. Es besteht vielmehr ernstester Zwang, zur schnellen Bereitstellung von Großkampfschiffen die erste Serie nach den bisherigen Plänen in Bau zu geben und erst bei den folgenden Serien die Erfahrungen und Entwicklungsmöglichkeiten zu berücksichtigen – jedenfalls grundsätzlich gesehen! Sofern offensichtliche Verbesserungen an den vorhandenen Konstruktionen ohne Bauverzögerungen möglich sind, sollen sie natürlich vorgenommen werden.

9. Der sofortige Schlachtschiffbau ist nicht denkbar ohne den gleichzeitigen Bau einer in einem gesunden Verhältnis hierzu stehenden Anzahl großer Atlantik-Begleitfahrzeuge, auf die der Einsatz der Schlachtschiffe in der ozeanischen Kriegführung nicht verzichten kann. Als das geeignete Fahrzeug hierfür ist der Spähkreuzer anzusehen, dessen Seeeigenschaften und Aktionsradius den Erfordernissen der Atlantikkriegführung Rechnung tragen muß. Neben diesen Spähkreuzern muß für Sicherungsaufgaben bei den Schlachtschiffen und für die Kampfverwendung in der Nordsee, im Nordmeer und in der Ostsee eine hohe Anzahl großer und kampfkräftiger Zerstörer gefordert werden. Ihr Bau bedarf in Anbetracht des völligen Mangels an leichten Kampfstreitkräften daher der dringenden Beschleunigung. [...]

11. Im Hinblick auf die Notwendigkeit der Kontrolle auch stärker gesicherter Seewege in überseeischen Gebieten und aus dem Zwange heraus, eine Auflockerung der Konzentration der schweren gegnerischen Kampfstreitkräfte herbeizuführen, kann die Kreuzerkriegführung nicht allein den U-Booten und Hilfskreuzern überlassen bleiben. In den bisherigen Überlegungen, daß der wirksamste Träger und Rückhalt der Kreuzerkriegführung das Atlantik-Panzerschiff ist, hat sich noch nichts geändert. [...]

Im Rahmen der modernen Flottenzusammensetzung kann nach den Kriegserfahrungen den schweren Flottenkreuzern keine Berechtigung zugesprochen werden. Die Aufgaben der Flottenaufklärung fallen der Luftwaffe und den aufklärenden Spähkreuzern zu. Die Seekriegsleitung glaubt jedoch umfassende Aufgaben für Einheiten vom

Kreuzertyp in den Erfordernissen der eigenen Handelsschutztätigkeit, des Schutzes des Kolonialreiches und der damit verbundenen Kontrolle der Seewege zu erkennen. Als geeigneter Typ wird hierfür der Kreuzer »M« angesehen. Mit Rücksicht auf die besondere Dringlichkeit des Schlachtschiffe- und Zerstörerbaues muß der Bau der operativen Handelsstörer und Kreuzer zunächst zurücktreten. Diese bewußte Zurückstellung muß und kann im Hinblick auf eine starke deutsche U-Bootswaffe, die bis zur Fertigstellung der Atlantik-Flotte Hauptträger der Kriegführung ist, getragen werden. [...]

12. Als noch nicht abgeschlossen sind die Erfahrungen hinsichtlich der Zweckmäßigkeit des augenblicklichen Flugzeugträgertyps zu bewerten. Die Erfahrungen aus der Kriegführung des Gegners und die Überlegungen für die eigene *ozeanische* Kriegführung führen jedoch zu der eindeutig klaren Erkenntnis, daß auf den Einsatz von Flugzeugträgern oder Flugdeckkreuzern im Rahmen der Atlantik-Kriegführung grundsätzlich nicht verzichtet werden kann.

13. Neben dem Ausbau der Flottenkampfkräfte für die ozeanische Kriegführung steht gleichbedeutend die Entwicklung der Küstenvorfeldsicherung, die sowohl im Mutterlande wie im Kolonialreich die Voraussetzung einer großen Flottenmacht bildet. Die Notwendigkeit des *gleichzeitig* mit dem Flottenbauprogramm durchzuführenden harmonischen Aufbaues einer starken Küstenvorfeldsicherung (Torpedoboote, M-Boote, U-Bootsjäger, R- und S-Boote) wird nachdrücklichst betont.

14. Zusammenfassend ist festzustellen, daß sich für den Aufbau der Kriegsmarine des Großdeutschen Reiches Aufgaben ergeben, die auf lange Jahre hinaus nur durch die größte Anspannung aller Rüstungskapazitäten und personellen Kräfte erfüllt werden können. Die Vorüberlegungen der Seekriegsleitung sollen die Möglichkeit geben zu einer planvollen Abstimmung des sofort in Angriff zu nehmenden Bauprogramms auf die Gesamtrüstungslage und dienen der ersten Ausrichtung auf die operative Zielsetzung des deutschen Flottenbaues. [...]

Im Entwurf gez. Schniewind

[143.] Hitlers Weisung zur Vorbereitung einer Landungsoperation gegen England (»Operation Seelöwe«), 16. 7. 1940

[...] Da England, trotz seiner militärisch aussichtslosen Lage, noch keine Anzeichen einer Verständigungsbereitschaft zu erkennen gibt, habe ich mich entschlossen, eine Landungsoperation gegen England vorzubereiten und, wenn nötig, durchzuführen.

Zweck dieser Operation ist es, das englische Mutterland als Basis für die Fortführung des Krieges gegen Deutschland auszuschalten und, wenn es erforderlich werden sollte, in vollem Umfang zu besetzen.

Hierzu befehle ich folgendes:

1. Die *Landung* muß sich in Form eines überraschenden Überganges in breiter Front etwa von Ramsgate bis in die Gegend westlich der Insel Wight vollziehen, wobei Teilen der Luftwaffe die Rolle der Artillerie, Teilen der Kriegsmarine die Rolle der Pioniere zufallen wird. Ob es zweckmäßig ist, vor dem allgemeinen Übergang *Teilaktionen*, etwa zur Besetzung der Insel Wight oder der Grafschaft Cornwall, zu unternehmen, ist vom Standpunkt jedes Wehrmachtsteiles aus zu prüfen, und das Ergebnis mir zu melden. Die Entscheidung behalte ich mir vor. Die Vorbereitungen für die Gesamtoperation müssen bis Mitte August abgeschlossen sein.

2. Zu diesen *Vorbereitungen* gehört auch, daß diejenigen Voraussetzungen geschaffen werden, die eine Landung in England möglich machen.

   a) Die englische Luftflotte muß moralisch und tatsächlich so weit niedergekämpft sein, daß sie keine nennenswerte Angriffskraft dem deutschen Übergang gegenüber mehr zeigt.

   b) Es müssen minenfreie Wege geschaffen sein.

   c) Durch eine dichte Minensperre muß die Straße von Dover in beiden Flanken sowie der Westeingang des Kanals etwa in der Linie Aldernay-Portland abgesperrt sein.

   d) Durch starke Küstenartillerie muß das Küstenvorfeld beherrscht und artilleristisch abgeschirmt sein.

   e) Die Fesselung der englischen Seestreitkräfte kurz vor dem Übergang sowohl in der Nordsee als auch im Mittelmeer (durch die Italiener) ist erwünscht, wobei schon jetzt versucht werden muß, den englischen Seestreitkräften, die sich im Mutterland befinden, durch Luft- und Torpedoangriffe nach Kräften Abbruch zu tun [...]

[144.] Hitlers Friedensangebot an England, 19.7.1940

[...] Und Herr Churchill sollte mir dieses Mal vielleicht ausnahmsweise glauben, wenn ich als Prophet jetzt folgendes ausspreche: Es wird dadurch ein großes Weltreich zerstört werden, ein Weltreich, das zu vernichten oder auch nur zu schädigen niemals meine Absicht war. Allein, ich bin mir darüber im klaren, daß die Fortführung dieses Kampfes nur mit der vollständigen Zertrümmerung des einen der beiden Kämpfenden enden wird. Mister Churchill mag glauben, daß dies Deutschland ist. Ich weiß, es wird England sein.

In dieser Stunde fühle ich mich verpflichtet, vor meinem Gewissen noch einmal einen Appell an die Vernunft auch in England zu richten. Ich glaube, dies tun zu können, weil ich ja nicht als Besiegter um etwas bitte, sondern als Sieger nur für die Vernunft spreche [...]
Herr Churchill mag nun diese meine Erklärung wieder abtun mit dem Geschrei, daß dies nur die Ausgeburt meiner Angst sei und meines Zweifels am Endsieg. Ich habe dann eben jedenfalls mein Gewissen erleichtert gegenüber den kommenden Dingen [...]

[145.] **Hitlers Entschluß zum Angriff auf die Sowjetunion.**
Aus dem Kriegstagebuch des Chefs des Generalstabs
Generaloberst Halder, 31.7.1940

Führer:
a) Betont seine Skepsis gegenüber technischen Möglichkeiten [einer Landung in England]. Ist von Leistung der Marine sogar befriedigt.
b) Betont Wetter.
c) Bespricht Einwirkungsmöglichkeiten des Feindes [...]
d) Angenommen: England tritt nicht an: Ausschalten der Hoffnungen, die England bewegen können, noch auf eine Änderung zu hoffen. Krieg an sich gewonnen. Frankreich fällt für britischen Geleitschutz weg;

Italien bindet britische Kräfte.
U-Boot-Krieg und Luftkrieg kann Krieg entscheiden, wird aber ein bis zwei Jahre dauern. *Englands Hoffnung ist Rußland und Amerika. Wenn Hoffnung auf Rußland wegfällt, fällt auch Amerika weg,* weil Wegfall Rußlands eine Aufwertung Japans in Ostasien in ungeheurem Maß verfolgt.
Rußland ostasiatischer Degen Englands und Amerikas gegen Japan. Hier für England unangenehmer Wind. Japaner haben ihr Programm, das vor Kriegsende noch erledigt werden soll [...]
Rußland Faktor, auf den England am meisten setzt. Irgend etwas ist in Londen geschehen! Die Engländer waren schon ganz down, nun sind sie wieder aufgerichtet. Abgehörte Gespräche. Rußland unangenehm berührt von schneller Entwicklung der westeuropäischen Lage.
Rußland braucht England nie mehr sagen, als daß es Deutschland nicht groß haben will, dann hofft Engländer wie ein Ertrinkender, daß in sechs bis acht Monaten die Sache ganz anders sein wird.
Ist aber Rußland zerschlagen, dann ist Englands letzte Hoffnung getilgt.
Der Herr Europas und des Balkans ist dann Deutschland.

Entschluß: Im Zuge dieser Auseinandersetzung muß Rußland erledigt werden. Frühjahr 41.
Je schneller wir Rußland zerschlagen, um so besser. Operation hat nur Sinn, wenn wir Staat in einem Zug schwer zerschlagen. Gewisser Raumgewinn allein genügt nicht. Stillstehen im Winter bedenklich. Daher besser warten, aber bestimmter Entschluß, Rußland zu erledigen. Notwendig auch wegen der Lage an der Ostsee. 2. Groß-Staat an Ostsee nicht brauchbar: Mai 41. Fünf Monate Zeit zur Durchführung. Am liebsten noch in diesem Jahre. Geht aber nicht, um Operation einheitlich durchzuführen.
Ziel: Vernichtung der Lebenskraft Rußlands. Zerlegen in:
1. *Stoß* Kiew Anlehnung an Dnjepr. Luftwaffe zerstört Übergänge Odessa.
2. *Stoß* Randstaaten mit Richtung Moskau.
Schließlich Zusammenfassung aus Norden und Süden. Später Teiloperation auf Ölgebiet Baku. Inwieweit man Finnland und Türkei interessiert, wird man sehen.
Später Ukraine, Weißrußland, Baltische Staaten an uns. Finnland bis ans Weiße Meer.
Mit je mehr Verbänden wir kommen, um so besser. Wir haben 120 plus Urlaubsdiv. Neuaufstellungen: Im Osten: 40 Divisionen aus kampferprobten Mannschaften. Ausführungen über gedachte Regelung Balkan: Gedachte Regelung Ungarn/Rumänien. Dann Garantie Rumänien.

[146.] Unterredung zwischen Hitler, Ribbentrop und Molotow, 13. 11. 1940

[...] In Erwiderung der Ausführungen Molotows über die militärische Gefahrlosigkeit der finnischen Frage betonte der Führer, daß er von militärischen Dingen einiges verstehe und es durchaus für möglich hielte, daß sich bei einer Teilnahme Schwedens an einem evtl. Krieg Amerika in diesen Gegenden festsetze. Er (der Führer) wolle den europäischen Krieg beenden und könne nur wiederholen, daß ein neuer Krieg in der Ostsee eine Belastung des deutsch-russischen Verhältnisses darstellen würde mit Konsequenzen, die angesichts der ungeklärten Haltung Schwedens nicht abzusehen wären. Würde denn Rußland an Amerika den Krieg erklären, falls dieses im Zusammenhang mit dem finnischen Konflikt intervenieren würde?
Als Molotow darauf entgegnete, daß diese Frage nicht aktuell sei, erwiderte der Führer, daß es zu einer Stellungnahme zu spät wäre, wenn sie aktuell würde. Als Molotow dann erklärte, daß er kein Anzeichen für den

Ausbruch eines Krieges in der Ostsee sehe, erwiderte der Führer, daß in diesem Fall ja alles in Ordnung wäre und die ganze Diskussion eigentlich einen rein theoretischen Charakter trage.

Der Reichsaußenminister wies zusammenfassend darauf hin, daß

1. der Führer erklärt habe, Finnland bleibe in der Interessensphäre Rußlands und Deutschland würde dort keine Truppen unterhalten:

2. Deutschland nichts mit den Demonstrationen Finnlands gegen Rußland zu tun habe, sondern seinen Einfluß in entgegengesetzter Richtung geltend mache, und

3. das entscheidende Problem von säkularer Bedeutung in der Zusammenarbeit beider Länder liege, die ja in der Vergangenheit schon für Rußland große Vorteile mit sich gebracht habe, in der Zukunft aber Vorteile zeitigen würde, neben denen die Dinge, die jetzt erörtert worden seien, völlig unbedeutend erscheinen würden. Es liege eigentlich keine Veranlassung vor, aus der finnischen Frage überhaupt ein Problem zu machen. Vielleicht handele es sich lediglich um ein Mißverständnis. Im übrigen habe ja Rußland durch seinen Friedensschluß mit Finnland strategisch seine sämtlichen Wünsche erfüllt. Demonstrationen seien in einem besiegten Lande nicht ganz unnatürlich, und wenn etwa der Durchmarsch der deutschen Truppen bei der finnischen Bevölkerung gewisse Reaktionen hervorgerufen haben sollte, so würden diese mit dem Aufhören der Durchmärsche ebenfalls verschwinden. Wenn man daher die Dinge real betrachte, so bestünden keine Differenzen zwischen Deutschland und Rußland.

Der Führer wies darauf hin, daß sich beide Teile grundsätzlich darüber einig seien, daß Finnland zur russischen Interessensphäre gehöre. Anstatt daher eine rein theoretische Diskussion fortzusetzen, solle man sich lieber wichtigeren Problemen zuwenden.

Nach der Niederringung Englands würde das britische Weltreich als eine gigantische Weltkonkursmasse von 40 Millionen qkm zur Verteilung kommen. In dieser Konkursmasse läge für Rußland der Weg zum eisfreien und wirklich offenen Weltmeer. Eine Minderheit von 45 Millionen Engländern habe bisher 600 Millionen Einwohner des britischen Weltreichs regiert. Er stehe im Begriff, diese Minderheit zusammenzuschlagen. Auch Amerika täte eigentlich nichts, als sich bereits jetzt aus dieser Konkursmasse einige für die Vereinigten Staaten besonders geeignete Stücke herauszuholen. Deutschland möchte natürlicherweise jeden Konflikt vermeiden, der es von seinem Kampf gegen das Herz des Weltreichs, die britischen Inseln, ablenke. Daher sei ihm (dem Führer) auch der Krieg Italiens gegen Griechenland unsympathisch, weil er die Kräfte auf die Peripherie abzöge, anstatt sie an einem Punkt gegen England zu kon-

zentrieren. Das gleiche würde bei einem Ostseekrieg eintreten. Die Auseinandersetzung mit England würde bis zur letzten Konsequenz durch-
gekämpft werden, und er habe keinen Zweifel, daß die Niederlage der
britischen Inseln zur Auflösung des Imperiums führen würde. Es sei eine
Utopie zu glauben, daß das Weltreich etwa von Kanada aus regiert und
zusammengehalten werden könne. Unter diesen Umständen eröffneten
sich weltweite Perspektiven. Im Laufe der nächsten Wochen müßten sie
in gemeinsamen diplomatischen Verhandlungen mit Rußland geklärt und
Rußlands Beteiligung an der Lösung dieser Probleme festgelegt werden.
Alle Staaten, die etwa Interessenten an dieser Konkursmasse sein könnten, müßten sämtliche Konflikte untereinander abstoppen und sich lediglich mit der Verteilung des britischen Weltreichs befassen. Dies gelte für
Deutschland, Frankreich, Italien, Rußland und Japan.
Molotow erwiderte, daß er den Gedankengängen des Führers mit Interesse gefolgt sei und mit allem, was er verstanden habe, einverstanden
wäre. Er könne jedoch weniger dazu sagen, als der Führer, da dieser sicherlich mehr über diese Probleme nachgedacht und sich konkrete Vorstellungen davon gemacht habe. Das Entscheidende sei, sich zunächst
über die deutsch-russische Zusammenarbeit klar zu werden, an die dann
auch Italien und Japan angeschlossen werden könnten. Dabei sollte an
Begonnenem nichts geändert, sondern lediglich eine Fortsetzung des Be-
gonnenen in Aussicht genommen werden.
Der Führer führte dazu aus, daß die weitere Arbeit im Sinne der Eröffnung großer Perspektiven nicht einfach sein würde, und betonte in
diesem Zusammenhang, daß Deutschland Frankreich nicht annektie-
ren wolle, wie die Russen anzunehmen schienen. Es wolle eine Weltkoali-
tion von Interessenten schaffen, die aus Spanien, Frankreich, Italien,
Deutschland, Sowjetrußland und Japan bestehen würde und gewisser-
maßen eine von Nordafrika bis nach Ostasien reichende Interessengemeinschaft aller derjenigen darstellen würde, die aus der britischen
Konkursmasse befriedigt werden wollten. Zu diesem Zweck müßten alle
inneren Gegenstände zwischen den Mitgliedern dieser Interessengemeinschaft beseitigt oder zum mindesten neutralisiert werden. Dazu sei die
Klärung einer ganzen Reihe von Fragen notwendig. Im Westen, d. h. zwischen Spanien, Frankreich, Italien und Deutschland glaube er nunmehr
eine Formel gefunden zu haben, die alle gleichmäßig befriedige. Es sei
nicht leicht gewesen, z. B. Spanien und Frankreich in bezug auf Nordafrika auf eine Linie zu bringen; aber in Erkenntnis der größeren Zu-
kunftsmöglichkeiten hätten sich beide Länder schließlich doch dazu bewegen lassen. Nachdem auf diese Weise der Westen bereinigt sei, müsse
nunmehr auch eine Übereinstimmung im Osten erzielt werden. Hier handele es sich nicht nur um das Verhältnis zwischen Sowjetrußland und der

Türkei, sondern auch um den Großasiatischen Raum. Dieser bestehe nicht nur aus dem Großostasiatischen Raum, sondern enthalte auch einen rein asiatischen Raum, der nach Süden hin orientiert wäre und den Deutschland bereits jetzt als Interessengebiet Rußlands anerkenne. Es handle sich darum, in großen Linien die Grenzen für die künftige Aktivität der Völker festzulegen und den Nationen große Räume zuzuweisen, in denen sie fünfzig bis hundert Jahre lang ihr Betätigungsfeld zur Genüge finden könnten.

Molotow erwiderte, daß der Führer eine Reihe von Fragen aufgeworfen habe, die nicht nur Europa, sondern darüber hinaus auch noch andere Gebiete beträfen. Er wolle sich zunächst über ein Europa näherliegendes Problem, die Türkei, aussprechen. Die Sowjetunion hänge als Schwarzmeermacht mit einer Reihe von anderen Staaten zusammen. In diesem Zusammenhang gäbe es noch eine ungeklärte Frage, über die die Donaukommission gerade jetzt beriete (Bukarester Donaukonferenz, 29. Oktober bis 20. Dezember 1940). Im übrigen habe die Sowjetunion Rumänien ihre Unzufriedenheit darüber ausgesprochen, daß dieses Land ohne Konsultation mit Rußland die Garantie Deutschlands und Italiens angenommen habe. Die Sowjetregierung hätte ihren Standpunkt bereits zweimal dargelegt und sei der Ansicht, daß die Garantie gegen die Interessen Sowjetrußlands gerichtet sei, »wenn man sich so grob ausdrücken dürfe«. Es erhebe sich daher die Frage der Aufhebung dieser Garantie. Dazu habe der Führer erklärt, daß sie für eine gewisse Zeit notwendig sei, die Aufhebung daher unmöglich wäre. Dies berühre die Interessen der Sowjetunion als Schwarzmeermacht.

Molotow kam sodann auf die Meerengen zu sprechen, die er unter Hinweis auf den Krimkrieg und die Vorgänge in den Jahren 1918/19 als historisches Angriffstor Englands auf die Sowjetunion bezeichnete. Die Lage sei für Rußland um so bedrohlicher, als sich die Briten jetzt in Griechenland festgesetzt hätten. Aus Gründen der Sicherheit seien die Beziehungen Sowjetrußlands mit anderen Schwarzmeerländern von großer Wichtigkeit. In diesem Zusammenhang stellte Molotow an den Führer die Frage, was Deutschland dazu sagen würde, wenn Rußland Bulgarien, d. h. dem den Meerengen am nächsten gelegenen unabhängigen Lande, eine Garantie unter genau den gleichen Bedingungen gäbe, wie sie Deutschland und Italien Rumänien gegeben hätten. Rußland beabsichtige jedoch, sich vorher mit Deutschland und möglichst auch mit Italien über diese Frage zu einigen.

Auf eine Frage Molotows nach der deutschen Stellungnahme zur Meerengenfrage erwiderte der Führer, daß der Reichsaußenminister diesen Punkt bereits vorgesehen und eine Revision des Montreux-Abkommens zugunsten der Sowjetunion in Aussicht genommen habe.

Der Reichsaußenminister bestätigte dies und teilte mit, daß auch die Italiener in der Frage dieser Revision eine wohlwollende Haltung einnähmen.

Molotow kam erneut auf die Garantie an Bulgarien zu sprechen und versicherte, daß die Sowjetunion sich keinesfalls in die innere Ordnung des Landes einmischen wolle. Dies würde »nicht um Haaresbreite« verändert werden.

Zur Frage der Garantie Deutschlands und Italiens an Rumänien erklärte der Führer, daß diese Garantie die einzige Möglichkeit gewesen sei, um Rumänien zu veranlassen, Bessarabien ohne Kampf an Rußland abzutreten. Außerdem stelle Rumänien wegen seiner Ölquellen ein absolutes deutsch-italienisches Interesse dar, und schließlich hätte die rumänische Regierung selbst darum gebeten, daß Deutschland den Schutz des Ölgebietes in der Luft und auf dem Lande mit übernähme, da man sich vor Angriffen der Engländer nicht ganz sicher fühle. Unter Hinweis auf eine drohende Landung der Engländer in Saloniki wiederholte der Führer in diesem Zusammenhang, daß Deutschland eine solche Landung nicht dulden würde, gab jedoch die Versicherung ab, daß bei Kriegsende sämtliche deutschen Soldaten aus Rumänien zurückgezogen würden.

In Beantwortung der Frage Molotows nach der deutschen Ansicht über eine russische Garantie an Bulgarien erwiderte der Führer, daß, wenn diese Garantie unter den gleichen Bedingungen gegeben werden sollte wie die deutsch-italienische an Rumänien, zunächst die Frage entstehe, ob Bulgarien selbst um eine Garantie gebeten habe. Es sei ihm (dem Führer) von einem Ersuchen Bulgariens nichts bekannt. Außerdem müsse er selbstverständlich die Stellungnahme Italiens erfragen, ehe er sich selbst äußern könne.

Die entscheidende Frage sei jedoch, ob Rußland die Möglichkeit sähe, durch eine Revision des Abkommens von Montreux eine genügende Sicherheit für seine Schwarzmeerinteressen zu gewinnen. Er erwarte auf diese Frage keine sofortige Antwort, da er wisse, daß Molotow diese Frage erst mit Stalin besprechen müsse.

Molotow erwiderte, daß Rußland in dieser Hinsicht nur ein Ziel habe. Es wolle vor einem Angriff durch die Meerengen gesichert sein und möchte diese Frage mit der Türkei regeln, wobei eine an Bulgarien gegebene Garantie die Lage erleichtern würde. Als Schwarzmeermacht habe Rußland ein Recht auf eine derartige Sicherung und glaube, zu einer Verständigung mit der Türkei darüber gelangen zu können.

Der Führer erwiderte, daß dies ungefähr den deutschen Gedankengängen entsprechen würde, wonach durch die Dardanellen nur russische Kriegsschiffe frei hindurchfahren dürften, während die Meerenge für alle anderen Kriegsschiffe gesperrt sei.

Molotow fügte hinzu, daß sich Rußland die Garantie gegen einen Angriff auf das Schwarze Meer durch die Meerengen nicht nur auf dem Papier, sondern »in der Tat« verschaffen wolle und glaube, sich mit der Türkei darüber einigen zu können. Er kam in diesem Zusammenhang erneut auf die Frage der russischen Garantie an Bulgarien zurück und wiederholte, daß das innere Regime des Landes unberührt bleiben würde, während andererseits Rußland bereit wäre, Bulgarien einen Ausgang zum Agäischen Meer zu sichern. Er richtete nochmals an den Führer als denjenigen, der über die gesamte deutsche Politik zu entscheiden habe, die Frage, welche Stellungnahme Deutschland zu dieser russichen Garantie einnehme.

Der Führer erwiderte mit der Gegenfrage, ob denn die Bulgaren um eine Garantie gebeten hätten und erklärte erneut, daß er den Duce nach seiner Ansicht fragen müsse.

Molotow unterstrich, daß er vom Führer keine endgültige Entscheidung verlange, sondern nur um eine vorläufige Meinungsäußerung bitte.

Der Führer erwiderte, daß er keinesfalls Stellung nehmen könne, ehe er nicht mit dem Duce gesprochen hätte, da Deutschland hier erst in zweiter Linie interessiert sei. Als große Donaumacht sei es nur an dem Donaustrom interessiert, nicht aber an der Durchfahrt ins Schwarze Meer. Denn wenn es etwa Reibungsflächen mit Rußland suche, so brauche es dazu nicht die Meerengen.

Das Gespräch wandte sich dann erneut den großen Plänen der Zusammenarbeit zwischen den an der Konkursmasse des britischen Weltreichs interessierten Mächten zu. Der Führer wies darauf hin, daß er natürlich nicht absolut sicher sei, ob sich diese Pläne durchführen ließen. Falls es nicht möglich wäre, würde jedenfalls eine große historische Gelegenheit verpaßt werden. Alle diese Fragen müßten eventuell durch die Außenminister von Deutschland, Italien und Japan zusammen mit Herrn Molotow in Moskau erneut geprüft werden, nachdem sie auf diplomatischem Wege entsprechend vorbereitet worden seien.

An diesem Punkt der Unterhaltung machte der Führer auf die vorgerückte Zeit aufmerksam und erklärte, es sei angesichts der Möglichkeit von englischen Luftangriffen besser, die Besprechung jetzt abzubrechen, da die Hauptpunkte wohl genügend erörtert wären.

Zusammenfassend erklärte er, daß in der Folge die Möglichkeiten, Rußlands Interessen als Schwarzes-Meer-Macht zu sichern, weiter untersucht werden und überhaupt die weiteren Wünsche Rußlands in bezug auf seine künftige Stellung in der Welt in Betracht gezogen werden müßten.

In einem Schlußwort erklärte Molotow, daß sich für Sowjetrußland eine ganze Reihe von großen und neuen Fragen ergeben habe. Die Sowjetunion könne als mächtiger Staat nicht abseits der großen Fragen in Europa und Asien stehen.

Er kam dann noch auf die russisch-japanischen Beziehungen zu sprechen, die sich vor kurzem gebessert hätten: Er sähe voraus, daß die Verbesserung in einem noch schnelleren Tempo weitergehen würde, und danke der Reichsregierung für ihre Bemühungen in dieser Hinsicht.

Hinsichtlich der japanisch-chinesischen Beziehungen sei es sicherlich die Aufgabe Rußlands und Deutschlands, für ihre Regelung zu sorgen. Es müsse aber dabei ein ehrenvoller Ausgang für China gesichert werden, um so mehr als Japan jetzt Aussicht auf »Indonesien« hätte.

[147.] Die Vorbereitung des Feldzuges gegen die Sowjetunion (»Fall Barbarossa«): Hitlers Weisung Nr. 21, 18.12.1940

[...] Die deutsche Wehrmacht muß darauf vorbereitet sein, auch vor Beendigung des Krieges gegen England *Sowjetrußland in einem schnellen Feldzug niederzuwerfen* (Fall Barbarossa).

Das *Heer* wird hierzu alle verfügbaren Verbände einzusetzen haben mit der Einschränkung, daß die besetzten Gebiete gegen Überraschungen gesichert sein müssen.

Für die *Luftwaffe* wird es darauf ankommen, für den Ostfeldzug so starke Kräfte zur Unterstützung des Heeres freizumachen, daß mit einem schnellen Ablauf der Erdoperationen gerechnet werden kann und die Schädigung des ostdeutschen Raumes durch feindliche Luftangriffe so gering wie möglich bleibt. Diese Schwerpunktbildung im Osten findet ihre Grenze in der Forderung, daß der gesamte von uns beherrschte Kampf- und Rüstungsraum gegen feindliche Luftangriffe hinreichend geschützt bleiben muß und die Angriffshandlungen gegen England, insbesondere seine Zufuhren, nicht zum Erliegen kommen dürfen.

Der Schwerpunkt des Einsatzes der *Kriegsmarine* bleibt auch während des Ostfeldzuges eindeutig gegen *England* gerichtet.

Den *Aufmarsch* gegen Sowjetrußland werde ich gegebenenfalls acht Wochen vor dem beabsichtigten Operationsbeginn befehlen.

Vorbereitungen, die eine längere Anlaufzeit benötigen, sind – soweit noch nicht geschehen – schon jetzt in Angriff zu nehmen und bis zum 15.5.41 abzuschließen.

Entscheidender Wert ist jedoch darauf zu legen, daß die Absicht eines Angriffs nicht erkennbar wird.

Die Vorbereitungen der Oberkommandos sind auf folgender Grundlage zu treffen:

I. Allgemeine Ansicht:

Die im westlichen Rußland stehende Masse des russischen *Heeres* soll in kühnen Operationen unter weitem Vortreiben von Panzerkeilen vernichtet, der Abzug kampffähiger Teile in die Weite des russichen Raumes verhindert werden.

In rascher Verfolgung ist dann eine Linie zu erreichen, aus der die russische Luftwaffe reichsdeutsches Gebiet nicht mehr angreifen kann. Das Endziel der Operation ist die Abschirmung gegen das asiatische Rußland aus der allgemeinen Linie Wolga-Archangelsk. So kann erforderlichenfalls das letzte Rußland verbleibende Industriegebiet im Ural durch die Luftwaffe ausgeschaltet werden.

Im Zuge dieser Operationen wird die russische *Ostseeflotte* schnell ihre Stützpunkte verlieren und damit nicht mehr kampffähig sein.

Wirksames Eingreifen der russischen *Luftwaffe* ist schon bei Beginn der Operation durch kraftvolle Schläge zu verhindern [...]

[148.] **Hitlers Beurteilung der militärischen Lage, 9.1.1941**

[...] Eine Landung in *England* sei nur dann möglich, wenn die volle Luftherrschaft errungen und in England eine gewisse Lähmung eingetreten sei. Sonst würde sie ein Verbrechen sein. Das englische Kriegsziel bestehe letzten Endes darin, Deutschland auf dem Kontinent zu schlagen. Aber die eigenen Mittel reichten dazu nicht aus. Die britische Kriegsmarine sei infolge ihres Einsatzes auf zwei weit voneinander getrennten Kriegsschauplätzen schwächer denn je, ihre Verstärkung in entscheidendem Ausmaße nicht möglich. Für die britische Luftwaffe machten sich die in der englischen Rohstoffversorgung infolge des Wegfalls der Einfuhr bestehenden Engpässe, vor allem beim Aluminium, und die Auswirkung des deutschen Luft- und Seekrieges auf die englische Industrie sehr nachteilig bemerkbar; die Flugzeugindustrie selbst sei so geschädigt, daß keine Vermehrung, sondern eine Verminderung der Fertigung eingetreten sei. Diese Schädigung durch die deutsche Luftwaffe müsse noch planmäßiger als bisher fortgesetzt werden. Was schließlich das britische Heer anbelange, so komme es als Invasionsarmee nicht in Frage. Was England aufrechthalte, sei die Hoffnung auf die Vereinigten Staaten von Amerika und auf Sowjetrußland, denn die Vernichtung des englischen Mutterlandes sei mit der Zeit unausbleiblich. England hoffe aber durchzuhalten, bis es einen großen kontinentalen Block gegen Deutschland zusammengebracht habe. Die diplomatischen Vorbereitungen hierzu seien klar zu erkennen.

Stalin, der Herr *Rußlands*, sei ein kluger Kopf; er werde nicht offen gegen

Deutschland auftreten, man müsse aber damit rechnen, daß er in für Deutschland schwierigen Situationen in wachsendem Maße Schwierigkeiten machen werde. Er wolle das Erbe des verarmten Europas antreten, habe auch Erfolge nötig und sei von dem Drange nach dem Westen beseelt. Er sei sich auch völlig darüber klar, daß nach einem vollen Siege Deutschlands die Lage der Sowjetunion sehr schwierig werden würde. Die Möglichkeit eines russischen Eingreifens in den Krieg halte die Engländer aufrecht. Sie würden das Rennen erst aufgeben, wenn diese letzte kontinentale Hoffnung zertrümmert sei. Er glaube nicht, daß die Engländer »sinnlos toll« seien; wenn sie keine Möglichkeit mehr sähen, den Krieg zu gewinnen, dann würden sie aufhören. Denn wenn sie den Krieg verlören, würden sie nicht mehr die Kraft haben, das Empire zusammenzuhalten. Wenn sie sich aber halten und 40 bis 50 Divisionen aufstellen könnten und die USA und Rußland ihnen helfen würden, dann würde für Deutschland eine sehr ernste Lage entstehen. Das dürfe nicht geschehen.

Bisher habe er nach dem Grundsatz gehandelt, immer die wichtigsten feindlichen Positionen zu zerschlagen, um einen Schritt weiterzukommen. Daher müsse nunmehr Rußland zerschlagen werden. Entweder gäben die Engländer dann nach oder Deutschland würde den Kampf gegen Großbritannien unter günstigsten Umständen weiterführen. Die Zertrümmerung Rußlands würde es auch Japan ermöglichen, sich mit allen Kräften gegen die USA zu wenden. Das würde die letzteren vom Kriegseintritt abhalten [...]

[149.] Hitler fordert den »ideologischen Vernichtungskrieg« gegen die Sowjetunion, 30. 3. 1941

Lage nach dem 30. 6. 1940. Fehler Englands, die Möglichkeit eines Friedens auszuschlagen. Schilderung der weiteren Ereignisse. Scharfe Kritik an italienischer Kriegführung und Politik. Vorteile für Englands Lage aus den Mißerfolgen Italiens.

England setzt seine Hoffnung auf Amerika und Rußland. Höchstleistung erst in 4 Jahren; Transportproblem.

Rußlands Rolle und Möglichkeiten. Begründung der Notwendigkeit, die russische Lage zu bereinigen. Nur so werden wir in der Lage sein, in zwei Jahren materiell und personell unsere Aufgaben in der Luft und auf den Weltmeeren zu meistern, wenn wir die Landfragen endgültig und gründlich lösen.

Unsere Aufgaben gegenüber Rußland: Wehrmacht zerschlagen, Staat auflösen [...]

Problem des russischen Raumes: Unendliche Weite des Raumes macht Konzentration auf entscheidende Punkte notwendig. Masseneinsatz von Luftwaffe und Panzern an entscheidender Stelle. Luftwaffe kann diesen Riesenraum nicht gleichzeitig beackern, sie kann bei Kriegsbeginn nur Teile der Riesenfront beherrschen. Ihr Einsatz muß daher in engster Beziehung zur Landoperation erfolgen. Der Russe wird versagen gegenüber dem Masseneinsatz von Tanks und Luftwaffe.

Keine Illusionen über Verbündete! Finnen werden tapfer kämpfen, sind aber zahlenmäßig schwach und nicht erholt [nach dem Winterkrieg 1939/ 40]. Mit Rumänien ist gar nichts anzufangen. Vielleicht werden sie hinter einem ganz starken Hindernis (Fluß) zur Sicherung da ausreichen, wo nicht angegriffen wird. Antonescu hat sein Heer vergrößert, statt es zu verkleinern und zu verbessern. Das Schicksal großer deutscher Verbände darf nicht abhängig gemacht werden von der Standfestigkeit des rumänischen Verbandes [...]

Frage des russischen Ausweichens: Nicht wahrscheinlich, da Bindung an Ostsee und Ukraine. Wenn der Russe sich absetzen sollte, müßte er es sehr frühzeitig tun, sonst kommt er nicht mehr in Ordnung weg.

Nach Lösung der Aufgaben im Osten werden 50–60 Divisionen (Panzer) genügen. Ein Teil der Landmacht wird entlassen werden können für Rüstungsarbeiten für Luftwaffe und Marine, ein Teil wird für andere Aufgaben benötigt, z. B. Spanien. Koloniale Aufgaben!

Kampf zweier Weltanschauungen gegeneinander. Vernichtendes Urteil über Bolschewismus, ist gleich asoziales Verbrechertum. Kommunismus ungeheure Gefahr für die Zukunft. Wir müssen von dem Standpunkt des soldatischen Kameradentums abrücken. Der Kommunist ist vorher kein Kamerad und nachher kein Kamerad. Es handelt sich um einen Vernichtungskampf. Wenn wir es nicht so auffassen, dann werden wir zwar den Feind schlagen, aber in 30 Jahren wird uns wieder der kommunistische Feind gegenüberstehen. Wir führen nicht Krieg, um den Feind zu konservieren.

Künftiges Staatenbild: Nordrußland gehört zu Finnland. Protektorate Ostseeländer, Ukraine, Weißrußland.

Kampf gegen Rußland: Vernichtung der bolschewistischen Kommissare und der kommunistischen Intelligenz.

Die neuen Staaten müssen sozialistische Staaten sein, aber ohne eigene Intelligenz. Es muß verhindert werden, daß eine neue Intelligenz sich bildet. Hier genügt eine primitive sozialistische Intelligenz.

Der Kampf muß geführt werden gegen das Gift der Zersetzung. Das ist keine Frage der Kriegsgerichte. Die Führer der Truppe müssen wissen, worum es geht. Sie müssen in dem Kampf führen. Die Truppe muß sich mit den Mitteln verteidigen, mit denen sie angegriffen wird. Kommissare

und GPU-Leute sind Verbrecher und müssen als solche behandelt werden.
Deshalb braucht die Truppe nicht aus der Hand der Führer zu kommen.
Der Führer muß seine Anordnungen im Einklang mit dem Empfinden der Truppe treffen.
Der Kampf wird sich sehr unterscheiden vom Kampf im Westen. Im Osten ist Härte mild für die Zukunft.
Die Führer müssen von sich das Opfer verlangen, ihre Bedenken zu überwinden [...]
Aus den Richtlinien für die Behandlung politischer Kommissare (vom 6. Juni 1941).
Im Kampf gegen den Bolschewismus ist mit einem Verhalten des Feindes nach den Grundsätzen der Menschlichkeit oder des Völkerrechts nicht zu rechnen. Insbesondere ist von den politischen Kommissaren aller Art als den eigentlichen Trägern des Widerstandes eine haßerfüllte, grausame und unmenschliche Behandlung unserer Gefangenen zu erwarten.
Die Truppe muß sich bewußt sein:
1. In diesem Kampf ist Schonung und völkerrechtliche Rücksichtnahme diesen Elementen gegenüber falsch. Sie sind eine Gefahr für die eigene Sicherheit und die schnelle Befriedung der eroberten Gebiete.
2. Die Urheber barbarisch asiatischer Kampfmethoden sind die politischen Kommissare. Gegen diese muß daher sofort und ohne weiteres mit aller Schärfe vorgegangen werden.
   Sie sind daher, wenn im Kampf oder Widerstand ergriffen, grundsätzlich sofort mit der Waffe zu erledigen [...]

[150.] **Der Leiter der Wirtschaftspolitischen Abteilung im Auswärtigen Amt Dr. Karl Julius Schnurre über die sowjetisch-deutschen Wirtschaftsbeziehungen, 5.4.1941**

Nach dem Abschluß des deutsch-sowjetischen Wirtschaftsabkommens vom 10. Januar 1941 war bei der sowjetischen Seite zunächst eine merkliche Zurückhaltung hinsichtlich der praktischen Durchführung der sowjetischen Lieferungen zu beobachten [...]
Hierin ist im Monat März ein Wandel eingetreten. Die Lieferungen im März stiegen insbesondere bei Getreide, Mineralöl, Manganerz, Bunt- und Edelmetallen sprunghaft an. Der hart umkämpfte Getreideabschluß kam in Höhe von 1,4 Millionen Tonnen Getreide, lieferbar bis September d. J., zu verhältnismäßig günstigen Preisen zustande. Die Sowjetseite hat auf diesen Vertrag bereits 110000 Tonnen Getreide angedient und fest zugesagt, im April 170000 bis 200000 Tonnen Getreide zu liefern [...]

Der Transitverkehr durch Sibirien funktioniert nach wie vor gut. Auf unseren Wunsch hat die Sowjetregierung sogar einen Sondergüterzug für Kautschuk an der mandschurischen Grenze bereitgestellt [...] Zusammenfassend kann gesagt werden, daß nach anfänglichen Stockungen die augenblicklichen Lieferungen der Russen recht beträchtlich sind [...]

[151.] Weizsäcker warnt Reichsaußenminister von Ribbentrop vor einem Krieg gegen die Sowjetunion, 28. 4. 1941

Ich kann meine Auffassung über einen deutsch-russischen Konflikt in einem Satz zusammenfassen: Wäre jede niedergebrannte russische Stadt für uns ebensoviel wert wie ein versenktes englisches Kriegsschiff, dann würde ich den deutsch-russischen Krieg in diesem Sommer befürworten; ich glaube aber, daß wir gegen Rußland nur militärisch gewinnen, dagegen wirtschaftlich verlieren würden.

Man könnte es vielleicht für verlockend halten, dem kommunistischen System den Todesstoß zu geben, und vielleicht auch sagen, es liege in der Logik der Dinge, den europäisch-asiatischen Kontinent jetzt aufmarschieren zu lassen gegen das Angelsachsentum mit seinem Anhang. Entscheidend bleibt aber allein, ob dieses Unternehmen den Sturz Englands beschleunigt.

Zwei Fälle sind zu unterscheiden:

a) England steht nahe vor dem Zusammenbruch; rechnen wir hiermit, so wäre es verfehlt, die Engländer dadurch zu ermutigen, daß wir uns noch einen neuen Gegner vornehmen. Rußland ist kein potentieller Alliierter der Engländer. England hat von Rußland nichts Gutes zu erwarten. Die Hoffnung auf Rußland hält den englischen Zusammenbruch nicht auf. Mit Rußland vernichten wir keine englische Hoffnung.

b) Glauben wir nicht an den nahen Zusammenbruch Englands, so könnte sich der Gedanke aufdrängen, daß wir uns aus der Sowjetländermasse durch Anwendung von Gewalt verköstigen müssen. Daß wir militärisch bis Moskau und darüber hinaus siegreich vordringen, halte ich für selbstverständlich. Ich bezweifle aber durchaus, daß wir das Gewonnene gegen die bekannte passive Resistenz der Slawen ausnutzen könnten. Ich sehe im Russischen Reich keine tragfähige Opposition, welche das kommunistische System ablösen und sich uns anschließen sowie sich uns dienstbar machen könnte. Wir hätten also wahrscheinlich mit dem Fortbestand des Stalin-Systems in Ostrußland und in Sibirien und mit dem Wiederaufleben von Feindseligkeiten im Frühjahr 1942 zu rechnen. Das Fenster nach dem Pazifischen Ozean bliebe zugeschlagen.

Ein deutscher Angriff auf Rußland würde den Engländern nur neuen moralischen Auftrieb geben. Er würde dort bewertet als deutscher Zweifel am Erfolg unseres Kampfes gegen England. Wir würden damit nicht nur zugeben, daß der Krieg noch lange dauern würde, sondern könnten ihn auf diesem Wege geradezu verlängern, statt ihn abzukürzen.

[152.] Erlaß von Generalfeldmarschall Wilhelm Keitel über »Die Ausübung der Kriegsgerichtsbarkeit im Gebiet ›Barbarossa‹« und »besondere Maßnahmen der Truppe«, 13. 5. 1941

1. Straftaten feindlicher Zivilpersonen sind der Zuständigkeit der Kriegsgerichte und der Standgerichte bis auf weiteres entzogen.
2. Freischärler* sind durch die Truppe im Kampf oder auf der Flucht schonungslos zu erledigen.
3. Auch alle anderen Angriffe feindlicher Zivilpersonen gegen die Wehrmacht, ihre Angehörigen und das Gefolge sind von der Truppe auf der Stelle mit den äußersten Mitteln bis zur Vernichtung des Angreifers niederzukämpfen [...]

1. Für die Handlungen, die Angehörige der Wehrmacht und des Gefolges gegen feindliche Zivilpersonen begehen, besteht kein Verfolgungszwang, auch dann nicht, wenn die Tat zugleich ein militärisches Verbrechen oder Vergehen ist.
2. Bei der Beurteilung solcher Taten ist in jeder Verfahrenslage zu berücksichtigen, daß der Zusammenbruch im Jahre 1918, die spätere Leidenszeit des deutschen Volkes und der Kampf gegen den Nationalsozialismus mit den zahllosen Blutopfern der Bewegung entscheidend auf bolschewistischen Einfluß zurückzuführen war und daß kein Deutscher dies vergessen hat.

* Gemeint sind Partisanen und Widerstandskämpfer.

[153.] **Richtlinien für die Behandlung politischer Kommissare (»Kommissarbefehl«), 6. 6. 1941**

Im Kampf gegen den Bolschewismus ist mit einem Verhalten des Feindes nach den Grundsätzen der Menschlichkeit oder des Völkerrechts *nicht* zu rechnen. Insbesondere ist von den *politischen Kommissaren aller Art* als den eigentlichen Trägern des Widerstandes eine haßerfüllte, grausame und unmenschliche Behandlung unserer Gefangenen zu erwarten.
Die Truppe hat sich bewußt zu sein:
1. In diesem Kampfe ist Schonung und völkerrechtliche Rücksichtnahme diesen Elementen gegenüber falsch. Sie sind eine Gefahr für die eigene Sicherheit und die schnelle Befriedung der eroberten Gebiete.
2. Die Urheber barbarisch asiatischer Kampfmethoden sind die politischen Kommissare. Gegen diese muß daher *sofort* und ohne weiteres mit aller Schärfe vorgegangen werden.

Sie sind daher, wenn im Kampf oder bei Widerstand ergriffen, grundsätzlich sofort mit der Waffe zu erledigen.
Im übrigen gelten folgende Bestimmungen:

I. Operationsgebiet
1. Politische Kommissare, die sich *gegen unsere Truppe* wenden, sind entsprechend dem Erlaß über Ausübung der Gerichtsbarkeit im Gebiet »Barbarossa« zu behandeln. Dies gilt für Kommissare jeder Art und Stellung, auch wenn sie nur des Widerstandes, der Sabotage oder der Anstiftung hierzu verdächtig sind.
Auf die Richtlinien über das Verhalten der Truppe in Rußland wird verwiesen.
2. Politische Kommissare *als Organe der feindlichen Truppe* sind kenntlich an besonderen Abzeichen – roter Stern mit goldenem eingewebtem Hammer und Sichel auf den Ärmeln – (Einzelheiten siehe Die Kriegswehrmacht der UdSSR. OKH/Gen dH O Qu IV Abt. Fremde Heere Ost (II) Nr. 100/41 g. vom 16. 1. 1941 unter Anlage 9d). Sie sind aus den Kriegsgefangenen *sofort*, d. h. noch auf dem Gefechtsfelde, abzusondern. Dies ist notwendig, um ihnen jede Einflußnahme auf die gefangenen Soldaten zu nehmen. Diese Kommissare werden nicht als Soldaten anerkannt; der für Kriegsgefangene völkerrechtlich geltende Schutz findet auf sie keine Anwendung. Sie sind nach durchgeführter Absonderung zu erledigen.
3. *Politische Kommissare, die sich keiner feindlichen Handlung schuldig machen oder einer solchen verdächtig sind*, werden zunächst unbehelligt bleiben. Erst bei der weiteren Durchdringung des Landes wird es

möglich sein, zu entscheiden, ob verbliebene Funktionäre an Ort und Stelle belassen werden können oder an die Sonderkommandos abzugeben sind. Es ist anzustreben, daß diese selbst die Überprüfung vornehmen.

Bei der Beurteilung der Frage, ob »schuldig oder nicht schuldig«, hat grundsätzlich der persönliche Eindruck von der Gesinnung und Haltung des Kommissars höher zu gelten als der vielleicht nicht zu beweisende Tatbestand. [...]

**[154.] Entwurf des Generals Walter Warlimont,
Chef der Abteilung Landesverteidigung des OKW,
für die Weisung des OKW Nr. 32 zur Weiterführung des Krieges
nach dem Überfall auf die UdSSR, 11. 6. 1941**

A. Nach der Zerschlagung der sowjetrussischen Wehrmacht werden Deutschland und Italien das europäische Festland – vorläufig ohne die iberische Halbinsel – militärisch beherrschen [...]

Irgendeine ernsthafte Gefährdung des europäischen Raumes zu Lande besteht dann nicht mehr. Zu seiner Sicherung und für die noch in Betracht kommenden Angriffsoperationen genügen wesentlich geringere Kräfte des Heeres, als sie bisher aufrechterhalten werden mußten.

Der Schwerpunkt der Rüstung kann auf die Kriegsmarine und auf die Luftwaffe gelegt werden.

Die Vertiefung der deutsch-französischen Zusammenarbeit soll und wird weitere englische Kräfte fesseln [...]

Spanien wird in absehbarer Zeit vor die Frage gestellt werden, ob es bereit ist, an der Vertreibung der Engländer aus Gibraltar mitzuwirken oder nicht.

Die Möglichkeit, auf die Türkei und den Iran einen starken Druck auszuüben, verbessert die Aussichten, auch diese Länder mittelbar oder unmittelbar für den Kampf gegen England nutzbar zu machen.

B. Aus dieser Lage heraus, wie sie sich nach der siegreichen Beendigung des Ostfeldzuges ergeben wird, können der Wehrmacht für den Spätherbst 1941 und den Winter 1941/42 folgende strategische Aufgaben erwachsen:

1. Der neu gewonnene Ostraum muß organisiert, gesichert und unter voller Mitwirkung der Wehrmacht wirtschaftlich ausgenutzt werden [...]

2. Fortsetzung des Kampfes gegen die britische Position im Mittelmeer und in Vorderasien durch konzentrischen Angriff, der aus

Libyen durch Ägypten, aus Bulgarien durch die Türkei und unter Umständen auch aus Transkaukasien heraus durch den Iran vorgesehen ist.

a) In Nordafrika kommt es darauf an, daß Tobruk erledigt und hierdurch die Grundlage zur Fortführung des deutsch-italienischen Angriffes gegen den Suez-Kanal geschaffen wird. Er ist etwa für November vorzubereiten mit der Maßgabe, daß das Deutsche Afrika-Korps personell und materiell bis dahin auf den höchstmöglichen Stand gebracht und mit ausreichenden Reserven aller Art zu eigener Verfügung ausgestattet wird [...]

b) Angesichts der zu erwartenden englischen Verstärkung im Vorderen und Mittleren Orient und namentlich zum Schutz des Suez-Kanals wird eine deutsche Operation aus Bulgarien durch die Türkei ins Auge zu fassen sein mit dem Ziel, die englische Stellung am Suez-Kanal auch von Osten her anzugreifen.
Zu diesem Zweck ist vorzusehen, so frühzeitig als möglich so starke Kräfte in Bulgarien zu versammeln, wie nötig sind, die Türkei politisch gefügig zu machen oder ihren Widerstand mit Waffengewalt zu brechen.

c) Wenn der Zusammenbruch der Sowjetunion die Voraussetzung dafür geschaffen hat, ist ferner der Ansatz eines motorisierten Expeditionskorps aus Transkaukasien heraus gegen den Irak in Verbindung mit den Operationen zu b) vorzubereiten.

d) Ausnutzung der arabischen Freiheitsbewegung. Die Lage der Engländer im Mittleren Osten wird bei größeren deutschen Operationen um so schwieriger sein, je mehr Kräfte durch Unruheherde oder Aufstandsbewegungen zeitgerecht gebunden werden. Alle diesem Zweck dienenden militärischen, politischen und propagandistischen Maßnahmen müssen in der Vorbereitungszeit engstens aufeinander abgestimmt sein [...]

3. Schließung des Westeingangs in das Mittelmeer durch Ausschaltung von Gibraltar.
Die Vorbereitungen für das schon einmal geplante Unternehmen »Felix«* müssen schon während des Auslaufens der Operationen im Osten in vollem Umfange wieder aufgenommen werden [...]
Die Ausnutzung westafrikanischer Stützpunkte durch Kriegsmarine und Luftwaffe, u. U. auch die Besitznahme atlantischer Inseln, wird nach Beherrschung der Meerengen erleichtert sein.

4. Neben diesen möglichen Operationen gegen die britische Macht-

---

* Besetzung Spaniens, Gibraltars, Portugals und Nordwestafrikas.

stellung im Mittelmeer muß die »Belagerung Englands« nach Abschluß des Ostfeldzuges durch Kriegsmarine und Luftwaffe wieder in vollem Maße aufgenommen werden.

[155.] Aus dem Kriegstagebuch Halders, Juli/August 1941

3. 7. (12. Tag des Ostfeldzuges): [...] Es ist also wohl nicht zuviel gesagt, wenn ich behaupte, daß der Feldzug gegen Rußland innerhalb 14 Tagen gewonnen wurde. Natürlich ist er damit noch nicht beendet. Die Weite des Raumes und die Hartnäckigkeit des mit allen Mitteln geführten Widerstandes werden uns noch viele Wochen beanspruchen [...]
Weitere Pläne:
Sobald die Kriegführung im Osten aus dem Bereich der Zertrümmerung der feindlichen Wehrmacht in den Bereich der wirtschaftlichen Lahmlegung des Feindes übergeht, werden die weiteren Aufgaben der Kriegführung gegen England in den Vordergrund treten und eingeleitet werden müssen. Diese sind:
Vorbereitung der Offensive gegen die Landbrücke zwischen Nil und Euphrat sowohl von der Seite der Cyrenaika her als auch über Anatolien und vielleicht auch aus dem Kaukasus gegen Iran. Ersteres, das immer abhängig bleibt von der Zufuhr über See und daher unberechenbaren Wechselfällen ausgesetzt ist, wird Nebenkriegsschauplatz und wird in der Hauptsache italienischen Kräften zu überlassen sein. Nur die zwei auf volle Stärke aufzufüllenden deutschen Panzerdivisionen (5. leichte und 15.) mit verschiedenen Zutaten werden von uns zu stellen sein. Die Operation durch Anatolien gegen Syrien, gegebenenfalls mit einer Nebenoperation aus dem Kaukasus wird zunächst durch Aufmarsch der erforderlichen Kräfte in Bulgarien einzuleiten sein, welcher gleichzeitig als politischer Druck auf die Türkei ausgenutzt werden muß, um den Durchmarsch zu erzwingen [...]
8. 7. 12.30 Uhr: Vortrag beim Führer (in seiner Befehlsstelle) [...] Aussprache, Ergebnis: Feststehender Entschluß des Führers ist es, Moskau und Leningrad dem Erdboden gleichzumachen, um zu verhindern, daß Menschen darin bleiben, die wir dann im Winter ernähren müssen. Die Städte sollen durch die Luftwaffe vernichtet werden. Panzer dürfen nicht eingesetzt werden. »Volkskatastrophe, die nicht nur den Bolschewismus, sondern auch das Moskowitertum der Zentren beraubt [...]«
11. 8. 41 (51. Tag): [...] In der gesamten Lage hebt sich immer deutlicher ab, daß der Koloß Rußland, der sich bewußt auf den Krieg vorbereitet hat, mit der ganzen Hemmungslosigkeit, die totalitären Staaten eigen ist, von uns unterschätzt worden ist. Diese Feststellung bezieht sich ebenso auf die organisatorischen wie auf die wirtschaftlichen Kräfte, auf das Ver-

kehrswesen, vor allem aber auf rein militärische Leistungsfähigkeit. Wir haben bei Kriegsbeginn mit etwa 200 feindlichen Divisionen gerechnet. Jetzt zählen wir bereits 360. Diese Divisionen sind sicherlich nicht in unserem Sinne bewaffnet und ausgerüstet, sie sind taktisch vielfach ungenügend geführt. Aber sie sind da. Und wenn ein Dutzend davon zerschlagen wird, dann stellt der Russe ein neues Dutzend hin. Die Zeit dazu gewinnt er dadurch, daß er nah an seinen Kraftquellen sitzt, wir immer weiter von ihnen abrücken.

So ist unsere auf größte Breite auseinandergezerrte Truppe ohne jede Tiefe immer wieder den Angriffen des Feindes ausgesetzt. Diese haben teilweise Erfolg, weil eben auf den ungeheuren Räumen viel zu viele Lükken gelassen werden müssen [...]

[156.] Unterredung Hitlers mit dem japanischen Botschafter in Deutschland Oshima, 15. 7. 1941

[...] Der Sieg über Rußland sei für uns eine ungeheure Entlastung. Es sei für Deutschland unmöglich gewesen, mit der russischen Gefahr im Rücken gegen England zu kämpfen. Unsere Truppen hätten nun schon 650–700 km zurückgelegt. Ihre Leistungen seien doppelt so groß wie in Frankreich. Er glaube nicht, daß der Widerstand im europäischen Rußland noch länger als 6 Wochen dauern würde*. Wohin die Russen dann gingen, wisse er nicht. Vielleicht in den Ural oder über den Ural hinaus. Aber wir würden ihnen folgen, und er, der Führer, würde auch nicht davor zurückschrecken, über den Ural hinauszustoßen. Ihre letzte Zuflucht würde wahrscheinlich Omsk sein. Das bolschewistische System würde einen ungeheuerlichen Zusammenbruch erleiden. Alles sei bei ihnen zentralisiert bis zum äußersten. Wenn Moskau stillstehe, müsse ganz Rußland verhungern. Käme heute ein Erdbeben, das Moskau zerstörte, so müsse ganz Rußland zugrunde gehen. Es gäbe drüben keine Initiative, niemanden, der Verantwortung übernehmen könne. Das ganze System basiere auf sklavischem Gehorsam, alles gehorche nur dem Befehl der Zentrale. [...]

Er habe viel über das Problem des Fernen Ostens nachgedacht, und es sei ihm klar geworden, daß

1. die Vernichtung Rußlands im höchsten Interesse läge sowohl Deutschlands wie Japans. Rußland würde immer der Verbündete unserer Feinde sein. Es liege zwischen zwei Welten und würde fortgesetzt sein Schwergewicht verlagern. Ginge es ihm in Asien schlecht, so würde es

---

* D. h. Hitler rechnete zu diesem Zeitpunkt, daß bis Ende August 1941 der Ostfeldzug beendet sein würde.

auf Deutschland, ginge es ihm in Europa schlecht, so würde es auf Japan drücken. Es würde ewig unser Feind sein. Wer von uns Schwierigkeiten habe, würde von Rußland angegriffen werden. Daher sei er der Auffassung, daß Rußland zertrümmert werden müsse; ein für allemal.
2. Die Vereinigten Staaten und England werden immer unsere Gegner sein. Diese Erkenntnis müsse die Grundlage unserer Staatspolitik werden. Nach längerer Überlegung sie dies seine heiligste Überzeugung geworden, der Grundsatz unserer politischen Einsicht.

Amerika und England werden sich immer gegen den wenden, der in ihren Augen isoliert ist*. Heute gibt es nur zwei Staaten, die gegenseitig keine Konfliktmöglichkeiten hätten, dies seien Deutschland und Japan. Amerika drücke in seinem neuen imperialistischen Geist** mal auf den europäischen, mal auf den asiatischen Lebensraum. Von uns aus gesehen drohe im Osten Rußland, im Westen Amerika, von Japan aus gesehen im Westen Rußland, im Osten Amerika. Daher sei er der Meinung, daß wir sie gemeinsam vernichten müßten***. Es gebe im Völkerleben Aufgaben, die hart seien. Man könne diese Aufgaben nicht dadurch lösen, daß man sich ihnen verschließt oder sich auf einen späteren Zeitpunkt verläßt. Der Kampf gegen Rußland sei für ihn ein unerhört schwerer Entschluß gewesen. [...]

Japan stände heute vor ähnlichen Fragen. Er sage dies nicht, weil er die Unterstützung brauche. Er könne diesen Kampf alleine führen. Aber er denke an die Zukunft Japans. Der Augenblick, in dem wir Rußland zerschlagen, sei auch für Japan schicksalhaft. Wenn man nun früge, was Amerika mache, so könne er nur sagen: dann erst recht. Was will denn Amerika machen, wie will es denn den Krieg führen? Die Vernichtung Rußlands müsse das politische Lebenswerk Deutschlands und Japans werden. Und wir könnten uns das leicht machen, wenn wir gleichzeitig handelten, wenn wir gleichzeitig Rußland den Lebensfaden abschnitten. Wenn wir überhaupt die USA aus dem Krieg heraushalten könnten****, dann nur durch die Vernichtung Rußlands und dann nur, wenn Japan und Deutschland eiskalt und eindeutig auftre-

---

    Hiermit brachte Hitler seinen Unwillen über die geheimen japanisch-amerikanischen Verhandlungen (seit Mitte April 1941) indirekt zum Ausdruck.
**   Das Bestreben der USA, Stützpunkte außerhalb der westlichen »Hemisphäre« aufzubauen, wurde auf deutscher Seite – in der Propaganda auch mit Blick auf Großbritannien – als amerikanischer »Imperialismus« auf Kosten des britischen Weltreiches bezeichnet.
*** Dies stellte die klare Äußerung Hitlers im Hinblick auf die Zielsetzung dar, ein deutsch-japanisches Bündnis sowohl gegen die Sowjetunion als auch gegen die USA zustande zu bringen.
**** Darauf lief Hitlers Kriegsplan: durch die Beherrschung der gesamten östlichen »Hemisphäre« durch Deutschland und Japan die USA in der westlichen »Hemisphäre« zu isolieren und damit nach Möglichkeit aus dem Krieg herauszuhalten.

ten. Bis die USA die 8000 Tanks gebaut hätten, die die deutsche Armee jetzt im Osten zerstört habe, brauchen sie mindestens vier Jahre. [...]
Wenn sich zwei heldische Völker wie das deutsche und das japanische in diesem Sinne träfen und zusammenschlössen, so könnten sie die Welt in Schranken halten.
[...] Der russische Krieg sei gewonnen. Die gewaltige materielle Rüstung, die Rußland seit 1929 geschaffen habe, sei in drei Wochen verloren gegangen. In spätestens sechs Wochen seien die Werkstätten dieser gigantischen Aufrüstung in deutschem Besitz. [...]

[157.] **Hitler ist entschlossen, Leningrad zu vernichten.**
Aus einem Schreiben der Seekriegsleitung, September 1941

Der Führer ist entschlossen, die Stadt Petersburg vom Erdboden verschwinden zu lassen. Es besteht nach der Niederwerfung Sowjetrußlands keinerlei Interesse an dem Fortbestand dieser Großsiedlung. Auch Finnland hat gleicherweise kein Interesse an dem Weiterbestehen der Stadt unmittelbar an seiner neuen Grenze bekundet [...] Es ist beabsichtigt, die Stadt eng einzuschließen und durch Beschuß mit Artillerie aller Kaliber und laufendem Lufteinsatz dem Erdboden gleichzumachen. Sich aus der Lage der Stadt ergebende Bitten um Übergabe werden abgeschlagen, da das Problem des Verbleibens und der Ernährung der Bevölkerung von uns nicht gelöst werden kann und soll. Ein Interesse an der Erhaltung auch nur eines Teiles der Bevölkerung besteht in diesem Existenzkrieg unsererseits nicht.

[158.] **Weisung Hitlers für die Heeresgruppe Mitte,**
20.12.1941

[...]
1. Der fanatische Wille zur Verteidigung des Bodens, auf dem die Truppe steht, muß mit allen, auch den schärfsten Mitteln der Truppe eingeimpft werden. Wenn jede Truppe in gleicher Weise von ihm beseelt ist, dann werden die Angriffe des Gegners, auch wenn sie an einzelnen Stellen zu Einbrüchen bzw. Durchbrüchen führen, letzten Endes zum Scheitern verurteilt sein. Wo dieser Wille jedoch nicht in vollem Umfange vorhanden ist, wird die Front ins Wanken geraten, ohne daß eine Aussicht besteht, sie in einer vorbereiteten Stellung wieder zum Stehen zu bringen. Denn darüber muß sich jeder Offizier und Mann im klaren

sein, daß das Ausweichen die Truppe den Gefahren des russischen Winters in viel höherem Maße aussetzt, als das Aushalten in einer, wenn auch dürftig hergerichteten Stellung. Abgesehen von den erheblichen unvermeidlichen Materialverlusten, die bei einer Ausweichbewegung eintreten müssen. Der Russe wird einer ausweichenden Truppe sofort nachstoßen, er wird sie nicht zur Ruhe kommen lassen, sie immer wieder angreifen und anfallen, ohne daß diese Truppe einen Halt finden würde, weil rückwärtige vorbereitete Stellungen fehlen. – Das Wort vom Napoleonischen Rückzug droht Wahrheit zu werden. Es darf daher nur dort eine Ausweichbewegung vorgesehen werden, wo weiter rückwärts eine Stellung vorbereitet ist. Nur wenn der Soldat sieht, daß er nach dem Absetzen vom Feinde wieder in eine, wenn auch notdürftig hergerichtete Stellung hineinkommt, wird er das Absetzen verstehen. Nur dann wird ein solcher Rückzug das Vertrauen zwischen Truppe und Führung nicht untergraben. Erlebt aber die Truppe, daß sie eine Stellung verlassen muß, ohne daß ihr dafür ein entsprechender Ersatz geboten wird, dann droht sich aus jedem Rückzug eine Vertrauenskrise zu entwickeln. –

2. Dem [!] Absinken der Gefechtsstärken der Divisionen muß mit allen Mitteln gesteuert werden. Abgesehen von dem Bestreben, möglichst bald die Ersatztransporte der Truppe zuzuführen, wird es aber auch darauf ankommen, innerhalb der Divisionen soviel Leute wie irgendmöglich zum Einsatz in der Front zu bringen und die große Zahl der hinter der Front eingesetzten Kräfte der rückwärtigen Dienste zu verringern. Jede Truppe, auch wenn sie zu den rückwärtigen Diensten gehört, muß mit dem gleichen fanatischen Willen, sich dort zu verteidigen, wo sie steht, erfüllt werden. Die Ausrede, daß eine Kolonne schutzlos sei, wenn sich keine Infanterie bei ihr befände, darf nicht gelten. Jeder einzelne muß sich genauso als Kämpfer fühlen, wie der vorn eingesetzte Infanterist. Jede belegte Ortschaft muß zum Stützpunkt werden, für dessen Abwehrbereitschaft ein Kommandant verantwortlich ist. Wenn das der Fall ist, dann wird ganz von selbst hinter der Front eine tiefe Abwehrzone entstehen, in der der Gegner immer wieder zum Kämpfen gezwungen und dadurch aufgehalten wird.

3. Jedes Gelände, das dem Gegner zwangsläufig überlassen werden muß, muß für ihn weitgehend unbenutzbar gemacht werden. Jede Ortschaft muß ohne Rücksicht auf die Bevölkerung niedergebrannt und zerstört werden, um dem Gegner die Unterkunftsmöglichkeit zu nehmen. Das muß vorbereitet sein. Sollte die Zerstörung nicht gelingen, so müssen durch Einsatz der Luftwaffe unzerstört gebliebene Ortschaften nachträglich vernichtet werden. Denn auch der Gegner wird, genauso wie

unsere Truppe, bei der Kälte auf Ortschaften angewiesen sein. Für ihn als den Angreifer werden die Schwierigkeiten immer noch größer sein als für unsere Truppe, wenn sie sich in einer leidlich eingerichteten Stellung befindet.

4. Der Gegner wird sich bei seinen Angriffen allmählich verbluten. Er wirft jetzt die letzten verfügbaren Kräfte in den Kampf. Ihre Ausstattung und Bewaffnung mag an einzelnen Stellen sehr gut sein, an den meisten Stellen kämpft er mit schlecht geführten und mit geringen Waffen ausgestatteten Massen. Es liegt daher keinerlei Grund vor, daß die Truppe ihr stets bisher bewiesenes Überlegenheitsgefühl über diesen Gegner verlieren sollte. Im Gegenteil wird es darauf ankommen, überall das berechtigte Selbstvertrauen zu stärken und den Willen zu haben, mit diesem Gegner und den durch die Witterung bedingten Schwierigkeiten fertig zu werden, bis ausreichender Ersatz herangekommen und die Front damit endgültig gesichert ist. [...]

[159.] **Unterredung Hitlers mit dem japanischen Botschafter in Deutschland Oshima über die gemeinsame Kriegführung gegen die USA und Großbritannien, 3. 1. 1942**

[...] Wir alle und auch Japan stünden in einem gemeinsamen Kampf auf Leben und Tod, und es sei daher von größter Wichtigkeit, daß wir unsere militärischen Erfahrungen gegenseitig austauschen [...]

An der Karte erklärt der Führer dem japanischen Botschafter nunmehr die Seekriegslage im Atlantik, wobei er hervorhebt, daß er es als seine wichtigste Aufgabe betrachte, den U-Boot-Krieg voll in Gang zu bekommen. Die U-Boote befänden sich in der Neuaufstellung. Er habe die im Atlantik operierenden U-Boote zuerst einmal alle zurückgerufen. Sie würden jetzt, wie schon erwähnt, vor den USA-Häfen, später dann auch vor Freetown und die großen Boote bis hinunter nach Kapstadt postiert. Er hoffe, daß er bis Februar 20–24 Boote allein an der Küste der Vereinigten Staaten ansetzen könne. Diese Boote seien in der Lage, 4 Wochen dort zu liegen, bevor sie wieder zurückkehren müßten. Nachdem er an Hand der Karte weitere Ausführungen gemacht hat, weist der Führer darauf hin, daß, wie viele Schiffe die USA auch bauten, eines ihrer Hauptprobleme der Personalmangel sei. Aus diesem Grunde würden auch die Handelsschiffe ohne Warnung versenkt, mit der Absicht, daß ein möglichst großer Teil der Besatzung hierbei umkäme. Würde es sich einmal herumsprechen, daß bei den Torpedierungen die meisten Seeleute verlorengingen, so würden die Amerikaner schon bald Schwierigkeiten haben, neue Leute anzuwerben. Die Ausbildung von seefahrendem Personal dauere sehr lange. Wir kämpften um unsere Existenz und könnten deshalb keine humanitären Gesichtspunkte walten lassen. Aus diesem Grunde müsse er auch den Befehl geben, daß, falls die fremden Seeleute nicht zu Gefangenen gemacht werden könnten, was auf offener See meist nicht möglich wäre, die U-Boote nach Torpedierung auftauchten und die Rettungsboote zusammenschössen.

Botschafter Oshima stimmt diesen Ausführungen des Führers aufrichtig zu und sagt, daß auch die Japaner gezwungen seien, diese Methode zu befolgen. Wenn einmal Singapur gefallen sei, wäre die Lage der Alliierten völlig anders; die englische Flotte könne dann nur noch nach Ceylon oder vielleicht nach Bombay gehen; Kalkutta wäre jetzt schon sehr gefährlich für sie. Er glaube nicht, daß die Vereinigten Staaten und England sich über die Art ihrer Kriegführung einig würden. Der Führer ist der Auffassung, daß die Engländer die Streitkräfte der Vereinigten Staaten sehr gern nach Libyen brächten, um zu verhindern, daß sie, so wie diese es gern möchten, in die ostasiatischen Gebiete hineinkämen, da sie fürchten, daß die Amerikaner dort nicht mehr hinausgingen. Oshima ist der Ansicht, daß die japanische Armee bald einen Vorstoß zur Besetzung Burmas machen würde, schon um die Zufuhren für Tschiangkaischek abzuschneiden. Er hält es in diesem Zusammenhang für äußerst wichtig, daß Deutschland und Japan eine gemeinsame Erklärung Indien gegenüber abgeben. Seien einmal die englischen Stützpunkte in Indien ausgeschaltet, so sei es für Japan ein leichtes, Konvois zum Persischen Golf zu schicken. Sehr wichtig sei auch, daß Japan die Kautschuk- und Zinnausfuhr nach Amerika restlos verhindern könne.

Der Führer weist Oshima auf die große Gefahr hin, daß England, wenn der Krieg lange dauere, seine Zentrale nach Australien und Neuseeland verlegen könnte, um von dort aus Japan zu bekämpfen. Er hält es aus diesem Grunde für sehr wichtig, daß Japan sich zunächst ganz auf die Sicherstellung des südostasiatischen Raumes beschränkt, um zu verhindern, daß ihm von hier aus noch irgendwelche Gefahren erwachsen können. Oshima, der mit dem Führer gleicher Meinung ist, fügt hinzu, daß Japan sich auch den Nordraum sichern müsse und zu diesem Zwecke im Frühjahr Stützpunkte auf den Aleuten in Besitz nehmen müsse. Die japanische und die deutsche Marine stünden zur Zeit in Verhandlungen, um eine Strecke nördlich des asiatischen Kontinents auszumachen, auf der ein Austausch von Dampfern stattfinden könne. Soviel ihm bekannt sei, seien dort deutsche Hilfskreuzer schon einmal durchgekommen.

Er hebt besonders hervor, daß es wohl zum ersten Male in der Geschichte sei, daß zwei so gewaltige Militärmächte, die voneinander weit entfernt lägen, gemeinsam im Kampfe stünden. Diese Position gäbe die Mög-

lichkeit, bei genauer Abstimmung der militärischen Operationen eine
Hebelwirkung in der Kriegführung zu erzeugen, die gewaltige Rückwirkungen auf den Feind haben müsse, da dieser dadurch gezwungen
würde, seine Schwerpunkte immer wieder zu verlagern und auf diese
Weise seine Kräfte hoffnungslos zu verzetteln. Er glaube nicht, daß die
Vereinigten Staaten noch Mut hätten, Angriffsoperationen im ostasiatischen Raum zu führen [...] Der Führer fährt nun fort: »Wenn England
Indien verliert, stürzt eine Welt ein. Indien ist der Kern des englischen Empire. Aus Indien hat England seinen ganzen Reichtum er-
worben.«

Oshima sagt, daß Japan durch den China-Krieg wirtschaftlich sehr gelit-
ten habe, daß es aber, sobald es den südostasiatischen Raum besetzt
habe, durch die dort gewonnenen Rohstoffe in der Lage sein werde, einen
langen Krieg durchzuhalten. Es sei notwendig, daß Deutschland und Japan über die gemeinsamen Pläne für 1942/43 berieten. Die beiden Verbündeten dürften unter keinen Umständen auf halbem Wege aufhören.
Der Führer ist der Auffassung, daß man England vernichten kann. Wie
man die USA besiege, wisse er noch nicht. Die Staaten Südamerikas würden, seiner Überzeugung nach, langsam von Nordamerika abrücken. Auf
eine Bemerkung des Reichsaußenministers, daß Japan vielleicht im Mai
in der Lage sein würde, Rußland anzugreifen, sagt der Führer, daß es für
Deutschland das Wichtigste sei, daß Japan den angelsächsischen Mächten
nicht unterliege. Es dürfe unter keinen Umständen seine Kräfte frühzeitig zersplittern. Auch für uns sei England der Hauptfeind. Den Russen
würden wir sicherlich nicht unterliegen. Er macht Oshima nochmals auf
die Gefahr aufmerksam, die auf lange Sicht Japan daraus erwachsen
würde, wenn sich die Vereinigten Staaten und England in großem Ausmaße auf dem australischen Kontinent festsetzen würden. Oshima ist der
gleichen Ansicht und der Überzeugung, daß Japan sich auch bald die
Stützpunkte in Australien sichern würde. Darüber hinaus sei es natürlich,
daß Japan auch eines Tages Rußland schlagen müsse, denn sonst sei eine
Neuordnung in Ostasien nicht möglich. Im Augenblick sei Japan noch in
China truppenmäßig sehr gebunden, doch sei er der Überzeugung, daß
die Chungking-Regierung in den nächsten Monaten immer schwächer
würde. Dann sei Japan in der Lage, Truppen aus China herauszuzie-
hen.

Der größte Fehler Roosevelts sei der gewesen, Japan Sanktionen aufzuer-
legen, ohne gleichzeitig entsprechend gerüstet zu sein. Dies sei eine
geradezu wahnsinnige Politik gewesen. Der Führer ist der gleichen Auffassung und sagt, wenn man nicht warten will, bis einem die Kehle durch-
schnitten wird, muß man eben vorher losschlagen, und das habe Japan
richtig erkannt und getan. [...] Der Führer ist der Auffassung, daß es

außerordentlich wichtig sei, daß Japan und Deutschland gegenseitig ihre Kriegserfindungen austauschten. Deutschland habe keine Interessen in Ostasien und Japan keine in Europa und Afrika. [...]

[160.] Hitlers Rede über die angebliche Einnahme von Stalingrad, 8.11.1942

Ich wollte zur Wolga kommen, und zwar an einer bestimmten Stelle, an einer bestimmten Stadt. Zufälligerweise trägt sie den Namen von Stalin selber. Aber denken Sie nur nicht, daß ich aus diesem Grunde dorthin marschiert bin – sie könnte auch ganz anders heißen –, sondern weil dort ein ganz wichtiger Punkt ist.

Dort schneidet man nämlich 30 Millionen Tonnen Verkehr ab, darunter fast 9 Millionen Tonnen Ölverkehr. Dort floß der ganze Weizen aus diesen gewaltigen Gebieten der Ukraine, des Kubangebietes zusammen, um nach Norden transportiert zu werden. Dort ist das Manganerz befördert worden; dort war ein gigantischer Umschlagplatz. Den wollte ich nehmen und – wissen Sie – wir sind bescheiden, wir haben ihn nämlich!

Es sind nur noch ein paar ganz kleine Plätzchen da. Nun sagen die anderen: »Warum kämpfen sie denn nicht schneller?« – Weil ich dort kein zweites Verdun haben will, sondern es lieber mit ganz kleinen Stoßtrupps mache. Die Zeit spielt dabei gar keine Rolle [...]

Alles das, was uns im vergangenen Winter passierte, passiert uns diesmal nicht mehr, und ich sagte schon einmal, ein großer Philosoph sprach das Wort, daß, wenn ein Stoß einen starken Mann nicht umwirft, er ihn dann nur stärker macht. Der Sturm, der uns im vergangenen Winter nicht umgeworfen hat, der hat auch uns nur stärker gemacht!

[161.] Goebbels über die sich verschlechternde Kriegslage und über Italiens Ausscheiden aus dem Krieg, Juli 1943

25. Juli 1943 (Sonntag)*

Wir bekommen auch im Laufe des Tages vertrauliche Nachrichten darüber, daß in der italienischen Innenpolitik ein gewisser Umschwung sich anbahnt [...]

---

* Das Datum bezeichnet bei Goebbels häufig nur den Tag der Eintragung; es ist keine verläßliche Angabe für den Zeitpunkt der geschilderten Ereignisse.

26. Juli 1943 (Montag)
In der Nacht hat ein außerordentlich schwerer Angriff auf Hamburg stattgefunden. Er ist von den verheerendsten Folgen sowohl für die Zivilbe-
völkerung als auch für die Hamburger Rüstungsproduktion. Mit diesem
Angriff werden die Illusionen, die sich viele bezüglich des weiteren Fort-
gangs der Luftoperationen des Feindes gemacht hatten, endgültig zerschlagen [...]

Stalin hat einen Befehl an die Rote Armee erlassen, in dem er feststellt,
daß die diesjährige Sommeroffensive der deutschen Wehrmacht gescheitert sei [...] Leider sind die Thesen, die Stalin in diesem Aufruf vertritt,
zum großen Teil richtig [...]
Als ich in der Wohnung ankomme, erhalte ich gleich einen Telefonanruf
aus dem Führerhauptquartier. Die Nachrichten, die mir von dort her-
übergegeben werden, klingen geradezu unwahrscheinlich. Sie besagen,
daß der Duce zurückgetreten sei; Badoglio habe an seiner Stelle die Führung in Italien übernommen. Die Lage sei im Augenblick noch gänzlich
undurchsichtig. Die Nachrichten, die wir erhalten, kommen über den
Rundfunk und werden durch Reuter verbreitet. Man ist sich im Hauptquartier über die stattgehabte Entwicklung durchaus im unklaren. Jedenfalls wünscht der Führer, daß ich sofort ins Hauptquartier abreise. Er will
dort mit seinen nächsten Mitarbeitern eine Überprüfung der Lage vornehmen. –
Wir erhalten Nachrichten, daß in der Sitzung des Großfaschistischen Ra-
tes sehr scharf gegen Mussolini und seine Politik und Kriegführung Sturm
gelaufen worden ist. Die Hauptrufer im Streit waren Ciano und Grandi.
Sie hatten den Duce und seine Politik in einer außerordentlich scharfen
Weise kritisiert [...]

[162.] **Goebbels über mögliche Friedenssondierungen anläßlich
der Kapitulation Italiens, 10.9.1943**

[...] Jetzt taucht natürlich allmählich die Frage auf, wohin wir uns zuerst
wenden sollen, nach der Moskauer oder nach der angloamerikanischen
Seite. Irgendwie müssen wir uns wohl darüber klar werden, daß es sehr
schwer sein wird, mit beiden Seiten fertig zu werden. Wir werden
selbstverständlich zuerst unsere Fronten in Ordnung bringen müssen
[...]
Ich frage den Führer, ob über kurz oder lang etwas mit Stalin zu machen ist.
Im Augenblick verneint er diese Frage. Das ist auch richtig im Hinblick
auf die kritische Lage im Osten. Überhaupt ist der Führer der Meinung,

daß man eher etwas mit den Engländern als mit den Sowjets machen könnte. Die Engländer würden, wie der Führer meint, zu einem gewissen Zeitpunkt zur Vernunft kommen [...]

[163.] Denkschrift »Strategischer Überblick und Verteilung der Gesamtstreitkräfte des deutschen Heeres« von Generaloberst Alfred Jodl, Chef des Wehrmachtführungsstabes, 13. 4. 1944

I. Der schwere Kampf im Osten hat dazu geführt, daß bei einzelnen hohen Kommandostellen der Ostfront kritische Betrachtungen über unsere Kräfteverteilung angestellt werden. Sie entspringen der Not und der Sorge, die gestellte Aufgabe mit den verfügbaren Kräften nicht erfüllen zu können, führen aber gerade deshalb und weil die Grundlagen für die objektive Beurteilung der Gesamtlage fehlen, in den meisten Fällen zu falschen Schlüssen oder gar zu einer gefährlichen Kritik.

Es ist eine scheinbar richtige und doch trügerische Statistik, daß 53 % des Heeres im Osten für die Existenz des deutschen Volkes kämpfen, während 47 % im übrigen Europa untätig auf eine Invasion warten, die nicht kommt. Es soll vielleicht eine scherzhafte Redewendung sein, daß wir 1918 den Krieg wegen der »Navy in being« verloren haben und den jetzigen wegen der »Army in being« verlieren werden; in ihr steckt aber ein zersetzendes Gift und eine Kritik an der Obersten Führung, die besonders deutlich beweist, daß selbst bei führenden militärischen Stellen die strategischen Probleme dieses Krieges vielfach verkannt werden.

Der nachfolgende Überblick über die Gruppierung aller Heereskräfte soll klarstellen, daß diese Verteilung nicht einer Minderbewertung der Ostfront entspringt, sondern dem harten Zwang angepaßt ist, den die politische, militärische und wirtschaftliche, also die strategische Gesamtlage auf dem europäischen Kriegstheater auf die Kräfteverteilung ausübt.

II. 1. Finnland, Norwegen, Dänemark, der Westen, Italien und der Balkan sind vorgeschobene Positionen, die gewonnen werden mußten, um die militärischen und wirtschaftlichen Voraussetzungen für einen lang dauernden Krieg gegen Anglo-Amerika und Sowjet-Rußland zu schaffen.

Die jetzige Großoffensive in der Luft gegen das Heimatkriegsgebiet, die bei näher herangerückten Flugbasen des Feindes vielleicht schon ein kriegsentscheidendes Ausmaß angenommen hätte, und der Verlust kriegswichtiger Rohstoffgebiete im Osten zeigen, wie wichtig es war, diese Positionen zu gewinnen und wie nötig es ist, sie zu behaupten und zu festigen.

Der U-Boot-Krieg, dessen Wiederaufnahme mit verbesserten Bedingungen mit allen Mitteln vorbereitet wird, kann nur aus Stützpunkten im Westen und Norwegen geführt werden, wie auch der Fernkampf gegen England die nordfranzösische Küste als Basis haben muß.

2. Es kann sich daher nur um die Frage handeln, ob diese vorgeschobenen Positionen bei der augenblicklichen Gesamtlage zu stark besetzt sind und dadurch dem Osten zu viel Kräfte entziehen, oder ob – ohne wesentliche Folgen für die Gesamtkriegführung – Teilgebiete geräumt und dadurch Kräfte für den Osten gewonnen werden können.

3. Welche Kräfte sind denn überhaupt auf den Kriegsschauplätzen außerhalb des Ostens vorhanden und welche dieser Kräfte kommen aufgrund ihrer Zusammensetzung, Ausrüstung und Ausbildung für den Einsatz im Osten in Betracht?

Hier ist zu berücksichtigen, daß zur Ersparnis an Menschen und Material schon zahlreiche, an den Küsten eingesetzte Divisionen als Stellungs- bzw. Festungs-Divisionen aufgestellt oder später in solche umgewandelt sind und dadurch für eine Verwendung im Osten ausscheiden, andere Verbände aus Volksdeutschen oder eigenstämmigen Wehrfähigen der besetzten Gebiete zusammengesetzt und nur für den Einsatz in diesen Gebieten geeignet, wieder andere aufgrund ihrer Ausstattung (Beutewaffen, Beute-Kfz.) nicht ostverwendungsfähig sind [...]

Selbst diese werden aus Mangel an vollwertigen Kräften schon während ihrer Aufstellung vielfach zu Abwehraufgaben in festen Stellungen, basiert auf gute Verbindungen, die das Weiterführen der Aufstellung ermöglichen, eingesetzt. Für eine Verwendung im Osten kommen sie aber vor Abschluß ihrer Aufstellung überhaupt nicht in Betracht. Einzelheiten über die Verbände enthält die Anlage. Daraus ergibt sich, daß außerhalb des Ostens insgesamt nur 41 Divisionen (23 Inf.-Div., 6 Geb. Div., 5 Pz.-Div., 3 Pz. Gren. Div.) vorhanden sind, die für einen Einsatz im Osten in Frage kommen. Von diesen sind an den Kampffronten (Italien und Finnland) zur Zeit 20 Divisionen (9 Inf. Div., 5 Geb. Div., 1 Jäg. Div., 2 Pz. Div., 3 Pz. Gren. Div.) eingesetzt und gebunden.

Die restlichen 21 Divisionen bilden die Eingreifreserven hinter der vom Angriff starker anglo-amerikanischer Armeen bedroh-

ten Westküste und umfassen noch eine Anzahl von Divisionen an den Küsten und auf den Inseln der entlegensten Räume in Norwegen und im Südosten, deren Ablösung durchweg unmöglich ist [...]
Der Führer erwartet, daß die Darlegung dieser Zusammenhänge genügt, um für die Zukunft weitere unsachliche Erörterungen über die Kräfteverteilung des Heeres auszuschließen.

Anlage [...]

A) Kräftevergleich				
	1) Gesamtverbände des Heeres (einschl. Waffen-SS) Stand 1. 3. 44		2) davon Verbände außerhalb des Ostens u. Heimatkriegsgebietes (einschl. SS-Verb.)	
	verwendungsbereit	in Aufstellung	verwendungsbereit	in Aufstellung
Korps-Abteilung	4	–	–	–
Div. Gruppen	29	–	–	–
Inf. Div.	144	18	31	15
Geb. Div.	10	–	8	–
Jäg. Div.	10	1	4	1
Pz. Div.	30	4	7	4
Kav. Div.	1	2	1	1
Pz. Gren. Div.	12	4	4	4
Artl. Div.	1	–	–	–
Bodenstdg. u. Fest. Div. (einschl. bodenstdg. Lw. F. Div.)	35	–	35	–
Sich. Div.	11	–	–	–
Res. Div.	14	–	11	–
Div. »Brandenburg«	1	–	1	–
Feld-Ausb.-Div.	4	1	–	–
Außerdem Fallschirm-Jäger-Div.	3	2	2	2
	309	32	104	27
	341 – 100 %		131 – 38,7 %	

**[164.] Denkschrift des Generalfeldmarschalls Erwin Rommel
über die Lage an der Westfront, 15. 7. 1944**

Die Lage an der Front der Normandie wird von Tag zu Tag schwieriger,
sie nähert sich einer schweren Krise.

Die eigenen Verluste sind bei der Härte der Kämpfe, dem außergewöhnlich starken Materialeinsatz des Gegners, vor allem an Artillerie
und Panzern, und der Wirkung der den Kampfraum unumschränkt be-
herrschenden feindlichen Luftwaffe derart hoch, daß die Kampfkraft
der Divisionen sehr rasch absinkt. Ersatz aus der Heimat kommt nur
sehr spärlich und erreicht bei der schwierigen Transportlage die Front
erst nach Wochen. Rund 97000 Mann an Verlusten (darunter 2360 Offiziere – unter ihnen 28 Generale und 354 Kommandeure) – also durch-
schnittlich pro Tag 2500 bis 3000 Mann – stehen bis jetzt 6000 Mann
Ersatz gegenüber. Auch die materiellen Verluste der eingesetzten
Truppen sind außergewöhnlich hoch und konnten bisher nur in ganz
geringem Umfange ersetzt werden, z. B. von rund 225 Panzern bisher
17.

Die neu zugeführten Divisionen sind kampfungewohnt und bei der geringen Ausstattung mit Artillerie, panzerbrechenden Waffen und Panzer-
nahbekämpfungsmitteln nicht imstande, feindliche Großangriffe nach
mehrstündigem Trommelfeuer und starken Bombenangriffen auf die
Dauer erfolgreich abzuwehren. Wie die Kämpfe gezeigt haben, wird bei
dem feindlichen Materialeinsatz auch die tapferste Truppe Stück für
Stück zerschlagen.

Die Nachschubverhältnisse sind durch Zerstörung des Bahnnetzes, die
starke Gefährdung der Straßen und Wege bis zu 150 km hinter die Front
durch die feindliche Luftwaffe derart schwierig, daß nur das Allernötigste
herangebracht werden kann und vor allem mit Artillerie- und Werfermu-
nition überall äußerst gespart werden muß.

Neue nennenswerte Kräfte können der Front in der Normandie nicht
mehr zugeführt weren. Auf der Feindseite fließen Tag für Tag neue
Kräfte und Mengen von Kriegsmaterial der Front zu. Der feindliche
Nachschub wird von der eigenen Luftwaffe nicht gestört. Der feindliche
Druck wird immer stärker.

Unter diesen Umständen muß damit gerechnet werden, daß es dem Feind
in absehbarer Zeit – 14 Tage bis drei Wochen – gelingt, die dünne eigene
Front, vor allem bei der 7. Armee, zu durchbrechen und in die Weite des
französischen Raumes zu stoßen. Die Folgen werden unübersehbar
sein.

Die Truppe kämpft allerorts heldenmütig, jedoch der ungleiche Kampf
neigt dem Ende entgegen.

Ich muß Sie bitten, die politischen Folgerungen aus dieser Lage unverzüglich zu ziehen. Ich fühle mich verpflichtet, als Oberbefehlshaber der Heeresgruppe, dies klar auszusprechen [...]

[165.] Reichsfinanzminister Lutz Graf Schwerin von Krosigk an Joseph Goebbels über die Aufnahme von Verhandlungen mit den Westmächten, 14. 4. 1945

Die Möglichkeiten, die sich aus dem Tode Roosevelt's für uns ergeben, lassen mich nicht schlafen. Es ist nicht nur ein Gottesgericht; es ist ein Gottesgeschenk, das wir aber jetzt erwerben müssen, um es zu besitzen. Der Tod wird keine unmittelbare Wirkung haben, aber er beseitigt den Block, der jeder denkbaren Fuhlungnahme mit den Amerikanern unverrückbar im Wege stand. Nun gibt uns sein Tod nicht nur die Möglichkeit, sondern auch die Verpflichtung, die jetzt frei gewordenen Wege aktiv und ungesäumt zu beschreiten.

Eine Möglichkeit solcher aktiven Politik sehe ich, gerade im Hinblick auf Amerika, beim Papst [...]

Trifft ein Vorgehen des Papstes mit einer von Wirtschaftlern und unter wirtschaftlichen Gesichtspunkten gestarteten Aktion zusammen, die den Amerikanern klarmacht, daß der durch deutsche Produktionskraft, Deutschlands Urproduktion und Industrie verstärkte Sowjetstaat kein Handelspartner, sondern ein Konkurrent von unvorstellbarer Kraft und Gefahr sein würde, dann kann man bei den Amerikanern auf Wirkung rechnen.

Die Notwendigkeit einer ungesäumten Politik sehe ich in der Entwicklung der militärischen Lage [...]

Ich hoffe, daß eine von Ihnen neulich angedeutete militärische Aktion uns Luft machen wird, aber sie muß von einer politischen Aktion begleitet und benutzt werden.

[166.] Hitlers politisches Testament, 29. 4. 1945

Seit ich 1914 als Freiwilliger meine bescheidene Kraft im ersten, dem Reich aufgezwungenen Weltkrieg einsetzte, sind nunmehr über dreißig Jahre vergangen. In diesen drei Jahrzehnten haben mich bei all meinem Denken, Handeln und Leben nur die Liebe und Treue zu meinem Volk bewegt. Sie gaben mir die Kraft, schwerste Entschlüsse zu fassen, wie sie bisher noch keinem Sterblichen gestellt worden sind. Ich habe meine Zeit, meine Arbeitskraft und meine Gesundheit in diesen drei Jahrzehnten verbraucht. Es ist unwahr, daß ich oder irgend jemand anderes in Deutschland den Krieg im Jahre 1939 gewollt habe. Er wurde gewollt und angestiftet ausschließlich von jenen internationalen Staatsmännern, die entweder jüdischer Herkunft waren oder für jüdische Interessen arbeiteten. Ich habe zu viele Angebote zur Rüstungsbeschränkung und Rüstungsbegrenzung gemacht, die die Nachwelt nicht auf alle Ewigkeiten wegzuleugnen vermag, als daß die Verantwortung dieses Krieges auf mir lasten könnte. Ich habe weiter nie gewollt, daß nach dem ersten unseligen Weltkrieg ein zweiter gegen England oder gar gegen Amerika entsteht. Es werden Jahrhunderte vergehen, aber aus den Ruinen unserer Städte und Kunstdenkmäler wird sich der Haß gegen das letzten Endes verantwortliche Volk immer wieder erneuern, dem wir das alles zu verdanken haben: dem internationalen Judentum und seinen Helfern. [...]

Nach einem sechsjährigen Kampf, der einst in die Geschichte trotz aller Rückschläge als ruhmvollste und tapferste Bekundung des Lebenswillens eines Volkes eingehen wird, kann ich mich nicht von der Stadt trennen, die die Hauptstadt dieses Reiches ist. Da die Kräfte zu gering sind, um dem feindlichen Ansturm gerade an dieser Stelle noch standzuhalten, der eigene Widerstand aber durch ebenso verblendete wie charakterlose Subjekte allmählich entwertet wird, möchte ich mein Schicksal mit jenem teilen, das Millionen andere auch auf sich genommen haben, indem ich in dieser Stadt bleibe. Außerdem will ich nicht Feinden in die Hände fallen, die zur Belustigung ihrer verhetzten Massen ein neues, von Juden inszeniertes Schauspiel benötigen. Ich habe mich daher entschlossen, in Berlin zu bleiben und dort aus freien Stücken in dem Augenblick den Tod zu wählen, in dem ich glaube, daß der Sitz des Führers und Kanzlers selbst nicht mehr gehalten werden kann. Ich sterbe mit freudigem Herzen angesichts der mir bewußten unermeßlichen Taten und Leistungen unserer Soldaten an der Front, unserer Frauen zu Hause, den Leistungen unserer Bauern und Arbeiter und dem in der Geschichte einmaligen Einsatz unserer Jugend, die meinen Namen trägt. [...]

Ich stoße vor meinem Tode den früheren Reichsmarschall *Hermann Göring* aus der Partei aus und entziehe ihm alle Rechte, die sich aus dem Erlaß vom 29. Juni 1941 sowie aus meiner Reichstagserklärung vom 1. Sept. 1939 ergeben könnten. Ich ernenne an Stelle dessen den Großadmiral *Dönitz* zum Reichspräsidenten und Obersten Befehlshaber der Wehrmacht.

Ich stoße vor meinem Tode den früheren Reichsführer SS und Reichsminister des Innern *Heinrich Himmler* aus der Partei sowie allen Staatsämtern aus. Ich ernenne an seiner Stelle den Gauleiter *Karl Hanke* zum Reichsführer SS und Chef der deutschen Polizei und den Gauleiter *Paul Giesler* zum Reichsminister des Innern. Göring und Himmler haben durch geheime Verhandlungen mit dem Feinde, die sie ohne mein Wissen und gegen meinen Willen abhielten, sowie durch den Versuch, entgegen dem Gesetz die Macht im Staate an sich zu reißen, dem Lande und dem gesamten Volk unabsehbaren Schaden zufügt, gänzlich abgesehen von der Treulosigkeit gegenüber meiner Person.

Um dem deutschen Volk eine aus ehrenhaften Männern zusammengesetzte Regierung zu geben, die die Verpflichtung erfüllt, den Krieg mit allen Mitteln weiter fortzusetzen, ernenne ich als Führer der Nation folgende Mitglieder des neuen Kabinetts: Reichspräsident *Dönitz*, Reichskanzler Dr. *Goebbels*, Parteiminister *Bormann*, Außenminister *Seyß-Inquart*, Innenminister Gauleiter *Giesler*, Kriegsminister *Dönitz*, Oberbefehlshaber des Heeres *Schörner*, der Kriegsmarine *Dönitz*, der Luftwaffe *Greim*, Justiz *Thierack*, Kultus *Scheel*, Propaganda Dr. *Naumann*, Finanz *Schwerin-Krosigk*, Reichsführer SS und Chef der deutschen Polizei Gauleiter *Hanke*, Wirtschaft *Funk*, Landwirtschaft *Backe*, Arbeit Dr. *Hupfauer*, Rüstung *Saur*, Leiter der DAF und Mitglied des Reichskabinetts Reichsminister Dr. *Ley*.

[...] Von allen Deutschen, allen Nationalsozialisten, Männern und Frauen, und allen Soldaten der Wehrmacht verlange ich, daß sie der neuen Regierung und ihrem Präsidenten treu und gehorsam sein werden bis in den Tod. Vor allem verpflichte ich die Führung der Nation und die Gefolgschaft zur peinlichen Einhaltung der Rassegesetze und zum unbarmherzigen Widerstand gegen den Weltvergifter aller Völker, das internationale Judentum. [...]

[167.] Bedingungslose Kapitulation der deutschen Wehrmacht, 8.5.1945

[...]

1. Wir, die hier Unterzeichneten, handelnd in Vollmacht für und im Namen des Oberkommandos der deutschen Wehrmacht, erklären hiermit die bedingungslose Kapitulation aller am gegenwärtigen Zeitpunkt unter deutschem Befehl stehenden oder von Deutschland beherrschten Streitkräfte auf dem Lande, auf der See und in der Luft gleichzeitig gegenüber dem Obersten Befehlshaber der alliierten Expeditionsstreitkräfte und dem Oberkommando der Roten Armee.

2. Das Oberkommando der deutschen Wehrmacht wird unverzüglich allen Behörden der deutschen Land-, See- und Luftstreitkräfte und allen von Deutschland beherrschten Streitkräften den Befehl geben, die Kampfhandlungen um 23.01 mitteleuropäischer Zeit am 8. Mai einzustellen und in den Stellungen zu verbleiben, die sie an diesem Zeitpunkt innehaben, und sich vollständig zu entwaffnen, indem sie Waf-

fen und Geräte an die örtlich alliierten Befehlshaber bzw. an die von den alliierten Vertretern zu bestimmenden Offiziere abliefern. Kein Schiff, Boot oder Flugzeug irgendeiner Art darf versenkt werden, noch dürfen Schiffsrümpfe, maschinelle Einrichtungen, Ausrüstungsgegenstände, Maschinen irgendwelcher Art, Waffen, Apparaturen, techn. Gegenstände, die Kriegszwecken im allgemeinen dienlich sein können, beschädigt werden.

3. Das Oberkommando der deutschen Wehrmacht wird unverzüglich den zuständigen Befehlshabern alle von dem obersten Befehlshaber der alliierten Expeditionsstreitkräfte und dem Oberkommando der Roten Armee erlassenen zusätzlichen Befehle weitergeben und deren Durchführung sicherstellen.

4. Diese Kapitulationserklärung ist ohne Präjudiz für irgendwelche an ihre Stelle tretende Kapitulationsbedingungen, die durch die Vereinten Nationen und in deren Namen Deutschland und der deutschen Wehrmacht auferlegt werden mögen.

5. Falls das Oberkommando der deutschen Wehrmacht oder irgendwelche ihm unterstehende oder von ihm beherrschte Streitkräfte es versäumen sollten, sich gemäß den Bestimmungen dieser Kapitulationserklärung zu verhalten, werden der oberste Befehlshaber der alliierten Expeditionsstreitkräfte und das Oberkommando der Roten Armee alle diejenigen Straf- und anderen Maßnahmen ergreifen, die sie als zweckmäßig erachten.

6. Diese Erklärung ist in englischer, russischer und deutscher Sprache abgefaßt. Allein maßgebend sind die englische und die russische Fassung.

Unterzeichnet zu Berlin am 8. Mai 1945

gez. v. Friedeburg   gez. Keitel   gez. Stumpff
für das Oberkommando der deutschen Wehrmacht [...]

2. Nationalsozialistische Großraumpläne und die Neuordnung Europas

Die glänzenden militärischen Erfolge der deutschen Wehrmacht, die ihren krönenden, kaum für möglich erachteten Höhepunkt in dem Sieg über den »Erzfeind« Frankreich erfuhren, lösten im Jahre 1940 auf fast allen politischen, militärischen und wirtschaftlichen Ebenen engagiert geführte Diskussionen und Planungen über die Neugestaltung Europas und darüber hinausgehende Perspektiven aus (Dok. 168, 173).

Wilhelminische Konzepte eines vom Deutschen Reich dominierten, kontrollierten, ja beherrschten Mitteleuropas erlebten eine realisierbare Renaissance. Es verbreitete sich die Erkenntnis, daß Deutschlands Abhängigkeit von Rohstoffen und Absatzmärkten durch großzügige handelspolitische und territoriale Regelungen behoben, und daß möglichst ein autarker wirtschaftlicher Großraum unter deutscher Hegemonie geschaffen werden müsse, um wirtschaftlich und damit auch militärisch und politisch den Weltmächten Großbritannien und den USA ebenbürtig zu werden (Dok. 170, 171).

Neben diesen »traditionellen« Neuordnungsvorstellungen, die sich vorrangig auf Mittel- und Westeuropa bezogen, wurden weitläufige »revolutionäre« Siedlungs- und Ausrottungskonzepte entwickelt, die vor allem ideologisch und rassenbiologisch begründet wurden. Die »germanischen« Völker unter dem Schutz und der Führung des »Großgermanischen Reiches Deutscher Nation« sollten die »rassisch minderwertigen« slawischen Bevölkerungsmassen des Ostens unterwerfen, beherrschen, ausbeuten, verdrängen und vernichten, um neuen Siedlungs- und Lebensraum zu gewinnen. Ergänzend sollten Kolonien und Flottenstützpunkte die deutsche Weltherrschaft wirtschaftlich und strategisch garantieren (Dok. 172).

Die nationalsozialistischen Europapläne schlossen die Bildung einer europäischen Staatengemeinschaft auf der Basis der Gleichberechtigung und Kooperation aus. Hitler wollte das europäische »Kleinstaatengerümpel« liquidieren (Dok. 174), den eroberten Ostraum als Kolonie beherrschen und die rassentheoretisch begründete germanisch-deutsche Führung gewaltsam und auf ewig realisieren.

[168.] Erlaß des »Führers« und Reichskanzlers zur »Festigung deutschen Volkstums«, 7.10.1939

Die Folgen von Versailles in Europa sind beseitigt. Damit hat das Großdeutsche Reich die Möglichkeit, deutsche Menschen, die bisher in der Fremde leben mußten, in seinem Raum aufzunehmen und anzusiedeln und innerhalb seiner Interessengrenzen die Siedlung der Volksgruppen so zu gestalten, daß bessere Trennungslinien zwischen ihnen erreicht werden. Die Durchführung dieser Aufgabe übertrage ich dem Reichsführer-SS nach folgenden Bestimmungen:

I. Dem Reichsführer-SS obliegt nach seinen Richtlinien:
   1. Die Zurückführung der für die endgültige Heimkehr in das Reich in Betracht kommenden Reichs- und Volksdeutschen im Ausland,
   2. die Ausschaltung des schädigenden Einflusses von solchen volksfremden Bevölkerungsteilen, die eine Gefahr für das Reich und die deutsche Volksgemeinschaft bedeuten,
   3. die Gestaltung neuer deutscher Siedlungsgebiete durch Umsied-

lung, im besonderen durch Seßhaftmachung der aus dem Ausland heimkehrenden Reichs- und Volksdeutschen.

Der Reichsführer-SS ist ermächtigt, alle zur Durchführung dieser Obliegenheiten notwendigen allgemeinen Anordnungen und Verwaltungsmaßnahmen zu treffen.

Zur Erfüllung der ihm in Absatz I Nr. 2 gestellten Aufgaben kann der Reichsführer-SS den in Frage stehenden Bevölkerungsteilen bestimmte Wohngebiete zuweisen.

[…]

[169.] **Ernst von Weizsäcker über die »pax germanica«,**
Dezember 1939

[…] Wie aber würde der deutsche Sieg Europa umgestalten? Der Kontinent wäre zwischen uns und Rußland in Interessensphären aufzuteilen, unter Rücksichtnahme auf gewisse Bedürfnisse der Italiener, Spanier und einiger kleinerer Staaten. Wir müßten über die Küste der westlichen Kontinentalstaaten gegenüber England dauernd militärisch verfügen. Sonst wäre Frankreich im wesentlichen zu schonen und in ein engeres wirtschaftliches Verhältnis zu uns zu bringen. Belgien und Holland mit ihren Kolonien wären enger an uns zu fesseln und uns dienstbar zu machen. England würde dann von der See und Luft her im Zustand der deutschen Dauerbedrohung gehalten werden. So und nicht viel anders müßte man sich wohl die pax germanica vorstellen.

Ein Frieden dieser Art wäre ein Dauer-Kriegszustand, ohne daß geschossen wird. Er wäre nicht aufgebaut auf gemeinsamen Interessen, auf der Gleichheit der Kräfte oder auf freiwillig übernommenen Rechtsgrundlagen. Er wäre nur haltbar, wenn die einbezogenen Staaten in ihrem neuen Herrn zugleich den Befreier von einem alten Joch sähen, etwa in dem Sinne, daß wir die Bringer neuer und fortschrittlicher sozialer Auffassungen wären. Wir hätten mit der althergebrachten freiheitlichen Überlieferung dieser Staaten zu rechnen und könnten diese nur in einer langen, über Generationen ausgedehnten deutschen Herrschaft überwinden. Der Schöpfer einer solchen Ordnung übergäbe seinen Nachfolgern ein überaus schweres Problem internationaler Regierungskunst.

Unter diesen Umständen drängt sich die Überlegung auf, ob nicht eine ganz andere Lösung zu finden wäre, nämlich die eines Zusammengehens zwischen dem siegreichen Deutschland und dem unterlegenen England zum Zwecke der Errichtung einer Interessensphäreneinteilung […]

[170.] Denkschrift von Werner Daitz betr. die Errichtung eines Reichskommissariats für Großraumwirtschaft, 31. 5. 1940

Seit mehr als zwei Jahrzehnten habe ich in zahlreichen Artikeln, Reden und Büchern darauf hingewiesen, daß das unter dem Protektorat des englischen Pfundes und der englischen Flotte stehende liberalistische Weltwirtschaftssystem sich zwangsläufig auflösen müsse in mehrere autonome oder autarke Wirtschaftsblöcke bzw. Großraumwirtschaften: in einen Dollarblock, einen Yenblock, einen Rupienblock und einen kontinentaleuropäischen Markblock.

Durch die englische Blockade Deutschlands in den Jahren 1914 bis 1918 und nun wieder 1939 bis 1940 ist diese Entwicklung beschleunigt worden. Besonders die gegenwärtige Blockade hat die zwangsläufige Bildung einer kontinentaleuropäischen Großraumwirtschaft unter deutscher Führung als wirtschaftliche Selbsthilfe-Maßnahme des europäischen Festlandes erzwungen. Die Neuordnung des europäischen Kontinents, dieses ewigen Kernraumes der weißen Rasse findet hierin den Ausdruck ihrer notwendigen wirtschaftlichen Wiedererstarkung und Unabhängigkeit. Diese wirtschaftliche Zusammenarbeit der kontinental-europäischen Völker muß unter der Parole stehen: Europa den Europäern. Der europäische wirtschaftliche Bedarf muß zuerst in Europa selbst erzeugt und ausgetauscht werden und dann erst mit anderen Wirtschaftsblöcken oder Großraumwirtschaften – ebenso wie die übrigen sich immer mehr festigenden Großraumwirtschaften erklären: Amerika den Amerikanern, Ostasien den Ostasiaten, Indien den Indern usw.

Eine kontinentaleuropäische Großraumwirtschaft unter *deutscher* Führung muß in ihrem letzten Friedensziel sämtliche Völker des Festlandes von Gibraltar bis zum Ural und vom Nordkap bis zur Insel Cypern umfassen, mit ihren natürlichen kolonisatorischen Ausstrahlungen in den sibirischen Raum und über das Mittelmeer nach Afrika hinein. [...]

Grundsätzlich muß jedoch bemerkt werden, daß es aus außenpolitischen Gründen notwendig erscheint, diese kontinentaleuropäische Großraumwirtschaft unter deutscher Führung *nicht* als eine *deutsche* Großraumwirtschaft zu bezeichnen; denn in dem Augenblick, in dem dies geschieht, werden vermutlich aus Prestigegründen Italien eine italienische, Sowjetrußland eine sowjetrussische Großraumwirtschaft usw. errichten wollen. Damit würde dann von vornherein die Bildung einer wirklichen *kontinentaleuropäischen* Großraumwirtschaft unter deutscher Führung sehr erschwert, wenn nicht unmöglich sein. Eine das ganze europäische Festland umfassende Großraumwirtschaft aber ist unbedingt erforderlich, um den gewaltigen Wirtschaftsblöcken Nord- und Südamerikas, dem Yen-Block und dem vielleicht verbleibenden restlichen Pfundblock erfolgreich die

Stirn zu bieten. Es erscheint deshalb politisch unzweckmäßig, nur eine *deutsche* Großraumwirtschaft errichten zu wollen, wenn selbstverständlich auch als nächstes Kriegs- und Friedensziel die feste wirtschaftliche Eingliederung der von Großdeutschland in erster Linie abhängigen Länder West-, Nord- und Südosteuropas erfolgen muß. Wenn wir den europäischen Kontinent wirtschaftlich führen wollen, wie dies aus Gründen der wirtschaftlichen Stärkung des europäischen Kontinents als Kernraum der weißen Rasse unbedingt erforderlich ist und eintreten wird, so dürfen wir aus verständlichen Gründen diese nicht als eine *deutsche* Großraumwirtschaft öffentlich deklarieren. Wir müssen grundsätzlich immer nur von Europa sprechen, denn die deutsche Führung ergibt sich ganz von selbst aus dem politischen, wirtschaftlichen, kulturellen, technischen Schwergewicht Deutschlands und seiner geografischen Lage. Ebenso wird mit Hilfe unseres deutschen Wirtschaftssystems, wie es durch die nationalsozialistische Revolution geschaffen wurde, sich die Mark bei einer geschickten handelspolitischen Führung ganz von selbst als Standard-Währung durchsetzen, wie sich das Pfund, der Dollar und der Yen in ihren Wirtschaftsbereichen als Standardwährung durchgesetzt haben [...]
Ich schlage deshalb vor, daß ein
»Reichskommissar für europäische Großraumwirtschaft«
ernannt wird, der von sämtlichen Reichsressorts bei allen Maßnahmen, die die deutsche Außenwirtschaft und den über die Grenzen des Reiches hinausgehenden Verkehr betreffen, gehört werden muß. Dieses Reichskommissariat müßte zweckmäßig der Reichskanzlei direkt unterstellt werden, um den Führer nicht zu belasten.

[171.] Reichswirtschaftsminister Walther Funk an Göring zum Thema Kontinental- und Großwirtschaftsraum, 6. 8. 1940

Ich gehe davon aus, daß die Eingliederung der besetzten Gebiete in die großdeutsche Wirtschaft und der Neuaufbau einer europäischen Kontinentalwirtschaft unter deutscher Führung nicht durch einen einmaligen staatspolitischen Akt, etwa durch Abschluß eines Zoll- oder Währungsunionsvertrages allein erfolgt, sondern daß dieses Ziel durch eine Reihe von Einzelmaßnahmen, mit denen sofort begonnen werden soll und zum Teil auch schon begonnen worden ist, erreicht werden muß. Maßgebend muß dabei sein, die europäischen Volkswirtschaften so vollkommen und eng wie möglich mit der großdeutschen Wirtschaft zu verflechten. Dabei sind alle Maßnahmen, die auf eine Verbesserung der deutschen Bedarfsdeckung und auf eine Stärkung des deutschen Wirtschaftseinflusses in den verschiedenen Ländern hinauslaufen, in den Vordergrund zu stellen, während umgekehrt alle Maßnahmen, die vom Standpunkt unserer eigenen großdeutschen Interessen aus bedeutungslos sind, möglichst unterbleiben bezw. auf spätere Zeit verschoben werden können. Unter diesem Gesichtspunkt sind zur Zeit grundsätzlich folgende Maßnahmen wichtig und vordringlich:

1. Sicherung eines möglichst großen Teils der europäischen Warenproduktion für den deutschen Bedarf.

2. Erweiterung der europäischen Warenproduktion in Hinblick auf eine weitere Verbesserung der deutschen Bedarfsdeckungsmöglichkeiten in Europa, d. h.: Anwendung der Grundsätze des Vierjahresplans und der deutschen Erzeugungsschlacht auf die Wirtschaft Europas.

3. Schaffung eines europäischen Zahlungssystems (Zentralclearing) auf der Grundlage der Reichsmark, welches in erster Linie den Zustrom der europäischen Waren nach dem deutschen Markt zahlungstechnisch ermöglicht und in zweiter Linie den innereuropäischen Warenaustausch von der Geld- und Kreditseite her sicherstellt.

4. Kontrolle des zwischenstaatlichen europäischen Warenverkehrs sowie des europäischen Warenverkehrs mit Außereuropa im großen durch staatliche Abmachungen unter Einsatz der deutschen Machtmittel. Kontrolle der Wirtschafts- und Finanzpolitik der europäischen Staaten mit dem Ziel einer möglichst weitgehenden Angleichung der dort gültigen wirtschaftspolitischen Methoden und Formen der wirtschaftlichen Betätigung an die deutschen Normen.
   – In den von der deutschen Wehrmacht besetzten Gebieten werden diese Fragen zur Zeit ihrer praktischen Lösung zugeführt; es muß die nächste Aufgabe sein, auch in den übrigen von uns abhängigen Ländern allmählich solche Tatsachen zu schaffen. –

5. Verflechtung der europäischen Volkswirtschaften mit der großdeutschen Wirtschaft unter deutscher Führung auf folgenden Gebieten:
   a) Organisation der Wirtschaft: Schaffung von Organisationsformen, wie sie die Organisation der gewerblichen Wirtschaft und der Reichsnährstand in Deutschland darstellen, und Zusammenschluß dieser Organisationen in eine europäische Gesamtorganisation unter deutscher Führung.
   b) Einbeziehung der in Betracht kommenden europäischen Wirtschaftszweige in die deutschen marktregelnden Verbände (Kartelle), wobei die deutsche Führung sicher zu verankern ist (Eisen, Kohle, Metalle, Chemie, Elektrizität usw.)
   c) Kapitalmäßige Beherrschung der wichtigsten europäischen Wirtschaftsunternehmungen (Rüstungsindustrie, Eisen- und Metallwirtschaft usw.)

d) Personelle Durchdringung der maßgebenden europäischen Wirtschaftspositionen mit geeigneten deutschen Fachleuten.
6. Vereinfachung der Genehmigungspraxis für den zwischenstaatlichen europäischen Warenverkehr, Abbau von hemmenden Vorschriften, Anpassung des Zollsystems an die Notwendigkeit der Intensivierung des Warenverkehrs und der Zusammenarbeit auf industriellem, rohstofflichem und agrarischem Gebiet.

Was den Punkt 2. Ihres Auftrags »Wirtschaftliche Auseinandersetzung mit den Feindstaaten« anbelangt, so halte ich es für verfrüht, Ihnen hierüber Vorschläge schon jetzt zu unterbreiten. Die interne Vorbereitung ist jedoch im Gange. Ich gestatte mir in diesem Zusammenhang nochmals darauf hinzuweisen, daß mir für den Aufbau einer einheitlichen europäischen Großraumwirtschaft unter deutscher Führung die Übernahme der wichtigen Wirtschaftspositionen in Europa, die heute im Besitze der Engländer und Franzosen sind, unerläßlich erscheint. Ebenso ein Manövrierfonds in Devisen und Rohstoffen für die Übergangszeit, um die deutschen Verbrauchsbeschränkungen sobald wie möglich abbauen zu können. Als Grundlage hierfür denke ich an die Summe von ca. 10 Milliarden Goldmark, die den Gegenwert des von Alliierten geraubten deutschen Privateigentums darstellt.
Ich wäre dankbar, wenn Sie mir Ihr Einverständnis mit dem in der Anlage vorgeschlagenen Arbeitsprogramm und Ihre etwaigen weiteren Wünsche dazu mitteilen würden. Die zuständigen Ressorts, insbesondere das Reichsministerium für Ernährung und Landwirtschaft und das Auswärtige Amt haben sich mit dem Programm einverstanden erklärt.

[172.] Joseph Goebbels vor Führern der NSDAP in Wien über die Europa- und Weltherrschaftsziele, 26.10.1940

Alles andere kann man im Staatsleben ersetzen, nur nicht die Substanz des Volkes, den Blutwert des Volkes, der ja schließlich im Kriege auch eingesetzt werden muß. Deshalb war es unser erstes Prinzip in der Führung dieses Krieges: Lange Vorbereitungen, kurze Kriege und nicht kurze Vorbereitungen und lange Kriege [...] Selbstverständlich geht es hier um Sein oder Nichtsein, selbstverständlich haben wir einen hohen Einsatz gewagt, aber wir haben ihn gewagt in einer Situation, in der er am ehesten versprach, sich zu lohnen. Man kann der deutschen und der österreichischen Politik vor dem Weltkriege nicht vorwerfen, daß sie im Jahre 1914 zum Kriege schritt, sondern man kann ihr vorwerfen, daß sie nicht sechs Jahre vorher zum Kriege geschritten ist, dann nämlich, als ihre Situation ungleich viel günstiger war [...]

Ich habe den Eindruck, daß augenblicklich die Welt neu verteilt wird, und zwar in einer anderen Weise, in der sie bisher verteilt gewesen ist. Und da wir bei den bisherigen Verteilungen zu kurz gekommen sind, kann für uns die Parole nur lauten, anstellen und vordrängen. Wenn einer mich fragt, was wollt Ihr denn nun eigentlich, so kann ich ihm darauf eine ganz präzise Antwort nicht geben. Das hängt von den Umständen ab. Je nachdem, wieviel wir wollen und können. Wir wollen Lebensraum. Ja, was bedeutet das denn? Die Definition geben wir nach dem Kriege [...] Wenn dieser Krieg zu Ende ist, dann wollen wir die Herren über Europa sein [...] Dann werden wir endlich wieder einmal zu den besitzenden Nationen gehören, dann werden wir Rohstoffe besitzen und Hilfsquellen, und dann wird ein großes Kolonialreich unser Eigen sein [...] Wir Nationalsozialisten haben immer den Standpunkt vertreten, 1918 war der Krieg nicht aus. Das war nur ein Abschluß, und dann kam die große Pause. Der Schlußakt wird jetzt durchgespielt. Dieses Drama endet mit dem deutschen Sieg und wird kein Trauerspiel.

[173.] **Appell des katholischen Feldbischofs Franz Josef Rarkowski »Zu dem großen Entscheidungskampf im Osten«, 29.6.1941**

Wer will es bezweifeln, daß wir Deutsche nunmehr das »Herzvolk« Europas geworden sind, und zwar in einem Sinne, der weit über geographische oder geopolitische Erwägungen hinausgreift? Wie schon oft in der Geschichte ist Deutschland in der Gegenwart zum Retter und Vorkämpfer Europas geworden [...] Die Völker Europas müßten ihre Geschichte verleugnen und ihre Zukunft verneinen, wollten sie nicht von Herzen jene Entscheidung herbeisehnen, die den Bolschewismus für alle Zeiten aus der Geschichte vertilgt. So ist es keine Übertreibung, wenn ich sage, daß ihr im Osten gleich den deutschen Ordensrittern einer Zeit, die weit hinter uns liegt, eine Aufgabe zu erfüllen habt, die von einmaliger Bedeutung ist und deren Auswirkung für unser Volk, ja für Europa und die ganze Menschheit heute noch nicht überblickt werden kann.

[174.] **Hitler vor den Reichs- und Gauleitern über Kriegslage und Kriegsziele, 8.5.1943**

Am Nachmittag findet dann die Reichs- und Gauleiterbesprechung beim Führer statt. Der Führer zeichnet die um ihn versammelte Parteiführerschaft durch eine ausführliche Darlegung der Lage aus. Er beginnt damit,

daß sich in diesem Kriege bürgerliche und revolutionäre Staaten gegenüberstehen. Die Niederwerfung der bürgerlichen Staaten ist für uns ein
leichtes gewesen, denn sie waren uns rein erziehungs- und einstellungs-
mäßig vollkommen unterlegen. Die Weltanschauungsstaaten haben den
bürgerlichen Staaten gegenüber insofern einen Vorteil, als sie auf einem
klaren geistigen Boden stehen. Die daraus erwachsende Überlegenheit
ist uns bis zum Ostfeldzug außerordentlich zustatten gekommen. Da allerdings trafen wir auf einen Gegner, der eben auch eine Weltanschauung, wenn auch eine falsche, vertritt. Führer schildert noch einmal den
Fall Tuchatschewsky und gibt dabei der Meinung Ausdruck, daß wir damals ganz falsch orientiert waren, als wir glaubten, Stalin würde dadurch
die Rote Armee ruinieren. Das Gegenteil ist der Fall: Stalin hat sich alle
oppositionellen Kreise aus der Roten Armee vom Hals geschafft und damit erreicht, daß eine defaitistische Strömung innerhalb dieser Armee
nicht mehr vorhanden ist. Auch die Einführung der Politischen Kommissare hat sich für die Kampfkraft der Roten Armee außerordentlich günstig ausgewirkt. Wenn man sich vorstellt, daß das primitive Menschenmaterial des Ostens nur durch Härte zur Disziplin angehalten werden kann,
dann weiß man ungefähr, was Stalin mit der Einführung der Politischen
Kommissare bezweckte und praktisch auch erreicht hat.
Stalin hat uns gegenüber darüber hinaus auch noch den Vorteil, keine
Gesellschaftsopposition zu besitzen. Auch die hat der Bolschewismus
durch Liquiditation in den vergangenen 25 Jahren beseitigt. Wenn die
gesellschaftliche Opposition uns auch nicht gefährlich ist, so kann sie uns
doch allerhand Lästigkeiten bereiten. Sie meckert und stänkert, ohne
eine tiefere Kenntnis von den Dingen zu besitzen, und raubt uns damit
außerordentlich viel Kampfkraft. Der Bolschewismus hat sich diese Gefahr rechtzeitig vom Halse geschafft und kann deshalb seine ganze Kraft
gegen den Feind richten. Im Innern gibt es praktisch keine Opposition
mehr.
Die kirchliche Opposition, die uns auch außerordentlich viel zu schaffen
macht, ist ja auch im Bolschewismus nicht mehr vorhanden. Wenn heute
von einem Metropoliten von Moskau gesprochen wird, so ist das natürlich
ein aufgelegter Judenschwindel. Der Führer verweist mit Recht darauf,
daß unter Umständen dieser Metropolit vor einigen Monaten noch Mö-
belpacker gewesen ist. Insofern hat also Stalin es außerordentlich viel
leichter als wir. Er hat sein Volk einheitlich ausgerichtet. Es steht unter
der bolschewistischen Erziehung oder der bolschewistischen Knute; jedenfalls gibt es in der Sowjetunion keine andre Meinung als die der
Kremlgewaltigen. [...]
Aus alledem hat der Führer die Konsequenzen gezogen, daß das Kleinstaatengerümpel, das heute noch in Europa vorhanden ist, so schnell wie

möglich liquidiert werden muß. Es muß das Ziel unseres Kampfes bleiben, ein einheitliches Europa zu schaffen. Europa kann aber eine klare Organisation nur durch die Deutschen erfahren. Eine andere Führungsmacht ist praktisch nicht vorhanden. Der Führer betont in diesem Zusammenhang wiederum, daß wir froh darüber sein müssen, keine Japaner auf dem europäischen Kontinent zu besitzen. Wenn die Italiener uns heute auch sehr viele Sorgen und Schwierigkeiten bereiten, so müssen wir uns doch glücklich preisen, daß sie uns bei der späteren Organisierung Europas keine ernsthafte Konkurrenz stellen können. Wären die Japaner auf dem europäischen Kontinent angesiedelt, so würden die Dinge wesentlich anders liegen. Heute aber sind wir praktisch die einzige in Betracht kommende Führungsmacht auf dem europäischen Festland.

[...] Der Führer gibt seiner unumstößlichen Gewißheit Ausdruck, daß das Reich einmal ganz Europa beherrschen wird. Wir werden dafür noch sehr viele Kämpfe zu bestehen haben, aber sie werden zweifellos zu den herrlichsten Erfolgen führen. Von da ab ist praktisch der Weg zu einer Weltherrschaft vorgezeichnet. Wer Europa besitzt, der wird damit die Führung der Welt an sich reißen.

In diesem Zusammenhang können wir natürlich Fragen von Recht und Unrecht überhaupt nicht zur Diskussion akzeptieren. Der Verlust dieses Krieges würde für das deutsche Volk das größte Unrecht darstellen, der Sieg gibt uns das größte Recht. Überhaupt wird der Sieger auch die alleinige Möglichkeit besitzen, die moralische Berechtigung seines Kampfes vor der Weltöffentlichkeit nachzuweisen [...] Wir haben so viele Chancen in der Hand, daß wir mit bestem Gewissen der weiteren Entwicklung entgegenschauen können. Der Führer verweist mit Recht darauf, daß seine Prophetien aus den Jahren 1919, 1920 und 1921 frech und unverschämt gewesen seien. Heute seien sie nur Ausflüsse seines realen Denkens und seiner erschöpfenden Übersicht über die allgemeine Lage. Nie darf in uns ein Zweifel am Siege aufkommen. Der Führer ist fest entschlossen, diesen Kampf unter allen Umständen durchzusetzen. Er will ihn nicht vor zwölf, sondern unter allen Umständen nach zwölf Uhr aufgeben [...]

3. Von der wirtschaftlichen Ausbeutung zur Ausrottung der »Untermenschen«: die deutsche Besatzungspolitik

Daß die Kriegszieldiskussion nicht nur akademischer Natur war und daß die zahlreichen Neuordnungspläne keinesfalls unverbindliche Schubladenentwürfe blieben, demonstriert die deutsche Besatzungspolitik besonders in Polen und in der Sowjetunion.
Zwar gab es zu Kriegsbeginn kein allgemein verbindliches Konzept, wie, d. h. mit welchen Methoden und Maßnahmen die eroberten Gebiete verwaltet, kontrolliert und beherrscht werden sollten; und es gab auch keinen zentralen Koordinierungs- und Lenkungsapparat, der für Besatzungsfragen allein zuständig und verantwortlich gewesen wäre, aber es entwickelte sich, parallel und analog zur zunehmenden Brutalisierung des Kriegsgeschehens, eine Ausbeutungs-, Unterdrückungs- und Ausrottungspraxis, die ihresgleichen in der Geschichte sucht, und die die menschenverachtende Qualität der nationalsozialistischen Ideologie und Politik beispielhaft belegt (Dok. 175, 176, 180, 188).
Läßt sich die deutsche Besatzungspolitik in Dänemark, Norwegen, Belgien und den Niederlanden, aber auch in Frankreich als durchaus »konventionell« charakterisieren – diese Länder sollten schließlich als potentielle Bundesgenossen oder als zukünftige Teilstaaten eines von Deutschland geführten europäischen Staatenbundes gewonnen werden –, so wurden die eroberten Territorien in Osteuropa als Siedlungsgebiete, als koloniale Ergänzungsräume, ja als Experimentierfeld völkischer und rassenbiologischer »Flurbereinigungspolitik« (Dok. 177, 179, 181–187, 189–198, 199, 200) im Sinne einer – wie es Hitler zu Beginn seiner Herrschaft einmal bezeichnete – »rücksichtslosen Germanisierung« (Dok. 3) entrechtet, aufgeteilt, ausgebeutet und letztlich zerstört.

[175.] Besprechung zwischen Hitler und Wihelm Keitel, Chef des Wehrmachtamts im Reichskriegsministerium, über die Verwaltung Polens, 17. 10. 1939

[...] Die Verwaltung hat nicht die Aufgabe, aus Polen eine Musterprovinz oder einen Musterstaat nach deutscher Ordnung zu schaffen oder das Land wirtschaftlich und finanziell zu sanieren.
Es muß verhindert werden, daß eine polnische Intelligenz sich als Führerschicht aufmacht. In dem Lande soll ein niederer Lebensstandard bleiben; wir wollen dort nur Arbeitskräfte schöpfen. Zur Verwaltung des Landes sollen auch Polen eingesetzt werden. Eine nationale Zellenbildung darf aber nicht zugelassen werden. [...]
Unsere Interessen bestehen in Folgendem: Es ist Vorsorge zu treffen,

daß das Gebiet als vorgeschobenes Glacis für uns militärische Bedeutung hat und für einen Aufmarsch ausgenutzt werden kann. Dazu müssen die Bahnen, Straßen- und Nachrichtenverbindungen für unsere Zwecke in Ordnung gehalten und ausgenutzt werden.

Alle Ansätze einer Konsolidierung der Verhältnisse in Polen müssen beseitigt werden. Die »polnische Wirtschaft« muß zur Blüte kommen. Die Führung des Gebietes muß es uns ermöglichen, auch das Reichsgebiet von Juden und Polacken zu reinigen. Zusammenarbeit mit neuen Reichsgauen (Posen und Westpreußen) nur für Umsiedlungen. [...]

[176.] **Generalmajor Hellmuth Stieff in einem Privatbrief aus Polen, 31. 10. 1939**

[...] Die Masse der Millionenbevölkerung der Stadt (Warschau) vegetiert irgendwo und irgendwie, man kann nicht sagen, wovon. Es ist eine unsagbare Tragödie, die sich dort abspielt [...] Es ist eine Stadt und eine Bevölkerung, die dem Untergang geweiht ist. Es ist so grausam, daß man keinen Augenblick seines Lebens froh ist, wenn man in dieser Stadt weilt [...] Man bewegt sich dort nicht als Sieger, sondern als Schuldbewußter! Mir geht es nicht allein so – die Herren, die dort leben müssen, empfinden dasselbe. Dazu kommt noch all das Unglaubliche, was dort am Rande passiert und wo wir mit verschränkten Armen zusehen müssen! Die blühendste Phantasie einer Greuelpropaganda ist arm gegen die Dinge, die eine organisierte Mörder-, Räuber- und Plündererbande unter angeblich höchster Duldung dort verbricht. Da kann man nicht mehr von »berechtigter Empörung über an Volksdeutschen begangenen Verbrechen« sprechen. Diese Ausrottung ganzer Geschlechter mit Frauen und Kindern ist nur von einem Untermenschentum möglich, das den Namen Deutsch nicht mehr verdient. Ich schäme mich, ein Deutscher zu sein! Diese Minderheit, die durch Morden, Plündern und Sengen den deutschen Namen besudelt, wird das Unglück des ganzen deutschen Volkes werden, wenn wir ihnen nicht bald das Handwerk legen. Denn solche Dinge, wie sie mir von kompetentester Seite an Ort und Stelle geschildert und bewiesen wurden, müssen die rächende Nemesis wachrufen. Oder dies Gesindel geht gegen uns Anständige eines Tages ebenso vor und terrorisiert mit seinen pathologischen Leidenschaften auch das eigene Volk. [...]

[177.] Vortragsnotiz des Generaloberst Blaskowitz
für einen Vortrag beim Oberbefehlshaber des Heeres in Spala,
15.2.1940

I. Militärpolitische Lage

Im Industriegebiet Kazierna ist zum ersten Male das Bestehen einer weit-verzweigten Aufstands- und Sabotageorganisation festgestellt. Hauptträ-ger der Organisation sind Angehörige des ehemaligen polnischen Heeres. Das bei zahlreichen Verhafteten vorgefundene Material wird zur Zeit noch gesichtet. Die Staatspolizei sieht zunächst von weiteren Verhaftun-gen ab, um die spätere Zerstörung der Gesamtorganisation nicht zu ge-fährden. Die sich hiermit aufzeigende Gefahr zwingt, zur Frage der Be-handlung des polnischen Volkes allgemein Stellung zu nehmen.

Es ist abwegig, einige 10000 Juden und Polen, so wie es augenblicklich geschieht, abzuschlachten; denn damit werden angesichts der Masse der Bevölkerung weder die polnische Staatsidee totgeschlagen noch die Ju-den beseitigt. Im Gegenteil, die Art und Weise des Abschlachtens bringt größten Schaden mit sich, kompliziert die Probleme und macht sie viel gefährlicher, als sie bei überlegtem und zielbewußtem Handeln gewesen wären. Die Auswirkungen sind:

a) Der feindlichen Propaganda wird ein Material geliefert, wie es wirksa-mer in der ganzen Welt nicht gedacht werden kann. Was die Ausland-sender bisher gebracht haben, ist zwar ein winziger Bruchteil von dem, was in Wirklichkeit geschehen ist. Es muß damit gerechnet werden, daß das Geschrei des Auslandes stetig zunimmt und größten politi-schen Schaden verursacht, zumal die Scheußlichkeiten tatsächlich ge-schehen sind und durch nichts widerlegt werden können.

b) Die sich in aller Öffentlichkeit abspielenden Gewaltakte gegen Juden erregen bei den religiösen Polen nicht nur tiefsten Abscheu, sondern ebenso großes Mitleid mit der jüdischen Bevökerung, der der Pole bis-her mehr oder weniger feindlich gegenüberstand. In kürzester Zeit wird es dahin kommen, daß unsere Erzfeinde im Ostraum – der Pole und der Jude, dazu noch besonders unterstützt von der kath. Kirche – sich in ihrem Haß gegen ihre Peiniger auf der ganzen Linie gegen Deutschland zusammenfinden werden.

c) Auf die Rolle der Wehrmacht, die gezwungen ist, diesem Verbrechen tatenlos zuzuschauen, und deren Ansehen besonders bei der polni-schen Bevölkerung eine nicht wiedergutzumachende Einbuße erleidet, braucht nicht noch mal hingewiesen werden.

d) Der schlimmste Schaden jedoch, der dem deutschen Volkskörper aus den augenblicklichen Zuständen erwachsen wird, ist die maßlose Ver-rohung und sittliche Verkommenheit, die sich in kürzester Zeit unter wertvollem deutschem Menschenmaterial wie eine Seuche ausbreiten wird.

Wenn hohe Amtspersonen der SS und der Polizei Gewalttaten und Brutalität verlangen und sie in der Öffentlichkeit belobigen, dann regiert in kürzester Zeit nur noch der Gewalttätige. Überraschend schnell finden sich Gleichgesinnte und charakterlich Angekränkelte zusammen, um, wie es in Polen der Fall ist, ihre tierischen und pathologischen Instinkte auszutoben. Es besteht kaum noch die Möglichkeit, sie im Zaum zu halten; denn sie müssen sich mit Recht von Amts wegen autorisiert und zu jeder Grausamkeit berechtigt fühlen.

Die einzige Möglichkeit, sich dieser Seuche zu erwehren, besteht darin, die Schuldigen und ihren Anhang schleunigst der militärischen Führung und Gerichtsbarkeit zu unterstellen. [...]

[178.] Generalgouverneur Hans Frank über die Politik in den okkupierten polnischen Gebieten, 2.3.1940

Das Generalgouvernement ist zunächst bestimmt, die Heimstätte der Polen zu sein, und zwar der Polen, die unter der deutschen Machthoheit, aber nicht als deutsche Staatsbürger, hier eine Art Reservation erhalten sollen [...] So haben wir doch die ungeheure Verantwortung, daß dieser Raum fest in der deutschen Macht bleibt, daß die Polen für alle Zukunft das Rückgrat gebrochen erhalten und daß niemals wieder aus diesem Gebiet auch nur der geringste Widerstand gegen die deutsche Reichspolitik bestehen kann [...]

Die deutsche Machthoheit über dieses Gebiet wird niemals wieder verschwinden und daher können wir durchaus auch auf längere Sicht planieren. Das Generalgouvernement ist heute, wirtschaftlich gesehen, ein leeres Gebilde. Was an Rohstoffen da war, hat der Vierjahresplan soweit wie möglich herausgeholt. Das war auch gut so, denn das Reich hat einen ungeheuren Bedarf an diesen Rohstoffen. Was wir auf diesem Gebiet tun konnten, ist geschehen. Es kann keine wirtschaftliche Blüte des Generalgouvernements geben, wenn es im Reich eine Kriegswirtschaft gibt. Es kann daher auch die Lebensform des polnischen Bevölkerungsteiles hier keinesfalls an irgendeinem Punkt günstiger oder besser sein als die des deutschen Volkes. Wir werden, wenn nötig, alle Maßnahmen ergreifen, um den Lebensstandard des polnischen Volkes so zu gestalten, daß er gerade noch das Leben sicherstellt, aber eine absteigende Linie aufweist gegenüber der Lage im Deutschen Reich. Wenn man in das Leben des polnischen Volkes blickt, kann man bestätigen, daß dem auch so ist. Im allgemeinen ist die Ernährungslage in vielen großen Gebieten des Landes katastrophal.

[179.] Heinrich Himmler: »Einige Gedanken über die Behandlung der Fremdvölkischen im Osten«, 15.5.1940

Bei der Behandlung der Fremdvölkischen im Osten müssen wir darauf sehen, so viel wie möglich einzelne Völkerschaften anzuerkennen und zu pflegen, also neben den Polen und Juden die Ukrainer, die Weißrussen, die Goralen, die Lemken und die Kaschuben. Wenn sonst noch irgendwo Volkssplitter zu finden sind, auch diese.

Ich will damit sagen, daß wir nicht nur das größte Interesse daran haben, die Bevölkerung des Ostens nicht zu einen, sondern im Gegenteil in möglichst viele Teile und Splitter zu zergliedern.

Aber auch innerhalb der Völkerschaften selbst haben wir nicht das Interesse, diese zu Einheit und Größe zu führen, ihnen vielleicht allmählich Nationalbewußtsein und nationale Kultur beizubringen, sondern sie in unzählige kleine Splitter und Partikel aufzulösen.

Die Angehörigen aller dieser Völkerschaften, insbesondere der kleinen, wollen wir selbstverständlich in den Stellen von Polizeibeamten und Bürgermeistern verwenden.

Spitzen in solchen Völkerschaften dürfen nur die Bürgermeister und die örtlichen Polizeibehörden sein; bei den Goralen die einzelnen, sich ohnedies schon befehdenden Häuptlinge und Sippenältesten. Eine Zusammenfassung nach oben darf es nicht geben, denn nur dadurch, daß wir diesen ganzen Völkerbrei des Generalgouvernements von 15 Millionen und die 8 Millionen der Ostprovinzen auflösen, wird es uns möglich sein, die rassische Siebung durchzuführen, die das Fundament in unseren Erwägungen sein muß, die rassisch Wertvollen aus diesem Brei herauszufischen, nach Deutschland zu tun, um sie dort zu assimilieren.

Schon in ganz wenigen Jahren – ich stelle mir vor, in 4 bis 5 Jahren – muß beispielsweise der Begriff der Kaschuben unbekannt sein, da es dann ein kaschubisches Volk nicht mehr gibt, (das trifft besonders auch für die Westpreußen zu). Den Begriff Juden hoffe ich, durch die Möglichkeit einer großen Auswanderung sämtlicher Juden nach Afrika oder sonst in eine Kolonie völlig auslöschen zu sehen. Es muß in einer etwas längeren Zeit auch möglich sein, in unserem Gebiet die Volksbegriffe der Ukrainer, Goralen und Lemken verschwinden zu lassen. Dasselbe, was für diese Splittervölker gesagt ist, gilt in dem entsprechend größeren Rahmen für die Polen.

Eine grundsätzliche Frage bei der Lösung aller dieser Probleme ist die Schulfrage und damit die Frage der Sichtung und Siebung der Jugend. Für die nichtdeutsche Bevölkerung des Ostens darf es keine höhere Schule geben als die vierklassige Volksschule. Das Ziel dieser Volksschule hat lediglich zu sein:

Einfaches Rechnen bis höchstens 500, Schreiben des Namens, eine Lehre, daß es ein göttliches Gebot ist, den Deutschen gehorsam zu sein und ehrlich, fleißig und brav zu sein. Lesen halte ich nicht für erforderlich.

Außer dieser Schule darf es im Osten überhaupt keine Schulen geben.

Eltern, die ihren Kindern von vorneherein eine bessere Schulbildung sowohl in der Volksschule als später auch an einer Höheren Schule vermitteln wollen, müssen dazu einen Antrag bei den Höheren SS- und Polizeiführern stellen. Der Antrag wird in erster Linie danach entschieden, ob das Kind rassisch tadellos und unseren Bedingungen entsprechend ist. Erkennen wir ein solches Kind als unser Blut an, so wird den Eltern eröffnet, daß das Kind auf eine Schule nach Deutschland kommt und für Dauer in Deutschland bleibt.

So grausam und tragisch jeder einzelne Fall sein mag, so ist diese Methode, wenn man die bolschewistische Methode der physischen Ausrottung eines Volkes aus innerer Überzeugung als ungermanisch und unmöglich ablehnt, doch die mildeste und beste.

Die Eltern dieser Kinder guten Blutes werden vor die Wahl gestellt, entweder das Kind herzugeben – sie werden dann wahrscheinlich keine weiteren Kinder mehr erzeugen, so daß die Gefahr, daß dieses Untermenschenvolk des Ostens durch solche Menschen guten Blutes eine für uns gefährliche da ebenbürtige Führerschicht erhält, erlischt – oder die Eltern verpflichten sich, nach Deutschland zu gehen und dort loyale Staatsbürger zu werden. Eine starke Handhabe, die man ihnen gegenüber hat, ist die Liebe zu ihrem Kind, dessen Zukunft und dessen Ausbildung von der Loyalität der Eltern abhängt.

Abgesehen von der Prüfung der Gesuche, die die Eltern um eine bessere Schuldbildung stellen, erfolgt jährlich insgesamt bei allen 6–10-Jährigen eine Siebung aller Kinder des Generalgouvernements nach blutlich Wertvollen und Nichtwertvollen. Die als wertvoll Ausgesiebten werden in der gleichen Weise behandelt wie die Kinder, die auf Grund des genehmigten Gesuches ihrer Eltern zugelassen wurden.

Als gefühls- und verstandesmäßig selbstverständlich erachte ich es, daß die Kinder und die Eltern in dem Augenblick, wo sie nach Deutschland kommen, in den Schulen und im Leben nicht wie Aussätzige behandelt werden, sondern nach Änderung ihres Namens in das deutsche Leben – bei aller Aufmerksamkeit und Wachsamkeit, die man ihnen widmen muß – vertrauensvoll eingebaut werden. Es darf nicht so sein, daß die Kinder sich wie ausgestoßen fühlen; denn wir glauben doch an dieses unser eigenes Blut, das durch die Irrtümer deutscher Geschichte in eine fremde Nationalität hineingeflossen ist, und sind überzeugt, daß unsere Weltanschauung und unsere Ideale in der rassisch gleichen Seele dieser

Kinder Widerhall finden werden. Hier muß aber dann vor allem von den Lehrern und von den Führern der HJ. ein ganzer Strich gezogen werden, und es darf niemals wie in der Vergangenheit bei den Elsaß-Lothringern der Fehler gemacht werden, daß man einesteils die Menschen als Deutsche gewinnen will und sie andernteils bei jeder Gelegenheit durch Mißtrauen und Beschimpfung in ihrem menschlichen Wert, Stolz und Ehrgefühl kränkt und abstößt. Beschimpfungen wie »Polacke« oder »Ukrainer« oder ähnliches müssen unmöglich sein.

Die Erziehung hat in einer Vorschule zu erfolgen, nach deren 4 Klassen man dann entscheiden kann, ob man die Kinder weiter in die deutsche Volksschule gehen läßt oder ob man sie einer nationalpolitischen Erziehungsanstalt zuführt.

Die Bevölkerung des Generalgouvernements setzt sich dann zwangsläufig nach einer konsequenten Durchführung dieser Maßnahmen im Laufe der nächsten 10 Jahre aus einer verbleibenden minderwertigen Bevölkerung, die noch durch abgeschobene Bevölkerung der Ostprovinzen sowie all' der Teile des deutschen Reiches, die dieselbe rassische und menschliche Art haben (Teile, z. B. der Sorben und Wenden), zusammen.

Diese Bevölkerung wird als führerloses Arbeitsvolk zur Verfügung stehen und Deutschland jährlich Wanderarbeiter und Arbeiter für besondere Arbeitsvorkommen (Straßen, Steinbrüche, Bauten), stellen; sie wird selbst dabei mehr zu essen und zu leben haben als unter der polnischen Herrschaft und bei eigener Kulturlosigkeit unter der strengen, konsequenten und gerechten Leitung des deutschen Volkes berufen sein, an dessen ewigen Kulturtaten und Bauwerken mitzuarbeiten und diese, was die Menge der groben Arbeit anlangt, vielleicht erst ermöglichen.

**[180.] Richtlinien von Generalleutnant Georg Thomas,
Chef des Wehrwirtschafts- und Rüstungsamtes des OKW,
über Rohstoffe und Maschinen in den besetzten Gebieten,
16. 7. 1940**

1. a) Rohstoffe, die entsprechend den Anweisungen für die Wi-Trupps erkundet und sichergestellt sind, sind nach dem Reich abzutransportieren.
   b) Werkzeugmaschinen gemäß Anlage und Elektromotoren normaler Spannung sind rüstungswichtig und müssen daher ebenfalls in das Reich zurückgeführt werden [...]
2. Bei der Überführung sind zu unterscheiden:

a) Beute: Als Beute sind anzusehen alle Rohstoffe, Halb- und Fertigfabrikate, soweit sie in Besitz bzw. Eigentum der feindlichen Wehrmacht sind [...]

b) Beschlagnahmtes Gut: Als beschlagnahmtes Gut sind anzusehen Rohstoffe, Halb- und Fertigfabrikate, die nicht im Besitz oder Eigentum der feindlichen Wehrmacht sind, aber aus Bedarfsgründen der Industrie des Reichs zugeführt werden müssen.

[181.] **Heinrich Himmler an das Offizierkorps
der Leibstandarte-SS »Adolf Hitler«, 7. 9. 1940**

[...] Das Gesamtziel ist für mich seit den 11 Jahren, seit ich Reichsführer-SS bin, immer unverrückbar dasselbe gewesen: einen Orden guten Blutes zu schaffen, der Deutschland dienen kann. Der unverrückbar und ohne sich zu schonen sich einsetzen kann, weil sonst die größten Verluste an der Vitalität dieses Ordens, an der Vitalität dieser Menschen, scheitern werden, weil sie immer wieder ersetzt werden. Einen Orden zu schaffen, der diesen Gedanken des nordischen Blutes so verbreitet, daß wir alles nordische Blut in der Welt an uns heranziehen, unseren Gegnern das Blut wegnehmen, es uns einfügen, damit niemals mehr, jetzt in der ganzen großen Politik gesehen, in großen Mengen und in nennenswertem Umfange nordisches Blut, germanisches Blut, gegen uns kämpft. Wir müssen es an uns nehmen und – die anderen dürfen keines haben [...]

[182.] **Aktennotiz über eine geheime Besprechung der Staatssekretäre
über die Planung des Hungertodes von Millionen Sowjetbürgern durch
wirtschaftliche Ausplünderung der okkupierten Gebiete der UdSSR,
2. 5. 1941**

1. Der Krieg ist nur weiterzuführen, wenn die gesamte Wehrmacht im 3. Kriegsjahr aus Rußland ernährt wird.

2. Hierbei werden zweifellos zig Millionen Menschen verhungern, wenn von uns das für uns Notwendige aus dem Lande herausgeholt wird.

3. Am wichtigsten ist die Bergung und der Abtransport von Ölsaaten, Ölkuchen, dann erst Getreide. Das vorhandene Fett und Fleisch wird voraussichtlich die Truppe verbrauchen.

4. Die Beschäftigung der Industrie darf nur auf Mangelgebieten wiederaufgenommen werden.

[183.] **Erlaß Hitlers über »Die Ausübung
der Kriegsgerichtsbarkeit im Gebiet ›Barbarossa‹
und besondere Maßnahmen der Truppe«, 13. 5. 1941**

[...]

2. Freischärler sind durch die Truppe im Kampf oder auf der Flucht schonungslos zu erledigen.

3. Auch alle anderen Angriffe feindlicher Zivilpersonen gegen die Wehrmacht, ihre Angehörigen und das Gefolge sind von der Truppe auf der Stelle mit den äußersten Mitteln bis zur Vernichtung des Angreifers niederzukämpfen.

4. Wo Maßnahmen dieser Art versäumt wurden oder zunächst nicht möglich waren, werden tatverdächtige Elemente sogleich einem Offizier vorgeführt. Dieser entscheidet, ob sie zu erschießen sind.

   Gegen Ortschaften, aus denen die Wehrmacht hinterlistig oder heimtückisch angegriffen wurde, werden unverzüglich auf Anordnung eines Offiziers in der Dienststellung mindestens eines Bataillons- usw. Kommandeurs kollektive Gewaltmaßnahmen durchgeführt, wenn die Umstände eine rasche Feststellung einzelner Täter nicht gestatten.

5. Es wird ausdrücklich verboten, verdächtige Täter zu verwahren, um sie bei Wiedereinführung der Gerichtsbarkeit über Landeseinwohner an die Gerichte abzugeben [...]

Behandlung der Straftaten von Angehörigen der Wehrmacht und des Gefolges gegen Landeseinwohner.

1. Für Handlungen, die Angehörige der Wehrmacht und des Gefolges gegen feindliche Zivilpersonen begehen, besteht kein Verfolgungszwang, auch dann nicht, wenn die Tat zugleich ein militärisches Verbrechen oder Vergehen ist [...]

3. Der Gerichtsherr prüft daher, ob in solchen Fällen eine disziplinare Ahndung angezeigt, oder ob ein gerichtliches Einschreiten notwendig ist. Der Gerichtsherr ordnet die Verfolgung von Taten gegen Landeseinwohner im kriegsgerichtlichen Verfahren nur dann an, wenn es die Aufrechterhaltung der Mannszucht oder die Sicherung der Truppe erfordert. Dies gilt z. B. für schwere Taten, die auf geschlechtlicher Hemmungslosigkeit beruhen, einer verbrecherischen Veranlagung entspringen oder ein Anzeichen dafür sind, daß die Truppe zu verwildern droht. Nicht milder sind in der Regel zu beurteilen Straftaten, durch die sinnlos Unterkünfte sowie Vorräte oder anderes Beutegut zum Nachteil der eigenen Truppe vernichtet wurden [...]

[184.] **Geheime Richtlinien von Hermann Göring**
über die wirtschaftliche Ausplünderung der Sowjetunion
(Grüne Mappe)*, Juni 1941

I. Nach den vom Führer gegebenen Befehlen sind alle Maßnahmen zu treffen, die notwendig sind, um die sofortige und höchstmögliche Ausnutzung der besetzten Gebiete zugunsten Deutschlands herbeizuführen. Dagegen sind alle Maßnahmen zu unterlassen oder zurückzustellen, die dieses Ziel gefährden könnten.

II. Die Ausnutzung der neu zu besetzenden Gebiete hat sich in erster Linie auf den Gebieten der Ernährungs- und der Mineralölwirtschaft zu vollziehen. Soviel wie möglich Lebensmittel und Mineralöl für Deutschland zu gewinnen, ist das wirtschaftliche Hauptziel der Aktion. Daneben müssen sonstige Rohstoffe aus den besetzten Gebieten der deutschen Kriegswirtschaft zugeführt werden, soweit das technisch durchführbar und im Hinblick auf die draußen aufrechtzuerhaltende Produktion möglich ist. Was Art und Umfang der in den besetzten Gebieten zu erhaltenden, wieder herzustellenden oder neu zu ordnenden gewerblichen Produktion anlangt, so ist auch das in allererster Linie nach den Erfordernissen zu bestimmen, die die Ausnutzung der Landwirtschaft und der Mineralölwirtschaft für die deutsche Kriegswirtschaft stellt [...]

Völlig abwegig wäre die Auffassung, daß es darauf ankomme, in den besetzten Gebieten einheitlich die Linie zu verfolgen, daß sie baldigst wieder in Ordnung gebracht und tunlichst wieder aufgebaut werden müßten. Die Behandlung der einzelnen Landstriche wird im Gegenteil durchaus verschiedenartig sein müssen. Nur diejenigen Gebiete werden wirtschaftlich gefördert und vordringlich in Ordnung gehalten werden müssen, in denen bedeutende Ernährungs- und Mineralölreserven für uns erschlossen werden können. In andern Landesteilen, die sich nicht selbst ernähren können – also in großen Teilen Nord- und Mittelrußlands –, muß sich die Wirtschaftsführung auf die Ausnutzung der vorgefundenen Vorräte beschränken.

Welche Rüstungsbetriebe aufrechtzuerhalten oder wieder aufzubauen sein werden, bleibt späterer Entschließung vorbehalten.

---

* Die Richtlinien treten am 16. Juni 1941 in Kraft.

**[185.] Aktenvermerk Martin Bormanns über Hitlers
Ausführungen hinsichtlich der zukünftigen Verwaltung
in Rußland, 16.7.1941**

Wesentlich sei es nun, daß wir unsere Zielsetzung nicht vor der ganzen
Welt bekanntgäben; dies sei auch nicht notwendig, sondern die Hauptsache sei, daß wir selbst wüßten, was wir wollten. Keinesfalls solle durch
überflüssige Erklärungen unser eigener Weg erschwert werden. Derartige Erklärungen seien überflüssig, denn soweit unsere Macht reiche,
könnten wir alles tun, und was außerhalb unserer Macht liege, könnten
wir ohnehin nicht tun.
Die Motivierung unsrer Schritte vor der Welt müsse sich also nach taktischen Gesichtspunkten richten. Wir müßten hier genauso vorgehen, wie
in den Fällen Norwegen, Dänemark, Holland und Belgien. Auch in diesen Fällen hätten wir nichts über unsere Ansichten gesagt, und wir würden dies auch weiterhin klugerweise nicht tun. Wir werden also wieder
betonen, daß wir gezwungen waren, ein Gebiet zu besetzen, zu ordnen
und zu sichern; im Interesse der Landeseinwohner müßten wir für Ruhe,
Ernährung, Verkehr usw. sorgen; deshalb unsere Regelung. Es soll also
nicht erkennbar sein, daß sich damit eine endgültige Regelung anbahnt!
Alle notwendigen Maßnahmen – Erschießen, Aussiedeln etc. – tun wir
trotzdem und können wir trotzdem tun.
Wir wollen uns aber nicht irgendwelche Leute vorzeitig und unnötig zu
Feinden machen. Wir tun also lediglich, als ob wir ein Mandat ausüben
wollten. Uns muß aber dabei klar sein, daß wir aus diesen Gebieten nie
wieder herauskommen.
Demgemäß handelt es sich darum:
1. Nichts für die endgültige Regelung zu verbauen, sondern diese unter
   der Hand vorzubereiten;
2. Wir betonen, daß wir die Bringer der Freiheit wären.

Im einzelnen:
Die Krim muß von allen Fremden geräumt und deutsch besiedelt werden.
Ebenso wird das alt-österreichische Galizien Reichsgebiet. Jetzt ist unser
Verhältnis zu Rumänien gut, aber man weiß nicht, wie künftig zu jeder
Zeit unser Verhältnis sein wird. Darauf haben wir uns einzustellen, und
danach haben wir unsere Grenzen einzurichten. Man soll sich nicht vom
Wohlwollen Dritter abhängig machen; danach müssen wir unser Verhält-
nis zu Rumänien einrichten.
Grundsätzlich kommt es also darauf an, den riesenhaften Kuchen hand-
gerecht zu zerlegen, damit wir ihn erstens beherrschen, zweitens verwal-
ten und drittens ausbeuten können.

Die Russen haben jetzt einen Befehl zum Partisanen-Krieg hinter unserer
Front gegeben. Dieser Partisanen-Krieg hat auch wieder seinen Vorteil:
er gibt uns die Möglichkeit auszurotten, was sich gegen uns stellt.
Grundsätzliches:
Die Bildung einer militärischen Macht westlich des Ural darf nie wieder in
Frage kommen und wenn wir hundert Jahre darüber Krieg führen müßten. Alle Nachfolger des Führers müssen wissen: die Sicherheit des Reiches ist nur dann gegeben, wenn westlich des Urals kein fremdes Militär
existiert; den Schutz dieses Raumes vor allen eventuellen Gefahren übernimmt Deutschland.
Eiserner Grundsatz muß sein und bleiben:
Nie darf erlaubt werden, daß ein anderer Waffen trägt, als der Deutsche!
Dies ist besonders wichtig; selbst wenn es zunächst leicht erscheint, irgendwelche fremden unterworfenen Völker zur Waffenhilfe heranzuzie-
hen, ist es falsch! Es schlägt unbedingt und unweigerlich eines Tages gegen uns aus. Nur der Deutsche darf Waffen tragen, nicht der Slawe, nicht
der Tscheche, nicht der Kosak oder der Ukrainer! [...]*

**[186.] Richtlinien des Reichssicherheitshauptamtes,
Amt IV (Gestapo), über die Verfolgung von sowjetischen
Funktionären und Kommunisten in den Kriegsgefangenenlagern,
17. 7. 1941**

Vor allem gilt es ausfindig zu machen:
alle bedeutenden Funktionäre des Staates und der Partei, insbesondere:
alle maßgebenden Funktionäre der KPdSU und ihrer Nebenorganisatio-
nen in den Zentralkomitees, den Gau- und Gebietskomitees,
alle Volkskommissare und ihre Stellvertreter,
alle ehemaligen Polit-Kommissare in der Roten Armee,
die leitenden Persönlichkeiten der Zentral- und Mittelinstanzen bei den
staatlichen Behörden,
die führenden Persönlichkeiten des Wirtschaftslebens,
die sowjetischen Intelligenzler,
alle Juden,
aller Personen, die als Aufwiegler oder fanatische Kommunisten festgestellt werden** [...]

---

* Es folgen ausführliche Einzelfragen mit räumlichen und personellen Festlegungen.
** Inhaltlich gleiche Weisungen erhielten die Einsatzgruppen der Sicherheitspolizei und des
  SD für den Massenmord in den besetzten sowjetischen Gebieten Ende Juni/Anfang Juli
  1941.

Exekutionen dürfen nicht im Lager oder in unmittelbarer Umgebung des Lagers durchgeführt werden. Befinden sich die Lager im Generalgouvernement* in unmittelbarer Nähe der Grenze, so sind die Gefangenen zur Sonderbehandlung möglichst auf ehemals sowjetrussisches Gebiet zu bringen.

Sollten aus Gründen der Lagerdisziplin Exekutionen erforderlich sein, so hat sich dieserhalb der Leiter des EK an den Lagerkommandanten zu wenden.

[187.] Befehl des Chefs des OKW Generalfeldmarschall Wilhelm Keitel zur Zerschlagung von kommunistischen Aufständen (»Geiselmordbefehl«), 16. 9. 1941

1. Seit Beginn des Feldzuges gegen Sowjetrußland sind in den von Deutschland besetzten Gebieten allenthalben kommunistische Aufstandsbewegungen ausgebrochen. Die Formen des Vorgehens steigern sich von propagandistischen Maßnahmen und Anschlägen gegen einzelne Wehrmachtsangehörige bis zu offenem Aufruhr und verbreitetem Bandenkrieg [...]
   Auf diese Weise entsteht in zunehmendem Maße eine Gefahr für die deutsche Kriegführung, die sich zunächst in einer allgemeinen Unsicherheit für die Besatzungstruppe zeigt und auch bereits zum Abzug von Kräften nach den hauptsächlichen Unruheherden geführt hat.
2. Die bisherigen Maßnahmen, um dieser allgemeinen kommunistischen Aufstandsbewegung zu begegnen, haben sich als unzureichend erwiesen. Der Führer hat nunmehr angeordnet, daß überall mit den schärfsten Mitteln einzugreifen ist, um die Bewegung in kürzester Zeit niederzuschlagen [...]
3. Hierbei ist nach folgenden Richtlinien zu verfahren:
   a) Bei jedem Vorfall der Auflehnung gegen die deutsche Besatzungsmacht, gleichgültig wie die Umstände im einzelnen liegen mögen, muß auf kommunistische Ursprünge geschlossen werden.
   b) Um die Umtriebe im Keime zu ersticken, sind beim ersten Anlaß unverzüglich die schärfsten Mittel anzuwenden, um die Autorität der Besatzungsmacht durchzusetzen und einem weiteren Umsichgreifen vorzubeugen. Dabei ist zu bedenken, daß ein Menschenleben in den betroffenen Ländern vielfach nichts gilt und eine abschreckende Wirkung nur durch ungewöhnliche Härte erreicht wer-

---

* Von Deutschland besetzte Teile Polens.

den kann. Als Sühne für ein deutsches Soldatenleben muß in diesen Fällen im allgemeinen die Todesstrafe für 50–100 Kommunisten als angemessen gelten. Die Art der Vollstreckung muß die abschrekkende Wirkung noch erhöhen.

[188.] Hitler im Führerhauptquartier, 17./18.9.1941

Der Kampf um die Hegemonie in der Welt wird für Europa durch den Besitz des russischen Raumes entschieden; er macht Europa zum blockadefestesten Ort der Welt. Es sind das wirtschaftliche Perspektiven, die den liberalsten westlichen Demokraten der neuen Ordnung geneigt machen werden. Jetzt müssen wir es durchbeißen. Das übrige ist eine Frage der Organisation.

Man braucht diese Urwelt lediglich zu sehen und weiß, daß hier nichts geschieht, wenn man den Menschen die Arbeit nicht zumißt. Der Slawe ist eine geborene Sklaven-Masse, die nach dem Herrn schreit; es fragt sich nur, wer der Herr ist. Der Bolschewismus hat uns da einen großen Dienst erwiesen. Er hatte zunächst das Land an die Bauern aufgeteilt. Die Folge war ungeheuere Hungersnot; es blieb nichts übrig, als in der Form der Staatsdomänen die Grundherrschaft wieder einzuführen, nur, daß der frühere Herr etwas von der Landwirtschaft verstanden hatte, während dem politischen Kommissar das Wissen darum fehlte; eben erst war man im Begriff, durch Landwirtschaftsschulen die kommende Generation von Kommissaren in dem zu unterweisen, worauf es ankommt.

Wenn die Engländer aus Indien hinausgetrieben würden, so würde Indien verkommen. Das ist hier genauso. Der Nationalsozialismus könnte nicht einmal nach Ungarn exportiert werden. In der breiten Masse ist der Ungar so faul wie der Russe; er ist der geborene Steppenreiter. Insoweit hat Horthy recht, wenn er sagt: »Bei mir sinken die Bodenerträge, wenn ich den Großgrundbesitz aufgebe.« In Spanien ist es dasselbe; Spanien würde verhungern, wenn der Großgrundbesitz verschwände.

Der deutsche Bauer hat den Trieb weiterzukommen, er denkt an seine Kinder, ein ukrainischer Bauer aber wird nicht nach dem Imperativ der Pflicht handeln. Bedingt gibt es ein Bauerntum unseres Stiles noch in Frankreich, sehr stark in Holland und in Italien, wo jeder Quadratmeter in einem wahren Bienenfleiß ausgenutzt wird.

Der russische Raum ist unser Indien, und wie die Engländer es mit einer Handvoll Menschen beherrschen, so werden wir diesen unseren Kolonialraum regieren. Es wäre verfehlt, den Eingeborenen erziehen zu wollen. Was wir erreichen würden, ist ein Halbwissen, das zur Revolution führt. Es ist kein Zufall, daß der Erfinder des Anarchismus ein Russe war. Wäre die russische Menschheit nicht durch andere, angefangen von den Warägern, zum Staat organisiert worden, so wären sie Kaninchen geblieben. Man kann Kaninchen nicht zum Leben der Bienen oder Ameisen erziehen. Diese haben die Fähigkeit, Staaten zu bilden, Hasen haben sie nicht. Sich selbst überlassen, würde der Slawe nie über den engsten Familienkreis hinausgekommen sein.

Die nordisch-germanische Rasse hat den Staatsgedanken geboren und dadurch verwirklicht, daß sie dem einzelnen Zwang antut, sich in ein Ganzes zu fügen. Die Volkskraft, die im Blut unserer Menschen schlummert, zu wecken, ist die Aufgabe, die wir uns zu stellen haben.

Die slawischen Völker hingegen sind zu einem eigenen Leben nicht bestimmt. Das wissen sie, und wir dürfen ihnen nicht einreden, sie könnten das auch. Wir haben 1918 die baltischen Länder und die Ukraine geschaffen. Wir haben aber heute kein Interesse an dem Fortbestand der ostbaltischen Staaten und an einer freien Ukraine. Rechristianisierung wäre der größte Fehler, denn das wäre Wieder-Organisierung. Ich bin auch nicht für eine Universität in Kiew. Wir bringen ihnen das Lesen besser nicht bei. Sie lieben uns gar nicht, wenn wir sie mit Schulen quälen; es wäre schon falsch, sie auch nur auf eine Lokomotive zu stellen. Wir haben auch keinen Grund, mit einer Neuverteilung des Bodens anzufangen. Die Eingeborenen werden künftig aber weit besser leben als jetzt. Wir finden in ihnen die Menschen zur Bearbeitung des Bodens, der uns heute abgeht.

Wir werden ein Getreide-Exportland sein für alle in Europa, die auf Getreide angewiesen sind. In der Krim haben wir Südfrüchte, Gummipflanzen (mit 40000 ha machen wir uns unabhängig), Baumwolle. Die Pripjet-Sümpfe geben uns Schilf. Den Ukrainern liefern wir Kopftücher, Glasketten als Schmuck und was sonst Kolonialvölkern gefällt. Unsere Deutschen – das ist die Hauptsache – müssen eine festungsartig in sich geschlossene Gemeinschaft bilden – der letzte Pferdebursche muß höher stehen als einer der Eingeborenen außerhalb dieser Zentren.

Für die deutsche Jugend wird das ein Gebiet sein, wo sie sich vorarbeiten kann. Dänen, Holländer, Norweger, Schweden nehmen wir mit herein. Für den deutschen Soldaten haben wir die Übungsplätze, für die Luftwaffe die von ihr benötigten Räume. Wir dürfen es nicht so machen wie vor dem Krieg in den Kolonien, wo neben der deutschen Kolonial-Gesellschaft eigentlich nur kapitalistische Interessen am Werke waren. Der Deutsche soll das Gefühl für weite Räume bekommen. Wir müssen ihn in die Krim bringen und in den Kaukasus. Es ist ein Unterschied, ob man das auf der Landkarte sieht oder ob man einmal dagewesen ist. Die Bahn hat dabei die Funktion des Frachtverkehrsmittels, das Land wird uns durch

die Straße erschlossen. Die Leute träumen heute von einer großen Welt-
friedenskonferenz. Lieber führe ich zehn Jahre Krieg, als daß ich mir den
Sieg auf solche Weise wegstehlen lasse. Ich habe ja keine unmäßigen
Ziele; im Grunde sind es lauter Gebiete, in denen einmal schon Germanen gesessen haben. Das deutsche Volk soll in diesen Raum hineinwachsen.

[189.] **Rede von Reinhard Heydrich,**
Chef des Reichssicherheitshauptamtes, in Prag über Grundsätze
der nationalsozialistischen »Neuordnungs«-Politik,
2.10.1941

Die Voraussetzung für den Krieg, für die Erfüllung dieses Krieges, für die
Besetzung der notwendigen Räume und für die Formung und Gestaltung
des großdeutschen und großgermanischen Reiches war die innerpolitische Sicherung des Altreiches [...]
Und nun haben wir unter der Führung des Führer unendlich viel Räume
in Europa besetzt als militärische Voraussetzung für die weitere Führung
und siegreiche Beendigung des Krieges. Wir wollen uns darüber im klaren sein, daß diese Besetzung dieser Räume jedenfalls in vielen Gebieten
nicht eine vorübergehende, sondern eine endgültige sein wird, wobei es
gleichgültig ist, wie die Form des Kontaktes dieser Räume zu uns werden
wird. Das heißt aber, die Zukunft des Reiches hängt nach Beendigung des
Krieges ab von der Fähigkeit des Reiches und von der Fähigkeit der Menschen dieses Reiches, diese Räume zu halten, zu beherrschen und gegebenenfalls mit dem Reich zu verschmelzen. Es hängt also ab von der Art,
wie wir imstande sind, diese Menschen zu behandeln, diese Menschen zu
führen und zu verschmelzen. Wir müssen hier eigentlich große Gruppen
unterscheiden:
Das eine sind die Räume mit germanischen Menschen, das sind jene Menschen, die unseres Blutes sind und daher an sich unseres Charakters sind.
Es sind jene Menschen, die durch eine schlechte politische Führung und
Einfluß des Judentums irgendwie verbogen sind, die sich erst langsam
zurückführen müssen zu den Grundelementen des Gegenwartsdenkens.
Es sind das die Räume, die ich sehe: Norwegen, Holland, Flandern, so
wie in späterer Zukunft ich sehe: Dänemark, Schweden. Es sind jene
Räume, die germanisch besiedelt sind und die in irgendeiner Art, darüber
müssen wir uns hier im klaren sein, ob im Staatenbund, Gau oder sonst-
wie zu uns gehören werden. Es ist klar, daß wir diesen Menschen gegenüber eine ganz andere Art der Behandlung finden müssen als gegenüber
den andersrassigen, slawischen und ähnlichen Völkern [...]

Das zweite sind die Osträume, die zum Teil slawisch besiedelt sind, das sind die Räume, in denen man wissen muß, daß Güte nur als Schwäche ausgelegt wird, das sind die Räume, wo der Slawe selber gar nicht will, daß er gleichberechtigt behandelt wird, wo er gewöhnt ist, daß der Herr sich mit ihm nicht gemein macht. Das sind also die Räume, die wir nun im Osten zu führen und zu behalten haben. Das sind die Räume, in denen eine deutsche Oberschicht nach der militärischen Entwicklung bis weit nach Rußland hinein, bis weit an den Ural einmal in der ganz klaren Führungsform als Rohstoffbasis, als Arbeiter für große, auch Kulturaufgaben, als Heloten, wenn ich es ganz drastisch sagen will, für uns eingesetzt werden muß [...]

Dann kommt der großpolnische Raum, der das nächste Gebiet ist, das man ganz allmählich deutsch besiedeln muß, aus dem das polnische Element allmählich nach dem Osten verdrängt werden muß. Dann kommt die Ukraine, die auch zunächst mit einer gewissen Mittellösung allmählich aus dem großrussischen Raum unter Anwendung und Ausnutzung der gewissen, noch im Unterbewußtsein schlummernden völkischen eigenen Gedanken als große Rohstoff- und Ernährungsbasis unter deutscher Führung weiterleben soll. Ohne daß man etwa diesem Volk etwa dort eine kulturelle Festigung oder Stärkung geben kann, ohne daß man dort eine große Intelligenz aufbauen sollte, damit nicht etwa daraus eine Opposition in späteren Zeiten herangezogen wird, die dann in vielen Jahren unter einer schwachen Führung sich wieder lösen kann.

[190.] Befehl des Armeeoberkommandos 6 über das »Verhalten der Truppe im Ostraum«, 10.10.1941

Geheim!
Hinsichtlich des Verhaltens der Truppe gegenüber dem bolschewistischen System bestehen vielfach noch unklare Vorstellungen.
Das wesentlichste Ziel des Feldzuges gegen das jüdisch-bolschewistische System ist die völlige Zerschlagung der Machtmittel und die Ausrottung des asiatischen Einflusses im europäischen Kulturkreis.
Hierdurch entstehen auch für die Truppe Aufgaben, die über das hergebrachte einseitige Soldatentum hinausgehen. Der Soldat ist im Ostraum nicht nur ein Kämpfer nach den Regeln der Kriegskunst, sondern auch Träger einer unerbittlichen völkischen Idee und der Rächer für alle Bestialitäten, die deutschem und artverwandtem Volkstum zugefügt wurden.
Deshalb muß der Soldat für die Notwendigkeit der harten, aber gerechten Sühne am jüdischen Untermenschentum *volles* Veständnis haben. Sie hat

den weiteren Zweck, Erhebungen im Rücken der Wehrmacht, die erfahrungsgemäß stets von Juden angezettelt wurden, im Keime zu ersticken.
Der Kampf gegen den Feind hinter der Front wird noch nicht ernst genug genommen. Immer noch werden heimtückische, grausame *Partisanen* und entartete Weiber zu Kriegsgefangenen gemacht, immer noch werden halb uniformierte oder in Zivil gekleidete Heckenschützen und Herumtreiber wie anständige Soldaten behandelt und in die Gefangenenlager abgeführt.
Die Sowjets haben bei ihrem Rückzug häufig Gebäude in Brand gesteckt. Die Truppe hat nur soweit ein Interesse an Löscharbeiten, als notwendige Truppenunterkünfte erhalten werden müssen. Im übrigen liegt das Verschwinden der Symbole einstiger Bolschewistenherrschaft, auch in Gestalt von Gebäuden, im Rahmen des Vernichtungskampfes. Weder geschichtliche noch künstlerische Rücksichten spielen hierbei im Ostraum eine Rolle.
Wird im Rücken der Armee Waffengebrauch einzelner Partisanen festgestellt, so ist mit drakonischen Maßnahmen durchzugreifen. Diese sind auch auf die männliche Bevölkerung auszudehnen, die in der Lage gewesen wäre, Anschläge zu verhindern oder zu melden.
Fern von allen politischen Erwägungen der Zukunft hat der Soldat zweierlei zu erfüllen:
1. *die völlige Vernichtung der bolschewistischen Irrlehre, des Sowjet-Staates und seiner Wehrmacht,*
2. *die erbarmungslose Ausrottung artfremder Heimtücke und Grausamkeit und damit die Sicherung des Lebens der deutschen Wehrmacht in Rußland.*

Nur so werden wir unserer geschichtlichen Aufgabe gerecht, das deutsche Volk von der *asiatisch-jüdischen Gefahr ein für allemal zu befreien.*

[191.] Bericht der Einsatzgruppe A über Terror und Massenmord in den okkupierten sowjetischen Gebieten, 15.10.1941

Im Vordergrund der sicherheitspolizeilichen Arbeit in allen Teilen des Einsatzraumes stand die Bekämpfung des Kommunismus und des Judentums [...]
Von den Sonderkommandos wurden zunächst die wichtigsten Gebäude der Kommunistischen Partei und ihrer Massenorganisationen, Redaktionsräume der kommunistischen Presse, Diensträume der Berufsverbände und die Wohnungen der geflüchteten kommunistischen Spitzen-

funktionäre besetzt und durchsucht. Diese Arbeit, die von den Sonder-
kommandos überall vor dem Eintreffen der Erfassungskommandos der
Abwehrabteilung des OKW in Angriff genommen wurde, wurde von den
Hauptkommandos weitergeführt und auf alle Gebäude ausgedehnt, in
denen irgendwelches Material zu vermuten war [...]
Neben den Durchsuchungsaktionen wurde eine systematische Fahndung
nach zurückgebliebenen kommunistischen Funktionären und Rotarmi-
sten und der durch die Tätigkeit für den Kommunimus stärker belasteten
Personen durchgeführt [...]
Der Umfang der Säuberungsarbeit bei der Bekämpfung des Kommunismus ist aus der als Anlage 8 beigefügten Übersicht über die Zahl der Exekutionen ersichtlich [...]
Es war von vornherein zu erwarten, daß allein durch Progrome das Ju-
denproblem im Ostlande* nicht gelöst werden würde. Andererseits hatte
die sicherheitspolizeiliche Säuberungsarbeit gemäß den grundsätzlichen
Befehlen eine möglichst umfassende Beseitigung der Juden zum Ziel
[...]

[192.] **Vernichtungsarbeit der »Einsatzkommandos« der SS.**
Eine »Ereignismeldung«, 3.11.1941

[...] Was die eigentliche Exekutive anbelangt, so sind von den Kommandos der Einsatzgruppe bisher etwa 80000 Personen liquidiert worden.
Darunter befinden sich etwa 8000 Personen, denen aufgrund von Ermitt-
lungen eine deutschfeindliche oder bolschewistische Tätigkeit nachge-
wiesen werden konnte.
Der verbleibende Rest ist aufgrund von Vergeltungsmaßnahmen erledigt
worden.
Mehrere Vergeltungsmaßnahmen wurden im Rahmen von Großaktionen
durchgeführt. Die größte dieser Aktionen fand unmittelbar nach der Einnahme Kiews statt; es wurden hierzu ausschließlich Juden mit ihrer gesamten Familien verwandt [...]
[...] Wenn auch bis jetzt auf diese Weise insgesamt etwa 75000 Juden
liquidiert worden sind, so besteht doch schon heute Klarheit darüber, daß
damit eine Lösung des Judenproblems nicht möglich sein wird. Es ist zwar
gelungen, vor allem in kleineren Städten und auch in den Dörfern eine
restlose Bereinigung des Judenproblems herbeizuführen; in größeren
Städten dagegen wird immer die Beobachtung gemacht, daß nach einer
solchen Exekution zwar sämtliche Juden verschwunden sind, kehrt aber

---

* Bezeichung für die baltischen Sowjetrepubliken.

alsdann nach einer bestimmten Frist ein Kommando nochmals zurück, so wird immer wieder eine Anzahl von Juden festgestellt, die ganz erheblich die Zahl der exekutierten Juden übersteigt. [...]

Anlage 8:
Übersicht über die Zahl der bisher durchgeführten Exekutionen

	Juden	Kommunisten	zusammen
Litauen	80311	860	81171
Lettland	30025	1843	31868
Estland	474	684	1158
Weißruthenien [1]	7620	–	7620
	118430	3387	121817

Dazu kommen:

In Litauen u[nd] Lettl[an]d durch Pogrome beseitigte Juden	5500
Im altruss[ischen] Raum exekutierte Juden, Kommunsisten u[nd] Partisanen	2000
Geisteskranke	748
	130065[2]
Von Stapo u[nd] SD-Abschnitt Tilsit im Grenzstreifen liquidierte Kommunisten und Juden	5502
	135567

[1] Bezeichnung für die Belorussische Sozialistische Sowjetrepublik.
[2] Korrektur eines Rechenfehlers in der Vorlage.

[193.] Protokoll der Besprechung Hermann Görings mit 25 Vertretern des Wirtschafts- und Staatsapparates über Grundsätze der Politik in den besetzten Gebieten der Sowjetunion, 8.11.1941

Die Diskussion der Wirtschaftspolitik und -organisation in den neu besetzten Ostgebieten, die am 8. November 1941 unter dem Vorsitz des Reichsmarschalls stattfand, führte zu den folgenden Feststellungen und Ergebnissen:

A. Allgemeine Grundfragen für die Wirtschaftspolitik in den neu besetzten Ostgebieten.
    I. Für die Kriegsdauer sind die Erfordernisse der Kriegsindustrie das höchste Gesetz aller wirtschaftlichen Unternehmungen in den neu besetzten Ostgebieten.
    II. Auf lange Sicht werden die neu besetzten Ostgebiete nach kolonialen Methoden und Gesichtspunkten ausgebeutet werden. Die einzige Ausnahme sind jene Teile des Ostlandes*, welche

* Bezeichnung für die baltischen Sowjetrepubliken.

auf Befehl des Führers für Eindeutschung vorgesehen sind; aber auch sie fallen unter die unter I. angeführten Grundsätze.

III. Der Schwerpunkt für alle Wirtschaftsarbeiten liegt in der Produktion von Nahrungsmitteln und Rohmaterialien. Die größtmöglichen Produktionspreise für die Versorgung des Reiches und der anderen europäischen Staaten sollen durch billige Produktion und Aufrechterhaltung des niedrigen Lebensniveaus erzielt werden. Auf diese Art soll eine Einkommensquelle für das deutsche Reich eröffnet werden, die es ermöglichen wird, in einigen Jahrzehnten einen großen Teil der Schulden – verursacht durch die Finanzierung des Krieges – zu decken, während der deutsche Steuerzahler soweit als möglich geschont wird und gleichzeitig der europäische Bedarf an Nahrungsmitteln und Rohmaterialien soweit wie möglich gedeckt wird [...]

V. Keine beträchtliche Verbrauchsartikel- oder Fertigungsindustrie darf in den neu besetzten Ostgebieten gegründet werden. Es ist vielmehr eine Aufgabe der europäischen, besonders der deutschen Industrie, die Rohmaterialien und halbfertigen Produkte, die in den besetzten Ostgebieten hergestellt worden sind, zu bearbeiten und die dringendsten Bedürfnisse der Ostgebiete – die nach dem Vorbild der Kolonialwirtschaft ausgebeutet werden sollen – für industrielle Waren und Produktionsmittel zu erfüllen [...]

VI. Eine Belieferung der Bevölkerung mit hochwertigen Verbrauchsgütern kommt nicht in Frage. Man muß im Gegenteil allen auf die Erhöhung des allgemeinen Lebensstandards gerichteten Tendenzen durch allerschärfste Maßnahmen entgegenarbeiten [...]

VII. Das russische Preis- und Lohnniveau ist so tief wie nur irgend möglich zu halten. Jedwede Störung der ausschließlich auf das Interesse des Reiches abzielenden Preis- und Lohnpolitik wird rücksichtslos verfolgt werden. Der Grundatz, daß die Überschüsse, besonders im landwirtschaftlichen Teil der Wirtschaft, zu den allerniedrigsten Preisen dem Reiche zufließen müssen, findet sogar auf das Ostland Anwendung.

B. Richtlinien für die wehrwirtschaftliche Auswertung der neubesetzten Ostgebiete

   I. Ernährungs- und Landwirtschaft
   Der Schwerpunkt liegt auf dem Gebiet der Ernährung. Alles muß unternommen werden, um so viel landwirtschaftliche Gü-

ter wie nur irgend möglich zu erzeugen und sie der Verwendung
durch die Truppe und das Reich zugängig zu machen [...]
e)Versorgung der Bevölkerung:
1. Die Versorgung der Bauernbevölkerung wird keine großen
   Schwierigkeiten machen.
2. Die Stadtbevölkerung kann nur ganz geringe Nahrungs-
   mengen bekommen. Für die großen Städte (Moskau, Leningrad, Kiew) kann zur Zeit überhaupt nichts getan werden. Die Folgen, die sich daraus ergeben werden, sind daher hart, aber unvermeidbar [...]
II. Industriewirtschaft [...]
   Petroleum kommt an erster Stelle. Die Förderung von Mangan-
   erzen ist von außerordentlicher Dringlichkeit. Sodann muß in
   der Frage Kohle und Eisen dafür gesorgt werden, daß die Be-
   schädigungen, die die Russen an den Anlagen vorgenommen
   haben, so schnell wie möglich wieder beseitigt werden, so daß
   die Produktion auf dem schnellsten Wege wieder aufgenommen
   werden kann. Und schließlich müssen die russischen Holzbe-
   stände im größtmöglichen Umfange für das Reich nutzbar gemacht werden [...]
   Nach Ansicht des Führers und des Reichsmarschalls kommen
   Organe des Staates, der Partei oder der Wehrmacht für Übernahme von Wirtschaftsbetrieben, zu deren Verwaltung sie au-
   ßerstande sind, nicht in Frage. Vielmehr sollen Anlagen, deren
   Wiederaufbau erwünscht ist, prinzipiell den Firmen oder Persönlichkeiten übergeben werden, welche das erforderliche
   Sachverständnis haben und ähnliche Anlagen besitzen oder Betriebe haben. Es muß ihnen daher auch die Gelegenheit gewährt
   werden, aus ihrer Tätigkeit einen angemessenen Nutzen zu ziehen.

**[194.] Hitler über die Besiedelung des russischen Raumes,
8.–10.11.1941**

Bei unserer Besiedlung des russischen Raumes soll der »Reichsbauer« in
hervorragend schönen Siedlungen hausen. Die deutschen Stellen und Behörden sollen wunderbare Gebäulichkeiten haben, die Gouverneure Pa-
läste. Um die Dienststellen herum baut sich an, was der Aufrechterhaltung des Lebens dient. Und um die Stadt wird auf 30 bis 40 km ein Ring
gelegt von schönen Dörfern, durch die besten Straßen verbunden. Was
dann kommt, ist die andere Welt, in der wir die Russen leben lassen wol-

len, wie sie es wünschen. Nur, daß wir sie beherrschen. Im Falle einer Revolution brauchen wir dann nur ein paar Bomben zu werfen auf die betreffenden Städte, und die Sache ist erledigt. Einmal im Jahr wird dann ein Trupp Kirgisen durch die Reichshauptstadt geführt, um ihre Vorstellung mit der Gewalt und Größe unserer steinernen Denkmale zu erfüllen [...]

**[195.] Stellungnahme Erich Wetzels, Mitarbeiter
des Reichsministeriums für die besetzten Ostgebiete,
zum »Generalplan Ost« des RSHA über die Deportation
der Landesbewohner und die Ansiedlung von Deutschen
in Osteuropa, 27. 4. 1942**

Aus dem Plan* ergibt sich, daß es sich nicht um ein Sofortprogramm handelt, daß vielmehr die Besiedlung des Raumes mit Deutschen etwa 30 Jahre nach dem Kriege erreicht sein soll. Wie aus dem Plan hervorgeht, sollen 14 Mill[ionen] Fremdvölkische in dem Raum verbleiben. Ob diese jedoch innerhalb der vorgesehenen Zeit von 30 Jahren wirklich umgevolkt und eingedeutscht werden, erscheint mehr als zweifelhaft, da auch nach dem vorliegenden Plan die Anzahl der deutschen Siedler nicht gerade beträchtlich ist [...]
Geht man davon aus, daß 14 Mill[ionen] Fremdvölkische in den betreffenden Räumen bleiben, wie es der Plan vorsieht, so müßten demgemäß 46 bis 51 Mill[ionen] Menschen ausgesiedelt werden. Die Zahl von 31 Mill[ionen] auszusiedelnder Menschen, die der Plan angibt, dürfte nicht zutreffen [...]
Der Plan sieht nun die Aussiedlung von 80 bis 85% Polen vor, d. h. es kommen, je ob man von 20 oder 24 Millionen Polen ausgeht, 16 bis 20,4 Millionen Polen zur Aussiedlung, während 3 bis 4,8 Millionen Polen im deutschen Siedlungsraum verbleiben sollen [...]
Wenn die Industriegebiete von Kusnezk, Nowosibirsk und Karaganda erst mit voller Kraft arbeiten, werden Arbeitskräfte in großen Massen gebraucht werden, insbesondere technische Kräfte. Warum sollen nicht wallonische Ingenieure, tschechische Techniker, ungarische Industriekaufleute und dergleichen im sibirischen Raum tätig sein können. Hier könnte man mit Recht dann von einem europäischen Siedlungs- und Rohstoffreserveraum reden [...]
Nach dem Plan des Reichssicherheitshauptamtes sollen auch die West-

---

* Der »Generalplan Ost« wurde erstmalig im Juli 1941 vorgelegt. Diese Fassung ist bisher noch nicht aufgefunden.

ukrainer in den sibirischen Raum überführt werden. Es wird dabei ein Prozentsatz von 65% genannt [...]

Die Weißruthenen* werden nach den Angaben des Planes zu 75% ausgesiedelt [...]

Es handelt sich nicht allein um die Zerschlagung des Moskowitertums, eine Zielsetzung, die durchgeführt, weil sie nur historisch gedacht ist, nie die restlose Lösung des Problems bedeuten würde. Vielmehr handelt es sich um die Zerschlagung der Kraft des russischen Volkes und damit die Zerschlagung des russischen Volkstums selbst, um seine Aufspaltung. Nur wenn die Probleme hier konsequent vom biologischen, insbesondere rassebiologischen Standpunkt aus gesehen werden und wenn demgemäß die deutsche Politik im Ostraum eingerichtet wird, besteht die Möglichkeit, der uns vom russischen Volke her drohenden Gefahr zu begegnen [...]

Nach den heute vorhandenen Auffassungen soll ein großer Teil der Tschechen, soweit sie rassisch nicht bedenklich erscheinen, zur Eindeutschung gelangen. Man rechnet hier mit ungefähr 50% der tschechischen Bevölkerung, die hierfür in Betracht kommt [...]

Die zukünftige deutsche Ostpolitik wird zeigen, ob wir gewillt sind, dem Dritten Reich eine dauernde gesicherte Grundlage zu geben. Wenn jedenfalls das Dritte Reich ein tausendjähriges sein soll, müssen auch die Planungen hierfür auf Generationen getroffen werden.

[196.] Meldung der Gestapoleitstelle Prag über die Ermordung der Einwohner und die Zerstörung von Lidice, 24.6.1942

Auf Befehl des Führers wurden gegen die Ortschaft Liditz in Böhmen Vergeltungsmaßnahmen durchgeführt**, weil flüchtige tschechische Fallschirmagenten nach ihrem Absprung aus englischen Flugzeugen in dieser Ortschaft angelaufen sind und von Verwandten ebenfalls bei der tschechischen Legion in England stehender Dorfeinwohner und einem großen Teil der Ortsbewohner unterstützt werden.***

Die Ortschaft, die aus 95 Häusern besteht, wurde vollständig niedergebrannt, 199 männliche Einwohner über 15 Jahren wurden an Ort und Stelle erschossen, 184 Frauen in das Konzentrationslager Ravensbrück, 7 Frauen in das Polizeigefängnis Theresienstadt, 4 schwangere Frauen in

---

* Bezeichnung für die Bevölkerung der Belorussischen Sozialistischen Sowjetrepublik.
** Am 10. Juni 1942.
*** Diese »Begründung« ist erlogen; es handelte sich um brutale Willkür.

das Krankenhaus in Prag, 88 Kinder nach Litzmannstadt* überführt, während 7 Kinder unter einem Jahr in ein Heim nach Prag gebracht wurden. 3 Kinder werden zur Eindeutschung in das Altreichsgebiet gebracht.

[197.] **Reichsleiter Martin Bormann an Reichsleiter Alfred Rosenberg über die Behandlung nichtdeutscher Bevölkerung in den Ostgebieten, 23.7.1942**

Der Führer wünscht, wie ich Ihnen im Auftrage mitteile, daß Sie für Beachtung und Durchsetzung folgender Grundsätze in den besetzten Ostgebieten sorgen:

1. Wenn Mädchen und Frauen der besetzten Ostgebiete ihre Kinder abtreiben, dann kann uns das nur recht sein; keinesfalls sollen also deutsche Juristen sich dagegen wenden. Man müßte nach Auffassung des Führers sogar einen schwungvollen Handel mit Verhütungsmitteln in den besetzten Ostgebieten zulassen, denn wir können keinerlei Interesse daran haben, daß sich die nichtdeutsche Bevölkerung vermehrt.

2. Die Gefahr, daß sich die nichtdeutsche Bevölkerung in den besetzten Ostgebieten stärker als bisher vermehrt, ist sehr groß, denn die gesamten Lebensumstände werden für die nichtdeutsche Bevölkerung selbstverständlich viel besser und gesicherter. Gerade deshalb müssen wir die notwendigen Vorkehrungsmaßnahmen gegen eine Vermehrung der nichtdeutschen Bevölkerung treffen.

3. Deshalb soll auch keinesfalls eine deutsche Gesundheitsfürsorge für die nichtdeutsche Bevölkerung in den besetzten Ostgebieten einsetzen. Einimpfen z. B. der nichtdeutschen Bevölkerung und ähnliche vorbeugende Gesundheitsmaßnahmen, sollen keinesfalls in Frage kommen.

4. Keinesfalls darf der nichtdeutschen Bevölkerung eine höhere Bildung beigebracht werden. Würden wir in diesen Fehler verfallen, würden wir selbst einen kommenden Widerstand geradezu züchten. Es muß also nach Auffasung des Führers durchaus genügen, wenn die nichtdeutsche Bevölkerung – auch die sogenannten Ukrainer – lesen und schreiben lernen.

5. Keinesfalls dürfen wir bei der nichtdeutschen Bevölkerung durch irgendwelche Maßnahmen ein Herrenbewußtsein züchten! Das Gegenteil ist notwendig!

---

* Gemeint ist die von den Nationalsozialisten umbenannte Stadt Łódź; die Kinder wurden in das dortige »Jugendschutzlager« verschleppt.

6. Anstelle der jetzigen Schriftzeichen soll künftig in den Schulen die Normalschrift gelehrt werden.
7. Die Deutschen müssen auf jeden Fall aus den ukrainischen Städten abgesetzt werden; sogar die Unterbringung in Baracken außerhalb der Städte ist besser als die Unterbringung innerhalb der Städte.
Keinesfalls sollen die russischen (ukrainischen) Städte irgendwie hergerichtet oder gar verschönert werden, denn die Bevölkerung soll kein besseres Niveau bekommen, und die Deutschen sollen in später neu zu erbauenden Städten und Dörfern wohnen, die von der russischen (ukrainischen) Bevölkerung streng abgesetzt sind. Deshalb sollen auch die für Deutsche zu erbauenden Häuser keinesfalls den russischen (ukrainischen) gleichen (kein Lehmverputz, kein Strohdach usw.)
8. Im Altreich seien, betonte der Führer, viel zu viele Dinge reglementiert und vorgeschrieben; in diesen Fehler dürfen wir keinesfalls in den besetzten Ostgebieten verfallen. Keinesfalls solle also für die nichtdeutsche Bevölkerung zuviel reglementiert werden; hier müsse man sich unbedingt auf das Notwendigste beschränken. Die deutsche Verwaltung müsse deshalb auch auf jeden Fall klein gehalten werden; der Gebietskommissar müsse mit den einheimischen Ortsvorstehern arbeiten; eine einheitliche ukrainische Verwaltung etwa bis zum Generalkommissar oder etwa gar bis zum Reichskommissar dürfe es aber keinesfalls geben.

[198.] Hitlers Befehl über die Vernichtung von Kommandotrupps und Fallschirmspringern (»Kommandobefehl«), 18.10.1942

[...]
3. Ich befehle daher: Von jetzt ab sind alle bei sogenannten Kommandounternehmungen in Europa oder in Afrika von deutschen Truppen gestellte Gegner, auch wenn es sich äußerlich um Soldaten in Uniform oder Zerstörungstrupps mit und ohne Waffe handelt, im Kampf oder auf der Flucht bis auf den letzten Mann niederzumachen. Es ist dabei ganz gleich, ob sie zu ihren Aktionen durch Schiffe oder Flugzeuge angelandet werden oder mittels Fallschirm abspringen. Selbst wenn diese Subjekte bei ihrer Auffindung scheinbar Anstalten machen sollten, sich gefangen zu geben, ist ihnen grundsätzlich jeder Pardon zu verweigern. Hierüber ist in jedem Einzelfall zur Bekanntgabe im Wehrmachtsbericht eine eingehende Meldung an das OKW zu erstatten [...]
5. Diese Anordnung gilt nicht für die Behandlung derjenigen feindlichen Soldaten, die im Rahmen normaler Kampfhandlungen (Großangriffe,

Großlandungsoperationen und Großluftlandeunternehmen) im offenen Kampf gefangengenommen werden oder sich ergeben. Ebensowenig gilt diese Anordnung gegenüber den nach Kämpfen auf See in unsere Hand gefallenen oder nach Kämpfen in der Luft durch Fallschirmabsprung ihr Leben zu retten versuchenden feindlichen Soldaten [...]

[199.] **Stimmungsbericht aus der Ukraine, 1.4.1943**

Die andauernd zurückhaltende, undurchsichtige, mitunter schon feindselige Haltung der Bevölkerung ist auch im Berichtsmonat die gleiche geblieben. Wenn auch das beginnende Frühjahr eine leichte Verbesserung in der Ernährungslage gebracht hat und den Mangel an Heizmaterial nicht mehr so schwer empfinden läßt, so ist es nach wie vor eine fühlbare Geringschätzung der einheimischen Bevölkerung durch die deutsche Verwaltung auf politischem, geistigem und kulturellem Gebiet, die das ukrainische Volk in diese sich immer mehr versteifende Passivität zwingt. Erst recht die Aushebung und Verschickung von Arbeitskräften bestärkt die Ukrainer in der allgemeinen Auffassung, daß sie von Deutschland als Kolonialvolk betrachtet werden, dem man zwar gewaltige Dienstleistungen abpreßt, aber keinerlei Rechte einräumen will. Das hartnäckige Schweigen Deutschlands über die staatliche Zukunft der Ukraine hat ihnen auch die Hoffnung genommen, daß sie jemals, auch nicht in der Zeit nach dem Kriege, gleichberechtigte Bürger des neuen Europa werden könnten.
[...] Die ursprüngliche Arbeitsfreudigkeit und der gute Wille zum Bau einer neuen Ukraine sind ebenso geschwunden wie die Furcht vor einer Wiederkehr der bolschewistischen Herrschaft.
Langsam versinkt das Volk in eine stumpfe Passivität. Es besteht die unverkennbare Gefahr, daß sich die steigende Ablehnung der deutschen Führung zu einer schweren Bedrohung der gesamten deutschen Interessen in diesem Landes auswächst, wenn die in der Ukraine bisher verfolgte Politik und die Methoden in der Behandlungsweise der Bevölkerung nicht eine grundsätzliche und einschneidende Änderung erfahren.
[...] Den größten propagandistischen Schaden haben die zurückmarschierenden Kolonnen der verbündeten Armeen angerichtet. Allein schon ihr Anblick wie auch die Tatsache, daß sie ihre Waffen angeblich auf den Märkten verkauften und vereinzelt sogar bolschewistisches Propagandamaterial mitbrachten, erweckten größten nachteiligen Eindruck.

[...] Es war ein Grund besonderer Enttäuschung für die Landbevölkerung, daß die Landzuteilung, die Errichtung von Einzelhöfen und andere in der Agrarreform angekündigte Maßnahmen zur Neubildung
eines ukrainischen Bauernstandes nur zu einem Bruchteil des erwarteten Umfanges durchgeführt wurden. Die Notwendigkeit der Weiterführung von Kolchosen und Staatsgütern wird von der Bevölkerung keineswegs eingesehen. Die enorm hohen Abgaben haben dazu geführt, daß
die Bauern vielfach die Rückkehr der Bolschewisten begrüßten, zumal
deren Propaganda eine Aufhebung der Kolchosen nach Kriegsende versprach [...]
Die Zwangsmaßnahmen zur Erreichung der Arbeiterkontingente für das
Reich halten nach wie vor die Bevölkerung in Furcht und Unruhe. Gegenwärtig wird es als schwerster Schlag für eine Familie empfunden,
wenn eines ihrer Mitglieder zur Arbeit für Deutschland ausgehoben wird.
Nachrichten über schlechte Behandlung auf den Transporten und unwür-
dige im Reich selbst sickern auf allen möglichen Wegen durch.
[...] Alle Opfer, die dem Lande auferlegt werden – und es sind viele und
schwere Opfer – würden leichter, vielleicht sogar willig und mit Freude
getragen werden, wenn das Volk ein festes Bild seiner staatlichen und
nationalen Zukunft vor Augen hätte, das ihm ein seelischer Halt in diesem Existenzkampf sein könnte und für das es sich eben wirklich lohnen
würde, in diesen Kampf auch aktiv einzugreifen. Die »Befreiung vom
Bolschewismus« ist für den Ukrainer so lange kein Ideal, als er nicht weiß,
was darauf folgen soll. Ob er vom Bolschewismus versklavt oder – wie er
glaubt – vom Nationalsozialismus geknechtet wird, kommt für ihn auf
dasselbe heraus. Die überraschend hohe Zahl derjenigen – aus allen Staf-
felgebieten werden gleichlautend 70 % gemeldet –, die im Januar und
Februar sich der Evakuierung entzogen und lieber auf die Sowjets gewar-
tet haben, scheint sogar zu beweisen, daß die Mehrheit der Ukrainer, vor
die Wahl bolschewistischer Ausnützung oder deutscher Kolonialmetho-
den gestellt, den Sowjets den Vorzug gibt, mit denen sie wenigstens rassische und psychische Verwandtschaft verbindet.

[200.] Himmler über die Ostgrenze des »Germanischen Reiches«, 3. 8. 1944

[...] Über das Problem, daß wir die Hunderttausende von Quadratkilometern oder die Million Quadratkilometer, die wir verloren haben, im
Osten wieder holen, brauchten wir uns überhaupt gar nicht zu unterhalten. Das ist ganz selbstverständlich. Das Programm ist unverrückbar, daß
wir die Volkstumsgrenze um 500 km herausschieben, daß wir hier siedeln.

Es ist unverrückbar, daß wir ein germanisches Reich gründen werden. Es ist unverrückbar, daß zu den 90 Millionen die 30 Millionen übrigen Germanen dazukommen werden, so daß wir unsere Blutbasis auf 120 Millionen Germanen vermehren. Es ist unverrückbar, daß wir die Ordnungsmacht auf dem Balkan und sonst in Europa sein werden, daß wir dieses ganze Volk wirtschaftlich, politisch und militärisch ausrichten und ordnen werden. Es ist unverrückbar, daß wir diesen Siedlungsraum erfüllen, daß wir hier den Pflanzgarten germanischen Blutes im Osten errichten, und es ist unverrückbar, daß wir eine Wehrgrenze weit nach dem Osten hinausschieben. Denn unsere Enkel und Urenkel hätten den nächsten Krieg verloren, der sicher wieder kommen wird, sei es in einer oder in zwei Generationen, wenn nicht die Luftwaffe im Osten – sprechen wir es ruhig aus – am Ural stehen würde. Wer für den künftigen Luftkrieg nicht einen Spielraum von 2000, 3000 km hat, der hat den nächsten Krieg verloren.

Außerdem finde ich es so wunderbar, wenn wir uns heute schon darüber klar sind: Unsere politischen, wirtschaftlichen, menschlichen, militärischen Aufgaben haben wir in dem herrlichen Osten. Wenn es den Kosaken geglückt ist, sich für den russischen Zaren bis ans Gelbe Meer durchzufressen und das ganze Gebiet allmählich zu erobern, dann werden wir und unsere Söhne es in drei Teufels Namen fertigbringen, Jahr für Jahr, Generation für Generation unsere Bauerntrecks auszurüsten und von dem Gebiet, das wir zunächst hinter der militärischen Grenze haben, immer einige hundert Kilometer zunächst mit Stützpunkten zu versehen und dann allmählich flächenmäßig zu besiedeln und die anderen herauszudrängen. Das ist unsere Aufgabe [...]

[201.] Siegfried Nickel, Mitarbeiter im Reichsministerium für die besetzten Ostgebiete, an Dr. Straube, Führungsstab Politik, über die Verschleppung sowjetischer Kinder und Jugendlicher, 19. 10. 1944

Am 15. März wurde mir der Auftrag erteilt, eine Dienststelle zu errichten, die eine Gewinnung junger 15–20jähriger Kräfte aus den Völkern der besetzten Ostgebiete für einen Kriegseinsatz im Reich vornehmen sollte. Die Klärung der politischen und arbeitsmäßigen Fragen, die Zusammenstellung und Einweisung des Personals sowie die Erstellung der Erfassungslager, die Bereitstellung [...] sowie die Einrichtung von großen Kommandos erforderte Zeit bis zum 27. Mai 1944 [...]
Von da ab bis zum 20. September 1944 – also in knapp 4 Monaten – wurden einem Einsatz zugeführt:

1.   18 917 Jungen
2.   2 500 Mädchen
insgesamt: 21 417
Zu 1:   Die eingesetzten Jungen verteilen sich wie folgt:
        a) 1383 russische SS-Helfer
        b) 5933 ukrainische SS-Helfer
        c) 2354 weißruthenische SS-Helfer
        d) 1012 litauische SS-Helfer
        e) 3000 estnische Luftwaffenhelfer
        f) 3614 lettische Luftwaffenhelfer

Die unter a–f bezeichneten sind alle bei der Luftwaffe eingesetzt, und
zwar
1000 bei Luftnachrichten
1000 bei LS mot
alle übrigen bei der Flakartillerie.

        g) 302 russische SS-Helfer konnten nicht mehr zurückgeführt
           werden und sind dem AOK 9 in Bobruisk übergeben, dann bei
           der Truppe eingesetzt worden und zum größten Teil gefallen.
        h) 346 estnische Luftwaffenhelfer erhielt die Kriegsmarine als
           Marinehelfer.
        i) 250 ausgelesene ukrainische SS-Helfer erhielt nach 8-wöchent-
           licher vorbereitender Ausbildung in einem WE-Lager die gali-
           zische Schützendivision als Unterführernachwuchs.
        k) 96 über 20 Jahre alte Kräfte erhielt das SS-Hauptamt zum Aus-
           tausch gegen germanische Freiwillige aus der deutschen Rü-
           stungsindustrie.
        l) 61 Jungen mit Größe unter 1,40 m erhielt die Luftnachrichten-
           instandsetzungs-Werkstatt 8/III in Hohenfried/Ostpr. zur
           Ausbildung als Anlernlinge.
        m) 99 untaugliche Kräfte erhielt das Bauamt der Reichsjugend-
           führung zu KLV-Bauten.
        n) 427 über 15 Jahre alte Kräfte erhielt die Luftwaffe [...] 500
           Mädchen ukrainischen und russischen Volkstums wurden der
           Luftwaffe für einen Einsatz an Schweinwerferbatterien zuge-
           führt. 2000 Mädchen sind z. Z. in Stellungsbau an der Ostsee
           unter Führung von BDM-Führerinnen eingesetzt und gehen
           danach zur Luftwaffe [...]

Über diese Kräfte hinaus werden schon vorher der deutschen Rüstungsindustrie Kräfte zugeführt, und zwar

1.   3500 Jungen und
             500 Mädchen den Junkers-Werken
2.   2000 Jungen und
             700 Mädchen der OT
insgesamt   5500.

Aus den besetzten Ostgebieten sind somit durch die unter Führung der
Hitler-Jugend stehende Dienststelle
            18917 Jungen der Luftwaffe
             5500 Jungen der Rüstungsindustrie
             2500 Mädchen der Luftwaffe
             1200 Mädchen der Rüstungsindustrie
insgesamt   28117

zugeführt worden.

4. Rassenpolitik und die »Endlösung der Judenfrage«

Unauflösbar verbunden mit der Besatzungspolitik war die nationalsozialistische Rassenpolitik und damit der Mord an den europäischen Juden. Der
Krieg gab Hitler und seinen Helfershelfern die Möglichkeit, die rassenpolitischen Zielsetzungen durch die Vernichtung angeblich »rassenschädlicher«
Volksteile zu verwirklichen.
Die sogenannte Euthanasie führte mit der Errichtung der ersten Gaskammern auf deutschem Boden in ihren Methoden, aber auch in ihren Zielvorstellungen direkt zu den Gaskammern der späteren Vernichtungslager. Die
Bedeutung der Tötung von geistes- oder erbkranken Anstaltinsassen lag
zunächst darin, daß zum erstenmal die Ermordung Tausender von Menschen
»legal« zugelassen und von Hitler selbst angeordnet wurde (Dok. 202, 203,
205, 213).
Es ist aber angesichts des unfaßbaren Ausmaßes der praktizierten Judenver-
nichtung letztlich unerheblich, ob der Befehl, der zur »Endlösung der Judenfrage« führte, nun von Hitler selbst, schriftlich oder mündlich, erteilt wurde
(Dok. 203, 204, 206–212, 214–217).
Entscheidend ist, daß der Weg zum Holocaust, der zwar nicht geradlinig und
unbedingt planmäßig verlief, langfristig und nicht erst seit 1933 geebnet war.
Die nationalsozialistische Rassenideologie, das Herrschaftssystem des Dritten Reiches und vor allem die eskalierende Brutalisierung des Krieges schufen
eine mentale Disposition (und die technischen Mittel), die eine Germanisie-
rungspolitik und, damit verbunden, eine Ausrottungspolitik ermöglichte.

[202.] Hitler beauftragt Reichsleiter Bouhler und Dr. Brandt mit der Leitung des »Euthanasieprogramms«, 1.9.1939*

Reichsleiter Bouhler und Dr. med. Brandt
sind unter Verantwortung beauftragt, die Befugnisse namentlich zu bestimmender Ärzte so zu erweitern, daß nach menschlichem Ermessen unheilbar Kranken bei kritischster Beurteilung ihres Krankheitszustandes der Gnadentod gewährt werden kann.

[203.] Anweisungen des Chefs der Sicherheitspolizei Reinhard Heydrich an die Einsatztruppen der Sicherheitspolizei über die Behandlung der polnischen Juden, 21.9.1939

Ich nehme Bezug auf die heute in Berlin stattgefundene Besprechung und weise noch einmal darauf hin, daß die *geplanten Gesamtmaßnahmen* (also das Endziel) *streng geheimzuhalten* sind.
Es ist zu unterscheiden zwischen
1. dem Endziel (welches längere Fristen beansprucht) und
2. den Abschnitten der Erfüllung dieses Endzieles (welche kurzfristig durchgeführt werden).

Als erste Vorausnahme für das Endziel gilt zunächst die Konzentrierung der Juden vom Lande in die größeren Städte. Sie ist mit Beschleunigung durchzuführen.
Es ist dabei zu unterscheiden:
1. zwischen den Gebieten Danzig und Westpreußen, Posen, Ostoberschlesien und
2. den übrigen besetzten Gebieten.
Nach Möglichkeit soll das unter Ziffer 1. erwähnte Gebiet von Juden freigemacht werden, zum mindesten aber dahin gezielt werden, nur wenige Konzentrierungsstädte zu bilden.

In den unter Ziffer 2. erwähnten Gebieten sind möglichst wenige Konzentrierungspunkte festzulegen, so daß die späteren Maßnahmen erleichtert werden. Dabei ist zu beachten, daß nur solche Städte als Konzentrierungspunkte bestimmt werden, die entweder Eisenbahnknotenpunkte

---

* Nach: Mau, H. u. Krausnick, H., Deutsche Geschichte der jüngsten Vergangenheit 1933–1945. Tübingen, Stuttgart 1956, S. 165 wurde der oben abgedruckte Erlaß erst Ende Oktober 1939 unterzeichnet. Hitler hat ihn auf den 1. September 1939, den Tag des Kriegsbeginns, zurückdatiert.

sind oder zum mindesten an Eisenbahnstrecken liegen. Es gilt grundsätzlich, daß jüdische Gemeinden mit *unter* 500 Köpfen aufzulösen und der
nächstliegenden Konzentrierungsstadt zuzuführen sind.
[...]
In jeder jüdischen Gemeinde ist ein jüdischer Ältestenrat aufzustellen,
der, soweit möglich, aus den zurückliegenden maßgebenden Persönlichkeiten und Rabbinern zu bilden ist [...] Er ist im Sinne des Wortes *voll
verantwortlich* zu machen für die exakte und termingemäße Durchführung aller ergangenen oder noch ergehenden Weisungen [...] Den Älte-
stenräten sind Termine und Fristen des Abzuges, die Abzugsmöglichkei-
ten und schließlich die Abzugsstraßen bekanntzugeben. Sie sind sodann
persönlich verantwortlich zu machen für den Abzug der Juden vom
Lande.
Als Begründung für die Konzentrierung der Juden in die Städte hat zu
gelten, daß sich Juden maßgeblichst an den Franktireurüberfällen und
Plünderungsaktionen beteiligt haben [...]
Die Konzentrierung der Juden in den Städten wird wahrscheinlich bedin-
gen, daß den Juden bestimmte Stadtviertel überhaupt verboten werden,
daß sie stets jedoch unter Berücksichtigung der wirtschaftlichen Notwendigkeiten – z. B. das Ghetto nicht verlassen, zu einer bestimmten Abend-
stunde nicht mehr ausgehen dürfen usw. [...]
*Alle erforderlichen Maßnahmen sind grundsätzlich stets im engsten Beneh-
men und Zusammenwirken mit den deutschen Zivilverwaltungs- und örtlich zuständigen Militärbehörden zu treffen [...]*

**[204.] Auftrag Görings an Heydrich zur Vorbereitung
einer »Gesamtlösung der Judenfrage«, 31. 7. 1941**

[...] In Ergänzung der Ihnen bereits mit Erlaß vom 24. 1. 39 übertragenen
Aufgabe, die Judenfrage in Form der Auswanderung oder Evakuierung
einer den Zeitverhältnissen entsprechend möglichst günstigen Lösung zuzuführen, beauftrage ich Sie hiermit, alle erforderlichen Vorbereitungen
in organisatorischer, sachlicher und materieller Hinsicht zu treffen für
eine Gesamtlösung der Judenfrage im deutschen Einflußgebiet in Europa. [...]
Ich beauftrage Sie weiter, mir in Bälde einen Gesamtentwurf über die
organisatorischen, sachlichen und materiellen Vorausmaßnahmen zur
Durchführung der angestrebten Endlösung der Judenfrage vorzulegen.
[...]

[205.] **Protestschreiben des Bischofs von Limburg Dr. Hilfrich
an den Reichsminister der Justiz gegen die Vernichtung
sogenannten lebensunwerten Lebens, 13. 8. 1941**

Bezug nehmend auf die von dem Vorsitzenden der Fuldaer Bischofskonferenz, Herrn Kardinal Dr. Bertram, eingereichte Denkschrift vom
16. Juli (sub IV. Seite 6/7) halte ich mich verpflichtet, betr. Vernichtung
sogenannten »lebensunwerten Lebens« das Folgende als konkrete Illu-
stration zu unterbreiten.
Etwa 8 km von Limburg entfernt ist in dem Städtchen Hadamar auf
einer Anhöhe unmittelbar über dem Städtchen eine Anstalt, die früher
zu verschiedenen Zwecken, zuletzt als Heil- und Pflegeanstalt gedient
hat, umgebaut bzw. eingerichtet als eine Stätte, in der nach allgemeiner Überzeugung obengenannte Euthanasie seit Monaten – etwa seit Februar 1941 – planmäßig vollzogen wird. Über den Regierungsbezirk
Wiesbaden hinaus wird die Tatsache bekannt, weil Sterbeurkunden von
einem Standesamt Hadamar-Mönchberg in die betreffenden Heimat-
gemeinden gesandt werden. (Mönchberg wird diese Anstalt genannt,
weil sie bis zur Säkularisation 1803 ein Franziskanerkloster war).
Öfter in der Woche kommen Autobusse mit einer größeren Anzahl solcher Opfer in Hadamar an. Schulkinder der Umgegend kennen diese Wagen und reden: »Da kommt wieder die Mordkiste.« Nach der Ankunft
solcher Wagen beobachten dann die Hadamarer Bürger den aus dem
Schlot aufsteigenden Rauch und sind von dem ständigen Gedanken an die
armen Opfer erschüttert, zumal wenn sie je nach der Windrichtung durch
die widerlichen Düfte belästigt werden.
Die Wirkung der hier getätigten Grundsätze: Kinder, einander be-
schimpfend, tun Äußerungen: »Du bist nicht recht gescheit, du kommst
nach Hadamar in den Backofen«, solche, die nicht heiraten wollen oder
keine Gelegenheit finden: »Heiraten, nein! Kinder in die Welt setzen, die
dann in den Rex-Apparat kommen!« Bei alten Leuten hört man Worte:
»Ja in kein staatliches Krankenhaus! Nach den Schwachsinnigen kommen
die Alten als unnütze Esser an die Reihe.«
Alle gottesfürchtigen Menschen empfinden diese Vernichtung hilfloser
Wesen als himmelschreiendes Unrecht. Und wenn dabei ausgesprochen
wird, Deutschland könne den Krieg nicht gewinnen, wenn es noch einen
gerechten Gott gibt, so kommen diese Äußerungen nicht etwa von Mangel an Vaterlandsliebe, sondern aus einer um unser Volk tiefbesorgten
Gesinnung. Es ist der Bevölkerung unfaßlich, daß planmäßig Handlungen vollzogen werden, die nach § 211 StGB mit dem Tode zu bestrafen
sind! Die obrigkeitliche Autorität als sittlicher Begriff erleidet durch die
Vorgänge eine furchtbare Erschütterung. Die amtlichen Mitteilungen,

daß NN. an einer ansteckenden Krankheit gestorben sei und deshalb die Leiche hätte verbrannt werden müssen, finden keinen Glauben mehr, und es wird durch solche nicht mehr geglaubte amtliche Mitteilungen der ethische Wert des Autoritätsbegriffes noch weiter beeinträchtigt.

Beamte der Geh. Staatspolizei suchen, wie man hört, das Reden über die Hadamarer Vorgänge mit strengen Drohungen zu unterdrücken. Es mag im Interesse der öffentlichen Ruhe gute Absicht sein. Das Wissen und die Überzeugung und Entrüstung der Bevölkerung werden damit nicht geändert; die Überzeugung wird um die bittere Erkenntnis vermehrt, daß das Reden mit Drohungen verboten wird, die Handlungen selbst aber nicht strafrechtlich verfolgt werden.

Facta loquuntur.

Ich bitte Sie ergebenst, Herr Reichsminister, im Sinne der Denkschrift des Episkopates vom 16. Juli d. J. weitere Verletzungen des fünften Gebotes verhüten zu wollen.

[206.] Befehl von Kurt Daluege, Chef der Ordnungspolizei, über die Deportation deutscher Juden, 24. 10. 1941

In der Zeit vom 1. November – 4. Dezember 1941 werden durch die Sicherheitspolizei aus dem Altreich, der Ostmark* und dem Protektorat Böhmen und Mähren** 50000 Juden nach dem Osten in die Gegend um Riga und um Minsk abgeschoben. Die Aussiedelungen erfolgen in Transportzügen der Reichsbahn zu je 1000 Personen. Die Transportzüge werden in Berlin, Hamburg, Hannover, Dortmund, Münster, Düsseldorf, Köln, Frankfurt/M., Kassel, Stuttgart, Nürnberg, München, Wien, Breslau, Prag und Brünn zusammengestellt.

[207.] Aussagen von Rudolf Höß, Kommandant des KZ Auschwitz, über den Beginn des systematischen Massenmordes von Häftlingen und die Anzahl der Opfer in der Massenvernichtungsstätte im Spätsommer 1941

Im Herbst 1941 wurden durch einen geheimen Sonderbefehl in den Kriegsgefangenen-Lagern die russischen Politruks, Kommissare und besondere politische Funktionäre durch die Gestapo ausgesondert und dem nächstgelegenen KL zur Liquidierung zugeführt. In Auschwitz trafen

---

 * Es handelt sich um das annektierte Österreich.
** Bezeichnung für die okkupierten Teile der ČSR.

laufend kleinere Transporte dieser Art ein, die durch Erschießen in der Kiesgrube bei den Monopol-Gebäuden oder im Hof des Blocks II getötet wurden. Gelegentlich einer Dienstreise hatte mein Vertreter, der Hauptsturmführer Fritzsch, aus eigner Initiative Gas zur Vernichtung dieser russischen Kriegsgefangenen verwendet * und zwar derart, daß er die einzelnen im Keller gelegenen Zellen mit den Russen vollstopfte und unter Verwendung von Gasmasken Zyklon B in die Zellen warf, und das den sofortigen Tod herbeiführte. Das Gas Zyklon B wurde in Auschwitz durch die Firma Tesch & Stabenow laufend zur Ungezieferbekämpfung verwendet, und es lagerte daher immer ein Vorrat dieser Gasbüchsen bei der Verwaltung [...] Beim nächsten Besuch Eichmanns berichtete ich ihm über diese Verwendung von Zyklon B, und wir entschlossen uns, bei der zukünftigen Massenvernichtung dieses Gas zur Anwendung zu bringen [...]
Ich befehligte Auschwitz bis zum 1. Dezember 1943 und schätze, daß mindestens 2 500 000 Opfer dort durch Vergasung und Verbrennen hingerichtet und ausgerottet wurden; mindestens eine weitere halbe Million starben durch Hunger und Krankheit, was eine Gesamtzahl von ungefähr 3 000 000 Toten ausmacht. Diese Zahl stellt ungefähr 70 oder 80 Prozent aller Personen dar, die als Gefangene nach Auschwitz geschickt wurden; die übrigen wurden ausgesucht und für Sklavenarbeit in den Industrien des Konzentrationslagers verwendet.

[208.] Aus dem »Wannsee-Protokoll« (über eine Besprechung in Berlin-Wannsee zwischen Vertretern der SS, der Partei und der Reichsregierung), 20. 1. 1942

[...]
II. Chef der Sicherheitspolizei und des SD, SS-Obergruppenführer Heydrich, teilte eingangs seine Bestallung zum Beauftragten für die Vorbereitung der Endlösung der europäischen Judenfrage durch den Reichsmarschall mit und wies darauf hin, daß zu dieser Besprechung geladen wurde, um Klarheit in grundsätzlichen Fragen zu schaffen. Der Wunsch des Reichsmarschalls, ihm einen Entwurf über die organisatorischen, sachlichen und materiellen Belange im Hinblick auf die Endlösung der europäischen Judenfrage zu übersenden, erfordert die vorherige gemeinsame Behandlung aller an diesen Fragen unmittelbar beteiligten Zentralinstanzen im Hinblick auf die Parallelisierung der Linienführung.

* Am 3. September 1941.

Die Federführung bei der Bearbeitung der Endlösung der Judenfrage liege ohne Rücksicht auf geographische Grenzen zentral beim Reichsführer-SS und Chef der Deutschen Polizei (Chef der Sicherheitspolizei und des SD) [...]

III. An Stelle der Auswanderung ist nunmehr als weitere Lösungsmöglichkeit nach entsprechender vorheriger Genehmigung durch den Führer die Evakuierung der Juden nach dem Osten getreten.

Diese Aktionen sind jedoch lediglich als Ausweichmöglichkeiten anzusprechen, doch werden hier bereits jene praktischen Erfahrungen gesammelt, die im Hinblick auf die kommende Endlösung der Judenfrage von wichtiger Bedeutung sind [...]

Unter entsprechender Leitung sollen im Zuge der Endlösung die Juden in geeigneter Weise im Osten zum Arbeitseinsatz kommen. In großen Arbeitskolonnen, unter Trennung der Geschlechter, werden die arbeitsfähigen Juden straßenbauend in diese Gebiete geführt, wobei zweifellos ein Großteil durch natürliche Verminderung ausfallen wird. Der allfällig endlich verbleibende Restbestand wird, da es sich bei diesen zweifellos um den widerstandsfähigsten Teil handelt, entsprechend behandelt werden müssen, da dieser, eine natürliche Auslese darstellend, bei Freilassung als Keimzelle eines neuen jüdischen Aufbaues anzusprechen ist. (Siehe die Erfahrung der Geschichte.)

**[209.] Tagebucheintragung von Joseph Goebbels
über die Liquidierung der Ostjuden, 27. 3. 1942**

Aus dem Generalgouvernement werden jetzt, bei Lublin beginnend, die Juden nach dem Osten abgeschoben. Es wird hier ein ziemlich barbarisches und nicht näher zu beschreibendes Verfahren angewandt, und von den Juden selbst bleibt nicht mehr viel übrig. Im großen kann man wohl feststellen, daß 60 Prozent davon liquidiert werden müssen, während nur 40 Prozent bei der Arbeit eingesetzt werden können. Der ehemalige Gauleiter von Wien (Globocnik), der diese Aktion durchführt, tut das mit ziemlicher Umsicht und auch mit einem Verfahren, das nicht allzu auffällig wirkt [...] Die in den Städten des Generalgouvernements frei werdenden Ghettos werden jetzt mit den aus dem Reich abgeschobenen Juden gefüllt, und hier soll sich dann nach einer gewissen Zeit der Prozeß erneuern.

**[210.] Aufzeichnungen von Rudolf Höß,
Kommandant des KZ Auschwitz, über die Verwertung
des Vermögens von Juden, die in Auschwitz ermordet wurden,
November 1946**

[...] Aktion Reinhard war die Deckbezeichnung für die Erfassung, Sortierung und Verwertung aller Dinge, die durch die Judentransporte und deren Vernichtung anfielen [...]
Nach Sortierung nach Abschluß größerer Aktionen wurden die Wertsachen und das Geld in Koffern gepackt mit Lastwagen nach Berlin zum Wirtschaftsverwaltungshauptamt gebracht, von da zur Reichsbank. Eine besondere Abteilung der Reichsbank befaßte sich nur mit diesen Sachen aus den Juden-Aktionen. Wie ich einmal von Eichmann hörte, wurden die Pretiosen und Devisen in der Schweiz verhandelt, ja, man beherrschte damit den gesamten Schweizer Pretiosenmarkt [...]
Während der ersten Transporte schon brachte Eichmann einen Befehl des Reichsführers SS, wonach den Leichen die Goldzähne auszuziehen und bei den Frauen die Haare abzuschneiden seien. Diese Arbeit wurde ebenfalls von dem Sonderkommando durchgeführt. Die Aufsicht bei der Vernichtung hatte zu der Zeit jeweils der Schutzhaftlagerführer, bzw. der Rapportführer. Kranke Personen, die man nicht in die Gasräume bringen konnte, wurden durch Genickschuß mit dem Kleinkalibergewehr getötet. Ein SS-Arzt mußte ebenfalls zugegen sein. Das Einwerfen des Gases erfolgte durch die ausgebildeten Desinfektoren – SDG's.
Während es sich im Frühjahr 1942 noch um kleinere Aktionen handelte, verdichteten sich die Transporte während des Sommers, und wir waren gezwungen, noch eine weitere Vernichtungsanlage zu schaffen [...]

**[211.] Bericht des SS-Obersturmführers Kurt Gerstein
über eine Besichtigung des Vernichtungslagers Bełżec
im August 1942 ***

Ein eigener kleiner Bahnhof mit zwei Bahnsteigen liegt am Fuße des gelben Sandsteinhügels, unmittelbar nördlich der Straße und der Eisenbahnlinie Lublin–Lemberg. Südlich davon, in der Nähe der Landstraße, stehen einige Dienstgebäude, welche die Aufschrift tragen: »Dienststelle Bełżec der Waffen-SS« [...] Neben dem kleinen Bahnhof stand eine große Baracke »Garderobe« mit einem Schalter »Wertsachen« sowie ein Raum mit 100 »Friseurstühlen«. Dann kam ein offener Gang von 150 m

---

* Niederschrift am 26. 4. 1945.

Länge, der zu beiden Seiten mit Stacheldraht eingefaßt war und Wegweiser mit der Aufschrift »Zu den Bädern und Inhalationseinrichtungen« hatte. Vor uns lag ein Haus, das Badehaus, rechts und links standen große Betonblumentöpfe mit Geranien oder anderen Blumen. Nachdem man einige Stufen hinaufgestiegen war, traf man auf der rechten und der linken Seite auf je drei Räume, die wie Garagen aussahen, 4 auf 5 m, 1,90 m hoch [...]

Am nächsten Morgen erklärte man mir einige Minuten vor sieben Uhr: In zehn Minuten kommt der erste Zug an! Tatsächlich traf nach einigen Minuten der erste Zug aus Lemberg ein. 45 Waggons mit 6700 Personen, von denen 1450 bei der Ankunft bereits tot waren. Hinter den kleinen, mit Stacheldraht vergitterten Öffnungen sah man gelbe, verängstigte Kinder, Männer und Frauen [...] Dann wurden durch einen großen Lautsprecher Anweisungen erteilt: Die Leute müssen sich im Freien – einige auch in der Baracke – aller Kleidungsstücke entledigen und auch Prothesen und Brillen ablegen. Mit einem kleinen Stück Bindfaden, das ein kleiner vierjähriger Judenjunge reicht, müssen die Schuhe zusammengebunden werden. Alle Wertgegenstände und sämtliches Geld sind am Schalter für »Wertsachen«, ohne daß dafür eine Bescheinigung oder Quittung ausgestellt wird, abzugeben. Dann müssen die Frauen und Mädchen zum Friseur, wo ihnen mit ein oder zwei Schnitten die Haare gestutzt werden, die in großen Kartoffelsäcken verschwinden, »um daraus etwas Besonderes für die U-Boote zu machen, Dichtungen und so weiter«, erklärt mir der SS-Unterscharführer vom Dienst [...] Männer, Frauen, Kinder, Säuglinge, Beinamputierte, alle nackt, vollkommen nackt, gehen an uns vorüber. In einer Ecke steht ein launenhafter SS-Mann, der diesen Armen mit salbungsvoller Stimme erklärt: Nicht das geringste wird euch passieren. Ihr müßt nur tief atmen, das stärkt die Lungen, diese Inhalation ist wegen der ansteckenden Krankheiten notwendig, es ist eine gute Desinfizierung. Auf die Frage nach ihrem Schicksal erklärt er ihnen: Die Männer werden natürlich arbeiten müssen, Straßen und Häuser bauen. Die Frauen brauchen jedoch nicht zu arbeiten. Sie können, lediglich wenn sie wollen, im Haushalt oder in der Küche helfen. Bei einigen dieser armen Menschen flackert noch einmal ein kleiner Hoffnungsschimmer auf, der dazu ausreicht, sie ohne Widerstand in die Todeskammern marschieren zu lassen. Die meisten wissen jedoch Bescheid, der Geruch verrät ihnen ihr Schicksal! Dann steigen sie die kleine Treppe hinauf und sehen die Wahrheit. Stillende Mütter mit dem Säugling an der Brust, nackt, zahlreiche Kinder jeden Alters, nackt; sie zögern, doch sie betreten die Todeskammern, die meisten wortlos, von den nachfolgenden geschoben, getrieben durch die Peitschenhiebe der SS-Männer

[...] Nach 2 Stunden 49 Minuten – die Stoppuhr hat alles registriert – läuft der Diesel an [...] Nach 32 Minuten endlich ist alles tot. Von der anderen Seite öffnen jüdische Arbeiter die Holztüren. Man hat ihnen – für ihre furchtbare Arbeit – die Freiheit und einige Prozente der Werte und des gefundenen Geldes versprochen. Wie Basaltsäulen stehen die Toten noch aufrecht, da nicht der geringste Raum zum Umfallen oder Zusammenfallen ist. Selbst im Tode erkennt man noch die Familien, die sich noch die Hände drücken [...] Zwei Dutzend Arbeiter sind mit den Mündern beschäftigt, die sie mit Hilfe von Eisenhaken öffnen. »Gold nach links, ohne Gold nach rechts!« – Andere kontrollieren After und Geschlechtsteile auf Geld und Brillanten, Gold usw. Zahnärzte reißen mit Hilfe von Hämmern Goldzähne, Brücken und Kronen heraus [...] Dann wurden die nackten Leichen in große Gruben von ungefähr 100 mal 20 mal 12 Meter geworfen, die sich in der Nähe der Totenkammern befanden. Nach einigen Tagen schwollen die Leichen an und das Ganze hob sich um 2 bis 3 Meter als Folge von Gasen, die sich in den Leichen entwickelten. Nach einigen Tagen fielen die Leichen wieder zusammen, nachdem das Anschwellen beendet war. Am anderen Tag wurden die Gruben von neuem gefüllt und mit 10 cm Sand bedeckt. Einige Zeit später – so hörte ich – hat man aus Eisenbahnschienen Roste gebaut und die Leichen mit Dieselöl und Benzin verbrannt, um sie verschwinden zu lassen.

[212.] **Parteiinterne Information über die beabsichtigte »Endlösung der Judenfrage« aus der Partei-Kanzlei bis zu Gau- und Kreisleitern, 9.10.1942**

Im Zuge der Arbeiten an der Endlösung der Judenfrage werden neuerdings innerhalb der Bevölkerung in verschiedenen Teilen des Reichsgebiets Erörterungen über ›sehr scharfe Maßnahmen‹ gegen die Juden besonders in den Ostgebieten angestellt. Die Feststellungen ergaben, daß solche Ausführungen – meist in entstellter und übertriebener Form – von Urlaubern der verschiedenen im Osten eingesetzten Verbände weitergegeben werden, die selbst Gelegenheit hatten, solche Maßnahmen zu beobachten.
Es ist denkbar, daß nicht alle Volksgenossen für die Notwendigkeit solcher Maßnahmen das genügende Verständnis aufzubringen vermögen, besonders nicht die Teile der Bevölkerung, die keine Gelegenheit haben, sich aus eigener Anschauung ein Bild von dem bolschewistischen Greuel zu machen.
Um jeder Gerüchtebildung in diesem Zusammenhang, die oftmals bewußt tendenziösen Charakter trägt, entgegentreten zu können, werden

die nachstehenden Ausführungen zur Unterrichtung über den derzeitigen Sachstand wiedergegeben:

Seit 2000 Jahren wurde ein bisher vergeblicher Kampf gegen das Judentum geführt. Erst seit 1933 sind wir darangegangen, nunmehr Mittel und Wege zu suchen, die eine völlige Trennung des Judentums vom deutschen Volkskörper ermöglichen. Die bisher durchgeführten Lösungsarbeiten lassen sich im wesentlichen wie folgt unterteilen:

1. Zurückdrängung der Juden aus den einzelnen Lebensgebieten des deutschen Volkes.

   Hier sollen die durch den Gesetzgeber erlassenen Gesetze das Fundament bilden, das die Gewähr dafür bietet, auch die künftigen Generationen vor einem etwaigen neuerlichen Überfluten durch den Gegner zu schützen.

2. Das Bestreben, den Gegner aus dem Reichsgebiet völlig hinauszudrängen.

   In Anbetracht des dem deutschen Volk zur Verfügung stehenden, nur eng begrenzten Lebensraumes hoffte man, dieses Problem im wesentlichen durch die Beschleunigung der Auswanderung der Juden zu lösen.

Seit Beginn des Krieges 1939 wurden diese Auswanderungsmöglichkeiten in zunehmendem Maße geringer, zum andern wuchs neben dem Lebensraum des deutschen Volkes sein Wirtschaftsraum stetig an, so daß heute in Anbetracht der großen Zahl der in diesen Gebieten ansässigen Juden eine restlose Zurückdrängung durch Auswanderung nicht mehr möglich ist.

Da schon unsere nächste Generation diese Frage nicht mehr so lebensnah und auf Grund der ergangenen Erfahrungen nicht mehr klar genug sehen wird, und die nun einmal ins Rollen gekommene Angelegenheit nach Bereinigung drängt, muß das Gesamtproblem noch von der heutigen Generation gelöst werden. Es ist daher die völlige Verdrängung bzw. Ausscheidung der im europäischen Wirtschaftsraum ansässigen Millionen von Juden ein zwingendes Gebot im Kampf um die Existenzsicherung des deutschen Volkes.

Beginnend mit dem Reichsgebiet und überleitend auf die übrigen in die Endlösung einbezogenen europäischen Länder, werden die Juden laufend nach dem Osten in große, zum Teil vorhandene, zum Teil noch zu errichtende Lager transportiert, von wo aus sie entweder zur Arbeit eingesetzt oder noch weiter nach Osten verbracht werden. Die alten Juden sowie Juden mit hohen Kriegsauszeichnungen (E. K. I., Goldene Tapferkeitsmedaille usw.) werden laufend nach der im Protektorat Böhmen und Mähren gelegenen Stadt Theresienstadt umgesiedelt.

Es liegt in der Natur der Sache, daß diese teilweise sehr schwierigen Probleme im Interesse der endgültigen Sicherung unseres Volkes nur mit rücksichtsloser Härte gelöst werden können.

[213.] Aus einem Bericht des SS-Arztes Dr. Rascher an Himmler über Menschenversuche, 17. 2. 1943

In der Anlage überreiche ich, in kurze Form gebracht, eine Zusammenstellung der Resultate, welche bei den Erwärmungsversuchen in ausgekühlten Menschen durch animalische Wärme gewonnen wurden.
Zur Zeit arbeite ich daran, durch Menschenversuche nachzuweisen, daß Menschen, welche durch trockene Kälte ausgekühlt wurden, ebenso schnell wieder erwärmt werden können als solche, welche durch Verweilen im kalten Wasser auskühlten [...]
Bis jetzt habe ich etwa 30 Menschen unbekleidet im Freien innerhalb von 9 bis 14 Stunden auf 27° bis 29° abgekühlt. Nach einer Zeit, welche einem Transport von einer Stunde entsprach, habe ich die Versuchspersonen in ein heißes Vollbad gelegt [...]
Am einfachsten wäre es, wenn ich, bald zur Waffen-SS überstellt, mit Neff nach Auschwitz fahren würde und dort die Frage nach Wiedererwärmung an Hand Erfrorener schnell in einem großen Reihenversuch klären würde. Auschwitz ist für einen derartigen Reihenversuch in jeder Beziehung besser geeignet als Dachau, da es dort kälter ist und durch die Größe des Geländes im Lager selbst weniger Aufsehen erregt wird (die Versuchspersonen brüllen, wenn sie sehr frieren).

**[214.] Die Zerstörung des Warschauer Ghettos.
Bericht des SS- und Polizeiführers im Distrikt Warschau Stroop,
16. 5. 1943**

Der so gebildete jüdische Wohnbezirk in der Stadt Warschau wurde von etwa 400 000 Juden bewohnt. Es befanden sich in ihm 27 000 Wohnungen mit einem Zimmerdurchschnitt von zweieinhalb Zimmern. Er war von dem übrigen Stadtgebiet durch Brand- und Trennmauern und durch Vermauerung von Straßenzügen, Fenstern, Türen, Baulücken abgetrennt [...]
Im Januar 1943 wurde vom Reichsführer-SS anläßlich eines Besuches in Warschau dem SS- und Polizeiführer im Distrikt Warschau der Befehl erteilt, die im Getto untergebrachten Rüstungs- und wehrwirtschaftlichen Betriebe mit Arbeitskräften und Maschinen nach Lublin zu verla-

gern. Die Durchführung dieses Befehls gestaltete sich recht schwierig, da sowohl die Betriebsführer als auch die Juden dieser Verlagerung sich in jeder denkbaren Weise widersetzten. Der SS- und Polizeiführer entschloß sich deshalb, durch eine für 3 Tage vorgesehene Großaktion die Verlagerung der Betriebe zwangsweise durchzuführen [...]

Schon nach den ersten Tagen stand fest, daß die Juden keinesfalls mehr an eine freiwillige Umsiedlung dachten, sondern gewillt waren, sich mit allen Möglichkeiten und den ihnen zur Verfügung stehenden Waffen zur Wehr zu setzen. Es hatten sich unter polnisch-bolschewistischer Führung sogen. Kampfgruppen gebildet, die bewaffnet waren und für die ihnen greifbaren Waffen jeden geforderten Preis zahlten [...]

Der von den Juden und Banditen geleistete Widerstand konnte nur durch energischen unermüdlichen Tag- und Nachteinsatz der Stoßtrupps gebrochen werden. Am 23. 4. 1943 erging vom Reichsführer-SS über den Höheren SS- und Polizeiführer Ost in Krakau der Befehl, die Durchkämmung des Gettos in Warschau mit größter Härte und unnachsichtlicher Zähigkeit zu vollziehen. Ich entschloß mich deshalb, nunmehr die totale Vernichtung des jüdischen Wohnbezirks durch Abbrennen sämtlicher Wohnblocks, auch der Wohnblocks bei den Rüstungsbetrieben, vorzunehmen. Es wurde systematisch ein Betrieb nach dem anderen geräumt und anschließend durch Feuer vernichtet. Fast immer kamen dann die Juden aus ihren Verstecken und Bunkern heraus. Es war nicht selten, daß die Juden in den brennenden Häusern sich so lange aufhielten, bis sie es wegen der Hitze und aus Angst vor dem Verbrennungstod vorzogen, aus den Stockwerken herauszuspringen, nachdem sie vorher Matratzen und andere Polstersachen aus den brennenden Häusern auf die Straße geworfen hatten. Mit gebrochenen Knochen versuchten sie dann noch über die Straße in Häuserblocks zu kriechen, die noch nicht oder nur teilweise in Flammen standen. Oft wechselten die Juden auch ihre Verstecke während der Nacht, indem sie sich in bereits abgebrannte Ruinen verzogen und dort so lange Unterschlupf fanden, bis sie von den einzelnen Stoßtrupps aufgefunden wurden. Auch der Aufenthalt in den Kanälen war schon nach den ersten 8 Tagen kein angenehmer mehr. Häufig konnten auf der Straße durch die Schächte laute Stimmen aus den Kanälen herausgehört werden. Mutig kletterten dann die Männer der Waffen-SS oder der Polizei oder Pioniere der Wehrmacht in die Schächte hinein, um die Juden herauszuholen und nicht selten stolperten sie dann über bereits verendete Juden oder wurden beschossen. Immer mußten Nebelkerzen in Anwendung gebracht werden, um die Juden herauszutreiben. So wurden an einem Tag 183 Kanaleinstieglöcher geöffnet und in diese zu einer festgelegten X-Zeit Nebelkerzen herabgelassen mit dem Erfolg, daß die Banditen vor dem angeblichen Gas flüchtend im Zentrum des ehemaligen jüdischen

Wohnbezirks zusammenliefen und aus den dort befindlichen Kanalöff-
nungen herausgeholt werden konnten. Zahlreiche Juden, die nicht ge-
zählt werden konnten, wurden in Kanälen und Bunkern durch Sprengungen erledigt [...]
Nur durch den ununterbrochenen und unermüdlichen Einsatz sämtlicher
Kräfte ist es gelungen, insgesamt 56 065 Juden zu erfassen bzw. nachweis-
lich zu vernichten. Dieser Zahl hinzuzusetzen sind noch die Juden, die
durch Sprengungen, Brände usw. ums Leben gekommen, aber zahlenmäßig nicht erfaßt werden konnten [...]

[215.] **Rede Heinrich Himmlers über die SS-Moral,
4. 10. 1943**

[...] Ein Grundsatz muß für den SS-Mann absolut gelten: ehrlich, anständig, treu und kameradschaftlich haben wir zu Angehörigen unseres eigenen Blutes zu sein und zu sonst niemandem. Wie es den Russen geht, wie
es den Tschechen geht, ist mir total gleichgültig. Das, was in den Völkern
an gutem Blut unserer Art vorhanden ist, werden wir uns holen, indem
wir ihnen, wenn notwendig, die Kinder rauben und sie bei uns großzie-
hen. Ob die anderen Völker in Wohlstand leben oder ob sie verrecken vor
Hunger, das interessiert mich nur soweit, als wir sie als Sklaven für unsere
Kultur brauchen, anders interessiert mich das nicht. Ob bei dem Bau
eines Panzergrabens 10 000 russische Weiber an Entkräftung umfallen
oder nicht, interessiert mich nur insoweit, als der Panzergraben für
Deutschland fertig wird. Wir werden niemals roh und herzlos sein, wo es
nicht sein muß; das ist klar. Wir Deutschen, die wir als einzige auf der
Welt eine anständige Einstellung zum Tier haben, werden ja auch zu diesen Menschentieren eine anständige Einstellung einnehmen, aber es ist
ein Verbrechen gegen unser eigenes Blut, uns um sie Sorge zu machen
und ihnen Ideale zu bringen, damit unsere Söhne und Enkel es noch
schwerer haben mit ihnen. Wenn mir einer kommt und sagt: ›Ich kann mit
den Kindern oder den Frauen den Panzergraben nicht bauen. Das ist un-
menschlich, denn dann sterben die daran‹, – dann muß ich sagen: ›Du bist
ein Mörder an deinem eigenen Blut, denn wenn der Panzergraben nicht
gebaut wird, dann sterben deutsche Soldaten, und das sind Söhne deutscher Mütter. Das ist unser Blut.‹ Das ist das, was ich dieser SS einimpfen
möchte und – wie ich glaube – eingeimpft habe, als eines der heiligsten
Gesetze der Zukunft: Unsere Sorge, unsere Pflicht, ist unser Volk und
unser Blut; dafür haben wir zu sorgen und zu denken, zu arbeiten und zu
kämpfen, und für nichts anderes. Alles andere kann uns gleichgültig sein
[...]

Ich meine jetzt die Judenevakuierung, die Ausrottung des jüdischen Volkes. Es gehört zu den Dingen, die man leicht ausspricht. – ›Das jüdische Volk wird ausgerottet‹, sagt ein jeder Parteigenosse, ›ganz klar, steht in unserem Programm, Ausschaltung der Juden, Ausrottung, machen wir.‹ Und dann kommen sie alle an, die braven 80 Millionen Deutschen, und jeder hat seinen anständigen Juden. Es ist ja klar, die anderen sind Schweine, aber dieser eine ist ein prima Jude. Von allen, die so reden, hat keiner zugesehen, keiner hat es durchgestanden. Von euch werden die meisten wissen, was es heißt, wenn 100 Leichen beisammenliegen, wenn 500 daliegen oder wenn 1000 daliegen. Dies durchgehalten zu haben und dabei – abgesehen von Ausnahmen menschlicher Schwächen – anständig geblieben zu sein, das hat uns hart gemacht. Dies ist ein niemals geschriebenes und niemals zu schreibendes Ruhmesblatt unserer Geschichte [...]

[216.] **Eidesstattliche Erklärung des Chefs des Sicherheitsdienstes (SD) Otto Ohlendorf über die Massenmorde an Juden und kommunistischen Funktionären in den besetzten Gebieten der Sowjetunion, 1946**

Ich war Chef des Sicherheitsdienstes (SD), Amt III des Hauptamtes der Sicherheitspolizei und des SD (RSHA), von 1939 bis 1945. Im Juni 1941 wurde ich von Himmler bestimmt, eine der Einsatzgruppen zu führen, die damals gebildet wurden, um der deutschen Armee im russischen Feldzug zu folgen [...]
Himmler erklärte, daß ein wichtiger Teil unserer Aufgabe in der Beseitigung von Juden, Frauen, Männer und Kindern, und kommunistischen Funktionären bestünde. Ich wurde etwa vier Wochen vorher über den Angriff auf Rußland benachrichtigt.
Nach einem Abkommen mit dem OKW und dem OKH wurden die Einsatzkommandos von der Heeresgruppe oder der Armee bestimmten Korps und Divisionen des Heeres zugeteilt. Das Heer bestimmte, in welchem Gebiet die Einsatzkommandos zu operieren hatten. Alle Führungsanweisungen und Befehle für die Ausführung von Hinrichtungen kamen über den Chef der SIPO und des SD (RSHA) in Berlin. Regelmäßiger Kurierdienst und Radioverbindung bestanden zwischen den Einsatzuppen und dem Chef der SIPO und des SD. Die Einsatzgruppen und Einsatzkommandos wurden von Personal der Gestapo, des SD oder der Kriminalpolizei und von der Waffen-SS gestellt. Die Einsatzgruppe D bestand aus ungefähr 400 bis 500 Mann und verfügte über annähernd 170 Fahrzeuge. Als die deutsche Armee in Rußland einmarschierte, war ich

Führer der Einsatzgruppe D im südlichen Sektor, und im Laufe des Jahres, währenddessen ich Führer der Einsatzgruppe D war, liquidierte sie ungefähr 90000 Männer, Frauen und Kinder. Die Mehrzahl der Liquidierten waren Juden, aber es waren unter ihnen auch einige kommunistische Funktionäre [...]

Die dazu ausersehene Einheit pflegte in ein Dorf oder in eine Stadt zu kommen und den führenden jüdischen Bewohnern den Befehl zu erteilen, alle Juden zwecks Umsiedlung zusammenzurufen. Sie wurden aufgefordert, ihre Wertgegenstände den Führern der Einheit zu übergeben, und kurz vor der Hinrichtung ihre Oberbekleidung auszuhändigen. Die Männer, Frauen und Kinder wurden zu einem Hinrichtungsort geführt, der sich meist neben einem vertieften Panzerabwehrgraben befand. Dann wurden sie erschossen, kniеend oder stehend, und die Leichen wurden in den Graben geworfen. Ich habe in der Gruppe D das Erschießen durch Einzelpersonen nie genehmigt, sondern befohlen, daß mehrere Leute gleichzeitig schießen sollten, um direkte, persönliche Verantwortung zu vermeiden. Der Führer der Einheiten oder besonders bestimmte Personen mußten jedoch den letzten Schuß auf solche Opfer abfeuern, die nicht sofort tot waren. Ich erfuhr aus Gesprächen mit anderen Gruppenführern, daß manche von ihnen verlangten, daß die Opfer sich flach auf den Boden legten, um dann durch den Nacken geschossen zu werden. Ich billigte diese Methode nicht.

Im Frühjahr 1942 wurden uns vom Chef der Sicherheitspolizei und des SD in Berlin Gaswagen geschickt. Diese Wagen wurden vom Amt II des RSHA beigestellt. Der Mann, der für die Wagen meiner Einsatzgruppe verantwortlich war, war *Becker*. Wir hatten Befehl erhalten, die Wagen für die Tötung von Frauen und Kindern zu benutzen. Jedesmal, wenn eine Einheit eine genügende Anzahl von Opfern angesammelt hatte, wurde ein Wagen für die Liquidierung gesandt. Wir hatten auch diese Gaswagen in der Nähe der Durchgangslager stationiert, in die die Opfer gebracht wurden. Den Opfern wurde gesagt, daß sie umgesiedelt werden würden und zu diesem Zweck in die Wagen steigen müßten. Danach wurden die Türen geschlossen, und durch das Ingangsetzen der Wagen strömte das Gas ein. Die Opfer starben in 10 bis 15 Minuten. Die Wagen wurden dann zum Begräbnisplatz gefahren, wo die Leichen herausgenommen und begraben wurden.

Ich habe den Bericht von Stahlecker [...] über Einsatzgruppe A gesehen, in welchem Stahlecker behauptet, daß seine Gruppe 135000 Juden und Kommunisten in den ersten vier Monaten der Aktion getötet hat. Ich kannte Stahlecker persönlich, und ich bin der Ansicht, daß das Dokument authentisch ist [...]

[217.] **Erklärungen unter Eid von Rudolf Höß, seinerzeit Kommandant des KZ Auschwitz, im Nürnberger Pohl-Prozeß über die Massenmorde in Auschwitz, 1946/47**

Ich befehligte Auschwitz bis zum 1. Dezember 1943 und schätze, daß mindestens 2 500 000 Opfer dort durch Vergasung und Verbrennen hingerichtet und ausgerottet wurden; mindestens eine weitere halbe Million starben durch Hunger und Krankheit, was eine Gesamtzahl von ungefähr 3 000 000 Toten ausmacht. Diese Zahl stellt ungefähr 70 oder 80 % aller Personen dar, die als Gefangene nach Auschwitz geschickt wurden, die übrigen wurden ausgesucht und für Sklavenarbeit in den Industrien im und um das Konzentrationslager verwendet [...]

Das Konzentrationslager in Dachau wurde des öfteren von Außenseitern besucht. Dr. Ley führte mehrere Inspektionstouren in 1935, an denen, wie mir vom Leiter des Schutzhaftlagers Dachau, d'Angelo, gesagt wurde, Vertreter von großen Industriekonzernen, unter anderem von der IG-Farben-Industrie und der Kohlenindustrie, teilnahmen. Die Besuchs-Gruppe, die im Beginn des Jahres 1935 nach Dachau kam, bestand aus 10 bis 15 Herren, auch von der IG-Farben-Industrie, sie besuchten die Werkstätten sowohl wie die restlichen Einrichtungen des Konzentrationslagers.

Massenhinrichtungen durch Vergasung begannen im Laufe des Sommers 1941 und dauerten bis zum Herbst 1944. Ich beaufsichtigte persönlich die Hinrichtungen in Auschwitz bis zum 1. Dezember 1943. Nachdem ich das Vernichtungsgebäude in Auschwitz errichtet hatte, verwandte ich Zyklon B, eine kristallisierte Blausäure, das durch eine kleine Öffnung in die Todeskammern eingeworfen wurde. Die älteren Vernichtungslager Belzec, Treblinka und Wolzek hatten Monoxydgas verwendet.

II. Deutschland im Krieg

1. Wirtschaft und Gesellschaft im totalen Krieg

In seiner Reichstagsrede am 1. September 1939 verkündete Hitler, daß es in diesem Krieg für Deutschland keine Kapitulation und keine Revolution wie im November 1918 geben werde (Dok. 135). Diese Maxime bestimmte sowohl die Kriegführung als auch die Innenpolitik während des Krieges. Die ständige Furcht der nationalsozialistischen Machthaber vor Unruhen, Defaitismus, »marxistischen Umtrieben«, mangelnder Arbeitsmoral, Streiks, kurz: vor der Wiederholung einer revolutionären Situation, wie sie am Ende des Ersten Weltkrieges geherrscht hatte, läßt sich an den sorgfältigen Meinungsanalysen in der Bevölkerung, an dem eng gespannten Netz der Überwachungs- und Sicherheitsmaßnahmen, an der zunehmend eingeschränkten Sozialgesetzgebung einerseits und an dem Bemühen der Herrschenden, die Last des Krieges möglichst gering zu halten, an den Versprechungen einer besseren und gesicherten Zukunft und an der propagandistisch aufgepeitschten Siegeseuphorie bis in die letzten Kriegstage erkennen (Dok. 218). Der Krieg sollte als Normalzustand und keineswegs als Notsituation erscheinen (Dok. 225). Soziale Zugeständnisse und brutale Terrormaßnahmen wechselten einander ab (Dok. 220, Tab. 27, 38, 39).

Dieses Bemühen läßt sich auch in der Kriegswirtschaft beobachten. Mit Hilfe des Vierjahresplanes von 1936 wurde eine leistungsstarke, allerdings auf kurze Blitzkriege zugeschnittene Rüstungsindustrie aufgebaut. Die kriegswirtschaftlichen Planungen gingen davon aus, daß sich kurze, gut vorbereitete Kriege mit Friedensperioden zur wirtschaftlichen Regeneration abwechselten. Dieses Blitzkriegskonzept bewährte sich hervorragend bis zum Scheitern des »Unternehmens Barbarossa« 1941/42. Als der erfolgreiche Bewegungskrieg in einen kräfteverschleißenden Stellungskrieg überging, besaß das Deutsche Reich im Vergleich zu den Alliierten die bedeutend geringeren Rüstungs- und Kraftreserven, so daß die Aussicht auf einen Sieg immer mehr schwand. Erst im Jahre 1942 wurde die Kriegsproduktion auf einen »totalen Krieg« umgestellt. Der neue Minister für Kriegsproduktion und Munition, Albert Speer, wurde mit übergreifenden Vollmachten ausgestattet, und es wurde, trotz der enormen Kriegsverluste (Dok. 235, Tab. 30), eine kaum für möglich gehaltene Produktionssteigerung in der Rüstungsfertigung erreicht (Dok. 223, 229, 233, 236, Tab. 28, 29, 31, 32). Das Fehlen an Arbeitern wurde durch ein rigoroses Rekrutierungssystem von Frauen, Jugendlichen und

Alten (Dok. 220, 231, Tab. 26), besonders aber von Fremd- und Zwangsar-
beitern, bei dem Kriegsgefangene und KZ-Häftlinge wie Sklaven bis zur physischen Vernichtung ausgebeutet wurden, auszugleichen versucht (Dok. 222,
224, 226, 230, Tab. 35–37).

Die Terrormaßnahmen und Vernichtungspraktiken der nationalsozialistischen Besatzungspolitik in Osteuropa erfuhren ihre brutale Fortsetzung in der
angestrebten totalen Mobilisierung der deutschen Bevölkerung (Dok. 227,
228, 232, 234). Hitlers Befehl in den letzten Kriegstagen, den Deutschland
erobernden und besetzenden Alliierten ein Terrain der »verbrannten Erde«
zu hinterlassen (Dok. 237, 238), ist exemplarisch für diese menschenverachtende Politik.

[218.] **Erlaß des Chefs des Sicherheitsdienstes Reinhard Heydrich
an die Leiter aller Staatspolizei(leit)stellen über »Grundsätze
der inneren Staatssicherheit während des Krieges«,
3.9.1939**

Um den für die Verwirklichung der Ziele des Führers notwendigen einheitlichen Einsatz aller Kräfte des Volkes gegen jede Störung und Zersetzung zu sichern, werden für den Vollzug der Aufgabe der inneren Staatssicherheit die folgenden Grundsätze aufgestellt, nach denen die Tätigkeit
der Sicherheitsorgane des Reiches sich zu richten hat.

1. Jeder Versuch, die Geschlossenheit und den Kampfwillen des deutschen Volkes zu zersetzen, ist rücksichtslos zu unterdrücken. Insbesondere ist gegen jede Person sofort durch Festnahme einzuschreiten, die
   in ihren Äußerungen am Sieg des deutschen Volkes zweifelt oder das
   Recht des Krieges in Frage stellt.
2. Dagegen sind mit psychologischem Verständnis und mit erzieherisch
   bestärkendem Bemühen diejenigen Volksgenossen zu behandeln, die
   aus äußerer oder innerer Not oder in Augenblicken der Schwäche sich
   Entgleisungen irgendwelcher Art zuschulden kommen lassen.
3. Besonderes Augenmerk ist auf alle Versuche zu richten, in der Öffentlichkeit – Gastwirtschaften, öffentlichen Verkehrsmitteln usw. – andere Personen in volks- und reichsfeindlichem Sinne zu beeinflussen.
   Ebenso ist gegen jeden Versuch der Bildung von Zusammenschlüssen
   und Kreisen zur Verbreitung derartiger Auffassungen und Nachrichten
   in der schärfsten Weise einzuschreiten. Wenn die Voraussetzungen der
   Öffentlichkeit oder der Zirkelbildung vorliegen, sind die verdächtigen
   Personen in jedem Falle festzunehmen.
4. Nach der Festnahme einer verdächtigen Person sind unverzüglich alle
   zur möglichst vollständigen Klärung des Falles erforderlichen Ermitt-

lungen durchzuführen. Hierbei ist an Hand der bei den Staatspolizei-(leit)stellen und bei den SD-Unterabschnitten vorhandenen Unterlagen und durch Vernehmung geeigneter Gewährspersonen – auch durch Befragen der örtlichen Parteidienststellen – möglichst gründlich festzustellen, aus welcher allgemeinen Einstellung und aus welchen besonderen Beweggründen die betreffenden Personen gehandelt haben. Alsdann ist unverzüglich dem Chef der Sicherheitspolizei Bericht zu erstatten und um Entscheidung über die weitere Behandlung der festgenommenen Personen zu bitten, da gegebenenfalls auf höhere Weisung brutale Liquidierung solcher Elemente erfolgen wird.

5. Volksgenossen, die nicht vorsätzlich, sondern aus entschuldbaren Beweggründen sich Entgleisungen haben zuschulden kommen lassen, sind nach eingehender Vernehmung zur Sache dem Leiter der Staatspolizei(leit)stelle persönlich vorzuführen, der sie eingehend zu belehren und zu mahnen hat. Diese Belehrung und Ermahnung soll in einer Form erfolgen, durch die eine gesinnungsmäßige Ausrichtung und eine innere Bestärkung des Volksgenossen erzielt wird. Wenn auch kein Zweifel gelassen werden darf, daß bei Wiederholung schärfere Maßnahmen zu erwarten sind, so soll doch nicht die reine Einschüchterung und Abschreckung, sondern die Überzeugung und die innere Aufrichtung das Ergebnis dieser Belehrung sein. Alsdann sind die zuständigen Parteidienststellen auf die betreffenden Volksgenossen aufmerksam zu machen und um ihre besondere politische und – soweit erforderlich – materielle Betreuung zu bitten.

6. Gegen Denunzianten, die aus persönlichen Gründen ungerechtfertigte oder übertriebene Anzeigen gegen Volksgenossen erstatten, ist an Ort und Stelle in geeigneter Weise – durch eindringliche Verwarnung und in böswilligen Fällen durch Verbringung in ein Konzentrationslager – einzuschreiten.

7. Die Leiter der Staatspolizei(leit)stellen sind persönlich für die wirksame Niederhaltung jeder defaitistischen Regung in ihrem Bezirk verantwortlich.

[219.] **Erlaß des Reichsarbeitsministers Seldte an
die Reichstreuhänder der Arbeit über die »Lohngestaltung im Kriege«,
20. 10. 1939**

[...]
I. Durchführung des Lohnstops.
Mit dem Inkrafttreten der zweiten Durchführungsbestimmungen gegen Abschnitt III der Kriegswirtschaftsverordnung vom 12. Oktober 1939 [...]

ist im gesamten Reich einheitlich jede unerwünschte Lohnbewegung unterbunden. Damit sind Erhöhungen der geltenden Lohn- oder Gehaltssätze sowie sonstiger Zuwendungen ohne Ihre Zustimmung ausgeschlossen. Es bedarf daher überall dort keinerlei besonderer Regelung mehr, wo der gegenwärtige Lohnstand ohne Schwierigkeiten beibehalten werden kann. Es ist nunmehr eine Ihrer vordringlichsten Aufgaben, mit allem Nachdruck dafür zu sorgen, daß der mit der Verordnung vom 12. Oktober 1939 stabilisierte Lohnstand auch in Wirklichkeit gehalten wird. Anträgen auf Lohnerhöhungen ist daher nur in sehr begründeten Ausnahmefällen stattzugeben. Verstöße gegen das mit dieser Verordnung ausgesprochene Verbot sind unnachsichtig – gegebenenfalls mit den schwersten hier möglichen Strafen – zu ahnden.

II. Beseitigung der Locklöhne.
In Abänderung meines Erlasses vom 4. September 1939 [...] ersuche ich Sie gemäß der mir vom Generalbevollmächtigten für die Wirtschaft gegebenen Weisung, unter dem Schutz dieses allgemeinen Lohnstops darum besorgt zu sein, daß die in einigen Gewerben vorkommenden Locklöhne *alsbald* verschwinden. Sie werden diese schwierige Aufgabe am besten meistern, wenn Sie diese Locklöhne in einzelbetrieblichen Untersuchungen feststellen und dann von Fall zu Fall den für die Tätigkeit des Gefolgschaftsmitglieds zutreffenden Lohn bestimmen. Als Locklöhne sind hier die Verdienste zu betrachten, die nicht mit der allgemeinen bisherigen Lohnentwicklung des Betriebes, Gewerbes oder Wirtschaftsgebietes übereinstimmen und die über die *bisherigen* Löhne der »angelockten« Arbeitskräfte hinausgehen, es sei denn, daß sie nach dem Ergebnis sorgfältiger Prüfung an ihrer neuen Arbeitsstelle eine grundsätzlich andere, hochwertigere Arbeit ausüben.
Über das von Ihnen zur Beseitigung der Locklöhne Veranlaßte bitte ich, zum 15. eines jeden Monats – erstmalig zum 15. Dezember 1939 – unter Angabe der überprüften Betriebe und Ihrer Maßnahmen im einzelnen zu berichten.

III. Neuordnung der Löhne.
Abgesehen von dieser Überprüfung der Verdienste, die in den vom Generalbevollmächtigten für die Wirtschaft in seinem Schreiben vom 7. Oktober 1939 genannten Gewerben vordringlich ist, aber auch in den übrigen Gewerbezweigen zu erfolgen hat, bitte ich, Ihre bisherigen Arbeiten, die einer Neuordnung der Löhne auf einer gesunden Grundlage dienten, ohne Verzug fortzusetzen. Der nunmehr verkündete Lohnstop wird Ihnen genügend Zeit geben, um eine gerechte Ordnung der Lohnverhältnisse vorzubereiten. Eine solche vorbereitende Arbeit ist geboten, damit bei einer später notwendig werdenden Auflockerung des

Lohnstops zutreffende Löhne und Gehälter sofort festgesetzt werden können. Für diese Arbeiten sollen die mit meinem Erlaß vom 4. September 1939 gegebenen Richtlinien ein Anhaltspunkt sein. Ziel der Lohnpolitik bleibt also auch im Kriege eine vernünftigen Verhältnissen entsprechende, die Leistungen des Gefolgschaftsmitgliedes zutreffend wertende und Ungerechtigkeiten nach Möglichkeit ausschließende Lohngestaltung.
Die sonstigen mit der Lohngestaltung zusammenhängenden Arbeiten bleiben unberührt.

[220.] **Geheime Meldungen des Sicherheitsdienstes der SS über den freiwilligen Arbeitseinsatz von Frauen, 26. 5. 1941**

Mit Bezug auf die oft geringe Arbeitsbereitschaft bisher nicht berufstätiger Frauen sind Meldungen aus Würzburg, Münster, Neustadt a. d. W., Halle, Aachen, Dresden, Leipzig, Allenstein, Tilsit, Linz, München, Thorn, Karlsruhe, Augsburg, Düsseldorf, Oppeln, Innsbruck, Frankfurt/Main, Klagenfurt, Dortmund, Weimar, Braunschweig, Dessau, Bielefeld und Frankfurt/Oder eingegangen. Abgesehen von örtlichen Einzelerfolgen bringen die Berichte insgesamt zum Ausdruck, daß auch nach der Führerrede* bisher Meldungen zur freiwilligen Übernahme eines Arbeitsplatzes noch nicht im erwarteten Maße erfolgt seien. Die in Frage kommenden Frauen warten anscheinend auf einen weiteren Aufruf, welcher die Einzelheiten der in der Führerrede erwähnten geplanten Maßnahmen enthält.
Über die geringen Erfolge schreibt z. B. Dresden, daß von 1250 zu einer Werbeveranstaltung geladenen Frauen nur 600 erschienen seien, von denen wiederum sich nur 120 zur Übernahme eines Arbeitsplatzes bereit erklärt hätten, wobei allerdings der größte Teil es vorgezogen hätte, unter Anführung verschiedenster Gründe die vorherige Zusage zurückzuziehen. Ebenso wird aus Braunschweig berichtet, daß der bisherige Erfolg im Hinblick auf die Werbung zum freiwilligen Arbeitseinsatz der Frauen »verschwindend gering« sei und daß sich nur wenige freiwillig gemeldet hätten. Aus Leipzig wird nach einem Bericht vom 13. 5. 1941 u. a. ausgeführt, daß sich die erste, bisher einzige Frau am 8. 5. 1941 beim dortigen Arbeitsamt gemeldet hätte. In Halle wären von 120 zu einer Werbeveranstaltung eingeladenen Frauen nur 40 erschienen, von denen nur 20 zusagende Erklärungen abgegeben hätten. Auch aus einem Bericht aus Weimar geht hervor, daß Meldungen von Frauen zur freiwilligen Übernahme

---

* Am 4. Mai 1941 hatte Hitler im Reichstag von den deutschen Frauen und Mädchen einen zusätzlichen Beitrag für die Kriegswirtschaft gefordert (vgl. M. Domarus, Hitler – Reden und Proklamationen. München 1965, Bd. 2, S. 1708).

eines Arbeitsplatzes bisher nicht vorliegen. Ebenso sind in Dortmund nach übereinstimmenden Meldungen aus dem ganzen Berichtsbezirk bisher keine praktischen Erfolge bezüglich des freiwilligen Arbeitseinsatzes der deutschen Frau bekannt geworden. Es heißt z. B. in diesem Bericht, daß die Arbeitsfreudigkeit der Frauen, die bisher noch nicht im Arbeitsprozeß stehen, sich in keiner Weise gehoben hätte. Von 223 meist kinderlosen vorgeladenen Frauen habe man nur 17 für einen halbtägigen Arbeitseinsatz gewinnen können. Aus Aachen wird berichtet, daß bezüglich des Frauenarbeitseinsatzes in der Bevölkerung immer noch eine »abwartende Haltung« eingenommen werde. In Halle seien von 87 Frauen, welche die Zelluloidfabrik Eulenburg als Ehefrauen eingezogener Gefolgschaftsmitglieder zur Arbeit aufgefordert hätte, nur insgesamt 5 Frauen zur Übernahme einer ganztägigen und 5 zur Übernahme einer halbtägigen Arbeit »nach langem Hin und Her und ausführlichem Zureden seitens der Betriebsführer« bereit gewesen. Von den übrigbleibenden 77 Frauen konnten nur wenige berechtigte Gründe gegen die Annahme einer Arbeit anführen. Auch in Tilsit hätte man bisher einen erwähnenswerten Erfolg nicht feststellen können. Endlich heißt es in einer Meldung aus Karlsruhe, daß man zwar dem Minister für Bewaffnung und Munition aus dem Pforzheimer Bezirk 3000 Arbeitskräfte auf Grund freiwilliger Meldungen zur Verfügung gestellt habe, daß jedoch nach der daraufhin erfolgten Anforderung von 2000 dieser Kräfte nur 24 freiwillig zum Einsatz außerhalb des Berichtsbezirks bereit gewesen seien.

[221.] Erlaß von Reinhard Heydrich,
Chef des Reichssicherheitshauptamtes, zur Vorbereitung
einer Verhaftungsaktion beim Überfall auf die UdSSR,
18.6.1941

Die außenpolitischen Ereignisse erfordern eine verschärfte Beobachtung und Bekämpfung der kommunistischen Bewegung. Es ist damit zu rechnen, daß kommunistische Kreise versuchen werden, die gegebene Situation zu Zersetzungspropaganda in der üblichen Art wie Mundpropaganda, Streuzettel, Beschmierungen usw. in erhöhtem Maße auszunützen. Darüber hinaus wird die Sowjetunion zweifellos versuchen, durch die ihr zur Verfügung stehenden Hilfsquellen wie Rundfunk, Abwurf von Flugblättern usw. antideutsche Propaganda zu treiben und die staatsfeindliche Tätigkeit im Inlande zu fördern. Der Großteil der Kommunisten und Marxisten* ist heute in den Betrieben konzentriert. Eine staatsfeindliche Tätigkeit dort kann sich

---

* Gemeint sind Sozialdemokraten.

1. in einer rein stimmungsmäßigen Beeinflussung (ausgehend von aktuellen wirtschaftlichen oder ernährungstechnischen Tagesfragen, hinzielend auf steigende Ablehnung des Krieges),
2. in Form von Sabotagetätigkeit jeglicher Art (z. B. Parole: Langsamer arbeiten, Ausführung sonstiger Sabotageakte) bemerkbar machen.

Der Beobachtung und rücksichtslosen Bekämpfung derartiger Zersetzungstätigkeit kommt unter den gegebenen Verhältnissen eine ausschlaggebende Bedeutung zu [...]
Darüber hinaus stelle ich anheim, alle besonders gefährlich erscheinenden KP-Funktionäre, soweit dies geboten erscheint, in Schutzhaft zu nehmen. Von der Auslösung der A-Kartei wird auf Grund der gemachten Erfahrungen zunächst Abstand genommen. Zunächst ist die Zahl der Festnahmen auf das unbedingt gebotene Maß zu beschränken [...] Diese Festnahmeaktion ist zwar vorzubereiten, jedoch erst dann durchzuführen, wenn von hier mittels Blitz-FS das Kennwort »Internationale« durchgegeben wird.

**[222.] Vertrauliche »Sozialpolitische Information«
der Reichsvereinigung Kohle über die Deportation
sowjetischer Bergarbeiter, 1.11.1941**

Auf Anregung der Reichsvereinigung Kohle befaßten sich in den letzten Wochen die verantwortlichen Stellen mit der Frage des Einsatzes von Bergarbeitern aus dem Erzgebiet von Kriwoj-Rog im Ruhrbergbau. Der Durchführung dieser Maßnahme standen nicht unerhebliche Bedenken in politischer Hinsicht und bezüglich der Überwachung dieser Arbeitskräfte entgegen.
Nunmehr hat der Reichsmarschall dem Antrag der Reichsvereinigung Kohle zum Einsatz von 10000 bis 12000 ukrainischen Bergarbeitern unter Einhaltung bestimmter Voraussetzungen zugestimmt. Er hat den Vorsitzer der Reichsvereinigung Kohle beauftragt, im Einvernehmen mit dem Reichsführer SS und Chef der Deutschen Polizei, dem OKW, dem Reichsernährungsministerium und dem Reichsarbeitsministerium umgehend das zum Einsatz dieser Arbeitskräfte Erforderliche in die Wege zu leiten. Da aus besonderen Gründen Eile geboten ist, kann mit der baldigen Überführung der ukrainischen Arbeiter gerechnet werden. Die näheren Einsatzbedingungen werden zur Zeit mit den vorerwähnten Stellen festgelegt [...]

[223.] Protokollnotizen des großen Beirates der Reichsgruppe Industrie über ein zu verstärkendes Lenkungssystem*, 13.1.1942

1. Todt**: Vor den Toren Moskaus kam es zu einem Stillstand, im wesentlichen wohl deshalb, weil die Russen eine ungeheure Basis in der Vielmillionen-Stadt Moskau unmittelbar hinter sich hatten [...] Daraus Konsequenzen ziehen bedeutet, daß nicht nur die Wehrmacht, sondern das ganze deutsche Volk die Härte des Kriegs stärker empfinden muß als bisher, um hierdurch zur Hergabe des letzten veranlaßt zu werden [...] Im Gegensatz zur bisherigen Praxis muß die zukünftige Praxis lauten: Konzentration der Fertigung. Im Gegensatz zur bisherigen Praxis, in der der Aufwand bezahlt wurde, muß es in Zukunft heißen: Nur die Leistung wird bezahlt. Daher Festpreise. Die am rationellsten arbeitende Fabrik hat den größten Gewinn.

Hierzu ist nötig, daß die Selbstverwaltung der Wirtschaft eingeschaltet wird. Die Wirtschaft selbst hat Vorschläge zu machen, wie die Konzentration der Fertigung, d. h. die rationellste Ausbeute, erzielt wird [...]

Es hat sich als notwendig erwiesen, auch auf dem Sektor des allgemeinen Wehrmachtsgerätes die Zügel straffer zu ziehen und eine zentrale Stelle verantwortlich zu machen dafür, daß auch auf diesem Sektor rationell gearbeitet wird. Der Auftrag ist an Herrn Zangen ergangen, der ihn für die Reichsgruppe Industrie übernommen hat und ihn als Leiter der Reichsgruppe auf die Leiter der Wirtschaftsgruppen aufgeteilt hat [...]

3. Zangen***: [...] Mehrfach zitierte Herr Zangen einen Ausspruch, den Ministerialdirektor Mansfeld vom RAM in seinem vorhergehenden Referat gemacht hatte. Es handelt sich um einen Ausspruch Friedrichs des Großen: Schlachten werden gewonnen durch Bajonette, Kriege werden nur gewonnen durch die Ökonomie.

Zangen erwähnte die erfolgreiche Rationalisierungsarbeit auf dem Rüstungssektor durch den Ausschuß von Herrn Keßler****. Auf dem zivilen Sektor sei dieser Vorgang jetzt unter verantwortlicher Leitung der Wirtschaftsgruppen zu wiederholen. Als Leiter der Arbeitsausschüsse kämen nur ehrenamtliche Fabrikanten in Frage, und zwar vorzüglich Betriebsleiter oder Konstrukteure. Die Entscheidung habe in jedem Falle zugunsten der leistungsfähigsten Fabrik zu erfolgen.

---

    * Verfaßt von Karl Albrecht, Geschäftsführer der Wirtschaftsgruppe Feinmechanik und Optik.
  ** Reichsminister für Bewaffnung und Munition.
 *** Leiter der Reichsgruppe Industrie.
**** Vorstandsvorsitzer der Bergmann-Elektrizitäts-Werke AG und Leiter des Munitionsbeirates der Reichsgruppe Industrie, gerade zum Vorsitzenden des Rüstungsbeirates des Reichsministeriums für Bewaffnung und Munition ernannt.

[224.] Der Chef des SS-Wirtschafts-Verwaltungshauptamtes
SS-Gruppenführer Pohl an Reichsführer SS Heinrich Himmler
über Lage und Funktion der Konzentrationslager,
30. 4. 1942

Ich berichte Ihnen heute über die augenblickliche Lage der Konzentrationslager und über Maßnahmen, welche ich getroffen habe, um Ihren Befehl vom 3. März 1942 durchzuführen.

I.

1. Bei Kriegsausbruch waren folgende Konzentrationslager vorhanden:
   a) Dachau   1939 4000 heute   8000 Häftlinge
   b) Sachsenhausen 1939 6500 heute 10000 Häftlinge
   c) Buchenwald   1939 5300 heute   9000 Häftlinge
   d) Mauthausen   1939 1500 heute   5500 Häftlinge
   e) Flossenbürg   1939 1600 heute   4700 Häftlinge
   f) Ravensbrück   1939 2500 heute   7500 Häftlinge

2. In den Jahren 1940–1942 wurden neun weitere Lager errichtet, und zwar:
   a) Auschwitz
   b) Neuengamme
   c) Gusen
   d) Natzweiler
   e) Gross-Rosen
   f) Lublin
   g) Niederhagen
   h) Stutthof
   i) Arbeitsdorf.

3. Außer diesen 15 Lagern, welche aufgaben- und arbeitsmäßig in der Zusammensetzung ihrer Kommandanturstäbe und ihres Schutzhaftlagerdienstes sich vollkommen mit der Organisation der alten Konzentrationslager decken, wurden folgende weitere Aufgaben erteilt:
   a) SS-Sonderlager Hinzert: Kommandanturstab und Wachmannschaft unterstehen mir. Das Schutzhaftlager untersteht dem Reichssicherheitshauptamt. Keine Betriebe, – keine Arbeitsmöglichkeit. –
   b) Jugendschutzlager Moringen: – Keine Betriebe –
   c) Jugendschutzlager Uckermark: in Bau.
   d) Jugendschutzlager Litzmannstadt: in Planung.

4. In den letzten Wochen sind vom Reichssicherheitshauptamt und vom Kommandoamt der Waffen-SS für von diesen Dienststellen

geplante Lager in Riga, Kiew und Bobruisk SS-Führer angefordert worden.

Ich halte es für richtig, wenn solche Pläne an das SS-Wirtschafts-Verwaltungshauptamt herangetragen werden, damit sie einheitlich von einer Stelle für SS und Polizei geplant und durchgeführt werden. So kann leicht ein Nebeneinander und daraus ein Durcheinander entstehen.

II.

1. Der Krieg hat eine sichtbare Strukturänderung der Konzentrationslager gebracht und ihre Aufgaben hinsichtlich des Häftlingseinsatzes grundlegend geändert.

   Die Verwahrung von Häftlingen nur aus Sicherheits-, erzieherischen oder vorbeugenden Gründen allein steht nicht mehr im Vordergrund. Das Schwergewicht hat sich nach der wirtschaftlichen Seite hin verlagert. Die Mobilisierung aller Häftlingsarbeitskräfte zunächst für Kriegsaufgaben (Rüstungssteigerung) und später für Friedensbauaufgaben schiebt sich immer mehr in den Vordergrund.

2. Aus dieser Erkenntnis ergeben sich notwendige Maßnahmen, welche eine allmähliche Überführung der Konzentrationslager aus ihrer früheren einseitigen politischen Form in eine den wirtschaftlichen Aufgaben entsprechende Organisation erfordern.

3. Ich habe deshalb alle Führer der früheren Inspektion der Konzentrationslager, alle Lagerkommandanten und alle Werkleiter am 23. und 24. 4. 1942 versammelt und ihnen persönlich die neue Entwicklung dargelegt. Die *wesentlichen* Dinge, deren Durchführung vordringlich ist, damit die Aufnahme rüstungsindustrieller Arbeiten keine Verzögerung erleidet, habe ich in beiliegende Anordnung zusammengefaßt.

4. Die Überführung der Inspektion der Konzentrationslager in das Wirtschafts-Verwaltungshauptamt ist im besten Einvernehmen aller beteiligten Hauptämter durchgeführt. Die Zusammenarbeit aller Dienststellen ist reibungslos, die Beseitigung des Nebeneinanders in den Konzentrationslagern wird allgemein als Überwindung der den Fortschritt hemmenden Fesseln begrüßt.

[225.] **Aus den geheimen Meldungen
aus dem Reich des Sicherheitsdienstes der SS über Reaktionen
in der deutschen Bevölkerung auf die Kürzung
der Lebensmittelrationen, 23. 3. 1942**

Nach übereinstimmenden Meldungen aus allen Teilen des Reiches hat die Bekanntgabe der Herabsetzung der Lebensmittelkartenzuteilungen* große Enttäuschung ausgelöst und insbesondere in Arbeiterkreisen zu einer nicht unbeträchtlichen Beunruhigung geführt [...] In mehreren Meldungen wurde zum Ausdruck gebracht, daß die Bekanntgabe der »einschneidenden« Lebensmittelkürzungen auf einen großen Teil der Bevölkerung geradezu »niederschmetternd« gewirkt habe, und zwar in einem Ausmaße wie kaum ein anderes Ereignis während des Krieges [...] Insbesondere nehme die Arbeiterschaft der Großstädte und Industriegebiete, die häufig schon die seithcrige Versorgung als reichlich knapp ansah, nach den bisherigen Feststellungen vielfach eine Stellungnahme ein, die jegliches Verständnis für die Notwendigkeit der neuen Maßnahme vermissen lasse. Die Stimmung in diesen Bevölkerungskreisen sei auf einem im Verlauf des Krieges bisher noch nicht festgestellten Tiefpunkt angelangt. Zahlreiche Volksgenossen hätten ihrer Enttäuschung in ironisierenden Äußerungen über die angeblich sichergestellte deutsche Versorgungslage und vereinzelt sogar in unverhohlenen Andeutungen über die Minderung ihrer zukünftigen Arbeitsleistungen Ausdruck gegeben.

[226.] **Programm von Fritz Sauckel, Generalbevollmächtigter
für den Arbeitseinsatz**, über die Mobilisierung deutscher
und die Zwangsrekrutierung ausländischer Arbeitskräfte,
20. 4. 1942**

Trotz der Tatsache, daß die meisten deutschen arbeitsfähigen Menschen in der anerkennenswertesten Weise ihre Kräfte für die Kriegswirtschaft bereits eingesetzt haben, müssen unter allen Umständen noch erhebliche Reserven gefunden und frei gemacht werden.
Die entscheidende Maßnahme, dies zu verwirklichen, ist der einheitlich geregelte und gesteuerte Arbeitseinsatz der Nation im Kriege [...]
Die Verwirklichung dieser Grundsätze für den Arbeitseinsatz erfordert:

---

* Die Zuteilungen wurden ab 6. April 1942 um 20 bis 25 Prozent gekürzt.
** Sauckel wurde am 21. März 1942 Generalbevollmächtigter für den Arbeitseinsatz.

1. das Zusammenspiel aller Kräfte der Partei, der Wirtschaft und des Staates unter einheitlicher Lenkung; 2. den besten Willen aller deutschen Menschen; 3. die umfassendsten Maßnahmen, um allen eingesetzten deutschen Arbeitern und Arbeiterinnen das höchste Vertrauen zur Gerechtigkeit in der Behandlung ihres persönlichen Schicksals und ihrer Entlohnung ebenso wie die im Kriege bestmögliche Fürsorge für die Gesundheit und Unterbringung zu geben; 4. die schnellste und bestmögliche Lösung der Frage des Frauen- und Jugendeinsatzes [...]

Die Rüstungs- und Ernährungsaufgaben machen nun aber neben der totalen Erfassung aller deutschen Arbeitskräfte die Hereinnahme fremder Arbeitskräfte zur dringendsten Notwendigkeit [...]

Es ist daher unumgänglich notwendig, die in den eroberten sowjetischen Gebieten vorhandenen Menschenreserven voll auszuschöpfen. Gelingt es nicht, die benötigten Arbeitskräfte auf freiwilliger Grundlage zu gewinnen, so muß unverzüglich zur Aushebung derselben bzw. zur Zwangsverpflichtung geschritten werden.

Neben den schon vorhandenen, noch in den besetzten Gebieten befindlichen Kriegsgefangenen gilt es also vor allem Zivil- und Facharbeiter und -arbeiterinnen aus den Sowjetgebieten vom 15. Lebensjahr ab für den deutschen Arbeitseinsatz zu mobilisieren.

Nach den vorhandenen Möglichkeiten kann dagegen aus den im Westen von Deutschland besetzten Gebieten Europas ein Viertel des Gesamtbedarfs an fremdländischen Arbeitskräften hereingenommen werden [...]

Alle diese Menschen müssen so ernährt, untergebracht und behandelt werden, daß sie bei denkbar sparsamstem Einsatz die größtmögliche Leistung hervorbringen.

[227.] **Hitlers Geheimerlaß zur Vorbereitung des totalen Krieges, 13.1.1943**

Der totale Krieg stellt uns vor Aufgaben, die im Interesse eines möglichst baldigen siegreichen Friedens unverzüglich gemeistert werden müssen. Ihre Lösung ist von kriegsentscheidender Bedeutung. Alle geeigneten Maßnahmen dafür zu treffen, ist das Gebot der Stunde.

Der Bedarf an Kräften für Aufgaben der Reichsverteidigung macht es notwendig, alle Männer und Frauen, deren Arbeitskraft für diese Zwecke nicht oder nicht voll ausgenutzt ist, zu erfassen und ihrer Leistungsfähigkeit entsprechend zum Einsatz zu bringen. Das Ziel ist, die wehrfähigen Männer für den Fronteinsatz frei zu machen.

Hierzu ist ein Austausch in der Weise vorzunehmen, daß für die Wehrmacht und die Rüstungsindustrie verwendbare Kräfte durch andere, bereits in der übrigen Wirtschaft verwendete oder noch nicht verwendete Kräfte ersetzt werden. Die Umschulung und Anlernung von Ersatzkräften ist vorsorglich auf lange Sicht und großzügig laufend zu betreiben. Im übrigen bestimme ich:

I. Der Chef des Oberkommandos der Wehrmacht hat anzuordnen, daß alle Uk-Stellungen erneut schärfstens zu überprüfen und in allen Fällen aufzuheben sind, in denen dies ohne Gefährdung der anderen kriegswichtigen Aufgaben möglich ist.

II. Zur Erreichung des gesteckten Zieles haben alle Dienststellen des Staates und der Partei in ihrem Bereich mitzuwirken [...]

III. Die folgenden, für den Einsatz von Arbeitskräften dringlichsten Maßnahmen sind sofort in Angriff zu nehmen und in kürzester Frist durchzuführen:

1. Der Generalbevollmächtigte für den Arbeitseinsatz wird anordnen, daß sich für den Arbeitseinsatz noch nicht erfaßte Personen, und zwar Männer im Alter vom vollendeten 16. bis zum vollendeten 65. Lebensjahre, Frauen vom vollendeten 17. bis zum vollendeten 50. Lebensjahre, zu melden haben. Er hat weiterhin Männer und Frauen aus Handel, Handwerk und Gewerbe sowie aus Beschäftigungsverhältnissen in freien Berufen, soweit sie noch nicht eine überwiegend kriegswichtige Tätigkeit ausüben, in eine solche zu überführen.

Von der Meldepflicht sind befreit:

a) Männer und Frauen, die im öffentlichen Dienst tätig sind.

b) Männer und Frauen, die in der Landwirtschaft voll beschäftigt sind.

c) Frauen mit mindestens einem noch nicht schulpflichtigen Kind oder zwei Kindern unter vierzehn Jahren, die im gemeinsamen Haushalt leben.

d) Schüler und Schülerinnen, die eine öffentliche oder anerkannte private allgemeinbildende Schule besuchen.

Der Generalbevollmächtigte für den Arbeitseinsatz kann weitere Personenkreise von der Meldepflicht ausnehmen.

2. Um Arbeitskräfte aus Handel, Handwerk und Gewerbe weitgehend für Aufgaben der Reichsverteidigung frei zu machen, haben der Reichswirtschaftsminister oder die sonst zuständigen Obersten Reichsbehörden im Benehmen mit dem Generalbevollmächtigten

für den Arbeitseinsatz die Stillegung von Betrieben und Unternehmungen anzuordnen, die nicht ganz oder überwiegend Aufgaben
der Kriegswirtschaft oder der Sicherung des lebenswichtigen Bedarfs erfüllen. Die Stillegung kann, soweit dies ohne Nachteil für
die Durchführung kriegswichtiger Aufgaben möglich ist, auch für
Teile von Unternehmungen und Betrieben angeordnet werden.

[228.] Joseph Goebbels propagiert im Berliner Sportpalast den totalen Krieg, 18. 2. 1943

[...] Es geht hier nicht um die Methode, mit der man den Bolschewismus
zu Boden schlägt, sondern um das Ziel, nämlich um die Beseitigung der
Gefahr. Die Frage ist also nicht die, ob die Methoden, die wir anwenden,
gut oder schlecht sind, sondern ob sie zum Erfolg führen. Jedenfalls sind
wir als Nationalsozialistische Volksführung jetzt zu allem entschlossen.
Wir packen zu, ohne Rücksicht auf die Einsprüche des einen oder des
anderen [...]
Ich möchte aber zur Steuer der Wahrheit an euch, meine deutschen
Volksgenossen und Volksgenossinnen, eine Reihe von Fragen richten,
die ihr mir nach bestem Wissen und Gewissen beantworten müßt [...]
Ihr also, meine Zuhörer, repräsentiert in diesem Augenblick die Nation.
Und an euch möchte ich zehn Fragen richten, die ihr mir mit dem deut-
schen Volke vor der ganzen Welt, insbesondere vor unseren Feinden, die
uns auch an ihrem Rundfunk hören, beantworten sollt:
Die Engländer behaupten, das deutsche Volk habe den Glauben an den
Sieg verloren.
Ich frage euch: Glaubt ihr mit dem Führer und mit uns an den endgültigen
totalen Sieg des deutschen Volkes?
Ich frage euch: Seid ihr entschlossen, dem Führer in der Erkämpfung des
Sieges durch dick und dünn und unter Aufnahme auch der schwersten
persönlichen Belastungen zu folgen?
Zweitens: Die Engländer behaupten, das deutsche Volk ist des Kampfes
müde.
Ich frage euch: Seid ihr bereit, mit dem Führer als Phalanx der Heimat
hinter der kämpfenden Wehrmacht stehend diesen Kampf mit wilder
Entschlossenheit und unbeirrbar durch alle Schicksalsfügungen fortzusetzen, bis der Sieg in unseren Händen ist?
Drittens: Die Engländer behaupten, das deutsche Volk hat keine Lust
mehr, sich der überhandnehmenden Kriegsarbeit, die die Regierung von
ihm fordert, zu unterziehen.
Ich frage euch: Seid ihr und ist das deutsche Volk entschlossen, wenn der

Führer es befiehlt, zehn, zwölf und, wenn nötig, vierzehn und sechzehn Stunden täglich zu arbeiten und das Letzte herzugeben für den Sieg?

Viertens: Die Engländer behaupten, das deutsche Volk wehrt sich gegen die totalen Kriegsmaßnahmen der Regierung. Es will nicht den totalen Krieg, sondern die Kapitulation.

Ich frage euch: Wollt ihr den totalen Krieg? Wollt ihr ihn, wenn nötig, totaler und radikaler, als wir ihn uns heute überhaupt noch vorstellen können?

Fünftens: Die Engländer behaupten, das deutsche Volk hat sein Vertrauen zum Führer verloren.

Ich frage euch: Ist euer Vertrauen zum Führer heute größer, gläubiger und unerschütterlicher denn je? Ist eure Bereitschaft, ihm auf allen seinen Wegen zu folgen und alles zu tun, was nötig ist, um den Krieg zum siegreichen Ende zu führen, eine absolute und uneingeschränkte?

Ich frage euch als sechstes: Seid ihr bereit, von nun ab eure ganze Kraft einzusetzen und der Ostfront die Menschen und Waffen zur Verfügung zu stellen, die sie braucht, um dem Bolschewismus den tödlichen Schlag zu versetzen?

Ich frage euch siebentens: Gelobt ihr mit heiligem Eid der Front, daß die Heimat mit starker Moral hinter ihr steht und ihr alles geben wird, was sie nötig hat, um den Sieg zu erkämpfen?

Ich frage euch achtes: Wollt ihr, insbesondere ihr Frauen selbst, daß die Regierung dafür sorgt, daß auch die deutsche Frau ihre ganze Kraft der Kriegsführung zur Verfügung stellt und überall da, wo es nur möglich ist, einspringt, um Männer für die Front frei zu machen und damit ihren Männern an der Front zu helfen?

Ich frage euch neuntens: Billigt ihr, wenn nötig, die radikalsten Maßnahmen gegen einen kleinen Kreis von Drückebergern und Schiebern, die mitten im Kriege Frieden spielen und die Not des Volkes zu eigensüchtigen Zwecken ausnutzen wollen? Seid ihr damit einverstanden, daß, wer sich am Krieg vergeht, den Kopf verliert?

Ich frage euch zehntens und zuletzt: Wollt ihr, daß, wie das nationalsozialistische Parteiprogramm es gebietet, gerade im Kriege gleiche Rechte und gleiche Pflichten vorherrschen, daß die Heimat die schweren Belastungen des Krieges solidarisch auf ihre Schultern nimmt und daß sie für hoch und niedrig und arm und reich in gleicher Menge verteilt werden?

Ich habe euch gefragt; ihr habt mir eure Antwort gegeben. Ihr seid ein Stück Volk, durch euren Mund hat sich damit die Stellungnahme des deutschen Volkes manifestiert [...]

**[229.] Joseph Goebbels zur autoritären Anarchie im Führerstaat,
16.3.1943**

[...] Ein neuer Erlaß des Führers gibt Sauckel die Verfügungsgewalt über
die seiner Führung unterstehenden Abteilungen des Arbeitsministe-
riums. Es wird hier wiederum ein Ministerium Stück um Stück ausge-
höhlt, ohne daß der Chef beseitigt wird. Es ist das ein sehr gefährliches
und auf die Dauer der Autorität sehr abträgliches Verfahren. Wir leben in
einem Staatswesen, in dem die Kompetenzen sehr unklar verteilt sind.
Daraus entwickeln sich die meisten Zwistigkeiten unter den führenden
Personen wie unter den führenden Behörden. [...] Die Folge ist eine völlige Direktionslosigkeit in der deutschen Innenpolitik.

**[230.] Fritz Sauckel, Generalbevollmächtigter für den Arbeitseinsatz,
an Hitler über die Rekrutierung von Fremdarbeitern,
14.4.1943**

Wie Ihnen bereits durch Gruppenführer Bormann mitgeteilt wurde, be-
gebe ich mich am 15.4. in die Ostgebiete, um für die kommenden Monate
1 Million Arbeitskräfte aus dem Osten für die deutsche Kriegswirtschaft
sicherzustellen.
Das Ergebnis meiner letzten Frankreichreise besteht darin, daß nach ex-
akter Erfüllung des letzten Programms auch aus den Westgebieten bis
zum Sommerbeginn erneut 450000 Arbeiter ins Reich kommen werden.
Mit den noch aus Polen und den übrigen Gebieten in Frage kommenden
Kräften in Höhe von etwa 150000 wird es dann gelingen, der deutschen
Landwirtschaft wieder 5–600000 und der Rüstungs- und übrigen Kriegswirtschaft 1 Million Arbeitskräfte bis zu den Sommermonaten zur Verfügung zu stellen.
Ich bitte, einverstanden zu sein, daß auch die neuen französischen Arbeitskräfte unter ähnlichen Bedingungen wie die letzten ins Reich kommen können. Mit dem Oberkommando der Wehrmacht habe ich Fühlung
aufgenommen.
Da der größte Teil der belgischen Zivilarbeiter und Kriegsgefangenen
recht zufriedenstellende Leistungen vollbringt, bitte ich, einverstanden
zu sein, daß für etwa 20000 belgische Kriegsgefangene ein ähnliches Sta-
tut geschaffen wird, wie Sie es den Franzosen zugebilligt haben. Dieses
Ihr so großes Entgegenkommen hat auf Laval und die französischen Minister einen sehr starken Eindruck gemacht. Laval hat mich wiederholt gebeten, Ihnen, mein Führer, seinen aufrichtigen Dank hierfür übermitteln
zu wollen.

1. Nach einjähriger Tätigkeit als Generalbevollmächtigter für den Arbeitseinsatz darf ich Ihnen melden, daß vom 1. April vorigen Jahres bis zum 31. März dieses Jahres der deutschen Kriegswirtschaft 3 638 056 neue fremdvölkische Arbeitskräfte zugeführt werden konnten. Im großen ganzen haben diese Kräfte zufriedenstellende Leistungen gebracht. Ihre Ernährung und Unterbringung ist sichergestellt, die Behandlung ist so einwandfrei geregelt, daß unser nationalsozialistisches Reich gegenüber den Methoden der kapitalistischen und bolschewistischen Welt auch in dieser Beziehung ein leuchtendes Beispiel darstellt. Dabei ist es natürlich unvermeidlich, daß hier und da noch Fehl- und Mißgriffe vorkommen. Ich werde stets bemüht bleiben, sie mit der größten Energie auf ein Mindestmaß zu beschränken.

Außer den fremdvölkischen Zivilarbeitern werden noch 1 622 829 Kriegsgefangene in der deutschen Wirtschaft beschäftigt.

2. Die 3 638 056 Arbeitskräfte verteilen sich auf folgende Zweige der deutschen Kriegswirtschaft:

Rüstung	1 568 801
Bergbau	163 632
Bauwirtschaft	218 707
Verkehr	199 074
Land- und Forstwirtschaft	1 007 544
sonstige Wirtschaftszweige	480 298

Außer der Zurverfügungstellung der fremdvölkischen Arbeiter wurden innerhalb der deutschen Wirtschaft 5 Millionen deutsche Arbeiter und Arbeiterinnen durch Umschichtung aus kriegsunwichtigen Betrieben in kriegswichtige, durch Umschulung usw. der eigentlichen deutschen Kriegswirtschaft zugeführt.

Alle diese Anstrengungen waren notwendig, um die natürliche Fluktuation, z. B. durch Tod, Krankheit, Vertragsablauf, Vertragsbrüche, aber insbesondere auch durch die Einziehung zur Wehrmacht, Umlegung von Betrieben in andere Gegenden auszugleichen und die Vergrößerung der Rüstungsbetriebe, die Ingangbringung neuer Fabriken und die Erfüllung neuer Programme zu ermöglichen.

**[231.] Geheime Meldungen des Sicherheitsdienstes der SS
über Stimmungen und Reaktionen bei der weiblichen Bevölkerung
anläßlich der Kriegslage, 18. 11. 1943**

Nach den vorliegenden Meldungen ist die Stimmung unter den Frauen
infolge der schweren Kämpfe und der ständigen Rückzugsbewegungen
im Osten zwar ruhig, aber doch recht gedrückt. Man wartet mit Sorge ab,
was nun mit Rußland werden soll. Das Zurückgehen unserer Truppen
wird von vielen Frauen mit als Zeichen einer allgemeinen Schwächung
unserer Widerstandskraft gewertet. Andererseits fragen gerade die
Frauen sich, zumal im Hinblick auf die Einberufung älterer männlicher
Jahrgänge und der Werbung von Flakwaffenhelferinnen, warum so viele
Truppen in den Städten des Reiches nicht an die Front geschickt würden.
Am Kriegsgeschehen im einzelnen nehmen die Frauen weniger Interesse.
Besonders die weibliche Jugend zeige sich recht teilnahmslos. Häufig
trete bei den Frauen eine ausgesprochene Kriegsmüdigkeit zutage. Sie
sind bestrebt, allem aus dem Wege zu gehen, was die Gedanken zum
Kriegsgeschehen hinlenke, so vermeiden sie z. B. entsprechende Radio-
oder Filmdarbietungen und lassen den politischen Teil der Zeitung un-
beachtet. Im allgemeinen zeigten nur diejenigen Frauen, die nahe Angehörige an den Fronten haben, und Frauen der Intelligenzkreise wesent-
liches Interesse am politischen Geschehen. Sie verfolgen aufmerksam die
Heeresberichte und beachteten z. B. auch die Entwicklung der politischen Lage in Schweden und in der Türkei sowie die Meldungen über die
indische Kriegserklärung, die jedoch von den meisten nicht sehr ernst
genommen wurde. Dem Neuaufbau in Italien stehen die Frauen allgemein skeptisch gegenüber, denn »das Vertrauen zu allem, was aus Italien
kommt, ist restlos geschwunden«.

Mit Sorge sähen auch viele Frauen, daß der Zusammenhalt und das
gegenseitige Verständnis in ihrer Ehe unter der langen Kriegsdauer zu
leiden beginne. Die mit kurzen Unterbrechungen nun schon Jahre andau-
ernde Trennung, die Umgestaltung der Lebensverhältnisse durch den totalen Krieg, dazu die hohen Anforderungen, die jetzt an jeden einzelnen
gestellt werden, formten den Menschen um und erfüllten sein Leben. Der
Frontsoldat zeige im Urlaub oft kein Verständnis mehr für die kriegsbe-
dingten häuslichen Dinge und bleibe interesselos gegenüber vielen täglichen Sorgen der Heimat. Daraus ergebe sich häufiger ein gewisses Aus-
einanderleben der Eheleute. So wiesen Ehefrauen bekümmert darauf
hin, daß das sehnlichst erwartete Zusammensein in der schnell vorüber-
gehenden Urlaubszeit getrübt worden sei durch häufige Zusammenstöße,
die durch gegenseitige Nervosität hervorgerufen wurde. Das trete selbst
bei solchen Ehen ein, die früher vorbildlich harmonisch waren.

Auffallend sei, daß viele Maßnahmen der Partei und führender Persönlichkeiten von den Frauen in stärkerem Maße als von den Männern kritisiert würden, jedoch stellten sich die meisten Frauen stets hinter die Person des Führers. Allgemein werde von den Frauen immer der Standpunkt
vertreten, daß der Führer bestimmt Abhilfe schaffen würde, wenn er alles
wüßte.

Die meisten Frauen richteten jedoch ihre Gedanken vorwiegend auf ihre
gegenwärtigen praktischen Aufgaben. Von den drängenden Tagesanfor-
derungen bereiteten derzeit die Kartoffelnot und der Gemüsemangel den
Frauen große Sorge. Viele Mütter von heranwachsenden Kindern hätten
schlaflose Nächte, denn »sie wüßten oft nicht, was sie auf den Tisch bringen sollten«. Als starke Erschwerung der Wirtschaftsführung empfänden
die Frauen auch die unterschiedlichen Einkaufszeiten für Lebensmittel
und Bedarfsartikel. So wird z. B. geschrieben:

Die Fleischer haben am Montag geschlossen, die Bäcker am Dienstag, die
übrigen Kaufleute am Mittwoch, und die verschiedenen Einzelhandelsge-
schäfte an ganz unterschiedlichen Tagen in der Woche. Die Hausfrau
müßte sich von allen Geschäften eine Tabelle anlegen, wenn sie einkaufen gehe, denn oft käme sie vor verschlossene Türen und habe kostbare
Zeit verloren. Sehr viele Geschäfte und vor allem die Wirtschaftsämter
hätten nur vormittags geöffnet, so daß Berufstätigen die Möglichkeit genommen sei, ihre Besorgungen zu erledigen.

Nach wie vor klagen die Frauen über eine oft unfreundliche Bedienung in
den Geschäften. »Das Einkaufen sei vielfach ein Spießrutenlaufen, die
Geschäftsleute fänden es einfach nicht mehr nötig, auch nur ein Mindestmaß an Höflichkeit gegenüber ihren Kunden aufzubringen.«

Die besonderen Klagen der Frauen gelten zur Zeit der Sperrung der Klei-
derkarte, wobei sie darauf hinweisen, daß die Behebung des Mangels an
Strümpfen und Bettwäsche bei der jetzigen kühlen Witterung besonders
dringlich geworden sei und daß auch Wollsachen unbedingt beschafft
werden müßten. (Inzwischen ist den Wünschen hinsichtlich der Strümpfe
durch Freigabe je eines Paares Rechnung getragen worden.)

Mit lebhafter Freude sei von den Frauen die wesentlich erhöhte Mehlzu-
teilung und die Ankündigung der Weihnachtssonderzuteilungen begrüßt
worden, da sie mit diesen Mengen nicht gerechnet hatten. Bedauert
werde jedoch, daß kein Fleischzuschuß vorgesehen sei, ferner werde häufig die Erwartung ausgesprochen, daß die Zuwendungen später nicht wieder durch entsprechende Kürzungen eingespart werden müßten.

Die politischen und wirtschaftlichen Vorgänge sowie das gesamte Kriegsgeschehen werden jedoch überschattet von den Evakuierungsmaßnah-
men und ihren Auswirkungen [...]

**[232.] Denkschrift des Reichsleiters Martin Bormann,
29.1.1944**

In der Nacht vom 27./28. Januar unterhielt sich der Führer mit uns über
das Problem unserer volklichen Zukunft. Aus dieser und früheren Unter-
haltungen und Überlegungen sei folgendes festgehalten:
Unsere volkliche Lage wird nach diesem Kriege eine katastrophale sein,
denn unser Volk erlebt jetzt den zweiten gewaltigen Aderlaß im Zeitraum
von 30 Jahren. Wir werden den Krieg militärisch auf jeden Fall gewinnen,
ihn volklich aber verlieren, wenn wir nicht zu einer ganz entscheidenden
Umstellung der ganzen bisherigen Auffassungen und daraus resultieren-
den Haltung kommen. Der blutliche Verlust ist ja nicht etwas Einmaliges,
sondern er wirkt sich Jahr für Jahr bis in die fernste Zukunft hinein aus:
Ein einziges Beispiel:
Wie viele Kinder wären in diesem Kriege mehr geboren worden, wenn es
möglich gewesen wäre, unseren Frontsoldaten überhaupt oder häufiger
Urlaub zu geben!
Nach diesem Kriege werden wir, wie der Führer betonte, drei bis vier
Millionen Frauen haben, die keine Männer mehr haben bzw. bekommen.
Der sich hieraus ergebende Geburtenausfall wäre für unser Volk gar nicht
zu ertragen: wie viele Divisionen würden – betonte der Führer – uns in 20
bis 45 Jahren und weiter fehlen! Die Rechnung mancher Eltern, sie müßten ihre Kinderzahl beschränkt halten, um die Zukunft der geborenen
Kinder zu sichern, ist also grundverkehrt; das Gegenteil ist richtig! Bei
genügender Einsicht müßten also alle Frauen, die ein Kind besitzen,
größten Wert darauf legen, daß nicht nur sie selbst, sondern auch alle
anderen Frauen so viele Kinder wie nur möglich bekommen, denn die
Zukunft dieser Kinder ist desto gesicherter, je größer ihre Zahl ist. Das ist
eine ganz nüchterne Rechnung.
Nun können die Frauen, die nach diesem Weltkrieg nicht mit einem
Mann verheiratet sind oder werden, ihre Kinder ja nicht vom heiligen
Geist bekommen, sondern nur von den dann noch vorhandenen deutschen Männern. Verstärkte Fortpflanzung des einzelnen Mannes ist –
selbstverständlich vom Standpunkt des Volkswohls – nur bei einem Teil
dieser Männer erwünscht. Die anständigen, charaktervollen, physisch
und psychisch gesunden Männer sollen sich verstärkt fortpflanzen, nicht
die körperlich und geistig Verbogenen.
Die öffentliche, d. h. allgemeine Aufklärung kann aus einleuchtenden
Gründen erst nach dem Kriege einsetzen. Nur ein Grund hierfür sei angeführt: Wir können heute noch nicht an die Frauen, deren Männer voraussichtlich noch fallen werden, appellieren und wir können unsere Aufklärung mit Rücksicht auch auf unsere Soldaten noch nicht beginnen; das

würde voraussetzen, daß wir auch unsere Männer, die jetzt Soldaten sind, zunächst mit diesen Gedankengängen vertraut machen müssen, denn ohne weiteres wird es nicht jedem der Soldaten erwünscht sein, wenn seine Frau oder Braut nach seinem Tode Kinder von einem anderen Mann bekommt.

Schon jetzt müssen wir alle unerwünschten Hemmnisse unserer Zielsetzung abbauen; insbesondere gilt es, die Dichter und Schriftsteller unserer Zeit auszurichten. Neue Romane, Novellen und Bühnenstücke, die Ehedrama = Ehebruch setzen, sind nicht mehr zuzulassen, ebensowenig irgendwelche Dichtungen, Schriftstellereien, Kinostücke, die das außereheliche Kind als minderwertiges, uneheliches behandeln. Das Wort »unehelich« muß, wie ich schon vor längerer Zeit betonte, gänzlich ausgemerzt werden.

Nun hat die Abneigung gegen die außerehelichen Kinder zweifellos einen Grund, den auch wir – richtiger, gerade wir – anerkennen müssen.

Auch wir wünschen nicht, daß unsere Schwestern oder Töchter leichtfertigerweise von irgendeinem Mann Kinder bekommen bzw. sogar einmal von diesen und einmal von jenem Kinder bekommen. Wir müssen also wünschen, daß die Frauen unseres Volkes, die sich nach diesem Kriege nicht in der bisherigen Weise verheiraten können, sich mit einem Mann verbinden, der wirklich zu ihnen paßt und mit diesem Kinder zeugen.

Wenn ich in der Tierzucht genau darauf achte, daß nur zueinander passende Tiere miteinander verkoppelt werden, dann muß ich die für alle Säugetiere geltenden Regeln auch beim Menschen beobachten. Will ich Kinder, die einen ausgeglichenen Charakter haben und keinen in sich zerrissenen, dann muß ich propagieren, daß nur Menschen, die wirklich zueinander passen, miteinander Kinder zeugen.

Folgerung: Wir müssen wünschen, daß die Frauen, die nach dem Krieg keinen Ehemann mehr haben oder bekommen, mit möglichst einem Mann ein eheähnliches Verhältnis, aus dem möglichst viele Kinder erwachsen, eingehen.

Daß nicht alle derartigen Verhältnisse ein Leben lang halten werden, spricht nicht dagegen, sondern ist natürlich; auch viele Ehen werden nach längerer oder kürzerer Dauer wieder geschieden. Im übrigen bin ich sogar der Überzeugung, daß zwei Menschen, die sich in Freundschaft verbunden sind, sich dabei aber gar nicht allzu häufig sehen, leichter ein Leben lang zusammenhalten als andere; dies erst recht, wenn Kinder der Liebe und Freundschaft dieses Band verstärken.

Schon oben hatte ich angeführt, es müsse jede Diffamierung volklich erwünschter Verhältnisse unterbunden werden. Wer eine Frau, die ohne Ehemann (im jetzigen Sinn) Kinder bekommt, beleidigt, muß hart bestraft werden. Wer – das wird manchen Pfarrer treffen – gegen die Propagierung volklicher Notwendigkeiten redet, ist ebenfalls ganz hart zu bestrafen.

Sehr viele Frauen und Mädchen würden sehr gern Kinder, und zwar viele Kinder bekommen, wenn sie genau wüßten, daß sie ihr Leben lang dann auch wirklich versorgt werden. Sie möchten nicht Kinder kriegen und eines Tages, weil der Vater dieser Kinder stirbt, verarmt oder sie verläßt, unversorgt mit ihren Kindern auf Gnade und Barmherzigkeit irgendwelcher Wohlfahrtseinrichtungen angewiesen sein.

Daß Frauen, die berufstätig sind und Kinder bekommen, entsprechend höher besoldet werden müssen, daß ferner diesen Frauen Wohnungen zuzuteilen sind, die der Kopfzahl ihrer Familie entsprechen, liegt auf der Hand. Ich möchte nach dem Kriege im Sonnenwinkel solche Wohnungen für Mitarbeiterinnen der Parteikanzlei, die Kinder bekommen, schaffen.

Die Zahl der Heimschulen [...] ist gewaltig zu steigern, damit alle Frauen, die irgendwelcher Gründe halber ihre Kinder zeitweise oder dauernd nicht selbst erziehen können, sie ohne Schwierigkeiten auf den Heimschulen erziehen lassen können. Das gilt für Knaben wie Mädchen.

Wir müssen – um der Zukunft unseres Volkes willen – geradezu einen Mutterkult treiben, und hierin darf es keinen Unterschied zwischen Frauen, die nach der bisherigen Weise verheiratet sind, und Frauen, die von einem Mann, dem sie in Freundschaft verbunden sind, Kinder bekommen, geben: Alle diese Mütter sind in gleicher Weise zu ehren. (Selbstverständlich gilt das nicht z. B. für jene asozialen Elemente, die nicht einmal wissen, wer die Väter ihrer Kinder sein könnten.) Wie ich schon früher erwähnte, ist es notwendig, daß wir die jetzigen Verhältnis-Beziehungen, die einen mehr oder weniger anrüchigen Klang haben, abschaffen und verbieten. Wir müssen uns also überlegen, wie das Verhältnis, das eine Frau mit einem Mann hat, mit dem sie in bisheriger Weise nicht verheiratet sein kann, bezeichnet wird; wir müssen uns überlegen, wie die Kinder aus einem solchen Freundschaftsbund bezeichnet werden sollen usw. Je glücklicher wir in der Namensfindung sein werden, desto leichter werden wir die bestehenden Hemmungen beseitigen. Diese Hemmungen müssen aber beseitigt werden, denn sonst sind die ganzen Opfer des vorigen Weltkrieges und dieses Krieges umsonst gewesen, weil unser Volk den nächsten Stürmen zum Opfer fallen muß. In zwanzig oder dreißig oder vierzig oder fünfzig Jahren fehlen uns dann die Divisionen, die wir unbedingt brauchen, wenn unser Volk nicht untergehen soll.

[233.] Anordnung von Albert Speer,
Reichsminister für Bewaffnung und Kriegsproduktion,
über die Gründung des Jägerstabes, 1.3.1944

1. Zur Sicherstellung des Jägerprogramms wird beim Reichsminister für Rüstung und Kriegsproduktion mit sofortiger Wirkung der »Jägerstab« vorläufig auf die Dauer von 6 Monaten gebildet. Er hat die Aufgabe, ohne bürokratische Hemmungen durch unmittelbare Befehlsgebung die Instandsetzung beschädigter Werke oder deren Verlegung durchzuführen.

   Diese Aufgabe steht – insbesondere soweit es sich um die baulichen Arbeiten handelt – vor allen anderen in letzter Zeit als besonders wichtig erkannten Aufgaben. Die Beseitigung der durch Fliegerangriffe hervorgerufenen Schäden in den Städten ist ebenso wie die Luftschutzmaßnahmen und alle Rüstungsbauten daher hinter diese Aufgabe zu setzen. Ausgenommen hiervon sind lediglich die Kugellagerproduktion, die Betonstartbahnen für Tag- und Nachtjagd, die Versorgungsbetriebe (Gas, Wasser, Strom) sowie die Verkehrseinrichtungen der bombengeschädigten Städte.

   Zur Durchführung der Baumaßnahmen ist es notwendig, auf die in Deutschland befindlichen Bauarbeitskräfte ohne Rücksicht auf etwaige Einbrüche zurückzugreifen.

2. Der Jägerstab setzt sich folgendermaßen zusammen:
   Leitung:
   Reichsminister Speer   Generalfeldmarschall Milch
   Stellvertreter und Chef des Stabes   Hauptdienstleiter Saur
   Mitglieder:
   verantwortlich für Bauangelegenheiten: Dipl.-Ing. Schlempp
   verantwortlich für Sonderbauaufträge: SS-Gruppenführer
        Dr. Ing. Kammler*
   verantwortlich für Fertigungsplanung: Dipl.-Ing. Wegener
   verantwortlich für Zulieferung: Dir. Schaaf**
   verantwortlich für Arbeitseinsatz: Dr. Schmelter
   verantwortlich für die Beschlagnahme von Verlegungsobjekten:
        Baurat Huber
   verantwortlich für Transportangelegenheiten: der Chef
        der Transporteinheiten des RMfRuK Nagel
   verantwortlich für Energieversorgung: Generaldir.
        Dr.-Ing. Fischer.

---

 * Heinz Kammler: Chef der Amtsgruppe C des Wirtschafts-Verwaltungshauptamtes der SS.
** Wilhelm Schaaf: Vorstandsmitglied der Bayerischen Motorenwerke AG.

Entscheidungen des Jägerstabes gelten als Weisungen des Reichsministers für Rüstung und Kriegsproduktion sowie des Reichsministers der Luftfahrt und Oberbefehlshaber der Luftwaffe (Generalluftzeugmeister). Die sachliche Bearbeitung erfolgt durch die einzelnen Mitglieder des Jägerstabes, die unter Verwendung ihres bisherigen Briefkopfes mit dem Zusatz »Jägerstab« zeichnen.

Soweit bei Fertigung, Zulieferung, Verlagerung und Arbeitseinsatz in Kapazitäten des Heeres und der Kriegsmarine eingegriffen werden soll, ist von den entsprechenden Mitgliedern des Jägerstabes die Zustimmung der beteiligten Amtschefs des Reichsministers für Rüstung und Kriegsproduktion einzuholen, die erforderlichenfalls seine Entscheidung herbeiführen.

3. Der Jägerstab errichtet bei den in Frage kommenden Produktionsstätten Außenstellen. Der Chef des Stabes bestimmt die verantwortlichen Leiter der Außenstellen, die nicht Mitglieder des Jägerstabes sind.

[234.] **Anordnung über die Erhöhung der Mindestarbeitszeit, erlassen von Wilhelm Stuckart, Staatssekretär im Reichsministerium des Innern, 7. 9. 1944**

Der totale Krieg fordert von jedem Deutschen den vollen Einsatz. Auf Grund des Erlasses des Führers zur personalrechtlichen Vereinfachung vom 9. März 1942 (Reichsgesetzbl. I, S. 120) ordne ich daher im Benehmen mit dem Vorsitzenden des Ministerrats für die Reichsverteidigung und dem Reichsbevollmächtigten für den totalen Kriegseinsatz an:

1. In allen Verwaltungen und Betrieben, in denen der Arbeitsanfall es erfordert, ist die Mindestarbeitszeit auf 60 Stunden, in Orten mit durchgehender Arbeitszeit auf 57 Stunden wöchentlich zu erhöhen. Die durch die Erhöhung der regelmäßigen Arbeitszeit zu leistenden Mehrstunden werden nach den geltenden Bestimmungen vergütet.

2. Die Bestimmungen der Ziffer 1 gelten nicht für gesundheitsgefährliche Arbeiten, für die eine besondere Regelung der Arbeitszeit besteht. Unberührt bleiben auch die Vorschriften über den Arbeitsschutz der Frauen und Jugendlichen. Die regelmäßige Arbeitszeit der Frauen und Jugendlichen über 16 Jahren wird um 8 Stunden wöchentlich erhöht. Die regelmäßige Arbeitszeit der Jugendlichen unter 16 Jahren ausschließlich Berufsschulzeit beträgt 48 Stunden wöchentlich.

3. Sind durch die Erhöhung der Mindestarbeitszeit wegen der Art der Arbeit, der Verkehrsmöglichkeiten, der Anmarschzeiten u[nd] dgl. keine höheren Arbeitsleistungen zu erzielen, so ist eine kürzere Arbeitszeit zulässig. Die Reichsverteidigungskommissare haben jedoch

darauf zu achten, daß die Arbeitszeit bei allen Dienststellen an demselben Ort nach Möglichkeit gleichmäßig festgesetzt wird.

4. Diese Anordnung tritt mit der nach ihrer Verkündung beginnenden Kalenderwoche in Kraft.

[235.] **Die Zerstörung Dresdens. Aus dem Tagebuch eines Hitlerjungen, 18.2.1945**

[...] Was haben wir aber auch erleben müssen! Kein Wunder, daß man gefühllos wird. Den Angriff auf Dresden haben wir überstanden. Es ist mir immer noch wie ein Wunder, daß ich mit dem letzten Soldatentransport aus der Hölle herauskam. Hier von Coswig aus haben wir das Furchtbare gesehen: die Weihnachtsbäume [Leuchtfeuer zur Markierung der Bombenziele] standen taghell am Himmel, die Phosphorkanister fielen in unvorstellbarer Menge und erst die Bomben!

Ein furchtbares Gefühl ist das, so untätig mitansehen zu müssen, wie Himmel und Erde brennen. Bei der MA in Swinemünde standen wir doch wenigstens unseren Mann und konnten uns gegen die Angriffe wehren und dazwischenfunken. Aber hier war es ganz anders: Man wußte, daß da Tausende von Menschen sterben und verbrennen, und man konnte nur schauen und schauen und die Wut kriegen. Denn das war kein buntes Feuerwerk an der Ostsee, das da war die Hölle, das Fegefeuer.

Es müssen viele, viele Bombenteppiche gewesen sein, um 22 Uhr begann es, und nach Mitternacht fielen immer noch die Bomben. Der Alarm hörte gar nicht mehr auf. Es gab überhaupt keine Entwarnung mehr.

Wir wurden gegen Morgen zusammengetrommelt und auf Lastwagen geladen. Die Sanitäter und die alten Frontsoldaten zuerst, dann wir Jungen.

Als wir in Dresden-Neustadt ankamen, war schon heller Vormittag, dabei hatte man das Gefühl, es sei gar nicht Nacht gewesen. Was wir sahen, war grauenhaft, ich war erschüttert. Mehr kann ich einfach nicht sagen. Die Feder sträubt sich, so etwas zu beschreiben. Wir kamen auch gar nicht dazu, aufzuräumen oder zu helfen. Es war gar nicht möglich, in die Innenstadt vorzudringen. Ein Offizier sagte uns, wir sollten einen großen Graben um den Kern von Dresden ausschaufeln, dort hinein würde eine breite Kalk- und Schwefelschicht gestreut, damit aus dem Riesengrab sich keine Seuchen verbreiten. Man spricht von über 200000 Toten. Man kann es aber nur schätzen, denn auf dem Hauptbahnhof sind viele Tausende von schlesischen Flüchtlingen gewesen, die alle verbrannt sind. Keiner kennt ihre Zahl, keiner kennt ihre Namen.

Dresden ein Riesengrab! Und vor ein paar Wochen habe ich es noch in seiner ganzen Pracht gesehen. Nun ist es für immer dahin, alles ist zerstört.

Aber das ist nicht so erschütternd. Viel schlimmer ist der Tod der vielen Menschen. Denn vielleicht sind auch Vater und Mutter und Waltraud auf der Flucht, und in Stettin geschieht das gleiche mit den pommerschen Flüchtlingen wie hier mit den Schlesiern. Doch ich will mich zwingen, nicht daran zu denken. Stur bleiben, stur bleiben, sonst halte ich nicht durch.

Zu langen Überlegungen hatten wir auch in Dresden-Neustadt nicht viel Zeit. Denn mittags kam neuer Alarm. Sofort hieß es: mit den Fahrzeugen raus aus der Stadt. Ehe wir mit unseren klapprigen Holzvergasern in Gang kamen, fielen schon wieder die Bomben. Wir flüchteten in einen Keller, der aber so überfüllt war, daß wir nur kurz dort drinblieben. Sobald die erste Einflugwelle vorbei war, sprangen wir wieder auf unseren Wagen und brausten in Richtung Coswig. Hinter uns Einschlag auf Einschlag. Der Bombenteppich immer hinter uns her. Neustadt war dran, das war offensichtlich. Doch wir kamen wieder heil heraus.

Ich bin total erledigt. Was ist das: Krieg? Das ist Mord! Wo ist noch ›Front‹! Ist das hier nicht viel schlimmer, was die Zivilisten erleiden als das, was Soldaten vorne durchstehen? Und das Schrecklichste: nicht helfen können!

[236.] Denkschrift Albert Speers über die Lage der deutschen Wirtschaft, 15.3.1945

Die feindliche Luftwaffe hat weiter mit Schwerpunkt die Verkehrsanlagen angegriffen. Dadurch sind die Wirtschaftstransporte erheblich abgesunken [...]

Es ist daher in 4 bis 8 Wochen mit dem endgültigen Zusammenbruch der deutschen Wirtschaft mit Sicherheit zu rechnen [...]

Nach diesem Zusammenbruch kann der Krieg auch militärisch nicht fortgesetzt werden. Das Volk hat in diesem Krieg seine Pflicht erfüllt und seine Aufgabe unter Umständen durchgeführt, die weitaus schwieriger waren, als je in einem Krieg zuvor.

Es ist bestimmt nicht seinem Versagen zuzuschreiben, wenn der Krieg verlorengeht. Wir in der Führung haben die Verpflichtung, dem Volk in den schweren Stunden, die es zu erwarten hat, zu helfen.

Wir haben uns dabei nüchtern – ohne Rücksicht auf unser Schicksal – die Frage vorzulegen, wie dies auch für eine fernere Zukunft geschehen kann.

Wenn der Gegner das Volk und seine Lebensbasis zerstören will, dann soll er dieses Werk selbst durchführen. Wir müssen alles tun, um dem Volk, wenn vielleicht auch in primitivsten Formen, bis zuletzt eine Lebensbasis zu erhalten [...]

Es muß sichergestellt werden, daß, wenn der Kampf weiter in das Reichsgebiet vorgetragen wird, niemand berechtigt ist, Industrieanlagen, Kohlenbergwerke, Elektrizitätswerke und andere Versorgungsanlagen sowie Verkehrsanlagen, Binnenschiffahrtsstraßen usw. zu zerstören [...]

Wir haben kein Recht dazu, in diesem Stadium des Krieges von uns aus Zerstörungen vorzunehmen, die das Leben des Volkes treffen könnten.

Wenn die Gegner dieses Volk, das in einmaliger Tapferkeit gekämpft hat, zerstören wollen, so soll ihnen diese geschichtliche Schande ausschließlich zufallen.

Wir haben die Verpflichtung, dem Volk alle Möglichkeiten zu lassen, die ihm in fernerer Zukunft wieder einen neuen Aufbau sichern könnten.

[237.] Führerbefehl »Verbrannte Erde«, 19. 3. 1945

Betr.: Zerstörungsmaßnahmen im Reichsgebiet.

Der Kampf um die Existenz unseres Volkes zwingt auch innerhalb des Reichsgebietes zur Ausnutzung aller Mittel, die die Kampfkraft unseres Feindes schwächen und sein weiteres Vordringen behindern. Alle Möglichkeiten, der Schlagkraft des Feindes unmittelbar oder mittelbar den nachhaltigsten Schaden zuzufügen, müssen ausgenützt werden. Es ist ein Irrtum, zu glauben, nicht zerstörte oder nur kurzfristig gelähmte Verkehrs-, Nachrichten-, Industrie- und Versorgungsanlagen bei der Rückgewinnung verlorener Gebiete für eigene Zwecke wieder in Betrieb nehmen zu können. Der Feind wird bei seinem Rückzug uns nur eine verbrannte Erde zurücklassen und jede Rücksichtnahme auf die Bevölkerung fallenlassen.

Ich befehle daher:

1. Alle militärischen Verkehrs-, Nachrichten-, Industrie- und Versorgungsanlagen sowie Sachwerte innerhalb des Reichsgebietes, die sich der Feind für die Fortsetzung seines Kampfes irgendwie sofort oder in absehbarer Zeit nutzbar machen kann, sind zu zerstören.

2. Verantwortlich für die Durchführung dieser Zerstörungen sind: die militärischen Kommandobehörden für alle militärischen Objekte (einschließlich der Verkehrs- und Nachrichtenanlagen), die Gauleiter und Reichsverteidigungskommissare für alle Industrie- und Versorgungsanlagen sowie sonstige Sachwerte. Den Gauleitern und Reichsverteidi-

gungskommissaren ist bei der Durchführung ihrer Aufgabe durch die
Truppe die notwendige Hilfe zu leisten.
3. Dieser Befehl ist schnellstens allen Truppenführern bekanntzugeben.
Entgegenstehende Weisungen sind ungültig.

[238.] Albert Speer widersetzt sich dem Führerbefehl »Verbrannte Erde«, 29.3.1945

Wenn ich mich noch einmal schriftlich an Sie wende, dann nur, weil ich
mündlich nicht in der Lage bin, Ihnen – aus innerer Erregung heraus –
meine Gedanken mitzuteilen.

Vorweg muß ich betonen, daß ich stolz und glücklich wäre, wenn ich weiter als Ihr Mitarbeiter für Deutschland mich einsetzen dürfte. Ein auch
von Ihnen befohlenes Verlassen meines Postens wäre für mich in dieser
entscheidenden Zeit als Fahnenflucht zu werten: dem deutschen Volk
und auch meinen getreuen Mitarbeitern gegenüber.

Trotzdem bin ich verpflichtet, Ihnen, ohne Rücksicht auf die Konsequenzen, die dies für meine Person haben kann, hart und ungeschminkt meine
innere Einstellung zu den Ereignissen mitzuteilen. Ich habe Ihnen, als
einer der wenigen Mitarbeiter, immer offen und ehrlich meine Meinung
gesagt und dabei will ich auch bleiben.

Sie haben gestern unterschieden zwischen den realen Erkenntnissen,
durch die man zu der Überzeugung kommen kann, daß der Krieg nicht
mehr gewonnen werden könnte, und zwischen dem darüber hinaus trotzdem noch vorhandenen Glauben, daß sich alles zum Guten wenden könne.

Sie haben an mich die Frage gerichtet, ob ich noch auf die erfolgreiche
Weiterführung des Krieges hoffe, oder ob mein Glaube durch meine nüchternen Feststellungen auf meinem Fachgebiet erschüttert ist.

Mein Glaube an eine günstige Wendung unseres Schicksals war bis zum
18. März ungebrochen [...]

Ich bin Künstler und als solcher an eine mir völlig fremde und schwierige
Aufgabe gestellt worden. Ich habe viel für Deutschland erreicht. Ohne
meine Arbeit wäre der Krieg vielleicht 1942/43 verloren gewesen. Ich
habe diese Aufgabe nicht mit Fachwissen gemeistert, sondern mit den
Eigenschaften, die einem Künstler eigen sein müssen: mit dem Glauben
an seine Aufgabe und an den Erfolg, mit dem Instinkt für das Richtige,
mit dem Sinn für großzügige Lösungen und mit der inneren Anständigkeit, ohne die ein Künstler keine sauberen Lösungen schaffen kann. Ich
glaube an die Zukunft des deutschen Volkes. Ich glaube an eine Vorsehung, die gerecht und unerbittlich ist, und damit glaube ich an Gott.

Es war mir weh ums Herz, als ich in den Siegestagen des Jahres 1940 sah, wie wir in weitesten Kreisen der Führung unsere innere Haltung verloren. Hier war die Zeit, in der wir uns der Vorsehung gegenüber bewähren mußten durch Anstand und durch innere Bescheidenheit. Der Sieg wäre dann bei uns gewesen.

So wurden wir in diesen Monaten vom Schicksal als zu leicht befunden für größte Erfolge. Wir haben durch Bequemlichkeit und Trägheit ein Jahr kostbarer Zeit für Rüstung und Entwicklung vertan und damit die Grundlage dafür gegeben, daß in den entscheidenden Jahren 1944/45 vieles zu spät kam. Jede Neuerung ein Jahr früher, und unser Schicksal wäre ein anderes. Als ob die Vorsehung uns warnen wollte, so wurden von nun ab alle militärischen Ereignisse von einem Unglück sondergleichen verfolgt. Noch nie haben in einem Krieg die äußeren Umstände, etwa das Wetter, eine so ausschlaggebende und unglückliche Rolle gespielt, wie ausgerechnet in diesem technischsten aller Kriege: der Frost vor Moskau, das Nebelwetter bei Stalingrad und der blaue Himmel über der Winteroffensive 1944 im Westen.

Ich war trotzdem der Überzeugung, daß uns das Schicksal die letzte Konsequenz ersparen und daß es uns eines Tages die Möglichkeiten, unserem Volk die Existenz zu sichern, geben würde. Denn dieses Volk, das in einem geschichtlich einmaligen Heldenmut an der Front und in der Heimat gekämpft hat, kann kein bitteres Ende finden. Diesen inneren Glauben, der es mir ermöglichte, trotz aller äußeren Einflüsse und Erkenntnisse stark zu bleiben und selbst anderen Glauben zu geben, hatte ich unerschütterlich bis vor einigen Tagen.

Als ich Ihnen am 18. März meine Schrift übergab, war ich der festen Überzeugung, daß die Folgerungen, die ich aus der gegenwärtigen Lage zur Erhaltung unserer Volkskraft zog, unbedingt Ihre Billigung finden werden. Denn Sie hatten selbst einmal festgelegt, daß es Aufgabe der Staatsführung ist, ein Volk bei einem verlorenen Krieg vor einem heroischen Ende zu bewahren.

Sie machten mir jedoch am Abend Ausführungen, aus denen, wenn ich Sie nicht mißverstanden habe, klar und eindeutig hervorging: Wenn der Krieg verlorengeht, wird auch das Volk verloren sein. Dieses Schicksal ist unabwendbar. Es sei nicht notwendig, auf die Grundlagen, die das Volk zu seinem primitivsten Weiterleben braucht, Rücksicht zu nehmen. Im Gegenteil sei es besser, selbst diese Dinge zu zerstören. Denn das Volk hätte sich als das schwächere erwiesen, und dem stärkeren Ostvolk gehöre dann ausschließlich die Zukunft. Was nach dem Kampf übrigbleibe, seien ohnehin nur die Minderwertigen; denn die Guten seien gefallen!

Nach diesen Worten war ich zutiefst erschüttert. Und als ich einen Tag später den Zerstörungsbefehl und kurz danach den scharfen Räumungsbefehl las, sah ich darin die ersten Schritte zur Ausführung dieser Absichten.

Ich glaubte bis dahin aus ganzem Herzen an ein gutes Ende dieses Krieges. Ich hoffte, daß nicht nur unsere neuen Waffen und Flugzeuge, sondern vor allem unser fanatisch sich steigernder Glaube an unsere Zukunft das Volk und die Führung zu den letzten Opfern befähigen werden. Ich war damals selbst entschlossen, mit den Segelflugzeugen gegen die russischen Kraftwerke zu fliegen und dort durch persönlichen Einsatz mitzuhelfen, das Schicksal zu wenden und gleichzeitig Beispiel zu geben.

Ich kann aber nicht mehr an den Erfolg unserer guten Sache glauben, wenn wir in diesen entscheidenden Monaten gleichzeitig und planmäßig die Grundlage unseres Volkslebens zerstören. Das ist ein so großes Unrecht unserem Volk gegenüber, daß das Schicksal es mit uns dann nicht mehr gut meinen kann. Das, was Generationen aufgebaut haben, dürfen wir nicht zerstören. Wenn der Feind es tut und damit das deutsche Volk ausrottet, dann soll er die geschichtliche Schuld allein auf sich nehmen. Ich bin der Überzeugung, daß die Vorsehung diese dann strafen wird, da sie sich an diesem tapferen und anständigen Volk vergriffen haben.

Ich kann nur mit innerem Anstand und mit der Überzeugung und dem Glauben an die Zukunft weiterarbeiten, wenn Sie, mein Führer, sich wie bisher zur Erhaltung unserer Volkskraft bekennen. Ich gehe dabei nicht im einzelnen darauf ein, daß Ihr Zerstörungsbefehl vom 19. März 1945 * durch voreilige Maßnahmen die letzten industriellen Möglichkeiten nehmen muß und daß sein Bekanntwerden in der Bevölkerung größte Bestürzung auslöst. Das sind alles Dinge, die zwar entscheidend sind, aber an dem Grundsätzlichen vorbeigehen.

Ich bitte Sie daher, nicht selbst am Volk diesen Schritt der Zerstörung zu vollziehen. Wenn Sie sich hierzu in irgendeiner Form entschließen könnten, dann würde ich wieder den Glauben und den Mut haben, um mit größter Energie weiterarbeiten zu können. Sie werden Verständnis dafür aufbringen, was in mir vorgeht. Ich kann mit voller Arbeitskraft nicht wirken und das notwendige Vertrauen nicht ausstrahlen, wenn gleichzeitig mit meiner Aufforderung an die Arbeiter zum höchsten Einsatz die Zerstörung ihrer Lebensbasis von uns vorbereitet wird.

Es ist unsere Pflicht, alle Anstrengungen zu machen, um den Widerstand auf das äußerste zu steigern. Ich möchte dabei nicht fehlen.

Die militärischen Schläge, die Deutschland in den letzten Wochen erhalten hat, sind erschütternd. Es liegt nicht mehr in unserer Hand, wohin sich das Schicksal wendet. Nur eine bessere Vorsehung kann unsere Zukunft noch ändern. Wir können nur noch durch eine starke Haltung und unerschütterlichen Glauben an die ewige Zukunft unseres Volkes dazu beitragen. Gott schütze Deutschland!

* Vgl. Dok. 237.

2. Der chancenlose Widerstand

Die Errichtung und Konsolidierung des nationalsozialistischen Herrschaftssystems hatte den Gegnern dieser Politik sehr enge Grenzen gesetzt, so daß von einem einheitlichen und sogar institutionalisierten aktiven Widerstand im Dritten Reich kaum die Rede sein kann. Der Krieg hatte jedoch non-konformes Verhalten gleichermaßen kompliziert und begünstigt (Dok. 240).

Die überwältigenden militärischen Erfolge der ersten Kriegsjahre, der Appell an den Patriotismus und die verschärfte Reglementierung und Kontrolle des täglichen Lebens sowie die drohende Niederlage und der Kampf um die eigene Existenz erschwerten erheblich die erfolgreiche Realisierung von Putsch- und Staatsstreichplänen (Dok. 242, 248).

Die immer deutlicher werdende barbarische Zielsetzung und Realität der nationalsozialistischen Politik sowie die zunehmende Lockerung und Öffnung der Herrschaftsstruktur im zivilen und militärischen Bereich infolge der Kriegslage schufen jedoch eine Situation, die Verweigerung, Kritik und letztlich aktiven Widerstand im Ansatz möglich und immer notwendiger werden ließ (Dok. 239, 240, 244). Die Skala des gegnerischen Verhaltens reichte von der politischen Aktion in Betrieben, in der Organisation von Diskussionen, Drucken und Verteilen von Flugschriften und geheimer Propaganda, Sabotage in der Wirtschaft und Rüstung, Kontaktaufnahme mit dem Ausland bis hin zum Planen und Durchführen von Aktionen zum Sturz des Regimes und zur Beseitigung Hitlers (Dok. 246, 247, 249, 250).

Das Attentat auf Hitler vom 20. Juli 1944 (Dok. 251–253) war zwar das sichtbarste Ergebnis der unterschiedlichsten Widerstandsbewegungen und -aktivitäten, jedoch nicht das einzige. Es demonstriert gleichermaßen die Entschlossenheit einiger, das Regime Hitlers unter Aufopferung des eigenen Lebens zu beseitigen, wie die Tragik und Chancenlosigkeit der Widerstandskämpfer.

[239.] Ulrich von Hassell im Gespräch mit Carl Goerdeler über die »völlige geistige Verwirrung« im nationalsozialistischen Deutschland, 10. 10. 1939

[...] Mit meinem Besucher [Goerdeler] besprach ich die politische Lage. Meiner Grundauffassung stimmt er in jeder Hinsicht zu. Auch nach seiner Ansicht ist die Kriegspolitik ein verbrecherischer Leichtsinn und die Politik mit Rußland in dieser Form eine ungeheure Gefahr. In der Lage ohne Ausweg, in die uns Hitler und Ribbentrop hineinmanövriert hatten, haben sie als einziges Auskunftsmittel die Kooperation mit den Sowjets gesehen. In der Not des Augenblicks haben sie verbrannt, was sie angebetet und angebetet, was sie verbrannt haben. Und damit ihr eigenes weltanschauliches, allerdings von jeher hohles Gebäude erschüttert.

Die völlige geistige Verwirrung ist denn auch in der Partei bereits zu bemerken. Außenpolitisch aber hat man in selbstverschuldeter, bitterer Not, um aus ihr im Augenblick herauszukommen, alle wichtigsten Positionen aufgeopfert: die Ostsee und die Ostgrenze. Ganz zu schweigen von der politisch unsittlichen Preisgabe der baltischen Länder ist nun das Dominium maris baltici schwer gefährdet, im Konfliktsfalle mit Rußland auch die Erzzufuhr aus Schweden. Alles tritt aber zurück gegen die unbekümmerte Auslieferung eines großen wichtigen Teiles des Abendlandes, zum Teil deutsch-lutherischer Kultur, zum Teil altes Österreich, an denselben Bolschewismus, den wir angeblich im fernen Spanien auf Tod und Leben bekämpft haben. Die Bolschewisierung hat in den bisher polnischen Teilen bereits auf breiter Front eingesetzt.
[...] Die ganze Lage führt mich zu dem Schlusse, daß es hohe Zeit wurde, den hinabrollenden Wagen zu bremsen. Derselben Ansicht war mein Besucher [Goerdeler]. Er sieht die Dinge noch schwärzer als ich. Er glaubt, daß, wenn es nicht bald gelingt, der Abenteurerpolitik Einhalt zu gebieten, innere und äußere Katastrophen unvermeidlich sind [...]

[240.] Geheimer Lagebericht des Sicherheitsdienstes der SS über das Verhalten der Bevölkerung anläßlich der »Fronleichnamverordnung«, 6.6.1940

Die jetzt abschließend vorliegenden Meldungen zum Fronleichnamstag lassen allgemein die Feststellung zu, daß in sämtlichen Teilen des Reiches die Verordnung des Generalbevollmächtigten für die Reichsverwaltung* vom 7.5.1940 über die Verlegung des Fronleichnamstages als staatlichen Feiertag im Sinne reichs- und landesrechtlicher Vorschriften auf Sonntag, den 26.5.1940 von Kirche und Bevölkerung einfach sabotiert wurde. Die Verordnung war sofort nach ihrem Erlaß in den katholischen Bevölkerungskreisen Gegenstand lebhafter Diskussionen und wurde allgemein von der Geistlichkeit dahin ausgelegt, daß der Fronleichnamstag am Donnerstag kirchlicher gesetzlicher Feiertag sei und von der katholischen Bevölkerung gehalten werden müsse. Der Bischof von Fulda** stellte sich sogar auf den Standpunkt, daß eine solche Verlegung nur durch die Kirche bzw. den Papst selbst vorgenommen werden könnte, eine Einmischung des Staates in diesen gesetzlichen und höchsten Feiertag der

---

* RGBl. I S. 742; als Generalbevollmächtigter für die Reichsverwaltung hatte der Reichsinnenminister ein Weisungsrecht gegenüber allen obersten Behörden der zivilen Verwaltung mit Ausnahme der Wirtschaftsverwaltung.
** Seit 1939 Johannes Baptist Dietz.

katholischen Kirche unzulässig und die staatliche Verordnung nicht maßgebend wäre. Auch das bischöfliche Ordinariat Seckau* ließ sich dahin aus, daß die Aufhebung dieses kirchlichen Feiertags nur in Übereinstimmung mit dem päpstlichen Nuntius möglich wäre. Sinngemäß kam diese Stellungnahme auch in kirchlichen Kanzelankündigungen, in Zeitschriften, Amtsblättern und auf Werbeplakaten zum Ausdruck. Besonders klar formulierte es ein Geistlicher mit folgenden Worten: »Fronleichnam ist und bleibt für uns ein hoher Feiertag. Sein Besuch ist Pflicht; wer die Kirche nicht besucht, begeht eine Sünde. Es darf nicht gearbeitet werden. Die Prozession ist am Donnerstag verboten, sie muß am Sonntag stattfinden, aber der Feiertag bleibt für uns doch bestehen. Es ist Gottesdienst wie immer [...]«

Das bischöfliche Ordinariat Passau scheute sich nicht, sogar »vaterländische Gründe« für die Nichtbeachtung der Verlegungsordnung anzugeben. So nahm dieses Ordinariat zu einem vom Oberbürgermeister von Passau aus verkehrspolitischen Gründen erlassenen Verbot der üblichen Fronleichnamsprozession wie folgt Stellung:

»Wir sind von staatlicher Seite gerade in letzter Zeit dringend ermahnt worden, in der Kriegszeit alles zu vermeiden, was als eine Beeinträchtigung der Volksstimmung und als eine Schwächung oder Durchbrechung der inneren Geschlossenheit der Bevölkerung aufgefaßt werden könnte. Eine so weitgehende Einschränkung der in Passau so beliebten Fronleichnamsprozession würde aber eine solche Störung bedeuten. Daher sind wir schon aus vaterländischen Gründen zwingend veranlaßt, uns entscheidend gegen die Durchführung der angedrohten Einschränkungen und Verbote auszusprechen.«

Auch einzelne Geistliche konnten nicht umhin, eindringlich darauf hinzuweisen, »daß gerade in diesem Jahr eine möglichst geschlossene Teilnahme der Gemeinden wegen der durch den Krieg geschaffenen großen Lücke notwendig sei, um diesen höchsten katholischen Feiertag auch nach außen hin als das Herzstück des katholischen Glaubens zu dokumentieren.«

Die einheitliche Stellungnahme fast sämtlicher kirchlicher Instanzen führte schließlich dazu, daß der Fronleichnamstag besonders auf dem Lande und dort wieder vorwiegend in den überwiegend katholischen Gemeinden nach wie vor als kirchlicher Feiertag begangen wurde und die Arbeit an diesem Tage liegenblieb.

* In der Steiermark.

[241.] Denkschrift »Das Ziel« von Generaloberst a. D. Ludwig Beck und Oberbürgermeister a. D. Carl Goerdeler, Frühjahr 1941

1. Alle zusammenwohnenden Deutschen gehören in einen National-staat: dabei ist es keine Schwächung, sondern im Gegenteil eine Stär-kung deutscher Geltung, wenn auch außerhalb der so zu bestimmen-den Grenzen des Deutschen Reiches starke deutsche Teile wohnen [...]

2. Die Natur der Menschen und die zentrale Lage Deutschlands in einem Kreis anderer Nationalstaaten zwingt das Deutsche Reich zur Erhal-tung einer ausreichenden starken Wehrmacht. Sie ist auch außenpoli-tisch durchzusetzen. Ob sie später der Kern europäischer militärischer Kräfte werden kann, muß der Entwicklung vorbehalten bleiben. Mög-lichkeit und Ziel sind ins Auge zu fassen. Die Erhaltung der deutschen Wehrmacht ist so wichtig, daß dieser Gesichtspunkt für Zeit und Art der Beendigung dieses Krieges in den Vordergrund zu stellen ist. Die Wehrmacht ist auch als innenpolitische Klammer und als Erziehungs-schule des Volkes unerläßlich [...]

3. Die Entwicklung der Technik verlangt größere wirtschaftliche Räume, als sie das 19. Jahrhundert geschaffen hat [...] Der für Deutschland in Betracht kommende Großwirtschaftsraum ist sicherlich Europa [...] Die zentrale Lage, die zahlenmäßige Stärke und die hochgespannte Leistungsfähigkeit verbürgen dem deutschen Volk die Führung des europäischen Blocks, wenn es sie sich nicht durch Unmäßigkeit oder durch Machtsuchtmanieren verdirbt. Es ist dumm und anmaßend, vom deutschen Herrenmenschen zu sprechen [...] In die Führung Europas wird diejenige Nation hineinwachsen, die gerade die kleinen Nationen achtet und ihre Geschicke mit weisem Rat und weiser Hand, nicht mit brutaler Gewalt zu leiten versucht [...]

Es ist nicht zu kühn gesagt, daß bei rechtzeitigem Handeln, d. h. Ab-bruch des Krieges zugunsten eines sinnvollen politischen Systems, der europäische Staatenbund unter deutscher Führung in 10 bis 20 Jahren Tatsache sein wird. Wird der Zeitpunkt verpaßt, so ist an die deutsche Führung überhaupt auf lange Zeit gar nicht zu denken [...]

Im Osten kann eine fruchtbare wirtschaftliche und politische Zusam-menarbeit mit einem bolschewistischen Rußland sich nicht entfalten. Es kann jederzeit festgestellt werden, daß das bolschewistische System des Kollektivismus, der Seelenlosigkeit, des mechanischen Organisie-rens und der Gottlosigkeit die wirtschaftliche Leistungsfähigkeit des russischen Volkes nicht so entwickelt hat, wie es bei diesem an Natur-schätzen reichen Lande möglich gewesen wäre [...] Unter allen Um-ständen empfiehlt sich ständige Fühlung mit England, den USA, China und Japan. Das Ziel muß sein, Rußland allmählich in eine europäische Zusammenfassung einzubeziehen; denn in seinen weiten Räumen liegen die Rohstoffe und Nahrungsmittelmöglichkeiten, die die Lage eines zusammengefaßten Europa allen anderen Weltteilen gegenüber erheblich verbessern.

4. Es ist nützlich, daß das Deutsche Reich Kolonien hat [...] Ein geschlossenes Kolonialgebiet in Afrika wird einem weit verzettelten im allgemeinen vorzuziehen sein [...]

7. Es ist notwendig, sich mit England und den Vereinigten Staaten über eine gemeinsame Haltung im Fernen Osten zu verständigen. Hierzu sind sie mit Freuden bereit, weil eine solche Verständigung in ihrem Interesse liegt. Sie ist aber nur möglich, ehe Japan ausgebrochen ist und sich seinerseits mit den angelsächsischen Mächten verständigt hat [...] Der tatsächlichen Lage tragen wir Rechnung, wenn wir mit China die besten Beziehungen pflegen. Darunter brauchen die Beziehungen zu Japan nicht unbedingt zu leiden. Aber Japan ıst der Unruhemacher im Fernen Osten und außerdem für uns durch seine Billigkeit in der Lebenshaltung und daher auch durch seine Erzeugnisse, durch seine maßlose Geltungssucht der gefährlichste Wettbewerber.

[242.] Meldungen aus dem Reich des Sicherheitsdienstes der SS über Anzeichen von Furcht in der deutschen Bevölkerung vor einer langen Kriegsdauer im Falle eines Überfalls auf die UdSSR, 5.5.1941

In großem Umfang befassen sich die Volksgenossen weiterhin mit Rußland [...] Bei den Vermutungen über einen baldigen Krieg gegen Rußland stehe häufig die Auffassung im Hintergrund, daß die deutsche Wehrmacht in ihrer heutigen Stärke auch Rußland aus dem Felde schlägt, daß aber damit das Kriegsende sich immer weiter hinausschiebe [...] Münster verzeichnet Äußerungen aus der Bevölkerung, die der Befürchtung Ausdruck geben, Deutschland werde durch die weitere Kriegsausweitung allmählich geschwächt. »Wir werden alle Leute infolge der vielen Länderbesetzungen einziehen müssen. Die 60jährigen Männer und Frauen können aber nicht die innere Front halten.« »Wir können uns leicht zu Tode besetzen wie Napoleon, der an dieser Kräftezersplitterung zugrunde ging.« »Wir wollen unsere Kolonien holen; wir können jedoch nicht ganz Afrika besetzen. Man sieht überhaupt nicht mehr klar, die Besetzung Englands ist nun wieder in weite Ferne gerückt. Der Krieg dauert noch Jahre. Es ist schwerer, als wir dachten« [...] Halle berichtet, daß alle Meldungen militärischer und politischer Art von zahlreichen Volksgenossen ausschließlich unter dem Gesichtspunkt betrachtet würden, ob sie sich auf die Dauer des Krieges verkürzend oder verlängernd auswirken könnten [...] Oppeln verzeichnet ähnliche Einzelerscheinungen in der Landbevölkerung. Vor allem von Bauersfrauen, die durch die Abwesenheit des Mannes, die Einziehung der männlichen Hilfskräfte, die schlechte Witterung u. a. stark belastet würden, könne man häufig hören: »Wenn bloß endlich Schluß wäre!«, »Wenn bloß der verfluchte Krieg endlich zu Ende wäre.«

[243.] **Monatsbericht der fränkischen Gendarmerie-Station Ebermannstadt über Mißstimmungen in der Bevölkerung anläßlich des sogenannten Kruzifix-Erlasses, Juni 1941**

[...] Der Erlaß des Staatsministeriums [für Unterricht und Kultur] Adolf Wagner in München über die gelegentliche Entfernung der Kruzifixe aus den Schulen hat in den katholischen Bevölkerungskreisen viel Staub aufgewirbelt und hat überall den schärfsten Widerstand ausgelöst. Entfernt wurden bis jetzt keine Kruzifixe [...]
Wie anderwärts wurden auch im Landkreis Ebermannstadt weite Kreise der Bevölkerung durch die Maßnahmen des Führers gegen die Sowjetrepubliken sichtlich überrascht [...]
Wesentlich ernster ist dagegen die Mißstimmung einzuwerten, die der ›Kruzifix-Erlaß‹ bei dem glaubenstreuen katholischen Landvolk auslöste. Vielleicht seit Jahren erschütterte keine staatliche Maßnahme bzw. Anordnung das Vertrauen so sehr, als dies hier geschah [...]
Äußerungen des Inhalts, nun wisse man, wie der Wagen laufe, nun lasse man sich durch nichts mehr hinter das Licht führen, waren ungefähr noch das Mildeste, was zu hören war. In Ebermannstadt lief die Äußerung um, wer ein Kruzifix in der Schule antaste, dem müßten Hände und Füße wegfaulen. Ein Bauer in Moggendorf bei Hollfeld, der drei Söhne im Feld stehen hat, soll nach zuverlässiger Bekundung eines Gewährsmannes gesagt haben, es wäre ihm lieber, die drei Buben würden an der Front fallen, dann bräuchten sie wenigstens nach dem Krieg in der Heimat die noch schlimmeren Religionsfehden nicht mitzumachen. In Hochstahl, das in der Butterablieferung mit an erster Stelle stand, führte diese Maßgabe schlagartig zu einem starken Rückgang der Butterabgabe, so daß diese Gemeinde fast an letzter Stelle sich nunmehr befindet. Hauptlehrer und Ortsgruppenleiter Bittel in Drosendorf bei Ebermannstadt erklärte, es sei auf dem Lande für den Lehrer praktisch unmöglich, diesen Erlaß zu vollziehen, da er sich damit in seiner Gemeinde für immer unhaltbar machen würde. Nicht nur, daß er wirtschaftlich boykottiert würde, es bleibe

ihm forthin auch jedes Vertrauen versagt. Ebenso bekundeten verschiedene Landbürgermeister, daß sie lieber ihr Ehrenamt niederlegen, als an der Beseitigung des Kruzifixes mitzuwirken. Der NSV-Kreisamtsleiter Becher, Ebermannstadt, sah sich zur Meldung des Rückgangs der Sammelergebnisse veranlaßt, vertraulich die Anweisung zu geben, von der Entfernung der Kruzifixe in den Schulen Umgang zu nehmen. So ist praktisch der Erlaß nicht nur unwirksam geblieben, sondern dem Vollzug stellten sich Schwierigkeiten entgegen, die jedenfalls noch lange nachwirken werden [...]*

[244.] Predigt Bischofs Graf von Galen zur Euthanasiepolitik, 3.8.1941

Seit einigen Monaten hören wir Berichte, daß aus Heil- und Pflegeanstalten für Geisteskranke auf Anordnung von Berlin Pfleglinge, die schon länger krank sind und vielleicht unheilbar erscheinen, zwangsweise abgeführt werden. Regelmäßig erhalten dann die Angehörigen nach kurzer Zeit die Mitteilung, die Leiche sei verbrannt, die Asche könne abgeliefert werden. Allgemein herrscht der an Sicherheit grenzende Verdacht, daß diese zahlreichen unerwarteten Todesfälle von Geisteskranken nicht von selbst eintreten, sondern absichtlich herbeigeführt werden, daß man dabei jener Lehre folgt, die behauptet, man dürfe sogenanntes »lebensunwertes Leben« vernichten, also unschuldige Menschen töten, wenn man meint, ihr Leben sei für Volk und Staat nichts mehr wert. Eine furchtbare Lehre, die die Ermordung Unschuldiger rechtfertigen will, die gewaltsame Tötung der nicht mehr arbeitsfähigen Invaliden, Krüppel, unheilbar Kranken, Altersschwachen grundsätzlich freigibt.
Deutsche Männer und Frauen! Noch hat Gesetzeskraft der § 211 des Reichsstrafgesetzbuches, der bestimmt: »Wer vorsätzlich einen Menschen tötet, wird, wenn er die Tötung mit Überlegung ausgeführt hat, wegen Mordes mit dem Tode bestraft.« Wohl um diejenigen, die jene armen Menschen, Angehörige unserer Familien, vorsätzlich töten, vor dieser gesetzlichen Bestrafung zu bewahren, werden die zur Tötung bestimmten Kranken aus der Heimat abtransportiert in eine entfernte Anstalt. Als Todesursache wird dann irgendeine Krankheit angegeben. Da die Leiche sofort verbrannt wird, können die Angehörigen und auch die Kriminalpolizei es hinterher nicht mehr feststellen, ob die Krankheit wirklich vorgelegen hat und welche Todesursache vorliegt. Es ist mir aber

---

* Der massenhafte Protest zahlte sich aus: Noch im selben Jahr wurde der Kruzifix-Erlaß zurückgenommen.

versichert worden, daß man im Reichsministerium des Innern und auf der Dienststelle des Reichsärzteführers Dr. Conti gar kein Hehl daraus mache, daß tatsächlich schon eine große Zahl von Geisteskranken in Deutschland vorsätzlich getötet worden ist und in Zukunft getötet werden soll.

Das Strafgesetzbuch bestimmt in § 139: »Wer von dem Vorhaben [...] eines Verbrechens wider das Leben [...] glaubhafte Kenntnis erhält und es unterläßt, der Behörde oder dem Bedrohten hiervon zur rechten Zeit Anzeige zu machen, wird [...] bestraft.« Als ich von dem Vorhaben erfuhr, Kranke aus Marienthal abzutransportieren, um sie zu töten, habe ich am 28. Juli bei der Staatsanwaltschaft beim Landgericht Münster und dem Herrn Polizeipräsidenten in Münster Anzeige erstattet durch eingeschriebenen Brief mit folgendem Wortlaut:

»Nach mir zugegangenen Nachrichten soll im Laufe dieser Woche (man spricht vom 31. Juli) eine große Anzahl Pfleglinge der Provinzheilanstalt Marienthal bei Münster als sogenannte ›unproduktive Volksgenossen‹ nach der Heilanstalt Eichberg übergeführt werden, um dann alsbald, wie es nach solchen Transporten aus anderen Heilanstalten nach allgemeiner Überzeugung geschehen ist, vorsätzlich getötet zu werden. Da ein derartiges Vorgehen nicht nur dem göttlichen und natürlichen Sittengesetz widerstreitet, sondern auch als Mord nach § 211 des StGB mit dem Tode zu bestrafen ist, erstatte ich gemäß § 139 des STGB pflichtgemäß Anzeige und bitte, die bedrohten Volksgenossen unverzüglich durch Vorgehen gegen die den Transport und die Ermordung beabsichtigenden Stellen zu schützen und mir von dem Veranlaßten Kenntnis zu geben.«

Nachricht über ein Einschreiten der Staatsanwaltschaft oder der Polizei ist mir nicht zugegangen.

Ich hatte bereits am 26. Juli bei der Provinzialverwaltung der Provinz Westfalen, der die Anstalten unterstehen, der die Kranken zur Pflege und Heilung anvertraut sind, schriftlich ernstesten Einspruch erhoben. Es hat nichts genutzt. Und aus der Heil- und Pflegeanstalt Warstein sind, wie ich höre, bereits 800 Personen abtransportiert.

So müssen wir damit rechnen, daß die armen, wehrlosen Kranken über kurz oder lang umgebracht werden. Warum? Nicht weil sie ein todeswürdiges Verbrechen begangen haben, nicht etwa, weil sie ihren Wärter oder Pfleger angegriffen haben, so daß diesem nichts anderes übrigblieb, als daß er zur Erhaltung des eigenen Lebens in gerechter Notwehr dem Angreifer mit Gewalt entgegentrat, sondern darum, weil sie nach dem Urteil irgendeines Amtes, nach dem Gutachten irgendeiner Kommission »lebensunwert« geworden sind, weil sie nach diesem Gutachten zu den »unproduktiven Volksgenossen« gehören.

Man urteilt: sie können nicht mehr Güter produzieren, sie sind wie eine alte Maschine, die nicht mehr läuft, sie sind wie ein altes Pferd, das unheilbar lahm geworden ist, sie sind wie eine Kuh, die nicht mehr Milch gibt. Was tut man mit solch alter Maschine? Sie wird verschrottet. Was tut man mit solch einem lahmen Pferd, mit solch einem unproduktiven Stück Vieh? – Nein, ich will den Vergleich nicht bis zu Ende führen, so furchtbar seine Berechtigung ist und seine Leuchtkraft. Es handelt sich hier ja nicht um Maschinen, es handelt sich hier nicht um Pferd und Kuh, deren einzige Bestimmung ist, dem Menschen zu dienen, für den Menschen Güter zu produzieren. Nein, hier handelt es sich um Menschen, unsere Mitmenschen, unsere Brüder und Schwestern. Arme Menschen, kranke Menschen, unproduktive Menschen meinetwegen. Aber haben sie damit das Recht auf das Leben verwirkt? Hast du, habe ich nur so lange das Recht zu leben, solange wir produktiv sind, solange wir von andern als »produktiv« anerkannt werden? Wenn man den Grundsatz aufstellt und anwendet, daß man den »unproduktiven« Mitmenschen töten darf, dann wehe uns allen, wenn wir alt und altersschwach werden! Wenn man die unproduktiven Menschen töten darf, dann wehe den Invaliden, die im Produktionsprozeß ihre Kraft, ihre gesunden Knochen eingesetzt, geopfert und eingebüßt haben! Wenn man die unproduktiven Mitmenschen gewaltsam beseitigen darf, dann wehe unseren braven Soldaten, die als Schwerkriegsverletzte, als Krüppel, als Invaliden in die Heimat zurückkehren. Dann ist keiner von uns seines Lebens mehr sicher. Irgendeine Kommission kann ihn auf die Liste der »Unproduktiven« setzen, die nach ihrem Urteil »lebensunwert« geworden sind. Und keine Polizei wird ihn schützen und kein Gericht seine Ermordung ahnden und den Mörder der verdienten Strafe übergeben. Wer kann dann noch Vertrauen haben zu seinem Arzt? Vielleicht meldet er den Kranken als »unproduktiv« und erhält die Anweisung, ihn zu töten. Es ist nicht auszudenken, welche Verwilderung der Sitten, welch allgemeines Mißtrauen bis in die Familien hineingetragen wird, wenn diese furchtbare Lehre geduldet, angenommen und befolgt wird. Wehe den Menschen, wehe unserem deutschen Volke, wenn das heilige Gottesgebot: »Du sollst nicht töten«, das der Herr unter Donner und Blitz auf Sinai verkündet hat, das Gott, unser Schöpfer, von Anfang an in das Gewissen der Menschen geschrieben hat, nicht nur übertreten wird, sondern wenn diese Übertretung sogar geduldet und ungestraft ausgeübt wird.

**[245.] Aus den geheimen Meldungen aus dem Reich
des Sicherheitsdienstes der SS über Ansichten
in der deutschen Bevölkerung beim Vorstoß auf Stalingrad,
28.9.1942**

Das Ringen um Stalingrad wird nach wie vor von allen Volksgenossen als
das entscheidende Ereignis der Ostfront betrachtet. Aufs tiefste besorgt
harre das Volk in seiner Gesamtheit mit zunehmender, nervöser Unge-
duld der Stunde, die die erlösende Nachricht von dem Fall dieser Stadt
bringen werde. Die Volksgenossen vertrösten sich – den Berichten zufolge – von Stunde zu Stunde, von Tag zu Tag und von Wochenende zu
Wochenende [...]
Die Schlacht um Stalingrad daure nun – so werde vielfach festgestellt –
schon länger als der ganze Feldzug im Westen. Dieser Kampf sei wohl der
erbittertste und blutigste, der je stattgefunden habe, und finde in der ganzen deutschen Geschichte kaum einen Vergleich. In den aufkommenden
Befürchtungen äußere sich aber auch vermehrt der bedrückende Gedanke, die strategisch so wichtige Stadt könne vor Einbruch des Winters,
zur Errichtung der notwendigen, günstigen Riegelstellung an der Wolga,
nicht mehr eingenommen werden.

**[246.] Aus dem Todesurteil des Volksgerichtshofes
gegen den Jungkommunisten Hanno Günther, den Kommunisten
Alfred Schmidt-Sas und ihre Kampfgefährten, 9.10.1942**

Bereits im Juni desselben Jahres [1940] nahmen sie aber die Klebeaktio-
nen wieder auf und begannen gleichzeitig mit der Herstellung einer in
laufender Folge erscheinenden Flugschrift »Das Freie Wort«, die sie bis
zum Januar 1941 in sechs Folgen herausbrachten. Sie stellten gemeinsam
den Text her, dann schrieb Günther die Matrizen auf der Schreibma-
schine und fertigte auf einem von ihm aus privaten Mitteln angeschafften
Abziehapparat jeweils 200 bis 300 Abzüge an. Die meisten davon ver-
teilte er selbst, indem er sie in verschiedenen Stadtteilen Berlins, besonders in Arbeitervierteln, in Hauseingängen niederlegte oder in Woh-
nungsbriefkästen steckte. Über den Inhalt dieser Flugblätter ist folgendes
hervorzuheben:
Die erste Folge der Flugschriften endet mit der Aufforderung:
»Deutsches Volk, besinne Dich in zwölfter Stunde. Stürze die Nazi-Plutokratie, solange Du noch mächtig genug bist, einen dauernden Weltfrieden herbeizuführen.«
Die zweite Folge enthält die Sätze:
»Was ist hier sozial? Nichts, nichts, nichts!

Der Sozialismus ist für die Hitler-Plutokraten nur das Mäntelchen, um das Volk nur noch schamloser auszuplündern!

Und nun haben vor bald einem Jahr unsere Führer, die sich Gewinnbeteiligung an der Rüstungsindustrie gleich nach 1933 gesichert haben, diesen Krieg vom Zaun gebrochen!

Deutsches Volk erkenne, daß Du gegen die englischen Plutokraten nur kämpfen sollst, damit die deutschen Plutokraten um so mehr verdienen!

Mache Schluß, stürze die nationalsozialistische Plutokratie und bringe durch Deine Kraft und Einsicht der Welt den Frieden, den sich alle Völker herbeiwünschen.«

In der dritten und vierten Folge heißt es:

»Keinen Pfennig in die Sammelbüchsen der Nazi-Plutokratie.

Arbeiter der Industrie, langsamer arbeiten!«

In der fünften Folge werden der Führer und der Reichsminister Dr. Goebbels in einer »Weihnachtslegende« verächtlich gemacht.

Die sechste Folge gibt auf die Frage »Was sollen wir tun?« folgende Antwort:

»Langsamer arbeiten!

Nichts in die Nazi-Sammelbüchsen, statt dessen politischen Gefangenen und ihren Angehörigen helfen.

Solidarität üben und hierzu ermahnen! [...]

Unsere Flugblätter verbreiten und selbst neue Flugblätter mit unseren Parolen verfassen!

Verhindern, daß unbesonnene Kameraden dieses Flugblatt zur Polizei bringen. Sie bringen dadurch nur sich selbst und ihre Kameraden bei der Polizei in Verdacht und haben unangenehme Nachforschungen zu erwarten.«

Es folgen Schlagworte wie: »Hitlers Sieg – ewiger Krieg« und die Unterschrift »Die deutsche Friedensfront!« [...]

Die Angeklagten haben eine politische Tätigkeit entfaltet, deren kommunistische Zielrichtung von Anfang an feststand. Günther, Sikorski, Schaper und die Petersen waren »Rütli«-Schüler und zugestandenermaßen kommunistisch eingestellt. Wenn einer von ihnen über den hochverräterischen Charakter ihres Handelns noch im Zweifel gewesen wäre, so würde dieser ausgeräumt sein durch den Hinweis des Günther, der schon bei dem ersten Schulungsabend den hochverräterischen Charakter ihres Beginnens klar und deutlich herausgestellt hat. Pander ist Mitglied des KJVD und des Sportvereins »Fichte« und Schmidt Mitglied der KPD und Schulungsleiter in der Agit.-Prop.-Leitung gewesen. Sieht man von der Petersen ab, so stellt sich die Betätigung der übrigen Angeklagten als zielbewußte Förderung des Kommunismus dar.

**[247.] Befehl von Generalfeldmarschall Wilhelm Keitel,
Chef des OKW, über die erneute Verschärfung des Terrors
gegen die Widerstands- und Partisanenbewegung, 16. 12. 1942**

Dem Führer liegen Meldungen vor, daß einzelne in der Bandenbekämpfung eingesetzte Angehörige der Wehrmacht wegen ihres Verhaltens im Kampf nachträglich zur Rechenschaft gezogen worden sind.

Der Führer hat hierzu befohlen:

1. Der Feind setzt im Bandenkampf fanatische, kommunistisch geschulte Kämpfer ein, die vor keiner Gewalttat zurückschrecken. Es geht hier mehr denn je um Sein oder Nichtsein. Mit soldatischer Ritterlichkeit oder mit den Vereinbarungen in der Genfer Konvention hat dieser Kampf nichts mehr zu tun.

Wenn dieser Kampf gegen die Banden sowohl im Osten wie auf dem Balkan nicht mit den allerbrutalsten Mitteln geführt wird, so reichen in absehbarer Zeit die verfügbaren Kräfte nicht mehr aus, um dieser Pest Herr zu werden.

Die Truppe ist daher berechtigt und verpflichtet, in diesem Kampf ohne Einschränkung auch gegen Frauen und Kinder jedes Mittel anzuwenden, wenn es nur zum Erfolg führt.

Rücksichten, gleich welcher Art, sind ein Verbrechen gegen das deutsche Volk und den Soldaten an der Front, der die Folgen der Bandenanschläge zu tragen hat und keinerlei Verständnis für irgendwelche Schonung der Banden oder ihrer Mitläufer haben kann. Diese Grundsätze müssen auch die Anwendung der »Kampfanweisung für die Bandenbekämpfung im Osten« beherrschen.

2. Kein in der Bandenbekämpfung eingesetzter Deutscher darf wegen seines Verhaltens im Kampf gegen die Banden und ihre Mitläufer disziplinarisch oder kriegsgerichtlich zur Rechenschaft gezogen werden.

Die Befehlshaber der im Bandenkampf eingesetzten Truppen sind dafür verantwortlich, daß

sämtliche Offiziere der ihnen unterstellten Einheiten über diesen Befehl umgehend in der eindringlichsten Form belehrt werden,

ihre Rechtsberater von diesem Befehl sofort Kenntnis erhalten, keine Urteile bestätigt werden, die diesem Befehl widersprechen.

**[248.] Meldungen des Sicherheitsdienstes der SS
über die Auswirkungen der Niederlage von Stalingrad
auf die Bevölkerung, 28. 1. 1943**

Unter dem Eindruck, daß das Schicksal der 6. Armee in Stalingrad bereits besiegelt sei, und in der Sorge um die weitere Entwicklung der Kriegslage ist das ganze Volk z. Z. bis ins tiefste aufgewühlt. Unter den vielen Fragen, die sich aus der veränderten Situation ergeben, bewegt die Bevölkerung vor allem, warum Stalingrad nicht rechtzeitig geräumt oder entsetzt wurde und wie es möglich war, daß die militärische Situation vor einigen Monaten noch als gesichert und bis in die letzten Tage als nicht ungünstig hingestellt werden konnte. Besonders erörtert, und zwar vielfach mit ausgesprochen kritischem Unterton, wird die Unterschätzung der russischen Kampfkraft, durch welche jetzt schon zum zweiten Male eine schwere Krise ausgelöst worden sei. Darüber hinaus befassen sich die Volksgenossen wieder vermehrt mit manchen Entwicklungen im Innern, welche mit dafür ursächlich seien, daß uns der jetzige Schlag so überaus hart treffe. Bei aller Bereitschaft, sich der Totalisierung des Krieges bedingungslos zu unterwerfen, äußern viele Volksgenossen, auch gerade solche, die politisch durchaus gefestigt sind, daß dieser Schritt reichlich spät erfolge. Auch wenn jeder einzelne den guten Willen habe, in seinem Lebens- und Berufsbereich alles auszuschalten, was für die Erringung des Sieges nicht unbedingt erforderlich sei, wäre es doch fraglich, ob die überaus große Komplizierung des gesamten öffentlichen Lebens mit der notwendigen Schnelligkeit und Schärfe – aber auch ohne, daß dabei über das Ziel hinausgeschossen werde – auf das notwendige Maß zurückgeführt werden könne. Vor allem haben die Volksgenossen Zweifel, ob es gelingen wird, die Lasten des Krieges nunmehr auch wirklich auf alle Volksgenossen unterschiedslos zu verteilen. So befürchtet man, daß bei dem kommenden Frauenarbeitseinsatz die Angehörigen der Oberschicht es verstehen werden, sich der Dienstpflicht zu entziehen. Es sei bedauerlich, daß der Führer keine Zeit mehr gehabt habe, sich mit den Verhältnissen in der Heimat intensiv zu befassen. Nach allen vorliegenden Meldungen erwartet die Bevölkerung dringlichst eine Rede des Führers am 30. 1. und erhofft davon Aufschluß über alle diese Fragen.

In der Befürchtung, daß ein ungünstiger Ausgang des Krieges in den Bereich des Möglichen gerückt sei, befassen sich die Volksgenossen ernsthaft mit den Folgen einer Niederlage. Während vereinzelt geäußert wird, daß es »vielleicht nur halb so schlimm« sein würde, ist die überwiegende Mehrheit von der Überzeugung durchdrungen, daß ein Verlust des Krieges dem Untergang gleichkomme. Wenn dieses beängstigende Bewußtsein einerseits auch den Willen, bis zum Letzten durchzuhalten, stärkt, führt es andererseits aber auch dazu, daß viele bereits über die Möglichkeiten eines Ausweges für den äußersten Fall nachdenken und von der letzten Kugel reden, die einem immer noch übrigbleibe, wenn alles zu Ende sei.

Trotz der allgemein sehr schlechten Stimmung und der in manchen Kreisen starken Depressionserscheinungen gewinnt aber nach den Berichten aus allen Reichsteilen die Haltung der Volksgenossen an Festigkeit. Es besteht alle Aussicht dafür, so stellen die vorliegenden Meldungen fest, daß die jetzt mobilisierten inneren Kräfte des Volkes sich in kommenden unmittelbaren Belastungsproben bewähren.

**[249.] Das letzte Flugblatt der »Weißen Rose«,
von den Studenten Hans und Sophie Scholl
in der Münchener Universität verbreitet, Februar 1943**

Kommilitonen! Kommilitoninnen!
Erschüttert steht unser Volk vor dem Untergang der Männer von Stalingrad. Dreihundertdreißigtausend deutsche Männer hat die geniale Strategie des Weltkriegsgefreiten sinn- und verantwortungslos in Tod und Verderben gehetzt. Führer, wir danken dir!
Es gärt im deutschen Volk: Wollen wir weiter einem Dilettanten das Schicksal unserer Armeen anvertrauen? Wollen wir den niederen Machtinstinkten einer Parteiclique den Rest der deutschen Jugend opfern? Nimmermehr! Der Tag der Abrechnung ist gekommen, der Abrechnung der deutschen Jugend mit der verabscheuungswürdigsten Tyrannis, die unser Volk je erduldet hat. Im Namen der deutschen Jugend fordern wir vom Staat Adolf Hitlers die persönliche Freiheit, das kostbarste Gut des Deutschen zurück, um das er uns in der erbärmlichsten Weise betrogen.
In einem Staat rücksichtsloser Knebelung jeder freien Meinungsäußerung sind wir aufgewachsen. HJ, SA, SS haben uns in den fruchtbarsten Bildungsjahren unseres Lebens zu uniformieren, zu revolutionieren, zu narkotisieren versucht. ›Weltanschauliche Schulung‹ hieß die verächtliche Methode, das aufkeimende Selbstdenken in einem Nebel leerer Phrasen zu ersticken. Eine Führerauslese, wie sie teuflischer und bornierter zugleich nicht gedacht werden kann, zieht ihre künftigen Parteibonzen auf Ordensburgen zu gottlosen, schamlosen und gewissenlosen Ausbeutern und Mordbuben heran, zur blinden, stupiden Führergefolgschaft. Wir ›Arbeiter des Geistes‹ wären gerade recht, dieser neuen Herrenschicht den Knüppel zu machen. Frontkämpfer werden von Studentenführern und Gauleiteraspiranten wie Schuljungen gemaßregelt,

Gauleiter greifen mit geilen Späßen den Studentinnen an die Ehre. Deutsche Studentinnen haben an der Münchner Hochschule auf die Besudelung ihrer Ehre eine würdige Antwort gegeben, deutsche Studenten haben sich für ihre Kameradinnen eingesetzt und standgehalten [...] Das ist ein Anfang zur Erkämpfung unserer freien Selbstbestimmung, ohne die geistige Werte nicht geschaffen werden können. Unser Dank gilt den tapferen Kameradinnen und Kameraden, die mit leuchtendem Beispiel vorangegangen sind!

Es gibt für uns nur eine Parole: Kampf gegen die Partei! Heraus aus den Parteigliederungen, in denen man uns weiter politisch mundtot halten will! Heraus aus den Hörsälen der SS-Unter- und Oberführer und Parteikriecher! Es geht uns um wahre Wissenschaft und echte Geistesfreiheit! Kein Drohmittel kann uns schrecken, auch nicht die Schließung unserer Hochschulen. Es gilt den Kampf jedes Einzelnen von uns um unsere Zukunft, unsere Freiheit und Ehre in einem seiner sittlichen Verantwortung bewußten Staatswesen.

Freiheit und Ehre! Zehn lange Jahre haben Hitler und seine Genossen die beiden herrlichen deutschen Worte bis zum Ekel ausgequetscht, abgedroschen, verdreht, wie es nur Dilettanten vermögen, die die höchsten Werte einer Nation vor die Säue werfen. Was ihnen Freiheit und Ehre gilt, haben sie in zehn Jahren der Zerstörung aller materiellen und geistigen Freiheit, aller sittlichen Substanzen im deutschen Volk genugsam gezeigt. Auch dem dümmsten Deutschen hat das furchtbare Blutbad die Augen geöffnet, das sie im Namen von Freiheit und Ehre der deutschen Nation in ganz Europa angerichtet haben und täglich neu anrichten. Der deutsche Name bleibt für immer geschändet, wenn nicht die deutsche Jugend endlich aufsteht, rächt und sühnt zugleich, ihre Peiniger zerschmettert und ein neues geistiges Europa aufrichtet.

Studentinnen, Studenten! Auf uns sieht das deutsche Volk! Von uns erwartet es, wie 1813 die Brechung des napoleonischen, so 1943 die Brechung des nationalsozialistischen Terrors aus der Macht des Geistes. Beresina und Stalingrad flammen im Osten auf, die Toten von Stalingrad beschwören uns!

›Frisch auf mein Volk, die Flammenzeichen rauchen!‹

Unser Volk steht im Aufbruch gegen die Verknechtung Europas durch den Nationalsozialismus, im neuen gläubigen Durchbruch von Freiheit und Ehre.

**[250.] Aus Carl Goerdelers Denkschrift »Der Weg«,
Herbst 1943**

[...] Wir gehen davon aus, daß

1. Deutschland um des deutschen Volkes, der Völker Europas und des Friedens der Welt willen moralisch und materiell *stark sein muß*;
2. daß *zwischen England und Rußland Interessengegensätze* von Ostasien bis zum Mittelmeer, vom Mittelmeer bis zum Nordatlantik bestehen, die in der Natur der Verhältnisse begründet sind;
3. daß *Europa eine Sicherung gegen russische Übermacht* braucht;
4. daß diese Sicherung zur Zeit nur *durch England oder Deutschland* auf längere Zeit sichergestellt werden kann;
5. daß es *zweifelhaft* ist, ob *Amerika* dauernd Kräfte für diese Sicherung zur Verfügung stellen wird;
6. daß es daher sinnvoll und geboten ist, die *natürliche Interessengemeinschaft zwischen England und Deutschland zu verwirklichen*, weil sie alle jene Voraussetzungen erfüllen würde;
7. daß diese Verwirklichung nur erfolgen kann, wenn die *europäischen Völker* in Freiheit und Selbständigkeit sich zu einem *ewigen Friedensbund* zusammenfinden, in dem *weder Deutschland noch eine andere Macht Vorherrschaft beansprucht*;
8. *daß kein weißes Volk dazu beitragen darf, Japan eine Ausdehnung auf Kosten anderer weißer Völker oder Chinas zu ermöglichen;*
9. und daß im übrigen die ganze Welt *wirtschaftlicher Zusammenarbeit* bedarf, um die Finanzen in Ordnung zu bringen, Arbeit zu sichern und Wohlstand wieder zu begründen [...]

Daß *Deutschland materiell wieder genügend stark werden muß*, ergibt sich aus der Notwendigkeit, das Deutsche Reich zumindest gegen einen dauernden Druck der gewaltigen russischen Kraft zu sichern. Daraus ergibt sich auch die Notwendigkeit, den *territorialen Bestand* Deutschlands, wie er sich durch die Geschichte als sinnvoll und notwendig herausgestellt hat, *zu erhalten*.

Alle Pläne, Deutschland aufzuteilen, müssen immer wieder Spannungen in Deutschland und damit in Europa erzeugen. Denn Deutschland liegt nun einmal in der Mitte des Kontinents. Als *deutsche Grenzen kommen in Betracht:*

im *Osten* etwa die Reichsgrenze von 1914,

im *Süden* die in der Konferenz von München 1938 anerkannte Grenze einschließlich Österreichs; auch muß Südtirol, ein rein deutsches Land, bis zur Grenze Bozen–Meran zu Deutschland zurückkehren. Die italienische Herrschaft hat dort nur Verbitterung und Rückschritt erzeugt.

Im *Westen* ist die Elsaß-Lothringen-Frage sehr schwer zu lösen; es gibt keine Ruhe, wenn Elsaß-Lothringen in seinem alten Bestande zu Deutschland oder Frankreich geschlagen wird; es gibt zwei andere Möglichkeiten:

a) entweder *Elsaß-Lothringen* wird ein autonomes Land etwa in der Stellung der Schweiz, oder

b) durch eine neutrale Kommission wird die Sprachgrenze ermittelt, wie sie 1918 und 1938 war. Zwischen diesen beiden Linien muß die Grenze zwischen Frankreich und Deutschland liegen. Daß in diesem zweiten Falle Deutschland Elsaß-Lothringen weitgehende Selbstverwaltung zuweist, liegt ebensosehr in sachlichen Notwendigkeiten wie in unseren Überzeugungen und Zielen begründet.

Im *Norden* muß in ähnlicher Weise wie im Westen die gerechte Grenze gegenüber Dänemark ermittelt werden.

Im übrigen werden in einem *europäischen Staatenbunde, auf den wir hinstreben müssen, innereuropäische Grenzen eine immer geringere Rolle spielen.*

Dieser territoriale Bestand des deutschen Reiches setzt eine *Verständigung über Polen* voraus. Soweit sich jetzt übersehen läßt, ist der Bestand Polens davon abhängig, daß die deutsche Front im Osten die polnische Ostgrenze von 1938 hält. *Bricht sie zusammen, so ist Polen an Rußland verloren.* Wir verstehen Empörung und Haß des polnischen Volkes nach allem, was geschehen ist, sehr wohl. Wir würden ebenso fühlen. Aber auch hier gebietet die Verantwortung vor der Zukunft, zu verhindern, daß diese Gefühle sich gewalttätig Bahn brechen. Sie müssen sich einer geordneten Bestrafung der Verbrecher und der *Wiedergutmachung* durch Zusammenarbeit unterordnen. Polen kann *Ersatz für Westpreußen und Posen durch eine Staatsunion mit Litauen* erhalten. Dadurch wird beiden Völkern geholfen und *Polen der Zugang zum Meer geschaffen.* Eine solche Union hat in früheren Jahrhunderten bestanden; sie ist an dynastischen Fragen gescheitert. Solche Spannungen sind heute nicht mehr vorhanden oder zu vermeiden. Außerdem besteht die Möglichkeit, Polen über die deutschen Häfen jede Verbindung zum Weltverkehr zu sichern. Die Zukunft wird solche Verbindungen nicht mehr von militärischen Fragen abhängig machen, denn sie steht und fällt für alle europäischen Völker mit dem dauernden europäischen Frieden.

So ist zu hoffen, daß allmählich nach diesen furchtbaren und leidvollen Erfahrungen auch das Verhältnis zwischen Deutschland und Polen wieder ausgeglichen wird. Jedenfalls *werden wir bereit sein, Polen bei der Heilung seiner Wunden und in Zukunft jede nur mögliche Hilfe angedeihen zu lassen.*

An eine *Wiedergutmachung* des durch den Hitlerismus den europäischen und anderen Völkern zugefügten Schadens ist nicht zu denken. Deutschland ist durch *Hitler* schon vor diesem Kriege in ungeheure *Schulden* gestürzt. Die Bewunderung, die andere Völker *Hitlers* Künsten auf diesem Gebiet entgegengebracht haben, war für das deutsche Volk verhängnisvoll. Die gewaltige Schuldenlast dieses unseligen Krieges teilt Deutschland mit der ganzen Welt. *Die Zerstörungen* aber, die der Krieg angerichtet hat, sind heute schon in Deutschland größer als in jedem anderen Teil Europas. Es ist daher physisch für Deutschland unmöglich, außer dem Aufbau in Deutschland, der Generationen in Anspruch nehmen wird, auch noch den in anderen Ländern zu schaffen.

Wir schlagen daher zur seelischen Entspannung und zur materiellen Erleichterung ein *europäisches Gemeinschaftswerk für den Wiederaufbau* vor, an dem jeder europäische Staat nach dem Maß seiner Kräfte teilnimmt [...]

[251.] Das amtliche Kommuniqué des Großdeutschen Rundfunks über das Attentat auf Hitler, 20.7.1944

Auf den Führer wurde heute ein Sprengstoffanschlag verübt. Aus seiner Umgebung wurden hierbei schwer verletzt: Generalleutnant Schmundt, Oberst Brandt, Mitarbeiter Berger. Leichtere Verletzungen trugen davon: Generaloberst Jodl, die Generale Korten, Buhle, Bodenschatz, Heusinger, Scherff, die Admirale Voß, von Puttkamer, Kapitän zur See Aßmann und Oberstleutnant Borgmann. Der Führer selbst hat außer leichten Verbrennungen und Prellungen keine Verletzungen erlitten. Er hat unverzüglich darauf seine Arbeit wieder aufgenommen und – wie vorgesehen – den Duce zu einer längeren Aussprache empfangen. Kurze Zeit nach dem Anschlag traf der Reichsmarschall beim Führer ein.

[252.] Hitlers Rundfunkrede zum Attentat, 21.7.1944

Deutsche Volksgenossen und Volksgenossinnen!
Ich weiß nicht, zum wievielten Male nunmehr ein Attentat auf mich geplant und zur Ausführung gekommen ist. Wenn ich heute zu Ihnen spreche, dann geschieht es aber besonders aus zwei Gründen:
1. damit Sie meine Stimme hören und wissen, daß ich selbst unverletzt und gesund bin;
2. damit Sie aber auch das Nähere erfahren über ein Verbrechen, das in der deutschen Geschichte seinesgleichen sucht.

Eine ganz kleine Clique ehrgeiziger, gewissenloser und zugleich verbrecherisch dummer Offiziere hat ein Komplott geschmiedet, um mich zu beseitigen und zugleich mit mir den Stab der deutschen Wehrmachtsführung auszurotten.

Die Bombe, die von dem Oberst Graf v. Stauffenberg gelegt wurde, krepierte zwei Meter an meiner rechten Seite. Sie hat eine Reihe mir treuer Mitarbeiter sehr schwer verletzt, einer ist gestorben. Ich selbst bin völlig unversehrt bis auf ganz kleine Hautabschürfungen, Prellungen oder Verbrennungen. Ich fasse das als eine Bestätigung des Auftrages der Vorsehung auf, mein Lebensziel weiter zu verfolgen, so, wie ich es bisher getan habe. Denn ich darf es vor der ganzen Nation feierlich gestehen, daß ich seit dem Tage, an dem ich in die Wilhelmstraße einzog, nur einen einzigen Gedanken hatte, nach bestem Wissen und Gewissen meine Pflicht zu erfüllen, und daß ich, seit mir klar wurde, daß der Krieg ein unausbleiblicher war und nicht mehr aufgeschoben werden konnte, eigentlich nur Sorge und Arbeit kannte und in zahllosen Tagen und durchwachten Nächten nur für mein Volk lebte.

Es hat sich in einer Stunde, in der die deutschen Armeen in schwerstem Ringen stehen, ähnlich wie in Italien nun auch in Deutschland eine ganz kleine Gruppe gefunden, die nun glaubte, wie im Jahre 1918 den Dolchstoß in den Rücken führen zu können. Sie hat sich diesmal aber schwer getäuscht. Die Behauptung dieser Usurpatoren, daß ich nicht mehr lebe, wird jetzt in diesem Augenblick widerlegt, da ich zu Euch, meine lieben Volksgenossen, spreche. Der Kreis, den diese Usurpatoren darstellen, ist ein denkbar kleiner. Er hat mit der deutschen Wehrmacht und vor allem auch mit dem deutschen Heere nichts zu tun. Es ist ein ganz kleiner Klüngel verbrecherischer Elemente, die jetzt unbarmherzig ausgerottet werden. Ich befehle daher in diesem Augenblick,

1. daß keine Zivilstelle irgendeinen Befehl entgegenzunehmen hat von einer Dienststelle, die sich diese Usurpatoren anmaßen,
2. daß keine Militärstelle, kein Führer einer Truppe, kein Soldat irgendeinem Befehl dieser Usurpatoren zu gehorchen hat, daß im Gegenteil jeder verpflichtet ist, den Übermittler oder den Geber eines solchen Befehls entweder sofort zu verhaften oder bei Widerstand augenblicklich niederzumachen.

Ich habe, um endgültig Ordnung zu schaffen, zum Befehlshaber des Heimatheeres den Reichsminister Himmler ernannt. Ich habe in den Generalstab Generaloberst Guderian berufen, um den durch Krankheit zur Zeit ausgefallenen Generalstabschef zu ersetzen, und einen zweiten bewährten Führer der Ostfront zu seinem Gehilfen bestimmt. In allen anderen Reichsstellen ändert sich nichts.

Ich bin der Überzeugung, daß wir mit dem Austreten dieser ganz kleinen Verräter- und Verschwörerclique nun endlich aber auch im Rücken der Heimat die Atmosphäre schaffen, die die Kämpfer der Front brauchen.

Denn es ist unmöglich, daß vorn Hunderttausende und Millionen braver Männer ihr Letztes hergeben, während zu Hause ein ganz kleiner Klüngel ehrgeiziger, erbärmlicher Kreaturen diese Haltung dauernd zu hintertreiben versucht.

Diesmal wird nun so abgerechnet, wie wir das als Nationalsozialisten gewohnt sind.

Ich bin überzeugt, daß jeder anständige Offizier, jeder tapfere Soldat in dieser Stunde das begreifen wird.

Welches Schicksal Deutschland getroffen hätte, wenn der Anschlag heute gelungen sein würde, das vermögen die wenigsten sich vielleicht auszudenken. Ich selber danke der Vorsehung und meinem Schöpfer nicht deshalb, daß er mich erhalten hat. Mein Leben ist nur Sorge und ist nur Arbeit für mein Volk, sondern ich danke ihm nur deshalb, daß er mir die Möglichkeit gab, diese Sorgen weiter tragen zu dürfen und in meiner Arbeit weiter fortzufahren, so gut wie ich das vor meinem Gewissen verantworten kann.

Es hat jeder Deutsche, ganz gleich wer er sein mag, die Pflicht, diesen Elementen rücksichtslos entgegenzutreten, sie entweder sofort zu verhaften oder, wenn sie irgendwie Widerstand leisten sollten, ohne weiteres niederzumachen. Die Befehle an sämtliche Truppen sind ergangen. Sie werden blind ausgeführt entsprechend dem Gehorsam, den das deutsche Heer kennt.

Ich darf besonders Sie, meine alten Kampfgefährten, noch einmal freudig begrüßen, daß es mir wieder vergönnt war, einem Schicksal zu entgehen, das nicht für mich Schreckliches in sich barg, sondern das den Schrecken für das deutsche Volk gebracht hätte.

Ich ersehe daraus auch einen Fingerzeig der Vorsehung, daß ich mein Werk weiter fortführen muß und daher weiter fortführen werde.

[253.] Geplanter Aufruf der Gruppe Stauffenberg an das deutsche Volk. Aus den Kaltenbrunner-Berichten an Bormann und Hitler, Anlage 3, 4. 8. 1944

[...] Deutsche!

Hitlers Gewaltherrschaft ist gebrochen.

Ungeheuerliches hat sich in den letzten Jahren vor unseren Augen abgespielt. Nicht vom deutschen Volke gerufen, sondern durch Intrigen schlimmster Art an die Spitze der Regierung gekommen, hat Hitler durch *dämonische Künste und Lügen,* durch *ungeheuerliche Verschwendung,* die allen Vorteile zu bringen schien, in Wahrheit uns aber in Schulden und Mangel stürzte, in unserem Volke Geister und Seelen verwirrt, ja selbst *außerhalb Deutschlands* verhängnisvolle Täuschung erzeugt. Um sich an der Macht zu halten, hat er eine *Schreckensherrschaft* errichtet. Unser Volk durfte einst stolz auf seine Redlichkeit und Rechtlichkeit sein. Hitler aber hat die *göttlichen Gebote verhöhnt, das Recht zerstört, den Anstand verfemt,* das Glück von Millionen vernichtet. Er hat *Ehre und Würde, Freiheit und Leben anderer für nichts erachtet.* Zahllose Deutsche, aber auch Angehörige anderer Völker, schmachten seit Jahren in *Konzentrationslagern,* den größten Qualen ausgesetzt und häufig schrecklichen Foltern unterworfen. Viele von ihnen sind zugrunde gegangen. Durch grausame Massenmorde ist unser guter Name besudelt. Mit *blutbefleckten Händen* ist Hitler seinen Irrweg gewandelt, *Tränen, Leid und Elend hinter sich lassend.*

Mit tödlicher Sicherheit hat eine wahnwitzige Verachtung aller menschlichen Regungen unser *Volk ins Unglück* gestürzt, hat sein *angemaßtes Feldherrngenie* unsere tapferen Soldaten ins Verderben geführt.

In diesem Kriege haben Machtrausch, Selbstüberheblichkeit und Eroberungswahn ihren letzten Ausdruck gefunden. Tapferkeit und Hingabe unserer Soldaten sind schmählich mißbraucht. *Ungeheure Opfer des ganzen Volkes sinnlos vergeudet.* Wider den Rat der Sachverständigen hat Hitler ganze Armeen seiner Ruhmsucht, seinem Machtdünkel, seiner gotteslästerlichen Wahnidee geopfert, *berufenes und begnadetes Werkzeug der Vorsehung zu sein.*

Wir werden die Beweise für den ungeheuerlichen Verrat an dem deutschen Volke und seiner Seele, für die totale Beugung des Rechts, für die Verhöhnung der edlen Forderung, daß Gemeinnutz vor Eigennutz zu gehen habe, für schamlose Korruption offen darlegen. Wer an diesen furchtbaren Wahrheiten noch zweifeln sollte, weil er als anständiger Mensch es für unmöglich hält, daß hinter hochtönenden Worten sich eine solche Ruchlosigkeit verbergen könnte, wird durch Tatsachen belehrt werden.

So durfte es nicht weitergehen! Unserer Väter wären wir nicht würdig, von unseren Kindern müßten wir verachtet werden, wenn wir den Mut nicht hätten, alles, aber auch alles zu tun, um die furchtbare Gefahr von uns abzuwenden und wieder Achtung vor uns selbst zu erringen.

Hitler hat seinen vor zehn Jahren dem Volke geleisteten Eid durch Verletzungen göttlichen und menschlichen Rechts unzählige Male *gebrochen.* Daher ist kein Soldat, kein Beamter, überhaupt kein Bürger ihm mehr durch Eid verpflichtet.

In höchster Not habe ich zusammen mit Männern aus allen Ständen des

Volkes, aus allen Teilen des Vaterlandes gehandelt. *Ich habe die einstweilige Führung des deutschen Reichs übernommen* und die Bildung einer Regierung unter Führung des Reichskanzlers* angeordnet. Sie hat die Arbeit aufgenommen. Den Oberbefehl über die Wehrmacht führt [Generalfeldmarschall v. Witzleben], dem sich die Oberbefehlshaber an allen Fronten unterstellt haben. Diese Männer haben sich mit mir zusammengefunden, um *den Zusammenbruch zu verhüten* [...]

Die Grundsätze und Ziele der Regierung werden bekanntgegeben werden. Sie sind bindend, bis die Möglichkeit gegeben ist, *das deutsche Volk darüber entscheiden zu lassen.* Unser Ziel ist die *wahre, auf Achtung, Hilfsbereitschaft und soziale Gerechtigkeit* gegründete Gemeinschaft des Volkes. Wir wollen Gottesfurcht an Stelle von Selbstvergottung, *Recht und Freiheit* an Stelle von Gewalt und Terror, *Wahrheit und Sauberkeit* an Stelle von Lüge und Eigennutz. Wir wollen unsere *Ehre* und damit unser Ansehen in der Gemeinschaft der Völker wiederherstellen. Wir wollen mit besten Kräften dazu beitragen, die Wunden zu heilen, die dieser Krieg allen Völkern geschlagen hat, und das Vertrauen zwischen ihnen wieder neu beleben.

Die Schuldigen, die den guten Ruf unseres Volkes geschändet und soviel Unglück über uns und andere Völker gebracht haben, werden bestraft werden.

Wir wollen der Hoffnungslosigkeit, daß dieser Krieg noch endlos weitergehen müsse, ein Ende machen. Wir erstreben einen *gerechten Frieden*, der an die Stelle der Selbstzerfleischung und Vernichtung der Völker friedliche Zusammenarbeit setzt. Ein solcher Friede kann sich nur auf Achtung vor der Freiheit und der Gleichberechtigung aller Völker gründen [...]

Habt Mut und Vertrauen! Die Aufgabe ist ungeheuer schwer. *Ich kann und will Euch keine leeren Versprechungen machen.* Wir werden in harter Arbeit ringen müssen, um langsam wieder vorwärts und aufwärts zu kommen. Aber wir werden diesen Weg als freie Menschen in Anstand gehen und wieder die Ruhe des Gewissens finden.

Erfülle jeder seine Pflicht!

Helfe jeder mit, das Vaterland zu retten!

[Der Aufruf sollte die Unterschrift von Generaloberst Beck tragen]

---

* Für das Amt des Reichskanzlers war der ehemalige Oberbürgermeister von Leipzig, Carl Goerdeler, vorgesehen.

**[254.] Heinrich Himmler, Reichsführer SS
und Chef der Deutschen Polizei, über Bekämpfung
jugendlicher Cliquen, 25. 10. 1944**

In allen Teilen des Reiches, insbesondere in größeren Städten, haben sich
seit einigen Jahren – und in letzter Zeit in verstärktem Maße – Zusammenschlüsse Jugendlicher (Cliquen) gebildet. Diese zeigen zum Teil kriminell-asoziale oder politisch-oppositionelle Bestrebungen und bedürfen
deshalb, vor allem im Hinblick auf die kriegsbedingte Abwesenheit vieler
Väter, Hitler-Jugend-Führer und Erzieher, einer verstärkten Überwachung.

Allen Zusammenschlüssen Jugendlicher ist daher in Zukunft besondere
Aufmerksamkeit zu schenken und gegen sie nach Maßgabe der folgenden
Bestimmungen   soweit erforderlich im Einvernehmen mit den Dienststellen der Hitler-Jugend, der öffentlichen und parteiamtlichen Jugendhilfe (Jugendamt und NSV-Jugendhilfe) und der Justiz – vorzugehen.

Bei der Durchführung nachstehender Anordnungen ist stets zu beachten, daß derartige Erscheinungen in der Jugend nicht nur mit polizeilichen Zwangsmitteln und gerichtlichen Strafen bekämpft werden können,
sondern daß durch vorbeugende erzieherische Maßnahmen vor allem
eine Besserung der Grundhaltung der Jugendlichen angestrebt werden
muß.

I. Art und Auftreten der Cliquen

1. Cliquen sind Zusammenschlüsse Jugendlicher außerhalb der Hitler-
   Jugend, die nach bestimmten, mit der nationalsozialistischen Weltanschauung nicht zu vereinbarenden Grundsätzen ein Sonderleben
   führen. Gemeinsam ist ihnen die Ablehnung oder Interesselosigkeit
   gegenüber den Pflichten innerhalb der Volksgemeinschaft oder der
   Hitler-Jugend, insbesondere der mangelnde Wille, sich den Erfornissen des Krieges anzupassen.
2. Die Cliquen treten unter den verschiedensten Bezeichnungen auf (Clique, Mob, Blase, Meute, Platte, Schlurf, Edelweißpiraten usw.). Eine
   feste Organisation ist im allgemeinen nicht vorhanden, der äußere Zusammenschluß ist oft nur lose und ungeregelt. Gelegentlich werden
   besondere Erkennungszeichen getragen (z. B. Edelweißabzeichen,
   Totenkopfringe, farbige Nadeln usw.). [...]
   Den Cliquen gehören vorwiegend junge Burschen, mitunter aber auch
   Mädchen an.
3. Zur Cliquenbildung kommt es u. a. durch die gemeinsame Zugehörigkeit zu einem Betrieb, einer Schule oder einer Organisation oder durch
   das Wohnen im gleichen Bezirk. Zunächst können derartige Zusam

menschlüsse ganz harmlos sein (Straßengemeinschaften, Eckensteher usw.), später jedoch, je nach den sich durchsetzenden Überzeugungen und Zielen, eine bedrohliche Entwicklung nehmen. [...]
Im allgemeinen können innerhalb der einzelnen Cliquen drei verschiedene Grundhaltungen festgestellt werden, wobei jedoch beachtet werden muß, daß die wenigsten Cliquen nur eine dieser Grundhaltungen in ausgeprägter Form zeigen. Vielmehr führt die Betätigung auf einem Gebiet meist auch zu einer Betätigung auf dem anderen. Es sind zu unterscheiden:

a) Cliquen mit *kriminell-asozialer* Einstellung. Diese äußert sich in der Begehung von leichten bis zu schwersten Straftaten. [...]

b) Cliquen mit *politisch-oppositioneller* Einstellung, jedoch nicht immer mit fest umrissenem gegnerischen Programm. Sie zeigt sich in allgemein staatsfeindlicher Haltung, Ablehnung der Hitler-Jugend und sonstiger Gemeinschaftspflichten, Gleichgültigkeit gegenüber dem Kriegsgeschehen und betätigt sich in Störungen der Jugenddienstpflicht, Überfällen auf Hitler-Jugend-Angehörige, Abhören ausländischer Sender und Verbreitung von Gerüchten, Pflege der verbotenen bündischen oder anderen Gruppen, ihrer Tradition und ihres Liedgutes usw. Derart eingestellte Jugendliche versuchen häufig, zur eigenen Tarnung oder um die Möglichkeit zersetzenden Einwirkens zu gewinnen, in Parteiorganisationen einzudringen.

c) Cliquen mit *liberalistisch-individualistischer* Einstellung, Vorliebe für englische Ideale, Sprache, Haltung und Kleidung (englisch-lässig), Pflege von Jazz- und Hottmusik, Swingtanz usw. Die Angehörigen dieser Cliquen stammen größtenteils aus dem »gehobenen Mittelstand« und wollen lediglich ihrem eigenen Vergnügen, sexuellen und sonstigen Ausschweifungen leben. Dadurch kommen sie sehr bald in scharfen Gegensatz zur nationalsozialistischen Weltanschauung. Anforderungen von Hitler-Jugend, Arbeits- und Wehrdienst widerstreben sie und nähern sich insofern der unter b) charakterisierten Grundhaltung. [...]

[255.] **Verordnung des Reichsministers der Justiz,**
Otto Georg Thierack, über die Errichtung von Standgerichten,
15.2.1945

Die Härte des Ringens um den Bestand des Reiches erfordert von jedem Deutschen Kampfentschlossenheit und Hingabe bis zum äußersten. Wer versucht, sich seinen Pflichten gegenüber der Allgemeinheit zu entziehen, insbesondere wer dies aus Feigheit oder Eigennutz tut, muß sofort mit der notwendigen Härte zur Rechenschaft gezogen werden, damit nicht aus dem Versagen eines einzelnen dem Reich Schaden erwächst. Es wird deshalb auf Befehl des Führers im Einvernehmen mit dem Reichsminister und Chef der Reichskanzlei, dem Minister des Innern und dem Leiter der Parteikanzlei angeordnet:

I. In feindbedrohten Reichsverteidigungsbezirken werden Standgerichte gebildet.

II.
1. Das Standgericht besteht aus einem Strafrichter als Vorsitzer sowie einem politischen Leiter oder Gliederungsführer der NSDAP und einem Offizier der Wehrmacht, der Waffen-SS oder der Polizei als Beisitzern.
2. Der Reichsverteidigungskommissar ernennt die Mitglieder des Gerichts und bestimmt einen Staatsanwalt als Anklagevertreter.

III.
1. Die Standgerichte sind für alle Straftaten zuständig, durch die die deutsche Kampfkraft oder Kampfentschlossenheit gefährdet sind.
2. Auf das Verfahren finden die Vorschriften der Reichsstrafprozeßordnung sinngemäß Anwendung.

IV.
1. Das Urteil des Standgerichts lautet auf Todesstrafe, Freisprechung oder Überweisung an die ordentliche Gerichtsbarkeit. Es bedarf der Bestätigung durch den Reichsverteidigungskommissar, der Ort, Zeit und Art der Vollstreckung bestimmt.
2. Ist der Reichsverteidigungskommissar nicht erreichbar und sofortige Vollstreckung unumgänglich, so übt der Anklagevertreter diese Befugnis aus.

Anhang

Zeittafel

1933

30. 1.	Hitler zum Reichskanzler ernannt
27. 2.	Reichstagsbrand
28. 2.	»Verordnung zum Schutze von Volk und Staat«
5. 3.	Reichstagswahl
21. 3.	Tag von Potsdam
24. 3.	»Ermächtigungsgesetz«
1. 4.	Boykott jüdischer Geschäfte
7. 4.	Gesetz »zur Wiederherstellung des Berufsbeamtentums«
2. 5.	Auflösung der Gewerkschaften
14. 7.	Gesetz gegen Neubildung von Parteien
20. 7.	Abschluß des Reichskonkordats mit dem Vatikan
22. 9.	Reichskulturkammergesetz
29. 9.	Reichserbhofgesetz
4. 10.	Schriftleitergesetz
14. 10.	Deutschland verläßt die Abrüstungskonferenz; Austritt aus dem Völkerbund

1934

20. 1.	Gesetz »zur Ordnung der nationalen Arbeit«
26. 1.	Nichtangriffspakt zwischen Deutschland und Polen
30. 1.	Gesetz »über den Neuaufbau des Reiches«
20. 4.	Ernennung Himmlers zum Chef der Gestapo in Preußen
24. 4.	Bildung des »Volksgerichtshofes«
14. / 15. 6.	Treffen Hitlers und Mussolinis in Venedig
17. 6.	Rede von Papens in Marburg
30. 6.	»Röhm-Putsch«
20. 7.	Die SS wird selbständige Organisation
25. 7.	Nationalsozialistischer Putsch in Österreich
2. 8.	Tod Hindenburgs; Vereinigung der Ämter des Reichskanzlers und des Reichspräsidenten durch den »Führer und Reichskanzler Adolf Hitler«; Vereidigung der Wehrmacht auf Hitler
24. 10.	Verordnung über die »Deutsche Arbeitsfront«

1935

13. 1.	Volksabstimmung im Saargebiet
16. 3.	Wiedereinführung der allgemeinen Wehrpflicht
18. 6.	Deutsch-britisches Flottenabkommen
26. 6.	Einführung der Arbeitsdienstpflicht
15. 9.	Die antisemitischen »Nürnberger Gesetze«

1936

7. 3.	Remilitarisierung des Rheinlandes
11. 7.	Deutsch-österreichisches Abkommen
1. 8.	Beginn der Olympischen Spiele in Berlin
9. 9.	Verkündigung des »Vierjahresplanes«
25. 10.	Begründung der »Achse Rom–Berlin« durch den deutsch-italienischen Vertrag
25. 11.	Antikominternpakt zwischen Deutschland und Japan
1. 12.	»Gesetz über die Hitlerjugend«

1937

30. 1.	Verlängerung des »Ermächtigungsgesetzes« um vier Jahre
14. 3.	Enzyklika von Papst Pius XI. »Mit brennender Sorge«
25.–28. 9.	Besuch Mussolinis in Deutschland
5. 11.	Hitlers Ansprache vor den Oberbefehlshabern der drei Wehrmachtteile und dem Reichsaußenminister (»Hoßbach-Niederschrift«)
6. 11.	Italien tritt dem Antikominternpakt bei
19. 11.	Lord Halifax besucht Hitler auf dem Obersalzberg
26. 11.	Schachts Rücktritt als Reichswirtschaftsminister

1938

4. 2.	Entlassung des Reichskriegsministers von Blomberg und des Oberbefehlshabers des Heeres Frhr. von Fritsch. Hitler wird »Oberbefehlshaber der Wehrmacht«; Ribbentrop löst Neurath als Reichsaußenminister ab
12. 2.	Unterredung zwischen dem österreichischen Bundeskanzler von Schuschnigg und Hitler auf dem Obersalzberg
12. 3.	Einmarsch deutscher Truppen in Österreich
13. 3.	Gesetz über die »Wiedervereinigung Österreichs mit dem Deutschen Reich«
24. 4.	Karlsbader Beschlüsse der Sudetendeutschen Partei
20. 5.	Mobilmachung der Tschechoslowakei (»Wochenendkrise«)
30. 5.	Hitlers Weisung an die Wehrmacht zur Zerschlagung der Tschechoslowakei
18. 8.	Rücktritt des Chefs des Generalstabes des Heeres Beck
15. 9.	Unterredung des britischen Premierministers Neville Chamberlain mit Hitler in Berchtesgaden anläßlich der »Sudetenkrise«
22.–24. 9.	Neville Chamberlain in Bad Godesberg
29. 9.	Münchener Abkommen
1. 10.	Beginn des Einmarsches deutscher Truppen in die sudetendeutschen Gebiete
21. 10.	Erste Weisung Hitlers zur »Erledigung der Resttschechei«

9. 11.   Reichskristallnacht
6. 12.   Unterzeichnung der deutsch-französischen Nichtangriffserklärung in
                Paris

1939

20. 1.   Entlassung Schachts als Reichsbankpräsident
15. 3.   Einmarsch deutscher Truppen in die Tschecho-Slowakei
16. 3.   Bildung des Reichsprotektorats Böhmen und Mähren
23. 3.   Einmarsch deutscher Truppen ins Memelgebiet
31. 3.   Britisch-französische Garantieerklärung für die Unabhängigkeit
                Polens
22. 5.   Abschluß eines deutsch-italienischen Militärpaktes (»Stahlpakt«)
23. 8.   Abschluß des deutsch-sowjetischen Nichtangriffspakts
1. 9.   Beginn des deutschen Angriffs auf Polen
3. 9.   Großbritannien und Frankreich erklären dem Deutschen Reich den
                Krieg
27. 9.   Kapitulation Warschaus
28. 9.   Neuer deutsch-sowjetischer Grenz- und Freundschaftsvertrag
7. 10.   Himmler zum »Reichskommissar für die Festigung deutschen Volks-
                tums« ernannt
9. 10.   Hitlers erste Weisung zum Angriff im Westen
12. 10.   Ernennung Franks zum Generalgouverneur der besetzten polni-
                schen Gebiete (»Generalgouvernement«)
8. 11.   Georg Elsers Attentat auf Hitler im Münchener Bürgerbräukeller

1940

11. 2.   Deutsch-sowjetisches Wirtschaftsabkommen
1. 3.   Erste operative Weisung Hitlers für die Besetzung Dänemarks und
                Norwegens (Unternehmen »Weserübung«)
18. 3.   Treffen Hitlers und Mussolinis am Brenner
9. 4.   Besetzung Dänemarks; Invasion in Norwegen
10. 5.   Deutscher Angriff gegen Belgien, die Niederlande, Luxemburg und
                Frankreich
10. 6.   Kriegseintritt Italiens
22. 6.   Waffenstillstand zwischen Deutschland und Frankreich
16. 7.   Hitlers Weisung für die Vorbereitung einer Landung in England
                (Unternehmen »Seelöwe«)
19. 7.   Hitlers Friedensappell an Großbritannien
27. 9.   Dreimächtepakt zwischen Deutschland, Italien und Japan
28. 10.   Italienischer Angriff auf Griechenland
12./13. 11.   Besuch Molotows in Berlin

1941

19./20. 1.   Treffen Hitlers und Mussolinis auf dem Berghof
2. 3.   Einmarsch deutscher Truppen in Bulgarien
31. 3.   Angriff des deutschen »Afrika-Korps« unter Rommel in der Cyre-
                naika
6. 4.   Beginn des Feldzuges gegen Jugoslawien und Griechenland

12.5.	Martin Bormann wird Nachfolger von Rudolf Heß als Leiter der Parteikanzlei
13.5.	Erlaß Hitlers über die Ausübung der Kriegsgerichtsbarkeit im Gebiet des geplanten Unternehmens »Barbarossa«
2.6.	Treffen Hitlers und Mussolinis am Brenner
6.6.	Hitler erteilt den »Kommissar-Befehl«
22.6.	Angriff gegen die Sowjetunion
15.7.	Vorlage eines Entwurfs des »Generalplans Ost«
17.7.	Rosenberg wird Chef des neugebildeten »Reichsministeriums für die besetzten Ostgebiete«; Himmler wird mit der »politischen Sicherung der neubesetzten Ostgebiete« beauftragt
31.7.	Heydrich wird mit den »Vorbereitungen für eine Gesamtlösung der Judenfrage in Europa« beauftragt
19.9.	Einführung des Judensterns im Deutschen Reich
11.12.	Kriegserklärung Deutschlands an die USA

1942

20.1.	»Wannsee-Konferenz« über die Endlösung der Judenfrage
8.2.	Albert Speer wird Reichsminister für Bewaffnung und Munition als Nachfolger des tödlich verunglückten Fritz Todt
21.3.	Sauckel wird zum Generalbevollmächtigten des Arbeitseinsatzes ernannt
12.6.	Himmler billigt den sog. »Generalplan Ost«
21./22.7.	Beginn der systematischen Deportierung der Juden des Warschauer Ghettos in das Vernichtungslager Treblinka
3.11.	Britischer Durchbruch bei El Alamein

1943

13.1.	Erlaß Hitlers über den Einsatz der Männer und Frauen für die Aufgaben der Reichsverteidigung
14.–25.1.	Auf der Konferenz von Casablanca zwischen Roosevelt und Churchill wird die »bedingungslose Kapitulation« Deutschlands gefordert
31.1.–2.2.	Kapitulation der 6. Armee in Stalingrad
18.2.	Goebbels verkündet im Berliner Sportpalast den »totalen Krieg«; Verhaftung von Hans und Sophie Scholl (»Weiße Rose«)
8.–9.4.	Treffen Hitlers und Mussolinis in Kleßheim
19.4.	Beginn des Aufstandes im Warschauer Ghetto
19.5.	Berlin wird »judenfrei« erklärt
10.7.	Alliierte Landung auf Sizilien
25.7.	Sturz Mussolinis und das Ende des faschistischen Regimes in Italien
24.8.	Himmler wird Reichsinnenminister
2.9.	Hitlers Erlaß über die Konzentration der Kriegswirtschaft
28.11.–1.12.	Konferenz in Teheran zwischen Roosevelt, Churchill und Stalin

1944

6.6.	Invasion der Alliierten in Nordfrankreich
3.7.	Zusammenbruch der Heeresgruppe Mitte im Osten
20.7.	Stauffenbergs Attentat auf Hitler
16.12.	Beginn der Ardennen-Offensive

1945

4.–11.2.	Konferenz von Jalta
13.–14.2.	Alliierte Bombardierung Dresdens
7.3.	Amerikanische Truppen überqueren den Rhein bei Remagen
19.3.	Hitlers»Nero-Befehl«
25.4.	Amerikanische und sowjetische Truppen treffen sich bei Torgau an der Elbe
30.4.	Hitler begeht Selbstmord
2.5.	Dönitz wird als »Reichspräsident« Nachfolger Hitlers und verlegt sein Hauptquartier nach Flensburg
7.–9.5.	Unterzeichnung der deutschen Kapitulation in Reims und Berlin-Karlshorst

Abkürzungen

AA	Auswärtiges Amt
ADAP	Akten zur Deutschen Auswärtigen Politik
ADGB	Allgemeiner Deutscher Gewerkschaftsbund
AHR	The American Historical Review
AO	Anordnung
BA	Bundesarchiv
BA/MA	Bundesarchiv/Militärachiv, Freiburg
BDC	Berlin Document Center
BdM	Bund deutscher Mädel
BVP	Bayerische Volkspartei
DAF	Deutsche Arbeitsfront
DAK	Deutsches Afrikakorps
DC	Deutsche Christen
DDP	Deutsche Demokratische Partei
DGO	Deutsche Gemeindeordnung
DNB	Deutsches Nachrichtenbüro
DNVP	Deutschnationale Volkspartei
DVP	Deutsche Volkspartei
EK	Einsatzkommando
Gestapo	Geheime Staatspolizei
HJ	Hitlerjugend
IfZ	Institut für Zeitgeschichte
KdF	Kraft durch Freude
KPD	Kommunistische Partei Deutschlands
KTB	Kriegstagebuch
KZ	Konzentrationslager

MWT	Mitteleuropäischer Wirtschaftstag
NS	Nationalsozialismus
NSBO	Nationalsozialistische Betriebszellen-Organisation
NSDAP	Nationalsozialistische Deutsche Arbeiterpartei
NSLB	Nationalsozialistischer Lehrerbund
NSV	Nationalsozialistische Volkswohlfahrt
OKW	Oberkommando der Wehrmacht
Pg	Parteigenosse
RAD	Reichsarbeitsdienst
RAM	Reichsaußenminister
RFSS	Reichsführer SS
RGBl.	Reichsgesetzblatt
RM	Reichsminister(ium)
RSHA	Reichssicherheitshauptamt
RVBl	Reichsverfügungsblatt
SA	Sturmabteilung
SD	Sicherheitsdienst
SIPO	Sicherheitspolizei
SPD (Sopade)	Sozialdemokratische Partei Deutschlands
SS	Schutzstaffel
StdF	Stellvertreter des Führers
StGB	Strafgesetzbuch
VB	Völkischer Beobachter
Vg	Volksgenosse
VO	Verordnung
VOBl.	Verordnungsblatt
WBK	Wehrbezirkskommando
WHW	Winterhilfswerk
ZK	Zentralkomitee

Tabellen und Statistiken

1. Reichstagswahlen von 1928–1933

	4. Reichstag 20. Mai 1928			5. Reichstag 14. Sept. 1930			6. Reichstag 31. Juli 1932			7. Reichstag 6. Nov. 1932			8. Reichstag 5. März 1933		
a. Wahlberechtigte	a 41,2			a 43,0			a 44,2			a 44,4			a 44,7		
b. Abg. Stimmen in Mill.		b 31,2			b 35,2			b 37,2			b 35,7			b 39,7	
c. Wahlbeteiligung			c % 75,6			c % 82,0			c % 84,0			c % 80,6			c % 88,7
a. Stimmenzahl	a Mill.	b %	c	a Mill.	b %	c	a Mill.	b %	c	a Mill.	b %	c	a Mill.	b %	c
b. Stimmenanteil															
c. Mandate															
1. NSDAP	0,810	2,6	12	6,410	18,3	107	13,746	37,4	230	11,737	33,1	196	17,277	43,9	288
2. DNVP	4,382	14,2	73	2,458	7,0	41	2,177	5,9	37	2,959	8,8	52	3,137	8,0	52
3. Kons. Volkspartei	–	–	–	0,291	0,8	4	–	–	–	–	–	–	–	–	–
4. Christl.-soz. VD	–	–	–	0,869	2,5	14	0,364	0,9	3	0,413	1,2	5	0,384	1,0	4
5. Landbund	0,200	0,7	3	0,194	0,6	3	0,097	0,3	2	0,105	0,3	2	0,084	0,2	1
6. Landvolkpartei	0,582	1,9	10	1,108	3,2	19	0,091	0,2	1	0,046	0,1	–	–	–	–
7. Bauernpartei	0,481	1,6	8	0,340	1,0	6	0,137	0,4	2	0,149	0,4	3	0,114	0,3	2
8. Volksrechtspartei	0,483	1,6	2	0,271	0,8	–	0,041	0,1	1	–	–	–	–	–	–
9. DVP	2,680	8,7	45	1,578	4,5	30	0,436	1,2	7	0,662	1,9	11	0,432	1,1	2
10. Wirtschaftspartei	1,397	4,5	23	1,362	3,9	23	0,147	0,4	2	0,110	0,3	1	–	–	–
11. Deutsch-hann. P.	0,196	0,6	3	0,144	0,5	3	0,047	0,1	–	0,064	0,2	1	0,048	0,1	–
12. BVP	0,946	3,1	16	1,059	3,0	19	1,193	3,2	22	1,095	3,1	20	1,074	2,7	18
13. Zentrum	3,712	12,1	62	4,128	11,8	68	4,589	12,5	75	4,231	11,9	70	4,425	11,2	74
14. DDP	1,506	4,9	25	1,322	3,8	20	0,372	1,0	4	0,337	1,0	2	0,334	0,9	5
15. SPD	9,153	29,8	153	8,578	24,5	143	7,960	21,6	133	7,248	20,4	121	7,182	18,3	120
16. USPD	0,021	0,1	–	0,012	–	–	–	–	–	–	–	–	–	–	–
17. KPD	3,265	10,6	54	4,592	13,1	77	5,283	14,6	89	5,980	16,9	100	4,848	12,3	81
18. Sonstige	0,941	3,0	2	0,257	0,7	–	0,203	0,2	–	0,336	1,0	–	0,005	–	–
Insgesamt	30,753	100	491	34,571	100	577	36,882	100	608	35,471	100	584	39,343	100	647

Aus: E. R. Huber, Dokumente zur deutschen Verfassungsgeschichte. Bd. 3, Stuttgart 1966, S. 606f.

2. Die soziale Zusammensetzung der Mitglieder der NSDAP im Vergleich zur Gesamtbevölkerung 1938

Berufsgruppe	NSDAP	Gesellschaft	Gesellschaft = 100
Arbeiter	28,1	45,9	61,2
Angestellte	25,6	12,0	213,5
Selbständige	20,7	9,0	230,0
Beamte	8,3	5,1	162,7
Bauern	14,0	10,6	132,0
Sonstige	3,3	17,4	18,9
	100,0	100,0	

Aus: W. Hofer (Hrsg.), Der Nationalsozialismus. Dokumente. 1933–1945. Frankfurt a. M. 1957, S. 23

3. Anteile der einzelnen sozialen Klassen an der Gesamtbevölkerung 1925–1939

	1939	1933	1925
	in % der Gesamtbevölkerung		
Selbständige	16,2	19,8	20,9
Mithilfe im Familienbetrieb	9,8	9,6	9,8
Angestellte und Beamte	20,4	18,5	19,1
Arbeiter	53,6	52,1	50,2

Aus: Ch. Bettelheim, Die deutsche Wirtschaft unter dem Nationalsozialismus. München 1974, S. 47

4. Organisationsschema der NSDAP

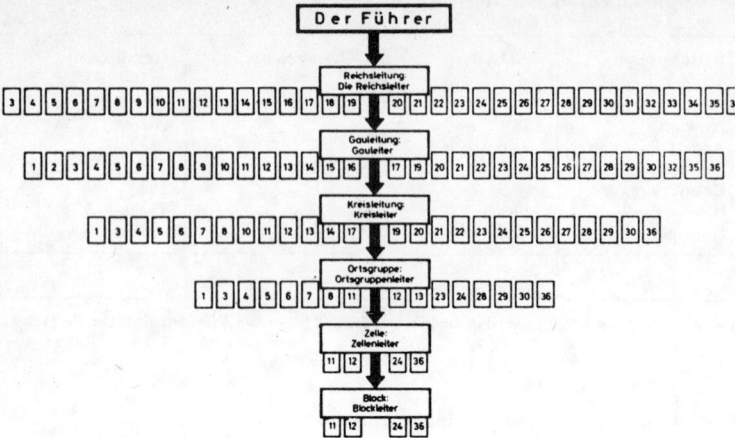

Erläuterungen zum Organisationsschema der NSDAP

1 Gaustabsamt[1]
2 Gauinspekteur
3 Hauptorganisationsamt[2]
4 Hauptpersonalamt[2]
5 Hauptschulungsamt (hierbei Ordensburgen, Adolf-Hitler-Schulen, Reichsschulungsburgen)[2]
6 Reichsschatzmeister[2]
7 Reichspropagandaleiter[2]
8 Reichspressechef[2]
9 Reichsleiter für die Presse (Verlagswesen)[3]
10 Das Oberste Parteigericht[4]
11 DAF mit KdF, entsprechend mit Obmännern bis zum Block
12 NS-Frauenschaft (einschließlich Deutsches Frauenwerk), entsprechend mit Frauenschaftsleiterinnen bis zum Block
13 Reichsamt für das Landvolk (mittelbar betreut: Reichsnährstand, Reichsbauernführer)[2]
14 Hauptamt für Erzieher (angeschlossen: NS-Lehrerbund)[4]
15 Reichsdozentenführer (hierbei: NS-Dozentenbund)[3]
16 Reichsstudentenführer (hierbei NS-Studentenbund)[3]
17 Parteikanzlei (eingegliedert: Amt für Sippenforschung), Grauwirtschaftsberater, Kreiswirtschaftsberater
18 Kanzlei des Führers (angeschlossen: Parteiamtliche Prüfungskommission zum Schutze des NS-Schrifttums)
19 Hauptamt für Beamte (angeschlossen: Reichsbund deutscher Beamter)[4]
20 NS-Rechtswahrerbund[4]
21 Hauptamt für Technik (angeschlossen: NSB-Deutscher Technik)[4]
22 Hauptamt für Volksgesundheit (angeschlossen: NS-Ärztebund)[4]
23 Hauptamt für Kriegsopfer (angeschlossen: NS-Kriegsopferversorgung)[4]
24 Hauptamt für Volkswohlfahrt (angeschlossen: NS-Volkswohlfahrt) entsprechend bis zum Block (Blockwalter)

25 Rassenpolitisches Amt (betreut: Reichsbund Deutsche Familie)[4]
26 Hauptamt für Volksumfragen (Zusammenarbeit mit Volksbund für das Deutschtum
    im Ausland)[4]
27 Hauptamt für Kommunalpolitik (betreut: Deutscher Gemeindetag)[4]
28 NS-Reichsbund für Leibesübungen, entsprechend Sportführer bis zur Ortsgruppe.
29 Kolonialpolitisches Amt[2]
30 NS-Reichskriegerbund, entsprechend Kriegerführer bis zur Ortsgruppe
31 Außenpolitisches Amt
32 Überwachung für Schule und Erziehung (hierbei: Reichsarbeitsgemeinschaft für
    Schulung); im Gau Vertretung durch Gauschulungsleiter
33 Reichstagsfraktion der NSDAP
34 Organisation der Reichsparteitage
35 Hauptarchiv; Gauarchiv
36 Auslandsorganisation, mit Gruppen im Ausland

[1] entsprechend in Kreis und Ortsgruppe
[2] entsprechend in Gau, Kreis, Ortsgruppe
[3] entsprechend in Gau
[4] entsprechend in Gau und Kreis

Aus: Werner Conze, Der Nationalsozialismus II. 1934–1945. Stuttgart o. J., S. 30 f.

5. Indizes der industriellen Produktion von 1932–1939
   (Basis 100 für das Jahr 1928)

	Gesamt-index	Produktions-güter*	Konsum-güter
1932	59	46	78
1933	66	54	83
1934	83	77	85
1935	96	99	91
1936	107	113	98
1937	117	126	103
1938	125	136	107
Juni 1939	133	147	113

* Rohstoffe, Maschinen, Werkzeuge usw.

Aus: Bettelheim, Die deutsche Wirtschaft, S. 225

6. a Entwicklung der Industrieproduktion
im internationalen Vergleich (1929 = 100)

	Deutschland	USA	Großbrit.	Frankr.
1932	53	54	83	72
1936	103	88	116	78
1938	126	72	115	76

Aus: K. Mammach, Die deutsche antifaschistische Widerstandsbewegung 1933–1939. Berlin 1974, S. 134

6. b Wachstum des realen Sozialprodukts je Einwohner
(1928 = 100)

Jahr	Index	jährliche Wachstumsrate %	Periode	durchschnittl. jährl. Wachstumsrate %
1913	93		1896/1913	1,6
1925	89		1913/1925	−0,4
1926	88	−1,0		
1927	99	12,5		
1928	100	1,0		
1929	95	−5,0	1925/1929	1,6
1930	91	−4,2		
1931	80	−12,1		
1932	76	−5,0	1929/1932	−7,2
1933	86	13,2		
1934	93	8,1		
1935	105	12,9		
1936	118	12,4		
1937[a]	129	9,3		
1938[a]	141	9,3	1933/1938	10,4
1939	158	12,1		
1940	161	1,9		
1941	171	6,2	1938/1941	6,6

[a] »Nettosozialprodukt zu Marktpreisen« umfaßt hier den privaten und öffentlichen Verbrauch, die Nettoinvestitionen und den Saldo der Kapitalbilanz sowie der Bilanz der unentgeltlichen Leistungen – also nicht den Saldo der Leistungsbilanz.

Aus: D. Petzina, W. Abelshauser, A. Faust, Sozialgeschichtliches Arbeitsbuch. Bd. III, München 1978, S. 78

7. a Entwicklung der Arbeitsproduktivität und
      Anteil der Profite an der industriellen Nettoproduktion
      von 1925–1937 bzw. 1929–1937

	Produktion pro Arbeitsstunde in der Industrie (1928 = 100)	Anteil der Profite an der Netto-Industrieproduktion (in %)
1925	90	
1929	105	61,8
1932	114	69,9
1933	115	67,5
1934	110	68,0
1936	115	69,11
1937	114	69,5

7. b Profite der Industrie und des Handels von 1933–1938
      (in Mrd. RM)

1933	6,6	1936	12,2
1934	7,9	1937	14,2
1935	9,2	1938	15

Beide Tabellen aus: Bettelheim, Die deutsche Wirtschaft, S. 232

8. a Verhältnis der Rüstungsausgaben
      zu den Gesamtausgaben Deutschlands von 1932–1937

Geschäftsjahr	(in Mrd. RM) Gesamtausgaben	Rüstungsausgaben
1932–33	6,7	3,0
1933–34	9,7	5,5
1934–35	12,2	6,0
1935–36	16,7	–
1936–37	18,8	12,6

8. b Übersicht über die Sozialausgaben von 1932–1937
      (in Mrd. RM)

1932	2,8	1934	1,4	1936	0,9
1933	2,3	1935	1,3	1937	0,4

Beide Tabellen aus: Bettelheim, Die deutsche Wirtschaft, S. 221 und 245

9. a Die Entwicklung der Arbeitslosigkeit in Deutschland
von 1933 bis 1937

Monat	1933	1934	1935	1936	1937
Januar[1]	6013612	3772792	2973544	2520499	1853460
Februar	6000958	3372611	2764152	2514894	1610947
März	5598855	2798324	2401889	1937120	1245338
April	5331252	2608621	2233255	1762774	960764
Mai	5038640	2528960	2019293	1491235	776321
Juni	4856942	2480826	1876579	1314731	648421
Juli	4463841	2426014	1754117	1169860	562892
August	4124288	2397562	1706230	1098498	509257
September	3849222	2281800	1713912	1035237	469053
Oktober	3744860	2267657	1828721	1076469	501847
November	3714646	2352662	1984452	1197140	572557
Dezember	4059055	2604700	2507955	1478862	994590

[1] jeweils am Monatsende

Aus: Paul Meier-Benneckenstein (Hrsg.), Dokumente der Deutschen Politik. Bd. V, Berlin 1938, S. 355

9.b Hoch- und Tiefpunkte der Arbeitslosigkeit 1933 bis 1939
(in Tausend)

Jahr	Hoch	Tief
1933	6014	3715
1934	4059	2268
1935	2974	1706
1936	2520	1035
1937	1853	469
1938	1052	156
1939	456	74

Aus: Th. W. Mason, Sozialpolitik im Dritten Reich. Arbeiterklasse und Volksgemeinschaft. Opladen 1977, S. 1238

9.c Entwicklung der Arbeitslosigkeit
(Jahresdurchschnitt in 100)

	1933	1934	1935	1936	1937	1938	1939
gesamt	4804,4	2718,3	2151,0	1592,7	912,3	429,5	51,8
männl.	3863,7	2223,5	1806,5	1233,7	750,5	333,3	33,3
weibl.	940,7	494,8	344,6	269,0	161,8	96,2	18,5

Aus: D. Winkler, Frauenarbeit im »Dritten Reich«. Hamburg 1977, S. 199

9. d Arbeitslosigkeit in ausgewählten Ländern (in %)

Jahr	Deutschland	Großbrit.	USA	Frankreich
1924	4,9	10,3	8,0	3,0
1926	10,0	12,5	2,8	3,0
1929	8,5	10,4	4,7	1,0
1932	29,9	22,1	34,0	15,4
1933	25,9	19,9	35,3	14,1
1934	13,5	16,7	30,6	13,8
1935	10,3	15,5	28,4	14,5
1936	7,4	13,1	23,9	10,4
1937	4,1	10,8	20,0	7,4
1938	1,9	12,9	26,4	7,8

Die Bezugsgrößen der Arbeitslosigkeit variieren entsprechend statistischen Grundlagen zwischen abhängigen Erwerbspersonen (Deutschland), nicht-agrarischen Erwerbspersonen (USA), Erwerbslosenversicherung (Großbritannien) und abhängigen Erwerbspersonen in Bergbau, Bau und Industrie (Frankreich).

Aus: D. Petzina, Die deutsche Wirtschaft in der Zwischenkriegszeit. Wiesbaden 1977, S. 16f.

10. Die erwerbsfähigen und erwerbstätigen Frauen im Deutschen Reich (Gebietsstand 17. 5. 1939, ohne Memelland) nach Familienstand und Kinderzahl aufgrund der Volks- und Berufszählung 1939

Weibliche Personen	Erwerbs-fähige	Erwerbs-tätige[3]	%	Nicht-erwerbstätige Erwerbs-fähige
Im Alter von 15 – 60 Jahren	26 303 911	13 881 406	52,8	12 422 505
davon: Ledige[1] Verheiratete[2]	8 385 447 17 918 464	7 437 806 6 443 600	88,7 36,0	947 641 11 474 864
davon: ohne Kind mit 1 Kind mit 2 u. 3 Kindern mit 4 u. mehr Kindern (unter 14 Jahren)	8 558 400 5 018 335 3 634 374 707 355	3 133 857 1 706 848 1 318 736 284 159	36,6 34,0 36,3 40,2	5 424 543 3 311 487 2 315 638 423 196

[1] Ohne Verwitwete oder Geschiedene.
[2] Mit Verwitweten oder Geschiedenen.
[3] Selbständige, mithelfende Familienangehörige, Beamtinnen, Arbeiterinnen und Angestellte.

Aus: Winkler, Frauenarbeit, S. 198

11. Die Erwerbspersonen nach Wirtschaftsabteilungen und Stellung im Beruf 1939, 1933 und 1925
(Für sämtliche Zählungen Berufssystematik 1939)

Stellung im Beruf	1939		1933		1925		Zu- oder Abnahme 1925–1939 in %	
	männlich	weiblich	männlich	weiblich	männlich	weiblich	männlich	weiblich
	in 1000							
Land- und Forstwirtschaft								
Selbständige	1714,8	243,3	1875,0	301,9	1866,2	323,9	− 8,1	− 24,9
Mithelf. Familienangehörige	942,4	3829,9	1046,6	3469,6	1212,6	3577,9	− 22,3	+ 7,0
Angestellte und Beamte	82,5	10,4	99,0	19,1	161,2	13,6	− 48,8	− 23,6
und zwar Beamte	17,6	–	16,9	0,1				
Angestellte	64,9	10,4	82,1	19,0				
Arbeiter	1314,0	797,0	1672,5	858,2	1533,4	1053,9	− 15,4	− 24,4
W.-Abt. 1 insgesamt	4053,7	4880,6	4694,0	4648,8	4793,4	4969,3	− 15,4	− 1,8
Industrie und Handwerk								
Selbständige	1144,6	223,0	1243,5	246,7	1206,3	239,7	− 5,1	− 7,0
Mithelf. Familienangehörige	23,8	268,3	46,7	226,4	37,3	182,6	− 36,3	+ 46,9
Angestellte und Beamte	1203,2	474,5	1020,9	328,6	1196,4	347,6	+ 0,6	+ 36,5
und zwar Beamte	25,8	0,4	22,8	0,5				
Angestellte	1177,4	474,1	998,1	328,1				
Arbeiter	8736,2	2344,5	7981,7	1956,7	8050,2	2217,6	+ 8,5	+ 5,7
W.-Abt. 2/4 insgesamt	11107,8	3310,3	10292,8	2758,4	10490,2	2987,5	+ 5,9	+ 10,8
Handel und Verkehr								
Selbständige	895,0	274,7	935,2	315,1	874,1	261,5	+ 2,4	+ 5,0
Mithelf. Familienangehörige	40,1	481,5	66,8	429,6	52,4	361,2	− 23,4	+ 33,3
Angestellte und Beamte	1478,5	846,2	1540,4	792,6	1581,3	679,5	− 6,5	+ 24,5
und zwar Beamte	540,0	33,9	510,5	39,0				
Angestellte	938,5	812,3	1029,9	753,6				
Arbeiter	1510,6	481,5	1456,0	427,1	1176,9	264,0	+ 28,4	+ 82,4
W.-Abt. 5 insgesamt	3924,2	2083,9	3998,4	1964,4	3684,7	1566,2	+ 6,5	+ 33,1

Dienstleistungen (ohne häusliche Dienste)

	1	2	3	4	5	6	+/−	+/−
Selbständige	219,9	68,5	227,4	67,9	175,5	65,5	+ 25,2	+ 4,5
Mithelf. Familienangehörige	22,2	39,4	3,0	23,4	2,0	11,2	+ 8,8	+ 251,0
Angestellte und Beamte	1717,9	650,0	1241,0	542,4	1126,9	386,2	+ 52,5	+ 68,3
und zwar Beamte	1112,6	87,9	829,9	89,1				
Angestellte	605,3	562,1	411,1	453,3	221,6	135,0	+ 139,3	+ 148,4
Arbeiter	530,2	335,7	340,5	224,1				
W.-Abt. 6 insgesamt	2470,2	1093,6	1811,9	857,8	1526,1	597,9	+ 61,9	+ 82,9

Häusliche Dienste

	1	2	3	4	5	6	+/−	+/−
Angestellte (Hausangest.)	0,8	17,9	2,0	26,4	9,3	33,0	− 91,8	− 45,6
Arbeiter (Hausgehilfen)	11,7	1313,9	17,9	1223,2	27,6	1324,1	− 57,7	− 0,8
W.-Abt. 7 insgesamt	12,5	1331,8	19,9	1249,6	36,9	1357,1	− 66,3	− 1,9

Summe der Wirtschaftsleistungen

	1	2	3	4	5	6	+/−	+/−
Selbständige	3974,3	809,5	4282,0	931,6	4122,2	890,6	− 3,6	− 9,1
Mithelf. Familienangehörige	1008,5	4619,1	1163,1	4149,6	1304,3	4132,9	− 22,7	+ 11,8
Angestellte und Beamte	4482,9	1999,0	3903,3	1709,1	4075,1	1459,9	+ 10,1	+ 36,9
und zwar Beamte	1696,0	122,2	1380,1	128,7				
Angestellte	2786,9	1876,8	2523,2	1580,4				
Arbeiter	12102,7	5272,6	11468,6	4689,3	11029,7	4994,6	+ 9,7	+ 5,6
Erwerbspersonen insgesamt	21568,4	12700,2	20817,0	11479,0	20531,3	11478,0	+ 5,1	+ 10,6

Aus: Winkler, Frauenarbeit, S. 194f.

12. Anzahl der Studenten

Jahr	weiblich	männlich	% der weibl. Studenten
SS 1932	18375	100992	15,8
WS 32/33	17345	95392	15,7
SS 1933	16357	90279	15,6
WS 33/34	14340	85183	14,5
SS 1934	12066	75182	13,9
WS 34/35	11180	69623	13,8
SS 1935	9712	58449	14,2
WS 35/36	9788	61692	13,7
SS 1936	8418	54757	13,3
WS 36/37	7905	51343	13,2
SS 1937	6954	46740	12,8
WS 37/38	6360	46599	11,9
SS 1938	6006	45434	11,6
WS 38/39	6285	46246	11,8
SS 1939	6080	47232	11,2
3. Trim. 39	5815	29799	16,0
1. Trim. 40	7378	38421	15,8
2. Trim. 40	8509	29238	21,9
3. Trim. 40	12639	35151	25,6

Aus: Winkler, Frauenarbeit, S. 196

1. Entwicklung der Löhne

		1929	1932	1936	1939
Tarif-Stundenlohn	Facharbeiter	101,1	81,6	78,3	79,1 Pfg.
	Hilfsarbeiter	79,4	64,4	62,3	62,8 Pfg.
	Facharbeiterin	63,4	53,1	51,6	51,5 Pfg.
	Hilfsarbeiterin	52,7	43,9	43,4	44,0 Pfg.
Brutto-Stundenlohn Industriearbeiter		0,96	0,73	0,74	0,81 RM
Brutto-Wochenlohn Industriearbeiter		28,40	20,83	24,94	28,08 RM
Brutto-Monatslohn Angestellter		207,—	182,—	199,—	231,— RM

2. Entwicklung der Renten

Durchschnittliche Monatsrenten	1931	1933	1936	1938	1939
Sozialrenter-Fürsorge RM	18,47	16,22	16,37	17,05	16,96
Invaliden-Witwenrente RM	23,40	21,10	19,30	19,—	19,20
Invalidenrente RM	37,20	33,40	30,90	31,25	32,10
Angestelltenrente RM	65,51	56,98	54,69	54,01	68,46

3. Entwicklung der Lebenshaltungskosten

Amtlicher Index 1913/14 = 100	1929	1932	1933	1935	1936	1939
Gesamt	154,0	120,6	118,0	123,0	124,5	126,2
Ernährung	155,7	115,5	113,3	120,4	122,4	122,8
Kleidung	172,0	112,2	106,7	117,8	120,3	133,3

4. Entwicklung des Pro-Kopf-Verbrauchs pro Jahr

		Fleisch (kg)	Eier (Stück)	Milch (l)	Butter (kg)
1929		44,9	144	117	8,0
1932		42,1	138	105	7,5
1936		45,0	117	114	8,5
1939		48,5	124	103	9,2

	Fette (kg)	Kartoffeln	Gemüse	Obst	Bohnen- kaffee
1929	18,8	172,0	51,0	40,8	2,1
1932	20,4	191,0	47,3	38,8	2,0
1936	17,9	170,8	52,0	29,2	2,4
1939	18,0	188,7	47,0	20,3	1,5

5. Durchschnittlicher Vier-Personen-Arbeiterhaushalt

	Fleisch (kg)	Eier (Stück)	Milch (l)	Butter (kg)	
1928	146,5	472	481	17,9	
1937	118,5	258	358	19,1	

	Fette (kg)	Kartoffeln	Gemüse	Obst	Bohnen- kaffee
1928	55,4	507,8	127,3	96,2	–
1937	37,3	530,3	117,8	64,9	–

6. Entwicklung der Rüstungsausgaben

Anteil an den öffentlichen Investitionen					
1933	23% (720 Mill.)	1935	56% (5,15 Mrd.)	1937	70% (10,8 Mrd.)
1934	49% (3,3 Mrd.)	1936	68% (9 Mrd.)	1938	74% (15,5 Mrd.)

Aus: René Erbe, Die nationalsozialistische Wirtschaftspolitik 1933–1939 im Lichte der modernen Theorie. Zürich 1958, S. 36ff.

13. b Reallöhne der Arbeiter je Woche und Arbeitszeit durchschnittlich wöchentlich

Jahr	Reallöhne je Woche 1928 = 100	Arbeitszeit in Std.
1928	100	46,0
1929	102	–
1930	97	–
1931	94	–
1932	86	41,5
1933	91	42,9
1934	94	44,6
1935	95	44,4
1936	97	45,6
1937	101	46,1
1938	105	46,5
1939	108	47,0

Aus: Petzina, Abelshauser, Faust, Sozialgeschichtliches Arbeitsbuch. Bd. III, S. 98

13. c Entwicklung der Löhne

| Wirtschaftszweig | Die tatsächlichen Verdienste (1942) sind im Reichsdurchschnitt gestiegen | | | |
| | je Stunde in % gegenüber | | je Woche in % gegenüber | |
	1933	1939	1933	1939
Bergbau	+ 18,3	+ 10,4	+ 56,6	+ 18,5
Eisenschaffende Industrie	28,6	6,0	49,8	10,8
Nichteisenmetallindustrie	–	9,4	–	12,4
Gießerei-Industrie	–	10,3	–	14,3
Metallverarbeitende Industrie	30,3	9,7	56,0	12,5
Chemische Industrie	15,1	5,8	43,4	10,2
Steine und Erden	35,4	5,2	29,2	2,0
Keramische Industrie	31,0	15,5	54,6	16,8
Glasindustrie	44,7	18,3	57,1	21,3
Baugewerbe	19,4	2,5	20,3	1,0
Sägeindustrie	34,7	11,0	40,5	13,5
Bautischlerei, Möbelherstellung	34,2	13,7	52,9	19,3
Papiererzeugende Industrie	13,0	8,7	38,5	11,8
Papierverarbeitung	20,5	11,8	37,8	7,9
Buchdruckgewerbe	7,9	6,1	20,8	8,0
Flachdruckgewerbe	–	9,0	–	9,5
Textilindustrie	21,3	11,5	31,1	10,2
Bekleidungsgewerbe	32,6	14,1	25,6	7,1
Schuhindustrie	–	14,6	–	13,4
Süß-, Back- und Teigwarenindustrie	–	10,7	–	2,7
Braugewerbe	–	2,2	–	8,1
Durchschnitt aller Wirtschaftszweige				
nominell	25	10	41	12
der Kaufkraft nach	9	0	23	3

Aus: Mason, Sozialpolitik im Dritten Reich, S. 1284

14. Verteilung des Volkseinkommens 1929–1939

	1929	1932	1936	1939	1932–1939	1929–1939
	in Mrd. DM				in %	in %
Volkseinkommen	**72,3**	**42,6**	**63,3**	**87,2**	**+ 105**	**+ 36**
Unverteilter Gewinn (AG u. GmbH)	0,9	− 0,5	2,3	4,8	−	+ 533
Unternehmer u. Vermögenseinkünfte	21,4	12,8	20,2	29,2	+ 126	+ 36
davon: Industrie Handel	11,8	6,0	10,6	17,9	+ 199	+ 52
Handwerk Land- u. Forstwirtsch.	5,5	3,7	5,8	6,9	+ 87	+ 26
Löhne u. Gehälter[1]	43,0	25,7	35,3	46,5	+ 81	+ 8
Renten u. Unterstützungen	9,2	9,4	7,8	10,2	+ 9	+ 11

[1] auch Manager

Aus: Adelheid von Saldern, Mittelstand im »Dritten Reich«. Handwerker – Einzelhändler – Bauern. Frankfurt a. M., New York 1979, S. 94

15. Anwachsen der Arbeitsunfälle und Berufserkrankungen 1933 bis 1939

Jahr	Zahl der angezeigten Verletzungen und Berufserkrankungen
1933	929 592
1934	1 173 594
1935	1 354 315
1936	1 527 344
1937	1 799 512
1938	2 006 574
1939	2 253 749

Aus: Statistisches Jahrbuch des Deutschen Reiches, Bde. 1935–1941/42; abgedruckt in: Horst Laschitza, Siegfried Vietze, Deutschland und die deutsche Arbeiterbewegung 1933–1945. Berlin 1966, S. 228

16. Opfer des nationalsozialistischen Terrors Anfang 1933 bis Mitte 1935
(nach unvollständigen Angaben der Roten Hilfe)

Ermordete	4656
Prozesse	4619
Angeklagte	21433
Verurteilte	18939
Todesstrafen	98
Lebenslänglich Zuchthaus	28
Gefängnis- und Zuchthausstrafen (Jahre)	36247

Aus: Mammach, Widerstandsbewegung, S. 89

17. a Zivile Arbeitsbeschaffungsmittel nach Verwendungszwecken
1933-34 (in Mill. RM)

Verwendungszweck	Bis Ende 1933	Bis Ende 1934
1. Öffentlicher Bau (Straßenbau, Versorgungsbetriebe, öffentl. Gebäude, Brücken- u. Tiefbau)	855,6	1002,4
2. Wohnungsbau (Instandsetzung, Kleinsiedlung, Eigenheimbau und Stadtsanierung)	723,3	1280,0
3. Verkehrsunternehmungen (Reichsbahn, -post, -autobahnen, Schiffahrt) davon: Reichsautobahnen	950,8 (50,0)	1683,9 (350,0)
4. Landwirtschaft und Fischerei (Bodenverbesserung, Siedlungen, Fischerei, Instandsetzungen)	337,4	389,2
5. Konsumföderung	70,0	70,0
6. Reichsanstalt für Arbeitsvermittlung und Arbeitslosenfürsorge[a]	164,0	568,0
Insgesamt	3101,1	4994,0
7. Zum Vergleich: Zusätzliche Rüstungsausgaben[b]	100,0	3400,0[c]

[a] Grundförderungsbeträge; einschließlich Förderungsmittel für den Arbeitsdienst, die jeweils knapp die Hälfte ausmachen. Die Mittel der Reichsanstalt für den Eigenheimbau werden unter »Wohnungsbau« ausgewiesen.

[b] Einschließlich durch Mefo-Wechsel finanzierte Ausgaben

[c] Für 1934 liegen auch abweichende Schätzungen vor. Sie dokumentieren aber alle den Vorrang ziviler Arbeitsbeschaffungsmaßnahmen in der Frühphase des NS-Regimes. Im Vergleich muß ebenfalls berücksichtigt werden, daß die Masse der Rüstungsausgaben erst gegen Ende 1934 anfällt.

Ziffern 1–6 aus: K. Schiller, Arbeitsbeschaffung und Finanzordnung in Deutschland. Berlin 1936, S. 158f.; Ziffer 7 aus: B. H. Klein, Germany's economic preparations for war. Cambridge, Mass. 1959, S. 256ff.

17. b Zahl der im Rahmen des Arbeitsbeschaffungsprogrammes instand gesetzten oder ausgebauten Wohnhäuser

1933	1934	1935	1936
69 240	129 180	50 500	35 100

Regierungsmittel für Wohnungsbaufinanzierung (Mill. RM)

1928	1933	1934	1935	1936
1340	185	300	225	165

Beide Tabellen aus: A. Schweitzer, Die Nazifizierung des Mittelstandes. Stuttgart 1970, S. 68 und 116

18. Rüstungsausgaben, öffentliche Investitionen und Sozialprodukt 1928, 1932–1938 (in Mill. RM)

	1928	1932	1933	1934	1935	1936	1937	1938
Rüstung (Wehrmacht)	827	620	720	3 300	5 150	9 000	10 850	15 500
Öffentl. Investitionen davon Verkehr	6 413 2 234	1 970 850	2 430 1 238	3 460 1 694	3 890 1 876	4 220 2 144	4 620 2 400	5 530 3 376
Öffentl. Verwaltung Versorgungs-betriebe Wohnungsbau	1 830 1 023 1 330	800 218 150	810 200 185	1 200 289 275	1 400 390 220	1 400 500 175	1 420 600 200	1 200 700 250
Rüstung in % der öffentl. Investitionen	12,9	21,5	29,6	96,2	132,4	213,3	234,8	280,3
Anteil der Rüstung am Volks-einommen (%[a])	1,1	1,4	1,6	6,3	8,7	13,7	14,7	18,9

[a] Ab 1939 Bruttosozialprodukt.

Aus: Petzina, Abelshauser, Faust, Sozialgeschichtliches Arbeitsbuch, S. 149

19. Staatsausgaben[a] in % des Volkseinkommens (1938)

Deutschland	35,0
Großbritannien	23,8
Frankreich	30,0
USA	10,7

[a] ohne Sozialversicherung und Ausgaben der Gemeinden.

Aus: Erbe, Die nationalsozialistische Wirtschaftspolitik 1933–1939, S. 35

20. Die Entwicklung der Investitionen unter dem Vierjahresplan

	Brutto-Anlageinvestitionen 1	Industrielle Anlageinvestitionen 2	Vierjahresplaninvestitionen 3	Investitionen in den Konsumgüterind. 4	Produktionsgüterind. 5
	in % des Sozialprodukts		in % von 2	(1928 = 100)	(1928 = 100)
1928	15,5	19,0	–	100	100
1935	14,1	15,5	–	86	65
1936	14,0	19,5	34,0	116	80
1937	14,2	21,7	53,5	156	92
1938	13,3	24,2	52,7	209	106
1939	13,3	25,6	47,7	256	109
1942	10,6	32,2	40,0	–	–

Aus: D. Petzina, Autarkiepolitik im Dritten Reich. Der nationalsozialistische Vierjahresplan. Stuttgart 1968, S. 183 u. 185

21. a Anteile der Einkommensquellen am Volkseinkommen
(jeweilige Kaufkraft = 100,0)

Einkommensquellen[a]	1913[b]	1925	1928	1932	1936	1940
Land- und Forstwirtschaft	12,5	9,5	7,7	8,2	8,9	7,5
Handel und Gewerbe	20,1	18,2	16,2	13,3	16,2	20,0
Lohn und Gehalt	45,3	56,3	56,5	56,9	53,6	50,9
Kapitalvermögen	12,5	2,0	3,7	5,1	4,1	3,5
Vermietung und Verpachtung	2,0	0,9	1,1	1,7	1,5	1,5
Renten und Pensionen	3,0	9,2	11,2	20,7	11,8	15,3
Privateinkommen	95,4	96,1	96,4	105,9	96,0	98,6

[a] Verluste sind bei der Einkommensberechnung abgesetzt; des weiteren sind im Volkseinkommen enthalten: unverteilte Gesellschaftseinkommen, öffentliche Erwerbseinkünfte u. a.
[b] Reichsgebiet nach dem Ersten Weltkrieg, ohne Saargebiet.

Aus: Petzina, Abelshauser, Faust, Sozialgeschichtliches Arbeitsbuch, S. 104

21. b Personelle Einkommensschichtung vor Steuerabzug 1913–1950[a]

	1913			1928			1936			1950		
% der Einkommens-bezieher	10	40	50	10	40	50	10	40	50	10	40	50
% des Gesamt-einkommens	40	36	24	37	38	25	39	43	18	34	46	20

[a] 1913 und 1928 berechnet nach Angaben im Statistischen Jahrbuch für das Deutsche Reich 1941/42; damit nicht voll vergleichbar sind die Angaben 1936 und 1950, da bei letzteren die Rentnereinkommen fehlen und die Arbeitsloseneinkommen hinzugefügt wurden.

Aus: Petzina, Abelshauser, Faust, Sozialgeschichtliches Arbeitsbuch, S. 103

22. Regionale Entwicklung des Außenhandels 1929–1938

Regionen/Länder	Anteil an der Gesamteinfuhr in %		Anteil an der Gesamtausfuhr in %	
	1929	1938	1929	1938
Südeuropa	3,8	9,8	4,3	10,3
UdSSR	6,9	4,4	6.5	4,2
Ägypten, Türkei und Vorderasien	1,4	3,8	1,4	5,4
Lateinamerika	11,4	14,9	7,3	11,7
Nordeuropa	7,3	11,4	10,2	12,9
Westeuropa	15,7	11,9	26,2	20,8
Großbritannien	6,4	5,2	9,7	6,7
USA	13,3	7,4	7,4	2,8
übrige	40,7	35,8	33,5	29,4

Aus: Petzina, Abelshauser, Faust, Sozialgeschichtliches Arbeitsbuch, S. 74

23. a Deutscher und englischer Anteil am Südosthandel (in %)

		aus/nach Deutschland		aus/nach Großbritannien	
		1929	1938	1929	1938
Ungarn	Imp.	20,0	29,7	2,8	6,0
	Exp.	11,7	27,7	3,6	8,0
Rumänien	Imp.	24,1	40,0	7,3	7,8
	Exp.	27,6	26,5	6,5	11,2
Jugoslawien	Imp.	15,6	42,0	5,6	8,7
	Exp.	8,5	39,4	1,3	9,6
Bulgarien	Imp.	22,2	52,0	8,9	7,1
	Exp.	29,9	59,0	1,6	4,8
Türkei	Imp.	15,3	47,0	12,2	11,2
	Exp.	13,3	42,7	9,6	3,4
Griechenland	Imp.	9,4	29,0	12,5	13,0
	Exp.	23,2	38,6	11,8	8,3

23. b Exportstruktur Bulgariens und der Anteil Deutschlands und Englands im Jahre 1937 (in %)

	Anteil an Gesamt- ausfuhr	Ausfuhr- anteil GB's	Ausfuhr- anteil D's
Bulgarien			
Tabak	32,0	0,1	43,5
pflanzliche Produkte	16,5	3,1	53,0
Eier, Geflügel	12,5	2,5	73,4
Häute	6,0	2,4	59,4
Schweine und -fleisch	4,0	1,5	80,0
5 wichtige Ausfuhrgruppen	71,0	1,5	54,1

Aus: B. J. Wendt, England und der deutsche »Drang nach Südosten«. Kapitalbeziehungen und Warenverkehr in Südeuropa zwischen den Weltkriegen. In: I. Geiss, B. J. Wendt, Deutschland in der Weltpolitik des 19. und 20. Jahrhunderts. Düsseldorf 1973, S. 499

24. a Außenhandel Deutschlands mit Estland 1934–1938

	Einfuhr aus Estland in Mill. RM				
	1934	1935	1936	1937	1938*
Nahrungs- und Genußmittel, Leb. Tiere	4,17	7,30	9,05	9,72	12,83*
Rohstoffe	1,84	3,04	1,88	5,14	3,35
Halbwaren	–	–	1,90	7,55	6,58
Fertigwaren	2,22	2,80	0,96	1,06	0,96
Insgesamt	8,23	13,14	13,79	23,65	23,96
	Ausfuhr nach Estland in Mill. RM				
	1934	1935	1936	1937	1938*
Nahrungs- und Genußmittel, Leb. Tiere	0,22	0,19	0,19	0,26	0,24
Rohstoffe	1,06	1,25	0,60	0,60	0,78
Halbwaren	–	–	2,02	1,81	1,58
Fertigwaren	6,04	9,91	14,75	17,27	19,40
Insgesamt	7,34	11,36	17,56	19,94	22,00

24. b Außenhandel Deutschlands mit Lettland 1934–1938

	Einfuhr aus Lettland in Mill. RM				
	1934	1935	1936	1937	1938*
Nahrungs- und Genußmittel, Leb. Tiere	6,68	10,24	13,28	15,49	17,53
Rohstoffe	11,19	16,23	10,85	16,68	13,51
Halbwaren	–	–	6,20	9,57	8,28
Fertigwaren	3,20	4,64	2,84	3,77	3,92
Insgesamt	21,07	31,11	33,17	45,73	43,49
% d. dt. Gesamteinfuhr	0,47	0,75	0,79	0,84	0,80

	Ausfuhr nach Lettland in Mill. RM				
	1934	1935	1936	1937	1938*
Nahrungs- und Genußmittel, Leb. Tiere	0,19	0,28	0,35	0,25	0,28
Rohstoffe	6,08	6,91	3,10	2,90	2,86
Halbwaren	–	–	6,45	4,24	5,56
Fertigwaren	12,56	20,75	21,34	20,97	32,14
Insgesamt	18,85	28,08	31,24	28,36	40,84
% d. dt. Gesamtausfuhr	0,45	0,65	0,65	0,48	0,78

* Ab Oktober 1938 einschließlich des Sudetengebietes

Aus: H.-E. Volkmann, Ökonomie und Machtpolitik. Lettland und Estland im politisch-ökonomischen Kalkül des Dritten Reiches (1933–1940). In: GG 2 (1976), S. 490

25. Eheschließungen – Geburten
(Nach Angaben des Statistischen Reichsamtes)

Jahr	Geburten	Eheschließungen
1932	993 126	516 703
1933	971 174	638 573
1934	1 198 350	740 165
1935	1 263 976	651 435
1936	1 278 583	609 770
1937	1 277 048	620 265
1938	1 348 534	645 062
1939	1 413 230	774 163
1940	1 402 258	613 103
1941	1 308 232	504 200
1942	1 055 915	525 459
1943	1 124 718	514 095

Aus: Dörte Winkler, Frauenarbeit im »Dritten Reich«. Hamburg 1977, S. 193

26. a Die Kräftebilanz Deutschlands[1] 1939–1944 in Millionen

Zeit: Ende Mai	Zivile Arbeitskräfte			Wehrmacht				Gesamtzahl d. erfaßten Deutschen	Zivile Arb.-Kräfte gesamt	Gesamtzahl aktive Kräfte
	Dtsch. Männer	Dtsch. Frauen	Zus.	Ausl. u. Kriegsgefangene	insges. einber.	komul. Verl.	Aktiv-bestand			
1939	24,5	14,6	39,1	0,3	1,4	–	1,4	40,5	39,4	40,8
1940	20,4	14,4	34,8	1,2	5,7	0,1	5,6	40,5	36,0	41,6
1941	19,0	14,1	33,1	3,0	7,4	0,2	7,2	40,5	36,1	43,3
1942	16,9	14,4	31,3	4,2	9,4	0,8	8,6	40,7	35,5	44,1
1943	15,5	14,8	30,3	6,3	11,2	1,7	9,5	41,5	36,6	46,1
1944	14,2	14,8	29,0	7,1	12,4	3,3	9,1	41,4	36,1	45,2
1944[2]	13,5	14,9	28,4	7,5	13,0	3,9	9,1	41,4	35,9	45,0

[1] Altreich einschl. Österreich und Memelgebiet
[2] 30. 9.

Aus: H.-A. Jacobsen, Der Weg zur Teilung der Welt. Politik und Strategie von 1939 bis 1945. Koblenz, Bonn 1977, S. 269

26. b Deutsche Industriearbeiter 1939–1944
(in 1000)

Datum	Insgesamt	Frauen
31. Mai 1939	(10,855)	(2,749)
31. Juli 1939	10,405	2,620
31. Mai 1940	9,415 (9,747)	2,565 (2,658)
30. Nov. 1940	9,401	2,615
31. Mai 1941	9,057 (9,378)	2,613 (2,702)
30. Nov. 1941	8,861	2,626
31. Mai 1942	8,378 (8,505)	2,580 (2,598)
30. Nov. 1942	8,011	2,493
31.März 1943	7,893 (7,991)	2,576 (2,737)
31. Juli 1943	8,098	2,808
30. Nov. 1943	7,948	2,787
31. Jan. 1944	7,782	2,781
31. März 1944	7,720 (7,656)	2,745 (2,708)
31. Mai 1944	7,715	2,737
31. Juli 1944	7,515	2,678

Aus: Winkler, Frauenarbeit, S. 199

26. c Statistik der Beschäftigung deutscher Frauen 1939–1944
(in 1000)

	Mai 1939	Mai 1940	Mai 1941	Mai 1942	Mai 1943	Mai 1944	Sept. 1944
Landwirtschaft	6,049	5,689	5,369	5,537	5,665	5,694	5,756
Industrie, Handwerk, Energie	3,836	3,650	3,677	3,537	3,740	3,592	3,636
Handel, Banken, Versicherungen, Transport	2,227	2,183	2,167	2,225	2,320	2,219	2,193
Hauswirtschaft	1,560	1,511	1,473	1,410	1,362	1,301	1,287
Verwaltung, Dienstleistungen	954	1,157	1,284	1,471	1,719	1,746	1,748
Zusammen	14,626	14,386	14,167	14,437	14,806	14,808	14,897

Aus: Winkler, Frauenarbeit, S. 201

26. d Beschäftigungsstatistik der Firma Siemens und Halske Berlin (elektrotechnische Industrie)

	Angestellte		Arbeiter	
	männl.	**weibl.**	**männl.**	**weibl.**
Sept. 1932	5042	1229	7165	4487
Sept. 1933	4785	1206	7638	4705
Dez. 1933	4760	1216	7682	5588
Sept. 1934	5575	1531	10795	8114
Dez. 1934	5703	1592	9962	7011
Sept. 1935	6315	1783	10516	6937
Dez. 1935	6422	1824	10542	6932
Dez. 1936	7324	2169	11709	7959
Sept. 1937	7945	2448	13202	10265
Dez. 1937	8053	2525	13527	10390
Sept. 1938	8759	2893	14363	11810
Dez. 1938	9367	3302	15653	14472
Dez. 1939	8675	3959	15112	13484
Sept. 1940	8468	4294	14836	12970
Dez. 1940	8480	4316	15167	12518
März 1941	8443	4434	15213	13019
Juni 1941	8525	4660	15313	13112
Sept. 1941	8526	4689	15235	13308
Okt. 1941	8723	4947	16065	14135
Nov. 1941	8772	5005	16062	14215
Dez. 1941	8813	5010	16418	14325
Jan. 1942	8695	5056	16017	14303
Febr. 1942	8448	5115	15161	14059
März 1942	8346	5143	14791	13784
April 1942	8265	5405	14632	13570
Mai 1942	8137	5500	14423	13598
Juni 1942	8076	5531	14136	13760
Juli 1942	8076	5515	14397	14257
Sept. 1942	8132	5563	14516	14043
Okt. 1942	8114	5609	14462	14123
Nov. 1942	8195	5678	15062	14187
Dez. 1942	8219	5665	15503	14439
Jan. 1943	8151	5661	15577	14212
Febr. 1943	8164	5652	16347	13745
März 1943	8283	5105	16882	14416
April 1943	8480	6022	16906	14708
Mai 1943	8599	6205	16855	14602
Juni 1943	8715	6248	17053	14447
Juli 1943	8821	6249	16914	14260
Aug. 1943	8914	6215	16581	13907
Sept. 1943	9045	6216	16368	13614
April 1944	8490	5622	14237	10362
Mai 1944	8516	5646	14038	10148

Aus: Winkler, Frauenarbeit, S. 197

26. e Einsatz von Frauen in der Industrie des Wehrkreises X
(WK X umfaßt etwa das Gebiet Schlesw.-Holstein, Hamburg,
Bremen, Emden)

Wirtschaftsgruppe	Juli 1939	Juli 1942 Deutsche	Ausländer u. Juden
Bergbau	38	34	6
Eisensch. Industrie	89	122	3
Metallindustrie	295	431	15
Kraftstoffindustrie	607	840	5
Sägeindustrie	281	359	5
Chem. Industrie	16038	16289	3155
Papiererzeugung	225	273	54
Grundstoffindustrie	17573	18348	3243
Gießereiindustrie	269	345	80
Maschinen-, Stahl- u. Fahrzeugbau	17174	36485	4237
Elektroindustrie	3841	4785	182
Feinmechanik u. Optik	1240	3414	356
Eisen-, Stahl- u. Blechwaren-Ind.	7128	11024	4102
Werkstoffverfeinerung	826	905	367
Metallwaren	2311	2091	54
Eisen- u. metallverarb. Industrie	32789	55357	9378
Steine und Erden	823	540	581
Bauindustrie	1089	1132	104
Bau- und Baustoffindustrie	1912	1672	685
Holzverarbeitende Industrie	2796	1985	379
Glasindustrie	188	178	186
Keramische Industrie	1156	318	33
Papierverarbeitende Industrie	3404	1408	63
Druck	7047	5960	38
Lederindustrie	2391	1747	326
Textilindustrie	15679	9319	4042
Bekleidungsindustrie	8479	5801	143
Lebensmittelindustrie	31125	18827	3147
Brauerei und Mälzerei	404	565	20
Zuckerindustrie	23	45	–
Spiritusindustrie	1382	513	3
»Sonstige« Industrien	74074	47696	8380
Gesamte Industrien	126348	123073	21686

Aus: Winkler, Frauenarbeit, S. 200

26. f Einsatz von Fremdarbeiten und Kriegsgefangenen (in Millionen)

Datum (Ende Mai)	Landwirt-schaft	Industrie	Handwerk	Verkehr	Übrige Wirtschaft	Insgesamt
1941	1,5	1,0	0,3	0,1	0,1	3,0
1942	2,0	1,4	0,3	0,2	0,3	4,2
1943	2,3	2,8	0,4	0,3	0,5	6,3
1944	2,6	3,2	0,5	0,4	0,4	7,1

Aus: Winkler, Frauenarbeit, S. 201

27. Bruttostunden und Wochenverdienste in 22 Gewerben 1936–1944

Gewerbe und Arbeitergruppe	Stundenverdienst Rpf.				Wochenverdienst RM			
	1936	1938	1939	1944	1936	1938	1939	1944
Steine u. Erden	65,0	71,7	75,2	80,3	30,52	34,91	36,49	38,59
Facharbeiter	70,3	83,3	87,4	93,9	33,26	41,60	43,79	47,30
Spezialarbeiter	70,3	77,8	81,7	87,2	33,26	38,01	39,87	42,65
Hilfsarbeiter	59,7	64,6	68,4	71,3	27,88	31,23	32,90	33,66
Arbeiterinnen	38,6	42,6	46,3	46,7	17,65	19,46	20,94	18,88
Keram. Industrie	58,0	60,9	63,9	71,9	27,83	28,97	30,51	32,58
Facharbeiter	71,5	84,8	88,3	102,3	35,05	40,99	42,90	52,46
Spezialarbeiter	71,5	74,8	78,4	90,4	35,05	36,65	38,94	46,54
Hilfsarbeiter	71,5	66,1	69,0	75,1	35,05	32,40	34,40	37,18
Facharbeiterinnen	42,6	46,0	48,8	58,8	19,60	21,06	22,25	24,22
Sonst. Arbeiterinnen	39,0	39,7	42,1	49,9	18,17	18,18	19,25	19,98
Glasindustrie	61,7	65,6	68,2	85,2	30,13	31,58	33,16	40,47
Facharbeiter	75,0	82,3	84,4	107,6	35,05	40,62	41,86	54,93
Spezialarbeiter	75,0	81,4	84,7	102,0	35,05	38,82	41,15	51,34
Hilfsarbeiter	54,6	58,8	61,9	73,6	26,72	28,69	30,57	36,41
Spez. Arbeiterinnen	33,0	37,8	40,2	52,4	16,11	17,73	18,83	21,66
Hilfsarbeiterinnen	33,0	33,4	36,2	47,2	16,11	15,79	16,96	17,96
Baugewerbe	71,6	74,5	76,8	82,3	32,97	35,83	37,31	38,27
Maurer	82,6	83,7	88,2	92,9	37,99	41,03	42,79	43,36
Zimmerer, Einsch. Zementfacharb.,	85,4	89,0	91,5	96,9	40,35	45,01	46,24	45,71
Bauhilfsarb., Zem.arb.	69,9	71,9	73,1	83,6	32,41	34,78	35,51	40,45
Tiefbauarbeiter	62,2	66,4	67,8	68,4	28,06	31,52	32,56	30,97
Papiererz. Industrie	63,6	65,6	66,8	73,6	31,29	32,39	34,13	36,91
Gel. u. ang. Arbeiter	71,0	72,7	73,8	82,3	35,94	37,13	39,48	45,64
Ungel. Arbeiter	64,8	66,9	68,2	73,4	31,92	32,99	34,76	37,47
Arbeiterinnen	42,4	43,0	45,1	51,4	19,40	19,54	20,68	20,17

Fortsetzung Tabelle 27

Gewerbe und Arbeitergruppe	Stundenverdienst Rpf.				Wochenverdienst RM			
	1936	1938	1939	1944	1936	1938	1939	1944
Buchdruckgewerbe	106,4	107,3	107,0	114,2	50,49	52,66	52,73	56,06
Männl. Gehilfen	120,2	120,7	120,5	130,3	56,86	59,08	59,23	65,31
Männl. techn. Hilfsp.	99,0	101,2	100,5	109,0	47,79	50,64	51,32	55,29
Weibl. techn. Hilfsp.	50,6	50,9	51,4	55,8	23,90	24,75	24,73	24,70
Textilindustrie	54,9	56,7	58,0	62,8	23,20	26,16	26,04	27,17
Facharbeiter	69,0	71,6	73,6	80,3	29,33	33,79	34,29	39,10
Hilfsarbeiter	53,4	56,8	58,9	62,0	23,08	27,30	28,06	29,83
Facharbeiterinnen	48,9	50,2	51,9	57,4	20,52	22,76	22,72	23,65
Hilfsarbeiterinnen	37,7	39,3	41,4	47,4	15,89	17,84	18,33	18,98
Bekleidungsgewerbe	54,6	58,5	60,4	66,4	25,36	27,27	28,03	26,54
Gel. u. ang. Arbeiter	81,0	87,5	91,0	97,3	38,34	42,06	43,97	47,38
Gel. u. ang. Arbeiterinnen	46,2	50,0	52,3	60,2	21,35	23,13	24,01	23,21
Schuhindustrie	63,2	65,9	68,5	80,8	27,64	30,57	30,55	35,51
Schuhfabrikarbeiter	77,2	80,4	83,5	99,5	33,64	37,28	37,74	47,98
Schuhfabrikarbeiterinnen	50,6	53,2	55,7	64,8	22,26	24,70	24,54	26,51
Süß-, Back- und Teigw.-Industrie	50,6	51,8	53,3	61,8	23,76	24,83	24,66	25,01
Facharbeiter	85,5	87,3	89,4	96,7	41,50	44,09	44,72	49,65
Hilfsarbeiter	66,7	72,8	70,7	76,4	32,60	33,95	34,52	38,17
Facharbeiterinnen	48,8	50,1	51,3	59,3	22,48	23,91	24,02	25,13
Hilfsarbeiterinnen	43,1	44,2	45,7	50,8	20,07	20,92	20,79	18,76
Nichteisenmetall-Industrie	–	90,2	90,3	98,0	–	44,58	45,38	48,92
Facharbeiter	–	98,1	99,4	112,6	–	50,93	52,76	60,70
Spezialarbeiter	–	96,9	97,1	106,5	–	47,94	49,04	55,41
Hilfsarbeiter	–	84,3	84,6	86,6	–	41,20	42,38	43,13
Arbeiterinnen	–	54,3	55,0	58,6	–	25,24	24,98	22,85
Gießerei-Industrie	81,4	89,4	92,9	100,0	40,29	45,02	47,00	52,05
Gelernte Arbeiter	–	98,3	102,7	117,8	–	49,64	52,21	63,75
Ang. Arbeiter	–	93,3	97,5	105,0	–	46,92	49,67	56,26
Hilfsarbeiter	70,8	75,1	77,7	81,2	35,83	38,10	39,45	42,16
Arbeiterinnen	–	54,8	56,5	56,4	–	25,30	25,47	22,61
Metallverarb. Industrie	85,7	91,0	92,2	96,5	42,27	45,90	46,24	46,48
Facharbeiter	98,4	106,4	108,6	121,0	49,18	54,99	56,02	63,43
Ang. Arbeiter	86,8	93,2	95,7	101,1	42,88	47,23	48,74	51,92
Hilfsarbeiter	67,0	72,4	74,7	79,5	32,90	36,06	37,35	39,69
Arbeiterinnen	51,5	55,7	56,7	58,2	24,34	26,30	26,19	22,39

Fortsetzung Tabelle 27

Gewerbe und Arbeitergruppe	Stundenverdienst Rpf.				Wochenverdienst RM			
	1936	1938	1939	1944	1936	1938	1939	1944
Maschinenbau	89,3	94,1	95,8	–	45,32	48,31	48,93	–
Facharbeiter	96,3	104,4	107,2	121,6	49,20	54,27	55,25	64,38
Ang. Arbeiter	87,3	92,0	94,7	101,1	44,17	47,29	48,97	53,29
Hilfsarbeiter	65,8	69,5	72,1	76,6	32,96	35,08	36,74	38,95
Arbeiterinnen	49,5	54,5	55,7	57,1	23,77	25,34	25,81	21,62
Elektrotechn. Industrie	83,9	87,4	88,6	–	41,12	43,52	43,46	–
Facharbeiter	107,9	115,2	117,3	127,1	54,41	59,82	60,42	63,31
Ang. Arbeiter	92,3	97,9	99,8	107,0	45,34	49,40	50,55	52,72
Hilfsarbeiter	75,7	78,2	79,9	82,7	37,19	39,17	39,87	38,97
Arbeiterinnen	57,0	61,4	62,7	62,9	27,14	29,33	29,10	23,25
Optische und feinmech. Industrie	86,2	87,4	88,9	–	43,13	43,69	44,22	–
Facharbeiter	103,7	110,0	111,6	123,8	52,82	56,37	57,71	64,64
Ang. Arbeiter	87,4	93,5	95,2	102,5	42,89	47,46	49,18	52,27
Hilfsarbeiter	70,7	72,2	74,7	82,3	35,56	36,35	37,68	42,18
Arbeiterinnen	51,8	54,4	55,5	58,6	25,01	25,93	26,44	22,10
Chem. Industrie	82,0	83,5	83,5	–	37,92	40,24	41,08	–
Betriebshandwerker	104,1	106,3	107,0	–	49,67	53,79	56,20	–
Betriebsarbeiter	87,8	88,5	89,3	–	40,88	42,97	44,98	–
dar. Postenl. u. Vorarb.	–	103,3	104,0	–	–	51,95	54,88	–
S. qual. Betriebsarb.	–	90,4	91,5	–	–	43,78	46,11	–
Hilfsarbeiter	–	79,3	80,1	–	–	38,34	39,68	–
Arbeiterinnen	51,7	52,0	52,9	–	22,99	23,59	23,70	–
Kautschukindustrie	81,4	83,1	83,5	–	36,84	38,89	38,75	–
Betriebshandwerk	102,5	104,7	105,1	–	49,86	54,54	53,75	–
dar. Betriebsarbeiter	92,5	96,5	97,4	–	42,21	45,87	46,49	–
dar. Postenl. u. Vorarb.	–	111,6	112,3	–	–	56,55	57,50	–
S. qual. Betriebsarb.	–	99,4	101,3	–	–	47,92	48,81	–
Hilfsarbeiter	–	92,3	91,7	–	–	42,94	43,09	–
Arbeiterinnen	54,5	56,9	58,0	–	23,75	25,28	25,24	–

Aus: Winkler, Frauenarbeit, S. 202 ff.

28. Index der Produktion von Produktionsmitteln, von Kriegsmaterial und von Konsumtionsmitteln in Deutschland 1939–1945 (1928 = 100)

Jahr	(1940 = 100)		
	Produktionsmittel	**Kriegsproduktion**	**Konsumtionsmittel**
1939	etwa 150	–	etwa 110
1940	155–165	100	100–110
1941	175–190	ca. 100	100–110
1942	185–200	ca. 150	90–100
1943	215–230	ca. 230	85– 95
1944	220–240	ca. 285	80– 90
1945	40– 60	–	20– 30

Aus: Laschitza, Vietzke, Geschichte Deutschlands und der deutschen Arbeiterbewegung 1933–1945. Berlin 1964, S. 234

29. Rüstungsausgaben des Deutschen Reiches von 1932–1943

	1932	**1934**	**1936**	**1938**	**1940**	**1943**
in Mrd. RM	0,6	4,2	10,3	17,2	58,1	117,9
in % d. Reichsausgaben	8,2	39,3	59,2	61,0	78	81
in % d. Bruttosoz. prod.	1,1	5,0	11,2	15,7	40	70

Aus: Ch. Bettelheim, Die deutsche Wirtschaft unter dem Nationalsozialismus. München 1974, S. 327

30. Notenumlauf der Reichsbank von 1932–1943 (in Mill. RM)

Ende 1932	3 560
Ende Oktober 1936	4 713
Ende Oktober 1939	11 000
Ende April 1941	14 046
Ende Dezember 1943	33 683

Aus: Bettelheim, Die deutsche Wirtschaft, S. 292

31. Deutschland
    Produktion wichtiger Zweige der Mineralölindustrie und
    abgeworfene Bombenlast auf die Mineralölwerke

Monat	Erzeugung in 1000 t			abge- worfene Bombenlast
	Flugbenzin	Kfz.-Benzin	Dieselöl	in 1000 sh.
1944				
Januar	159	118	117	0,1
Februar	164	106	94	0,1
März	181	134	100	0,0
April	175	126	89	0,6
Mai	156	94	74	5,1
Juni	52	75	69	17,7
Juli	35	48	69	21,4
August	17	59	69	26,3
September	10	48	52	11,0
Oktober	20	53	57	12,5
November	49	50	55	35,0
Dezember	26	50	66	13,9
1945				
Januar	11	50	64	12,5
Februar	1	50	77	22,6
März	–	39	39	30,9

Aus: Jacobsen, Teilung der Welt, S. 509

32. Versorgung mit wichtigen Rohstoffen 1944/45
    (Deutsche Versorgung Mitte 1944 = 100)

Rohstoffe	Deutschland		Feindmächte	
	Mitte 1944	Anfang 1945	Mitte 1944	Anfang 1945
Treibstoffe	100	31	2920	3117
Kohle	100	80	220	252
Koks	100	75	175	202
Eisen u. Stahl	100	32	367	366
Mangan	100	94	881	907
Molybdän	100	21	5000	5089
Nickel	100	15	1378	1399
Wolfram	100	51	887	887
Chrom	100	0	453	464
Aluminium	100	76	358	291
Kautschuk	100	69	748	748
Sprengstoffe	100	138	228	294
zum Vergleich: Kräfteeinsatz	100	44	136	192

Aus: Jacobsen, Teilung der Welt, S. 509

33. Zur Rüstung und Wirtschaft im 2. Weltkrieg: Deutschland
Indexziffern der Rüstungsendfertigung nach Gruppen
(Januar/Februar 1942 = 100)

Zeit	Ge-samt	Muni-tion	Waffen	Panzer	Kraft-fahr-zeuge	Flug-zeuge	Schiff-bau
1939 Sept./Dez.	63	113	63	5	–	–	11
1940 mtl. Durchschn.	97	163	79	36	–	–	40
1941 mtl. Durchschn.	98	102	106	81	–	97	110
1942 mtl. Durchschn.	142	166	137	130	120	133	142
1943 mtl. Durchschn.	222	247	234	330	138	216	182
1944 I. Quartal	247	299	286	465	132	227	154
April	274	302	320	527	121	285	127
Mai	285	301	337	567	126	295	152
Juni	297	–	361	580	133	321	107
Juli	322	319	384	589	117	367	139
August	297	323	382	558	116	308	141
September	301	335	377	527	84	310	184
Oktober	273	321	372	516	79	255	217
November	268	307	375	571	78	274	124
Dezember	263	263	408	598	63	224	233
1945 Januar	227	226	284	557	60	231	164

Aus: Jacobsen, Teilung der Welt, S. 508

34. Tribute der okkupierten Gebiete
und deutsche Staatsausgaben 1940–1944 (in Mrd. DM)

Jahr	Staatsausgaben	Kontributionen	Kontributionen in % der Gesamtausgaben
1940	62	8	11,4
1941	84	19	18,4
1942	100	28	21,9
1943	114	40	26,0
1944	134	48	26,4

Aus: J. Kuczynski, Die Geschichte der Lage der Arbeiter. Bd. II, Erster Teil, Berlin 1953, S. 110

35. Veränderungen im Gebietsstand 1938–1944

a) In das Reich eingegliederte Gebiete

		Gebietszugang			Jeweiliger Gebietsstand des Deutschen Reiches		
Datum	Gebiet	Fläche qkm	Bevölkerung Zählungsjahr	Bevölkerung 1000	Datum	Fläche qkm	Bevölkerung 1000
13. 3. 1938	Österreich[a]	83764	1934	6759	Febr. 1938	470544	66031
13. 10. 1938	Sudetengebiet[a]	28971	1933	3636	ab März 1938	554308	72790
März 1939	Ostmark (Österreich)[b]	88150	1939	6972	ab Okt. 1938	583279	76426
März 1939	Sudetengebiet[b]	22608	1939	2943	ab März 1939	585787	79530
23. 3. 1939	Memelgebiet	2416	1939	155			
1. 9. 1939	Freie Stadt Danzig	1893	1939	392	ab Sept. 1939	587680	79922
26. 10. 1939	Eingeglied. Ostgebiete (bisher polnische Gebiete)	91973	1939	9936	ab Okt. 1939	679653	89858
18. 5. 1940	Eupen, Malmedy und Moresnet	1219	1940	82	ab Juli 1940	680872	89940

[a] Bei der Eingliederung im März bzw. Oktober 1938
[b] Nach der neuen Gebietsgliederung im März 1939

Fortsetzung Tabelle 35

b) Protektorat Böhmen und Mähren und Gebiete unter deutscher Verwaltung

Datum	Gebiet	Fläche qkm	Bevölkerung Zählungsjahr	Bevölkerung 1000
März 1939	Protektorat Böhmen und Mähren	48901	1939	7485
Okt. 1939	Gebiete unter deutscher Verwaltung: Generalgouvernement (Polen)	142207	1941	16963
Juli 1940	Elsaß	8294	1936	1219
Juli 1940	Lothringen	6228	1936	696
Juli 1940	Luxemburg	2586	1941	290
Mai 1941	Untersteiermark, Südkärnten und Oberkrain (jugoslawische Gebiete)	9620	1941	775

Aus: Sozialgeschichtliches Arbeitsbuch. Bd. III: Materialien zur Statistik des Deutschen Reiches 1941–1945. Von Dietmar Petzina, Werner Abelshauser u. Anselm Faust. München 1978, S. 25f.

36. Ideologischer Vernichtungskrieg
Die nationalsozialistische Judenausrottung
(Schätzungen über den zahlenmäßigen Umfang)

Land:	Vor der Verfolgung	Verluste Mindestzahl	Höchstzahl	%
1. Polen	3 300 000	2 350 000*	2 900 000*	= 88
2. Sowjetunion (Bes. Geb.)	2 100 000	700 000*	1 000 000*	= 48
3. Rumänien	850 000	200 000*	420 000*	= 49
4. Tschechoslowakei	360 000	233 000	300 000	= 83
5. Deutschland	240 000	160 000	200 000	= 83
6. Ungarn	403 000	180 000	200 000	= 50
7 Litauen	155 000	–	135 000	= 87
8. Frankreich	300 000	60 000	130 000	= 43
9. Niederlande	150 000	104 000	120 000	= 80
10. Lettland	95 000	–	85 000	= 89
11. Jugoslawien	75 000	55 000	65 000	= 87
12. Griechenland	75 000	57 000	60 000	= 80
13. Österreich	60 000	–	40 000	= 67
14. Belgien	100 000	25 000	40 000	= 40
15. Italien	75 000	8 500	15 000	= 26
16. Bulgarien	50 000	–	7 000	= 14
17. Dänemark	–	(wen. als 100)	–	= –
18. Luxemburg	–	3 000	3 000	= –
19. Norwegen	–	700	1 000	= –
		4 194 200*	rd. 5 721 000	rd. 68

* Verläßliche Zahlenangaben liegen in diesem Fall nicht vor. Es handelt sich also nur um annähernde Schätzungen.

Aus: Jacobsen, Teilung der Welt, S. 508

37. Hinrichtungen 1937–1945
(soweit sie im Reichsjustizministerium registriert wurden)

1937	86	1941	1 146
1938	99	1942	3 393
1939	143	1943	5 684
1940	306	1944	5 764

Aus dem Jahre 1945 liegen keine genauen Ziffern vor. Die Zahl wird auf rund 800 geschätzt. Die Zahl der militärgerichtlich Hingerichteten wird auf etwa 20 000 geschätzt.

Aus: G. Weisenborn (Hrsg.), Der lautlose Aufstand. Bericht über die Widerstandsbewegung des deutschen Volkes 1933–1945. Hamburg 1962, S. 240f.

38. Hinrichtungen in Brandenburg 1940–1945

Vom 22. 8. 1940 bis 20. 4. 1945 wurden ingesamt hingerichtet: 2042.
Davon waren Opfer ihrer politischen und religiösen Überzeugung: 1 807.

A.	Im eigentlichen Sinn Politische	1 056
	davon Hochverrat	498
	Wehrkraftzersetzung	558
B.	Militärische Delikte	654
	hierunter Kriegsdienstverweigerung, ideeller Landesverrat, Feindbegünstigung u. dgl.	
C.	Halbpolitische	97
	davon kraft nationalsozialistischer Ausnahmegesetze	27
	unbekannt und wie etwa »Ehebruch«	
	schwer zu klassifizieren	8
D.	Kriminelle	235

Berufliche Gliederung der 1807 politischen Opfer:

I. Arbeiter und Handwerker	775
II. Techniker, Ingenieure, Architekten, Baumeister	363
III. Angestellte und Beamte	234
IV. Unternehmer, Industrielle und Kaufleute	97
V. Bauern und Gärtner	79
VI. Forscher und Gelehrte	51
davon 6 Universitätsprofessoren, 23 Ärzte und Apotheker, je 8 Chemiker und Studienräte	
VII. Künstler	49
VIII. Berufssoldaten und Offiziere	35
IX. Hohe Beamte, Parlamentarier	38
X. Geistliche	21
davon 19 katholisch	
XI. Schüler und Studenten	22
XII. Redakteure und Journalisten	12
XIII. Unbestimmte Berufsangabe	31
(Ein knappes Drittel davon waren Ausländer)	

Aus: Weisenborn, Der lautlose Aufstand, S. 239

39. Die Toten von Buchenwald

1. Im Lager Verstorbene oder Ermordete vom Juli 1937 bis 31. März 1945 (lt. Veränderungsmeldungen der Schreibstube und Reviermeldungen. In dieser Zahl sind die Toten der Außenkommandos, mit Ausnahme der Frauen, enthalten.)	33 462
2. Exekutionen	
Im Pferdestall ermordete sowjetische Kriegsgefangene	8 483
Gehängte (nach unvollständig vorliegenden Meldungen	1 100
3. Tote der Evakuierungstransporte März/April 1945	13 500
(geschätzt auf 12 000 bis 15 000)	
	56 545

Als Liquidierungstransporte gingen in andere Lager: (diese Zahlen sind nicht in der obigen Aufstellung enthalten)	
Transport zur Vergasung nach Sonnenstein 1941	187
Transport zur Vergasung nach Bernburg	285
Transport von jüdischen Häftlingen nach Dachau 1942	351
Transport von holländischen jüdischen Häftlingen nach Mauthausen 1942	341
Juden und Zigeuner nach Auschwitz 1942	363
Tote in Dora, als Transport nach Auschwitz getarnt	3 000
Transporte nach Auschwitz 1943	1 180
Kinder nach Auschwitz 1943	200
Jüdische Häftlinge nach Auschwitz 1944	1 188
Kinder nach Bergen-Belsen 1944	600
Transporte nach Bergen-Belsen 1944	2 438
Transporte aus Ohrdruf nach Bergen-Belsen	2 884
	13 017

Aus: Buchenwald. Mahnung und Verpflichtung. Dokumente und Berichte. Berlin 1961, S. 87

40. Die Menschenverluste in den Weltkriegen

Staat	Menschenverluste			Verluste der Zivilbevölkerung 1000[b]
	insgesamt		davon Militärische Verluste 1000	
	1000	% der Vorkriegsbevölkerung[a]		
	Erster Weltkrieg			
Deutschland	2700	4,0	2400	300
Österreich-Ungarn	1400	2,7	1000	400
Großbritannien	1587	3,5	1184	403
Frankreich	1710	4,3	1140	570
Italien	1309	3,8	615	694
Rußland	900	1,7	900	–
USA	125	0,1	125	–
Belgien	128	1,7	63	65
	Zweiter Weltkrieg			
Deutschland } Österreich	7234	9,5	4030	3204
Großbritannien	388	0,8	326	62
Frankreich	810	1,9	340	470
Italien	410	0,9	330	80
Sowjetunion	20600	12,1	13600	7000
USA	259	0,2	259	–
Belgien	88	1,1	76	12
Niederlande	210	2,4	198	12
Polen	ca. 6000	ca. 17,0	123	6000

a) Auf Grund der letzten Vorkriegszählung oder amtlicher Schätzung.
b) Nicht in allen Fällen handelt es sich um Verluste als direkte Folge von Kriegshandlungen (Bombardierungen, Bodengefechte etc.) oder nationalsozialistischer Ausrottungspolitik, sondern auch um die Auswirkungen mangelhafter Ernährung und medizinischer Versorgung. Die hohen Einbußen Großbritanniens während des Ersten Weltkrieges wurden zu einem großen Teil durch eine Grippeepidemie verursacht.

Aus: Sozialgeschichtliches Arbeitsbuch, Bd. III, S. 27

Auswahlbibliographie

1. Bibliographien

Bibliographie zur Zeitgeschichte. Beilage der Vierteljahrshefte für Zeitgeschichte, zusammengestellt von Th. Vogelsang. Stuttgart 1953 ff. (Jetzt auch Bibliographie zur Zeitgeschichte 1953–1980. Hrsg. im Auftrag des Instituts für Zeitgeschichte von Th. Vogelsang u. H. Auerbach unter Mitarbeit v. U. van Laak. 3 Bde, München 1982/83)

Bracher, K. D., H.-A. Jacobsen, A. Tyrell (Hrsg.): Bibliographie zur Politik in Theorie und Praxis. Vollständige Neubearb., Düsseldorf, Königstein i. Ts. 1982

Bücherschau der Weltkriegsbücherei Stuttgart. Stuttgart 1953 ff.

Herre, F., H. Auerbach: Bibliographie zur Zeitgeschichte und zum Zweiten Weltkrieg für die Jahre 1945–1950. München 1955

Hüttenberger, P.: Bibliographie zum Nationalsozialismus. Göttingen 1980

2. Akteneditionen und Quellensammlungen

Das Abkommen von München 1938. Tschechoslowakische diplomatische Dokumente 1937 bis 1939. Hrsg. von V. Král. Prag 1968

Akten zur Deutschen Auswärtigen Politik (ADAP) 1918–1945. Serie C: 1933–1937, Göttingen 1971–1981; Serie D: 1937–1941. Baden-Baden 1950–1956, Frankfurt a. M. 1961–1964, Bonn 1965, Göttingen 1969 ff.; Serie E: 1941–1945, Bde I–VIII, Göttingen 1969 ff.

Anatomie des Krieges. Neue Dokumente über die Rolle des deutschen Monopolkapitalismus bei der Vorbereitung und Durchführung des Zweiten Weltkrieges. Hrsg. von D. Eichholtz und W. Schumann, Berlin 1969

Becker, J. und R. (Hrsg.): Hitlers Machtergreifung. Dokumente vom Machtantritt Hitlers 30. Januar 1933 bis zur Besiegelung des Einparteienstaates 14. Juli 1933. München 1983

Eschenhagen, W. (Hrsg.): Die ›Machtergreifung‹. Tagebuch einer Wende, nach Presseberichten vom 1. Januar bis 6. März 1933. Darmstadt, Neuwied 1982

Focke, H., U. Reimer (Hrsg.): Alltag unterm Hakenkreuz. Wie die Nazis das Leben der Deutschen veränderten. Ein aufklärendes Lesebuch. Reinbek 1979

Focke, H., U. Reimer (Hrsg.): Alltag der Entrechteten. Wie die Nazis mit ihren Gegnern umgingen. Reinbek 1980

Hofer, W. (Hrsg.): Der Nationalsozialismus. Dokumente 1933–1945. Frankfurt a. M. 1957, überarb. Neuausg. 1982

Hohlfeld, J. (Hrsg.): Dokumente der deutschen Politik von 1848 bis zur Gegenwart. Bd IV u. V: Die Zeit der nationalsozialistischen Diktatur 1933–1945. Berlin 1953

Jacobsen, H.-A. (Hrsg. unter Mitwirkung von W. v. Bredow): Mißtrauische Nachbarn. Deutsche Ostpolitik 1919–1970. Dokumentation und Analyse. Düsseldorf 1970

Jacobsen, H.-A.: Der Weg zur Teilung der Welt. Politik und Strategie von 1933 bis 1945. Koblenz, Bonn 1977

Jacobsen, H.-A.: 1939–1945. Der Zweite Weltkrieg in Chronik und Dokumenten. 5. Aufl., Darmstadt 1961

Jacobsen, H.-A., W. Jochmann (Hrsg.): Ausgewählte Dokumente zur Geschichte des Nationalsozialismus 1933–1945. 2 Bde u. Kommentar, Bielefeld 1960 bis 1966

Mason, Th. W.: Arbeiterklasse und Volksgemeinschaft. Dokumente und Materialien zur deutschen Arbeiterpolitik 1936–1939. Opladen 1975

Der Prozeß gegen die Hauptkriegsverbrecher vor dem Internationalen Militärgerichtshof. 42 Bde, Nürnberg 1946

Schönbrunn, G. (Hrsg.): Geschichte in Quellen. Bd 5: Weltkriege und Revolutionen 1914–1945. 2. Aufl., München 1975

Schulthess' Europäischer Geschichtskalender. Neue Folge. Bd 76–80, München 1936 ff.

Ursachen und Folgen. Vom deutschen Zusammenbruch 1918 und 1945 bis zur staatlichen Neuordnung Deutschlands in der Gegenwart. Eine Urkunden- und Dokumentensammlung zur Zeitgeschichte. Hrsg. von H. Michaelis und E. Schraepler. Bd 9–13, Berlin 1965–1968

3. Quellen zu einzelnen Teilbereichen und Ereignissen

Anatomie der Aggression. Neue Dokumente zu den Kriegszielen des faschistischen deutschen Imperialismus im Zweiten Weltkrieg. Hrsg. und eingel. von G. Hass u. E. Schumann. Berlin 1962

Bayern in der NS-Zeit. Studien und Dokumentationen in 6 Bden, München 1977–1983

Boelcke, W. A. (Hrsg.): Kriegspropaganda 1939–1941. Geheime Ministerkonferenzen im Reichspropagandaministerium. Stuttgart 1966

Boelcke, W. A. (Hrsg.): Wollt Ihr den totalen Krieg? Die geheimen Goebbels-Konferenzen 1939–1943. München 1969

Boelcke, W. A. (Hrsg.): Deutschlands Rüstung im Zweiten Weltkrieg. Hitlers Konferenzen mit Albert Speer 1942–1945. Frankfurt a. M. 1969

Die Beziehungen zwischen Deutschland und der Sowjetunion 1939–1941. Dokumente des Auswärtigen Amtes. Hrsg. von A. Seidl. Tübingen 1948

Hitlers Weisungen für die Kriegführung 1939–1945. Dokumente des Oberkommandos der Wehrmacht. Hrsg. von W. Hubatsch. Frankfurt a. M. 1962

Hillgruber, A. (Hrsg.): Staatsmänner und Diplomaten bei Hitler. Vertrauliche Aufzeichnungen über die Unterredungen mit Vertretern des Auslandes. Bd I: 1939–1941. Frankfurt a. M. 1967; Bd II: 1942–1944. Frankfurt a. M. 1970

Klee, K.: Dokumente zum Unternehmen »Seelöwe«. Die geplante Landung in England. Göttingen, Berlin, Frankfurt a. M. 1959

Kopp, O. (Hrsg.): Widerstand und Erneuerung. Neue Berichte und Dokumente vom inneren Kampf gegen das Hitler-Regime. Stuttgart 1966

Meldungen aus dem Reich. Auswahl aus den geheimen Lageberichten des Sicherheitsdienstes der SS 1939–1944. Hrsg. v. H. Boberach. München 1968

OKW. Kriegstagebuch des Oberkommandos der Wehrmacht (Wehrmachtführungsstab). Hrsg. von P. E. Schramm in Zusammenarbeit mit A. Hillgruber, W. Hubatsch u. H.-A. Jacobsen. 2 Bde, Frankfurt a. M. 1963/65

Salewski, M.: Die deutsche Seekriegsleitung 1935–1945. Denkschriften und Lagebetrachtungen. 3 Bde, Frankfurt a. M. 1969–1973

Schnabel, R.: Mißbrauchte Mikrophone. Deutsche Rundfunkpropaganda im Zweiten Weltkrieg. Eine Dokumentation. Wien 1967

Deutschland-Berichte der Sozialdemokratischen Partei Deutschlands (Sopade) 1934–1940. 7 Bde, Salzhausen, Frankfurt a. M. 1980

Weltherrschaft im Visier. Dokumente zu den Europa- und Weltherrschaftsplänen des deutschen Imperialismus von der Jahrhundertwende bis Mai 1945. Hrsg. u. eingel. von W. Schumann u. L. Nestler unter Mitarbeit von W. Gutsche u. W. Ruge. Berlin 1975

4. Memoiren, Briefe, Tagebücher, Reden, Biographien

Abetz, O.: Das offene Problem. Ein Rückblick auf zwei Jahrzehnte deutscher Frankreichpolitik. Köln 1951

Bielenberg, C.: Als ich Deutsche war. 1934–1945. München 1969

Bonnet, G.: Vor der Katastrophe. Erinnerungen des französischen Außenministers 1938–1939. Köln 1951

Braun, O.: Von Weimar zu Hitler. Hamburg 1949

Brüning, H.: Memoiren 1918–1934. 2 Bde, München 1972

Brüning, H.: Briefe und Gespräche 1934–1945. Hrsg. von C. Nix unter Mitarbeit von R. Phelps und G. Peter, Stuttgart 1974

Bullock, A.: Hitler. Eine Studie über Tyrannei. 3. Aufl., Düsseldorf 1967

Burckhardt, C. J.: Meine Danziger Mission 1937–1939. München 1960

Ciano, G.: Tagebücher 1937/38. Hamburg 1949

Coulondre, R.: Von Moskau nach Berlin 1936–1939. Erinnerungen des französischen Botschafters. Bonn 1950

Dahlerus, B.: Der letzte Versuch. London–Berlin Sommer 1939. 2. Aufl., München 1973

Deuerlein, E.: Hitler. Eine politische Biographie. München 1969

Diels, R.: Lucifer ante portas. Es spricht der erste Chef der Gestapo. Stuttgart 1950

Dietrich, O.: 12 Jahre mit Hitler. München 1955

Dirksen, H. von: Moskau, Tokio, London. Erinnerungen und Betrachtungen zu 20 Jahren deutscher Außenpolitik 1919–1939. Stuttgart o. J.

Domarus, M.: Hitler. Reden und Proklamationen 1932–1945. Kommentiert von einem deutschen Zeitgenossen. 2 Bde, Würzburg 1962/63

Eden, A.: Angesichts der Diktatoren. Memoiren 1923–1938. Köln, Berlin 1964

Es spricht der Führer. Sieben exemplarische Hitlerreden. Hrsg. und erläutert von H. von Kotze und H. Krausnick unter Mitwirkung von F. A. Krummacher, Gütersloh 1966

Fest, C. J.: Das Gesicht des Dritten Reiches. Profile einer totalitären Herrschaft. München 1963

Fest, C. J.: Hitler. Eine politische Biographie. Frankfurt a. M., Berlin, Wien 1973

François-Poncet, A.: Als Botschafter in Berlin 1931–1938. Mainz 1947

Frank, H.: Im Angesichts des Galgens. Deutung Hitlers und seiner Zeit auf Grund eigener Erlebnisse und Erkenntnisse. München 1953

Gafencu, G.: Europas letzte Tage. Eine politische Reise im Jahre 1939. Zürich 1946

Geyr von Schweppenburg. L. Frhr. von: Erinnerungen eines Militärattachés. London 1933 bis 1937. Stuttgart 1949

Gisevius, H. B.: Bis zum bitteren Ende. 2 Bde, Hamburg 1947

Goebbels, J.: Vom Kaiserhof zur Reichskanzlei. Eine historische Darstellung in Tagebuchblättern 1932/33. München 1933

Die Tagebücher von Joseph Goebbels. 4 Bde + Interimsregister. Hrsg. von E. Fröhlich, München 1987

Goebbels, J.: Tagebücher 1924–1945, 5. Bde. Hrsg. von R. G. Reuth, München 1992

Goebbels, J.: Tagebücher 1945. Die letzten Aufzeichnungen. Hamburg 1977

Goebbels' Tagebücher aus den Jahren 1942–43. Mit anderen Dokumenten hrsg. von L. P. Lochner. Zürich 1948

Göring, H.: Reden und Aufsätze. Hrsg. von E. Gritzbach. München 1938

Groscurth, H.: Tagebücher eines Abwehroffiziers 1938–1940. Mit weiteren Dokumenten zur Militäropposition gegen Hitler. Hrsg. von H. Krausnick, H. C. Deutsch, Stuttgart 1970

Halder, F.: Kriegstagebuch. Tägliche Aufzeichnungen des Chefs des Generalstabes des Heeres. Bearbeitet von H.-A. Jacobsen, in Verbindung mit A. Philippi. 3 Bde, Stuttgart 1962–1964

Hanfstaengl, E.: Zwischen Weißem und Braunem Haus. Erinnerungen eines politischen Außenseiters. München 1970

Hartmann, C.: Halder. Generalstabschef Hitlers 1938–1942. Paderborn 1991

Hassell, U. von: Vom andern Deutschland. Aus den nachgelassenen Tagebüchern 1938–1944. Zürich, Freiburg i. Br. 1946

Heeresadjutant bei Hitler 1938–1943. Aufzeichnungen des Majors Engel. Hrsg. von H. von Kotze. Stuttgart 1974

Heiber, H.: Joseph Goebbels. 2. Aufl., München 1974

Heiber, H.: Adolf Hitler. Eine Biographie. Berlin 1960

Heiber, H. (Hrsg.): Reichsführer! Briefe an und von Himmler. Stuttgart 1968

Henderson, N.: Fehlschlag einer Mission. Berlin 1937–1939. Zürich o. J.

Hesse, F.: Das Spiel um Deutschland. München 1953

Herwarth, H. von: Zwischen Hitler und Stalin. Erlebte Zeitgeschichte 1931–1945. Frankfurt a. M., Berlin, Wien 1982

Hilger, G.: Wir und der Kreml. Deutsch-sowjetische Beziehungen 1918–1941. Erinnerungen eines deutschen Diplomaten. 2. Aufl., Berlin 1956

Himmler, H.: Geheimreden 1933 bis 1945 und andere Ansprachen. Hrsg. von B. F. Smith u. A. F. Peterson. Frankfurt a. M., Berlin, Wien 1974

Hitler, A.: Mein Kampf. 2 Bde, München 1925/26

Hitler. Sämtliche Aufzeichnungen 1905–1924. Hrsg. von E. Jäckel zus. mit A. Kuhn. Stuttgart 1980

Hitlers zweites Buch. Ein Dokument aus dem Jahre 1928. Eingel. und kommentiert von G. L. Weinberg. Stuttgart 1961

Adolf Hitler. Monologe im Führerhauptquartier 1941–1944. Die Aufzeichnungen Heinrich Heims. Hrsg. von W. Jochmann. Hamburg 1980

Hoßbach, F.: Zwischen Wehrmacht und Hitler 1934–1938. 2. Aufl., Göttingen 1965

Höß, R.: Kommandant in Auschwitz. Autobiographische Aufzeichnungen. Hrsg. und eingel. von M. Broszat. 9. Aufl., München 1983

Kehrl, H.: Krisenmanager im Dritten Reich. 6 Jahre Frieden – 6 Jahre Krieg. Erinnerungen. Düsseldorf 1973

Kennan, G. F.: Memoiren eines Diplomaten. Stuttgart 1968

Kessler, H. Graf von: Tagebücher 1918–1937. Frankfurt a. M. 1961

Kleist, P.: Zwischen Hitler und Stalin 1939–45. Bonn 1950

General Ernst Köstring. Der militärische Mittler zwischen dem Deutschen Reich und der Sowjetunion 1921–1941. Bearb. von H. Teske. Frankfurt o. J. (1966)

Kordt, E.: Nicht aus den Akten. Die Wilhelmstraße in Frieden und Krieg. Erlebnisse, Begegnungen und Eindrücke 1928–1945. Stuttgart 1950

Krogmann, C. V.: Es ging um Deutschlands Zukunft 1932–1939. Erlebtes, täglich diktiert von dem früheren Regierenden Bürgermeister von Hamburg. Leoni 1976

Manstein, E. von: Verlorene Siege. Frankfurt a. M., Bonn 1964

Maser, G.: Adolf Hitler. Legende, Mythos, Wirklichkeit. 6. Aufl., Esslingen, München 1975

Meissner, O.: Staatssekretär unter Ebert–Hindenburg–Hitler. Der Schicksalsweg des deutschen Volkes von 1918–1945, wie ich ihn erlebte. Hamburg 1950

Nadolny, R.: Mein Beitrag. Wiesbaden 1955

Niekisch, E.: Gewagtes Leben. Köln, Berlin 1958

Papen, F. von: Der Wahrheit eine Gasse. München 1952

Picker, H.: Hitlers Tischgespräche im Führerhauptquartier. Neu hrsg. von P. E. Schramm in Zusammenarbeit mit A. Hillgruber u. M. Vogt. 2. Aufl., Stuttgart 1965

Raeder, E.: Mein Leben. 2 Bde, Tübingen 1956/57

Rauschning, H.: Gespräche mit Hitler. 3. Aufl., Wien 1973

Reden des Führers. Politik und Propaganda Adolf Hitlers 1922–1945. Hrsg. von E. Klöss. München 1967

Reuth, R. G.: Goebbels. München 1990

Rheinbaben, W. Frhr. von: Viermal Deutschland. Aus dem Erleben eines Seemanns, Diplomaten, Politikers 1895–1954. Berlin 1954

Ribbentrop, J. von: Zwischen London und Moskau. Erinnerungen und letzte Aufzeichnungen. Hrsg. von A. von Ribbentrop, Leoni 1953

Ritter, G.: Carl Goerdeler und die deutsche Widerstandsbewegung. 3. Aufl., Stuttgart 1956

Rommel, E.: Krieg ohne Haß. Hrsg. von L.-M. Rommel u. F. Bayerlein. 2. Aufl., Heidenheim 1950

Das politische Tagebuch Alfred Rosenbergs 1934/35 und 1939/40. Hrsg. von H.-G. Seraphim, München 1964

Schacht, H.: Abrechnung mit Hitler. Hamburg 1948

Schacht, H.: 76 Jahre meines Lebens. Bad Wörishofen 1953

Schellenberg, W.: Memoiren. Köln 1959

Schirach, B. von: Ich glaubte an Hitler. Hamburg 1967

Schmidt, P.: Statist auf diplomatischer Bühne 1923–1945. Erlebnisse des Chefdolmetschers im Auswärtigen Amt mit den Staatsmännern Europas. Bonn 1949

Schwerin von Krosigk, L. Graf: Es geschah in Deutschland. Menschenbilder unseres Jahrhunderts. Tübingen, Stuttgart 1951

Shirer, W. L.: Berlin Diary. The Journal of a Foreign Correspondent, 1934–1942. New York 1943

Smelser, R.: Robert Ley, Hitlers Mann an der »Arbeitsfront«. Eine Biographie. Paderborn 1980

Smelser, R., Zitelmann, R.: Die braune Blüte. 22 biographische Skizzen. 2. Aufl., Darmstadt 1990

Speer, A.: Der Sklaven-Staat. Meine Auseinandersetzung mit der SS. Stuttgart 1981

Speer, A.: Erinnerungen. Frankfurt a. M., Berlin 1969
Speer, A.: Spandauer Tagebücher. Frankfurt a. M., Berlin 1975
Speidel, H.: Invasion 1944. Ein Beitrag zu Rommels und des Reiches Schicksal. 5. Aufl., Tübingen 1961
Stolper, T.: Ein Leben in Brennpunkten unserer Zeit. Gustav Stolper, 1888–1947. 2. Aufl., Tübingen 1960
Ueberschär, G. R.: Generaloberst Franz Halder. Generalstabschef, Gegner und Gefangener Hitlers. Göttingen, Zürich 1991
Warlimont, W.: Im Hauptquartier der deutschen Wehrmacht 1939–1945. Grundlagen, Formen, Gestalten. Lizenzausgabe, Augsburg 1990
Weizsäcker, E. von: Erinnerungen. München, Leipzig, Freiburg 1950
Die Weizsäcker-Papiere 1933–1950. Hrsg. von L. E. Hill, Frankfurt a. M., Berlin, Wien 1974
Wulf, J.: Martin Bormann – Hitlers Schatten. Gütersloh 1962
Zitelmann, R.: Adolf Hitler. Eine politische Biographie. 3. Aufl., Göttingen, Zürich 1980

5. Gesamtdarstellungen

Aleff, E. (Hrsg.): Das Dritte Reich. 9. Aufl., Hannover 1979
Bartel, W.: Deutschland in der Zeit der faschistischen Diktatur 1933–1945. Berlin 1956
Bloch, Ch.: Le IIIe Reich et le monde, Paris 1986; dt. Paderborn 1992
Bracher, K. D.: Die deutsche Diktatur. Entstehung, Struktur, Folgen des Nationalsozialismus. 5. Aufl., Köln, Berlin 1976
Bracher, K. D.: Die Krise Europas 1917–1975. Frankfurt a. M. 1976
Broszat, M.: Der Staat Hitlers. Grundlegung und Entwicklung seiner inneren Verfassung. 10. Aufl., München 1973
Buchheim, H.: Das Dritte Reich. Grundlagen und politische Entwicklung. 3. Aufl., München 1959
Dahms, H. G.: Geschichte des Zweiten Weltkrieges. Tübingen 1965
Deutschland im Zweiten Weltkrieg. Hrsg. von einem Autorenkollektiv unter der Leitung von G. Hass. 4 Bde, Köln 1974
Dülffer, J.: Deutsche Geschichte 1933–1945. Führerglaube und Vernichtungskrieg. Stuttgart 1992
Erdmann, K. D.: Deutschland unter der Herrschaft des Nationalsozialismus 1933–1939. (Gebhardt, Handbuch der deutschen Geschichte, Bd 20) 9., neu bearb. Aufl., München 1980; Der Zweite Weltkrieg. (Gebhardt, Handbuch der deutschen Geschichte, Bd 21) 9. neu bearb. Aufl., München 1980
Freund, M.: Das Dritte Reich 1933–1939. Gütersloh 1963
Fuller, J. F. C.: The Second World War, 1939–1945. 3. Aufl., London 1954
Funke, H. u. a. (Hrsg.): Demokratie und Diktatur. Geist und Gestalt politischer Herrschaft in Deutschland und Europa. Düsseldorf 1987
Goehring, M.: Alles oder nichts. Zwölf Jahre totalitäre Herrschaft in Deutschland. Tübingen 1966
Görlitz, W.: Der Zweite Weltkrieg. 1939–1945. 2 Bde, Stuttgart 1951/52
Gruchmann, L.: Der Zweite Weltkrieg. 7. durchgesehene und erweiterte Aufl., München 1982
Hancock, K. (Hrsg.): History of the Second World War. London 1974

Hilberg, R.: Die Vernichtung der europäischen Juden, 3 Bde., Frankfurt a. M. 1990

Hildebrand, K.: Das Dritte Reich. 4. überarbeitete und erweiterte Aufl., München 1991

Hildebrand, K.: Deutsche Außenpolitik 1933–1945. Kontinuität oder Bruch? 4. Aufl., Stuttgart 1980

Hillgruber, A.: Der Zweite Weltkrieg. Kriegsziele und Strategie der großen Mächte. 5. verbesserte Aufl., Stuttgart 1989

Hofer, W.: Die Diktatur Hitlers bis zum Beginn des Zweiten Weltkrieges, 1933–1939. 3., verb. Aufl., Konstanz 1971

Mau, H., H. Krausnick: Deutsche Geschichte der jüngsten Vergangenheit 1933–1945. Tübingen, Stuttgart 1956

Michalka, W.: Das Dritte Reich. In: Deutsche Geschichte. Von den Anfängen bis zur Wiedervereinigung. Hrsg. v. M. Vogt, 2. Aufl. Stuttgart 1991, S. 646–727

Michalka, W. (Hrsg.): Der Zweite Weltkrieg. Analysen, Grundzüge, Forschungsbilanz, München 1989

Milward, A. S.: Der Zweite Weltkrieg. Krieg, Wirtschaft und Gesellschaft 1939–1945. München 1977

Mommsen, H.: Nationalsozialismus. In: Sowjetsystem und demokratische Gesellschaft. Eine vergleichende Enzyklopädie. Freiburg i. Br. 1971, Bd 4, Sp. 695–713

Das Deutsche Reich und der Zweite Weltkrieg. Bd 1: W. Deist, M. Messerschmidt, H.-E. Volkmann, W. Wette, Ursachen und Voraussetzungen der deutschen Kriegspolitik. Stuttgart 1979 (als Taschenbuch: Frankfurt a. M. 1989); Bd 2: K. A. Maier, H. Rhode, B. Stegemann, H. Umbreit, Die Errichtung der Hegemonie auf dem europäischen Kontinent. Stuttgart 1979; Bd 3: G. Schreiber, B. Stegemann, D. Vogel, Der Mittelmeerraum und Südosteuropa. Von der »non belligernaza« Italiens bis zum Kriegseintritt der Vereinigten Staaten. Stuttgart 1984; Bd 4: H. Boog, J. Förster, J. Hoffmann, E. Klink, R.-D. Müller, G. R. Ueberschär, Der Angriff auf die Sowjetunion. Stuttgart 1983 (als Taschenbuch: Frankfurt a. M. 1991); Bd 5/1: B. R. Kröner, R. D. Müller, H. Umbreit, Organisation und Mobilisierung des deutschen Machtbereichs. Kriegsverwaltung, Wirtschaft und personelle Ressourcen 1939–1941. Stuttgart 1988; Bd 6: H. Boog, W. Rahn, R. Stumpf, B. Wegner: Der globale Krieg – Die Ausweitung zum Weltkrieg und der Wechsel der Initiative 1941–1943, Stuttgart 1990 (als Taschenbuch: Frankfurt a. M. 1992)

Recker, M.-L.: Die Außenpolitik des Dritten Reiches. München 1990

Schulz, G.: Deutschland seit dem Ersten Weltkrieg 1918–1945. Göttingen 1976

Shirer, W. L.: Aufstieg und Fall des Dritten Reiches. Köln 1961

Thamer, H.-U.: Verführung und Gewalt. Deutschland 1933–1945. Berlin 1986

Vogelsang, Th.: Die nationalsozialistische Zeit. Deutschland 1933–1939. Frankfurt a. M. 1968

6. Darstellungen zu Teilbereichen

Abel, K.-D.: Presselenkung im NS-Staat. Eine Geschichte der Publizistik in der nationalsozialistischen Zeit. Berlin 1968

Abendroth, H.-H.: Hitler in der spanischen Arena. Die deutsch-spanischen Beziehungen im Spannungsfeld der europäischen Interessenpolitik vom Ausbruch des Bürgerkrieges bis zum Ausbruch des Weltkrieges, 1936–1939. Paderborn 1973

Absolon, R.: Die Wehrmacht im Dritten Reich. 4 Bde, Boppard a. Rh. 1969 bis 1979

Ackermann, J.: Heinrich Himmler als Ideologe. Göttingen 1970

Adam, U.: Judenpolitik im Dritten Reich. Düsseldorf 1972, Königstein i. Ts. 1979

Ansel, W.: Hitler confronts England. Durham, N. C. 1960

Arendt, H.: Elemente und Ursprünge totaler Herrschaft. Frankfurt a. M. 1962

Aretz, J.: Katholische Arbeiterbewegung und Nationalsozialismus. Der Verband katholischer Arbeiter- und Knappenvereine Westdeutschlands 1923–1945. Mainz 1978

Aster, S.: The Making of the Second World War. London 1973

Barkai, A.: Vom Boykott zur »Entjudung«. Der wirtschaftliche Existenzkampf der Juden im Dritten Reich 1933–1943. Frankfurt a. M. 1987

Bennecke, H.: Wirtschaftliche Depression und politischer Radikalismus. München 1968

Bernhardt, W.: Die deutsche Aufrüstung 1934–1939. Militärische und politische Konzeptionen und ihre Einschätzung durch die Alliierten. Frankfurt a. M. 1969

Besymenski, L.: Sonderakte Barbarossa. Dokumentararbeit zur Vorgeschichte des deutschen Überfalls auf die Sowjetunion – aus sowjetischer Sicht. Hamburg 1973

Bettelheim, Ch.: Die deutsche Wirtschaft unter dem Nationalsozialismus. München 1974

Binion, R.: »...daß ihr mich gefunden habt«. Hitler und die Deutschen. Eine Psychohistorie. Stuttgart 1978

Birkenfeld, W.: Der synthetische Treibstoff 1933–1945. Ein Beitrag zur national-sozialistischen Wirtschafts- und Rüstungspolitik. Göttingen, Berlin, Frankfurt a. M. 1964

Bloch, Ch.: Hitler und die europäischen Mächte 1933/34. Kontinuität oder Bruch? Frankfurt a. M. 1966

Bollmus, R.: Das Amt Rosenberg und seine Gegner. Zum Machtkampf im natio-nalsozialistischen Herrschaftssystem. Stuttgart 1970

Bosl, K. (Hrsg.): Das Jahr 1941 in der europäischen Politik. München, Wien 1972

Bracher, K. D.: Europa in der Krise. Innengeschichte und Weltpolitik seit 1917. Frankfurt a. M., Berlin, Wien 1979

Bracher, K. D.: Zeitgeschichtliche Kontroversen. Um Faschismus, Totalitaris-mus, Demokratie. München 1976

Bracher, K. D., M. Funke, H.-A. Jacobsen (Hrsg.): Nationalsozialistische Dikta-tur 1933–1945. Eine Bilanz. Düsseldorf 1983

Bracher, K. D., G. Schulz, W. Sauer: Die nationalsozialistische Machtergreifung. Studien zur Errichtung des totalitären Herrschaftssystems in Deutschland 1933–1934. 2. Aufl., Köln, Opladen 1962

Bramsted, E. K.: Goebbels und die nationalsozialistische Propaganda 1925–1945. Frankfurt a. M. 1971

Brandes, D.: Die Tschechen unter deutschem Protektorat 1939–1945. 2 Bde, München 1969/1975

Braubach, M.: Der Einmarsch deutscher Truppen in die entmilitarisierte Zone am

Rhein im März 1936. Ein Beitrag zur Vorgeschichte des Zweiten Weltkrieges. Köln, Opladen 1956

Breitling, R.: Die nationalsozialistische Rassenlehre. Entstehung, Ausbreitung, Nutzen und Schaden einer politischen Ideologie. Meisenheim a. Glan 1971

Broszat, M.: Der Nationalsozialismus. Weltanschauung, Programm und Wirklichkeit. 3. Aufl., Stuttgart 1961

Broszat, M.: Nationalsozialistische Polenpolitik 1939–1945. Stuttgart 1961

Browning, Ch. R.: The Final Solution and the German Foreign Office. A Study of Referat D III of Abteilung Deutschland 1940–1943. New York, London 1978

Buchheim, H., M. Broszat, H.-A. Jacobsen, H. Krausnick: Anatomie des SS-Staates. 2 Bde, 4. Aufl., München 1984

Buchholz, W.: Die nationalsozialistische Gemeinschaft »Kraft durch Freude«. Freizeitgestaltung und Arbeiterschaft im Dritten Reich. München 1976

Bullock, A.: Hitler. Eine Studie über Tyrannei. Neuausg. Düsseldorf 1967

Carr, W.: Arms, Autarky and Aggression. A Study in German Foreign Policy, 1933–1939. London 1972

Carr, W.: Hitler. Persönlichkeit und politisches Handeln. Stuttgart 1980

Cecil, R.: Hitlers Griff nach Rußland. Graz 1977

Cecil, R.: The Myth of the Master Race. Alfred Rosenberg and Nazi Ideology. London 1972

Celowsky, B.: Das Münchener Abkommen 1938. Stuttgart 1958

Compton, J. V.: Hitler und die USA. Die Amerikapolitik des Dritten Reiches und die Ursprünge des Zweiten Weltkrieges. Oldenburg, Hamburg 1962

Conway, J. S.: Die nationalsozialistische Kirchenpolitik 1933–1945. Ihre Ziele, Widersprüche und Fehlschläge. München 1969

Creveld, M. L. van: Hitler's Strategy 1940–41. The Balkan Clue. Cambridge 1971

Dallin, A.: Deutsche Herrschaft in Rußland 1941–1945. Eine Studie über Besatzungspolitik. Düsseldorf 1958

Dawidowicz, L.: Der Krieg gegen die Juden, 1933–1945. München 1979

Deakin, F. W.: Die brutale Freundschaft. Hitler, Mussolini und der Untergang des italienischen Faschismus. Köln, Berlin 1965

Dettwiler, D. S.: Hitler, Franco und Gibraltar. Die Frage des spanischen Eintritts in den Zweiten Weltkrieg. Wiesbaden 1962

Deutsch, H. C.: Das Komplott oder die Entmachtung der Generale. Die Blomberg-Fritsch-Krise. Hitlers Weg zum Krieg. Zürich 1974

Die deutsche Industrie im Kriege 1939–1945. Hrsg. vom Deutschen Institut für Wirtschaftsforschung Berlin-Dahlem. Bearbeiter R. Wagenführ. 2. Aufl., Berlin 1963

Diehl-Thiele, P.: Partei und Staat im Dritten Reich. Untersuchungen zum Verhältnis von NSDAP und allgemeiner innerer Staatsverwaltung 1933–1945. München 1969

Długoborski, W. (Hrsg.): Zweiter Weltkrieg und sozialer Wandel. Achsenmächte und besetzte Länder. Göttingen 1981

Döscher, H.-J.: Das Auswärtige Amt im Dritten Reich. Berlin 1986

Döscher, H.-J.: »Reichskristallnacht«. Die November-Pogrome 1938. Frankfurt a. M.–Berlin 1988

Dülffer, J.: Weimar, Hitler und die Marine. Reichspolitik und Flottenbau 1920–1939. Düsseldorf 1973

Eichholtz, D.: Geschichte der deutschen Kriegswirtschaft 1939–1945. Bd 1: 1939–1941. Berlin 1969

Eichstädt, D.: Von Dollfuß zu Hitler. Geschichte des Anschlusses Österreichs 1933–1938. Wiesbaden 1955

Emmerson, J. Th.: The Rhineland Crisis. 7 March 1936. A Study in Multilateral Diplomacy. London 1977

Erbe, R.: Die nationalsozialistische Wirtschaftspolitik 1933–1945 im Lichte der modernen Theorie. Zürich 1958

Fabry, Ph. W.: Der Hitler-Stalin-Pakt 1939–1941. Ein Beitrag zur Methode sowjetischer Außenpolitik. Darmstadt 1962

Federau, F.: Der Zweite Weltkrieg. Seine Finanzierung in Deutschland. Tübingen 1962

Fengo, M. D.: Hitler, Horthy and Hungary: German-Hungarian Relations 1941–44. New Haven 1972

Fischer, A.: Sowjetische Deutschlandpolitik im Zweiten Weltkrieg 1941–1945. Stuttgart 1975

Fischer, W.: Deutsche Wirtschaftspolitik 1918–1945. 3. Aufl., Opladen 1968

Fleischhauer, I.: Die Chance des Sonderfriedens. Deutsch-sowjetische Geheimgespräche 1941–1945. Berlin 1986

Fleischhauer, I.: Das Dritte Reich und die Deutschen in der Sowjetunion. Stuttgart 1983

Fleischhauer, I.: Der Pakt. Hitler, Stalin und die Initiative der deutschen Diplomatie 1938–1939. Berlin, Frankfurt a. M. 1990

Förster, J. (Hrsg.): Stalingrad. Ereignis, Wirkung, Symbol. München 1992

Forndran, E., F. Golczewski, D. Riesenberger (Hrsg.): Innen- und Außenpolitik unter nationalsozialistischer Bedrohung. Determination internationaler Beziehungen in historischer Fallstudie. Opladen 1977

Forstmeier, F., H.-E. Volkmann (Hrsg.): Kriegswirtschaft und Rüstung 1939 bis 1945. Düsseldorf 1977

Forstmeier, F., H.-E. Volkmann (Hrsg.): Wirtschaft und Rüstung am Vorabend des Zweiten Weltkrieges. Düsseldorf 1975

Fraenkel, E.: Der Doppelstaat. Frankfurt a. M. 1975

Frese, M.: »Betriebspolitik im Dritten Reich«. Deutsche Arbeitsfront, Unternehmer und Staatsbürokratie in der westdeutschen Großindustrie 1933–1939, Paderborn 1991

Friedländer, S.: Auftakt zum Untergang. Hitler und die Vereinigten Staaten von Amerika 1939–1941. Stuttgart, Berlin, Köln, Mainz 1965

Funke, M.: Hitler – ein schwacher Diktator? Düsseldorf 1989

Funke, M. (Hrsg.): Hitler, Deutschland und die Mächte, Materialien zur Außenpolitik des Dritten Reiches. 2. Aufl., Düsseldorf 1978

Funke, M.: Sanktionen und Kanonen. Hitler, Mussolini und der internationale Abessinienkonflikt 1934–1936. Düsseldorf 1970

Gemzell, C. A.: Raeder, Hitler und Skandinavien. Der Kampf für einen maritimen Operationsplan. Lund 1965

Georg, E.: Die wirtschaftlichen Unternehmungen der SS. Stuttgart 1963

Geschke, G.: Die deutsche Frankreichpolitik 1940. Von Compiègne bis Montoire. Das Problem einer deutsch-französischen Annäherung. Berlin, Frankfurt a. M. 1960

Graml, H.: Europa zwischen den Kriegen. München 1969

Graml, H.: Europas Weg in den Krieg. Hitler und die Mächte 1939. München–Wien 1990

Greiner, H.: Die oberste Wehrmachtsführung 1939–1943. Wiesbaden 1951

Gruchmann, L.: Nationalsozialistische Großraumordnung. Die Konstruktion einer »deutschen Monroe-Doktrin«. Stuttgart 1962

Grunberger, R.: Hitler's SS. New York 1971

Grunberger, R.: A Social History of the Third Reich. London 1974

Grunberger, R.: Das zwölfjährige Reich. Wien, München, Zürich 1972

Haffner, S.: Anmerkungen zu Hitler. München 1978

Hallgarten, G. W. F., J. Radkau: Deutsche Industrie und Politik von Bismarck bis heute. Frankfurt a. M., Köln 1974

Hansen, R.: Das Ende des Dritten Reiches. Die deutsche Kapitulation 1945. Stuttgart 1966

Hauner, M.: India in Axis Strategy. Germany, Japan and Indian Nationalists in the Second World War. Stuttgart 1981

Hauser, O. (Hrsg.): Weltpolitik 1933–1939. Göttingen 1973

Heinemann, J. L.: Hitler's First Foreign Minister. Constantin Freiherr von Neurath. Los Angeles, London 1979

Henke, J.: England in Hitlers politischem Kalkül 1935–1939. Boppard am Rhein 1973

Herbst, L.: Der Totale Krieg und die Ordnung der Wirtschaft. Die Kriegswirtschaft im Spannungsfeld von Politik, Ideologie und Propaganda 1939–1945. Stuttgart 1982

Higgins, T.: Hitler and Russia. The Third Reich in a Two-Front-War 1937–1943. New York 1966

Hilberg, R.: Täter, Opfer, Zuschauer. Die Vernichtung der Juden 1933–1945. Frankfurt a. M. 1992

Hildebrand, K.: Vom Reich zum Weltreich. Hitler, NSDAP und koloniale Frage 1919–1945. München 1969

Hildebrand, K., K.-F. Werner (Hrsg.): Deutschland und Frankreich 1936–1939. München, Zürich 1981

Hillgruber, A.: Deutschlands Rolle in der Vorgeschichte der beiden Weltkriege. Göttingen 1967

Hillgruber, A.: Hitlers Strategie. Politik und Kriegführung 1940–41. 2. Aufl., Frankfurt a. M. 1983

Hillgruber, A.: Großmachtpolitik und Militarismus im 20. Jahrhundert. 3 Beiträge zum Kontinuitätsproblem. Düsseldorf 1974

Hillgruber, A.: Die gescheiterte Großmacht. Eine Skizze des Deutschen Reiches 1871–1945. Düsseldorf 1980

Hillgruber, A. (Hrsg.): Probleme des Zweiten Weltkrieges. Köln, Berlin 1967

Hillgruber, A.: Der Zenit des Zweiten Weltkrieges Juli 1941. Wiesbaden 1977

Hirschfeld, G., L. Kettenacker (Hrsg.): Der »Führerstaat«. Mythos und Realität. Studien zur Struktur und Politik des Dritten Reiches. Stuttgart 1971

Höhne, H.: Der Orden unter dem Totenkopf. Die Geschichte der SS. Gütersloh 1967

Höhne, H.: Die Zeit der Illusionen. Hitler und die Anfänge des Dritten Reiches 1933–1936. Düsseldorf 1991

Hofer, W.: Die Entfesselung des Zweiten Weltkrieges. Eine Studie über die internationalen Beziehungen im Sommer 1939. 3. Aufl., Frankfurt a. M. 1964

Hoffmann, P.: Widerstand, Staatsstreich, Attentat. Der Kampf der Opposition gegen Hitler. 2. Aufl., Frankfurt a. M., Berlin, Wien 1970

Homze, E. L.: Foreign Labour in Nazi Germany. Princeton 1967

Hüttenberger, P.: Die Gauleiter. Studie zum Wandel des Machtgefüges in der NSDAP. Stuttgart 1969

Iklé, F. W.: German Japanese Relations 1936–1940. New York 1956

Irving, D.: Hitler's War. London 1977

Jacobsen, H.-A.: Nationalsozialistische Außenpolitik 1933–1938. Frankfurt a. M., Berlin 1968

Jäckel, E.: Frankreich in Hitlers Europa. Die deutsche Frankreichpolitik im Zweiten Weltkrieg. Stuttgart 1960

Jäckel, E.: Hitlers Herrschaft. Stuttgart 1989

Jäckel, E.: Hitlers Weltanschauung. Entwurf einer Herrschaft. 2. Aufl., Tübingen 1981

Jäger, J.-J.: Die wirtschaftliche Abhängigkeit des Dritten Reiches vom Ausland, dargestellt am Beispiel der Stahlindustrie. Berlin 1969

Janssen, G.: Das Ministerium Speer. Deutschlands Rüstung im Krieg. Berlin, Frankfurt a. M., Wien 1968

Jasper, G. (Hrsg.): Von Weimar zu Hitler 1930–1933. Köln, Berlin 1968

Jong, L. de: Die deutsche Fünfte Kolonne im Zweiten Weltkrieg. Stuttgart 1959

Kimche, J.: Kriegsende 1939? Der versäumte Angriff aus dem Westen. Stuttgart 1960

Kindleberger, Ch. P.: Die Weltwirtschaftskrise 1929–1939. 3. Aufl., München 1984

Klein, B. H.: Germany's Preparations for War. Cambridge, Mass. 1959

Knipping, F., K.-J. Müller (Hrsg.): Machtbewußtsein in Deutschland am Vorabend des Zweiten Weltkrieges. Paderborn 1984

Kogon, E.: Der SS-Staat. Das System der deutschen Konzentrationslager. (1946) München 1974

Krausnick, H., H.-H. Wilhelm: Die Truppe des Weltanschauungskrieges. Die Einsatztruppen der Sicherheitspolizei und des SD 1938–1942. Stuttgart 1981

Krummacher, F. A., H. Lange: Krieg und Frieden. Geschichte der deutsch-sowjetischen Beziehungen. Von Brest-Litowsk bis zum Unternehmen Barbarossa. München, Esslingen 1970

Kube, A.: Pour le mérite und Hakenkreuz. Hermann Göring im Dritten Reich. München 1986

Kuhn, A.: Das faschistische Herrschaftssystem und die moderne Gesellschaft. Hamburg 1973

Kuhn, A.: Hitlers außenpolitisches Programm. Entstehung und Entwicklung 1919–1939. Stuttgart 1970

Laack-Michel, U.: Albrecht Haushofer und der Nationalsozialismus. Stuttgart 1974

Leuschner, J.: Volk und Raum. Zum Stil der nationalsozialistischen Außenpolitik. Göttingen 1958

Longerich, P.: Propagandisten im Krieg. Die Presseabteilung des Auswärtigen Amtes unter Ribbentrop. München 1987

Loock, H.-D.: Quisling, Rosenberg, Terboven. Zur Vorgeschichte und Geschichte der nationalsozialistischen Revolution in Norwegen. Stuttgart 1970

Lukacs, J.: Die Entmachtung Europas. Der letzte europäische Krieg 1939–1941. Stuttgart 1978

Ludwig, H.-H.: Technik und Ingenieure im Dritten Reich. Düsseldorf 1974

Maltitz, H. von: The Evolution of Hitler's Germany. The Ideology, the Personality, the Movement. New York 1973

Martens, St.: Hermann Göring.»Erster Paladin des Führers« und »Zweiter Mann im Reich«. Paderborn 1984

Martin, B.: Deutschland und Japan im Zweiten Weltkrieg. Vom Angriff auf Pearl Harbour bis zur deutschen Kapitulation. Göttingen, Zürich, Frankfurt a. M. 1969

Martin, B.: Friedensinitiativen und Machtpolitik im Zweiten Weltkrieg 1939–1942. 2. Aufl., Düsseldorf 1974

Mason, Th. W.: Sozialpolitik im Dritten Reich. Arbeiterklasse und Volksgemeinschaft. Opladen 1977

Mastny, V.: The Czechs Under Nazi Rule. The Failure of National Resistance 1939–42. London 1971

McSherry, J. E.: Stalin, Hitler And Europe. 1939–41. Bd 2: The Imbalance of Power. New York 1970

Megerle, K.: Die nationalsozialistische Machtergreifung. Berlin 1982

Meinck, G.: Hitler und die deutsche Aufrüstung 1933–1937. Wiesbaden 1959

Merkes, M.: Die deutsche Politik gegenüber dem spanischen Bürgerkrieg 1936–1939. 2. Aufl., Bonn 1969

Messerschmidt, M.: Die Wehrmacht im NS-Staat. Zeit der Indoktrination. Hamburg 1969

Michalka, W. (Hrsg.): Nationalsozialistische Außenpolitik. Darmstadt 1978

Michalka, W. (Hrsg.): Die nationalsozialistische Machtergreifung. Paderborn 1984

Michalka, W.: Ribbentrop und die deutsche Weltpolitik 1933–1940. Außenpolitische Konzeptionen und Entscheidungsprozesse im Dritten Reich. München 1980

Milward, A. S.: Die deutsche Kriegswirtschaft 1939–1945. Stuttgart 1966

Mommsen, H.: Beamtentum im Dritten Reich. Mit ausgewählten Quellen zur nationalsozialistischen Beamtenpolitik. Stuttgart 1966

Mommsen, H.: Der Nationalsozialismus und die Deutsche Gesellschaft. Ausgewählte Aufsätze. Reinbek 1990

Mommsen, W. J., L. Kettenacker (Hrsg.): The Fascist Challenge and the Policy of Appeasement. London 1983

Müller, K.-J.: Armee, Politik und Gesellschaft in Deutschland 1933–1945. Studien zum Verhältnis von Armee und NS-System. 2. Aufl., Paderborn 1979

Müller, K.-J.: Das Heer und Hitler. Armee und nationalsozialistisches Regime 1933–1940. 2. Aufl., Stuttgart 1988

Müller, K.-J.: General Ludwig Beck. Studien und Dokumente zur politisch-militärischen Vorstellungswelt und Tätigkeit des Generalstabschefs des deutschen Heeres 1933–1938. Boppard a. Rh. 1980

Müller, R.-D.: Das Tor zur Weltmacht. Die Bedeutung der Sowjetunion für die deutsche Wirtschafts- und Rüstungspolitik zwischen den Weltkriegen. Boppard a. Rh. 1984

Mosse, G. L.: Der nationalsozialistische Alltag. So lebte man unter Hitler. Königstein i. Ts. 1978

Niedhart, G. (Hrsg.): Kriegsbeginn 1939, Entfesselung oder Ausbruch des Zweiten Weltkrieges? Darmstadt 1976

Nolte, E.: Der Faschismus in seiner Epoche. Die Action française. Der italienische Faschismus. Der Nationalsozialismus. München 1963

Nolte, E.: Die faschistischen Bewegungen. Die Krise des liberalen Systems und die Entwicklung der Faschismen. 2. Aufl., München 1969

Orlow, D.: The History of the Nazi Party. 2 Bde, Pittsburgh 1969/73

Pehle, W. (Hrsg.): Der historische Ort des Nationalsozialismus. Annäherungen. Frankfurt a. M. 1990

Pehle, W. (Hrsg.): Der Judenpogrom. Von der »Reichskristallnacht« zum Völkermord. Frankfurt a. M. 1988

Petersen, J.: Hitler–Mussolini. Die Entstehung der Achse Berlin–Rom 1933 bis 1936. Tübingen 1973

Petzina, D.: Autarkiepolitik im Dritten Reich. Der nationalsozialistische Vierjahresplan. Stuttgart 1968

Petzina, D.: Die deutsche Wirtschaft in der Zwischenkriegszeit. Wiesbaden 1977

Prinz, M., Zitelmann, R. (Hrsg.): Nationalsozialismus und Modernisierung. Darmstadt 1991

Reinhardt, K.: Die Wende vor Moskau. Das Scheitern der Strategie Hitlers im Winter 1941/42. Stuttgart 1972

Rich, N.: Hitler's War Aims. Bd 2: The Establishment of the New Order. New York 1974

Riedel, M.: Eisen und Kohle für das Dritte Reich. Paul Pleigers Stellung in der NS-Wirtschaft. Göttingen 1973

Robertson, E. M.: Hitler's Pre-War Policy and Military Plans 1933–1939. London 1963

Robertson, E. M. (Hrsg.): The Origins of the Second World War. Historical Interpretations. London 1971

Rönnefarth, H. K. G.: Die Sudetenkrise in der internationalen Politik. Entstehung – Verlauf – Auswirkung. 2 Bde, Wiesbaden 1961

Roskill, S. W.: The War at Sea 1939–1945. Bd I: The Defence. London 1954

Rothfels, H.: Die deutsche Opposition gegen Hitler. Frankfurt a. M., Hamburg 1969

Schieder, W. (Hrsg.): Faschismus als soziale Bewegung. 2. Aufl., Hamburg 1983

Schmädecke, J., P. Steinbach (Hrsg.): Der deutsche Widerstand gegen den Nationalsozialismus. München, Zürich 1985

Schmitthenner, W., H. Buchheim (Hrsg.): Der deutsche Widerstand gegen Hitler. Vier historisch-kritische Studien. Köln, Berlin 1966

Schmokel, W. W.: Der Traum vom Reich. Der deutsche Kolonialismus zwischen 1919 und 1945. Gütersloh 1967

Schnabel, R.: Tiger und Schakal. Deutsche Indienpolitik 1941–1943. Wien 1968

Schoenbaum, D.: Die braune Revolution. Eine Sozialgeschichte des Dritten Reiches. 2. Aufl., München 1980

Scholtz, H.: NS-Ausleseschulen. Internatsschulen als Herrschaftsmittel des Führerstaates. Göttingen 1973

Schreiber, G.: Hitler. Interpretationen 1923–1983. 2. Aufl., Darmstadt 1987

Schreiber, G.: Die italienischen Militärinternierten im deutschen Machtbereich 1943–1945. Verraten, verachtet, vergessen. (Beiträge zur Militärgeschichte Bd 28), München 1990

Schreiber, G.: Revisionismus und Weltmachtstreben. Marineführung und deutsch-italienische Beziehungen 1919–1944. Stuttgart 1978

Schröder, B. Ph.: Deutschland und der Mittlere Osten im Zweiten Weltkrieg. Göttingen, Frankfurt a. M., Zürich 1975

Schröder, H.-J.: Deutschland und die Vereinigten Staaten 1933–1939. Wirtschaft und Politik in der Entwicklung des deutsch-amerikanischen Gegensatzes. Wiesbaden 1970

Schröder, J.: Italiens Kriegsaustritt 1943. Die deutschen Gegenmaßnahmen im italienischen Raum: der Fall »Alerich« und »Achse«. Göttingen, Frankfurt a. M., Zürich 1969

Schulz, G.: Faschismus – Nationalsozialismus. Versionen und theoretische Kontroversen 1922–1972. Frankfurt a. M., Berlin, Wien 1974

Schweitzer, A.: Big Business in the Third Reich. 2. Aufl., Bloomington 1965

Seabury, P.: Die Wilhelmstraße. Die Geschichte der deutschen Diplomatie 1930–1945. Frankfurt a. M. 1956

Sommer, Th.: Deutschland und Japan zwischen den Mächten 1935–1940. Vom Antikominternpakt zum Dreimächtepakt. Eine Studie zur diplomatischen Vorgeschichte des Zweiten Weltkrieges. Tübingen 1962

Stachura, P. D. (Hrsg.): The Nazi Machtergreifung. London 1983

Steinert, M. G.: Hitlers Krieg und die Deutschen. Stimmung und Haltung der deutschen Bevölkerung im Zweiten Weltkrieg. Düsseldorf, Wien 1970

Steinert, M. G.: Les derniers jours du IIIe Reich. Paris 1971

Swatek, D.: Unternehmerkonzentration als Ergebnis und Mittel nationalsozialistischer Wirtschaftspolitik. Berlin 1972

Taylor, A. J. P.: Die Ursprünge des Zweiten Weltkrieges. Gütersloh 1962

Thielenhaus, M.: Zwischen Anpassung und Widerstand. Deutsche Diplomaten 1938–1941. Paderborn 1984

Thies, J.: Architekt der Weltherrschaft. Die »Endziele« Hitlers. 2. Aufl., Düsseldorf 1977

Thomas, G.: Geschichte der deutschen Wehr- und Rüstungswirtschaft (1918 bis 1943/45). Hrsg. von W. Birkenfeld, Boppard a. Rh. 1966

Turner, H. A., jr.: Faschismus und Kapitalismus in Deutschland. Studien zum Verhältnis zwischen Nationalsozialismus und Wirtschaft. Göttingen 1972

Ueberhorst, H. (Hrsg.): Elite für die Diktatur. Die Nationalsozialistischen Erziehungsanstalten 1933–1945. Ein Dokumentarbericht. Düsseldorf 1969

Ueberschär, G. R.: Hitler und Finnland 1939–1941. Die deutsch-finnischen Beziehungen während des Hitler-Stalin-Paktes. Wiesbaden 1978

Ueberschär, G. R., W. Wette (Hrsg.): Unternehmen »Barbarossa«. Der deutsche Überfall auf die Sowjetunion 1941. Berichte, Analysen, Dokumente. Paderborn 1984

Voigt, J. H.: Indien im Zweiten Weltkrieg. Stuttgart 1978

Völker, K.-H.: Die deutsche Luftwaffe 1933–1939. Aufbau, Führung und Rüstung der Luftwaffe sowie die Entwicklung der deutschen Luftkriegstheorie. Stuttgart 1967

Wagner, W.: Belgien in der deutschen Politik während des Zweiten Weltkrieges. Boppard 1974

Watt, D. C.: Too Serious a Business: European Armed Forces and the Coming of the Second World War. London 1974

Wegner, B.: Hitlers Politische Soldaten. Die Waffen-SS 1933–1945. Studien zu Leitbild, Struktur und Funktion einer nationalsozialistischen Elite. 3. Aufl., Paderborn 1988

Wegner, B. (Hrsg.): Zwei Wege nach Moskau. Vom Hitler-Stalin-Pakt zum ›Unternehmen Barbarossa‹. München 1991

Weinberg, G. L.: The Foreign Policy of Hitler's Germany. Diplomatic Revolution in Europe 1933–1936. Chicago 1970

Weinberg, G. L.: The Foreign Policy of Hitler's Germany. Starting World War II, 1938–1939. Chicago 1980

Wendt, B.-J.: Großdeutschland. Außenpolitik und Kriegsvorbereitung des Hitler-Regimes. München 1987

Wendt, B.-J.: München 1938. England zwischen Hitler und Preußen. Frankfurt a. M. 1965

Widerstand und Exil der Deutschen Arbeiterbewegung 1933–1945. Hrsg. von der Friedrich-Ebert-Stiftung. Bonn 1981

Wippermann, W.: Faschismustheorien. Zum Stand der gegenwärtigen Diskussion. 4. Aufl., Darmstadt 1980

Wippermann, W.: Europäischer Faschismus im Vergleich 1922–1982. Frankfurt a. M. 1983

Wollstein, G.: Vom Weimarer Revisionismus zu Hitler. Das Deutsche Reich und die Großmächte in der Anfangsphase der nationalsozialistischen Herrschaft in Deutschland. Bonn-Bad Godesberg 1973

Zitelmann, R.: Hitler. Selbstverständnis eines Revolutionärs. 4. Aufl., Stuttgart 1991

20. Juli 1944. Ein Drama des Gewissens und der Geschichte. Dokumente und Berichte. Freiburg i. Br., Basel, Wien 1961

Quellennachweise

[1.] **Aufruf der Reichsregierung an das deutsche Volk, 1.2.1933**
Ursachen und Folgen, Bd. 9, S. 15ff.

[2.] **Reichswehrminister von Blomberg vor den Gruppen- und Wehrkreisbefehlshabern im Reichswehrministerium, 3.2.1933**
Th. Vogelsang (Hrsg.): Neue Dokumente zur Geschichte der Reichswehr 1930–1933. In: Vierteljahrshefte für Zeitgeschichte 2 (1954), S. 432f.

[3.] **Hitler vor den Befehlshabern des Heeres und der Marine über seine politischen Ziele (»Liebmann-Aufzeichnung«), 3.2.1933**
Ebda, S. 434ff.

[4.] **Runderlaß des Reichskommissars für das Preußische Ministerium des Innern Hermann Göring an alle Polizeibehörden über die »Förderung der nationalen Bewegung« (sog. Schießerlaß), 17.2.1933**
Ministerialblatt für die preußische innere Verwaltung 1933/I, S. 169

[5.] **Schreiben des Vorstandes des ADGB an den Reichspräsidenten Paul von Hindenburg betr. den Schutz der Weimarer Reichsverfassung durch den Reichspräsidenten, 21.2.1933**
W. Ruge, W. Schumann (Hrsg.): Dokumente zur deutschen Geschichte 1933–1935. Frankfurt a. M. 1977, S. 28

[6.] **Amtliche Mitteilung des ›Preußischen Pressedienstes‹ über den Reichstagsbrand, 28.2.1933**
C. Horkenbach: Das Deutsche Reich von 1918 bis heute (Das Jahr 1933). Berlin 1935, S. 72

[7.] **Verordnung des Reichspräsidenten »Zum Schutz von Volk und Staat«, 28.2.1933**
Reichsgesetzblatt, 1933, T. I, Nr. 17, S. 83

[8.] **Verordnung des Reichspräsidenten »Zur Abwehr heimtückischer Angriffe gegen die Regierung der nationalen Erhebung«, 21.3.1933**
Reichsgesetzblatt, 1933, T. I, Nr. 24, S. 135

[9.] **Meldung des ›Völkischen Beobachters‹ über die Einrichtung des Konzentrationslagers Dachau, 21.3.1933**
Völkischer Beobachter (Münchener Ausgabe), 21. März 1933

[10.] **Rudolf Diels, der erste Chef der Gestapo, berichtet über die ersten Konzentrationslager und über Mißhandlungen in einem SA-Lager im Frühjahr 1933**
R. Diels: Lucifer ante portas. Es spricht der Chef der Gestapo. Stuttgart 1950, S. 220, 254ff.

[11.] **Reichstagsrede des Abg. Wels (SPD) zum »Ermächtigungsgesetz«, 23.3.1933**
Hohlfeld: Dokumente, Bd. 4, S. 38ff.

[12.] **Gesetz zur Behebung der Not von Volk und Reich (»Ermächtigungsgesetz«), 24.3.1933**
Reichsgesetzblatt, 1933, T. I, Nr. 25, S. 141

[13.] **Carl Schmitt kommentiert das »Ermächtigungsgesetz«, 1933**
C. Schmitt: Staat, Bewegung, Volk. Die Dreigliederung der politischen Einheit. (Der deutsche Staat der Gegenwart) 2. Aufl., Hamburg 1933, S. 7f.

[14.] **Gesetz zur Wiederherstellung des Berufsbeamtentums, 7.4.1933**
Reichsgesetzblatt, 1933, T. I, Nr. 34, S. 175f.

[15.] **Zweites Gesetz zur Gleichschaltung der Länder mit dem Reich (»Reichsstatthaltergesetz«), 7.4.1933**
Ebda, Nr. 33, S. 173

[16.] **Verbot der SPD, 22.6.1933**
Hohlfeld: Dokumente, Bd. 4, S. 69f.

[17.] **Ernst Röhm fordert den Übergang von der nationalen zur nationalsozialistischen Revolution, Juni 1933**
E. Röhm: SA und die deutsche Revolution. In: Nationalsozialistische Monatshefte 4 (1933), S. 251–254

[18.] **Hitler erklärt vor den Reichsstatthaltern den Abschluß der nationalen Revolution, 6.7.1933**
Ursachen und Folgen, Bd. 9, S. ’233f.

[19.] **Gesetz gegen die Neubildung von Parteien, 14.7.1933**
Reichsgesetzblatt, 1933, T. I, Nr. 81, S. 479

[20.] **Gesetz zur Sicherung der Einheit von Partei und Staat, 1.12.1933**
Ebda, S. 1016

[21.] **Carl Schmitt über den Führergedanken, 1933**
C. Schmitt: Staat, Bewegung, Volk, S. 35, 42

[22.] **Ernst Forsthoff über »nationalsozialistische Revolution« und »Führerstaat«, 1933**
E. Forsthoff: Der totale Staat. 2. Aufl., Hamburg 1933, S. 35ff.

[23.] **Der französische Botschafter in Berlin François-Poncet über die Haltung der deutschen Bevölkerung zum Nationalsozialismus, 1933**

A. François-Poncet: Als Botschafter in Berlin 1931–1938. Mainz 1947,
S. 101, 160

[24.] **Gesetz über den Neuaufbau des Reiches, 30.1.1934**
Reichsgesetzblatt, 1934, T. I, Nr. 11, S. 75

[25.] **Gesetz über die Aufhebung des Reichsrats, 14.2.1934**
Ebda, Nr. 16, S. 89

[26.] **Gesetz zur Änderung von Vorschriften des Strafrechts und des
Strafverfahrens, 24.4.1934**
Reichsgesetzblatt, 1934, T. I, Nr. 47, S. 345 f.

[27.] **Marburger Rede von Papens, 17.6.1934**
Der Nationalsozialismus. Dokumente 1933–1945. Hrsg., eingel. und
dargestellt von W. Hofer. Überarb. Neuausg., Frankfurt a. M. 1982,
S. 68 f.

[28.] **Bericht des Staatssekretärs Dr. Meissner über die Vorgänge des
30. Juni 1934**
O. Meissner: Staatssekretär unter Ebert–Hindenburg–Hitler. Hamburg
1950, S. 366 f.

[29.] **Hitler nimmt vor dem Reichstag Stellung zur Niederschlagung des sog.
Röhmputsches, 17.7.1934**
Hohlfeld: Dokumente, Bd. 4, Nr. 64 h, S. 171

[30.] **Carl Schmitt: »Der Führer schützt das Recht.« Zum 30.6.1934**
C. Schmitt: Positionen und Begriffe im Kampf mit Weimar–Genf–
Versailles 1923–1939. Hamburg 1940, S. 200

[31.] **Erlaß Hitlers über die Erhebung der SS zur selbständigen Organisation,
20.7.1934**
F. Maier-Hartmann: Dokumente des Dritten Reiches. Bd. 2, 4. Aufl.,
München 1942, S. 159 ff.

[32.] **Gesetz über das Staatsoberhaupt des Deutsches Reiches, 1.8.1934**
Reichsgesetzblatt, 1934, T. I, Nr. 89, S. 747

[33.] **Proklamation Hitlers auf dem Reichsparteitag der NSDAP in Nürnberg,
5.8.1934**
Hohlfeld: Dokumente, Bd. 4, S. 183 ff.

[34.] **Denkschrift von Reichswirtschaftsminister Hjalmar Schacht für Adolf
Hitler über Fragen der Innenpolitik, 3.5.1935**
Ruge, Schumann: Dokumente 1933–1935, S. 108 f.

[35.] **Hitler über die Führung der Wehrmacht, 4.2.1938**
Reichsgesetzblatt, 1938, T. I, Nr. 10, S. 111

[36.] **Anordnung Hitlers über die Aufgaben der Deutschen Polizei und der
SS, 17.8.1938**
Internationaler Militärgerichtshof (IMT): Der Prozeß gegen die Haupt-
kriegsverbrecher, Bd. 26, Nürnberg 1947–1949, S. 190 ff. (647–PS)

[37.] **Ernst Rudolf Huber über die ungeschriebene Verfassung des
»Führerstaates«, 1939**
E. R. Huber: Verfassungsrecht des Großdeutschen Reiches. Hamburg
1939, S. 44 ff.

[38.] **Joseph Goebbels zur Gleichschaltung von Gewerkschaften und
Parteien, 17.4.1933**
Ursachen und Folgen, Bd. 9, S. 628

[39.] **Robert Ley zur Zerschlagung der Gewerkschaften, 2.5.1933**

Aufruf des Leiters des Aktionskomitees zum Schutze der deutschen
Arbeit zur Besetzung der Gewerkschaftshäuser am 2. Mai 1933. In:
Arbeitertum, Jg. 1933, Folge 6, S. 5

[40.] **Gesetz über »Treuhänder der Arbeit«, 19.5.1933**
Reichsgesetzblatt, 1933, T. I, Nr. 52, S. 285

[41.] **Memorandum und Gesetzentwurf von Carl Goerdeler,
Reichskommissar für die Preisüberwachung und Oberbürgermeister
von Leipzig, für das Reichswirtschaftsministerium über die endgültige
Beseitigung des Betriebsrätegesetzes und dessen Ersetzung durch ein
neues Arbeitsgesetz, 7.9.1933**
Anatomie des Krieges. Neue Dokumente über die Rolle des deutschen
Monopolkapitals bei der Vorbereitung und Durchführung des Zweiten
Weltkrieges. Hrsg. u. eingel. von D. Eichholtz und W. Schumann. Berlin
1969, S. 118 ff.

[42.] **Robert Ley vor der 1. Reichstagung der Reichsgruppe Chemie im
Deutschen Techniker-Verband, 24.11.1933**
Ebda, 25. November 1933

[43.] **Gesetz zur »Ordnung der nationalen Arbeit«, 20.1.1934**
Reichsgesetzblatt, 1934, T. I, Nr. 7, S. 45

[44.] **Entwurf der Denkschrift des Reichsstandes der deutschen Industrie,
13.2.1934**
Anatomie des Krieges, S. 123–128

[45.] **Verordnung des Führers und Reichskanzlers über Wesen und Ziel der
Deutschen Arbeitsfront, 24.10.1934**
Völkischer Beobachter, 25. Oktober 1934; abgedruckt in: Hohlfeld,
Dokumente, Bd. 4, S. 187 ff.

[46.] **Robert Ley zum Jahrestag von »Kraft durch Freude«, 27.11.1934**
Ley: Durchbruch der sozialen Ehre, S. 167 ff.

[47.] **Analyse der Sopade des Verhaltens der Arbeiterschaft, Januar 1935**
Deutschlandberichte der Sopade, Bd. 2, 1935, S. 137

[48.] **Protokoll einer Chefbesprechung unter dem Vorsitz des
Reichsarbeitsministers Franz Seldte über Lohnpolitik, 2.5.1935**
Ruge, Schumann: Dokumente 1933–1935, S. 107 f.

[49.] **Reichsarbeitsdienstgesetz, 26.6.1935**
Reichsgesetzblatt, 1935, T. I, Nr. 64, S. 769 ff.

[50.] **Robert Ley an Adolf Hitler über inflationäre Preisentwicklung,
15.8.1935**
Ruge, Schumann: Dokumente 1933–1935, S. 115

[51.] **Deutschlandberichte der Sopade über die Gewinnung der Arbeiter
durch Zwangsorganisation und soziale Bestechung, November 1935**
Deutschlandberichte der Sopade, Bd. 2, 1935, S. 1375 f.

[52.] **Schreiben des Reichs- und Preußischen Arbeitsministers Seldte an den
Chef der Reichskanzlei Dr. Lammers über die Arbeitsmarktlage,
28.8.1936**
Th. W. Mason: Arbeiterklasse und Volksgemeinschaft. Dokumente und
Materialien zur deutschen Arbeiterpolitik 1936–1939. Opladen 1975,
S. 194 f.

[53.] **Oberst Thomas, Leiter des Wehrwirtschaftsstabes im Wehrmachtamt
des Reichskriegsministeriums, anläßlich der 5. Tagung der**

Reichsarbeitskammer über Wehrwirtschaft und Kriegsvorbereitung,
24.11.1936
Ebda, S. 179–188

[54.] Monatsbericht der Wehrwirtschafts-Inspektion XIII/Nürnberg,
16.12.1936
Bayern in der NS-Zeit, Bd. 1, S. 261

[55.] Monatsbericht des Regierungspräsidenten von Oberbayern, 10.2.1937
Ebda, S. 262

[56.] Sozialbericht der Reichstreuhänder der Arbeit für das 4. Vierteljahr
1938, 3.3.1939
Ebda, S. 860ff.

[57.] Bericht über die 15. Sitzung des Reichsverteidigungsausschusses,
15.12.1938, Ebda, S. 933ff.

[58.] Monatsbericht der Wehrwirtschafts-Inspektion XIII/Nürnberg,
15.6.1939. Ebda, S. 284

[59.] Bericht der Staatspolizeistelle Dresden an das Geheime
Staatspolizeiamt über »Unruhe unter Dienstverpflichteten«, 29.6.1939
Mason: Arbeiterklasse, S. 722–725

[60.] Joseph Goebbels vor der Presse über die Errichtung des
Reichspropagandaministeriums, 15.3.1933
Meier-Benneckenstein: Dokumente, Bd. 1, 7. Aufl., Berlin 1942,
S. 289ff.

[61.] Richtlinien der »Deutschen Christen« für die Umgestaltung des
kirchlichen Lebens, 6.5.1933
Horkenbach: Das Deutsche Reich, S. 157f.

[62.] Joseph Goebbels über die Aufgaben der Kunst im revolutionären
Prozeß, 8.5.1933
Meier-Benneckenstein: Dokumente, Bd. 1, 2. Aufl., Nr. 95, S. 286ff.

[63.] Hitler äußert sich über das Christentum, 6.7.1933
H. Rauschning: Gespräche mit Hitler. 4. Aufl., Zürich, Wien, New York
1973, S. 50f.

[64.] Konkordat zwischen dem Heiligen Stuhl und dem Deutschen Reich,
20.7.1933
Von Versailles zum Zweiten Weltkrieg. Verträge zur Zeitgeschichte
1918–1939. Hrsg. v. E. Klöss, München 1965, S. 199–208

[65.] Der ›Völkische Beobachter‹ kommentiert die Bedeutung des
Reichskonkordats, 20.7.1933
Völkischer Beobachter, 20. Juli 1933; abgedruckt in: Horkenbach, Das
Deutsche Reich, S. 297f.

[66.] Goebbels über die »totale Revolution«, November 1933
Völkischer Beobachter (Berliner Ausgabe, A), 16. November 1933

[67.] Das »Bekenntnis« der »Deutschen Christen«, 1.12.1933
J. Beckmann (Hrsg.): Kirchliches Jahrbuch für die Evangelische Kirche in
Deutschland 1933–1944. (Evangelische Kirche im Dritten Reich)
Gütersloh 1948, S. 32f.

[68.] Hitler auf der Tagung der NS-Frauenschaft während des
Reichsparteitags in Nürnberg, September 1934
M. Domarus: Hitler. Reden und Proklamationen. Bd. 1, Würzburg 1962,
S. 450ff.

[69.] **Botschaft der »Bekennenden Kirche«, 19./20.10.1934**
J. Beckmann: Kirchliches Jahrbuch, S. 32 f.

[70.] **Reichsinnenminister Wilhelm Frick über die »Entkonfessionalisierung des gesamten öffentlichen Lebens«, 7.7.1935**
Völkischer Beobachter (Münchener Ausgabe), 8. Juli 1935

[71.] **Joseph Goebbels meldet den deutschen Weltherrschaftsanspruch an. Aus einer Rede auf dem Berliner Gautag, 17.1.1936**
Meier-Benneckenstein: Dokumente, Bd. 4, 2. Aufl., Nr. 1, S. 26

[72.] **Anordnung von Joseph Goebbels zur nationalsozialistischen Kunstkritik, 27.11.1936**
In letzter Stunde. 1933–1945. Schriften deutscher Künstler des zwanzigsten Jahrhunderts. Bd. 2, gesammelt und hrsg. v. D. Schmidt, Dresden 1964, S. 216

[73.] **Gesetz über die Hitlerjugend, 1.12.1936**
Reichsgesetzblatt, 1936, T. I, Nr. 113, S. 993

[74.] **Hitler über Jugenderziehung, 4. Dezember 1938**
Völkischer Beobachter, 4. Dezember 1938

[75.] **Aus den Deutschlandberichten der Sopade, Dezember 1938**
Deutschlandberichte der Sopade, Bd. 5, 1938, S. 1390 ff.

[76.] **Anordnung der Parteileitung der NSDAP über die Durchführung antisemitischer Maßnahmen, 28. März 1933**
Völkischer Beobachter, 30. März 1933

[77.] **Gesetz zur Verhütung erbkranken Nachwuchses, 14.7.1933**
Reichsgesetzblatt, 1933, T. I, Nr. 186, S. 529, in der Fassung vom 4.2.1936, Reichsgesetzblatt, 1936, T. I, Nr. 16, S. 119

[78.] **Gesetz zum Schutze des deutschen Blutes und der deutschen Ehre (»Nürnberger Gesetze«), 15.9.1935**
Reichsgesetzblatt, 1935, T. I, Nr. 100, S. 1146

[79.] **Reichsbürgergesetz (»Nürnberger Gesetze«), 15.9.1935,** Ebda

[80.] **Deutschlandberichte der Sopade über das nationalsozialistische Terrorsystem, Januar 1936**
Deutschlandberichte der Sopade, Bd. 3, 1936, S. 9 f.

[81.] **Vortrag Heinrich Himmlers auf einem Lehrgang der Wehrmacht über »Wesen und Aufgabe der SS und der Polizei«, Januar 1937**
IMT, Bd. 29, S. 221 f., 228 ff.

[82.] **Erlaß des preußischen Innenministers über die vorbeugende Verbrechensbekämpfung, 14.12.1937**
B. Streck: Die »Bekämpfung des Zigeunerunwesens«. In: T. Zülch (Hrsg.), In Auschwitz vergast, bis heute verfolgt. Reinbek 1979, S. 76

[83.] **Bericht des Chefs der Sicherheitspolizei Reinhard Heydrich an den preußischen Ministerpräsidenten Hermann Göring über die Gewaltmaßnahmen gegen das Judentum am 9./10. November 1938**
Hohlfeld: Dokumente, Bd. 4, S. 505 f.

[84.] **Reaktionen der Bevölkerung auf die Reichskristallnacht, November 1938**
Deutschlandberichte der Sopade, Bd. 5, 1938, S. 1205 ff.

[85.] **Verordnung zur Wiederherstellung des Straßenbildes bei jüdischen Gewerbebetrieben, 12.11.1938**
Reichsgesetzblatt, 1938, T. I, Nr. 189, S. 1581

[86.] **Verordnung des Beauftragten für den Vierjahresplan Hermann Göring über eine »Sühneleistung der Juden deutscher Staatsangehörigkeit«, 12.11.1938**
Ebda, S. 1579

[87.] **Verordnung Hermann Görings zur Ausschaltung der Juden aus dem deutschen Wirtschaftsleben, 12.11.1938**
Ebda, S. 1580

[88.] **Aus dem Monatsbericht des Regierungspräsidenten von Niederbayern und der Oberpfalz, 8.12.1938**
Bayern in der NS-Zeit, Bd. 1, S. 473

[89.] **Protokoll einer Sitzung unter der Leitung von Rudolf Heß über die ökonomische Aufrüstung und die Rohstoffknappheit in Deutschland, 20.11.1934**
Ruge, Schumann: Dokumente 1933–1935, S. 98 ff.

[90.] **Denkschrift der IG Farbenindustrie AG für den Rüstungsbeirat des Reichswehrministeriums über die Vorbereitung der Industrie auf den Krieg, März 1935**
Anatomie des Krieges, S. 130 ff.

[91.] **Denkschrift Hermann Röchlings an Adolf Hitler: »Gedanken über die Vorbereitung zum Kriege und seine Durchführung«, 17.8.1936**
Anatomie des Krieges, S. 142 ff.

[92.] **Hitlers geheime Denkschrift über den Vierjahresplan, August 1936**
W. Treue: Hitlers Denkschrift zum Vierjahresplan 1936. In:
Vierteljahrshefte für Zeitgeschichte 3 (1955), S. 204 ff.

[93.] **Protokoll über die Sitzung des Ministerrats über die Durchführung des Vierjahresplans, 4.9.1936**
IMT, Bd. 36, S. 489 ff.

[94.] **Reichswirtschaftsminister Hjalmar Schacht warnt Hermann Göring vor den Folgen der Kriegswirtschaft, 2.4.1937**
IMT, Bd. 36, S. 574 ff.

[95.] **Runderlaß des Reichswirtschaftsministeriums über die Regelung der Ausfuhr im Falle des Krieges, 27.5.1937**
Ruge, Schumann: Dokumente 1936–1939, S. 50 f.

[96.] **Niederschrift einer Besprechung Hermann Görings mit Luftfahrtindustriellen über die Ziele des vorbereiteten Krieges, 8.7.1938**
IMT, Bd. 38, S. 379 ff.

[97.] **Hitler über Volkswagen, Reichsautobahnen und die Zukunft der Motorisierung, 5.9.1938**
Heeresadjutant bei Hitler 1938–1943. Aufzeichnungen des Majors Engel.
Hrsg. und kommentiert von H. von Kotze. Stuttgart 1974, S. 35 f.

[98.] **Schreiben Arnold Rechbergs an den Chef der Reichskanzlei Heinrich Lammers über die Notwendigkeit einer expansiven Politik, 18.11.1938**
Anatomie des Krieges, S. 193 f.

[99.] **Ansprache von Wilhelm Zangen, Leiter der Reichsgruppe Industrie, zu Fragen von »Staat und Wirtschaft«, 2.11.1938**
Ebda, S. 94

[100.] **Vortrag von Tilo von Wilmowsky, Vorsitzender des Mitteleuropäischen**

Wirtschaftstages, über die »Entstehung, Entwicklung und Arbeit des MWT«, 22. 11. 1938 Ebda, S. 101 f.

[101.] **Das Reichsbankdirektorium beklagt sich bei Hitler über die hemmungslose Ausgabenwirtschaft, 9. 1. 1939**
H. Schacht: 76 Jahre meines Lebens. Bad Wörishofen 1953, S. 459

[102.] **Wilhelm Keppler und Generaldirektor Vogl über die Rede Adolf Hitlers vor führenden Vertretern der Wirtschaft, der NSDAP und der Generalität, 8. 3. 1939**
Anatomie des Krieges, S. 204 f.

[103.] **Arbeitsbericht von Carl Krauch, Generalbevollmächtigter für Sonderfragen der chemischen Erzeugung, vor dem Generalrat des Vierjahresplanes, 28. 4. 1939**
Anatomie des Krieges, S. 210 ff.

[104.] **Denkschrift der Amtsgruppe Wehrwirtschaftsstab im OKW über »Möglichkeiten einer Großraumwirtschaft unter deutscher Führung«, August 1939**
Ruge, Schumann: Dokumente 1936 1939, S. 126 f.

[105.] **Außenpolitische Lage Deutschlands: Bilanz und neue Perspektiven. Aufzeichnungen des Staatssekretärs im Auswärtigen Amt Bernhard von Bülow, 13. 3. 1933**
G. Wollstein (Hrsg.): Eine Denkschrift des Staatssekretärs Bernhard von Bülow vom März 1933. Wilhelminische Konzeption der Außenpolitik zu Beginn der nationalsozialistischen Herrschaft. In: Militärgeschichtliche Mitteilungen 1/73 (1973), S. 77 ff.

[106.] **Außenpolitische Zielvorstellungen konservativer Entscheidungsträger. Ernst von Weizsäckers Analyse und Perspektiven, Juni 1934**
Die Weizsäcker-Papiere 1933–1950. Hrsg. von L. Hill. Frankfurt a. M., Wien 1974, S. 81 ff.

[107.] **Reichswirtschaftsminister Hjalmar Schacht an General Ritter von Epp über Kolonialpolitik versus Ostexpansion, 19. 3. 1935**
ADAP, Ser. C, Bd. III, S. 1004 f.

[108.] **Joachim von Ribbentrops »Krönungsbericht« aus London, 21. 5. 1937**
A. von Ribbentrop: Die Kriegsschuld des Widerstandes. Aus britischen Geheimdokumenten 1938/39. Aus dem Nachlaß hrsg. von R. von Ribbentrop. Leoni 1974, S. 25–31

[109.] **Niederschrift über die Besprechung in der Reichskanzlei (»Hoßbach-Protokoll«), 5. 11. 1937**
ADAP, Ser. D, Bd. I, S. 25–32

[110.] **Der italienische Außenminister Graf Galeazzo Ciano kommentiert den Beitritt Italiens zum Antikominternpakt, 6. 11. 1937**
G. Ciano: Tagebücher 1937/38. Hamburg 1949, S. 38 f.

[111.] **Ernst von Weizsäcker über die deutsch-englischen Beziehungen am Vorabend des Halifax-Besuches in Deutschland, 10. 11. 1937**
Weizsäcker-Papiere, S. 118 f.

[112.] **Graf Ciano bemängelt die Uneinheitlichkeit der deutschen Außenpolitik, 21. 11. 1937**
Ciano: Tagebücher, S. 48 f.

[113.] **Joachim von Ribbentrops Hauptbericht »London A 5522« über »Das**

deutsch-englische Verhältnis und die Weiterbehandlung der Initiative Chamberlains«, 28.12.1937
A. von Ribbentrop: Die Kriegsschuld des Widerstandes, S. 61–74

[114.] Joachim von Ribbentrops »Notiz für den Führer«, 2.1.1938
ADAP, Ser. D, Bd. I, S. 132–137

[115.] Denkschrift des Oberkommandos der Wehrmacht (OKW): »Die Kriegführung als Problem der Organisation«, 7.3.1938
IMT, Bd. 38, S. 48 ff.

[116.] Hitlers militärische Weisung für den Einmarsch in Österreich (»Unternehmen Otto«), 11.3.1938
IMT, Bd. 34, S. 336 f.

[117.] Gesetz über die Wiedervereinigung Österreichs mit dem Deutschen Reich, 13.3.1938
Reichsgesetzblatt, 1938, T. I, Nr. 21, S. 237 f.

[118.] Konrad Henlein, Führer der Sudetendeutschen Partei, wird über die nationalsozialistische Sudetenpolitik instruiert, 29.3.1938
ADAP, Ser. D, Bd. II, S. 158

[119.] Staatssekretär im Auswärtigen Amt Ernst von Weizsäcker über Meinungsverschiedenheiten mit Reichsaußenminister von Ribbentrop über die künftige deutsche Außenpolitik, 19.4.1938
Weizsäcker-Papiere, S. 126

[120.] »Fall Grün«: Angriff auf die Tschechoslowakei, 24.4.1938
IMT, Bd. 25, S. 415 ff.

[121.] Hitlers unabänderlicher Entschluß, die Tschechoslowakei zu zerschlagen, 30.5.1938
IMT, Bd. 25, S. 433 ff.

[122.] Außenpolitische Situationsanalyse des Staatssekretärs im Auswärtigen Amt Ernst von Weizsäcker angesichts der Sudetenkrise, 8.6.1938
Weizsäcker-Papiere, S. 129 ff.

[123.] Der Generalstabschef des Heeres Ludwig Beck fordert die Einstellung der Kriegsvorbereitungen, 16.7.1938
W. Foerster: Generaloberst Ludwig Beck. Sein Kampf gegen den Krieg. München 1953, S. 118 ff.

[124.] Tagebuchaufzeichnungen Ernst von Weizsäckers zum Münchener Abkommen, 9.10.1938
Weizsäcker-Papiere, S. 144 ff.

[125.] Hitlers Rede vor der deutschen Presse über die Aufgabe der Propaganda für die deutsche Außenpolitik, 10.11.1938
H. von Kotze, H. Krausnick (Hrsg.): Es spricht der Führer. Gütersloh 1966, S. 269 ff.

[126.] Reichstagsrede Hitlers, 30.1.1939
Hohlfeld: Dokumente, Bd. 5, S. 6–9

[127.] Hitlers Geheimrede vor den Truppenkommandeuren, 10.2.1939
J. Dülffer: Der Einfluß des Auslandes auf die nationalsozialistische Politik. In: E. Forndran, F. Golczewski, D. Riesenberger (Hrsg.): Innen- und Aussenpolitik unter nationalsozialistischer Bedrohung. Opladen 1977, S. 304

[128.] Schmundt-Bericht über eine Besprechung Hitlers mit den Befehlshabern und führenden Offizieren der drei Wehrmachtsteile, 23.5.1939

ADAP, Ser. D, Bd. VI, Nr. 433, S. 477 ff.

[129.] **Hitler erläutert Carl J. Burckhardt sein Lebensraum-Programm, 11.8.1939**
C. J. Burckhardt: Meine Danziger Mission 1937–1939. München 1962, S. 272

[130.] **Reichsaußenminister Joachim von Ribbentrop instruiert den deutschen Botschafter in Moskau Friedrich Werner Graf von der Schulenburg über die deutsche Rußlandpolitik, 14.8.1939**
Stalin und Hitler. Pakt gegen Europa. Hrsg. und eingel. von J. W. Brügel. Wien 1973, S. 66 ff.

[131.] **»Parforce-Jagd um die russische Gunst« – aus Ernst von Weizsäckers Tagebuch, 20.8.1939**
Weizsäcker-Papiere, S. 159

[132.] **Generaladmiral Boehm über Hitlers Rede vor den Oberbefehlshabern auf dem Obersalzberg, 22.8.1939**
Hohlfeld: Dokumente, Bd. 5, S. 74–80

[133.] **Deutsch-sowjetischer Nichtangriffspakt, 23.8.1939**
ADAP, Ser. D, Bd. VII, S. 205 ff.

[134.] **Hitler befiehlt den Angriff auf Polen, 31.8.1939**
IMT, Bd. 24, S. 456 f.

[135.] **Hitler vor dem Reichstag, 1.9.1939**
Der Großdeutsche Freiheitskampf. Reden Adolf Hitlers. München 1943, S. 25 ff.

[136.] **Das britische Ultimatum, 3.9.1939**
ADAP, Serie D, Bd. VI, S. 441

[137.] **Ernst von Weizsäcker über letzte Friedensbemühungen, 7.9.1939**
Die Weizsäcker-Papiere 1933–1950. Hrsg. von Leonidas E. Hill. Frankfurt a. M., Berlin, Wien 1974, S. 164

[138.] **Rosenbergs Unterredung mit dem »Führer« über die deutsch-britischen Beziehungen, 1.11.1939**
Das politische Testament Alfred Rosenbergs 1934/35 und 1939/40. Hrsg. von Hans-Günther Seraphim. München 1964, S. 103–106

[139.] **Hitler zu den Oberbefehlshabern der Wehrmacht über die Programmatik vergangener und zukünftiger Politik, 23.11.1939**
IMT = Der Prozeß gegen die Hauptkriegsverbrecher vor dem Internationalen Militärgerichtshof, Nürnberg 1946, Neuaufl. München 1984 (Reprint), Bd. XXVI, S. 32 ff.

[140.] **Weisung des OKW Nr. 10 für den »Fall Weserübung« zum Überfall auf Dänemark und Norwegen, 1.3.1940**
Ebda, Bd. XXXIV, S. 729 ff.

[141.] **Graf Ciano über die deutsche Frankreichpolitik, 18./19.6.1940**
G. Ciano: Tagebücher 1939–1943. Bern 1946, S. 249

[142.] **Gedanken der Seekriegsleitung zum Aufbau der Flotte nach dem Kriege, 6.7.1940**
Hildebrand: Reich, S. 911–915

[143.] **Hitlers Weisung zur Vorbereitung einer Landungsoperation gegen England (»Operation Seelöwe«), 16.7.1940**
Hubatsch: Hitlers Weisungen, S. 61 f.

[144.] **Hitlers Friedensangebot an England, 19.7.1940**

Verhandlungen des Reichstags. Stenograph. Berichte, 4. Wahlperiode 1939–1942. Bd. 460, S. 78

[145.] **Hitlers Entschluß zum Angriff auf die Sowjetunion. Aus dem Kriegstagebuch des Chefs des Generalstabs Generaloberst Halder, 31. 7. 1940**
Generaloberst Halder: Kriegstagebuch, Bd. II. Bearb. von H.-A. Jacobsen. Stuttgart 1963, S. 46 ff.

[146.] **Unterredung zwischen Hitler, Ribbentrop und Molotow, 13. 11. 1940**
Staatsmänner und Diplomaten bei Hitler. Vertrauliche Aufzeichnungen und Unterredungen mit Vertretern des Auslandes 1939 bis 1941. Hrsg. u. erläutert von A. Hillgruber. Frankfurt a. M. 1967, S. 304 ff.

[147.] **Die Vorbereitung des Feldzuges gegen die Sowjetunion (»Fall Barbarossa«): Hitlers Weisung Nr. 21, 18. 12. 1940**
ADAP, Serie D, Bd. XI, 2, S. 750 ff.

[148.] **Hitlers Beurteilung der militärischen Lage, 9. 1. 1941**
H. Greiner: Die Oberste Wehrmachtsführung 1933–1943. Wiesbaden 1951, S. 432 ff.

[149.] **Hitler fordert den »ideologischen Vernichtungskrieg« gegen die Sowjetunion, 30. 3. 1941**
Halder-Kriegstagebuch, Bd. II. Stuttgart 1963, S. 335 ff.

[150.] **Der Leiter der Wirtschaftspolitischen Abteilung im Auswärtigen Amt Dr. Karl Julius Schnurre über die sowjetisch-deutschen Wirtschaftsbeziehungen, 5. 4. 1941**
Stalin und Hitler. Pakt gegen Europa. Hrsg. u. eingel. von J. W. Brügel, Wien 1973, S. 296

[151.] **Weizsäcker warnt Reichsaußenminister von Ribbentrop vor einem Krieg gegen die Sowjetunion, 28. 4. 1941**
ADAP, Serie D, Bd. XII, 2, S. 550 f.

[152.] **Erlaß von Generalfeldmarschall Wilhelm Keitel über »Die Ausübung der Kriegsgerichtsbarkeit im Gebiet ›Barbarossa‹ und besondere Maßnahmen der Truppe«, 13. 5. 1941**
Fall Barbarossa. Dokumente zur Vorbereitung der faschistischen Wehrmacht auf die Aggression gegen die Sowjetunion (1940/41). Ausgew. u. eingel. v. E. Moritz. Berlin 1970, S. 316 ff.

[153.] **Richtlinien für die Behandlung politischer Kommissare (»Kommissarbefehl«), 6. 6. 1941**
H. Laschitza, S. Vietzke: Geschichte Deutschlands und der deutschen Arbeiterbewegung 1933–1945. Berlin 1964, S. 258 f.

[154.] **Entwurf des Generals Walter Warlimont, Chef der Abteilung Landesverteidigung des OKW, für die Weisung des OKW Nr. 32 zur Weiterführung des Krieges nach dem Überfall auf die UdSSR, 11. 6. 1941**
Weltkriege und Revolutionen 1914–1945. Bearb. v. G. Schönbrunn, W. Lautemann, M. Schlanke (Hrsg.): Geschichte in Quellen. Bd. V, München 1961, S. 484.

[155.] **Aus dem Kriegstagebuch Halders, Juli / August 1941**
Halder-Kriegstagebuch, Bd. 3, S. 36 ff.

[156.] **Unterredung Hitlers mit dem japanischen Botschafter in Deutschland Oshima, 15.7.1941**
Staatsmänner und Diplomaten bei Hitler. Vertrauliche Aufzeichnungen über Unterredungen mit den Vertretern des Auslandes 1939–1941. Hrsg. u. eingel. v. A. Hillgruber. München 1969, S. 291–303

[157.] **Hitler ist entschlossen, Leningrad zu vernichten. Aus einem Schreiben der Seekriegsleitung, September 1941**
Weltkriege und Revolutionen, S. 503

[158.] **Weisung Hitlers für die Heeresgruppe Mitte, 20.12.1941**
H.-A. Jacobsen: Der Weg zur Teilung der Welt. Politik und Strategie von 1939 bis 1945. Koblenz, Bonn 1977, S. 134f.

[159.] **Unterredung Hitlers mit dem japanischen Botschafter in Deutschland Oshima über die gemeinsame Kriegführung gegen die USA und Großbritannien, 3.1.1942**
ADAP, Serie E, Bd. I, S. 157ff.

[160.] **Hitlers Rede über die angebliche Einnahme von Stalingrad, 8.11.1942**
Völkischer Beobachter (Berliner Ausgabe), 10. November 1942

[161.] **Goebbels über die sich verschlechternde Kriegslage und über Italiens Ausscheiden aus dem Krieg, Juli 1943**
L. P. Lochner: Goebbels' Tagebücher aus den Jahren 1942–43. Zürich 1948, S. 367ff.

[162.] **Goebbels über mögliche Friedenssondierungen anläßlich der Kapitulation Italiens, 10.9.1943**
Ebda, S. 392 u. 398

[163.] **Denkschrift »Strategischer Überblick und Verteilung der Gesamtstreitkräfte des deutschen Heeres« von Generaloberst Alfred Jodl, Chef des Wehrmachtsführungsstabes, 13.4.1944**
H. Jung: Die Ardennen-Offensive 1944/45. Ein Beispiel für die Kriegführung Hitlers. Göttingen, Zürich, Frankfurt a. M. 1971, S. 270ff.

[164.] **Denkschrift des Generalfeldmarschalls Erwin Rommel über die Lage an der Westfront, 15.7.1944**
Jacobsen: Teilung der Welt, S. 381

[165.] **Reichsfinanzminister Lutz Graf Schwerin von Krosigk an Joseph Goebbels über die Aufnahme von Verhandlungen mit den Westmächten, 14.4.1945**
W. Ruge, W. Schumann (Hrsg.): Dokumente zur deutschen Geschichte 1942–1945. Frankfurt a. M. 1977, S. 114

[166.] **Hitlers politisches Testament, 29.4.1945**
P. E. Schramm (Hrsg.): Die Niederlage 1945. Aus dem Kriegstagebuch des Oberkommandos der Wehrmacht. München 1962, S. 414–417

[167.] **Bedingungslose Kapitulation der deutschen Wehrmacht, 8.5.1945**
Ebda, S. 122f.

[168.] **Erlaß des »Führers« und Reichskanzlers zur »Festigung deutschen Volkstums«, 7.10.1939**
W. Conze: Der Nationalsozialismus II: 1934–1945. Stuttgart o. J., S. 53

[169.] **Ernst von Weizsäcker über die »pax germanica«, Dezember 1939**
Weizsäcker-Papiere 1933–1950, S. 184f.

[170.] **Denkschrift von Werner Daitz betr. die Errichtung eines**

Reichskommissariats für Großraumwirtschaft, 31.5.1940
Europastrategien des deutschen Kapitals 1900–1945. Hrsg. von R. Opitz.
Köln 1977, S. 668–670

[171.] **Reichswirtschaftsminister Walther Funk an Göring zum Thema Kontinental- und Großwirtschaftsraum, 6.8.1940**
Europastrategien, S. 755–757

[172.] **Joseph Goebbels vor Führern der NSDAP in Wien über die Europa- und Weltherrschaftsziele, 26.10.1940**
K. Scheel: Die Goebbels-Rede vom 26.10.1940 – ein Dokument zur faschistischen Kriegszielpropaganda. In: Bulletin des Arbeitskreises »Zweiter Weltkrieg«, 1969, Nr. 3, S. 39ff.

[173.] **Appell des katholischen Feldbischofs Franz Josef Rarkowski »Zu dem großen Entscheidungskampf im Osten«, 29.6.1941**
Ruge, Schumann: Dokumente 1939–1942, S. 75

[174.] **Hitler vor den Reichs- und Gauleitern über Kriegslage und Kriegsziele, 8.5.1943**
Lochner: Goebbels' Tagebücher, S. 322ff.

[175.] **Besprechung zwischen Hitler und Wilhelm Keitel, Chef des Wehrmachtamtes im Reichskriegsministerium, über die Verwaltung Polens, 17.10.1939**
IMT, Bd. XXVI, S. 378f.

[176.] **Generalmajor Hellmuth Stieff in einem Privatbrief aus Polen, 31.10.1939**
W. Marienfeld: Konferenzen über Deutschland. Hannover 1962, S. 9f.

[177.] **Vortragsnotiz des Generaloberst Blaskowitz für einen Vortrag beim Oberbefehlshaber des Heeres in Spala, 15.2.1940**
Jacobsen: Teilung der Welt, S. 33f.

[178.] **Generalgouverneur Hans Frank über die Politik in den okkupierten polnischen Gebieten, 2.3.1940**
Ruge, Schumann: Dokumente 1939–1942, S. 36

[179.] **Heinrich Himmler: »Einige Gedanken über die Behandlung der Fremdvölkischen im Osten«, 15.5.1940**
O. Kraus, E. Kulka: Massenmord und Profit. Berlin 1963, S. 43–46

[180.] **Richtlinien von Generalleutnant Georg Thomas, Chef des Wehrwirtschafts- und Rüstungsamtes des OKW, über Rohstoffe und Maschinen in den besetzten Gebieten, 16.7.1940**
Anatomie des Krieges, S. 271

[181.] **Heinrich Himmler an das Offizierkorps der Leibstandarte-SS »Adolf Hitler«, 7.9.1940**
IMT, Bd. XXIX, S. 109 (1918PS)

[182.] **Aktennotiz über eine geheime Besprechung der Staatssekretäre über die Planung des Hungertodes von Millionen Sowjetbürgern durch wirtschaftliche Ausplünderung der okkupierten Gebiete der UdSSR, 2.5.1941**
Anatomie des Krieges, S. 329

[183.] **Erlaß Hitlers über »Die Ausübung der Kriegsgerichtsbarkeit im Gebiet ›Barbarossa‹ und besondere Maßnahmen der Truppe«, 13.5.1941**
IMT, Bd. XXXIV, S. 252ff.

[184.] **Geheime Richtlinien von Hermann Göring über die wirtschaftliche**

Auspünderung der Sowjetunion (Grüne Mappe), Juni 1941
Anatomie des Krieges, S. 333 f.

[185.] **Aktenvermerk Martin Bormanns über Hitlers Ausführungen hinsichtlich der zukünftigen Verwaltung in Rußland, 16. 7. 1941**
IMT, Bd. XXXVIII, S. 87 f.

[186.] **Richtlinien des Reichssicherheitshauptamtes, Amt IV (Gestapo), über die Verfolgung von sowjetischen Funktionären und Kommunisten in den Kriegsgefangenenlagern, 17. 7. 1941**
Ruge, Schumann: Dokumente 1939–1942, S. 78

[187.] **Befehl des Chefs des OKW Generalfeldmarschall Wilhelm Keitel zur Zerschlagung von kommunistischen Aufständen (»Geiselmordbefehl«), 16. 9. 1941**
IMT, Bd. II, S. 487 f.

[188.] **Hitler im Führerhauptquartier, 17. / 18. 9. 1941**
Adolf Hitler. Monologe im Führerhauptquartier 1941–1944. Die Aufzeichnungen Heinrich Heims. Hrsg. v. W. Jochmann. Hamburg 1980, S. 62 f.

[189.] **Rede von Reinhard Heydrich, Chef des Reichssicherheitshauptamtes, in Prag über Grundsätze der nationalsozialistischen »Neuordnungs«-Politik, 2. 10. 1941**
Ruge, Schumann: Dokumente 1939–1942, S. 87 f.

[190.] **Befehl des Armeeoberkommandos 6 über das »Verhalten der Truppe im Ostraum«, 10. 10. 1941**
IMT, Bd. XXXV, S. 81 ff.

[191.] **Bericht der Einsatzgruppe A über Terror und Massenmord in den okkupierten sowjetischen Gebieten, 15. 10. 1941**
Ebda, Bd. XXXVII, S. 683 ff., 702 f.

[192.] **Vernichtungsarbeit der »Einsatzkommandos« der SS. Eine »Ereignismeldung«, 3. 11. 1941**
Jacobsen: Teilung der Welt, S. 180

[193.] **Protokoll der Besprechung Hermann Görings mit 25 Vertretern des Wirtschafts- und Staatsapparates über Grundsätze der Politik in den besetzten Gebieten der Sowjetunion, 8. 11. 1941**
Ruge, Schumann: Dokumente 1939–1942, S. 95 f.

[194.] **Hitler über die Besiedelung des russischen Raumes, 8.–10. 11. 1941**
Picker: Hitlers Tischgespräche, S. 44

[195.] **Stellungnahme Erich Wetzels, Mitarbeiter des Reichsministeriums für die besetzten Ostgebiete, zum »Generalplan Ost« des RSHA über die Deportation der Landesbewohner und die Ansiedlung von Deutschen in Osteuropa, 27. 4. 1942**
Ruge, Schumann: Dokumente 1939–1942, S. 114 f.

[196.] **Meldung der Gestapoleitstelle Prag über die Ermordung der Einwohner und die Zerstörung von Lidice, 24. 6. 1942**
Ruge, Schumann: Dokumente 1939–1942, S. 118

[197.] **Reichsleiter Martin Bormann an Reichsleiter Alfred Rosenberg über die Behandlung nichtdeutscher Bevölkerung in den Ostgebieten, 23. 7. 1942**
L. Poliakow, J. Wulf: Das Dritte Reich und seine Denker. Dokumente. Berlin 1959, S. 517 f.

[198.] **Hitlers Befehl über die Vernichtung von Kommandotrupps und**
Fallschirmspringern (»Kommandobefehl«), 18.10.1942
IMT, Bd. XXXVI, S. 100f.

[199.] **Stimmungsbericht aus der Ukraine, 1.4.1943**
Kriegstagebuch des OKW, Bd. III, Frankfurt a. M. 1963, S. 142f.

[200.] **Himmler über die Ostgrenze des »Germanischen Reiches«, 3.8.1944**
Vierteljahrshefte für Zeitgeschichte 1 (1953), S. 393f.

[201.] **Siegfried Nickel, Mitarbeiter im Reichsministerium für die**
besetzten Ostgebiete, an Dr. Straube, Führungsstab Politik,
über die Verschleppung sowjetischer Kinder und Jugendlicher,
19.10.1944
Ruge, Schumann: Dokumente 1942–1945, S. 90f.

[202.] **Hitler beauftragt Reichsleiter Bouhler und Dr. Brandt mit der Leitung**
des »Euthanasieprogramms«, 1.9.1939
IMT, Bd. XXVI, S. 169

[203.] **Anweisungen des Chefs der Sicherheitspolizei Reinhard Heydrich an**
die Einsatztruppen der Sicherheitspolizei über die Behandlung der
polnischen Juden, 21.9.1939
W. Scheffler: Judenverfolgung im Dritten Reich 1933 bis 1945. Frankfurt
a. M., Wien, Zürich 1965, S. 72ff.

[204.] **Auftrag Görings an Heydrich zur Vorbereitung einer »Gesamtlösung**
der Judenfrage«, 31.7.1941
IMT, Bd. XXVI, S. 266f.

[205.] **Protestschreiben des Bischofs von Limburg Dr. Hilfrich an den**
Reichsminister der Justiz gegen die Vernichtung sogenannten
lebensunwerten Lebens, 13.8.1941
Ebda, Bd. XXVI, S. 165ff.

[206.] **Befehl von Kurt Daluege, Chef der Ordnungspolizei, über die**
Deportation deutscher Juden, 24.10.1941
Ruge, Schumann: Dokumente 1939–1942, S. 93f.

[207.] **Aussagen von Rudolf Höß, Kommandant des KZ Auschwitz, über den**
Beginn des systematischen Massenmordes von Häftlingen und die
Anzahl der Opfer in der Massenvernichtungsstätte im Spätsommer
1941
Ebda, S. 83f.

[208.] **Aus dem »Wannsee-Protokoll« (über eine Besprechung in Berlin-**
Wannsee zwischen Vertretern der SS, der Partei und der
Reichsregierung), 20.1.1942
L. Poliakow, J. Wulf: Das Dritte Reich und die Juden. Dokumente und
Aufsätze. Berlin 1955, S. 119ff.

[209.] **Tagebucheintragung von Joseph Goebbels über die Liquidierung der**
Ostjuden, 27.3.1942
Scheffler: Judenverfolgung, S. 74f.

[210.] **Aufzeichnungen von Rudolf Höß, Kommandant des KZ Auschwitz,**
über die Verwertung des Vermögens von Juden, die in Auschwitz
ermordet wurden, November 1946
Kommandant in Auschwitz. Autobiographische Aufzeichnungen von
Rudolf Höß. Eingeleitet u. kommentiert v. M. Broszat. Stuttgart, 3. Aufl.
1961, S. 153–167, hier S. 163ff.

[211.] Bericht des SS-Obersturmführers Kurt Gerstein über eine Besichtigung
des Vernichtungslagers Bełżec im August 1942
Ruge, Schumann: Dokumente 1939–1942, S. 119ff.

[212.] Parteiinterne Information über die beabsichtigte »Endlösung der
Judenfrage« aus der Partei-Kanzlei bis zu Gau- und Kreisleitern,
9.10.1942
Jacobsen: Teilung der Welt, S. 584f.

[213.] Aus einem Bericht des SS-Arztes Dr. Rascher an Himmler über
Menschenversuche, 17.2.1943
IMT, Bd. XXV, S. 602f.

[214.] Die Zerstörung des Warschauer Ghettos. Bericht des SS- und
Polizeiführers im Distrikt Warschau Stroop, 16.5.1943
Ebda, Bd. XXVI, S. 632ff.

[215.] Rede Heinrich Himmlers über die SS-Moral, 4.10.1943
IMT, Bd. XXIX, S. 122ff.

[216.] Eidesstattliche Erklärung des Chefs des Sicherheitsdienstes (SD) Otto
Ohlendorf über die Massenmorde an Juden und kommunistischen
Funktionären in den besetzten Gebieten der Sowjetunion, 1946
Laschitza, Vietzke: Geschichte Deutschlands, S. 260

[217.] Erklärung unter Eid von Rudolf Höß, seinerzeit Kommandant des KZ
Auschwitz, im Nürnberger Pohl-Prozeß über die Massenmorde in
Auschwitz, 1946/47
Anatomie des Krieges, S. 477

[218.] Erlaß des Chefs des Sicherheitsdienstes Reinhard Heydrich an die
Leiter aller Staatspolizei(leit)stellen über »Grundsätze der inneren
Staatssicherung während des Krieges«, 3.9.1939
T. Mason: Arbeiterklasse und Volksgemeinschaft. Dokumente und
Materialien zur deutschen Arbeiterpolitik 1936–1939. Opladen 1975,
S. 1061f.

[219.] Erlaß des Reichsarbeitsministers Seldte an die Reichstreuhänder der
Arbeit über die »Lohngestaltung im Kriege«, 20.10.1939
Ebda, S. 1145–1147

[220.] Geheime Meldungen des Sicherheitsdienstes der SS über den
freiwilligen Arbeitseinsatz von Frauen, 26.5.1941
Ebda, S. 148–151

[221.] Erlaß von Reinhard Heydrich, Chef des Reichssicherheitshauptamtes,
zur Vorbereitung einer Verhaftungsaktion beim Überfall auf die
UdSSR, 18.6.1941
Ruge, Schumann: Dokumente 1939–1942, S. 72f.

[222.] Vertrauliche »Sozialpolitische Information« der Reichsvereinigung
Kohle über die Deportation sowjetischer Bergarbeiter, 1.11.1941
Anatomie des Krieges, S. 359

[223.] Protokollnotizen des großen Beirates der Reichsgruppe Industrie über
ein zu verstärkendes Lenkungssystem, 13.1.1942
Ebda, S. 373f.

[224.] Der Chef des SS-Wirtschafts-Verwaltungshauptamtes
SS-Gruppenführer Pohl an Reichsführer SS Heinrich Himmler
über Lage und Funktion der Konzentrationslager,
30.4.1942

H.-A. Jacobsen, W. Jochmann: Ausgewählte Quellen zur Geschichte des
Nationalsozialismus 1933–1945. Bd. 4, Bielefeld 1961–1963, S. 3

[225.] **Aus den geheimen Meldungen aus dem Reich des Sicherheitsdienstes
der SS über Reaktionen in der deutschen Bevölkerung auf die Kürzung
der Lebensmittelrationen, 23.3.1942**
Ebda, S. 111

[226.] **Programm von Fritz Sauckel, Generalbevollmächtigter für
den Arbeitseinsatz, über die Mobilisierung deutscher und
die Zwangsrekrutierung ausländischer Arbeitskräfte,
20.4.1942**
Ebda, S. 393 f.

[227.] **Hitlers Geheimerlaß zur Vorbereitung des totalen Krieges,
13.1.1943**
Ruge, Schumann: Dokumente 1942–1945, S. 24 f.

[228.] **Joseph Goebbels propagiert im Berliner Sportpalast den totalen Krieg,
18.2.1943**
W. Hofer (Hrsg.): Der Nationalsozialismus. Dokumente 1933–1945.
Überarb. Neuausgabe. Frankfurt a. M. 1982, S. 250 ff.

[229.] **Joseph Goebbels zur autoritären Anarchie im Führerstaat, 16.3.1943**
Lochner: Goebbels' Tagebücher, S. 274

[230.] **Fritz Sauckel, Generalbevollmächtigter für den Arbeitseinsatz, an
Hitler über die Rekrutierung von Fremdarbeitern, 14.4.1943**
Jacobsen: Teilung der Welt, S. 268

[231.] **Geheime Meldungen des Sicherheitsdienstes der SS über Stimmungen
und Reaktionen bei der weiblichen Bevölkerung anläßlich der
Kriegslage, 18.11.1943**
Boberach: Meldungen aus dem Reich, S. 445 ff.

[232.] **Denkschrift des Reichsleiters Martin Bormann, 29.1.1944**
H.-A. Jacobsen, H. Dollinger (Hrsg.): Der Zweite Weltkrieg in Bildern
und Dokumenten. 2. Bd.: Der Weltkrieg 1941–1943. Wiesbaden 1963,
S. 346

[233.] **Anordnung von Albert Speer, Reichsminister für Bewaffnung und
Kriegsproduktion, über die Gründung des Jägerstabes, 1.3.1944**
Anatomie des Krieges, S. 443 ff.

[234.] **Anordnung über die Erhöhung der Mindestarbeitszeit, erlassen von
Wilhelm Stuckart, Staatssekretär im Reichsministerium des Innern,
7.9.1944**
Reichsgesetzblatt, 1944, Teil I, Nr. 41, S. 192

[235.] **Die Zerstörung Dresdens. Aus dem Tagebuch eines Hitlerjungen,
18.2.1945**
K. Granzow: Tagebuch eines Hitlerjungen 1943–1945. Bremen 1965,
S. 26

[236.] **Denkschrift Albert Speers über die Lage der deutschen Wirtschaft,
15.3.1945**
Hohlfeld: Dokumente, Bd. 5, S. 520

[237.] **Führerbefehl »Verbrannte Erde«, 19.3.1945**
IMT, Bd. XLI, S. 430 f.

[238.] **Albert Speer widersetzt sich dem Führerbefehl »Verbrannte Erde«,
29.3.1945**

Die Niederlage 1945. Aus dem Kriegstagebuch des Oberkommandos der Wehrmacht. Hrsg. von P. E. Schramm. München 1962, S. 408–411

[239.] **Ulrich von Hassell im Gespräch mit Carl Goerdeler über die »völlige geistige Verwirrung« im nationalsozialistischen Deutschland, 10.10.1939**
Ebda, S. 86 ff.

[240.] **Geheimer Lagebericht des Sicherheitsdienstes der SS über das Verhalten der Bevölkerung anläßlich der »Fronleichnamverordnung«, 6.6.1940**
Boberach: Meldungen aus dem Reich, S. 72 ff.

[241.] **Denkschrift »Das Ziel« von Generaloberst a. D. Ludwig Beck und Oberbürgermeister a. D. Carl Goerdeler, Frühjahr 1941**
R. Kühnl: Der deutsche Faschismus in Quellen und Dokumenten. Köln 1975, S. 437 ff.

[242.] **Meldungen aus dem Reich des Sicherheitsdienstes der SS über Anzeichen von Furcht in der deutschen Bevölkerung vor einer langen Kriegsdauer im Falle eines Überfalls auf die UdSSR, 5.5.1941**
Ruge, Schumann: Dokumente 1939–1942, S. 64

[243.] **Monatsbericht der fränkischen Gendarmerie-Station Ebermannstadt über Mißstimmungen in der Bevölkerung anläßlich des sogenannten Kruzifix-Erlasses, Juni 1941**
M. Broszat, E. Fröhlich, F. Wiesenmann (Hrsg.): Bayern in der NS-Zeit. Bd. 1. München 1977, S. 149 f.

[244.] **Predigt Bischofs Graf von Galen zur Euthanasiepolitik, 3.8.1941**
Akten deutscher Bischöfe über die Lage der Kirche 1933–1945. Bd. V: 1940–42. Bearb. von L. Volk. Mainz 1983, S. 497 ff.

[245.] **Aus den geheimen Meldungen aus dem Reich des Sicherheitsdienstes der SS über Ansichten in der deutschen Bevölkerung beim Vorstoß auf Stalingrad, 28.9.1942**
Ebda, S. 124 f.

[246.] **Aus dem Todesurteil des Volksgerichtshofes gegen den Jungkommunisten Hanno Günther, den Kommunisten Alfred Schmidt-Sas und ihre Kampfgefährten, 9.10.1942**
Ebda, S. 125 f.

[247.] **Befehl von Generalfeldmarschall Wilhelm Keitel, Chef des OKW, über die erneute Verschärfung des Terrors gegen die Widerstands- und Partisanenbewegung, 16.12.1942**
Ebda, S. 21

[248.] **Meldungen des Sicherheitsdienstes der SS über die Auswirkungen der Niederlage von Stalingrad auf die Bevölkerung, 28.1.1943**
Boberach, Meldungen aus dem Reich, S. 342 f.

[249.] **Das letzte Flugblatt der »Weißen Rose«, von den Studenten Hans und Sophie Scholl in der Münchener Universität verbreitet, Februar 1943**
I. Scholl: Die weiße Rose. Frankfurt a. M. 1952, S. 108 ff.

[250.] **Aus Carl Goerdelers Denkschrift »Der Weg«, Herbst 1943**
Ebda, S. 570 ff.

[251.] **Das amtliche Kommuniqué des Großdeutschen Rundfunks über das Attentat auf Hitler, 20.7.1944**

20. Juli 1944. Ein Drama des Gewissens und der Geschichte. Dokumente und Berichte. 2. Aufl., Freiburg, Basel, Wien 1961, S. 135

[252.] **Hitlers Rundfunkrede zum Attentat, 21.7.1944**
Ebda, S. 160 ff.

[253.] **Geplanter Aufruf der Gruppe Stauffenberg an das deutsche Volk. Aus den Kaltenbrunner-Berichten an Bormann und Hitler, Anlage 3, 4.8.1944**
Spiegelbild einer Verschwörung. Die Kaltenbrunner-Berichte an Bormann und Hitler über das Attentat vom 20. Juli 1944. Geheime Dokumente aus dem ehemaligen Reichssicherheitshauptamt. Hrsg. vom Archiv Peter für historische und zeitgeschichtliche Dokumentationen. Stuttgart-Degerloch 1961, S. 135 ff., hier S. 139–142

[254.] **Heinrich Himmler, Reichsführer SS und Chef der Deutschen Polizei, über Bekämpfung jugendlicher Cliquen, 25.10.1944**
Peukert: S. 123–126

[255.] **Verordnung des Reichsministers der Justiz, Otto Georg Thierack, über die Errichtung von Standgerichten, 15.2.1945**
Reichsgesetzblatt, 1945, Teil I, Nr. 6, S. 30

Personenregister

Deutsche Geschichte im 20. Jahrhundert

Darstellungen und Dokumente

Fischer Taschenbuch Verlag

Geschichte der
Bundesrepublik Deutschland

Wolfgang Benz
**Von der Besatzungs-
herrschaft zur
Bundesrepublik**
Stationen einer
Staatsgründung
1946–1949
Band 4311

**Zwischen Hitler
und Adenauer**
Studien zur
deutschen Nach-
kriegsgesellschaft
Band 10718

Wolfgang Benz (Hg.)
**Die Geschichte der
Bundesrepublik
Deutschland**
Aktualisierte,
erweiterte und
illustrierte Neu-
ausgabe. Vier Bände
in Kassette: Bd. 4424
Die Bände sind auch
einzeln erhältlich:

Band 1: Politik
Band 4420

Band 2: Wirtschaft
Band 4421

Band 3: Gesellschaft
Band 4422

Band 4: Kultur
Band 4423

Wolfgang Benz (Hg.)
**Die Vertreibung
der Deutschen aus
dem Osten**
Ursachen,
Ereignisse, Folgen
Band 4329

**Rechtsextremismus
in der Bundes-
republik**
Band 4446

Fischer Taschenbuch Verlag

Geschichte der
Bundesrepublik Deutschland

**Deutsche Geschichte
1945–1961
Darstellung und
Dokumente in zwei
Bänden**
Herausgegeben von
Rolf Steininger
Band I: Bd. 4315
Band II: Bd. 4316

**Deutsche Geschichte
1962–1983
Dokumente in
zwei Bänden**
Herausgegeben von
Irmgard Wilharm
Band I: Bd. 4317
Band II: Bd. 4318

Hermann Glaser
**Die Kulturgeschichte
der Bundesrepublik
Deutschland**
Drei Bände
in Kassette:
Band 10530
Die Bände sind auch
einzeln erhältlich:
**Band 1: Zwischen
Kapitulation und
Währungsreform
(1945–1948)**
Band 10527

**Band 2: Zwischen
Grundgesetz und
Großer Koalition
(1949–1967)**
Band 10528

**Band 3: Zwischen
Protest und
Anpassung
(1968–1989)**
Band 10529

Georg G. Iggers (Hg.)
**Ein anderer
historischer Blick**
Beispiele ostdeutscher
Sozialgeschichte
Band 10834

Wilhelm
von Sternburg
Adenauer
Eine deutsche
Legende
Band 10151

Wilhelm
von Sternburg (Hg.)
**Die deutschen
Kanzler**
Von Bismarck
bis Schmidt
Band 4383

Fischer Taschenbuch Verlag

fi 1705 / 1 b

Die Zeit des Nationalsozialismus

Eine Buchreihe
Herausgegeben von Walter H. Pehle

Götz Aly / Susanne Heim
Vordenker der
Vernichtung
Auschwitz und die
deutschen Pläne für eine
neue europäische
Ordnung
Band 11268

Ralph Angermund
Deutsche
Richterschaft
1919–1945
Krisenerfahrung,
Illusion, politische
Rechtsprechung
Band 10238

Avraham Barkai
Vom Boykott
zur »Entjudung«
Der wirtschaftliche
Existenzkampf der
Juden im Dritten
Reich 1933–1943
Band 4368

Avraham Barkai
Das Wirtschafts-
system des National-
sozialismus
Ideologie, Theorie,
Politik 1933–1945
Band 4401

Władisław Bartoszewski
Das Warschauer
Ghetto – wie es
wirklich war
Zeugenbericht
eines Christen
Band 3459

Ute Benz /
Wolfgang Benz (Hg.)
Sozialisierung und
Traumatisierung
Kinder in der Zeit
des Nationalismus
Band 11067

Wolfgang Benz (Hg.)
Herrschaft und
Gesellschaft
im national-
sozialistischen Staat
Studien zur Struktur-
und Mentalitäts-
geschichte. Band 4435

Dirk Blasius /
Dan Diner (Hg.)
Zerbrochene
Geschichte
Leben und Selbst-
verständnis der
Juden in Deutschland
Vom Mittelalter
bis zur Gegenwart
Band 10524

Horst Boog /
Jürgen Förster /
Joachim Hoffmann /
Ernst Klink /
Rolf-Dieter Müller /
Gerd R. Ueberschär
Der Angriff
auf die Sowjetunion
Band 11008

Fischer Taschenbuch Verlag

fi 1710 / 3 a

Die Zeit des Nationalsozialismus

Eine Buchreihe
Herausgegeben von Walter H. Pehle

Fischer Taschenbuch Verlag

fi 1710 / 3 b

Die Zeit des Nationalsozialismus

Eine Buchreihe
Herausgegeben von Walter H. Pehle

Günter Grau (Hg.)
**Verachtet,
verfolgt, vernichtet**
Dokumente zur
nationalsozialistischen
Politik gegen die
Homosexuellen
Band 11254

Sebastian Haffner
**Anmerkungen
zu Hitler.** Band 3489

Jost Hermand
Als Pimpf in Polen
Erweiterte Kinderland-
verschickung 1940–1945
Band 11321

Raul Hilberg
**Die Vernichtung der
europäischen Juden**
Drei Bände in Kassette
Band 4417

Hilmar Hoffmann
**»Und die Fahne führt
uns in die Ewigkeit«**
Propaganda im NS-Film
Band 4404

Eberhard Jäckel /
Jürgen Rohwer (Hg.)
**Der Mord
an den Juden
im Zweiten Weltkrieg**
Entschlußbildung
und Verwirklichung
Band 4380

Wieslaw Kielar
Anus Mundi
Fünf Jahre Auschwitz
Band 3469

Ernst Klee
**»Euthanasie«
im NS-Staat**
Die »Vernichtung
lebensunwerten
Lebens«. Band 4326

**Persilscheine
und falsche Pässe**
Wie die Kirchen den
Nazis halfen
Band 10956

Ernst Klee
**Was sie taten,
was sie wurden**
Ärzte, Juristen und
andere Beteiligte am
Kranken- und
Judenmord. Band 4364

»Die SA Jesu Christi«
Die Kirche im Banne
Hitlers. Band 4409

Ernst Klee (Hg.)
**Dokumente zur
»Euthanasie«
im NS-Staat.** Band 4327

Eugen Kogon /
Hermann Langbein /
Adalbert Rückerl u.a.(Hg.)
**Nationalsozialistische
Massentötungen
durch Giftgas**
Eine Dokumentation
Band 4353

Helmut Krausnick
Hitlers Einsatzgruppen
Die Truppe des
Weltanschauungs-
krieges 1938–1942
Band 4344

Fischer Taschenbuch Verlag

fi 1710 / 3 c

Die Zeit des Nationalsozialismus

Eine Buchreihe
Herausgegeben von Walter H. Pehle

Fischer Taschenbuch Verlag

fi 1710 / 3 d

Die Zeit des Nationalsozialismus

Eine Buchreihe
Herausgegeben von Walter H. Pehle

Fischer Taschenbuch Verlag

Lebensbilder
Jüdische Erinnerungen und Zeugnisse

Herausgegeben von Wolfgang Benz

Fischer Taschenbuch Verlag

Kulturgeschichte

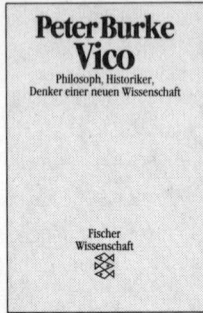  

Fischer Taschenbuch Verlag

Kulturgeschichte

Hermann Glaser
**Die Kulturgeschichte
der Bundesrepublik
Deutschland**
Drei Bände in
Kassette: Bd. 10530
Die Bände sind auch
einzeln erhältlich:

**Band 1: Zwischen
Kapitulation und
Währungsreform
(1945–1948).** Band 10527

**Band 2: Zwischen
Grundgesetz und
Großer Koalition
(1949–1967).** Band 10528

**Band 3: Zwischen
Protest und
Anpassung
(1968–1989).** Band 10529

Rebekka Habermas,
Walter H. Pehle (Hg.)
**Der Autor,
der nicht schreibt**
Über den Bücher-
macher und das Buch
(Festschrift für Günther
Busch). Band 4444

Jost Hermand
**Grüne Utopien
in Deutschland**
Zur Geschichte des
ökologischen Bewußt-
seins. Band 10395

Jost Hermand,
Frank Trommler
**Die Kultur der
Weimarer Republik**
Band 4397

Maurice Lombard
Blütezeit des Islams
Eine Wirtschafts- und
Kulturgeschichte
8.–11. Jahrhundert
Band 10773

Herfried Münkler
Machiavelli
Die Begründung des
politischen Denkens
der Neuzeit aus der
Krise der Republik
Florenz. Band 7342

Wolfgang Schivelbusch

**Geschichte der
Eisenbahnreise**
Zur Industrialisierung
von Raum und Zeit
im 19. Jahrhundert
Band 4414

Lichtblicke
Zur Geschichte der
künstlichen Hellig-
keit im 19. Jahrhundert
Band 4341

**Das Paradies,
der Geschmack
und die Vernunft**
Eine Geschichte
der Genußmittel
Band 4413

Jean Starobinski
**Kleine Geschichte
des Körpergefühls**
Mit einer Einleitung
von Hans Robert Jauß
Band 10523

Fischer Taschenbuch Verlag